本教材第三版曾获首届全国教材建设奖全国优秀教材一等奖

普通高等教育“十一五”国家级规划教材

教育部普通高等教育精品教材

新编21世纪新闻传播学系列教材

基础课程系列

中国新闻传播史

第4版

主　编　方汉奇

执行主编　王润泽

撰稿人

方汉奇　丁淦林　黄　瑚　吴廷俊

杨雪梅　薛　飞　王润泽　赵永华

赵云泽　邓绍根　杨奇光

History of Chinese Journalism and Communication

中国人民大学出版社

·北京·

新编21世纪新闻传播学系列教材

编委会

内容简介

本书由中国人民大学新闻学院牵头，联合中国人民大学、复旦大学、华中科技大学等多所大学新闻学院从事中国新闻史教学与研究的资深教师，会同在新闻工作第一线从事当代中国新闻史研究工作的研究人员共同撰写完成。

全书叙述内容广泛，涵盖中国从先秦两汉到当代新闻传播活动的历史，涉及报刊、广播、电视、新媒体和新闻传播学教育、新闻传播学研究等各方面的内容。

本次修订注意参考和借鉴已出版的同类教材，融会和吸纳了近年来中国新闻传播史研究的最新成果，所记述的史实内容和相关数据的时间下限截至2023年2月。

主编简介

方汉奇（1926—　）　中国人民大学新闻学院荣誉一级教授、博士生导师。中国人民大学新闻与社会发展研究中心学术委员会主任，中国新闻史学会名誉会长，北京大学新闻学研究会学术总顾问。曾任国务院学位委员会首届新闻传播学学科评议组召集人，清华大学等17所大学新闻与传播学院的顾问、名誉院长、客座教授、兼职教授。

《中国大百科全书·新闻出版卷》编委兼“中国新闻事业”部分的主编。著有《中国近代报刊史》《报史与报人》《新闻史的奇情壮采》等，主编有《中国新闻事业通史》《中国新闻事业编年史》《中国新闻事业简史》等书，发表论文200余篇。

总序

中国人民大学出版社策划出版的“新编21世纪新闻传播学系列教材”，是一套在新闻传播学领域内密切联系新闻传播工作的实际，广泛吸收新闻传播学的最新研究成果，高挹遐揽，取精用宏，供21世纪的高等院校新闻传播院系教学使用的系列教材。

20世纪初以来的120年，是世界新闻传播事业飞速发展的120年。这一百多年来，随着科学技术的不断发展，继报纸、期刊、通讯社之后，广播、电视、网络、自媒体等多种新媒体相继问世，新闻传播的媒介日趋多元化，新闻传播的手段日趋现代化，“地球村”变得越来越小，新闻传播事业对世界政治、经济和文化的影响则变得越来越大。

这120年，也是中国新闻事业飞速发展的120年。尤其是中国改革开放以来的45年，发展进入快车道。

21世纪以后，中国新闻事业发展的势头更为迅猛。报纸、期刊、通讯社、广播电台、电视台的数量在宏观调控下，虽无大变化，但软硬件的实力都有了很大的提高。进入新时代，媒体融合发展有序进行。据2022年5月中国记协发布的《中国新闻事业发展报告》和2023年2月国家新闻出版署发布的《2021年新闻出版产业分析报告》的最新统计数字，2021年全国共出版报纸1 752种，总印数283亿份。共出版期刊10 185种，总印数20.1亿册。全国共有广播电视播出机构2 542家，地市级以上广播电视播出机构开办的广播电视频率频道2 366套，其中广播频率1 166套、电视频道1 200套，另有各级教育电视台开办的38套教育教学类频道，中央广播电视总台和全国25家省级电视频道基本实现高清化，全国地市级台电视频道已有73%实现高清化。

另外2023年3月中国互联网络信息中心（CNNIC）发布的《第51次中国互联网络发展状况统计报告》显示，截至2022年12月，中国网民规模已达到10.67亿，互联网普及率达到75.6%。其中，手机网民数量为10.65亿，网民中使用手机上网的比例为99.8%。网络新闻用户规模达7.83亿，占网民整体的73.4%，短视频、生活平台、“两微一端”成为网民获取新闻信息的重要渠道，抖音、快手、小红书等应用逐渐从娱乐、生活、社交平台转变为具有新闻属性的信息平台，成为网民获取新闻信息的重要渠道。2022年上半年，新华社、中央广播电视总台、《人民日报》等八家主要央媒机构累计生产1.5万篇爆款短视频内容，“央视新闻”微博开设党的二十大相关话题，总阅读量突破147亿。网民个人、自媒体等也纷纷利用短视频、生活平台等跟进舆论热点，传播新闻信息，为人民群众及时获取热点资讯创造了条件。

这样大的发展规模，这样快的发展速度，在世界和中国新闻事业史上都是空前的。回顾既往，盱衡未来，新闻传播事业在新时期还将保持旺盛的发展势头。新闻传播，作为上层建筑中意识形态的一个重要组成部分，在全面准确地宣传党的基本理论、基本路线和基本方针以及各项决策，反映人民群众的伟大业绩和精神风貌，以及推动改革开放和社会主义现代化建设等方面，必将继续发挥重要的作用。

与新闻传播事业的发展相配合，这120年来，为中国的新闻战线培养和输送人才的中国新闻教育，也有了相应的发展。中国的新闻教育起始于20世纪初，迄今有110年的历史。中华人民共和国成立前的30年，虽然先后在个别院校中设立了新闻系或新闻专科，但规模都不大，设备也不够完善，在校学生人数，最多的时候不超过400人，30年间累计培养出来的毕业生还不到3 000人。中华人民共和国成立后，为了给中华人民共和国的新闻事业培养人才，新闻教育有了新的发展，但到20世纪60年代中期为止，全国的新闻教育机构也还只有14家。当时全国只有343家报社、78座广播电台和13家电视台，革命老区来的新闻工作骨干正当盛年，足以支撑大局，新闻系和新闻专业的学生统招统分，基本上能够满足中央和省市以上新闻单位梯队建设方面的需要。“文化大革命”爆发后，新闻事业进入低谷，新闻人才的培养也被迫中辍。拨乱反正之后，新闻事业有了飞速的发展，但新闻工作的人才却出现了断层，明显供不应求，因而极大地推动了新闻教育的发展。中国的新闻教育得以重整旗鼓并得到空前迅猛的发展，主要是改革开放以来的这40多年的事情。40多年来，中国新闻教育和中国新闻事业同步发展。根据教育部数据，截至2021年，全国设有新闻传播学类院、系、专业的高校已由改革开放之初的两三所增加到727所，本科专业布点在全国共计1 439个，覆盖以下10个专业：新闻学、广播电视学、广告学、传播学、编辑出版学、网络与新媒体、数字出版、时尚传播、国际新闻与传播、会展（交叉专业）。新闻专业的教学已从单一的大学本科教育，发展到博士生、硕士生、本科生、大专生、成人教育、函授教育等多层次的格局，不少院系还设置了新闻传播学方向的博士后流动站。改革开放之初，全国在校新闻系科学生总共只有500来人，现在仅在校本科生就有14万人左右，硕士和博士研究生4万人左右，办学层次、办学规模、办学水平都有了很大的提升。进入21世纪以后，随着新闻传播事业的加速发展和新闻战线人才需求的不断增加，中国的新闻教育将由规模扩张迈向高质量发展。

一般说来，新闻教育质量的高低，起决定作用的主要是两个因素：一个是师资，一个是教材。两者之间，教材的作用更大。这是因为，师资的多少和良窳，往往受办学主客观条件的限制，而教材一旦完成，就可以直接嘉惠于学子，风行四海，无远弗届。进一步说，一部好的教材，不仅可以满足教学的需要，培养出一大批人才，而且还可以同时拥有一定的学术含量，推动新闻传播学研究的发展。1919年出版的徐宝璜的《新闻学》，1927 年出版的戈公振的《中国报学史》，就是这方面的很好的例子。这两本书都是作者在高等学校从事新闻学理论和新闻史教学时作为教材编写出来的，出版之后，立即引起世人的关注和推崇，一再重版，历久不衰，至今仍然是公认的新闻学理论和新闻史方面的传世之作和经典之作。正因为这样，新闻教育的前辈们，历来十分重视教材的建设。中华人民共和国成立初期的十来年，坊间出版的新闻学方面的书籍，绝大部分是教材。改革开放以后，新闻传播学研究空前繁荣，新闻学方面的书籍大量问世，但教材仍然在其中占了很大的比重。这些教材，覆盖了新闻传播学的方方面面，经过出版家和众多作者们的长期努力，门类和品种基本配套齐全，曾经为同时期的新闻教学做出过重要的贡献。但是，随着时间的推移和新闻工作实际的飞速发展，这些教材的体例日显陈旧，观点和内容也亟待调整和更新。一些属于学科前沿和科技含量较高的新开课程的教材尚付阙如，使现有的教材出现了不少缺口。在 21 世纪已经到来之际，集聚力量，重新编写出一套体系完整，门类齐全，能够为 21 世纪的新闻教育和新闻人才培养服务的新闻传播学的系列教材，已经成为人们的共识和新闻业界与新闻教育界的迫切需求。

呈现在读者面前的，就是应这样的需求产生的一套系列教材，它将涵盖新闻学、传播学两个二级学科的方方面面内容，满足新闻、广播、电视、广告、媒体经济、新媒体等多个专业的教学需要。负责这些教材编写工作的，是中国人民大学、复旦大学、北京大学、清华大学、中国传媒大学等多所著名院校长期从事新闻传播学方面教学与研究工作的专家学者，其中有相当大的一部分编写者是相关学科的国家级的学术带头人，堪称一时之选。收入本系列的教材中，既有国家级重点教材，也有部级重点教材，其他的也是经过严格筛选的精品，所以，本套系列教材的质量是有保证的，其权威性也将得到社会的认同。

21 世纪是一个高度信息化的时代，是信息经济和知识经济占主导地位的时代。信息经济和知识经济有两大支柱，一是以高科技为代表的传播技术产业，二是从事新闻和信息产品生产的媒体产业。新闻传播学作为将这两大领域有机联结的桥梁，在今后的国家建设和社会发展中必将发挥越来越重要的作用。中国人民大学出版社经过精心策划，隆重推出这套系列教材，是具有高度的前瞻性和战略眼光的。在这里，我谨代表编委会和全体作者向中国人民大学出版社表示由衷的感谢。

这套系列教材开始策划于 20 世纪的最后一年，21 世纪初起陆续问世，迄今已编写出版了 180 余种。在体例和内容的创新和开拓等方面，远远超过同时期出版的同类教材。其中有些教材，还根据整个新闻传播理论与实践的发展和新闻传播学教学与研究的发展，陆续做了必要的补充和修订，重新出版，实现了内容的与时俱进。

这批教材的问世，将会为新闻传播事业和新闻教育事业的发展和繁荣、为 21 世纪新闻传播人才的培养做出它应有的贡献。这是出版者和全体作者共同的一点希望。是为序。

方汉奇

2023 年 7 月

于中国人民大学宜园

目录

第一章

中国古代的新闻传播活动

中国古代新闻传播活动，源于群居社会信息交流的需要，远古人类运用实物或符号进行重要信息的传递；文字诞生后，更为复杂的信息可以通过文字进行传播。封建帝国建立后，有组织的政令等信息传播活动慢慢固定下来，并逐渐发展为真正意义上的新闻传播。

第一节　中国新闻传播活动溯源

中国是世界上最早有报刊的国家。在真正的报刊诞生前，新闻传播活动已经在人类社会出现，从远古人类生活现场的考古发现到古代文献的零星记载，都描绘了中国新闻传播活动的起源状态。

一、中国古代的信息传播

传播活动起源于远古人类的群居时代。北京周口店发现的山顶洞人使用过的经过加工的海蚶壳，青海民和县阳山遗址出土的新石器时代的陶制喇叭筒，都是远古时代中国的先民们进行社交和传播活动的物证。

古代的传播手段是十分原始的。最早的和最常用的是口头传播，即口耳之间的传播。这种传播，受交通条件的限制，难以做到无远弗届，也经常因为传闻异辞而失实。在有文字以前，作为口头传播辅助手段的，还有结绳、图画、雕刻、标识、烽烟、旗鼓等。其中的最后两项，通常用于军事目的。烽烟主要用于报警，旗鼓主要用于指挥进退。《孙子兵法》中所说的“言不相闻，故为金鼓；视不相见，故为旌旗”，指的就是这种旗鼓，旨在用它们来传递军事号令。

中国古代的传播活动中，还有一种特殊的媒介，就是木铎。这是别的国家的传播史上所没有的。据《左传・襄公十四年》师旷引《尚书・夏书》称：“每岁孟春，遒人以木铎徇于路。”据杜预注：“遒人，行令之官也。木铎，木舌金铃。循于路，求歌谣之言。”据说早在夏商周时期，就曾经有这样一种被称为遒人的政府官员，摇动木铎，巡行于各地，既以宣达政令，又进行必要的采风。这些都与新闻的发布和采集活动相近。

以上这些传播活动，大多见于文字出现以前。有了文字以后，古代的传播活动渠道更多，手段更为多样化。

最早的带有文字的传播载体是甲骨和金石。甲骨文大多刻在龟甲或牛羊的肩胛骨上。据古文字学专家统计，目前已发掘出来的带有文字的甲骨近 11 万片，其中常见的甲骨文约 2 000 字，经考订可辨识的仅 1 400 余字。记载的大多是殷商时期的事情。所谓的金，主要指铜器。刻铸在铜器上的文字，通称金文。金文刻铸之风盛行于周，传世的带有金文的铜器铸件，多为周代的产物，著名的毛公鼎、虢季子白盘，就是其中的代表，上面都有不少金文。在岩石上刻字，主要盛行于周以后。上述的这些传播载体，从内容来看，甲骨除少量记事外，多用于祭祀和占卜；铜器多用于记录帝王诏书或国家常法；岩刻多用于颂德和纪功。垂之久远和传于后世的考虑较多，现实的传播作用和传播的时效性还不算太大。

春秋战国时代，各个地区性小国的统治者需要发布政令，通报政情军情；参与合纵连横活动的政客，需要游说诸侯，宣扬自己的政治主张；诸子百家需要聚徒讲学，弘扬自己的学说；老百姓需要在公众场所聚会议事和交换意见；加上各国都设有驿站和传舍，以方便信使往来，及时递送信息，传播活动因而更为频繁。

《墨子·明鬼》中所记的“杜伯乘白马素车，朱衣冠，执朱弓，挟朱矢，追周宣王，射之车上。中心折脊，殪车中，伏弢而死。当是之时，周人从者莫不见，远者莫不闻”，《左传·郑伯克段于鄢》中所记的“大叔完聚，缮甲兵，具卒乘，将袭郑……公闻其期”，《左传·晋城濮之战》中所记的“卫侯闻楚师败”等，都是有关这一时期信息传播活动的记载。其中所传播的有政情有军情，也有其他方面的情况，都是最新的信息。因此，这些也都可以算是早期的广义的新闻传播。

早在 3 000 年以前的上古时代，我国就已经出现了集市贸易，同时也就产生了最初的商业广告。《诗经·周颂·有瞽》有云“箫管备举”，据郑玄注：“箫，编小竹管，如今卖饧者所吹也。”《楚辞·天问》中有“师望在肆……鼓刀扬声”的描写。《韩非子·外储说右上》有“宋人有酤酒者……悬帜甚高”的记述。这些都是有关口头广告、音响广告和悬帜广告的记载，属于早期的带有一定商业性质的传播活动。

正因为古代的中国有着频繁的传播活动，因此在中国的古代典籍中可以找到大量有关传播活动的记载。而且远在春秋战国时代，就有不少杰出的学者和思想家从事传播理论与实践的研究。保存至今的儒、法、墨、道、纵横等家及其他诸子百家的著作中，就有不少关于传播功能、传播效果、传播心理、传播技巧、传播道德乃至于受众需求等方面的分析和论述。从某种意义上来说，传播学的研究并不完全起始于西方，中国也是传播学研究的一个发祥地。

二、两汉和三国魏晋时代的传播活动

汉代以后，邮驿制度有了进一步的发展，每三十里设驿，驿各有传，传置车，称传车，负责官文书和信息的传递工作。首都长安设有供地方官员和周边属国“通奏报，待朝宿”的“邸”。中央政府部门设有负责接待和通报工作的主官“大鸿胪”和属官“郡邸长丞”。此外，还设“公车司马令”一人，“主受章奏”；设“御史”若干人，负责官员报告的接收和皇帝诏书的制颁等事宜。封建政府内部的信息传播体制日趋完善。

面向全国的政令发布工作，也日趋经常化和规范化。《史记·高祖本纪》有关汉高祖入关前和百姓“约法三章”的记载，《汉书·萧何传》有关汉武帝元狩中“下诏御史，以鄼户二千四百封何曾孙庆为鄼侯，布告天下，令明知朕报萧相国德也”的记载，都说明这类将法令和皇帝的诏旨公之于众广而告之的官方传播活动，在当时已经十分普遍。

两汉时期已经进入了以文字传播为主的时代。文字传播的载体，早期以竹和木制造的简和绢帛为主，有关的信息直接用笔墨书写在竹简、木简和绢帛上。造纸术发明以后，才逐渐发展到写在纸上。造纸术的发明，是中国对世界文明的一大贡献，也是人类传播史上的一件大事。它肇始于西汉中后期，完善于东汉和帝元兴年间，时称“蔡侯纸”。它的发明人蔡伦，并不是第一个试验造纸的人，而是早期造纸术由探索到完善的集大成者。由于造纸术当时还处在草创的阶段，掌握技术的工匠还不够多，产量还不够高，使用还不够普及，两汉时代的传播载体，仍以竹简、木简和绢帛为主。

汉代是否已经出现了类似唐以后的“邸报”一类的官报？目前在新闻史研究者中还有不同的看法。美国新闻学者白瑞华、日本学者楚人冠、英国学者安东尼·斯密斯都有过中国“邸报”起始于汉朝的说法，但没有提出什么论据。中国著名新闻史学者戈公振在他的名著《中国报学史》中首先提出了“汉有邸报”的说法，其根据主要有两点，一是汉已经有了唐以后负责发行“邸报”的“邸”，二是《汉书》中有燕王旦在封地获知首都御林军调动情况的记载，推测燕王旦有可能是从当时的“邸报”上得到了这一消息。当代新闻史研究者中，也有一些人支持汉朝已有官报的说法。代表人物是姚福申和张涛。他们对近年在居延烽燧遗址和敦煌马圈湾烽燧遗址出土的简牍进行了研究，发现其中抄录了不少皇帝的制书和大臣们的奏记，在这些制书和奏记中，有不少来自朝廷的涉及国内政治军事方面情况的信息。由此认为这些简牍具有官报的性质。张涛称之为“木简报”，但多数新闻史研究者仍然认为汉代还没有建立发布官报的体制。汉代的“邸”，还不具备发布官报的职能。上述的简牍，具有的更多是官文书的性质。

三国魏晋时期历时近两百年，是军阀割据，战乱频仍，时局纷扰，“国”际政治、军事、经济上的交往错综复杂的时代，也是新闻信息的传播与交流和社会舆情十分活跃和旺盛发达的时代。

三国时期魏蜀吴三方的政治家们，都十分重视新闻传播，都具有比较强烈的信息需求，都十分关注对方辖区的有关政治、经济、军事、文化和人事变动情况等方面的动态，都十分注意搜集敌友我三方的相关新闻和情报。先秦时代就已经出现的“消息”一词，在这一时期被广泛使用。据尹韵公在《三国时代的新闻信息传播》一文中所作的统计，仅《三国志》一书中，就有近20段提到“消息”一词的文字。内容包括政治、军事方面的信息，也包括社会舆论对时局趋向和动态的议论和分析。在三国时期，信息的有无和正确与否，往往能够决定战役的成败。曹操在官渡之战、诸葛亮在赤壁之战中之所以能取胜，和他们事先掌握了大量对方的信息有关。

为了能及时地获得信息和加快信息传递的速度，魏蜀吴三国的驿传活动都深受当局的重视。刘备为了伐魏和伐吴，曾在成都到汉中和成都经白帝到夷陵一线修了不少驿站。孙权为了联蜀伐魏，也在境内广设驿站，史称“东之与西，驿使往来，冠盖相集”。三国中，以曹魏的驿传制度最为周全，曾经在境内建立起了一个四通八达的驿传网络，并专门制定过一部称为《邮驿令》的单行法。

三国和魏晋南北朝时期的主要传播媒介是布告和露布。布告就是《三国志》和《三国会要》中所经常提到的用以“布告天下”的那种政府文告，内容主要是皇帝的诏书和各级政府制颁的行政法令，以在固定地点悬挂或张贴为主。露布则是一种以流动的方式“露而宣布，欲四方速知”的传播载体，主要用帛，也有用木板的，因此也被称为露板。内容主要用于军事方面，特别是用来传播战争胜利的消息。但有的时候也用来发布政治性的檄文。檄文这种文体，早在春秋战国时期就已经出现过，通常用来张扬和炫耀自己，打击和声讨对方。三国时期经常用它来配合军事行动，力图不战而屈人之兵，做到先声夺人，“传檄而定”。魏晋到南北朝这一段时期，露布仍然是主要的传播媒体。宋代高承《事物纪原》载“晋代桓温北伐，须露布文，唤袁宏。宏倚马濡染不辍笔，俄得七纸”。又说：“后魏每征战克捷，欲天下闻知，乃帛建于漆竿之上，名曰露布。”前一段文字，讲的是晋朝的事情；后一段文字，讲的是南北朝的事情。这说明露布的运用在当时仍然十分普遍。其中有关袁宏的那一段故事，后来还被概括为“倚马可待”这样一个成语，用以形容行文的敏捷。从上述引文看，袁宏所起草的准备转录到露布上的那篇文字，就是一篇政治性的檄文。

为了及时传递军事信息，烽燧这种传统的报警手段，继续被沿用，并且有了进一步的发展。曹魏为了防备西北地区少数民族武装的侵扰，曾经在凉州地区广泛建筑烽火台，使有关的信息能够及时传到指挥机关。孙吴为了防备魏国的入侵，曾经沿长江每 15 公里至 25 公里设置烽火台达数千里之遥，传递的速度也是惊人的。据《三国志 · 孙权传》称：“寇至则举以相告，一夕可行万里。”又称：“暮举火于西陵（今湖北宜昌），鼓三，竟达吴郡南沙（今江苏常熟）。”宜昌到常熟相距一千多公里，三通鼓罢，就能把信息传到。在现代化的电讯交通手段发明以前，能有这样高的传播效率和速度，是令人惊叹的。

三国和魏晋南北朝时期，作为社会上传播手段被普遍采用的则有童谣和谣言。前者在一定程度上反映了当时的社会舆情和民心的向背，其影响有正面的，也有负面的。后者在当时又被称伪言、妖言或诽谤，往往出自政治上的敌对方面，因此往往遭到当局的严厉查禁。

三国和魏晋南北朝时期传播信息的载体是多元化的，既有包括木简、竹简、木牍在内的简牍，也有帛和纸。从存世的文献资料和地下出土的文物看，三国时期社会上通行的用于书写和传播信息的载体，最多的还是简牍，其次才是纸，最后是帛。这是因为帛是丝织品，成本最高，而纸由于当时掌握制造工艺的工匠还不够多，产品的数量一时还难以充分满足社会上的需要。直到公元 403 年东晋桓玄下令废简用纸以后，才开始了纸张在传播载体中独占鳌头的历史。

三国和魏晋南北朝时期还没有建立发行官报的体制。有关这一时期的文献资料中也还没有找到相关的记载。国外的传播史研究者曾经有过“公元 363 年（东晋哀帝兴宁元年）在中国开始出现‘邸报’”的说法，但是没有举出任何根据，因而不足取信。

第二节　唐代的新闻传播与早期的官报

中国的报纸出现于唐代。最早的报纸是在封建官僚机构内部发行的政府官报。

一、早期政府官报的出现和唐代官报的发行制度

唐代官报的孕育和发展，是从唐代中期开始的，是和唐代藩镇制度的发展紧密联系在一起的。唐代中叶以后，开始在一些边远地区建立藩镇，设置节度使，到了9世纪初叶，全国节度使已经发展到四十几个。随着藩镇势力的日益发展，各节度使纷纷在首都长安设立办事机构，开始称邸，后改称上都留后院，或上都邸务留后院，代宗大历十二年（公元777年）后，又改称上都知进奏院，简称进奏院，有时也被简称为邸。进奏院的负责人最初叫上都邸务留后使，后改称上都知进奏官，简称进奏官。有时也被社会上泛称为邸使或邸吏。唐代的进奏官是由地方派遣的，因此只对派遣他们的藩镇长官负责，不受朝廷的管辖。这些进奏官们既为所代表的地方藩镇呈递章奏，接收和代转朝廷下达的文书，办理需要和中枢各部门请示汇报联系交涉的各项事宜，也及时地向地方通报他们所搜集到的来自首都的各种朝廷政治消息。

经由进奏官传发给各藩镇，用来介绍朝廷政事动态的各项消息及书面报告，就是最早的官报的雏形。这种雏形状态的官报，在当时并没有固定的名称。有称为“进奏院状”的（见《李义山文集》卷一《为濮阳公论皇太子表》），有称为“状报”的（见刘禹锡代杜佑作的《谢男师损等官表》），有称为“报状”的（见李德裕《会昌一品集》卷十七《论幽州事宜状》），有称为“上都留后状”的（见田神玉《谢兄神功于京兆府界择葬地表》），有称为“留邸状报”的（见孟棨《本事诗》所记有关韩翃被贺除官的故事），有称为“邸吏状”的（见《旧唐书·李师古传》），有称为“报”的（见杜牧《樊川集》卷十二《与友人论谏书》）。所有这些名目，称呼虽然不同，但指的都是同一样东西，即由长驻首都的进奏官们传发到地方的信息载体，其性质接近于宋朝以后的“邸报”。

需要指出的是“状”“报状”“状报”等这些称呼，在当时也被用来泛指某些官文书，报状有时还被用来泛指私人书信。因此，不能把见于唐人文集中的所有的状、状报、报状等都看成是“官报”，只有经由进奏官们向地方传发的那些状、状报和报状等，才具有官报的性质。

经由进奏院传发的这些报状，主要涉及以下几个方面的内容：皇帝的起居活动、皇帝的诏旨、官吏任免事项、臣僚们的章奏和其他军事政治方面的重要信息。此外，这些报状还有以下一些特点：（1）它是不定期地由派驻首都的进奏院向地方传发的，其读者主要是地方的藩镇和诸道长官。（2）它在行文上还保留有某种官文书的痕迹，但不同于一般的官文书，它所提供的官方信息往往早于正式的官文书。（3）它所提供的信息绝大多数属于朝廷的政事活动，有的和收阅者有直接关系，有的并无直接关系。（4）它所提供的信息，有一些是进奏官们自行采集的，有一些则是他们从获得的朝廷动态消息中筛

选出来的。他们所着重传报的，往往是他们的主官们相对关注的那一部分内容。

由此可见，唐代驻首都的各地进奏院发布的，被当时人称为“进奏院状”“状报”“报状”“上都留后状”“留邸状报”“邸吏状”“报”的这一类物事，已经具有一定的官报的性质。它是一种在当时的政府机构内部发行和传递的“官报”，是一种原始状态的报纸。

二、“开元杂报”和“敦煌进奏院状”

最早的有关唐代官报的文字记载，见于孙樵《经纬集》卷三所收的题为《读开元杂报》一文。全文如下：

> 樵曩于襄汉间，得数十幅书，系日条事，不立首末。其略曰：某日皇帝亲耕籍田，行九推礼。某日百僚行大射礼于安福楼南。某日安北奏诸蕃君长请扈从封禅。某日皇帝自东封还，赏赐有差。某日宣政门宰相与百僚廷争一刻罢。如此，凡数十百条。樵当时未知何等书，徒以为朝廷近所行事。有自长安来者，出其书示之，则曰：“吾居长安中，新天子嗣国及穷虏自溃，则见行南郊礼，安有籍田事乎？况九推非天子礼耶？又尝入太子，见丛甓负土而起若堂皇者，就视得石刻，乃射堂旧址，则射礼废已久矣，国家安能行大射礼耶？自关以东，水不败田，则旱败苗，百姓入常赋不足，至有卖子为豪家役者。吾尝背华走洛，遇西戍还兵千人，县给一食，力屈不支。国家安能东封？从官禁兵安能仰给耶？北虏惊啮边甿，势不可控，宰相驰出责战，尚未报功。况西关复惊于西戎，安有扈从事耶？武皇帝御史窃议宰相事，望岭南走者四人，至今卿士咋舌相戒。况宰相陈奏于仗乎？安有廷争事耶？”语未及终，有知书者自外来，曰：“此皆开元政事，盖当时条布外者。”樵后得《开元录》验之，条条可复云。然尚以为前朝所行不当尽为坠典。及来长安，日见条报朝廷事者，徒曰今日除某官，明日授某官，今日幸于某，明日畋于某，诚不类数十幅书。樵恨不生为太平男子，及睹开元中事，如奋臂出其间，因取其书帛而漫志其末。凡补缺文者十三，改讹文者十一。是岁大中五年也。

孙樵字可之，又字隐之，关东人，官至中书舍人、职方郎中。他的这篇文章作于唐宣宗大中五年即公元 851 年。当时他还没有到长安去当官。文中所记载的被他称为“开元杂报”的数十幅书，是他在湖北北部的襄汉一带看到的。这篇文章对“开元杂报”的外观和内容，都作了详细的描述。关于它的外观，文中有两处记载，即“数十幅书”和“系日条事，不立首末”。关于它的内容，文中列举了五项，即“某日皇帝亲耕籍田，行九推礼”；“某日百僚行大射礼于安福楼南”；“某日安北奏诸蕃君长请扈从封禅”；“某日皇帝自东封还，赏赐有差”；“某日宣政门宰相与百僚廷争一刻罢”。这些都是开元十二年至开元二十三年（公元 724 年至公元 735 年）间在首都长安曾经发生过的重大事件。这是唐代人详细记述唐代“开元杂报”情况的唯一的一篇文献。

从孙樵在《读开元杂报》一文中提供的情况看，他当年在襄汉地区所看到过的那几十页“杂报”，很可能就是开元年间长驻首都的邸吏们，根据当时中枢部门“条布于外”

的材料，传发给山南道地方长官的“报状”或“留邸报状”这一类官报的残件或抄件。孙樵在前面的引文中所作的描述，为我们了解唐代这一类官报的情况提供了很好的旁证。

其实孙樵所看到的这“数十幅书”，和后来他到长安做官时看到的“日见条报朝廷事者”，属于同类物事，并没有专门的款识和名称。“开元杂报”云云，只是孙樵为了行文的方便，自拟的一个称呼，意为开元时期的“杂报”，是当时“条报朝廷事”的一种载体，并没有固定的刊期和报头。它是一种近似于“进奏院状”和“邸吏状”之类的早期官报，是封建中枢部门设立编制公开发布的封建宫廷官报的前身。

“开元杂报”的原件早已失存。现在还被保留下来的唐代的“进奏院状”，是 1900 年在敦煌莫高窟出土的两张残页。这两份“进奏院状”，都是唐僖宗时期由驻地在沙州的归义军节度使张淮深派驻朝廷的进奏官发回沙州的。因为沙州在今敦煌地区，两份“进奏院状”均属敦煌文物，所以被新闻史学者定名为“敦煌进奏院状”。

这两份“进奏院状”，1907 年前后先后被英籍匈牙利考古学家斯坦因和法国汉学家伯希和从敦煌取走，分别收藏于英国伦敦大英图书馆和法国巴黎国立图书馆。

藏于伦敦大英图书馆的那一份，是唐僖宗光启三年（公元 887 年）前后长驻首都的归义军节度使进奏官张夷则发回给归义军节度使张淮深的“进奏院状”。当时，唐僖宗受到李克用的沙陀兵和河中节度使王重荣的威胁，被迫流亡到兴元（今陕西汉中）。这份进奏院状，实际上是那位进奏官在随僖宗从兴元返回长安的途中，从凤翔一带发回沙州的。这份进奏院状所报道的主要是归义军节度使张淮深派往朝廷的三批专使们为代张向僖宗求旌节而在兴元、凤翔两地活动的情况。藏于巴黎国立图书馆的那一份，是唐僖宗乾符五年（公元 878 年）前后派驻首都复姓南宫的归义军进奏官，从长安发回给归义节度使张淮深的进奏院状。这份进奏院状所报道的主要是乾符四年（公元 877 年）十二月二十七日至乾符五年四月十一日这一段时间内的事情。从内容看，它所报道的主要是归义军节度使张淮深派遣的贺正专使阴信均等一行 29 人在首都长安活动的情况。

这两份“敦煌进奏院状”的价值，在于为我们提供了唐代进奏院状的实物。由于“开元杂报”已经无存，它们实际上已经成为我国同时也是世界上仅存的年代最早的两份原始状态的报纸了。

这两份“敦煌进奏院状”还证实了唐代进奏院状的以下一些特点：(1) 没有报头，开端和结尾部分还保留着官文书的痕迹。(2) 发报方式是由各藩镇派驻朝廷的进奏官们直接发给他们长官的。(3) 所有信息都是进奏官们自行采集的，其内容主要是发生在朝廷的大事，特别是和他们的地区有关的大事。

从以上的情况可以看出，以“开元杂报”和“敦煌进奏院状”为代表的唐代的报状，是一种从官文书游离出来的传播载体，是一种和宋朝的邸报相类似的新闻传播工具。它以传报来自朝廷的信息为主要内容，由地方一级军政单位派驻首都的进奏官向地方传发，因而带有官方性质，属于古代官报的范畴，但还不是中央政府统一下发的正式官报，与宋以后的邸报还有一定差别。这些报状还残留着某些官文书的痕迹，但已不同于官文书，而属于一种由官文书向官报转化过程中的传播载体。从某种意义上来说，它有点近似于 16 世纪诞生于欧洲的“新闻信”，但它是由地方派驻首都的进奏官们负责传发的，因而带有一定的官方色彩，时间也比作为西方近代报纸远祖的威尼斯的“新闻信”早诞生约

800年。

三、唐代的其他传播活动

唐代疆域辽阔，以驿路、驿站、驿卒、驿马组成的驿传系统覆盖全国。据《唐六典》所载，盛唐时期，“天下驿凡一千六百三十九”，其中水驿二百六十，陆驿一千二百九十七，水陆兼驿八十六，为唐代的公私传播活动提供了便利的条件。

唐代官方的传播活动，除了上述由各地进奏官传发的“报状”“进奏院状”等之类的官报外，还有烽燧、露布、檄文、榜文和告示等。这些传播手段，唐以前就已经被广泛使用，唐朝时期仍然被继续沿用。其中，烽燧、露布和檄文主要使用于军事方面，用以传递军事信息和声讨敌人。告示和榜文主要使用于行政和科举方面，用以宣传政令和公布中举人选。这在当时，都是人们政治社会生活中关注的焦点。

唐代非官方的传播活动，主要有士人之间的传播活动和民间的传播活动。

所谓的士人传播活动，指的是发生于士人之间的人际交往与信息传播活动。他们所使用的传播手段，在当时，主要有书信、著述、赋诗等。其中以诗的传播范围最广，受众最多，影响最大。据近人所作的统计，存世的唐诗在55 000首以上，有姓名可考的唐代诗作者不下3 600人。唐诗除了数量多、质量高之外，内容也十分丰富。其中既有作者对时事、重大政治事件的记述评论和咏叹，也有他们对各种社会现象、社会问题的观察与思考。其中蕴涵着大量的军事、政治、经济、文化等方面的信息。唐代的士人们非常擅长于用寄赠、抄传、唱和等方式来交换诗作，沟通和传播信息。在众多的交换手段中，题壁是其中最常用的一种。把自己写的诗题于壁上，公之于众，传播于社会，是当时士人们常用的交流手段。题诗的“壁”，通常选在士子们经常来往的中书省、秘书省、郡斋、府县厅衙等行政公廨，城关、桥柱、旅舍、酒肆、寺院、驿亭等公共场所，以公廨、寺院、驿亭为最多。通过题壁来传播和获取信息，进行相互间的沟通，已经成为唐代士人们的一种习惯。所以才留下了“每到驿亭先下马，循墙绕柱觅君诗”这一类形象的描述。

民间的传播活动，主要是流传于贩夫走卒野老牧童之间，口耳相接的歌谣谚语和街谈巷议及俗讲、变文等民间说唱文学作品。在官报只局限于士大夫阶层和官僚机构内部，面向公众的民间报纸还没有出现的情况下，上述这些也就是平头百姓交流信息的主要渠道了。

此外，民间商业信息的传播活动，也有所发展。其载体，主要是“灯笼”和“旗帜”，目的在于招徕。诗人杜牧在绝句《江南春》中所写的“千里莺啼绿映红，水村山郭酒旗风”和张籍在《江南行》中所写的“长干午日沽春酒，高高酒旗悬江口”，就都属于这一类信息传播活动的文学化描述。

印刷术是中国发明的。中国最早的印刷品出现在隋唐之际。中国的印刷术在中唐时期已经达到了很高的水平。但当时主要用来印刷佛经，还没有用来传递新闻信息。唐代还没有印刷的报纸。“开元杂报”和“进奏院状”都还不是印刷的。所谓“‘开元杂报’是中国第一份印刷报纸”的说法是不确切的。

第三节　宋代官办的“邸报”和流行于民间的“小报”

起始于唐代、由各进奏院的进奏官自发地向地方藩镇传发“报状”和“进奏院状”的体制，到了宋代有了重大的改变，开始出现了在政府中枢部门统一管理下统一发布的正式官报“邸报”。负责“邸报”发布工作的机构是都进奏院。

一、宋代官办的“邸报”和“邸报”的发行制度

北宋初期，沿用了唐、五代的旧制，由各路州郡在首都东京汴梁各自设置进奏院，归各州自行管辖，最多的时候曾经达到200多个。太宗太平兴国六年（公元981年）起，对散处于首都各坊巷的各州进奏院进行整顿，设立了都进奏院，对各进奏院的业务活动实行统一管理。新成立的都进奏院，由门下省的给事中负责领导，其职责主要是收受和传递官文书，在封建官僚机构内部传播信息。

在都进奏院的管辖下，负责信息采集和传报工作的是进奏官。进奏官有时也被称为进奏吏或邸吏，一般由地方委派，但由中枢部门的门下省统一管理，多的时候曾经达到200多人，少的时候只有60多人。经由进奏官们传发出去的封建政府官报，就是“邸报”。《宋会要辑稿》第166册中所说的“国朝置进奏院于京师，而诸路州郡亦各有进奏吏，凡朝廷已行之命令，已定之差除，皆以达于四方，谓之邸报”，讲的就是这种官报。这是对宋代官报发行体制的一个很经典的概括。

宋代“邸报”的发报制度，以太宗太平兴国六年为界，前后有所不同。此前由地方诸路州郡设在首都的进奏院和进奏官们自行采集编发，没有统一的章程。这以后由中枢有关部门实行集中管理，统一发报，和前一阶段的进奏院状报比较起来，权威性有所加强，作为中央政府官报的性质更为明显。

实行统一管理以后，“邸报”的发报工作仍由各州进奏院和进奏官们负责，稿件的采集、编辑、整理、审定等环节则逐步由中枢部门接管。其中的审定工作，开始由枢密院负责。神宗以后，改由分隶中书、门下两省的检正、检详两类官员负责。高宗以后和整个南宋时期，则由门下省的给事中负责。

和唐代的进奏院状比较起来，宋代的“邸报”更多具有报纸的特征和封建政府官报的色彩。

首先，它已经不像唐代进奏院状那样，只是一种由派驻首都的进奏官们向自己的藩镇长官们报告朝廷信息的新闻信，而是一种在封建中枢部门统一管理下，按一定制度，统一编发给诸路州郡，向地方官员们传报朝廷信息的中央一级官报。

其次，它已经完全从官文书中分离了出来，成为一种官方的新闻传播工具，成为当时社会上传播朝廷政事信息的重要载体。它的读者已经不像唐代的进奏院状那样，仅限于少数藩镇长官，而是逐渐扩展到京朝官、地方各级行政官员和广大的士大夫知识分子。

最后，它已经由不定期发行转为定期发行。前后的刊期不完全一致，有时为“每

日”，有时为“每五日”，有时为“逐旬”，有时为“每月”。刊期的每一次调整，都基本上做到按期连续发行。信息量逐渐加大，新闻的时效性有所加强。

“邸报”之所以能够在宋朝开国不久就成为封建中枢部门掌握下的政府官报，和宋朝是一个高度集权于中央的封建王朝有关。这种官报从它问世的第一天起，就是为在封建官僚机构内部传播经主管部门核定允许传播的信息、巩固封建统治秩序、维护封建统治阶级的利益服务的。

“邸报”这一名称最早出现于宋朝，是古人对封建官报最经常使用的一种称呼。现存的宋人文字中，最先提到“邸报”这两个字的，是田锡在《贺杀下王均表》中所说的下面这段话：“臣每读邸报，方乐时平，巴蜀久安，边隅无事。”这段话见于宋代田锡《咸平集》卷二十五。写作的时间是宋真宗咸平三年，即公元 1 000 年，上距北宋开国仅 40 年。这是宋代公私文献中关于“邸报”的最早记载。①

这以后，到北宋末年，不少当时人的书信和诗文中都曾提到“邸报”。范仲淹在陕北写给秦风经略安抚招讨使韩琦的一封信中，就有“顷接邸报，某有恩命改职增秩，诚为光宠”等语。《王荆文公诗》中收有王安石写的《读镇南邸报诗》。《温国文正司马公文集》中收有司马光写的提到“邸报”的一封信。《苏轼诗集》收有他所写的诗：“坐观邸报谈迂叟，闲说滁山忆醉翁。”南渡以后，“邸报”一词在当时人的诗文集和书信中出现的次数更多。汪应辰的《文定集》、洪迈的《夷坚志》、杨万里的《诚斋集》、魏了翁的《鹤山全集》等文集中，都有不少处提到“邸报”的文字。这说明北宋以后，“邸报”这一名称已经为朝野人士所接受，成为社会上对封建官报的一种习惯性称呼。

上引诗文中提到的“邸报”，其实指的就是当时的“进奏院报状”。邸是进奏院的别称，报状经常被省称为报，“邸”和“报”两个字合起来，也就自然地成为进奏院报状的别称或省称。它们实际上是同一事物的两种不同的称呼。

除了兼有进奏院报状、进奏院状报和与之相近的进奏官报、进奏报等名称外，“邸报”还兼有邸状、邸吏状、邸吏状报、朝报等别称。其中在南宋时期使用频率最高的是朝报。如理宗时期赵升在《朝野类要》一书中所说：“朝报，日出事宜也。每日由门下后省编定，请给事判报，方行下都进奏院报行天下。”度宗时期周密在《志雅堂杂钞》一书中记载：“（耻堂家有）理宗朝报一橱。”之所以有这么多别称，是因为由进奏院下发的这种封建官报，并没有固定的报头和名称，既然都为当时人所认可，又不会发生误解，也就没有人专门出来为它正名了。

“邸报”的内容，据《宋会要辑稿》职官二之五一所记，主要有“朝廷政事设施、号令、赏罚、书诏、章表、辞见、朝谢、差除、注拟”等几项。从实际传报情况看，恐怕还不止这些。见于宋人记载的，至少包括以下几个方面的内容：

（1）皇帝的诏旨。如《东坡奏议》卷七所载元祐五年六月初九日龙图阁学士左朝奉知杭州苏轼状奏：“臣近者伏睹邸报，以诸路旱灾，内出手诏两道。”这是排在邸报首位的内容。

（2）皇帝的起居。如宋祁《景文集》卷八五所载：“今月八日得进奏院状报，圣体康

---

① 焦中栋．“邸报”名称首次出现时间新考．国际新闻界，2008（10）．

复，已于二月二十三日御延和殿，亲见群臣者。”

（3）官吏的任免。如《宋史》卷三三二《李师中传》：“师中始仕州县，邸状报包拯参知政事。”

（4）臣僚的章奏。如朱胜非《秀水闲居录》云：“是月地震，手诏求言，胜非欲以三事应诏而未敢遽上……后数日，邸报论地震疏云应天以实不以文。”

（5）军事情报。如陆佃《陶山集》卷八所记神宗时期和西夏作战情况：“伏睹进奏院报，泾原路城西安州毕功者。灵旗所指，一方尽平。”

（6）刑罚。如王明清《挥麈后录》卷二所载：“阅邸报，吴侔兄弟以左道伏诛。”

此外，还有新近制颁的法令条例、三省枢密、六曹、寺、监、司的宣札符牒，以及根据皇帝或宰辅的意见要求条布报行的有关材料。

“邸报”的稿件，大部分是进奏官们从门下省等政府部门抄录来的。抄录的过程，也是选择和采集的过程。就这一点来说，进奏官的这一部分工作带有官报记者的性质。

除进奏官外，宋代宫内的女官内夫人和相当于汉代左右史的门下省的起居郎及中书省的起居舍人，也负有采集、记录和向有关方面提供皇帝起居言行等动态信息的责任。他们有点近似于官报的御用记者。

“邸报”的编辑审定工作，自太宗时期成立都进奏院起，即由中书省、门下省的检正、检详官负责，后来又增加了由门下省的给事中负责“判报”这一环节。他们的任务，主要是决定发报稿件的取舍。皇帝和负责传报活动的进奏官，有时也部分地参与这项活动。皇帝的参与，主要表现于对哪些消息应该传报直接下达指示。进奏官的参与，主要表现在传报的环节上。经审定允许传报的稿件，到了进奏官手里，还会做一些筛选和删节。

“邸报”编定后，经由驿递传之四方。宋代的驿递分步递、马递、急脚递、水运步递等几种。南渡以后，为适应军事上的需要，又创设了摆铺制度，有金字牌、急速文字牌等名目，这些都属于快递，用于传递紧急文书。“邸报”属于常程邮件，使用的是一般的步马水递，路上耽搁的时间较长。例如从当时的首都临安（今杭州市）发往安徽广德，就需要 6 天，发往四川则需要一个月。“邸报”发出后，允许传抄和复制，并允许这些复制件以朝报或邸报的名义在社会上公开发售。

宋代的“邸报”是否是印刷的，没有明确的记载。但至少有一部分“邸报”或“邸报”中的一部分材料是用雕版印刷的。

宋代“邸报”的读者，主要是政府官员和一般士大夫知识分子。现存的宋代文献资料中，还保存有不少这些人阅读“邸报”的记载。

为了巩固皇权和维护封建统治秩序，宋代各时期都很注意对“邸报”传报工作的管理。对涉及灾异、军情及朝廷机密等方面的信息和未经批准公布的臣僚章疏，都限制发布。

为了加强“邸报”传报活动的管理，使有关限制传报的禁令得到贯彻，宋代还实行过“定本”制度。所谓“定本”，指的是根据进奏官采集来的各种发报材料，经本院监官编好，送请枢密院或当权的宰相们审查通过后产生的“邸报”样本。进奏官们必须根据这一样本进行发报。宋代的“定本”制度，起始于真宗咸平二年（公元 999 年），当时的规定是："进奏院所供报状每五日一写，上枢密院定本供报。"（《宋会要辑稿》职官二之四五）自此之后，这一制度曾两次取消，一次在神宗熙宁四年（公元 1071 年），一次在高宗绍兴二十六年（公元 1156 年），都没有多久就重新恢复。光宗时期又规定"门下省定本，经由宰执始可报行"（《宋会要辑稿》刑法二之一二五），由此一直沿用到宋末。

"定本"制度的制定和执行，加强了当局对"邸报"的控制，迫使进奏官们只能按照当局允许发布的内容进行传报活动，使"邸报"能够更好地贯彻皇帝和当权派宰辅们的意图，为巩固他们的统治秩序服务。

二、宋代的"小报"和官方对"小报"的查禁

"小报"始见于宋代，是中国历史上最早出现的非官方报纸。和"邸报"一样，"小报"并没有固定的报头和名称。流行于社会上的"小报"也并非出于一人一家之手。"小报"云云，只是当时人对这种类型的非官方报纸的习惯性称呼。

"小报"很可能在北宋初年都进奏院成立以后不久，就以和封建官报相对的民间报纸的面目出现了。

目前能够找到的有关"小报"的最早记载，是《宋会要辑稿》一书中的以下两段文字：

> 真宗大中祥符元年诏："不得非时供报朝廷事宜。令进奏官五人为保，犯者科违制之罪"（《宋会要辑稿》职官二之四五）。
>
> 仁宗天圣九年闰十月十五日诏："如闻诸路进奏官报状之外，别录单状，三司开封府在京诸司亦有探报，妄传除改，至感中外"（《宋会要辑稿》刑法二之一七）。

其中所说的"非时供报朝廷事宜"和进奏官们在官方的报状之外，"别录"成"单状"传发于外的物事，指的很可能就是后来的"小报"。

这以后，直到北宋末年，还可以找到不少类似的记载。其中提到的"肆毁时政，摇动众情"，"传播差除皆出伪妄"，"撰造浮言，诳惑群听，乱有传播"，以及"妄作朝报"叫卖于都市，以"内探录"的名义流传于缙绅士大夫之家的物事，指的很可能就是后来的"小报"。这些记载说明，早在北宋真宗、仁宗时期，首都开封就已经出现了类似"小报"的物事。到了北宋末年，已经逐步形成为一种专业，只是还没有出现"小报"这一称呼而已。

南宋以后，"小报"有了较大的发展。"小报"这一称呼，也开始正式流行。南宋各朝的公私文献中，都有不少关于"小报"的记载。其中介绍得比较详尽的有以下几段文字：

> 方陛下颁诏旨，布命令，雷厉风行之时，不无小人诪张之说，眩惑众听，无所不至。如前日所谓旧臣之召用者，浮言胥动，莫知从来。臣尝究其然，此皆私得之小报。小报出于进奏院，盖邸吏辈为之也。比年事之有疑似者，中外未知，邸吏必竞以小纸书之，飞报远近，谓之小报。如今日某人召，某人罢去，某人迁除，往往以虚为实，以无为有。但朝士闻之，则曰："已有小报矣。"……臣愚欲望陛下深诏

有司，严立罪赏，痛行禁止（周麟之《海陵集》卷三）。

这是有关高宗时期“小报”流行情况的描述。

比来，有司防禁不严，遂有命令未行，差除未定，即时誊播，谓之小报。始自都下，传之四方。甚至凿空撰造，以无为有，流布远近，疑悟群听……人情喜新而好奇，皆以小报为先，而以朝报为常，真伪亦不复辨也（《宋会要辑稿》刑法二之一二三）。

这是有关光宗时期“小报”流行情况的描述。

其有所谓内探、省探、衙探之类，皆衷私小报，率有漏泄之禁，故隐而号之曰新闻（赵升《朝野类要》卷四）。

这是有关理宗时期“小报”流行情况的描述。

上引的三段文字中，第一段对“小报”在社会上风行的情况描述得十分生动。第二段对“小报”传发的过程和发行人的情况介绍得十分具体。第三段的字数虽然不多，但提出了“小报”和所谓“内探”“省探”“衙探”的关系，并且第一次把报纸和新闻这两个名词联系了起来，都很值得注意。

根据以上的引文和宋人的有关记载，可以把“小报”的基本情况归结为以下几点：

（1）“小报”是一种以刊载新闻和时事性政治材料为主的不定期的非官方报纸。没有固定的报头和固定的名称。“小报”和“新闻”都是当时读者对它的习惯性称呼。

（2）“小报”肇始于北宋，盛行于南宋。北宋以前的“小报”只是偶尔以“别录单状”“妄作朝报”之类的方式出现，还没有专业化。南宋以后，才逐渐形成为一种职业，社会上开始有了一些“专以探报此事为生”的人。

（3）“小报”的发行人包括邸吏（进奏官）、使臣（地方各州军郡临时派驻首都的官员）、在省寺监司等政府机关内工作的中下级官员和从事书籍印售工作的“书肆之家”。应“小报”发行者的请托，在各处访录朝廷信息的，有所谓的“内探”“省探”和“衙探”。“内”指的是大内，即皇帝居住和处理政事的地方。“省”指的是尚书省、中书省、门下省等中央一级的政府机关。“衙”指的是寺监司等省以下的一般政府机关。“内探”“省探”“衙探”是指在上述那些地方为“小报”探听和访录新闻的人。这些都是“小报”新闻的重要提供者。

（4）“小报”的内容主要是：“今日某人被召”之类的朝廷动态报道；“某人罢去，某人迁除”之类的官吏任免消息；皇帝的谕旨诏令；“朝廷大臣之奏议，台谏之章疏，内外之封事”等时事性政治材料。和官报比较起来，“小报”的内容有两个特点：第一，消息比较灵通，新闻的时效性较强。第二，所发表的大多是中枢部门还没有公开的“朝廷机事”。由于“小报”的消息经常“以虚为实，以无为有”，传报时又从不认真核实，因此难以做到十分准确。在一些“小报”中，还出现过“撰造”“妄传”和“伪撰”等现象。

（5）“小报”有手写的，也有印刷的。宋代文献中就有不少关于“小报”“印卖都市”，“镂板鬻卖，流布于外”，“京城印行，绕街叫卖”的记载。北宋以来，社会上对

“小报”的需求越来越大，“小报”的发行量不断增加，“小报”的专业化和商品化的程度不断提高，在此情况下，部分“小报”采取印刷手段进行复制乃是其发展的必然趋势。“小报”的发行者中就有掌握印刷设备的“书肆之家”，因此，采用雕版印刷的方式来复制一定数量的“小报”是完全可能的。

（6）“小报”的读者范围很广。有京官，也有地方官和一般的士大夫知识分子。皇室成员和社会上关心朝廷政事的人，也有不少是“小报”的热心读者。

从以上归纳的情况可以看出，“小报”是一种从 11 世纪初叶起就风行于当时社会的民间报纸。这种报纸为读者提供了不少官报所不载的文件和新闻，满足了人们对朝廷人事变动和政事活动消息的需求，成为“邸报”的一个重要补充。在传报一般消息的同时，“小报”也经常为政府官员中在野的一派所利用，刊载一些对当权者不利的消息和时事性政治材料。

“小报”本身并没有言论，只是通过所选刊的文件和消息来表示它的倾向。“小报”之所以受到重视和欢迎，是因为它突破了官方对新闻传播的垄断和封锁，打破了官方“邸报”的一统天下，满足了一部分士大夫知识分子对朝廷政事信息的需求。

“小报”的出版，触犯了封建统治者的议论朝政之禁和新闻泄露之禁。“小报”对封建统治集团内外政策及其当权人物所进行的指责和攻讦，更使他们难以容忍。因此，“小报”的发行人自始就被指为“奸人”“无图之辈”和“不逞之徒”。“小报”也一直被指为“造言欺众”“乱有传播”“骇惑听闻”的非法出版物，受到各时期封建政府和当权派官员的查禁。

宋代封建统治者为了查禁“小报”，曾经颁布过很多诏旨和法令。北宋时期还没有制定出专门的条例，但已经有了不少限制“小报”出版和查缉惩治“小报”发行人的规定。如仁宗时规定“听人告捉，勘罪决停”（《宋会要辑稿》刑法二之一七）。徽宗时规定“令开封府立赏一百贯，许人告捕”（《宋会要辑稿》刑法二之一七）。南宋以后，由于“小报”的发展迅速，社会上“以‘小报’为先，以朝报为常”，引起了当局的注意，这才加强了对“小报”的限制，并陆续颁布了有关“小报”的禁令。孝宗、光宗、宁宗等朝，都颁布过不少限禁“小报”的条款。对“小报”的惩治越来越重，由一般的“听人告捉”“密切根捉”发展为“当重决配”和“重作施行”，由一般的“当议编配”发展到“编管五百里”乃至“流二千五百里”，而且增加了杖刑，赏格也有所提高。

在查禁“小报”的同时，宋代的封建统治者还加强了对进奏官和使臣们的管理和监督。禁止各地进奏官“伺察朝政”“听探事宜”，并对进奏官实行五人联保互相监督的制度，以限制“小报”的发行。但终宋之世，“小报”始终没有被完全禁绝。这说明“小报”能够满足一定的社会需求，它的发行得到了社会的支持，因而是有一定的生命力的。

宋代的“小报”起始于北宋时期的宋真宗大中祥符元年，即公元 1008 年，距今已 1 000 多年。这是政府内部发行的“邸报”之外的中国民办新闻事业的开端，也是世界新闻事业的开端。它比西方社会最早的报纸早了近 400 年。世界新闻事业的历史，准确地说，是从中国开始的，公元 1008 年前后出现的北宋时期的“小报”是它的源头。

三、宋代的其他传播活动

由于交通便利和印刷术的普及发达，两宋时期社会上的各种传播活动也十分活跃。被誊写或印刷复制后广泛传播于社会的，除官办的“邸报”和民办的“小报”外，还有榜文、檄文、诏书、大臣章疏、边报、传单、名人诗文、科举范文、出自名家的书信、制词、行状、碑传、铭志，以及出自临安、福建、四川等地书肆的各种版本的书籍。其中所传播的，既有政治和军事方面的信息，也有大量的文化方面的信息。

在上述的各项传播活动中，最值得注意的、影响最大的是所谓的“榜”。“榜”是一种由政府部门发布的、以张贴的方式公布信息的新闻传播手段，其形式类似唐以前的布告。但宋代的“榜”，其提供信息之及时，使用频率和受百姓关注程度之高，都远超汉唐。和汉唐时代的布告一样，宋代的“榜”，通常是用来公布法令的，但也经常用来公布希望公众尽快知道的诏旨、章奏和赏功罚罪等方面的事宜。非常时期，也用来及时向公众公布战讯和公众关心的朝廷政事消息。“榜”的张贴地点视读者的对象而异，大多在居住密集、过往人等较多的内外城门口和市镇的商业繁华地区，即所谓的“州县城郭乡村要会处”（《宋会要辑稿》刑法二之八十三）。在北宋时代的首都开封，多数张贴在皇城的东西垛楼和宣德门外。南渡以后的临安，则多数“揭于通衢”，或张贴于接近宫廷和中枢部门的朱雀门外。

北宋末年，金军兵临城下，首都开封被围的那一段紧急时刻，“榜”曾经被当局用来作为一种紧急公布战况、传播和沟通信息的重要媒体。

两宋时期的商业传播活动，也有比较大的发展。使用最普遍的是用棉纺织品制作的悬帜和用竹木等原料制作的牌匾。从保存至今的宋代画家张择端所作的著名的《清明上河图》中，就可以看到北宋时期东京汴梁城内这一类悬帜和牌匾广泛使用的情况。据有人统计，画面上仅城东十字街口附近，就有各类商店设置的各种牌匾和悬帜达 30 余个之多。宋代话本《京本通俗小说·碾玉观音》中，也有在当时的潭州城内发现介绍碾玉匠人和他的作坊的牌匾的描述。尤其值得提出的是，北宋时期已经出现了纸质印刷的商品广告。现存中国历史博物馆的北宋时期署名济南刘家针铺制作的一块介绍该铺产品的广告铜版，就是这方面的一个重要物证。这是世界上最早的供印刷用的商品广告母版，它说明早在一千多年前，中国已经有了印刷的商品广告了。

第四节　元代的新闻传播活动

元代的国祚很短，从始建国到被推翻，只有不到百年的时间，还没有来得及建立全国性的官报发行体制。

一、元代官方的信息传播

元代的政权得之于马上，加上疆域十分辽阔，因此驿传制度非常发达，设有站赤和急递铺之属。据《元史》记载，“每十里或十五里二十五里则设一铺”，“每铺置铺丁五人”，“遇有转递文字，当传铺所即注名件到铺时刻及所辖转递人姓名置簿，令转送人取下铺押字交取时刻还铺”（《元史》卷一〇一）。这一制度为军情和官文书的及时传送，提供了保证。

但是，迄今为止，还没有看到过元代官报的实物，公私文献中也没有找到有关发行官报的记载。元代的中枢部门实行三省合一，只有中书省，没有门下省。虽然保留了给事中这一官职，但只管记录各部门的奏闻诸事，并无“判报”任务。和唐宋时代的进奏院名称相近的，有一个通政院，隶属于军事部门，也只负责驿传等事宜，没有将朝廷政事“报行天下”的职责。官方的新闻传播活动主要集中于中书省，设有一名正八品的低级官员，负责“出纳四方文移”，即负责官文书的收发工作。有关的政事信息，大部分汇集于中书省，由主管官员上达于最高统治者。地方官员主要通过下行的官文书获知朝廷的信息，没有单独发行的官报。

戈公振在他写的《中国报学史》中曾有元朝有“邸报”的记载，并引周密《癸辛杂识》一书的“邸报既行”一语为证。但周密主要生活在宋末，书中所说的“邸报既行”指的是宋理宗、度宗时期的事，与元无关，不能作为元朝有“邸报”的证明。

二、元代的民间新闻传播媒体“小本”

流行于元代民间的新闻传播媒体，主要是“小本”。这种“小本”由民间私自雕印发卖，内容主要来自朝廷方面的政事消息。《元史》刑法四所载的“但降诏旨条画民间辄刻小本卖于市”（《元史》卷一〇五）的禁止条例，所限禁的就是这一类“小本”。从内容、形式和发行的方式看，这种“小本”很可能就是宋代“小报”的延续。

和宋代比较起来，元代的言禁更严。据《元史・世祖本纪》《元史・英宗本纪》及《元史・刑法志》记载，“讹言惑众”有禁，“妄言时政”有禁，“诽谤朝政”有禁，“诸人臣口传圣旨行事者”有禁。太宗时期还曾经有过“诸公事非当言而言者，拳其耳，再犯笞，三犯杖，四犯论死”（《元史》卷一）的禁令，说明类似宋代“小报”的这种以传报朝廷政事信息为主的“小本”，其编印和发行都是私下进行的，是不会太顺利的。

三、元代社会上的其他传播活动

中国的印刷术发展到元代，已经达到了相当高的水平。利用印刷和其他手段来传播信息的活动十分普遍。

属于学术思想信息方面的，有大量出自杭州、建阳、平水等地的各种版本的书籍。这些书籍，有雕版印刷的，也有活字版印刷的，字体扁方圆活，使用单色或朱墨两种套色，印刷十分精美。保存至今的这一类元版书籍，早已成为公私图书馆中的珍本和善本。

属于科举信息方面的，有印刷发卖新科进士名录和登门报录之类的活动。前者见于记载的，有元人陶宗仪《辍耕录》中的“各行省乡试则有人取发解进士姓名……锓梓印行，以图少利”一段话。后者屡见于关汉卿等人所作的元杂剧，称为报登科，是一种及时向事主通报中举消息的报录活动。

属于经济信息方面的，则有大量印刷散发的商品广告。1985 年湖南省文物工作者在沅陵县城郊双桥村一号元墓中发掘出来的一张商品广告，就是其中的一个例子。这是一张由生产匙筋和油漆的作坊印发的广告。这座作坊的地点在潭州，即今长沙。

元代新闻事业的发展情况一直为学者所关注。其中的代表性人物是安徽大学的孔正毅和比利时根特大学的李漫。孔教授曾在元代的公私文献和元人的诗文集中找到了一些提到“邸报”，以及和“邸报”相近的“朝报”“京报”“除目”等名目的文字和诗句。但是否确指当时的官报，还有待进一步论证。

第五节　明代的新闻传播事业

明代新闻传播活动比较活跃和繁荣，主要分为官方报纸和民间报纸两个部分，都有相对比较成熟的组织制度和传发流程，也有其他的传播手段和路径，明朝还留存有目前最早的报纸实物。

一、明代官报的抄传和发行制度

明代的官报由封建中央政府统一安排发布和抄传等事宜。发自首都的官报，仍被习惯地称为“邸报”。

明代“邸报”的抄传和发行工作主要通过三个环节。

首先是通政司。通政司以通政使为主官，官级为正三品，相当于各部的侍郎。通政司的任务，据《明史·职官志》的记载，是“掌受内外章疏敷奏封驳之事……凡在外之题本、奏本，在京之奏本，并受之，于早朝汇而进之”。来自地方和在京臣僚们的章奏，除极少数由内臣和鸿胪寺的官员代收外，绝大部分必须经过通政司。通政司主官通政使往往由皇帝直接任命。英宗以后各朝的通政使这一职务，大多为当权的首相或宦官所把持，用以控制臣僚章奏呈留出纳这一环节。可见在中央政府中，这是一个至关重要的部门，是朝廷政事信息的总汇。

其次是六科。六科指吏、户、礼、兵、刑、工六科，共设七品的给事中十二人，其职能是“掌侍从、规谏、补阙、拾遗、稽察六部百司之事。凡制敕宣行，大事复奏，小事署而颁之……凡日朝，六科轮一人立殿下，珥笔记旨……凡大事廷议，大臣廷推，大狱廷鞫，六掌科皆预焉”（《明史》卷七四）。可见六科官员的级别虽然不高，但管的事很多，而且经常参与朝廷的各项重大政事活动。

在六科的众多职掌中，和“邸报”的抄传活动关系密切的有两点。其一是将皇帝看过的、作了批示的、同意发布的臣僚们的章奏，公开发抄，供在京各衙门互相传报，供“邸报”抄传。其二是负责记录皇帝接见大臣时的谈话和指示，经由“邸报”发布出去的皇帝谕旨，有很大一部分即来源于此。从某种意义来说，六科的官员们还承担了采集、记录和为“邸报”提供皇帝谕旨的作用。

最后是提塘。明制，各省都派有提塘官长驻京师，担任军情和各项文报的呈递下达等任务。提塘还有一项任务，就是抄传“邸报”。沈德符在《野获编》一书中所说的“今天下一家……巡抚及总兵官俱有提塘官在京师专司‘邸报’”（《野获编》卷二四），是关于明代提塘官从事“邸报”抄传活动的最早记载。明代不设进奏院，没有进奏官，提塘官所从事的工作十分接近于唐宋时代的邸吏或进奏吏。提塘的办公地点通称提塘报房，简称报房。

经由提塘报房发出的官报，通称“邸报”。“邸报”的各项内容，是提塘官们从六科发抄的各项谕旨和章奏中摘抄出来的。摘抄出来以后，还要经过以下几个步骤，才能传发到各地读者的手里：（1）复制，由在京各提塘报房分头进行。（2）通过塘马和驿站传送到各省城和总兵官驻地，分送给省城或驻地的主要军政官员。（3）由省城的有关人员复制后，分送给省城各衙门的一般官员。（4）由省城负责抄报活动的专业人员抄出，经驿传分送各地方府县衙门，转给府县长官。明代政府机关的省以下各级在职官员们，就是通过以上的这些环节，分别看到“邸报”的。通政司汇集各类章奏和地方上报的消息；六科收集和发布有关的诏旨和章奏；提塘将这些诏旨和章奏从六科抄出，经过筛选和复制，传发到省，再传到府县，通过辗转抄录，在官绅中传阅。这就是明代“邸报”抄传活动的全过程。

二、有关明代“邸报”的几个问题

明代的“邸报”和唐宋时代的“邸报”一样，也有很多别名。这些别名，都是当时人对“邸报”的异称。它们之间相互通用，并存于明人著作和明代的公私文献之中。常见的有以下几种：

“邸抄”。有时写作“邸钞”。由此派生出来的，还有“钞报”“科抄”“阁钞”等名目，同属“邸报”的别名。大量见于明清档案馆所藏的明代各朝档案和《李东阳集》等私人著作。

“朝报”。屡见于明人所著的《瞿式耜集》等文集和《牡丹亭》等文学作品。明末人王士祯在《池北偶谈》中所说的“今之朝报，或曰邸报”，也说明了这两种名称在当时是通用的。

“除目”。除，拜官授职；目，条目。两个字合起来，可以解释为任命官吏的名单目录。这是“邸报”的重要组成部分，也是热衷仕途的朝野官绅们最关注的部分。因而“邸报”也被当时人别称为“除目”。

“京报”。因为发自首都，所以也被别称为“京报”。见于俞正燮的《癸巳存稿》和明人所写的传奇作品《鸣凤记》。

明代“邸报”之所以有这么多的别称，是因为这种体制内的“邸报”并没有固定的报头，因此在称呼上不免发生歧异。但有一点是明确的，即发自中枢的官报只有一家，即“邸报”。其他的称呼都是它的别名，不可能是性质不同的另类报纸。

明代的“邸报”，大体上包括以下这样一些内容：

皇帝的谕旨。

皇帝的起居言行和有关皇室的各类消息。

官吏的任免和觐见。

臣僚们的章奏。这是“邸报”中所占篇幅最多、信息含量最大的一部分内容。

军事信息。明英宗土木之变以后，外有瓦剌、后金的侵扰，内有宸濠之乱和邓茂七、刘六、刘七、李自成、张献忠的起义，后来又有清军的入侵。军事方面的信息因此占了越来越大的比重。

社会新闻。据明人文集所载，当时人曾经从“邸报”上看到不少诸如“女子生髭”，“（妇女）化为男子”，“（某地民妇）生二女，一女一眼一耳四齿”，“（某农家圈养的牛生下的牛犊）一身两颈两头四眼四耳两口”之类的社会新闻。

此外，“邸报”中还附有“鼎甲单”，及时报道有关科举方面的最新信息。

“邸报”提供给读者的以上这些信息，主要来自六科发抄的谕旨和章奏。上引社会新闻中的大部分，恐怕大多出自地方官员们的章奏。

明代的“邸报”基本上每日发行。京都和外地的读者接阅“邸报”，也是以日为单位来计算的。大部分“邸报”的外观作书册状，每期出一小册，页数和字数不定，发行数字不详。明代中叶以前的“邸报”，大多是由各级抄报人用手写的方式辗转抄传的。中叶以后，部分“邸报”开始使用印刷。明思宗崇祯末年，才开始有部分“邸报”使用活字版。但直到明王朝终结，“邸报”的复制手段始终是多元的。既有抄写的，也有印刷的，两种复制手段并存。正因为明代的“邸报”长时期大部分是非印刷品，所以在辗转抄传的过程中，很容易被抄传者有意识地增减和作伪。《明史·李三才传》《明史·顾宪成传》和顾亭林的《亭林文集》中，都有关于当时“邸报”对所刊文字随意增减的记载。

明代“邸报”的读者主要是政府官员和士大夫知识分子。“邸报”是他们获知朝政和了解国家大事的重要手段。不少士大夫知识分子还注意收藏报纸，作为修史和从事文学创作的参考资料。

近期山西两位集报爱好者分别提供了一份“邸报”原件①，它们均为刻本。其中一份刊刻于明穆宗隆庆五年（公元 1571 年），十页，两面印刷，共二十面。内载进士题名碑录内容，涵括该年同科进士的科第及姓名、籍贯、社会身份等个人信息，计一甲赐进士及第三名、二甲赐进士出身七十七名、三甲赐同进士出身三百一十六名，信息齐全、内容系统。这是目前所见中国最早的印刷报纸，而且它有正式的“邸报”名字，从刊刻质量上推测有可能是官方报纸。另一份“邸报”是明神宗万历三十五年（公元 1607 年）出版的，内容也是关于进士的信息。

三、明代的民间报房和抄报行

明代中叶以后，首都北京等地的民间新闻传播活动日趋活跃，开始出现了民间的报房和从事抄报工作的专门行业。

这一情况，见于明人的以下一些文字。

其一：“近日都下邸报有留中未下先已发钞者，边塞机宜有未经奏闻先有传者……报

① 1571 年隆庆“邸报”的收藏人为山西介休严永福，1607 年万历“邸报”的收藏人为山西晋中苗世明，这两份“邸报”已由方汉奇教授确定其真实性。

房贾儿博锱铢之利，不顾缓急。当事大臣，利害所关，何不力禁？”这段话见于于慎行的《谷山笔麈》卷十一的《筹边》一文。其中的“报房贾儿博锱铢之利”这句话，说明这些报房是民办的，是以盈利为目的的。于慎行的这篇文章写于万历十九年（公元1591年），所记的当是万历年间的事。

其二：“何甥来，云送邸报为业。余乃送之至李子木，令其服役焉。”这段话见于祁佳彪崇祯五年（公元1632年）三月初一的日记。祁佳彪是明末著名的抗清大臣，当时在北京任御史，是个京官。何甥，据同月十七日日记，是他姐姐的儿子，名光烨。这段日记说明当时已有人以“送邸报为业”，姓名也保存了下来。这是中国新闻史上第一个有姓名可考的和“邸报”发行活动有关的人。

其三：“劝廉须养廉。国朝制较前朝稍薄，京秩官视外吏最冷，凡就列鸳行，爵不论崇卑，总不能无车马衣服之具，薪水班皂之需，俯仰蓄事之供，舍馆邸钞之费。”这段记载见于明清档案馆收藏的崇祯九年（公元1636年）《兵部为恭陈六要等事》题奏稿，是吏部都给事中颜继祖的一段话。其中把“邸钞之费”列为京官们的日常开支项目之一，说明当时已经有了一批收费的报房和付费订阅“邸报”的读者。

其四：“今查得宛大二县原编一百三十二行，除本多利重如典当等项一百多行，仍行照旧纳银，如遇逃故消乏，许其告首，查实豁免外，将……豆粉行、杂菜行、豆腐行、抄报行……共三十二行，仰祈皇上特赐宽恤。”这段记载见于担任过宛平县地方官的沈榜的《宛署杂记》，出自沈书所引的万历十年（公元1586年）四月户部尚书张学颜的一份题奏。从中可以看出，“抄报行”当时已是京师所属宛平大兴两县辖区内的一百三十二行之一，而且是利薄的行业，在税收上得到过一定的减免待遇，同时也说明抄送“邸报”这一职业最晚在万历年间就已经是一项公开的社会行业了。

有人以经营报房“博锱铢之利”，有人以“送邸报为业”，有人定期地向送报人支付“邸钞之费”，社会出现了“抄报行”这一公开的行业，并因利薄而受到官方减免税费的待遇。这就是以上引文所透露出来的信息。这些信息为明代已有民间经营的新闻事业，提供了充分的证明。

明代早期的民办报房，多数情况下，是从官方的提塘报房分离出来的。民办报房问世后，它的官方消息仍然得自六科或间接地得自提塘报房。因此两类报房所抄发的官方消息内容大致相同。它们所发行的报纸，都被称为“邸报”。官报的那些别名，也通用于民间报房所出的那些报纸。

2008年12月在北京潘家园发现的一份明代“邸报”原件，则给我们提供了一个上述民办报房“邸报”的实实在在的物证。这份“邸报”只存一个单页，出版于明熹宗天启七年八月二十五日（公元1627年10月3日），雕版印刷，长宽36厘米×14厘米，页面的顶端有从右到左横置的“邸报”两字。正文竖写，共13行，每行25字至28字不等。内容是当日颁发的三条“上谕”。一条是对温体仁“奏请酌保出力人员折”的批示；一条是有关“徽宁国府知府员缺，着高时明补授”的任命；一条是就“顾□谦奏拿获拒捕匪徒审办折”的批示。可惜的是没有注明出版的报房堂名和地点。这是迄今为止能够看到的最早的民间报房印发的“邸报”。[①]

① 这份“邸报”现归集报家范光永收藏。经鉴定，属雕版印刷的报纸。

除抄传和发行“邸报”外，民间报房还从事报录、印卖缙绅录、鼎甲单，出版临时编印的时事小本等类的活动。通过这些活动，为受众提供信息服务，增加收入。

民间报房所发行的“邸报”和报帖，最初都是手抄的，所以才有“抄报人”“抄报行”和“邸报抄传”等说法，但不排除个别发行量比较大的时事性政治材料使用印刷手段。万历到天启这一段时间，估计仍是手抄和雕版印刷两种方式并存。崇祯末年，才出现了活版印刷的报纸。

北京是当时民间报房最集中的地方。此外，不少省会和大一点的府县如江陵、苏州、杭州、绍兴等地也出现过民间抄报人所办的报房。明代民间新闻事业的发展和萌芽状态的明代资本主义经济的发展，有一定的联系。民间报房和抄报活动比较活跃的地区，往往也是商品经济比较发达的地区。但明代的民间报房和它们所发行的报纸，并没有为商品经济的发展提供更多的经济方面的信息，本身的商品化程度也不高。这些报房所发行的报纸，仍然在为封建的经济基础服务。这也许正是当时的封建统治者容许它们公开存在并在税费上给以“宽恤”的一个原因。

四、《万历邸钞》《天变邸钞》和《急选报》

明代“邸报”的原件，多数已经无存。被保存下来的，只有零星的残页，以及当时人的摘抄本和被某些明人书籍当作附录保存下来的当时“邸报”刊载过的文字。前两者如前引新近发现的“天启邸报”的残页，现存台北的《万历邸钞》抄本，后者如被收入金日升的《颂天胪笔》等书的题为《天变邸钞》的那段文字。

明抄本《万历邸钞》共 32 册，原藏吴兴刘氏嘉业堂藏书楼。此书后来被运到台湾，为台北“中央图书馆”收藏。北京图书馆藏有它的传抄本 18 册。台北收藏的那部分，1969 年由台北正中书局影印，分 3 册出版，目前流行较广的就是这一影印本。

《万历邸钞》的抄本未署原抄录者的姓名。因为入藏以前经过辗转传抄，抄手不止一人，笔迹也不止一种，原抄录者是一个人还是几个人，已无法判断。抄本所抄万历年间的“邸报”，时有间断。因此，并不是万历一朝“邸报”的全貌。

这部抄本是将万历一朝的“邸报”按照时间的先后顺序摘录而成的。抄录者在摘录的过程中，作了一些编辑整理的工作，包括删节，增加了一些“摘由”，增加了一些注释性的说明和适当地作了一些综合。这部抄本确实保存了大量的当年“邸报”的原文，但并不全都是原文。因此，它只是部分地反映了当年“邸报”的面貌。

明代的士大夫知识分子当中，有不少人是有抄录“邸报”习惯的。目的在于了解朝政和积累材料。顾炎武的嗣祖顾绍芾就是其中的一个。从万历四十八年（公元 1620 年）到崇祯七年（公元 1634 年），他一共抄了 14 年的“邸报”，后来分订成 25 册，留在家中。抄录的方法，据顾炎武的回忆是：“阅邸报，辄手录成帙。”又说：“手录邸报，止纪大事，其迁除月日，多有未详。”[①] 可见当时每一个“邸报”的抄录者，都是根据自己的兴趣和需要来抄报的。各人抄的详略程度不同，而且都必然有所取舍。《万历邸钞》的原

---

① 尹韵公．中国明代新闻传播史．重庆：重庆出版社，1990：166.

抄录者大约也是这样的。

《天变邸钞》是被一些明人的文集当作附录保存下来的一篇有关一次特大灾异事件的报道。这一报道，是从当时出版的民间报房发行的“邸钞”（即“邸报”）上转录下来的。

被称为“天变”的这一特大灾异事件，发生在明熹宗天启六年（公元 1626 年）五月初六日。中心地点在北京内城西南隅王恭厂火药库附近一带，灾情波及全城及北京周边近百里的一大片地区。[①]《明史》《明实录》《国榷》《天府广记》等书，对此均有记载，但十分简略。“天变”这一提法，始见于明熹宗就此事件发的一则“上谕”，后来被广泛沿用，并把报道这一事件的“邸报”称为《天变邸钞》。“天变”这两个字，很可能是传抄时根据这份报纸的内容加上去的。

报道这次事件的“邸报”，当时曾在社会上广泛流传。不少京内外人士，都是通过阅读这份“邸报”才了解这次事件的详细情况的。由于年代久远，《天变邸钞》的原件已经无存。它的全文，是被当时人和稍后一些时候的人根据原件或传抄件以附录方式辑入私人文集或丛刻间接地保存下来的。

《天变邸钞》全文约 2 000 字。开头部分是这样写的：

> 天启丙寅五月初六日巳时，天色皎洁，忽有声如吼，从东北方渐至京城西南角，灰气涌起，屋宇动荡，须臾大震一声，天崩地塌，昏黑如夜，万室平沉。东自顺城门大街，北至刑部街，长三四里，周围十三里，尽为齑粉，屋以数万计，人以万计。王恭厂一带糜烂尤甚，僵尸重叠，秽气熏天。瓦砾盈空而下，无从辨别街道门户。伤心惨目笔所难述……此真天变，大可畏也。

这一段文字，对这次所谓“天变”的面上的情况作了概括性的描述，有点像一般新闻中的导语。以下的文字，依次为“天变”发生那一刹那各方面情况的介绍，“天变”当天各方面情况的介绍，以及“天变”前 10 天内发生的有关“天变”各种征兆的介绍。时间和地区由近及远，很有点类似今天常用的“倒金字塔”的写法。

这篇报道涉及的时间跨度近一个月；涉及的地区，方圆六七百里；涉及的人物，上自皇帝，中及部院长僚、知府、总兵官等政府官员，下至吏目、蒙师、内侍、一般士绅及太监、庙祝、道士、赤脚僧、巡更逻卒、长班、轿夫、卖棺者等社会各阶层人士；可见编写者在编写前，曾经作过大量的采访和情况汇集方面的工作，是下了番功夫的。

《天变邸钞》关于北京这次灾异事件的报道，并非官方发布的，而是抄报人自己编写的。从这一点看，它出于官方的提塘报房的可能性较小，出于民间报房的可能性较大。它属于临时发刊、大量复印出售、广为传播的那一类民间报房出版的报纸。“邸钞”云云，只是社会上对它的一种泛称而已。

以上两份“报纸”，或为明人的摘抄本，或作为附录被收入明人的文集，都并非当时报纸的原件。

保存至今的明代报纸的原件，除前文提到的新近发现的两份“邸报”和上引的那份

---

① 1986 年 5 月 30 日至 6 月 1 日，北京自然科学工作者和新闻史研究工作者曾联合举办过一次名为“1626 年北京地区特大灾异综合研究”的学术讨论会。参加讨论的专家学者对这次灾异事件的性质看法不一。多数学者倾向于认为这一灾难事件是由地震引起的火药库爆炸。

“天启邸报”外，还有一份就是《急选报》。

这份《急选报》出版于万历八年四月二十二日（公元 1580 年 5 月 5 日），比前引的那份“天启邸报”还要早 46 年。这份报纸现存北京国家图书馆。已故明史专家谢国桢教授早在 20 世纪 60 年代就曾经对它作过考察，说过“盖此即为邸报之一种，草草版刷，以供传阅者”这样的话，但并未引起新闻史研究者的注意。直到 20 世纪 90 年代初，经新闻史学者尹韵公专文介绍后，才受到广泛重视。

这份《急选报》是用雕版印刷的，长宽为 24.6 厘米×14.4 厘米，作“小本”状，共 6 页，以黄纸为封面，左上端印有加黑框的报头，内含“急选报”三个大字和“四月份”三个小字。正文部分以“吏部一本急选官员事，奉圣旨，计开”打头，以下分四栏，逐个刊出被选中的 162 名官员的名单，包括姓名、籍贯和被任命的官职。纸张和印刷的质量都不高，说明是为了抢时间草草印出来的。

这份《急选报》没有注明出版单位和编辑发行人的姓名，但估计很可能是民间报房的产物，是民间报房所出的“邸报”之外的众多“报儿”中的一种。有可能单独发行，也有可能作为附件随“邸报”一并发行。

被保存下来的以上几种“邸报”的抄件和民办报纸的原件，虽然还不能反映明代新闻出版事业的全貌，但已经可以帮助我们窥见明代报纸之一斑，加深我们对明代报业的了解。特别是新近发现的几份“邸报”原件和上述的《急选报》，由于是全世界现存最早的自称为“报”的印刷品，并且为我们提供了实实在在的明代“报”的实物，因此弥足珍贵。

五、明王朝对“邸报”抄传活动的限禁

明代的言论出版之禁历来很严。对新闻传播活动虽然没有专门的法规，但也有很多限制。《明会典》中规定：“若近侍官员漏泄机密重事于人者，斩。常事杖一百。”“若边将报到军情重事而漏泄者，杖一百，徒一年。”“探听抚按题奏副封传报消息者，缉事衙门巡城御史访拿究问，斩首示众。”这些禁令都适用于新闻传播活动。

对“邸报”，明代的封建统治者主要抓的是抄传这个环节。《明史·王应熊传》引给事中何楷言“故事，奏章非发钞，外人无由知；非奉旨，邸报不许抄传”指的就是这一点。由于臣僚章奏在“邸报”中占有很大的比重，控制了这个环节也就基本上控制住了“邸报”的内容。

对“邸报”抄传环节的控制，明代各朝的宽严程度并不完全一致。如宪宗成化年间西厂太监汪直掌权时期，主管方面往往以“泄漏机密”为名，诸多约束，对“邸报”抄传活动的控制就比较严。相对地说，万历年间控制的就比较松一些。由于万历皇帝长期不理朝政，大量的章奏被留中不发，科臣们只好把一些未经皇帝阅览批示的章奏直接发抄，曾因此受到禁止，但时禁时弛，并未穷究。天启以后，由于内忧外患严重，明王朝的形势岌岌可危，对抄传环节的控制又明显地加紧。

从保存下来的明代文献资料中可以看出，天启以后各朝禁止在“邸报”上抄传的，主要是涉及军事、刑狱和朝廷机密等方面的材料。尤以涉及军事方面的文件限制最多。

其结果是“凡涉边事，邸报一概不敢抄传，满城人皆以边事为讳”（文秉《烈皇小识》卷六）。此外，和皇帝及当权大臣观点相悖，公布出去足以涣散人心、动摇统治者权力地位的材料，也在限制之列。

严厉限制“邸报”抄传活动的结果，使很多章奏都不能发抄，使广大依靠“邸报”获知朝政和国家大事的官员和在野的士绅们耳目闭塞，信息不灵，既封锁了敌人，也封锁了自己。

六、明代的其他新闻传播活动

除了“邸报”和报房出版的各种抄印件外，明代还曾经出现过不少其他的新闻传播媒体。其中，属于官方的有塘报和告示；属于官方体制以外的，则有竹筹、揭帖、旗报和牌报等。

塘报是一种由下到上，由地方向中央逐级汇报军情的文报，是有关军事信息的重要传播工具。塘报这一名称中的塘，带有早和快的意思。塘报因此可以解释为有关军事信息的快报。塘报和“邸报”的相同之处，在于它们都是官方的新闻传播工具。不同之处，在于一个是上行，一个是下行。一个供上级特别是中枢部门参考，一个供臣僚们周知。

塘报的前身，是早在汉宋时代就已经出现的边报。明代的塘报发自塘。塘是负责军事侦察和军文书传送工作的基层军事组织。塘与塘之间的距离约为十里。在塘内服役的士兵称塘兵或铺兵，管理塘兵提辖塘务的军官称提塘或提塘官。明末塘站遍于全国，塘兵们除向上级呈送塘报外，还负责一般官文书和“邸报”的传送工作。

经塘兵探访和下级官员们整理后上报的军事情报，即称塘报。明代的塘报无定期，有时数日一发，有时一日数发。篇幅也无定，时多时少。一切视军情的缓急和内容的多少而定。

塘报传报的内容，主要是军事信息。除军情外，个别塘报上还有关于邻国情况的报道。由于塘报在传报军事信息方面具有重要作用，明代的朝野人士对塘报都很重视。负责刺探情况监督文武官员行事的东厂特务们，每天都派人到兵部查看有无新到的塘报。也正因为这样，明末的农民起义军每到一处，都首先“烧驿舍，杀塘卒”，以破坏官方的塘报系统，造成“东西消息中断”（《明史》卷二五二），使官方信息闭塞，耳目失灵。

告示是一种由上而下，由中央到地方，逐级向公众公布信息的官方的新闻传播载体。有时称榜，有时称为告示。告示的发布单位是中枢部门以下的各级政府机关。皇帝和各级政府长官有时也以个人的名义发布告示。发布的目的，是把那些希望庶民们尽快知道的信息及时直接地传播到他们当中去。

告示的内容十分庞杂，包括皇帝及皇室的动态，新制定的各项政策法令，大臣受惩治的情况和重大刑事案件的判决，对百姓们的安抚和有关科举考试方面的信息。告示用纸的颜色、纸张的大小、公布的地点，都有一定的规定，不可逾越。其中有一些告示是印刷的。

明代的告示，就其性质来说，是一种以官方名义发布的公报。发布的目的在于维护政体和稳定民心。它能为公众提供一定的信息，因而具有新闻传播媒体的性质。从某种意义来说，它是“邸报”的一个补充。

竹筹、揭帖、旗报和牌报主要流行于明代的农民起义队伍中，是他们的重要新闻传播手段。

竹筹大约是一种写有各种紧急信息的竹签。万历年间白莲教在畿辅和山东、山西、河南、陕西、四川等地发动起义时曾经使用过。《明史》中就有当时的白莲教领导人“飞竹筹，报机事，一日数百里”的记载。

揭帖的形制近似于近代的小字报或传单。有手写的，也有印刷的。在明末松江地区农民反对当地官僚地主董其昌的斗争中，曾经使用过。在明末起义农民反抗官军围剿的斗争中，运用得更为灵活。李自成、张献忠发布的谴责明王朝的政治檄文，就有一些是以揭帖的方式传播于社会的。张献忠部每到一处，都用揭帖公布政策，并在揭帖上公布赃官和土豪劣绅的名单，鼓励老百姓对他们提出控诉。张献忠派往敌后进行侦察活动的人员，也经常利用揭帖进行瓦解敌人军心的宣传。例如崇祯十三年（公元 1640 年）十一月，明兵部尚书杨嗣昌率兵进驻重庆后，曾散发和张贴大量“招抚谕帖”缉拿张献忠，宣布“有能擒斩者，赏万金，爵通侯”（冯甦《见闻随笔》卷上）。第二天一早，发现自己住所的大堂、厨房、厕所等地，到处都贴满了张献忠派人张贴的揭帖：“有斩阁部（指杨嗣昌）来者，赏银三钱。”（《明史》卷二五二）杨嗣昌竟因此被吓得精神失常，绝食而死。

旗报源于古代的露布，初见于汉朝，大量使用于魏晋隋唐等朝，是一种书于帛，建诸竿，外形类似旗帜的新闻传播工具。一般用来传播克敌制胜的消息，有时也用来发布张皇国威和声讨敌方的政治檄文。明末农民起义者所使用的旗报，就类似于这种露布。旗报通常由专人扛着，骑在马上，在敌前敌后奔驰传送，供沿途的军民人等阅览。上面除了一般的鼓动口号外，还写有起义军的捷报和文告。在鼓舞士气动摇敌军等方面，都起过很大作用。明代驻陕西的三边总督杨鹤在写给皇帝的报告中所说的“贼复欲反，遣人手执红旗二面，大书飞报军情”指的就是这种旗报。

牌报是一种写在木牌上的新闻传播工具。它的形状大小和书写形式没有统一的规定。从现存的明代档案和明史著作中，还可以找到不少有关明末起义农民所发牌报的记载。如：

> 知会乡村人民，不必惊惶。如我兵到，俱公平交易，断不淫污抢掠（计六奇《明季北略》卷二〇）。

这是崇祯十七年（公元 1644 年）三月十六日李自成部起义军自昌平发往北京附近各州县的牌报。

> 今报：长安二府由绥德、汉中高赵西河驿过河，统领夷汉番回马步兵丁三十万。权将军刘统兵十万过河，从平阳北上。又报：皇上统领大兵三百五十十万，七月初二日从长安起马，三路行兵，指日前来。先恢剿宁武、代州、大同、宣府等处，后赴北京、山海，剿除辽左叛逆官兵，尽行平洗。顺我百姓，无得惊遁。永昌元年七月初七日。[①]

---

① 郑天挺，孙钺．明末农民起义史料．2 版．北京：中华书局，1954：458.

这是永昌元年（即崇祯十七年）七月初七日李自成部起义军，从平阳（今临汾）附近发至宁武、朔州、马邑、山阴、应州、大同、宣府一带的牌报。皇上指李自成，这一年已即位为大顺国皇帝，永昌是他的年号。权将军是李部将领中最高的一级，刘即刘宗敏。这时，李部已由北京撤回陕西，正在积聚力量，企图卷土重来。

从目前能够找到的有关文献资料看，牌报是由农民起义军的营、镇、各军都督府和大顺政权的地方行政机构等各级军政部门分别发出的。传报的范围遍及陕西、山西、河南、直隶、湖北、江苏等省。牌报的内容十分庞杂，包括起义军的战报，政策法令和声讨明王朝的政治檄文，既为读者提供新闻信息，又在他们当中进行宣传鼓动，目的在于通报情况，壮大声势，安定民心，瓦解敌人。在传播有利于自己的信息和对敌斗争方面，都曾发挥过很大的作用。

此外，流行于明代社会借以传播信息的载体，还有具有揭发、诋毁、煽情性质的匿名揭帖；以报帖、招子、招牌、榜文、报条形式出现的各种各样的民间广告；刻意创作编造出来的政治歌谣；公开和私自刊印的大量书籍；等等。这些载体于散布政治和商业信息之余，也往往表达了一定的民意，起了一定的社会舆情宣泄的作用。

第六节　清代早期和中期的新闻传播活动

清军入关后，参考明代官报发行的体制，继续在全国范围发行“邸报”。

一、清代的官报和官方的新闻传播活动

清初的顺治、康熙、雍正三朝的公私文献中，都有不少关于当时“邸报”的记载。清代官报的发布方式、发行渠道和明代的十分接近，即经由通政使司、六科、提塘三个环节。

通政使司是收受臣僚章奏的机关。它的职责据《清史稿·职官志》的记载是“掌受各省题本，校阅送阅”。“邸报”刊发的大量章奏，就来源于此。和明代不同的是，清代通政使司的主官通政使，由满汉官员各一人担任，满员的级别高于汉员。由于通政使司的地位重要，担任通政使的官员，特别是其中的满员，历来是皇帝宠信的大臣。《红楼梦》作者曹雪芹的祖父曹寅，就曾经担任过康熙时代的通政使。

六科是发抄皇帝谕旨和臣僚章奏的机关。清初沿明制，六科自为一署，设吏、户、礼、兵、刑、工六科掌印给事中，每科满汉各一人。雍正以后隶都察院，成为院属机关。它的最主要的任务就是负责谕旨章奏的发抄工作。经由六科发抄的主要是明降谕旨和允许发抄的臣僚章奏，称为科抄。

提塘主要负责官报的抄传发行工作。六科发抄的明降谕旨和应发章奏，是由各驻京提塘官抄录传送到地方的。《历代职官表》[①] 卷二十一所说的“国朝定制……谕旨及奏疏

---

① 《历代职官表》为清代永瑢等著，引文中的国朝指清朝。

下阁者，许提塘官誊录事目，传示四方，谓之邸抄”，指的就是这一情况。清代没有设置类似宋代都进奏院那样的统一管理进奏官的专门机构。

清代是皇权高度集中的王朝。官报的抄传发行工作，包括谕旨和臣僚章奏哪些应发抄，哪些不宜发抄，往往由皇帝作最后决定。一般说来，非明降的谕旨，直接发给地方重臣的“廷寄”，以及未经皇帝审阅批示同意公布的臣僚章奏，是不发抄的。虽然呈递上来的章奏很多，但是能够批红下阁经过六科、提塘以“邸报”方式抄传出去的只是其中较少的一部分，估计不到全部章奏的三分之一。

清代的谕旨和章奏的发抄活动，是逐日进行的。官报的发行活动也是逐日进行的。经由提塘传发到各省的官报，有手抄的，也有印刷的。随着发行数量的不断提高，印刷部分的比重逐渐加大。

清代官报的内容，基本上由宫门钞、上谕、臣僚章奏三部分组成。其中，宫门钞部分主要报道皇帝起居、大臣陛见陛辞以及礼宾祭祀赏赐等朝廷动态消息。臣僚章奏部分只选刊少量折件原文，大部分折件只刊出目录，供阅者参考。所有这些材料，大多来自六科。

清代的官报，通常被称为“邸报”，有时也被习惯地别称为邸抄（抄或作钞）、阁抄、科抄、京抄、朝报或京报。几种异称长期并存，互相串用。王士祯《池北偶谈》卷四“朝报”条所说的“今之朝报，或曰邸报”，就是两种称谓相互串用的一个例子。

清代官报的读者，主要是各级政府官员。上自中枢大员，下至知府、县令乃至各级衙门中的小吏，都依靠官报获知朝政，了解京内外各方面的信息。一般的平头百姓则与官报无缘。即使能够看到，也往往受到干涉。清初就有禁止“胥役市贩”阅读官报的记载。可见清朝的官报主要在官僚机构内部流通，是为官员们明悉朝政、维护政体服务的。

二、清代的提塘报房和提塘报房出版的小报

清代的提塘分京塘、省塘两种。

京塘指各省设在北京的提塘。长驻北京的提塘共 16 人，计直隶、山东、山西、河南、江西、福建、浙江、江南、湖北、湖南、四川、广东、广西各一人，陕甘新疆一人，云南贵州一人，河漕一人。这些提塘多为各省的武进士和候选候补守备，由各省负责遴选，由兵部负责管理，和地方及中央政府都保持一定的联系，具有双重领导性质。

在京提塘一般都在自己的寓所设立办事机构，处理日常塘务工作。这些办事机构大多位于北京城南前门大街以西、宣武门大街以东、西河沿以南、南横街以北的这一小片街区内。这里是清代北京经济、文化活动的中心和会馆、商店、剧场、茶楼、酒肆和书店密集的地方。离负责发抄的六科等政府部门也不算太远。大量的塘务办事机构设在这里，既方便工作，也使这一带逐渐发展成为清代北京新闻传播活动的中心。

京塘的任务主要有以下几项：（1）收受和转呈地方上报中央的各类公文，包括地方政府上报中央各部院的文书和地方大员写给皇帝的奏折。（2）收受和下达中央各部院发给本省的一般公文，皇帝发给本省官员的一般谕旨和赏赐品。（3）发行邸报。协助京塘完成上述文书邸报传递工作的是散处于重要邮路干线上的塘兵。

省塘是指驻在各省省会的提塘。这一部分提塘由兵部在所属车驾司、捷报处两衙门中遴选差官担任，分驻直隶、江南、山东、山西、河南、陕甘、浙江、福建、江西、湖北、湖南、广东、广西、四川、云南等省会及黄河运河沿线，共 16 人。担任省塘的都是高级武官，专门负责京省之间官文书和官报的传递工作。

在提塘的各项日常工作中，抄传发行官报即“邸报”占有重要的地位。从清初到清末，驻京提塘向基层官员发行“邸报”这一体制，没有变化。传发“邸报”始终是驻京各省提塘的一项重要任务。

为了及时处理“邸报”的誊录发行等项工作，从清代初年起，就出现了提塘自设的报房。早期的报房，是提塘为了便利“邸报”发行工作自行建立起来的。虽然得到官方的默许，但没有正式批准，直到乾隆年间才取得合法地位。其根据是乾隆二十一年（公元 1756 年）议准的以下一项规定：“嗣后令各提塘公设报房。其应钞事件，亲赴六科抄录，刷印转发各省。所有在京各衙门钞报，总由公报房钞发。”（《钦定大清会典事例》卷七〇三）《清朝会典》也有类似的记载：“各省提塘官设报房，凡钦奉谕旨及题奏等事件，亲赴六科钞录刊刷转发。”可见提塘的报房是奉朝廷之命成立的，因而具有官方的性质。但从报房的业务工作相对独立、报房的工作人员并无一官半职、体制上和各督抚及兵部均无关系、只对提塘个人负责等这些方面来看，又似乎并非官方机构。说它具有半官方的性质，属于半官方的机构，也许更符合它的实际。提塘所办的这些报房，有时也被称为抄房。

提塘通过报房发行到各省的“邸报”，抄写和印刷两种方式都曾经采用过，大部分是印刷的。现存的顺治、康熙、雍正、乾隆、嘉庆各朝的“邸报”，绝大部分都是印刷的。

除发行“邸报”，把六科公开发抄的谕旨章奏和宫门钞之类的朝廷动态消息传报给地方外，清代的提塘官们还曾经发行过一种小报。小报又称小抄，所刊载的主要是提塘官们和提塘报房的工作人员自行采录的消息，目的是为有关省份的官员们提供更多的朝廷消息。

清代的提塘小报，主要见于清初的顺、康、雍、乾四朝。顺治十六年（公元 1659 年）六月直隶山东河南总督张玄锡在奏疏中所引钦差大臣麻勒吉责怪他的以下这段话“前日我们往湖广去时，尔在山东岂不见小报？何为不来迎接”（王先谦《东华录》[①]）是有关清初小报的最早记载。康熙五十三年（公元 1714 年）三月左都御史揆叙在奏疏中所说的“近闻各省提塘及刷写报文者，除科钞外，将大小事件采取写录，名曰小报”（蒋良骐《东华录》）则说明了这种小报和提塘的关系。小报又称小钞，在清朝初年是公开存在的，并没有被当局视为非法。在一般官员们的心目中，它被视为以科钞为主要内容的正式官报的一种补充。

提塘小报受到当局的注意和限制，起始于康熙末年。当时曾经以上谕的方式禁止小报的发行，但没有效果。直到雍正、乾隆两朝一再查处以后，才被完全禁止。

提塘小报之所以受到当局的限制，是因为出现了以下三种情况：（1）先于部文到达地方，泄露了司法机密，影响了对获罪官员的惩处。（2）刊发了严重不实的消息。（3）刊发了未经六科发抄的章奏。

---

① 《东华录》有几种版本，编著者不同，此处只按引文所选版本标注。

属于第一种情况的典型事例，是雍正五年（公元 1727 年）发生的四川按察使程如丝畏罪自杀事件。程如丝因事被参，奉旨着即处斩。部文是雍正五年十月二十九日到达成都的，而刊有程如丝着即处斩的上谕的小抄先于部文五天即十月二十四日即已到达，省城的官员们都已知道，结果还没等部文送到，程就先期自缢而死了。这件事发生后，引起了当局对提塘小报的注意，四川巡抚宪德为此曾上疏雍正，建议“将提塘一项尽行革除”（《朱批谕旨》第 34 册）。雍正没有完全采纳，只是强调了一下今后要设法加以防范，“俾紧要事件不至先期漏泄”（王先谦《东华录》雍正六年二月）。

属于第二种情况的典型事例，是雍正四年（公元 1726 年）发生的报道雍正游园活动失实事件。这一年的五月初五日，雍正曾召住在圆明园内的王大臣十余人，在园内勤政殿侧的四宜堂会面，并请他们吃了过节的粽子，“逾时而散”（《清世宗实录》卷四四）。对这次活动，提塘小报作了如下的报道：“初五日，王大臣等赴圆明园叩节毕，皇上出宫登龙舟，命王大臣等登舟，共数十只，俱作乐，上赐蒲酒，由东海至西海，驾于申时回宫。”（王先谦《东华录》雍正四年五月庚子）其中的登舟、作乐、赐酒、游园等细节全属虚构，时间也说得完全不对头，属于严重失实。当时雍正正在和皇室内的政敌进行权力斗争，对提塘小报这一失实报道十分敏感，认为与政敌们的流言构陷有关，立即批交兵刑二部查办，最后以“捏造小钞，刊刻散播，以无为有”（《清世宗实录》卷四四）的罪名，将发行这一小抄的何遇恩、邵南山两人判处斩刑，于同年秋后处决。这是中国新闻史上因办报获罪被杀的有姓名可考的最早的两个人。

属于第三种情况的事例较多。康雍乾三朝都有这方面的禁令，如康熙五十三年（公元 1714 年）公布的“各省提塘除传递公文本章并奉旨科抄事件外，其余一应小抄，概行禁止”（蒋良骐《东华录》康熙五十三年三月）。雍正六年（公元 1728 年）公布的“其虽非密封，但未经御览批发之本章，一概严禁，不许刊刻传播”（《钦定大清会典事例》卷一〇一七）。这些都旨在限制这一类小抄即小报的刊布。和第二种情况比较起来，这一种情况的处分似乎轻一点。

对提塘报房所出的小报、小抄，清朝当局并没有采取一律禁止的做法，只是对它们的传报活动加以约束和限制，禁止它们传报未经批发的章奏，禁止它们擅自探听和写录科抄以外的时事性政治材料，禁止它们编造不实的报道。其目的在于加强对官报发行工作的控制，堵塞泄露朝廷机密的渠道，避免不利于统治者的信息得到传播。

清代的康雍乾三朝，是文字狱十分严酷的时代，对提塘报房小报的限禁是在这一历史背景下进行的。这其实也是文字狱的一种。经过康雍乾三朝的严厉查处，提塘报房发行小报的活动基本上被禁绝，这以后直到清末，已很少看到有关提塘报房小报的记载了。

三、清代的民间报房与京报

清代的民间报房主要集中在北京。早在清代初年，北京城内就有以私人名义从事抄报活动的人。他们多数是衙门中的低级胥吏，本职工作之余，以刊刻抄发邸报作为自己的副业。见于文献记载的顺治年间的书办茅万懋，就是其中的一个。顺治十三年（公元 1656 年）他因冯应京伪造御批案受到牵连在刑部受审时，曾自称“我是刻报营生之人”，并且说他做的是“刻发报生意”[①]。可见当时确已有人以刻发报纸为业。他们所刻发的报纸主要刊载一般的谕旨和章奏，因而也被混称为“邸报”，但显然带有私营性质，属于民办报纸，并非官报。他们的办报活动，是清代民间报房活动的先声。

由于雍正和乾隆初年都曾禁止胥役市贩阅“邸报”和私抄“邸报”，获准公开发行“邸报”的仅限于提塘及其所设报房，因此清代民间报房的大量出现和盛行，很可能是乾隆中叶以后的事情。保存下来的清代民间报房的报纸大多出于乾隆中叶以后，也证明了这一点。

清代的民间报房是怎么诞生和发展起来的？目前还有不同的说法。其中一种说法认为是从提塘报房中分离出来的。由提塘及其所设报房垄断“邸报”的抄录刊刻发行活动到一部分人分离出来以刻报为营生，进而设立自办的报房刊刻钞报，这也许就是清代民间报房诞生的历史轨迹。

根据有关方面的记载和保存至今的实物，清代的民间报房有名称可考的，以“公慎堂”为最早。国内收藏家收藏的乾隆三十五年（公元1770年）的邸报和日本国立国会图书馆收藏的乾隆三十六年（公元1771年）至嘉庆六年（公元1801年）的邸报，都是这家报房出版的。乾隆三十五年至嘉庆六年为31年，说明这家报房至少有31年以上的历史，是乾嘉时代最有影响的一家报房。这以后直到清末，见于记载和有原报可查的北京民间报房，不下十余家。它们的名号是聚兴、聚升、合成、杜记、集文、同顺、天华、公兴、聚恒、洪兴、永兴、同文、信义、连升、福兴等。其中以聚兴、公兴两家开业最早，都创于咸丰年间。两家报房中又以聚兴报房的历史为最长。从乾嘉到光宣，各时期的报房数量时有消长。多的时候有五六家，少的时候只剩下两三家。它们之间还有类似明代抄报行那样的行业组织，共同维护同业的利益和协调同业间经营管理和资源分配等方面的一些问题。大部分报房都设在正阳门外大街西侧的一些小胡同里，如同顺报房在百顺胡同，聚兴报房在铁老鹳庙胡同（今铁鸟胡同）。以设在铁老鹳庙胡同附近的为最多。铁老鹳庙那一带因此成为清末民间报房报纸发行活动的中心。

北京民间报房所出的报纸，通称京报。这些报房因而也被称为京报房。它们所出的京报，在部分读者中，有时也被混称为邸抄或邸报。

早期民间报房所出报纸，有的有封面，有报头，有的没有，每天一期，每期一册，每册4页至10页不等，每页长宽约为24厘米×18厘米，每册的第一页和最后一页都印有报房的堂名。同治以后各朝民间报房所出的报纸，在形式上有了明显变化。其一，普遍加上了封面，大部分的封面使用黄色连史纸，因而被称为黄皮京报。其二，普遍有了报头。报头通常为“京报”两个字，用木戳蘸上红色的颜料，盖在封面的左上角上，非常醒目。封面的右下角则通常盖有报房的名戳，也用红色颜料，同样很醒目。也有一些报房的京报不用黄纸，改用白纸作封面，上面加印“一品当朝”“天官赐福”等各种红色的图案，也很醒目。

民间报房所出的京报，大多是印刷的。其中一部分用活字印刷，一部分用泥版印刷。用活字印刷的，也不完全一样，有用木活字的，也有用胶泥活字的。光绪末年以后，才

---

① 苏同炳．伪造邸报：记明清两代新闻史特出事件．“中央日报”（台北），1969-04-10；1969-04-11.

开始采用铅印。报房出版的这些京报，全部为竖排，每期的页数和字数不等，多的时候可以达到十几页三五千字，少的时候也许只有三五页千把字。

京报的内容基本上是宫门钞、皇帝谕旨和臣僚章奏三大部分。

宫门钞部分所发表的主要是当天上午或前一天的朝廷重大政事活动，包括皇帝召见某官、某王公、某贝勒、某贝子，官员们觐见、请安、请假、请训、奏事、销差、谢恩、谢赏，各部门奏事，皇帝参加的祭祀、出巡、驻园、出宫、还宫，以及某衙门值日，某日起换季换穿衣帽，旱年得雨几寸，各旗派员看箭，等等。内容庞杂，但文字极为简略，基本上是一句话新闻。

上谕部分主要照发皇帝的某些谕旨。以任免、申斥、褒奖、赏赐之类的居多。发表在这一部分的主要是单发的谕旨。批在臣僚章奏后面的谕旨，则一般仍放在章奏后面，随章奏一道发表。

章奏部分所发表的主要是京内外官员们的题奏。这些题奏都是经过皇帝同意后下阁发钞的，只是全部题奏中的很少一部分。章奏后面的皇帝批示也照登不误。多数章奏都在一期内刊完。内容较重要篇幅又较长的，有时也会刊于两期，未完的部分在稿末加注“此稿未完”等四个字，以资识别。

除上述三部分外，京报上偶尔还刊登过文选单、武选单、鼎甲单和朝审犯人勾到单之类的稿件，为读者提供铨叙、科举和司法等方面的信息。

京报的全部稿件都来自内阁和科抄，没有报房自己采写的新闻，也没有任何评论。编辑工作很简单，把收到的宫门钞、上谕、章奏大体分一下类，照发就行了。无须标点，也不加任何标题。各报房所出的京报因而大同小异。所异的，仅在上谕和章奏的选择上。选哪些，不选哪些，各报房不尽一致，因而各家报房京报的内容稍稍有所不同。这也是那么多的报房京报能够并存的一个原因。

在近代化报纸产生以前，民间报房出版的这种京报是臣民们获知朝政和国家大事的主要消息来源。读者可以从京报所提供的宫门钞、上谕、臣僚章奏和皇帝的批示中，寻找自己所需要的、所关心的和感兴趣的各种信息。

报房出版京报，旨在盈利。报费是它们的主要进项。每月的报费，在以手抄为主的时期，约为一两二钱。实行大量刻印以后，每月报费仅需两钱，后来又调整为三百文，即每份十文。各家报房京报的总发行量，手抄时期大约只有数百本。实行刻印以后数量激增，最多的时候估计能达到一万份左右。京报出版后，即由各报房雇用的送报人直接送给订户。从事这项工作的多为山东人，这与早期的报房多为山东人创办有关。全行业职工的总人数约 200 人。城内的订户，通常在上午 10 时左右就能收到前一天印好的报纸。外地的读者，视路途的远近，大约要几天乃至一个多月才能收到。

报房京报的读者，在清代的早期和中期绝大部分是朝野的官绅和士大夫知识分子，市井小民中订阅京报的只是少数。

清代的民间报房是从一部分提塘报房中分离出来的，开始和提塘及其报房还有一定的牵连，后来逐渐脱离关系，成为完全独立的民间自设的报房和纯粹民营的“私家报纸”。在经营的过程中，它的商品化程度不断提高，但是内容没有多大的变化，和提塘传发的那些官报没有太大的区别，基本上是官报的翻版。在运作过程中，它们严格自律，严格遵守当局的禁令。这也是清朝当局对它们的出版没有加以限制的一个原因。

四、清代的地方新闻传播活动和辕门抄

在清代的地方新闻传播活动中，各地的提塘起了十分重要的作用。清代各省的提塘通称省塘，驻地在各省的省会。除省会外，省内一些大的州府如江苏的江宁、苏州、松江等也都设有府一级的提塘。这两部分提塘，在兵部和地方抚宪的双重领导下，负责辖区内的塘务工作，是官报在当地发行工作的主要承担者。

各省的提塘，除按规定向各衙门发送官文书和官报外，也在省会内就地设立报房，翻印京报向当地的官绅出售。北京和上海的一些大图书馆内，至今还收藏有河南、四川、湖北、江西等省提塘自设报房或塘报局所出的这类京报。这些翻印的京报，公开出售，带有一定的营业性质，已不同于政府机构内部发行的官报。其母本，最初是各省提塘从北京发来的官报。道光咸丰以后，多数改用民间信局从北京附近的良乡发出的京报。后一种京报，比经由塘务系统下达的京报，传递速度快，比北京报人直接送阅的京报发行面广，因而曾经风行一时，被称为良乡报。光绪年间上海《申报》在社论中云："道咸之间，有所谓良乡报者，盖有信局特设于顺天之良乡，例发之京报出京后，由良乡按站雇人接递，省中上官自出资以购买之，而塘饷或裁或减各省不同，要之恶其迟延以示惩罚耳。然良乡报价贵，不易得阅，至有月需三五千钱者，于是省中之提塘又买良乡报而翻印售卖矣。"① 这是对这种报纸出版发行情况的较为详尽的介绍。

除提塘外，地方各省会从清初起就有一些人以个人名义从事新闻传播活动。乾隆三十九年（公元1774年）十二月江苏巡抚萨载在奏折中提到的"卖新闻人杨世荣"和"刊卖告示及捏写谕旨报单之人"胡老八、王添盛等，就属于这一类人。② 其中的杨世荣，活动于安徽的安庆府，胡、王等人活动于江苏的江宁、上元两县。这一部分人有自己的本职工作，抄日报只是他们的一项副业。另外也有一些人，则可能以此为主要的谋生手段。北京以外各地出现的报房，如天津城内的永济、福兴公、协成信、义兴、福昌、天顺等报房，很可能就是由这些人创办起来的。

在地方报房和"抄日报"人所办的各类报纸中，最受官绅们注意的是辕门抄。辕门抄是一种以报道地方官场消息为主的非官方的报纸，出版于各省省会和一些重要的府城，由熟悉当地官场情况的抄报人和报房采写编印发行。

各地辕门抄的出版情况大同小异，广州地区的情况，据美国传教士裨治文在一篇文章中的描述是："蜡版，单面印刷，字迹模糊，每日出版一张。刊载内容无须政府检查。每日黄昏时节，报房派员至督抚衙门，向值班的执事人取得辕门抄，内中列述当日总督大人接见宾客及拜会活动。翌日清晨辕门抄便行出版。"③ 其他各省会所出的辕门抄，也大同小异。以苏州出版的一种最为典型。这种辕门抄每两三天或四五天才出一期，每期

① 论京报贵速不贵迟．申报，1882-03-04.

② 参见乾隆三十九年十二月江苏巡抚萨载奏折，转引自朱传誉．清代压迫舆论研究//先秦唐宋明清传播事业论集．台北：台湾商务印书馆，1988：391-448。

③ 潘贤模．清初的舆论与钞报//新闻研究资料：总第8辑．北京：新华出版社，1981.

一个单页，用连史纸木活字印刷。纸高 23 厘米，纸宽自 20 厘米至 70 余厘米不等，以每期篇幅的多少为定。直行竖排，每行 24 个字。篇幅少的一期仅 15 行，约 360 字；篇幅多的一期，可达 50 余行约 1 200 字。末署出版人的姓名，出版人自编的期号和报房的堂号，但无报头及年号。内容包括上谕、江藩牌示和出版者自行采写的官场消息。上谕部分所占比重极小，也不是每期都有，主要是人事任免之类的谕旨。江藩牌示部分，一般照发牌示的原文，内容主要是省内官员们的差委任免。官场消息部分比较庞杂，包括省内官员们的请假、转假、销假、禀到、辞行、就医、丁忧、起复，某某官衔命到某地公干，中枢或外省某某长官因公或因私抵达省内某地，省籍京官的升黜，省内候补官员的月考期，以及预告某某官员及某某官太太们的寿辰等各方面的消息。有一些消息很明显是抄报人从有关方面采访得来的。而有关官员和官太太们寿辰的消息，则既有抄报人探访得来的，也有那些官员们主动提供的。

类似上述广州、苏州两地辕门抄一类的报纸，其他各省的省会也有，它们和在当地的京报相配合，一个提供中央信息，一个提供地方信息，成为当地官绅了解政情的两个重要渠道。

除翻印京报和出版辕门抄外，清代中叶以后，在一些城市还曾经出现过一些随时出版的单页小报。这类小报没有报名，没有标题，没有固定的刊期，内容往往是政治、军事方面的突发性新闻和有关地震、水旱等自然灾害方面的消息。一事一报，印成单页后，公开发售，其中一些还配有插图。这类小报为读者提供了不少信息，有较强的新闻性，虽然还没有定期出版，还不完全具备报纸的条件，但已突破了旧式官报的模式和京报、辕门抄一类报纸垄断当时报业的格局，受到了读者的欢迎。

五、清代早期和中期的其他传播活动

除利用官报外，清朝的封建统治者还广泛地使用过榜、帖示、告示等传播媒介来发布官方消息。《海东逸史》一书中提到过“南郡亡，北兵至杭……北帅使人以榜至。颖执之，焚其榜”（海东逸老《海东逸史》卷一八)。《明季北略》中提到的“（多铎于各城门帖示云）剃头一事，本国相沿成俗，今大兵所到，剃武不剃文，剃兵不剃民，尔等毋得不遵法度，自行剃之……特示”（计六奇《明季北略》卷九）等就都是有关榜和贴示的记载。它说明这些传播媒介从清军入关初期起，就曾经被广泛使用。从顺治五年（公元 1648 年）所颁上谕中提到的命内三院将降将姜瓖之罪“刊刻告示，晓谕山西各处”[①]，光绪年间所颁上谕中提到的命各省将民欠钱粮征收办法，“刊刻誊黄遍行晓谕，城乡村镇，咸使闻之”[②] 等情节，可以了解到不少官方的告示也是以印刷的方式大量发布的。这些都是报纸之外的面向普通百姓的官方传播媒介。

这一时期的民间报房，除出版发行京报外，也附带出版和发售一些其他的出版物。其中有的是以传播新闻信息为主的，如《谕折汇存》《阁钞汇编》《上谕奏折》《邸报全

---

① 史松，林铁钧．清史编年：第 1 卷．北京：中国人民大学出版社，1985：210.

② 上谕恭录．申报，1884－09－30.

览》《邸抄汇编》《时事采新汇编》等，内容大多取材于京报，是报房京报的汇总和延伸；有的则是以传播文学艺术信息为主的，如以单册的形式出版的唱本和小说等。

此外，由于传统的雕版和活版印刷技术的发展，清初到中叶这一段时期的书籍、年画、历书、商业传单、商品包装纸等出版印刷品，作为文化和经济信息的载体，也大量问世，为清代中叶以后商品广告的发展作了铺垫。

中国古代官办的“邸报”近有1 250年的历史，民办的“小报”有超出千年的历史，民间报房出版的邸抄、京报有近400年的历史。后一部分报纸长期依附于官报，虽有民办之名，但无民办之实，既无评论，也很少来自民间的信息。中国古代的上述两类报纸，虽然历史很长，但从形式到内容都没有多大的变化。它们之所以发展缓慢，固然受封建君主专制制度的影响，但最根本的原因还在于封建自然经济这一基础的制约。鸦片战争爆发以后，中国的封建自然经济被迫瓦解，封建政府的闭关锁国政策被迫取消，持续了近1 250年的中国古代报纸的历史才逐渐地为近代化的新型报纸所取代，退出了历史舞台，宣告了自己的终结。

21世纪的最近10年，由于广大集报爱好者的努力，又有不少明清两代出版的“邸报”原件被发掘了出来。其中，属于明中后期出版的，有山西介休的严永福收集到的一份明穆宗隆庆五年出版的“邸报”和山西晋中的苗世明收集到的一份明神宗万历三十五年出版的“邸报”。上述这两种“邸报”，从外观上，已经和清末报房出版的京报一样，都是有封面，有报头，有页码，有出版的年月日可以稽考，呈长方形的册页状报纸了。在它们之前，还有京津地区的集报爱好者王希宏、范光永收集到的一批明末清初的“邸报”，这些“邸报”有单页的，有成册的，也都有报头和出版日期。其中还有一些是满文的，适应了满族入关主政初期有些不熟悉汉文的满族官员的需要。以上这些，都称得上是中国乃至世界新闻史上的重要文物，也给中国新闻史的研究提供了重要的第一手材料。

学习思考题

1. 中国的新闻传播事业起始于什么时代？中国的古代报纸是怎样诞生的？
2. 前报纸时代的中国新闻传播活动都有哪些特点？
3. 唐代官报的编辑发行工作都有哪些环节？由哪些部门负责？
4. “开元杂报”和“敦煌进奏院状”的性质如何？为什么称它们是中国最早的报纸？
5. 宋代“邸报”的发行制度有哪些特点？进奏官在“邸报”编发工作中处于什么样的地位？
6. 宋代“小报”具有哪些特点？为什么屡禁不绝？
7. 明代官报的发行制度和宋代比较起来有哪些不同？
8. 《急选报》和《天变邸钞》属于什么性质的新闻传播媒体？
9. 清代官报的发行制度有哪些特点？
10. 清代的提塘、提塘报房和民间报房之间的关系如何？为什么说报房办的“京报”不是政府官报？

第二章

中国近代报刊的产生与初步发展

中国近代报刊是从西方引进的舶来品。中国近代新闻史上的众多“第一”都与外国人、外报相关，是他们揭开了中国近代新闻史的序幕。外国人在华办报现象贯穿中国近代新闻事业发展史的始终，直到1949年以后，外报才退出了中国的历史舞台。总体来说，外国人在华办报现象是近代中国百年屈辱在新闻事业史上的映照，是由近代中国半殖民地半封建社会的性质决定的，西方国家在华的势力范围往往就是他们集中办报的地方。

第一节　中国近代报业的开端

欧洲是近代报刊的发源地，近代报刊向世界各地的扩散是西方殖民者侵略扩张带来的一种结果。中国是近代报刊传入较晚的国家，直到19世纪初才有了近代报刊。世界上第一批中文近代报刊由英国传教士创办，最早出现于东南亚一些华人聚居地区，相继有《察世俗每月统记传》《特选撮要每月纪传》《天下新闻》。1815年8月5日在马六甲创刊的中文月刊《察世俗每月统记传》是中国历史上的第一份近代报刊。

一、近代报刊传入中国的背景

中国近代新闻事业的诞生与发展不是在中国古代报刊的母体里进行的，中国近代报刊是一种从西方引进的舶来品，仿自外国人在华创办的报刊，是近代以来从西方传入中国的众多文明事物之一。

中国古代报纸是世界上最古老的报纸形式之一，发展到清前中期已经达到了最高峰，并出现了向近代报纸过渡的些许迹象，但是，由于受到封建专制制度和自给自足的自然经济的限制，它没能突破中国古代报纸的模式，内容仅限于谕旨、题奏、官吏任免和科举等方面的信息。这种只服务于官方信息传播，并仅在封建统治阶级内部和士大夫阶层流行的古代报纸没能直接演进成为近代报纸。

近代报刊是鸦片战争前夕随着西方列强的入侵而传入中国的。鸦片战争前的中国与近代西方资本主义国家突飞猛进的发展形成巨大的反差。文艺复兴、新航路的开辟把欧洲从中世纪拖了出来。西方社会进入资本主义发展时期以后，商品经济催生了规模化、系统化、组织化的新闻传播业，首先是手写传播模式，接着是印刷的近代报刊问世。可以说，西方近代报刊是适应资本主义商品经济的产物。17 世纪以后，西方国家相继爆发资产阶级革命，新兴的资产阶级取代封建统治阶级登上历史舞台。世界意义上的近代报刊就是在欧洲从封建社会向资本主义社会过渡的大背景下产生的。1609 年在德意志地区出现的两种周报被认为是世界上最早的近代报纸。

从 18 世纪 60 年代到 19 世纪三四十年代，英国率先进行了工业革命。此后，其他西方国家也相继经历了这一过程。机器大工业代替了工场手工业，社会生产力得到大大提高。伴随着经济的发展，近代报刊从政党报刊时期走向了商业报刊时期。

工业革命后，欧美各国先后出现了面向社会中下层的廉价报纸。新闻传播的各种功能得到全面体现，报刊成为社会政治经济生活中须臾不可缺少的信息传播和舆论工具。近代报刊从西方传入中国这一历史现象，正是发生在世界报业的商业报刊发展阶段。

欧洲是近代报刊的发源地，近代报刊向世界各地的扩散是西方殖民者侵略扩张带来的一种结果。新航路的开辟把原先彼此隔绝的世界联系起来，同时也造就了西方的殖民国家。17 世纪初在欧洲出现的近代报刊，在随后的 200 多年间，随着西方殖民者的全球扩张，被大面积地移植到世界各地。西方殖民者不仅携带报纸进入被殖民国家，还在所到之处创办了具有宗主国色彩的报纸。曾为殖民地的国家，其首份近代报纸往往都是由西方殖民者创办的，然后才有本土民族报业的兴起，并在此基础上逐渐形成各国的近代新闻传播事业。中国是近代报刊传入较晚的国家，直到 19 世纪初才有了近代报刊。

中国很早就成为西方殖民者觊觎的对象。早在 16 世纪中叶，葡萄牙就租占了我国的澳门。17 世纪，荷兰殖民者盘踞台湾 38 年。工业革命开始后，以英国为首的资本主义列强掀起了殖民扩张的热潮。18 世纪末 19 世纪初，英国加紧了对中国的扩张，商船与军舰、商人与传教士接踵而至，他们带来了商品、鸦片，也带来了《圣经》与近代报刊。中国新闻史上的第一份中文近代报刊《察世俗每月统记传》就是由英国传教士于 1815 年 8 月在马六甲创办的。此后，外国人在华出版的第一批中、外文近代报刊陆续出现了。

中国新闻史上的众多"第一"都与外国人、外报相关，是他们揭开了中国近代新闻史的序幕。外国人在华办报现象贯穿了中国近代新闻事业发展史的始终，直到 1949 年以后，外报才退出了中国的历史舞台。先后在中国办报的国家有葡、英、美、法、德、日、俄等国。纵观外国人在华办报的历史，总体来说，是近代中国百年屈辱在新闻事业史上的映照，是由近代中国半殖民地半封建社会的性质决定的，这些国家在华的势力范围往往就是他们集中办报的地方。

二、英国传教士与第一批中文近代报刊在东南亚的出现

世界上第一批中文近代报刊由英国传教士创办，最早出现于东南亚一些华人聚居地区。18 世纪 60 年代以后，随着国力的增强，英国逐渐成为西方最强大的资本主义国家，它急切需要拓展海外市场。英国在向中国扩张的道路上遇到了障碍，清政府对外实行闭关政策，严格限制中外贸易。随着对华贸易量的增长，英国急需打开中国大门，它曾多次向清政府提出放宽限制、扩大贸易等要求。为了打破清政府闭关自守的局面，在武力征服不具备时机和条件的情况下，便于操作且影响深远的思想征服成为英国的首选良策。

英国率先采用了传教、办学、行医以及出书、办报等方法，向中国人民进行文化意识形态方面的渗透。

英国政府把海外传教与海外殖民紧密结合起来，借助传教士宣扬西方社会的观念，实行思想征服。对于大多数传教士来说，促使他们东来传教的主要动因却不是殖民侵略，而是宗教改革引发的海外传教理想。殖民者所打通的航路和占领的殖民地为传教士提供了传教地点。18 世纪初中期，英国的福音派复兴运动更新了英格兰及其殖民地的宗教生活，改善了穷人的生活，并激发了 19、20 世纪的海外宣教以及福音派的社会关怀活动。[①] 18 世纪末，英国的海外传教团体纷纷成立。1795 年，英国第二个海外传教组织“伦敦布道会”（London Missionary Society）创立，初期以南太平洋群岛土著为传教对象，后来逐渐在亚洲、非洲开展工作。1804 年，设立了中国布道团，并选派同年加入该会的罗伯特·马礼逊（Robert Morrison，1782—1834）来华传教。

马礼逊在伦敦准备了两年多，其间除神学以外，还曾涉猎医学、天文和数学，在伦敦布道会的支持下他曾向伦敦当地的一位华人学习中文。1807 年 9 月，马礼逊绕道美国抵达澳门，成为该会派遣到中国的第一位传教士，也是来华传教的第一位新教传教士。

马礼逊来华前，伦敦布道会委任他三项主要任务：学会当地语言、编纂词典、将《圣经》译成中文。来华之初，马礼逊集中精力学习中文，不到三年就学会了一口流利的中国官话和粤语。在传教过程中，马礼逊发现出版书刊是在华传教的好方式，因为中国地方大、方言多，而文字却是统一的，印刷品比口头宣传更易被接受。

但是，马礼逊出版传教书刊的设想有悖中国的文化政策。当时，清政府严禁外国人在中国境内从事传教及出版活动。基督教传入中国曾经有唐代、元代、明末清初三个时期。16 世纪欧洲的宗教改革运动使基督教有了新教、旧教之分。基督教在明末清初传入时，来华的主要是天主教（旧教）耶稣会传教士。他们采取了适合中国习俗的传教方式，传教工作很顺利，1670 年在华天主教徒约 27 万人。1704 年，罗马教皇宣布禁止中国教徒遵从敬天、祭孔、祀祖等传统习俗，被康熙严词拒绝。雍正时清廷开始明令禁教，乾隆时对传教更是严加取缔。1810 年，嘉庆皇帝发布谕旨：“如有洋人秘密印刷书籍，或设立传教机关，希图惑众，及有满汉人等受洋人委派传扬其教，及改称名字，扰乱治安者，应严为防范，为首者立斩。”[②] 因此，马礼逊的早期出版活动受到很大限制。不过，随后的境况发生了很大变化。1814 年，东印度公司在澳门设立印刷所，主要就是为了印刷马礼逊的《华英辞典》，这是中国境内的第一家西式印刷所。1832 年 11 月，马礼逊在澳门成立了“马家英式印刷所”。马礼逊从 1807 年来华到 1834 年去世，翻译了《圣经》、编纂了词典、编写了宣传基督教义的小册子，并用中、英文出版了大量书籍，种类繁多，影响深远。马礼逊还曾将中国《京报》翻译成英文出版，1815 年由东印度公司印刷所出版的《中文原本翻译》是迄今发现最早的系统翻译《京报》的出版物，内容译自 1813 年 10 月 29 日至 1814 年 3 月 6 日的《京报》。

1813 年，马礼逊的传教活动取得初步进展，英国伦敦布道会派来一位名叫威廉·米

① 雪莱．基督教会史：第二版．刘平，译．北京：北京大学出版社，2004：375－397.

② 麦沾恩．中华最早的布道者梁发//近代史资料：第二册．北京：中华书局，1979：147.

怜（William Milne，1785—1822）的传教士充当马礼逊的助手。1813年7月3日，米怜抵达澳门，1814年初受马礼逊委派去南洋华人聚居地散发中文《新约》等传教小册子。经过8个月的考察，米怜向马礼逊建议在马来半岛的马六甲（Malacca）建立出版基地，因为马六甲周围地区居住着大量华人，与中国很近，与广州往来方便，将中文宣传品从马六甲运到中国并非难事。得到马礼逊的同意后，米怜于1815年重返马六甲，创建了印刷所，并办起了一份中文月刊作为传教的工具。这份中文月刊就是中国历史上的第一份近代报刊《察世俗每月统记传》（*Chinese Monthly Magazine*）。

《察世俗每月统记传》于1815年8月5日在马六甲正式创刊，米怜自创刊起一直担任主编。中国刻工梁发是米怜的主要助手，后来在米怜主持下受洗入教。1823年，伦敦布道会委任梁发为传教士，他成为中国第一个基督教新教传教士。1818年，由马礼逊倡议，米怜在马六甲兴建了著名的英华书院（Anglo-Chinese College）。

《察世俗每月统记传》每月出版一期，每期5页，每面8行，每行20字，木刻竹纸印，全年合订一卷，还印有全年目录、序文和封面，便于读者保存。文句右旁有圈点，并有木刻插图。封面正中标报名，左下角署有“博爱者纂”（“博爱者”是米怜的笔名）。该刊初期月印500册，3年后增至1 000册，最高发行量达2 000册，为非卖品，主要在东南亚华侨居住地区散发，每逢广东省县府乡试时被运回国内与宗教书籍一起分送。

作为一份具有宗教宣传性质的报刊，《察世俗每月统记传》绝大部分内容是阐释基督教教义、介绍《圣经》的文章。但也有一些宣传西方文化与近代科技知识的文字，如介绍蒸汽机、农业技术、急救方法等。至于时事政治问题，《察世俗每月统记传》的前5卷概未涉及，自第6卷起始增设“全地各国纪略”栏目，简要介绍世界各国概况，同时发表时事评论性文章。关于新闻报道方面的内容很少，除了一篇预报性新闻《月食》外，还有一篇记述清道光元年四月初九日（公元1821年5月10日）在马六甲地区祭祀痘娘娘活动的报道，并以西方宗教的观点作了评论。值得一提的是，这篇文章还附有一幅插图《事痘娘娘悬人环运图》，把当时祭祀痘神时的有关场面形象地记录下来，这幅插图是我国报刊史上最早发表的新闻插图。

在传播方法上，《察世俗每月统记传》采取了中国本土化策略，处处附会儒学，将基督教教义与孔孟之道相比附，每期封面上必印有孔子语录一行，比如：“子曰：多闻，择其善者而从之。”为了适合中国人的阅读习惯，《察世俗每月统记传》采用中国书本式，雕版印刷，形状就像一本中国线装书。

1821年12月，《察世俗每月统记传》因主编米怜病重而停刊，共出7卷70多期，累计574页。翌年6月2日，米怜在马六甲去世，年仅37岁。

《察世俗每月统记传》终刊后，正在巴达维亚（Batavia，今雅加达）从事传教活动的英国传教士麦都思（Walter Henry Medhurst，1796—1857），决心继承米怜开创的事业，于1823年7月在巴达维亚创办《特选撮要每月纪传》，并自任主编。该刊每月一期，每年一卷，每期8页，木刻竹纸印，内容为宗教、时事、历史及杂俎等。《特选撮要每月纪传》出至1826年停刊，共出四卷。

1828年，伦敦布道会传教士出版的第三份中文月刊《天下新闻》（*Universal Gazette*）在马六甲创刊，主持该刊编务的是英国传教士纪德（Samuel Kidd，1799—

1843)。该刊用白报纸活字印刷，突破了过去的书本样式，改为散张。虽然是一份宗教性报刊，但其内容包括中外新闻、科学、历史和宗教等各个方面，并以欧洲和中国的新闻报道居多，宗教与道德方面的文章已退居次要地位。1829 年，《天下新闻》停刊。

第二节 鸦片战争前澳门、广州的近代报刊

鸦片战争前，外国人在华出版中文报刊的同时，还创办起一批外文报刊，出版地点在澳门与广州。葡文周报《蜜蜂华报》是中国境内出版的第一份报纸，澳门是中国最先有近代报刊的地方。澳门报刊出版时间一般很短，对中国整个社会的影响不大。从 19 世纪 20 年代起，外国人开始在广州出版英文报刊，对中国社会产生更大影响。在中国出版的外文报刊，一般都以提供情报和新闻信息为主，以外国读者为受众对象。1833 年，外国传教士主办的中文报刊开始在中国境内出版。随着社会形势的变化，这些报刊的宗教色彩渐趋淡薄，而政治、经济色彩则愈加浓厚，新闻传播性质日益凸显。

一、葡文报刊在澳门的出版

外国人在华出版中文报刊的同时，还创办起一批外文报刊，作为他们交流信息和观点的工具。早期，这些外文报刊的种数、出版时间和规模都远远超过同期出版的中文报刊。截至 1839 年，外国人在中国境内出版的外文报刊有 20 种左右，出版时间有的长达十几年甚至二十年之久，但出版地点局限于澳门与广州两地，语言仅为葡文和英文。

中国境内的近代报刊，最早由葡萄牙人在澳门创办。早在 16 世纪中叶，葡人就开始在澳门居住了。基督教新教传教士来华之前，耶稣会在 16 世纪已把澳门看成是天主教在东方传教的中心。当时“任何从欧洲前往亚洲的传教士，必须取道里斯本，并获得里斯本宫廷的批准”[①]。1450 年前后德国人谷登堡发明创造的西方金属活字印刷术，曾深刻地影响了欧洲人的精神生活和文化发展。时隔 100 多年后，这种印刷技术被西方传教士带到了中国。澳门是西方金属活字印刷术最早传入中国的地方，但是，在当时并没有得到广泛的应用，印刷的外文书籍并不多。

对于新闻传播来说，澳门在 17 世纪初就已经具备了出版近代报刊的技术条件。另外，葡萄牙本土的第一份近代报刊《本宫及来自其他国家的新闻专刊》(后被称为《光复公报》)在 1641 年 12 月就诞生了（按照法令 11 月印刷，12 月面向公众发行）。葡人在澳门居住百年后，及至 17 世纪中叶，葡裔居民已由最初的约 400 人增长了 100 倍，几乎达到 40 000 人。[②] 从技术设备、人口条件、社会需求等因素看，澳门的近代新闻事业似乎在 17 世纪中后期，最晚到 18 世纪，就应该产生了。而实际的情况却是，直到 19 世纪初，澳门才有了第一份近代报刊。这与葡萄牙颁布的两项出版法令有关：1737 年颁布的

---

① 龙思泰．早期澳门史．吴义雄，郭德焱，沈正邦，译．北京：东方出版社，1997：174.
② 吴志良．生存之道：论澳门政治制度与政治发展．澳门：澳门成人教育会，1998：85－86.

禁止葡萄牙海外属地（各殖民地）出版的法令；1768 年开始实行的新闻检查制度。出版活动只有在葡萄牙本土才被认为是合法的，海外殖民地不允许有任何出版行为。

1820 年 8 月，葡萄牙国内的立宪党人发动军事政变，推翻帝制，建立了君主立宪制度。1821 年，葡萄牙新政府通过了新闻自由法案。葡萄牙新闻事业的发展在 1820 年革命之后有了第一次大的飞跃，出版了多家政治性报纸。出版禁令解除后，在民主革命的影响下，葡萄牙海外殖民地随即出现了一批报刊。

澳门自开埠以来，居澳葡人逐渐形成了一种自治的机制，居民对澳门城市的治理拥有相当的自主权。到了 1783 年，葡萄牙开始赋予澳门总督很大的管制权力，削弱了居澳葡人对澳门行政事务的管理权。1820 年葡萄牙政变成功后，澳门土生葡人欲借立宪运动夺回澳督手中的权力。在这种背景下，1822 年 9 月 12 日，澳门立宪派的首领巴波沙创办了葡文周报《蜜蜂华报》（*A Abelha da China*）。其后，巴波沙当选澳门总督，执掌临时政府，剥夺了保守派的权力。

《蜜蜂华报》从创刊伊始，就以立宪派机关报和新政府公报自居，站在居澳葡人的立场上为立宪革命的胜利而欢呼。其内容主要刊载政府通告和会议记录，也有不少关于葡中官员处理澳门当地事宜的消息及澳门政情。1823 年 6 月，葡萄牙国内发生了君主复辟，立宪派政府被推翻，政变影响到澳门。同年 9 月，澳门保守派发动政变，建立新政权，大肆逮捕立宪派人士，当众烧毁《蜜蜂华报》，随后接管该报。从第 54 期开始，《蜜蜂华报》便由保守派掌管，一直到 1823 年 12 月 27 日终刊，一共出版了 67 期。《蜜蜂华报》在中国新闻史上的重要意义在于它是中国境内出版的第一份报纸，澳门则是中国最先有近代报刊的地方。

《蜜蜂华报》停刊后，执政的保守派利用其设备于 1824 年 1 月 3 日创办了澳门历史上的第二份葡文报纸《澳门报》（*Gazeta de Macao*，一译《澳门钞报》）。该报以宣传葡萄牙国内保守派的主张为主要内容，1826 年 12 月 16 日因财政问题而停刊。1833 年，葡萄牙本国的立宪派最终战胜了保守派，居澳葡人社会再度活跃起来。此后，葡文报刊在澳门成批出现，如《澳门钞报》（*Chronica de Macao*，又译《澳门编年报》，半月刊）、《帝国澳门人》（*O Macaista Imperial*，三日刊）、《真正爱国者》（*O Verdadiers Patrial*，月刊）、《澳门政府公报》（*The Boletim Official de Governo de Macao*）等。总计起来，在鸦片战争前澳门共有 12 种葡文报刊。[①] 这些葡文报刊，由于澳门当局的专制政治和葡萄牙内部党争激烈，再加上经济困难，因而出版时间一般很短。它们所报道的内容大多是葡萄牙本国和澳门地方问题，对其他中国事务很少有兴趣，因而对中国整个社会的影响不大。鸦片战争爆发后，这些葡文报刊一般都持中立态度，但也有少数持亲华立场。

二、在澳门出版的中、英文报刊

《杂闻篇》（*Tsu-wan-pien* "*A Miscellaneous Paper*"）是马礼逊于 1833 年 4 月 29 日

---

① 林玉凤．中国近代报业的起点：澳门新闻出版史（1557—1840）．北京：社会科学文献出版社，2015：121－129.

在澳门创办的近代中文报刊，也是外国人在中国境内出版的第一份中文报刊。《杂闻篇》为不定期刊物，共出版了 3 期，每期 2 页 4 版，双面印刷。篇幅比 16 开小，13.4 厘米×9.2 厘米，全页不分栏，正文中加入标点。《杂闻篇》在马家英式印刷所印制，以马礼逊购自英国的平版印刷机结合中文活字印刷。梁发曾在广州府试期间将第二期《杂闻篇》400 余份连同其他传教小册子带到广州分发给应考士子，意图向中国人传教。

《杂闻篇》上的大部分内容是宣扬基督教教义的。《杂闻篇》第二期刊登了一篇非常重要的文章《外国书论》，最早介绍了西方活字印刷术和西方报业，并引入了“新闻纸”的概念。

马礼逊于 1833 年 5 月 1 日创办的《传教者与中国杂报》（*The Evangelist and Misellanea Sinica*）[①] 是一份以中、英文两种文字合刊的报刊。《传教者与中国杂报》不定期出版，篇幅比 A4 纸略长，29.9 厘米×21 厘米，每期 2 页 4 版，双面印刷。头版上方为花体报名，报头下有横线，横线左侧为期数，如“No. 1”，右侧为出版日期，如“MAY 1, 1833.”，中间是该报格言，相当于汉语“走向全世界，将福音传播给每一个人”。横线下分左右两栏，英文由左至右横排，中文由右至左竖排。该报同样在马家英式印刷所印制。

《传教者与中国杂报》各期内容主要有中国文化知识、宗教知识及教义讨论、各地消息及评论。消息来源地，国内有澳门、香港、广州及广东其他地区、台湾、四川、北京地区等，此外还有其他国家如朝鲜、英国等，采集方式既有报社人员自采的，也有译自其他报刊（如《京报》）、私人信件、政府公文等文件的。《传教者与中国杂报》只出版了 4 期，因部分内容引起澳门天主教神父的不满，葡澳政府以违反当时“出版预检制度”为由，下令关闭马家英式印刷所，取缔该报。最终，马家英式印刷所搬至广州。

自《澳门报》在 1826 年底停刊后，到 1834 年，澳门的葡文报业沉寂了 8 年多。其间，却有英国人和美国人创办的英文报刊在广州和澳门纷纷出版。1831 年 6 月，澳门东印度公司创办了英文月刊《广州杂志》（*The Canton Miscellany*），该刊是澳门历史上的第一份英语报刊。《广州杂志》的封面是用丝绸做的，内容多涉及文化历史，文章不署名，但均由知名在华外国人撰稿。该刊共出 5 期，从创刊到终刊一直在澳门出版。

三、英文商业报刊在广州的出版

与葡文报刊相比，鸦片战争以前，对中国社会产生更大影响的是英、美等国人士在广州等地出版的英文报刊。从 19 世纪 20 年代起，外国人开始在广州出版报刊，这是外国人在华办报的重要进展。

广州是中国在鸦片战争前唯一准许外国人长住并进行贸易的地方，英文报刊因此首先在广州问世。在华英语报刊的出现很大程度上与中英贸易的迅速增长有关，及至 18 世纪末，英国对华输入值及自华输出值分别占欧美国家两项总值的 90%和 70%。[②] 贸易增长带来的直接影响是人口激增和对商业信息的需求。从 19 世纪 20 年代中期起，英国人

---

① 以往新闻史著述中所说的《依泾杂说》《杂文篇》或《澳门杂文篇》，与《传教者与中国杂报》实为同一份刊物。

② 陈佳荣．中外交通史．香港：学津书店，1987：564.

在广州的势力迅速扩大，30 年代初，300 名在广州定居的外国人中有一半是英国人，出版英文报刊势在必行。

1827 年 11 月 8 日，中国境内的第一份英文报纸《广州纪录与行情报》（*Canton Register and Price Current*）创刊，初为双周刊，4 开 4 版，后改为周刊，逢星期二出版。1828 年，该报改名为《广州纪录报》（*The Canton Register*）。该报由英国鸦片商马地臣（James Matheson，1796—1878）出资创办，美国商人伍德（William. W. Wood，1805—1855）为第一任编辑，撰稿人有马礼逊、施赖德（John Slade）等。不久后，伍德因与马地臣意见不合而离去，改由马地臣和马礼逊担任编辑。《广州纪录报》是一张商业性报纸，货价行情、航运消息占主要篇幅，1833 年还出版过广告商情附刊《广州行情周报》（*Canton General Price Current*，一译《广州市价表》），但也广泛刊登政治时事新闻和评论，有强烈的政治色彩。《广州纪录报》上关于中国的新闻和材料占相当多的篇幅，曾竭力为鸦片贸易辩护，攻击中国官员对外国人傲慢无礼和无视外商利益，主张英国政府对中国采取强硬政策。该报在当时影响很大，读者远及南洋、印度及英美一些主要商埠，自 1835 年起还开始接受华人订户。

19 世纪 30 年代以后，多家英文报刊开始在广州出版，主办者不仅有英国人，美国人也加入了办报行列。其中，英国人创办的报刊主要有《广州周报》（*Canton Press*），创刊于 1835 年 9 月 12 日，周刊，每星期六出版，篇幅较《广州纪录报》多，为广州另一家颇有影响的英文报纸。该报为英国自由贸易派商人所办，在经济上受到颠地洋行的支持，不断抨击东印度公司垄断对华贸易，并与亲东印度公司的《广州纪录报》展开过激烈的争论。但是，该报在鸦片贸易等问题上的主张与《广州纪录报》并无二致。《广州周报》对中国问题非常关注，林则徐在禁烟运动期间组织翻译的“澳门新闻纸”，其内容大多译自《广州周报》。

美国人在广州创办的报刊主要有《中国差报与广州钞报》（*Chinese Courier and Canton Gazette*）、《中国丛报》（*Chinese Repository*）等。《中国差报与广州钞报》是美国人在华创办的第一份报纸，于 1831 年 7 月 28 日创刊，由美国商人伍德创办并任编辑。1832 年 4 月 14 日实行改版，改用简称《中国差报》（*Chinese Courier*）出版，1833 年 9 月底停刊。

英文月刊《中国丛报》第一期出版于 1832 年 5 月 31 日，由美国第一个来华的新教传教士裨治文（Elijah Coleman Bridgman，1801—1861）创办并担任第一任主编。先后在广州、澳门、香港三地出版近 20 年。参加编辑和撰稿工作的有美国人巴驾（Peter Park）、卫三畏（S. W. Williams）以及郭士立、马礼逊等。《中国丛报》得到了西方在华各界人士通力合作的支持，“广州基督教联合会”予以资助，在广州的美国巨商奥立芬（D. W. C. Olyphant，1789—1851）免费提供一座楼房供该报编辑和印刷之用。该刊大量、详尽地报道与评述中国的政治、经济、军事、文化、外交、地理、历史、风俗等各方面的情况，有关宗教的文章却很少。此外，还报道西方传教士、商人在中国和亚洲其他地方的活动，经常讨论对华政策问题，鼓吹对中国采取强硬手段乃至武力侵华。该刊的撰稿人是那些文化素养和社会地位较高的在华外国人，因而其舆论颇为西方社会所重视。由于刊载资料十分丰富，该刊至今仍被中外学术界高度重视。该刊每期约 50 页，销数最高时达 1 000 册以上。

1839 年中英关系紧张，在广州出版的外报向澳门迁移。1839 年 5 月，英文《中国丛报》自广州迁至澳门出版。接着，《广州纪录报》和《广州周报》在英国商务监督义律（C. Ellot）拒绝缴烟、下令所有英商撤离广州声中，先后从广州迁至澳门出版，对中国政府的禁烟措施持敌对立场。鸦片战争结束后，《中国丛报》《广州纪录报》先后迁至香港出版，《广州周报》则在澳门出版到 1844 年 3 月停刊。

以上这些在中国出版的外文报刊，一般都以提供情报和新闻信息为主，以本国读者为受众对象。就其新闻业务而言，采、写、编、评各方面的水平都较高，是其本国新闻事业发展水平在中国的体现。

四、在广州出版的宗教性中文报刊

1833 年，外国传教士主办的中文报刊开始在中国境内出版，将外国传教士在华办报活动推向了新的阶段。一直在南洋徘徊的传教士，终于突破了限禁，在中国境内打开了一个缺口。

1833 年 8 月 1 日，《东西洋考每月统记传》（*Eastern Western Monthly Magazine*）[①] 在广州创刊，每期约十二三页，楷书木刻，连史纸印，中国线装书本形式。创办人和主编是普鲁士传教士郭士立（Karl Friedrich August Gützlaff，1803—1851）。郭士立原受荷兰布道会派遣于 1824 年到暹罗传教，后脱离荷兰布道会，与英国传教士、商人和外交官建立了联系。1831—1833 年，曾三次在中国沿海各地游历，收集情报。郭士立不仅精通中文，能讲普通话及闽粤方言，还十分了解中国传统文化与习俗。他创办《东西洋考每月统记传》，旨在宣扬西方文化的优越、征服中国人骄傲自大的排外心理。郭士立曾说："这个月刊是为维护广州和澳门的外国公众的利益而开办的。它的出版意图，就是要使中国人认识我们的工艺、科学和道义，从而清除他们那种高傲和排外观念。刊物不必谈论政治，也不要在任何方面使用粗鲁的语言去激怒他们。这里有一个较为巧妙的表明我们并非'蛮夷'的途径，这就是编者采用摆事实的方法，让中国人确信，他们需要向我们学习的东西还是很多的。"[②]

《东西洋考每月统记传》虽是一份宗教性报刊，但其所刊载的内容已包括政治、经济、科学文化知识、新闻和杂俎等各个方面，宗教内容已在次要地位，这与它在中国境内出版有一定关系。1834 年 1 月，《东西洋考每月统记传》发表《新闻纸略论》一文，全文 331 字，叙述了报纸的起源、新闻自由和当时西方一些国家的报纸出版情形。

在编辑业务上，《东西洋考每月统记传》文字通俗、文风简洁，长文分期连载，每期还刊有目录以便于阅读，栏目也比较固定。在宣传策略上，《东西洋考每月统记传》注意附会儒学，尽可能与中国传统文化相吻合。封面上印有中国传统格言，如创刊号上印的格言是"人无远虑，必有近忧"，左下角注有"爱汉者纂"四字。

---

① 刊名《东西洋考每月统记传》有时标作《东西洋考每月统纪传》，其中的"记"字标作"纪"字。

② 宁树藩．《东西洋考每月统记传》评述．新闻大学，1982（5）．

《东西洋考每月统记传》1834年出版10期后休刊，1835年2月复刊，出版6期后再度休刊。1837年2月，《东西洋考每月统记传》由“在华实用知识传播会”（The Society for the Diffusion of Useful Knowledge）在新加坡复刊，郭士立、小马礼逊（John Robert Morrison）等任主编，在广州编辑后寄至新加坡，由在新加坡的麦都思交付印刷发行。目前所见最后一期出于1838年7月。

《东西洋考每月统记传》之后，麦都思于1838年10月18日在广州创办并主编了中文月刊《各国消息》。该刊每期3页至8页不等，连史纸石印，助理编辑为麦都思的女婿奚礼尔（Charles Batlen Hillier，？—1856）。该刊的办报方针和内容同《东西洋考每月统记传》基本相似，只是宗教性内容完全消失，主要刊登各国新闻以及航运消息、物价行情等。所谓各国新闻并非真正的新闻，而是各国的历史、地理知识的介绍。1839年5月中英关系紧张，英商与传教士离开广州，《各国消息》随之停刊。

综上所述，自1815年后外国传教士在南洋和中国境内出版的中文报刊共6种，其中出版时间最长的是6年，即《察世俗每月统记传》；在中国境内出版时间最长的是2年，即《东西洋考每月统记传》。这些报刊本质上都是宗教性报刊，其创办人都与伦敦布道会有一定关系，其基本内容，一是阐发教义，二是宣传西方文化。后来，随着社会形势的变化，这些报刊的宗教色彩渐趋淡薄，而政治、经济色彩则日益浓厚。特别是对新闻信息传播的日益重视，使这些报刊的新闻传播性质日益凸显。

第三节　鸦片战争后近代报业在香港的兴起

鸦片战争后，香港继澳门、广州成为外国人在华办报的重要基地。香港的外国侨民跃居全国首位，大批英文报刊在香港先后问世。19世纪50年代，近代中文报业开始在香港出现。在英国统治下的香港，传教士没有出版中文报刊的迫切需要，随后兴起的是中文商业报纸。香港最早的中文商业报纸，大多是从英文商业报纸中孕生出来的。香港中文商业报纸的发展有力地推动了中国新闻事业的发展，并成为其他地区办报的样板。

一、英文商业报纸的率先发展

1841年1月，香港为英国侵略者所占据。此后，大量英国移民涌入香港，使该地区的外国侨民跃居全国首位，为英文报刊的发展创造了条件。1841年5月1日，《香港钞报》（*Hong Kong Gazette*）创刊，为第一份在香港出版的英文报刊。鸦片战争后，香港报业率先勃兴，成为外国人在华办报的重要基地。

自1841年至1860年的20年间，据初步统计，在香港先后出版的英文报刊有17种，加上中文报刊的数目，超过同期全国其他地区出版报刊的总和。1861年以后，香港报刊发展开始日趋落后。无论是报刊的数量还是实际的影响，香港都已不及上海而退居全国第二了。

1842年鸦片战争结束后，大批英文报刊在香港先后问世。1842年3月17日，《中国之友》(*The Friend of China*)创刊，周二刊，小马礼逊等担任主笔。自第 2 期起，该报与《香港钞报》合并，改名《中国之友与香港钞报》，1844 年恢复本名单独发行。该报最初持支持港英政府的立场，1850 年 8 月台仁特（William Tarrant）购得产权并担任主编后，改为持反对政府的立场。台仁特曾因批评港英政府于 1859 年被控诽谤罪入狱，《中国之友》赢得了敢言的美名。该报重视中国新闻，对太平天国作过系统报道，对太平军持同情态度，这在香港外文报刊中是少见的，曾引起舆论界的广泛注意。1860 年，台仁特出狱后将报纸迁往广州出版，1863 年 1 月再迁上海，1869 年停刊。

1843 年，《广州纪录报》由澳门迁至香港出版，改名为《香港纪录报》(*Hong Kong Register*)。该报持反对港英政府的态度，十分重视刊登有关中国的材料，曾将《三国演义》译成英文在报上连载。该报发行至 1858 年停刊。

1845 年 2 月 20 日，《德臣报》(*The China Mail*，又名《德臣西报》《中国邮报》）创刊。该报初为周刊，1862 年 2 月 1 日起改为日报，直到 1974 年 8 月才停刊，历时 129 年，是香港也是中国历史上出版时间最长的英文报纸。《德臣报》的创办人兼主笔为英国出版商肖德锐（Andrew Shortrede），英商德臣（Andrew Dixson）也参加了创办事宜，后独家拥有该报产权。在政治上，该报持亲政府态度，曾获得刊印港英政府公报的合同，成为官方出版机构。

1857 年 10 月 1 日，《孖刺报》(*The Daily Press*）创刊，为香港最早出版的英文日报。该报在政治上对港英政府基本持批评态度，创办人和第一任主编是美国人赖登（George M. Ryden）。翌年，因该报所刊评论攻击怡和洋行，赖登被香港法院以诽谤罪判处有期徒刑 6 个月，其主编一职改由莫罗（Yorick J. Murrow）继任。莫罗的粤语音译为"孖刺"，因而当时港人把这份英文日报称为《孖刺报》，一直出版到 1941 年日军侵占香港后才停刊。

1881 年 6 月 15 日，《香港电讯报》(*Hong Kong Telegraph*）创刊，每晚出版，星期日休刊，由美国人约瑟夫·诺贝尔创办，士蔑斯（R. F. Smith）担任主编，因而该报有《士蔑西报》之称。该报继任主编有英国人亚尔腓列德·希克司等，每期销数约 4 400 份。该报于 1941 年 12 月日本侵占香港时停刊。

这一时期在香港出版的英文报刊还有十几种。其中，《香港政府公报》(*The Hong Kong Government Gazette*）1853 年 9 月 24 日创刊，每周 1 册，由港英政府编辑出版，以刊载港英政府的法令、公告、通告等官文书为主，俗称"宪报"，不在一般报摊上公开出售。《香港天主教纪录报》(*The Hong Kong Catholic Register*）1877 年创刊，半月刊，为天主教教会组织在我国出版的最早的定期刊物。

二、香港中文报刊的产生

19 世纪 50 年代，近代中文报业开始在香港出现，最早问世的是英国传教士创办的《遐迩贯珍》(*Chinese Serial*)。

鸦片战争前，一般来说，外国人难以进入中国内地，只被允许居住在广州和澳门。1842 年《南京条约》签订后，中国割让香港给英国，还被迫将上海、宁波、福州、厦门、广州辟为通商口岸。伦敦布道会决定正式展开在华的传教活动，把设在马六甲的英华书院转移至香港，在香港建立新的传教基地。1843 年，英华书院迁港。传教士们虽以香港为新的文化教育基地，但是并没有急于办报。他们兴办学校、医院，翻译研究中国古代经典，印发小册子、传单。早先，传教士们基本上以文字传播和教育传播为主要传教方式，19 世纪 40 年代以后，条件发生了变化，口头传教和医疗传道也积极开展起来，文字传播的重要性相对地削弱了。

直到 1853 年 8 月 1 日，香港最早的中文刊物《遐迩贯珍》创刊，每月 1 日出版，16 开本，沿用线装书的形式，每期 12 页至 24 页不等，竹纸铅活字印刷。该刊由迁至香港的伦敦布道会下属之对华文化教育机关“马礼逊教育会”出版，在香港英华书院印刷。创办人和首任主编是英国传教士麦都思。该刊每期“以印三千本为额”，每册售价 15 文。除在香港发行外，还发行到内地各通商口岸。1856 年 5 月，该刊物停刊，前后共出 33 期。

《遐迩贯珍》虽为传教士所办，但实际上是以新闻为主的刊物，在内容上以时事新闻为重点，占篇幅最多的是反映时事的新闻报道和评论，既有报道中国和中外关系的新闻，也有反映欧美、日本和东南亚的新闻。该刊还注重对文化知识的介绍，曾广泛介绍西方政治、历史、地理和科学知识，对中国人开阔视野、了解世界具有一定的积极意义。该刊宗教宣传所占比重很小，可能是因为在香港可以直接向市民传教而不必单纯依靠报刊作为主要的传教工具。

在新闻业务方面，《遐迩贯珍》上的消息、短讯、通讯、评论等近代新闻体裁都已初具雏形，还出现了连续报道等新的形式。1855 年，《遐迩贯珍》增出附刊《布告编》，随报发行，每期 4 页，专载商情及船期。《布告编》率先在中文报刊上推出广告收费举措：凡刊登各类广告，初次每 50 字收费银半元，50 字以上每字加 1 先令。如果再次刊登同一广告，收费减半。此外，该刊还刊有中英对照目录。

英国统治下的香港，传教士没有出版中文报刊的迫切需要，随后兴起的是中文商业报纸。

三、中文商业报纸的崛起

鸦片战争后，大量商品倾销到五大通商口岸。在英国殖民统治下的香港，中外贸易率先发展起来并走向繁荣。商品经济的迅速发展，催生了中文商业报纸。

香港最早的中文商业报纸，大多是从英文商业报纸中孕育出来的。1857 年 11 月 3 日，孖剌报馆创办《香港船头货价纸》，周三刊，实为英文《孖剌报》的中文版。该报是我国历史上第一份中文商业报纸、最早的经济类报纸和最早的以单页报纸形式两面印刷的中文报纸，所刊内容以船期、商品价格、商业行情和广告为主，主要读者对象为商店职员等。几年后，改名为《香港中外新报》继续出版，仍以报道商业行情为主，所刊新闻进一步增多，设有“京报全录”“羊城新闻”“中外新闻”等栏目，发行对象也从最初的商人扩大为一般市民。1873 年，《香港中外新报》改版为日报，之后脱离《孖剌报》，成为中国人自己办的报纸，出至 1919 年停刊。

德臣报馆也于 1861 年 8 月 10 日创办了中文附刊《香港新闻》，以报道船期、货价为主要内容，出至8卷停刊。1871年3月18日，德臣报馆又创办中文版《中外新闻七日报》，逢星期六出版。1872年4月，《中外新闻七日报》停刊，德臣报馆改出独立发行的《香港华字日报》，由陈霭廷担任主编。《香港华字日报》初创时，每隔两日出8开4版1张，10年后改为日刊，自备铅字，利用香港德臣报馆的印刷机印刷。该报自称其唯一的宗旨是"以世界知识灌输于国人，以国内政务报告于侨胞，使民智日开，而益奋其爱国之念"。所刊内容以翻译外报和转载京报为主。《香港华字日报》创刊后，与《香港中外新报》对垒而立，逐渐发展成为香港地区最重要的两份中文日报。该报一直出至1941年12月25日日军占领香港后停刊，先后出版69年，是香港近代出版时间最长的中文报纸。

除《香港华字日报》《香港中外新报》外，1864年间还有一家中文报纸《近事编录》在香港创刊，由英国传教士罗郎也（Noronha）创办，为香港最早一批中文日报之一。该报除刊登商业行情、船期和广告外，还大量刊登新闻，是当时所有中文报刊中最早报道巴黎公社起义消息的报纸，其新闻还经常被当时的《上海新报》转载，在国内其他地区也有一定影响。著名政论家王韬一度担任《近事编录》主编，并在该报上刊出过不少早期政论。1883年，罗郎也将《近事编录》的产权转移给国人，不久后，报纸因销路不佳而停刊。

香港中文商业报纸的崛起，促进了新闻时效性观念的提高。原先的中文报刊均为月刊、周刊，而中文商业报纸则多为周三刊、周二刊和日刊。由于刊期缩短和报道时间的加快，通信手段也得到进一步改进，印刷条件日趋完善，从而进一步促进了新闻采编水平的提高。为了争取快速出版，中文商业报纸摆脱以往的书本样式，形成近代报纸散页出版的模式，报纸的版面编排更加丰富多彩。商业报纸要求信息量大、及时、真实，原先一些消闲性的志怪传奇之作逐渐被取消，使报纸的新闻特性更为凸显。香港中文商业报纸的发展有力地推动了中国新闻事业的发展，并成为全国的样板，上海《申报》在其创办之初曾派人专程到香港学习。

第四节　第二次鸦片战争后上海报业的崛起

随着外国殖民势力的扩张，外国人在华办报中心北移到上海。上海报业早期发展程度不如香港，第二次鸦片战争后，上海后来居上。上海也是先有外文报刊，再有中文报刊。其中，《字林西报》是上海出版时间最长、影响最大的英文报纸。继外文报刊之后，外国人开始在上海出版中文报刊。最早的中文报刊是由传教士创办的中文宗教性报刊，介绍西方政治模式和西方科技知识，减少了有关宗教教义的内容。中文商业报刊刚兴起不久就成为上海报业的主流，其中影响最大的是《申报》以及《字林沪报》《新闻报》等。《申报》的迅猛发展标志着我国中文商业性报纸已发展到成熟阶段。至19世纪90年代，上海取代香港成为全国报业中心。

一、上海英文报刊的出版

香港地处中国的南端，离中国腹地较远，香港外报在华的影响有限。随着外国殖民势力的扩张，外国人在华办报中心北移到上海。鸦片战争后，上海等五个沿海城市被迫对外开放。至1865年，全国对外贸易商品的一半通过上海集散，上海逐步取代香港成为全国的外贸中心。上海的报业也开始兴起，迅速发展成为全国报业中心。

上海报业起步于19世纪50年代，与澳门、广州、香港报业的发展道路一样，也是先有外文报刊再有中文报刊。但是，其早期发展程度赶不上香港，至1860年仅出版了4种英文报纸。第二次鸦片战争后，上海后来居上，及至19世纪90年代更成为全国报业中心。以英文报刊为例，在1861—1895年间，上海新出了31种，而香港同期仅出了8种。

在上海出版的第一份英文报纸是1850年8月3日创刊的《北华捷报》（*North-China Herald*）周刊，逢星期六出版，每期对开一张4版，由英国商人亨利·奚安门（Henry Shearman）创办并担任主编，后由英商字林洋行发行。《北华捷报》初期主要刊登广告、商情、船期等商业性信息。该报新闻不多，言论则反映英国在华商人的利益。自1859年起，《北华捷报》被英国驻沪领事馆指定为公署文告发布机关，得到上海工部局的资助及优先刊载工部局文告和付费广告的特权，因而在一定程度上该报也反映英国政府的观点，被视为“英国官报”（Official British Organ）。

1864年7月1日，北华捷报馆出版综合性日报《字林西报》（*North-China Daily News*），《北华捷报》转而成为《字林西报》的星期附刊，虽继续出版，但其地位与影响日益下降。《字林西报》大量刊载航务、商业等方面的信息，但也日益加强新闻报道工作。该报在中国边远地区聘有自己的通讯员，还曾一度独享刊登英国路透社电讯的特权。《字林西报》十分重视言论，经常对中国政局与中外关系发表评论，其基本态度是为英美侵华活动辩护。总体上，《字林西报》因其报道面广、信息及时、内容丰富而受到中外人士的重视，社会影响日渐扩大。该报1951年3月终刊，是上海出版时间最长、影响最大的英文报纸。

除《北华捷报》和《字林西报》外，这一时期在上海出版的英文报纸还有以下一些：

《中国之友》（*The Friend of China*），1866年由广州迁至上海并改为晚报继续出版，为上海的第一份晚报。1869年改名《中国之友及船期杂志》（*The Friend of China and Shipping Gazette*）继续出版，不久停刊。

《上海差报》（*The Shanghai Courier*），1868年10月1日创刊，休·朗格（Hugh Long）任主编，该报评论也大多出自其手笔。

《华洋通闻》（*The Celestial Empire*），1874年创刊，葡萄牙人陆芮罗（Pedro Loureiro）创办，出版后不久即由巴尔福继任主编。

《文汇报》（*The Shanghai Mercury*），1879年4月17日创刊，晚刊，英国人克拉克（J. D. Clark）、布莱克（J. R. Black）、里文顿（C. Rivington）等任主编，为上海主要晚报之一，也是国内最先使用煤气引擎轮转机印报的报纸，后并入美国人主办的《大美晚报》。《文汇报》对中国问题的报道与评论无所顾忌，为清廷所不满。1884年6月4日，“洋务委员”邝其照发表公开信斥责《文汇报》“肆意妄撰，捏造谣言”，“以言语欺侮华人”，“力劝法廷，为难中国”。

至19世纪90年代，上海英文报界形成了《字林西报》《华洋通闻》和《文汇报》三足鼎立的局面。

二、中文宗教性报刊的出版

继外文报刊之后，从 19 世纪 50 年代起，外国人开始在上海出版中文报刊。上海最早的中文报刊是由传教士创办的中文宗教性报刊。

上海的第一份中文近代报刊是 1857 年 1 月 26 日创刊的《六合丛谈》（*Shanghai Serial*），它比香港第一份中文报刊《遐迩贯珍》晚了约 3 年零 6 个月，但是，对中国社会发展的影响却因上海地理位置的重要性而比《遐迩贯珍》更大。《六合丛谈》月出 16 开本 16 页 1 册，每册售价 12 文，由英国伦敦布道会传教士伟烈亚力主编，墨海书馆印行。中国早期杰出报人王韬曾参加过该刊的编辑工作，这是他从事报刊活动之始。

《六合丛谈》刊有宗教、科学、文学、新闻等内容。与同期传教士办的其他宗教性报刊一样，该刊已不再纯粹宣传基督教教义，而是一份综合性的新闻期刊。伟烈亚力在创刊词中指出该刊的办刊主旨为："通中外之情，载远近之事，尽古今之变"和"务使穹苍之大，若在指掌；瀛海之遥，如同衽席"。可见，伟烈亚力的本意是想办一种新闻刊物，但由于主要执笔者都是伦敦布道会的传教士，因而宗教宣传方面的内容也不少。由于外国传教士想通过介绍西方科技知识来提高在中国人心目中的地位，因而该刊还刊有大量天文、地理等方面的知识。此外，由于上海是重要的外贸集散地，"水脚单""进出口之货价与交易单"等商情在该刊上也有所反映。于是，《六合丛谈》几乎成了大杂烩，宗教宣传、自然科学、商业行情、中外新闻无所不包。

《六合丛谈》虽在上海出版，但主编伟烈亚力的目标是发行到五个通商口岸乃至全国所有地区，使所有的中国人都成为读者。但这一目标未能达到，该刊发行量不大，仅出版一年多即告停刊。

在传教士所办的中文报刊中，历史最长、发行最广、影响最大的是《万国公报》。该刊前身是《中国教会新报》，1868 年 9 月 5 日创刊，周刊，美国监理会传教士林乐知（Young John Allen）集资创办并担任主笔。1872 年 8 月 31 日，《中国教会新报》自第 201 期起改名为《教会新报》。1874 年 9 月 5 日，该报自第 301 期起改名为《万国公报》（*Chinese Globe Magazine*）。1876 年，《万国公报》每期发行数达到 1 800 份，增出期刊《益智新录》（*A Miscellany of Useful Knowledge*），作为其专言科学的姊妹刊物。1883 年 7 月 28 日，《万国公报》出至第 750 期，因为经费困难和林乐知忙于创建中西书院、无力兼顾报务而暂时休刊。

1887 年，基督教书报出版机构同文书会在上海成立，后改称广学会。1889 年 1 月 31 日，该会恢复出版《万国公报》，另起编号，改为月刊，主编仍为林乐知。复刊后的《万国公报》是英美传教士控制的重要舆论工具。林乐知在中国的办报活动得到美国舆论的高度评价，称赞他为在中国"传播种子的人"。

在改名为《万国公报》以前，《中国教会新报》和《教会新报》所刊内容以宣传宗教为主，间或刊载一些中外史地、科学常识等方面的稿件，以及有关中国教育方面的消息。自第 301 期改名《万国公报》后，其内容也改为以时事政治为主，经常发表时事评论、重要法令、条约及外报译文，大量介绍西方政治模式和西方科技知识，减少了有关宗教教义的内容，但是，对于与宗教有关的事情则会详加记载。对中国时政的评论尤为加强，并极力宣传英美等国的通商、传教活动有益于中国的观点。这些来自西方的传教士，希望中国的社会变革沿着西方列强所期望的道路前进，企图通过西方政治模式和科技知识的介绍影响中国社会的发展方向。

自1875年起，《万国公报》上由中国人所写文章的数量日益增多。例如，1876年9月30日，该刊刊载的杨鉴堂所作《总论新闻纸有十益说》，鼓吹办报之益。又如，1894年10月，该刊第69期、第70期连载孙中山撰写的上李鸿章书，发表时题为《上李傅相书》，末署“广东香山来稿”。孙中山在这篇长达8 000余字的文章中，向当时掌握清廷军政外交大权的直隶总督兼北洋通商大臣李鸿章提出了一系列富国强民的主张，反映了这位中国民主革命先行者的早期政治改革思想。

从《中国教会新报》到《万国公报》的变化，使该刊的读者对象由基督教徒扩展为社会各界人士，该刊也逐渐成为上海乃至全国影响最大的传教士报刊，其发行量在维新变法运动期间增加到38 400份。1907年5月31日林乐知在上海病逝，《万国公报》遂于7月终刊。

除《万国公报》外，这一时期由传教士主办的重要报刊还有以下一些：

《格致汇编》(*Chinese Scientific Magazine*)，1876年2月17日创刊，英国人傅兰雅(John Fryer)主持，月刊，所刊文字对数学、物理、化学、生物、医学都有所介绍，是我国最早的科学杂志，该刊一再重印，重印时往往补入一部分新内容。《格致汇编》曾两次休刊，1890年再次复刊后改为季刊，1892年出至第7卷第4期后停刊。

《成童画报》，1889年1月创刊，墨海书局发行，后改名《福幼报》，隶属广学会，为该会面向中国儿童发行的刊物之一，也是中国最早出版的儿童刊物之一。

《中西教会报》(*Missionary Review*)，1891年2月创刊，由广学会发行，林乐知任主编，内容以报道教会方面的消息和宣传教义为主，是《万国公报》的姊妹刊物。

《小孩月报》(*The Child's Paper*)，1875年5月5日自广州迁至上海出版，改名《小孩月报志异》，由上海基督教清心书馆发行，美国长老会传教士范约翰(J. M. W. Farnham)任主编，用连史纸印刷，设有诗歌、故事、名人传记、博物、科学等栏目，文字浅显易读，每期销售约2 000份。1876年改名《小孩月报》，1881年改名《月报》，1914年改名《开风报》，同年夏因欧战爆发自行停刊，先后出版40年。

由天主教会出版的中文报刊，有些出版时间较长，在上海市民中有一定的影响，其中主要有法国人在华创办的《益闻录》《圣心报》。《益闻录》创刊于1878年12月16日，半月刊，由天主教会主办，李杕任主编。李杕（1840—1911），上海耶稣会神父，先后担任《益闻录》等天主教报刊主编达32年，著译书刊凡57种，是天主教系统有影响的办报人之一。1879年，《益闻录》改名《格致益闻汇报》继续出版，后改为周刊，成为天主教会在中国出版的主要机关刊物。1908年，《格致益闻汇报》改名为《汇报》，至1938年停刊。《圣心报》创刊于1887年7月21日，为天主教会主办的月刊，先后担任主编的有李杕、徐元希等，出至1949年上海解放后停刊。

三、中文商业报纸的迅猛发展

与香港不同，上海英文商业报纸的市民读者数量有限。随着西方国家的商品向中国大量涌入，外商们迫切需要中文报刊为其商品做广告，以便在中国打开销路。于是，由外商创办的中文商业报刊在上海应运而生。中文商业报刊刚兴起不久就成为上海报业的主流，其中影响最大的是《申报》以及《字林沪报》《新闻报》等。

在香港，中文商业报纸往往由成熟的英文商业报纸创办，这一特点在上海报业早期发展中也有所体现。上海最早的中文商业报纸是北华捷报馆于1861年11月19日创办的《上海新报》（英文报名是 *The Chinese Shipping List & Advertiser*），字林洋行出版，初为周刊，1862年5月7日起由周刊改为周三刊，初创时日销约300份。

《上海新报》的历史可以划分为三个阶段：重信息的商业化阶段；重教化的综合化阶段；重经营的娱乐化阶段。前550期为其发展的第一个阶段，主要刊登商业广告、航运信息、货品价格等内容。《上海新报》创刊号发刊词宣称其编辑方针是："大凡商贾贸易，贵乎信息流通。本行印此新报，所有一切国政军情，市俗利弊，生意价值，船货往来，无所不载。"该报初创时为两个版面，第1版为商业信息和新闻，第2版全部为商业性内容，将商业信息放在了首要地位。

1868年2月1日，时任《上海新报》主笔的英国传教士傅兰雅实行改革，该报进入第二个发展阶段。版式革新，重新编号，称"新式第××号"，每期1张4版，第1版广告，第2版中外新闻，第3版广告、船期及行情表，第4版论说及杂俎，其中广告、船期、行情表等商业信息仍占多数。样式已接近现代日报，高45.72厘米，宽60.96厘米，白报纸两面印刷。《上海新报》是国内最先使用白报纸印刷的报纸。编辑业务上，《上海新报》自1870年3月24日起率先在每条新闻上加标简明题目，用头号字排标题，4号字排正文，此前的国内各报都没有专门的新闻标题。革新后不久，傅兰雅将编务交给林乐知主持，内容较之前更为丰富，由傅、林两位传教士主持的《上海新报》具有较浓的宗教色彩。

1871年2月1日，林乐知离开《上海新报》。之后的《上海新报》逐渐呈现出娱乐化的倾向，奇闻逸事、因果报应、花界动态等内容越来越多。1872年7月该报改为日刊，以应对新创办的《申报》的挑战。

纵览《上海新报》所刊载的新闻，大多译载或转载自沪、穗、港等地出版的中外文报纸，有时也摘登京报上的一些内容。另辟有"苏省日报"专栏，刊登"辕门抄"发布的江苏政界消息。《上海新报》初创时，正值太平军席卷江南、欲进军上海之际。为了满足上海市民，特别是慑于太平天国的威力相继逃入上海租界的江南财主、乡绅了解太平天国最新动态的需求，该报也刊登了许多有关太平天国的报道，偶刊评论，大多敌视太平天国，吹捧镇压太平天国的外国雇佣军的"功绩"，并积极为清政府消灭太平军出谋划策。

《申报》是上海的第二份中文商业报纸，由英国商人安纳斯脱·美查（Ernest Major）等4人集资1 600两白银创办。1872年4月30日，《申报》（初名《申江新报》）创刊，初为两日刊，第5期起改为日报，用毛太纸单面印刷。1874年9月11日，《申报》开始增加篇幅，更换纸张，改用赛连纸印刷。1877年6月20日，《申报》再次拓宽版面。自1879年4月27日起，《申报》取消每周休刊一天的做法，星期日照常出报。1884年，《申报》业务上有不少改进，扩充了篇幅，加强了新闻报道，纸张也有所改进，广告激增。

美查创办《申报》是为了赚钱，因而十分重视办报质量。在创办《申报》前，美查曾派钱昕伯去香港对中文商业报纸进行考察。《申报》创刊后，美查将编辑大权交给蒋芷湘、钱昕伯等中国文人。在外国人所办的报刊中，一直由中国人主持笔政的，《申报》是第一家。在美查的精心策划下，《申报》发行量不断上升。1877年6月20日，《申报》刊出告白，宣布该报每日销数约为八九千份。1889年10月15日，美查将所营事业改组为美查兄弟有限公司（Major Bros. Ltd），售出股份，收回白银约10万两，返回英国。新成立的美查兄弟有限公司设董事会，由董事4人、经理1人主持，《申报》由外国人独资转为中外合资经营的报纸，但由于外资比重较大，公司大权仍然掌握在外国人手中。

在新闻业务上，《申报》将新闻报道放在首位。《申报》创刊号上刊登的《发刊辞》《本馆条例》及《申江新报缘起》宣称："凡国家之政治、风俗之变迁，中外交涉之要务，商贾贸易之利弊，与夫一切可惊可愕可喜之事，足以新人听闻者，靡不毕载。"1872年5月28日，《申报》发表《采访新闻启》，征求各方面稿件。1874年7月9日，《申报》发表征稿告白，宣布对送刊的稿件"概不取值"，并向作者赠送报纸数张，以为酬谢。1875年7月5日，《申报》发表告白，宣布"本馆立志欲将中国境内各紧要消息采录无遗"，要求各地读者惠寄新闻、评论以实篇幅。至是年7月止，该报已在北京、南京、苏州、杭州、武昌、汉口、宁波、扬州等城市聘定特约记者，以报道当地新闻。其余无特约记者的城市，则要求当地读者"发于楮墨，而惠寄刊列"，发表后付给稿酬。

为了提高新闻的时效性，《申报》在国内报纸中最早使用了电报。1874年1月30日，《申报》刊出了国内报纸的第一条电报新闻。全长1 400公里的津沪电报线路于1881年12月24日交付使用后，《申报》立刻利用这条电报线路传递南北各报新闻。1882年1月16日，《申报》刊出该报记者从天津发来的新闻专电，为国内报纸上出现的第一条国内新闻电讯，开辟了我国报纸利用电报在国内传递新闻的新路。1884年8月22日，《申报》驻京记者开始使用有线电报从北京直接向上海拍发新闻专电。

《申报》还在国内报纸中最早发布号外。1884年8月6日晚7时，《申报》出版单张号外，报道福州最近情况，以澄清上海市面有关中法两国海军已在闽江口外开火的谣传。

《申报》不断拓宽新闻报道面，大量报道社会新闻。自1874年4月18日起，《申报》开始报道杨乃武被诬与葛毕氏通奸并唆使后者谋杀亲夫一案的有关消息，至1877年4月11日连续报道3年之久，使之成为当时家喻户晓的一大社会新闻。1878年7月19日，《申报》发表新闻《星使驻英近事》，介绍清驻英大使郭嵩焘在英画像事，以"笔涉诙谐"为郭所不满，数次要求更正和追查责任，反复交涉至第二年郭任满离职后始告结束，也是当时轰动一时的社会新闻。此外，《申报》还最早刊登了国际旅行通讯。1876年6月7日，《申报》开始在新闻的后面连载署名"环游地球客"的长篇通讯《东行日记》。"环游地球客"名叫李圭，江苏江宁人，海关职员，1876年5月13日离沪赴美参加世界博览会，顺便访问了旧金山、华盛顿、纽约、费城等地，后渡过大西洋访问了伦敦、巴黎，经地中海、印度洋和南洋群岛，于 1877 年 1 月 17 日返回上海，历时 8 个多月。李圭应《申报》之请，记载沿途见闻，陆续寄回国内。

《申报》还很重视报纸言论工作。美查声称，“利”和“义”并不完全对立，办报为了盈利，并不排斥在必要时仗义执言。1875 年 10 月 11 日，《申报》发表社论《论本馆作报本意》，鼓吹该报“大抵以行业营生为计”，宣传“所卖之报张皆属卖与华人，故依恃者惟华人”，标榜自己“谋利而兼仗义”、立论“公道”。《申报》所刊言论或为中国的富强献计献策，或对官府的陋规苛政有所指摘。此外，《申报》还注意发表读者的来信和来论。

重视发表副刊性文字是《申报》在新闻业务上的一大创举。该报公开征集竹枝词等文艺类作品，并在版面上特辟刊载空间，以满足当时主要读者群——旧式文人的兴趣与爱好。这一创举为后起的《字林沪报》《新闻报》所仿效，遂开我国报纸副刊之先河。1872 年 6 月 4 日，《申报》在第 2 版发表《戏园琐谈》一文，对正在演出的京剧进行评论，为我国报纸上刊出的第一篇剧评。

1876 年，《申报》开始使用新闻图片。是年 8 月 18 日，《申报》在其发表的题为《拿获九龙山匪党》的新闻中，插刊了用木版雕刻的“九龙山匪党”臂章图样，为《申报》刊出的第一张新闻图片。1879 年 5 月 24 日，美前总统格兰特访问上海，《申报》于当日石印格氏画像 1 万张，随报分送读者，为国内报纸刊载新闻人物画像之始。

在广告、发行等报业经营上，《申报》也有不少成功经验。在创刊的第一年内，《申报》采用廉价销售的营销策略，售价本埠每张 8 文，外埠 10 文，趸售 6 文，雇用报童在街头叫卖。出版不满半年，销数已达 3 000 份以上，并从上海延伸到江浙等地区。1873 年，《申报》进一步加强外埠发行，先后在杭州、福州、广州、北京、长沙、沙市、宜昌等城市设立分销处，聘请经理人负责该报在当地的发行事宜。在没有设置分销处的地区，则委托信局代寄，邮费另加。《申报》还积极宣传广告的作用，向社会招刊广告（即告白），广告收费 50 字起码，每天收费 250 文，字数多、刊期长的费用递减，以鼓励各界人士踊跃刊登广告。

申报馆除了出版《申报》外，还利用其人力和物力从事其他出版行业，一是出版发行各类期刊。1872 年 11 月 11 日，申报馆出版我国最早的文艺期刊《瀛寰琐记》，月出 1 册，每册 24 页，每期销数达 2 000 册。所刊内容除诗词、骈文、散文、小说、翻译稿等文艺作品外，也有少量时事评论、史料和知识小品等。1875 年 2 月，《瀛寰琐记》出至第 28 期后改名为《四溟琐记》，仍为月刊，性质与《瀛寰琐记》相同，但版面缩小，改为巾箱本，页数则增加到 32 页。1876 年 3 月 9 日，《四溟琐记》出至第 12 期后改名《寰宇琐记》，仍为月刊，内容以诗词、笔记、杂俎为主，式样与《四溟琐记》相同，出版时不署年月，每册售价 80 文，出至 1877 年 1 月停刊，共出 12 期。

此外，申报馆还在国内率先出版了以图画为主的刊物，这就是 1877 年 6 月 6 日创刊的《寰瀛画报》。该刊不定期出版，每期十余页。图画部分由英国画师绘制，中文文字说明由蔡尔康执笔，创刊号刊有英国皇宫、英太子乘坐的火轮船、英国时装图样、“火轮客车”在隧道中行驶、日本仕女服装、中国天坛的祭祀巨典等图片。《寰瀛画报》因脱离中国社会实际而不为读者欢迎，1880年间停刊，仅出五卷（期）。1884年5月8日，《申报》又创办了《点石斋画报》，由著名风俗画家吴友如主编，旬刊，每本八图，连史纸石印，内容以新闻时事为主，兼刊人物及风俗画和铜版照片，绘印精美，为同时期的其他画报所不及，先后出版近13年之久。

二是兼营书籍出版业务。1872年10月16日，申报馆公开发售本馆刊印的第一本书《王洪绪先生外科证治全生集》。之后，申报馆出版了一套铅印"聚珍版丛书"，先后刊行160余种，大多是颇有价值的濒临灭绝的孤本名著，此举为保存中国传统文化做出了贡献。1876年，美查创办点石斋印书局。1878年12月30日，《申报》为点石斋印书局装备了进口石印机器。1885年后，《申报》设立上海图书集成局，着手用铅活字翻印丛书《古今图书集成》。1888年，用扁体铅活字排印的《古今图书集成》大功告成，共1万卷，分订1 628册，有"康熙百科全书美查版"之称，对保存中国古代文化遗产卓有贡献。

1876年3月30日，申报馆发刊我国最早使用白话文的报纸《民报》。该报为周三刊，每星期二、四、六出版一张，旨在"俾女流、童稚，以及贩夫、工匠辈皆得随时循览，以扩知识而增见闻"①。由于当时中国下层民众绝大多数都是文盲，因而《民报》创刊没多久，即自行停刊。

四、上海早期报业竞争

《申报》的飞速发展，标志着我国中文商业报纸已发展到成熟阶段。《申报》创刊后，比《申报》早10年出版的《上海新报》面临生存危机。《申报》为日报，《上海新报》为了在时效上与之竞争，于1872年7月2日起也改为日报。《上海新报》使用价格很贵的瑞典进口白报纸印刷，每份报纸售价30文，而《申报》采用廉价营销方法，定价仅8文，《上海新报》不得不将售价也降为8文，以争取读者。由于不胜亏损，《上海新报》被迫于1872年12月31日宣告停刊。

19世纪八九十年代，《字林沪报》《新闻报》创刊，形成了"申""新""沪"三报鼎立的格局，上海商业报纸出现大发展的局面。

字林洋行在《上海新报》停刊近10年后，于1882年5月18日发刊中文日报《沪报》，同年8月10日改名《字林沪报》，毛边纸单面印刷，聘请戴谱笙、蔡尔康等担任主笔。该报的主要内容及版面安排，"首列上谕，尊君也；次列论议，以见心思；次列译出电报西报，俾共稔知中外时事；次列外埠及本埠诸新闻，事取其详，文取其富；次列诗词杂作，以供文士之消遣；次列邸抄、辕门抄，务求其速；次列各种告白及钱洋市价、轮船进出等类，以便贸易场中及来往仕商阅看"②。所刊新闻，最初多译自《字林西报》。1885年5月20日，《字林沪报》刊出征稿启事，加强新闻报道。为了吸引读者，曾连载长篇小说《野叟曝言》，并于1897年11月24日创办我国报纸的第一个副刊《消闲报》。

---

① 劝看民报．申报，1876-05-19.
② 本馆告白．沪报，1882-05-22.

1895年，《字林沪报》出版晚刊《夜报》，为中国最早一批中文晚报之一，但不久即停刊。1900年春，由于销路不好，字林西报馆将《字林沪报》转售给日本东亚同文会，后者将其改名为《同文沪报》继续出版。

《新闻报》创刊于1893年2月17日，初创时日出对开1张。该报初为中外合资性质，后来全部股权归英商丹福士（A. W. Danforth）所有。著名报人蔡尔康任主笔，撰写该报论说达半年之久，后因意见不合而离去。1899年11月4日，丹福士因经济拮据宣告破产，美国人福开森（John C. Ferguson）买下《新闻报》，聘汪汉溪任总理，金煦生为总编。

《新闻报》一创刊，就同《申报》展开竞争。该报采取低价推销办法，报费每日售价七文，较《申报》便宜一文。在广告业务上，《新闻报》出版之初，上海各剧场海报都只登于《申报》一家，《新闻报》派人前往，主动兜揽，遭到拒绝，于是，故意乱排海报，以假乱真，造成混乱，迫使各剧场主动送刊广告。1893年12月，《新闻报》开始出版画报单页，随报附送石印画报以争取读者，每月还加送总目一张，以便读者装订。在此基础上，《新闻报》于1894年4月创刊《新闻报馆画报》。《新闻报》刚刚出版一年，发行数量就已由初创时的300份增加到3 000份，仅次于《申报》位居第二。

至19世纪90年代，无论是中文报刊还是外文报刊，上海都已超过澳门、广州等中国近代报业的发源地，取代香港成为全国报业中心。

第五节　在华外报网的形成与外报的历史作用

鸦片战争后，除香港、上海外，来华的外国传教士、商人以及其他各界人士还在广州、宁波、福州、厦门等通商口岸办起了一批近代报刊。第二次鸦片战争后，中国更多的城市成为通商口岸，外国人在华办报活动开始从东南沿海逐渐扩展到中原腹地，直至京津。自19世纪70年代起，法国、德国、日本、俄国等相继开始了在中国的办报活动。1900年前后，日本人和俄国人创办了一系列中文报纸，影响中国读者与舆论。纵观外国人在华办报的历史，在华外报客观上促进了中西文化交流，其办报经验为中国民族报业的发展奠定了基础，但不可否认的是其本质上是一种殖民主义文化侵略工具。

一、鸦片战争后广州、澳门的外报

在办有外报的城市和地区中，广州是仅次于香港、上海的重要基地。鸦片战争后在广州出现的第一份近代报刊是《广州探报》（*Reports from Canton*），1843年创刊，用竹纸手抄，每期20页，内容均为当地新闻，主要供澳门英商阅览，在中国人中毫无影响。

1845年后，《中国丛报》迁回广州出版，但影响不大，至1851年时只有300家订户，是年底停刊，前后共出版20年之久。1860年，台仁特主编的英文《中国之友》从香港迁往广州，为鸦片战争后在广州出版的第三份近代报刊。

19世纪60年代在广州出版的外报，还有中文《中外新闻七日录》（英文译名是*Chi-*

nese and Foreign Weekly News）和《广州新报》。《中外新闻七日录》创刊于1865年2月2日，由约翰·查美斯（John Chalmers）主编，中文周刊，所刊内容有新闻、科学、宗教、杂俎等，先后出版152期。《广州新报》创刊于1865年，周刊，出版6年后停刊。

19世纪70年代后，广州报业较大规模地发展起来，举其要者有《小孩月报》《西医新报》《纪南报》等。但是，随着香港、上海报业的兴起，广州失去了在鸦片战争前重要的报业地位。

澳门是中国近代报业的发源地之一，其报业在鸦片战争后对中国社会的影响日渐衰减，但仍有所发展。1842—1894年间，澳门出版的葡萄牙文报刊有《大西洋国》（*Ta-Si-Yang-Kuo*）等17种。由于当时懂葡文的中国人数甚少，且葡文报刊内容以葡萄牙政情为主，因而其对中国社会的影响十分有限。

第一份对中国社会发展产生较大影响的澳门报刊是1893年7月18日创刊的《镜海丛报》。该报为周刊，分葡文、中文两版，发行地区遍及香港、石歧、佛山、广州、福州、厦门、上海、汉口、新加坡、菲律宾、旧金山等地，刊有各类新闻、言论等内容，"东主兼督印人"是葡籍印刷商法连斯哥·飞南第（Francisco H. Fernandes）。该报与孙中山关系密切，曾刊有孙中山所写的《农学会序》等宣传资产阶级革命思想的文章。该报头版所刊的针砭时事、鼓吹反清革命思想的文章，据说都出自孙先生的手笔，第5、6版还刊有孙中山的《医药问答》、经孙中山治愈的病人的鸣谢和赞扬孙中山医道的广告等。由此，有人认为该报的实际主持者及编辑者是孙中山。《镜海丛报》出版两年后，其中文版于1895年1月23日停刊，葡文版于1895年6月10日停刊。

二、近代报刊在其他东南沿海城市的出现

值得注意的是，各地出现的第一份报刊大多由外国传教士创办，宗教性报刊仍是在华外报的重要组成部分。仅据1890年美国传教士法罕在"在华新教传教士"年会上宣布的不完全统计数据，自1860年至1890年，基督教系统在中国发行的报刊累计已达76种，其中具有宗教性质的40种，"世俗"的即所谓具有"文化"性质的36种。

宁波也是最早出现外报的城市之一。1854年，由外国传教士主办的宗教性中文报刊《中外新报》（英译名是 *Chinese and Foreign Gazette*）创刊，美国浸礼会传教士玛高温（D. J. MacGowan）、应思礼（E. B. Inslee）等先后担任主编，内容分宗教、科学、文学、新闻等类，"以圣经之要旨为宗旨"，1861年停刊。《中外新报》创刊的时候，上海虽然已有外报，但尚无中文报刊，因而就中文报刊的创办而言，宁波早于上海。1870年，《宁波日报》创刊，由外国传教士主办，不久停刊。1881年2月，《甬报》创刊，由英国牧师阚斐迪（Frederic Galpin）邀李小池等合办。

在福州，最早创刊的是《福州信使报》（*Foochow-foo Courier*，又称《福州府差报》），1858年10月12日创刊，由英国人主办。继而出版的有《福州广告报》（*Foochow Advertiser*）、《福州每日广告与航运报》（*Foochow Daily Advertiser and Shipping Gazette*）、《福州捷报》（*Foochow Herald*）、《福州每日回声报》（*The Foochow Daily Echo*）、《中国纪录报》（*Chinese Recorder*）等英文报刊。福州最早的中文报刊是《教会使者报》

（英文译名是 *Church Messenger*），1860 年创刊，月刊，是一份使用方言拉丁文拼音的教会刊物。其他中文报刊还有《中国读者》《小孩月刊》《郇山使者报》《闻见录》《闽省会报》等。

厦门虽然是 1842 年《南京条约》签订后第一批对外开放的通商口岸之一，但外国人的办报活动迟至 19 世纪 70 年代才出现。近代第一份报纸是英文《厦门航运报道》（*Amoy Shipping Report*），1872 年创刊。1886 年，《厦门新报》创刊，为当地出版的第一家中文月刊，由英国传教士布德（C. Budd）主办，用闽语方言写作，内容以一般新闻及教务方面信息为主。1888 年，《漳泉公会报》创刊，月刊，为一份用闽南方言编写的基督教教会刊物。1889 年，《厦门画报》创刊，为教会方面主办的儿童画报，不久停刊。

三、第二次鸦片战争后外报在中国腹地的扩展

第二次鸦片战争后开放的通商口岸，数汉口和天津两地的报业最为发达。汉口报业在 1866 年开始起步。是年 1 月 6 日，英文商业报纸《汉口时报》（*HanKow Times*）创刊，为该地区出版的第一份近代报刊，由美国人汤普生（F. W. Thomson）主编，日出对开 1 张，专供汉口外国侨民阅读，至 1868 年停刊。1874 年，英文《汉皋日报》在汉口创刊，创办人为罗底斯（P. Rhodes），不久停刊。1888 年 5 月，英文《中国传教士》创刊，季刊，由基督教文华书院主办，以外侨及传教士为读者对象。

汉口中文报刊的历史始于 1872 年创刊的《谈道新编》，月刊，英国伦敦布道会传教士所办，出至 1876 年停刊。1875 年，中文《开风报》创刊，由外国传教士主办，最高发行数量曾达 3 000 份。1880 年，中文《昭文日报》《新民报》先后创刊，均为基督教会主办。1883 年 5 月，《武汉近事编》创刊，周刊，伦敦会传教士主办。1887 年 2 月，《益文月报》创刊，为外国人主办的中文月刊，内容以自然科学方面的知识为主，首先是天文、地理、物理，其次是各种“新机新法”的介绍，另以部分篇幅报道“各省近事”，末录诗词歌赋及医学。1893 年 3 月 23 日，英商主办的《字林汉报》创刊，日刊，社址在汉口英租界，该报以上海《字林沪报》为后援，有英国方面的背景。

第二次鸦片战争后，天津成为中国北方的贸易中心，英、美、法等国先后在天津设立租界。外国人在天津积极开展办报活动，一部分原因是天津毗邻清廷所在地北京。1880 年，天津第一家近代报刊《北方邮报》（*Northern Post*）创刊。这是一家非时事政治性报刊，主要刊登海关贸易统计之类的材料，社会影响很小。

1886 年，天津海关税务司德璀琳（S. Detring）与怡和洋行总理笳臣等集资创建时报馆，出版中文《时报》和英文《中国时报》（*The China Times*）。中文《时报》创刊于 1886 年 5 月 16 日，日刊，报头横书，以海上日出为背景图案，报名上有“在明明德”四篆文。该报广登京津地区新闻，具有鲜明的地方色彩，得到直隶总督李鸿章的支持。1890 年 7 月，英国传教士李提摩太（Timothy Richard）应李鸿章之邀出任《时报》主笔，每日著论一篇，宣传中国应仿照西方实行“新法”。由于当时中国知识分子中酝酿着变法维新的思潮，因而《时报》有关变法的言论在中国政界和知识界引起巨大反响，该报与上海《万国公报》一样，成为当时在华外国人主办的最有影响的政论性报刊。1890

年8月23日，李提摩太还创办起《时报》周刊，选载《时报》一周中重要谕旨、论说与新闻，向外地发行。

英文《中国时报》创刊于1886年11月，周刊，其特色与中文《时报》相仿，主笔为亚历山大·梅基（Alexander Michie），被认为是“在华外国报纸中最有才能的一位编辑”，曾撰有《在华英人》（*The Englishman in China*）一书。经常在该报发表文章的还有玛丁（W. Martin）、英诺森（P. Innocent）、亚瑟·斯密斯（A. Smith）及李提摩太等，多数是当时的“中国通”。

1891年6月，中文《时报》停刊。同年，英文《中国时报》因销路不畅而宣告停刊，其产权为英商天津印刷公司（Tientsin Press Ltd.）购得。

1894年3月，英商天津印刷公司创办英文《京津泰晤士报》（*Peking and Tientsin Times*），初为周刊，后改日刊，英国人贝林汉姆（W. Bellingham）任主编。该报代表着天津英租界工部局的观点，重视京津和北方新闻，经常评论时政、发表政见，标榜其办报目的是：“把西方的文化介绍于中国，并应用西方批评的标准，激动中国根本之变革。”在旅华的外侨中，该报有“外人在华北的圣经”之称，日销约1 200份。1941年，在日本侵略势力的压制下，被迫停刊。

1895年1月26日，《直报》在天津创刊。德国人汉纳根主办，主编杨荫庭。该报日出1张4版，星期日无报，设有上谕恭录、评论、新闻等栏目，初期曾刊载过严复所写的《论世变之亟》《原强》《辟韩》等政论文章。

在其他通商口岸，外报出现较早的城市有潮州、九江、烟台等地。1889年，《潮惠会报》在汕头创刊，是一份以潮汕方言编写的基督教教会刊物。1890年，《护教者》（*The Church Advocate*）在江西九江创刊，月刊，白话文言合刊，为基督教教会主办。1894年，英文《芝罘快邮》（*Chefoo Express*）在山东烟台创刊，周刊，由德商沙泰公司发行，1900年停刊，1901年更名《快报》（*Express*）复刊，日俄战争时期由美国人麦克米德接办，并得到沙俄政府的支持。

北京虽然不是通商口岸，但在第二次鸦片战争后也成了外国人觊觎的办报之地。1871年9月，在京的英、美等国传教士准备成立“在华实用知识传播会”，以帮助华人“增广见闻，扩充智虑”为名，集议倡办报刊。1872年8月，外国传教士在北京创办《中西闻见录》月刊，由美国传教士丁韪良（William Alexander Parsons Martin）、英国传教士艾约瑟（Joseph Edkins）和包尔腾（John Burdon）等人任主编。丁韪良曾受清廷总理各国事务衙门之聘，担任京师同文馆总教习，与官场高层人士往来密切，为他在京办报提供了便利条件。

《中西闻见录》是北京乃至华北地区最早的近代报刊，自称“系仿照西国新闻纸而作”，每期发行千余份，多数为免费散发。作为“在华实用知识传播会”的机关刊物，该刊杂录各国新闻近事，以及天文、地理、格致之学，对科技知识的介绍比较多，既详细又实用，曾刊有介绍电报、瓦斯工业、铁工业、照相术和蒸汽机用途等方面的文章，其中艾约瑟翻译的《泰西河防》一文，对防治河患很有参考价值，为时论所称道。郑观应《盛世危言》中的部分篇章也曾在此刊发表。该刊虽刊有新闻，但以各国科技新闻为多，对时事政治问题和国内新闻很少涉及。《中西闻见录》在北京的出版，突破了外国人在华办报活动的最后一个禁区。1875 年 8 月，《中西闻见录》出至第 36 期后停刊。

1891 年，《华北新闻》在北京创刊，为基督教华北公理会主办的中文刊物，由美国传教士梅子明（William Scott Ament）主编，每期发行约 500 份。

四、法、德、日、俄等国在华办报的兴起

第二次鸦片战争以后，法国、德国、日本、俄国等开始了在中国的办报活动。法国人自 19 世纪 70 年代起开始在上海办报。法文报刊在上海的势力与影响仅次于英文报刊，但各报之间态度对立、斗争激烈，出版时间一般都不长。1870 年 12 月 5 日，法文周刊《上海新闻》(*La Nouvelliste de Shanghai*，一译《法国七日报》）创刊，是国内出版的第一份法文报刊，法商比尔（H. A. Beer）创办并任主笔。该刊得到了法租界公董局的支持，法租界公董局会议记录摘要和有关通告均授权该报公布。该刊出版 3 个月后，又一份法文周刊《进步》(*Le Progrès*）于 1871 年 3 月 21 日创刊。两份周刊激烈竞争，结果两败俱伤，《上海新闻》出至 1872 年 12 月 31 日第 182 期后停刊，《进步》也出版不满 1 年即在 1872 年间停刊。1873 年 1 月 16 日，第三份法文周刊《上海信使》(*Le Courrier de Shanghai*）创刊，由原《上海新闻》工作人员弗迈德瑞主持，但仅出了 3 期即告停刊。10 多年后，法文报刊才重新在上海出现，如《上海回声报》(*L'Echo de Shanghai*)、《远东信使报》(*Le Courrier de L'Extrême Orient*)、《中法汇报》(*L'Echo de Chine*）等。

19 世纪 80 年代中期，德国人开始在上海办报。第一家德文报纸是《德文新报》(*Der Ostasialische Lloyed*)，1886 年 10 月 1 日创刊，初为日刊，后改为周刊，由纳瓦拉（B. R. A. Navarra）主编，为德国在华的言论机关。该报也是国内出版的第一份德文报纸，出至 1917 年中国对德宣战后停刊，共出版了 31 年之久，因上海德国侨民不多而影响有限。

中日甲午战争前，日本人在上海一共办过 4 种日文报刊，但出版时间都不很长。日本人在华的办报活动始于 19 世纪 80 年代，最初源于商业动机。1882 年 7 月，上海商同会在英租界三井物产会社内发行日文《上海商业杂报》，月刊，总编是冈正康。该报“记录一切清国各地的商况和物产，也为国人详细介绍清国的情况，其次还登载有清国的政治、文学、各地风土人情等等”[①]。1890 年 6 月 5 日，日文《上海新报》创刊，该周报由修文书馆发行，松野平三郎主编，出版不满一年即停刊。之后又有《上海时报》《上海周报》等先后创刊。当时的上海，包括日商在内的各国商人云集，日本人在华的早期报纸都是面向日商和日本侨民而办的，以提供中日商业信息为主。

日本人在华经营的第一份中文日报是 1896 年 2 月 12 日姚文藻以 1 000 日元让渡给宗方小太郎的《汉报》。由于有日本政府的资助以及宗方小太郎的间谍、浪人身份，《汉报》肩负特殊的使命，其办报目的一是打动中国人的人心，二是获得日本对中国的战略优势。1900 年前后，日本人还相继出版了《闽报》《上海新报》《亚东时报》《同文沪报》《顺天时报》等中文报纸，影响中国读者与舆论，干预中国政治。

---

① 禀白．上海商业杂报，1882（2）.

俄国与中国陆路相接，无须从海上到达，而是从中国西北和东北两个方向直接跨境而入。俄国的对外扩张与西方列强也不太一样，它不仅掠夺原材料、从通商贸易中获得经济实惠，而且攻城略地，移民居住，长期占领。近代史上，沙俄通过修筑中东铁路，铁路沿线驻军，势力范围遍及我国东北，还在汉口、天津相继开辟租界。与此相应，俄国最先在华办报的地方并不在素有“十里洋场”之称的上海，而是在我国的东北。

俄国在华的第一本俄文杂志是 1898 年底创刊的《哈尔滨》（*Харбин*）。创办人是中东铁路护路队的军官古奇科夫（А. И. Гучков）。若干年后，此人当选为俄国第三届杜马主席。该杂志规模不大，主要反映哈尔滨第一批俄国侨民的生活情况。《哈尔滨》也是中国东北地区出版的第一份杂志。

俄国在华出版的第一份俄文报纸是 1899 年 8 月在旅顺创办的《新边疆报》（*Новый Край*），它同时也是我国东北的第一份报纸。它的创办打破了东北地区长期以来“不知报纸为何物”的历史，客观上对国人起了示范作用。《新边疆报》的主编是彼得·亚历山大·阿尔捷米耶夫（П. А. Артемьев），他是俄国太平洋舰队的一名中校。《新边疆报》周三刊，期发 1 200 份，主要刊载总督府及各官署的命令、告示与法规等，以及报道本地与“邻国”的新闻。《新边疆报》在经费上得到沙俄政府的大力支持，理所当然成了沙俄在华利益的积极代表者。日俄战争后，随着沙俄势力范围的北移，《新边疆报》于 1905 年 11 月迁到哈尔滨出版，改为日报，1912 年 10 月终刊。

另外，1901 年 8 月 14 日由俄国人帕·罗文斯基（П. В. Ровенский）创办的俄文日报《哈尔滨每日电讯广告报》（*Харбинский Листок Ежедневных Телеграмм и Объявлений*）是哈尔滨历史上的第一份报纸，也是黑龙江省的第一报。

1904 年，沙俄在旅顺创办的中文《关东报》和在沈阳创办的中文《盛京报》，则是东北地区出版得最早的一批中文报纸。国人自己在东北出版的第一份中文报纸《东三省公报》的创刊时间是在 1905 年底，地点在沈阳。1906 年 3 月 14 日，中东铁路管理局在哈尔滨创办中文《远东报》，它是黑龙江省的第一份中文报纸。在 20 世纪初，由俄国人主办的 4 家俄文报纸和 1 家中文报纸垄断了哈尔滨的舆论。但客观上，俄国在华办报活动加速了东北新闻事业的发展进程。

值得一提的是，1872 年前后英国路透社派遣柯林斯（Henry W. Collins）来到上海，不久建立远东分社，是这一世界著名老牌通讯社在中国活动的开始。英国人主办的《字林西报》首先被允许采用该社的电讯稿。

五、在华外报的历史作用

在华外报对中国近代报业及中国近代社会发展的历史作用与影响，可归纳为以下三点：

（一）外国人在华办报本质上是一种殖民主义文化侵略活动

在华外报的出现以及由东南沿海向中原腹地步步深入，是与西方殖民势力的入侵和扩张同步进行的。应该看到，鸦片战争前后来华外国人的情况相当复杂，其中有许多怀着侵略的野心，也有一些纯粹出于传教目的，还有一些想寻找发财的机会。尽管如此，但有一点是共同的，那就是他们企图打开中国封闭的大门，他们宣传基督教和西方文明，企图以西方模式改变中国人的头脑。这种做法实际上就是逐步将中国推向殖民地的道路。

从在华外报的政治倾向来看，鸦片战争前的大多数外报，特别是英文报刊，积极地为英国倾销鸦片政策辩护，鼓吹对中国实施武装侵略。鸦片战争以后，这些外报又为新的侵略扩张行为制造舆论，为“洋枪队”屠杀太平军大唱赞歌。有些外报对西方殖民者统治下的印度大加赞扬，鼓吹中国应走印度的道路，其殖民主义的立场十分明显。

许多在华外报的主办人更是直接投入到侵华活动中。郭士立就曾为英国侵略军充当向导，在英军侵占舟山时，还直接担任当地的行政长官。马儒翰是当时有关中英不平等条约的实际起草者，郭士立则是该条约的中文翻译者。后来的《南京条约》，仅是在这些起草文的基础上增删了一些字眼而已。麦都思曾担任英国侵略军的翻译，是上海工部局董事会董事。裨治文担任过侵华美军司令的翻译，参与签订《望厦条约》的活动。像这样的人物，他们所办的报刊自然是为西方殖民主义者侵略中国的总体目标服务的。

此外还应看到，同样是外国人办的报纸，英文报纸要比中文报纸的侵略性更强、反华言论更露骨。葡文报纸与英文报纸也不一样，葡文报纸对中国事务较少关注，一般能保持中立。即使同是英国人办的英文报纸，也有对中国持友好态度的，如英商台仁特主持的《中国之友》，始终同情太平天国运动，并敢于揭穿英国政府为挑起第二次鸦片战争制造的中国士兵撕下“亚罗号”船上英国旗的谎言。但是，这样的英文报纸为数极少。

（二）在华外报客观上促进了中西文化交流

18世纪以后，西方国家的科学技术得到突飞猛进的发展，中国则停滞不前。清政府为了遏制西方殖民势力的入侵，采取闭关自守的政策，禁止传教、严格限制通商，致使中外文化交流隔绝，阻碍了西方先进科学技术传入中国，其结果只能使中国越来越落后。当闭关政策被打破时，中西文化交流得以恢复，对中国来说并非坏事。

在华外报对西方科学文化知识的介绍客观上促进了中国社会生活的近代化进程。从《察世俗每月统记传》开始，外国人办的中文报刊就把自然科学知识，诸如日食、月食、地球运转等，向中国读者作了通俗化的介绍。随着洋务运动的兴起，实用科技方面的介绍越来越多，如治河、防火、炼钢、探矿、造纸、织布等。这些报刊还介绍了一些新的科技发明，如轮船、火车、电灯、电话、电报、照相、千里镜、显微镜等。办报的西方人士刊登这些科技知识有其多种用意，如：显示西方文化的优越，以取得中国人对他们的尊重；表示对中国人的友好，将知识传播给读者；作为一种手段，吸引中国人入教。但是，将西方有用的科学知识和先进技术介绍到中国来，客观上改变了中国的固有文化。之后，随着新科学、新技术的引进，中国人的生活方式发生了很大的改变。

外报还大量介绍世界各国的地理、历史和现状，宣扬英美等国政治开明、社会繁荣，介绍西方的富强之道，诸如开矿、筑路、办厂、兴学、通商、理财等办法。他们为了对抗中国传统的封建文化，从19世纪70年代以后，断断续续地介绍了西方的政治制度、经济制度和社会制度，于是中国人知道了市场经济、议会政治、出版自由、男女平等、民主法制等思想。自由、平等、博爱等资产阶级革命的口号在中国也逐渐深入人心。实际上，外报所宣传的社会科学和人文学科方面的知识对中国社会的影响大大超过自然科学技术方面的介绍。它对长期处于封建思想禁锢下的中国读者具有深刻的启蒙作用。

（三）在华外报的办报经验为中国民族报业的发展奠定了基础

近代报刊与封建邸报的不同之处在于记者和编辑拥有独立撰稿权，可以自行采写新闻、发表评论，这一点体现了近代报刊的民主观念，却为专制独裁的封建统治者所不能容忍。如果不是西方殖民者在强行进入中国时将近代报刊也带来中国的话，在严厉的封建统治之下是不可能产生近代报刊的。

西方各国早在17世纪初就已经有了印刷报纸，到17世纪后半叶日报也已问世。当传教士在19世纪初到中国时，他们所掌握的办报技术已经相当成熟，在华出版的外文报刊在形式上与欧美最先进的报刊并没有多少区别。外国人在华办的中文报刊之所以采用了线装书的形式，是为了适应中国人的阅读习惯。

鸦片战争后，外国人在中国可以像在本土一样自由地进行采访、编辑、出版。外报雇用中国文人当助手，通过在外报的实践，国人逐渐掌握了西方的新闻采访与编辑业务、管理方法与发行、广告、印刷等技术。外国人在华办报活动为中国报业的发展开辟了一条捷径，外报培养了中国第一代新闻工作者。当时著名的报人王韬、钱昕伯、蔡尔康、何桂笙、高太痴等，无一不是在外报的办报实践中成长起来的。

石印和铅印技术也是随着外国人的办报活动传入中国的。1827年在广州创刊的《广州纪录报》用英文铅字印刷机印制。鸦片战争后，英华书院于1843年从马六甲迁来香港，是中国第一家拥有中文铅字设备的印刷机构。1853年创刊的《遐迩贯珍》，就是用英华书院铅印设备印刷的。石印技术在鸦片战争前夕引入我国，1838年创刊的《各国消息》就是石印出版的，当时在广州已有石印机3架。铅印和石印技术的引进为国人自办报刊创造了有利条件。

学习思考题

1. 简述中国近代报刊产生的历史背景。
2. 简述英国传教士在东南亚出版中文报刊的情况。
3. 简述《察世俗每月统记传》的办报经过、宗旨和特点。
4. 简述澳门近代报业产生的条件与早期发展情况。
5. 简述鸦片战争前广州英文报刊的出版情况。
6. 简述《东西洋考每月统记传》的办报经过、宗旨和特点。
7. 简述鸦片战争后外报在香港的发展情况。
8. 简述鸦片战争后外报在上海的发展情况。
9. 简述在华外报网的形成过程。
10. 综合分析在华外报的历史作用与影响。

第三章

国人办报活动的兴起与发展

从林则徐的译报活动到洪仁玕的办报构想，再到后来王韬、郑观应的新闻主张，展现了中国新闻思想逐步递进的过程。19 世纪 70 年代后，国人创办与出版近代报刊的活动开始兴起，但真正打破外报对中国报业的垄断，改变中国报业结构的是维新运动时期的维新派报刊。维新运动在全国范围内掀起了一次国人办报高潮，使中国人的报刊成为社会舆论的中心。维新派报刊冲破了封建统治者对报刊出版的限禁，以新知新学为武器，向读者进行启蒙教育，对以后半个多世纪的中国社会产生了极大的影响。维新派报刊开政治家办报的先河，提高了报人、报业的社会地位，推动了民族近代新闻事业的发展，对中国新闻事业做出了重要贡献。

第一节　国人办报活动的兴起

国人对近代报刊的认识与接触始于林则徐的译报活动，但这还只是组织译报而没有办报。19 世纪 70 年代后，国人创办与出版近代报刊的活动相继在汉口、香港、上海、广州等地兴起。到甲午战争前，国人自办近代报刊约 30 种。第一批国人办报，数量不多，规模不大，发行时间不长，为求生存还往往要寻求官方庇护、挂洋招牌、托庇于租界，总体上社会影响还不大。

一、国人对早期近代报刊的认识与接触

林则徐的译报活动体现了国人对近代报刊的早期认识。译报的目的是了解敌方虚实，以便制定对敌策略。这是我国最早的“译报”，但还不是严格意义上公开发行的报纸。当时的中国还不具备创办近代报刊的环境和条件。近代中国最早系统阐述办报思想的是太平天国的洪仁玕。从林则徐的译报、开眼看世界到后来王韬的办报、宣传变法，洪仁玕的办报构想是一个过渡环节。随着维新变法思潮在中国的兴起，关于报纸性质和办报意义的讨论越来越多。继洪仁玕之后，比较系统地阐述自己办报主张的是王韬和郑观应，希望报纸能够成为推动社会改革使国家走向富强的舆论工具。

（一）林则徐的译报活动

国人对近代报刊的认识与接触，始于禁烟运动时期林则徐（1785—1850）的译报活

动。19世纪初，外国传教士在向中国进行传教的过程中，把最早产生于欧洲的近代报刊的模式和新闻传播的理念带到中国，掀开了中国近代新闻事业发展史的第一页。他们先是创办了一些中文的宗教性报刊，继而又有外国人创办了一些中外文的商业性报刊，到19世纪末期，贯穿中国南北的外报网基本形成。然而，这种新式的新闻传播媒介，并没有立即引起中国人的注意。在中国，最先发现并重视这种近代报刊的官员是林则徐。不过，林则徐还没有来得及按照近代报刊的模式来出版中国人自己的报纸，就负罪去职了，他所能做的只是组织人员去翻译这些外国人办的报刊，目的是了解和应对敌情。

林则徐于1838年底受命为钦差大臣，前往广东禁烟。1839年3月抵达广州后，立即提出了“采访夷情，知其虚实，始可以定控制之方”[①] 的主张，并组织专人翻译外报，使这一主张付诸实施。译报的目的是了解敌方虚实，以便制定对敌策略。译报的主要内容，包括在华外报有关政治、军事、贸易等方面的报道，以及对西方国家基本情况的介绍。

当时的翻译人才不多，经林则徐多方调集，很快组织起一个颇具规模的译报班子，其中有中国人，也有外国人，包括外国传教士和商人，他们大多是美国人。林则徐当时聘用的翻译人员主要有四人，即袁德辉、梁进德、亚林和亚孟（音译）。林则徐最为赏识的是袁德辉和梁进德，后者是参与编印《察世俗每月统记传》的梁发的儿子，被认为是林则徐翻译班子中水平最高的译员。1840年11月，林则徐被道光皇帝削职后，这一译报班子随即解体。

林则徐译报活动的流程是：第一，派人到早期外报的集中出版地澳门，搜集外国人出版的外文报刊；第二，将其中有关鸦片贸易和其他方面的消息、言论翻译成中文；第三，将译好的材料整理装订，分送给两广总督、广东巡抚、海关监督和军方参考。这种翻译材料，先是零散的，并无名称，后来汇集成册，称为《澳门新闻纸》。它是我国最早的“译报”，还不是严格意义上的报纸。它只是内部传抄的新闻资料，而不是公开发行的报刊。它具有新闻传播的性质，但更多的还是一种情报载体。《澳门新闻纸》现存6册，所译稿自1839年7月23日至1840年11月7日，历时一年又三个多月，另外还有一篇1838年7月16日的译稿。

《澳门新闻纸》选译的外报主要有《广州周报》和《广东纪事报》。这两家英文周报原来都在广州出版，在林则徐抵达广州后，于1839年夏迫于形势迁往澳门。此外，还有购自澳门的新加坡、孟买、加尔各答、伦敦、悉尼等地出版的外文报纸。《澳门新闻纸》所收内容的重点是禁烟和军事。禁烟方面，选译了外报有关英国政府纵容和支持鸦片贸易、英国人民谴责鸦片贸易和支持中国禁烟等方面的报道。军事方面，选译了外报有关英国政府准备发动侵华战争，中国方面的战备情况和有关九龙、厦门战役的报道和评论等。

另外，林则徐还在《澳门新闻纸》的基础上选择了其中的部分内容，亲自加工、润色，编为《澳门月报》五辑，后来被魏源收入《海国图志》之中，署名“林则徐译”。经林则徐加工后的稿件，文字质量有所提高，原稿中很多避讳的词语也都做了巧妙的修改。

林则徐组织译编的《澳门新闻纸》，在当时就受到一些外报的赞赏，这些外报称林则

---

① 中山大学历史系中国近代现代史教研组、研究室．林则徐集·奏稿：中册．北京：中华书局，1965：765.

徐是“聪明人”。林则徐的译报活动对后世的影响则更大，稍后的梁启超、严复等人，就曾在自己主办的报纸上“广译五洲近事”，他们的译报思想和林则徐是相同的。

积极弘扬林则徐译报思想的是林则徐的好友魏源（1794—1857）。1841 年 6 月，已被革职的林则徐在镇江与魏源见面，林则徐将翻译的《四洲志》《澳门月报》和《粤东奏稿》等资料交给魏源，让他编纂《海国图志》，以唤醒国人，放眼世界，挽救危亡。1842 年，魏源完成了五十卷本《海国图志》的撰述。1843 年，《海国图志》正式出版，成为第一部由中国人自己编写的介绍世界各国情况的巨著。《海国图志》全书分六个部分，涵盖了西方国家的政治、经济、军事、历史、地理、文化等方方面面的内容。魏源在《海国图志》中提出了“师夷长技以制夷”的观点，他认为不仅应该了解西方，而且要学习西方，还要用西方的先进思想和科技医治中国的落后。魏源非常重视外报，在《海国图志》中阐述了他对西方报纸的看法：“澳门所谓新闻纸者，初出于意大利亚国，后各国皆出，遇事之新奇及有关系者，皆许刻印，散售各国无禁，苟当时留意探阅，亦可觇各国之情形，皆边防所不可忽也。”他还指出：“刊印逐日新闻纸以论国政，如各官宪政事有失，许百姓议之，故人恐受责于清议也。”魏源以非常概括的文字揭示了报纸的社会政治功能。

从林、魏二人的主张中，可以看到他们对报刊传播信息的功能已经有了一定的认识。但是，当时的中国还不具备创办近代报刊的环境和条件，林则徐还只是组织译报而没有办报。

（二）太平天国的办报构想

近代中国最早系统阐述自己的办报思想的，是太平天国的玕王洪仁玕。1859 年，洪仁玕在其向天王洪秀全进呈的《资政新篇》中，从整个国家政权结构的宏观角度着眼，高度评价了报纸在社会中的重要地位，提出了设立新闻馆、设置新闻官、准卖“新闻篇”（即报纸）等主张。

洪仁玕（1822—1864），广东花县人，洪秀全的族弟。在广东组织起义失败后，逃往香港，在一外国传教士家中教书。从 1853 年到 1858 年，他在香港用心地研究了西方的社会政治制度和思想文化，为他后来写作《资政新篇》奠定了思想基础。1859 年春，洪仁玕长途跋涉抵达天京（南京），此时，太平天国已由盛转衰，领导核心趋于瓦解。他受命“总理朝政”，成为太平天国后期的重要领导人之一。

洪仁玕的《资政新篇》是一个旨在稳固太平天国的政权和实行自上而下的资本主义改革的政治纲领，内容包括政治、经济、文化、宗教等多个方面。在《资政新篇》中，洪仁玕提出了以下有关报纸和办报活动的观点：

（1）报纸是维系中央政权、加强集中统一领导的有力工具，可以通过报纸“禁朋党之弊”及消除种种弱本强末的离心力量。

（2）办报是实现民主政治的手段，可以通过报纸这一桥梁，实现太平天国领导集团和民众之间的沟通。

（3）报纸具有教育民众、移风易俗的作用，可以改变社会风气。

（4）报纸具有监督政府的作用，可以实行对地方政权机关和官吏的监督，可以有助于中央政府权力的加强。

在《资政新篇》中，洪仁玕还提出“新闻篇”（报纸）上的文字应该浅明和真实。对于洪仁玕的建议，洪秀全有的同意，有的则并不完全同意，如“准卖新闻篇”和“设置新闻官”两条，批文是：“此策现不可行，恐招妖魔乘机反间，俟杀绝残妖后行，未迟也。”①

《资政新篇》刊行还不到5年，洪仁玕的新闻理想还没有来得及实现，天京就陷落了。太平天国覆灭，洪秀全病逝（一说自杀），洪仁玕在保护幼天王出走时被俘，慷慨就义。

洪仁玕的办报思想来自西方，是他参照西方的报业模式为中国规划的发展新闻事业的愿景。当时，西方国家的新闻业已经有200多年的发展历程，处于商业报刊发展时期，已形成一套成熟的操作原则，资本主义生产关系为其存在提供了必要的经济基础和制度保证。当时的中国却是一个半殖民地半封建的国家，国人对近代报刊还是很陌生的，把西方的新闻理论一下子引入中国加以实践，在当时的情形下是不切实际的。更何况，太平天国始终处于战争状态，形势不稳定，不具备实施的条件。但是，洪仁玕提出的带有资本主义色彩的办报思想，在中国近代新闻史上却有着一定的进步意义。从林则徐的译报、开眼看世界到后来王韬的办报、宣传变法，洪仁玕的办报构想是一个过渡环节，展现了中国新闻思想逐步递进的过程。

（三）王韬与郑观应的新闻思想

随着维新变法思潮在中国的兴起，创办近代报纸成为先进知识分子的广泛要求，关于报纸性质和办报意义的讨论也就越来越多。继洪仁玕之后，比较系统地阐述自己办报主张的是王韬和郑观应。

王韬（1828—1897），初名利宾，后易名瀚，字懒今，江苏甫里人。自幼资赋聪敏，八九岁时已“通说部”“毕读群经”，18岁考取秀才。1849年，王韬应邀去上海，在外国传教士麦都思主办的墨海书馆担任中文编校工作。1861年冬，因老母病危，王韬回家乡探亲，据说曾化名“黄畹”上书太平军苏州地方长官，献计献策，回上海不久因此事被清政府通缉。1862年8月流亡香港，更名韬，字仲弢，一字紫诠，自号弢园老民、天南遯叟等。王韬到香港后，受到英华书院院长理雅各的赏识，协助理雅各翻译中国典籍，并一度主编《近事编录》。在1867年至1870年间还随理雅各到英国“佐译经籍”，又两度游法，对西方社会进行了直接考察。这一切使王韬深感中国落后，认识到必须顺应历史潮流，奋起直追，才能使中国走上富强之途。1870年后，王韬与友人黄平甫集资购得英华书院的印刷设备，组成中华印务总局，接着又创办《循环日报》，自任主笔，主持该报笔政达10年之久。1884年，王韬回上海定居，曾担任上海格致书院院长，创办弢园书局，并尽其余力从事撰作，著有《弢园文录》《瓮牖余谈》《弢园文录外编》等，1897年病逝。

王韬在《倡设日报小引》《本局日报通告》《论日报渐行于中土》《论各省会城宜设新

---

① 北京大学文科研究所，北京图书馆．太平天国史料．上海：开明书局，1950：31-34.

报馆》和《论中国自设西文日报之利》等文章中，论述了以下几个重要问题：

（1）办报的目的与意义。王韬曾在其《上潘伟如中丞》中阐述了他在香港主办《循环日报》的目的："韬虽身在南天，而心乎北阙，每思熟刺外事，宣扬国威。日报立言，义切尊王，纪事载笔，情殷敌忾，强中以攘外，诹远以师长，区区素志，如是而已。"[①]简言之，王韬要借日报立言，通过报纸来宣传其变法自强的政治主张。之后，"办报立言"发展成为我国早期国人自办报刊的主要传统之一。

（2）报纸的功能和作用。王韬认为：第一，报纸可以使"民隐得以上达"，只要在各省省会设立报馆，就可以"一知地方机宜"，"二知讼狱曲直"，"三辅教化之不及"，使报纸成为"博采舆论"的工具。第二，报纸可以使"君惠得以下逮"，报纸宣扬君王的恩德，传播朝廷的政令，使"君民上下互相联络"，消除隔阂，国家才能长治久安。第三，报纸可以"达内事于外"，他主张创办外文报纸，开展对外宣传。第四，报纸可以"通外情于内"。王韬十分强调创办报刊介绍西方的国政民情，以便师其所长，避其所短，因此他建议设立翻译外报的专门机构，"汇观各处日报而撷取要略，译以华文，寄呈总理衙门"，使朝廷随时掌握外国情况，"即遇交涉之事，胸中自具成竹"[②]。

（3）新闻自由。王韬最早在国内提出了言论自由的要求，呼吁朝廷放宽言禁，允许民间创办报纸，允许报纸"指陈时事，无所忌讳"，"言之者无罪，闻之者足戒"。

（4）报纸的文风。王韬认为，报纸的文风应该是直抒胸臆，词达而已。他说："知文章所贵，在乎纪事述情，直抒胸臆。俾人人知其命意之所在，而一如我怀之所欲吐，斯即佳文。至其工拙，抑末也。"他甚至愤慨地说："时文不废，天下不治。"[③] 时文是指科场应试时使用的文体。

（5）报纸编辑人员的条件。王韬认为，报纸的编辑人员应该是知识广博的"通材"，"不可不慎加遴选"，报纸的主笔"非绝伦超群者不得预其列"，他们应该品德高尚，持论公平，不得"挟私讦人，自快其忿"[④]。

王韬的这些办报主张，在当时不失为远见卓识，对于后世也有很大影响。郑观应的新闻思想主要见于其撰写的著作《盛世危言》中的《日报》等文章中。

郑观应（1842—1922），原名官应，字正翔，号陶斋，广东香山县（今中山）人。中国早期资产阶级维新派思想家、教育家、实业家。他关心时政，热心西学，参加洋务运动，从19世纪80年代到90年代初，逐渐形成维新变法思想，是中国近代史上主张变法自强的杰出代表。他主张变革以御外侮，办学校以育人才。1894年刊行的著作《盛世危言》影响很大，提出了从政治、经济、教育、舆论、司法等诸方面对中国社会进行改革的方案。1922年，郑观应病逝于上海。郑观应的主要新闻观点，可归纳为以下几点：

（1）日报是"通民隐，达民情"的有力工具，"欲通之达之，则莫如广设日报矣"。郑观应还认为，广设日报是西方国家实行民主政治的枢纽。

（2）创办报纸是中国变法自强的重要手段。他说："今如欲变法自强，宜令国中各省、

---

① 胡太春．中国近代新闻思想史．太原：山西教育出版社，1987：36.
② 徐培汀，裘正义．中国新闻传播学说史．重庆：重庆出版社，1994：142－143.
③ 王韬．弢园文录外编．上海：上海书店出版社，2002：1.
④ 同③171－172.

各府、各州、各县设报馆”，“其日报馆每日所出新闻，必以一纸寄京师，上呈御览……不准地方官恃势恫喝，闭塞言路”，“如是，则国势之隆无不蒸蒸日上”。

（3）应该维护民族尊严，允许国人办报。郑观应对清政府只准外国人而不准本国人办报的愚民政策表示强烈不满：“中国通商各口，如上海、天津、汉口、香港等处，开设报馆，主之者皆西人，每遇中外交涉，间有诋毁当轴，蛊惑民心者。”“奈何掩聪塞明，钳口结舌，坐使敌国怀觊覦之志，外人操笔削之权，泰然自安，庞然自大，施施然甘受他人之凌侮也。”他建议，“今宜于沿海各省，次第仿行，概用华人秉笔，而西人报馆止准用西字报章”。他呼吁清政府明令允许并支持中国人创办自己的报纸。

（4）制定报律规范报业。郑观应明确提出了新闻立法的建议，要求清廷制定与颁行法律以保护人民的言论出版自由权利：“我各省当道，亦宜妥订章程，设法保护，札饬有体面之绅士倡办，以开风气。”“无事之时，官吏设法保护，俾于劝善惩恶，兴利除弊……大、小官员苟有过失，必直言无讳，不准各官与报馆为难。”“有事之际，官吏立法稽查：于本国之兵机，不宜轻泄；于敌人之虚实，不厌详明。”①

以上关于办报的思想反映了中国资产阶级维新派的爱国情怀，他们强烈希望报纸能够成为推动社会改革使国家走向富强的舆论工具。同时，在他们的办报思想中也表达出了一些资产阶级的民主要求。

二、国人创办的第一批近代报刊

自19世纪60年代起，中国的资本主义经济有了重要发展，中国社会内部出现了要求社会变革的思潮，中外联系日益增多，推动国人自办报刊的条件逐渐成熟。此时，外国人出版中文报刊已长达半个世纪，单纯宣教的报刊越来越少，新闻性逐渐增强，近代报刊的样式和办报知识已经传入中国。一些中国的知识分子参与了外报的编辑工作，积累了办报的经验，为国人自办报刊做了必要的准备。19世纪70年代后，国人创办与出版近代报刊的活动开始兴起。

（一）汉口的《昭文新报》

中国人在国内创办的第一份报纸，一说是1872年在广州出版的《采新实录》（又名《羊城采新实录》）。但是，这份报纸由于早已失传，具体情况又不可考，因此，不少新闻史著作仍把《昭文新报》视作中国人自办报刊之始。

《昭文新报》1873年8月8日在汉口创刊，创办人是艾小梅，初为日报，用白鹿纸印刷。该报“仿香港、上海之式而作”②，刊行不到3个月，因销路不畅而改为五日刊，装订成书册状。其内容以奇闻逸事居多，间有诗词杂作，但读者仍然不多，不久即停刊。

后来，在汉口又出现过一份国人自办的报刊，这就是1889年在汉口创刊的《公论报》。该报由李涵秋主编，后由江汉关职员宦诲之接办，言论倾向于官方，曾有“官报”

---

① 夏东元．郑观应集·盛世危言：上册．北京：中华书局，2013：345－350．
② 汉口创设昭文新报馆．申报，1873－08－13．

之称。1907 年后，该报改名为《公论新报》继续出版，为辛亥革命前在武汉地区出版的重要报纸之一。

虽然《昭文新报》昙花一现，却是国人自办报刊历史的开端，为中国人自己办报做了最早的尝试。之后，香港、上海、广州等地相继出现了国人自办的近代报刊，这些城市为我国报业的早期发展提供了广阔空间，成为早期国人办报活动的基地。从 19 世纪 70 年代到甲午战争前，国人自办近代报刊约 30 种。

（二）香港的《循环日报》与其他国人自办报刊

我国第一批国人自办报纸中影响最大的，是我国早期维新派思想家王韬在香港主编的《循环日报》。这一时期，由于香港已被英国割据，为清朝封建统治势力所不及，因此给国人在那里办报提供了相对来说较为自由的空间。王韬主办的《循环日报》是早期国人报刊中最出色的一份。除《循环日报》之外，中国人在香港办的中文报纸还有《维新日报》和《粤报》等。

1874 年 2 月 4 日，《循环日报》在香港创刊，王韬任主笔。该报取名“循环”，是因为王韬本人是强弱可以转化的“循环”论的信奉者。他认为，“弱即强之机，强即弱之渐，此乃循环之道然也”。

在王韬的主持下，《循环日报》以“强中以攘外，诹远以师长，变法以自强”为办报宗旨，是我国近代最早宣传资产阶级维新变法思想的报纸之一。正是利用《循环日报》这一舆论阵地，王韬先后在该报上发表了数以百计的政论文章，评论时事政治，鼓吹变法自强。他指出：“穷则变，变则通。知天下事，未有久而不变者也。”他主张在政治上建立一个君民共治的国家，使“民隐得以上达，君惠得以下逮”；在经济上大力开发矿藏，修筑铁路，扶持民族工商业，以实现国家富强；在外交上维护国家主权和独立，反对列强对中国的侵略。

《循环日报》对我国近代报业发展的最大贡献，就是首创了一种以政论为灵魂的报纸。这种报纸，既有别于以传抄上谕、刊发奏章为主要内容的我国古代报纸，又有别于以传播宗教教义或刊载商情为主要内容的近代外报，而是以“立言”为目的，利用报纸纵论中外形势，指陈时弊，褒贬得失，提出建议，使人耳目一新。

《循环日报》开创了中国近代报刊的政论文体。王韬为《循环日报》撰写的政论，立场鲜明，短小精悍，深入浅出，通俗易懂，而且富于感情，后来逐步发展成为一种新的报章文体，对当时的文坛和以后的维新派报人有很大影响。王韬在《循环日报》上发表的论说，思想性和学识水平在当时均堪称一流，经常被内地报刊转载，产生了一定影响。所以，《循环日报》被认为是我国第一份以刊载政论著称的报纸，王韬是我国第一位报刊政论家。王韬的政论文章，后汇编为《弢园文录外编》，于 1883 年 5 月在香港出版，是我国最早的一部报刊政论文集。此外，王韬还曾为《香港华字日报》《万国公报》等港沪两地的报刊撰写政论文章，极力鼓吹变法，这些政论文章后也收入《弢园文录外编》一书中。

《循环日报》初创时，每期两张 4 版，用白报纸两面印刷，另外用土纸印刷船期。除星期日外每日发行。第 1 版为行情版；第 2 版为新闻版，新闻约占报纸全部内容的三分之一篇幅，新闻版分为3栏：首录京报，次为“羊城新闻”，又次为“中外新闻”；第3版刊登航运消息和广告，“中外新闻”栏内未登完的内容常转入此版；第4版刊登广告和启事。这种编排方式在《循环日报》创刊后的10年中并没有多大变化，这也是当时香港中文报纸的一般样式。

《循环日报》因消息不足，新闻版的“羊城新闻”栏除广州新闻外还常常刊载主要由王韬撰写的野史、掌故，以资补白。“中外新闻”栏的首位是论说，大体每日一篇，初期的大部分论说由王韬执笔。1875年，《循环日报》增出月报一种，择重要时事汇为一册，线装书式，单独发行，因销路不畅，出版不满一年即停刊。

1878年，《循环日报》为争取读者，特将每晨出版的日报提前于头一天傍晚印好送出，成为香港最早的中文晚刊日报，1882年后又取消了每晚提前出版第二天日报的办法，恢复每晨出报。1884年，王韬离港返沪定居，不再担任《循环日报》主笔。此后，《循环日报》思想渐趋保守，断断续续出版至1959年终刊。

继《循环日报》之后，香港地区的国人自办报刊陆续问世。1879年（一说1880年），《维新日报》创刊，由陆骥纯独资创办并担任发行人。《维新日报》的版面编排与《循环日报》相仿，共计4版，第2版同样是新闻版，同样分3栏，依次为“京报选录”“羊城新闻”“中外新闻”，论说安排在“中外新闻”栏内。其余各版为行情、广告等内容。中法战争中，该报积极支持抗法斗争，受到社会各界欢迎，但曾编造过中国战胜的假消息。19世纪末，《维新日报》宣扬君主立宪思想，对当时闭塞的中国社会具有启蒙作用，颇受读者欢迎。后来，在孙中山民主革命学说逐步深入人心之后，该报影响逐渐式微。1908年由刘少云接办，次年改名为《国民日报》，出至1912年停刊。

1885年，《粤报》（又名《香港粤报》）创刊，创办人为香港英商汇丰银行买办罗鹤明。报馆除出版报纸外，还兼营印刷业务。因经营不善，不到一年，资本耗尽。后由罗敬之购得续出，此后担任过督印人的还有黄子葵、黄南庐、温俊臣等，又4年后报纸停刊。

1889年，《日报特选》（*Extracts from Newspapers*）创刊，由中华印务总局发行。该刊为文摘性期刊，刊期不详，每期20页，毛边纸铅印。其内容分“京报”“中外新报”“广报”“海防日报”及“中外新闻”等栏目。

此外，1883年间，英国人罗郎也将其创办的中文日报《近事编录》产权转移给在港国人，该报成为一份国人自办报刊，每年订费也由5元减至4元，但不久因销路不佳而停刊。

（三）上海的《汇报》与《新报》

上海自从开辟为对外通商口岸以后，凭借其优越的地理位置，很快成了国内贸易的枢纽和对外贸易的中心，洋务运动日益兴盛，这一切为国人在上海办报提供了良好的条件。上海是第一批国人自办报纸的重要基地。

被称为中国近代留学第一人的容闳于1874年6月16日在上海创办《汇报》，该报是国人在上海办的第一家中文日报。容闳（1828—1912），广东香山人，少年曾就读于澳门马礼逊学校，后赴美国留学。回国后，他曾参与洋务运动，办企业、办教育，后又参与维新派和民主革命派的许多政治活动。1872 年，容闳以留美学生副监督的身份赴美，次年回国，筹办《汇报》，共集资白银 1 万两，投资者多为广东人，有商人也有官员。广东籍上海知县叶廷眷、招商局总办唐景星也曾予以支持。容闳本人没有实际参与报务工作，主持报务的是广东人邝其照（1843—？）。

《汇报》一创刊就公开宣布："本局为中华日报，自宜求有益于中华之事而言之。故于有裨中国者，无不直陈，而不必为西人讳。"《汇报》鼓吹发展洋务，措辞谨慎，不议论官府政事，但对外国人侵害中国的言行常有抨击。为了维护民族利益，该报曾多次与外商办的《申报》和《字林西报》进行笔战，曾谴责领事裁判权和租界工部局的专横。尽管《汇报》言辞谨慎，但出版不久，还是在文章中涉及了政事，遭到官府非议，部分股东因此要求退股。报纸被迫进行改组，1874 年 9 月 1 日改用"汇"的繁体字"彙"作为报名，继续出版，特聘请英国人葛理（Grey）担任名义上的发行人兼主笔，以求得政治上的庇护，实际产权未变。

该报出版未及一年，又因种种困难而再次改组，于 1875 年 7 月 16 日更名为《益报》，以示报纸对官府有益而无害，聘朱莲生为主笔。《益报》仍然受到官府的限制和《申报》的排挤。两报之间的争斗更加白热化，《益报》勉强维持至 1875 年 12 月初停刊。从《汇报》一年半的出版历程，可见当时国人办报之艰难。

此后不到一年，1876 年 11 月 23 日，另一份国人自办报纸《新报》在上海出版，日出对开 1 张，由在上海的各省商帮兴办，但实际的主办人是上海道台冯焌光，经费也全部出自道库，主笔由袁祖志担任。冯焌光为洋务派官员，当时中外交往越来越多，冯焌光以《新报》为宣传工具，欲借此影响在沪外国人的舆论。《新报》初创时中英文合刊，当时国人称它为"官场新报"，而外侨则称之为"道台的嘴巴"（The Taotai's Organ）。

《新报》的办报宗旨，据创刊号上发表的《本报告白》称："窃以入仕经商，所贵周知夫时事；居无易有，必当博采夫世情。如朝廷之政教维新，京外之升迁调补，暨列国政令之变置，各货居积之所宜，以及岁时收成厚薄，货物行销利钝，价值高下，船只往来，或时事，或异闻，皆为仕商之切要，要经营之不可少也。"据此，该报所刊内容，除转录京报和苏省辕门抄外，还刊有本埠新闻、各地新闻及国际新闻，涉及政治、军事、外交、商情等各方面内容，且"于京省各报，则求速而且详；于西字诸报，则求译而无误；时事则查访的实，货价则探听确真"①。由于该报为上海道台所控制，因而还明确宣布"国政则不可议也"，规定凡"疾世愤时"之作一律不予发表。

由于看《新报》的大多数是国人，外国人看的并不多，加之后来更换了新的道台刘瑞芬，因其不赞成中英文合刊，1877 年 6 月 11 日《新报》取消了英文内容，改为纯中文报纸。不过，刘道台还是继续出版了这份《新报》。到了 1882 年，新任道台邵友濂到任，就把《新报》裁撤了。1882 年 7 月 14 日，《新报》并入上海机器制造局，转为该局机关报，旋停刊。

此外，这一时期在上海出版的其他国人自办报刊还有《侯鲭新录》《词林书画报》《飞影阁画报》《华洋日报集成》《中西文报》《艺林报》《告白日报》《海上奇书》等。

---

① 本馆告白．新报，1876-11-23.

（四）广州的《述报》与《广报》

中国人在广州的办报活动，晚于汉口、香港、上海，是在中法战争爆发后兴起的，影响较大的有《述报》和《广报》。

目前已知的第一份在广州出版的国人自办报纸是《述报》，创刊于 1884 年 4 月 18 日，由广州海墨楼石印书局印刷发行，用赛连纸单面印刷，呈书页式，每日出版 4 页（版）。其内容有中外新闻与评论、西方书报译稿、商业行情、轮船班期和广告等。该报创刊之时，正逢中法交战，因而其版面的 70%是有关中法战争的消息、电讯、评论、译论和来论等，连续、详尽地报道了这次战争的发展过程、战役实况以及官方态度、社会舆论等，并发表了许多颇有见解的评论，主张对法作战，反对“输金议和”，表现出该报鲜明的爱国立场。该报还积极支持省港两地人民的抗法斗争，报道了不少有关刘永福黑旗军和法国侵略军作战的消息，称赞刘永福为“今之人杰”，对清廷当局的妥协活动则明确表示强烈不满。

值得一提的是，《述报》在业务上十分重视图片新闻的报道，自创刊之日起，每期都刊登一幅或多幅新闻纪实图画，与文字新闻穿插编排，力求做到图文并茂。《述报》出版一年左右后停刊。

第二份在广州出版的国人自办报纸《广报》创刊于 1886 年 6 月 24 日，日刊，由曾任张之洞秘书、主持过上海《汇报》报务的邝其照创办。该报版式与《申报》相仿，内容设有宫门抄、辕门抄、上谕、著论、新闻等栏目。除中外新闻外，也刊登一些匡正时弊的文章。该报的发行面很广，除广东各地和香港、澳门、上海外，还发行到新加坡、西贡、小吕宋、旧金山等地，颇受海外侨胞欢迎。1891 年，该报发表了一条报道某政府要员被参的消息，触怒了两广总督李瀚章，被李下令查封，指责该报“辩言乱政”，“妄谈时事，淆乱是非，胆大妄为”，并责成番禺、南海两县“严行查禁”。于是，邝其照等人只得将馆址迁至沙面租界，由英商必文出面，改名为《中西日报》继续出版。由于《中西日报》借用洋人的名义，又栖身于租界，因此“渐肆议论，指谪政治，官无如何”。该报后又迁回广州城内，1900 年因刊登义和团战胜八国联军的消息，被英、法等国殖民者勾结广东地方当局查封。是年冬，邝其照等人又将报纸改名《越峤纪闻》继续出版，因发行受阻，不久停刊。

在广州除上述报纸外，还有一份国人自办的报纸《岭南日报》（英文报名是 *The Southern Times*），1891 年问世，由劳保胜、武子韬、朱鹤等主办，日出 8 开 8 版，主要栏目有上谕电传、督宪牌示、论说、本省新闻、中外新闻、来稿照登、西报汇译、京报照录、各行告白、货价行情等。该报编辑方针与《广报》《中西日报》相同，出至 1897 年停刊。

三、第一批国人自办报刊的特点

19 世纪 70 年代开始在中国出现的国人自办报刊明显地表现出以下一些特点：

第一，在办报主体方面，创办者的身份比较复杂。在中国最先创办报刊的人，既有先进的知识分子，也有商人，还有洋务派官员。其中，知识分子是倡导办报的主要力量。但是，在这些办报的知识分子中，有一些人同时也是或者曾经是官员、买办。第一批国人报刊的创办者往往是与西方人打交道比较多的中国人，他们接触到更多的西方事物，而报刊是近代以来从西方传入中国的众多新事物之一。随着外报的增多和影响的扩大，愿意接受西方文化的先进知识分子开始尝试着自己办报。

第二，在办报性质方面，除个别外，这些报刊一般是私营性质的。这一时期的办报活动既是一种政治上的觉醒，也是一种商业性的行为。这些报刊的办报经费多半是由私人集资合股而来，应属于新兴资产阶级的民办报刊，私人所有，自主经营，是自由知识分子的自发活动，不带有政党色彩。

第三，在报刊内容方面，这些报刊都是洋务运动的支持者和宣传者。第一批国人自办报刊创办之时正值洋务运动时期，这样的时代背景决定了洋务运动是它们报道和评论的重要主题。其实，这些报刊本身就是洋务运动的内容之一。它们主张发展工商业，学习西方科学技术，造械开矿，富国强兵，主张“以富民为本”，要求重点发展商办企业。当洋务运动中显现出一些弊端的时候，这些报刊也会进行尖锐的批评。它们中的个别报纸，如地处香港的《循环日报》和《维新日报》，还曾主张进行政治、文化改革，宣扬议会制度和君主立宪制度，进行了早期维新思想的传播。

第四，在政治立场方面，这些报刊表现出鲜明的反侵略爱国思想。办报人接受西方新闻观念，创办中国人自己的近代报刊。这些报刊与外报在新闻的表现形式上有相似的地方，而在基本的立场上却根本不同。它们通过新闻与言论不断陈述西方列强环伺的危险局势，提醒政府加强武备。对西方国家的侵略行径和不平等条约带给它们的特权，大加鞭笞抨击，宣传抵制列强在华的经济扩张。在这方面《述报》表现得尤为突出。在中法战争期间，《述报》发表了大量专电、消息、通讯、评论等，报道了战争的全过程，猛烈谴责法国的战争挑衅，支持抗法斗争，对《字林西报》等外报宣扬的“输金议和”等谬误给予了针锋相对的批驳。

第五，在业务工作方面，这些报刊大多参照了外国人在当地出版的中文报纸的模式。在国人开始创办报刊的时候，外国人已在中国办报半个多世纪，积累了丰富的业务经验。尤其是中文商业报刊成为国人办报的直接模仿对象。由于借鉴了外报的经验，国人报刊一出现就有了成熟的形式，在某些方面还有所创新，如改进标题的制作、运用图画配合新闻报道等。这一时期，国人报刊在业务上的突出贡献，是在报刊政论写作上的革新。王韬的政论言之有物，密切联系现实，有感而发，文字清新，在当时产生了一定影响，为政论文的写作提供了重思想而不拘泥于形式的指导原则，对后来时务文体的形成起了奠基作用。

第六，在报业环境方面，这些报刊的处境十分困难。首先是经济上的困难，当时中国的民族工商业还很薄弱，还不能为报刊的生存与发展提供足够的广告收入；读者不多，发行很少；缺少来自政党和政府的经费支持。其次是政治上的困难，主要是来自封建统治者方面的限制。清政府当时实行的是一种听任外国人办报而禁止中国人办报的政策，国人办报没有保障，即使谨小慎微，也动辄得咎，不敢畅所欲言。此外，国人办报还经常遭到外国殖民势力特别是各地租界当局的限禁。《字林西报》《申报》等中外文外报也极力排斥和阻挠它们的出版。在这种条件下，除香港的国人报刊外，内地的自办报刊大多寿命不长。

第一批国人办报，数量不多，规模不大，发行时间不长，地域范围仅限于汉口、香港、上海、广州等地，而且为求生存还往往要寻求官方庇护、挂洋招牌、托庇于租界，所以总体上社会影响还不大。真正打破外报对中国报业的垄断，改变中国报业结构的是维新运动时期创办起来的维新派报刊。在维新运动期间中国民族报业获得了很大的发展，开创了政治家办报的传统。

第二节　维新运动与国人第一次办报高潮

19世纪90年代中期，中国资产阶级维新派发起的维新运动席卷全国。与此同时，在全国范围内掀起了一次国人办报活动的高潮。据不完全统计，从1895年至1898年三年的时间里，全国出版的报刊有120种左右，其中80%以上是中国人自办的，它们遍及全国的许多城市，积极推动维新运动的发展，并且打破了外报在华的势力，成为中国社会舆论的主要力量。康有为、梁启超、严复等人以及他们的报刊在这次高潮中发挥了重要作用。

一、康有为、梁启超与维新派报刊的创办

中日甲午战争后，中国割地赔款，民族危机严重。以康有为为代表的资产阶级维新派提出了变法维新的主张，维新思想迅速发展成为社会思潮，导致了一场群众性的维新运动。运动中报刊起到了重要的鼓动作用，维新派首先在北京创办了《万国公报》，后改名为《中外纪闻》，在上海创办《强学报》。京沪两地的强学会及其机关报《中外纪闻》和《强学报》被封建顽固派和洋务派扼杀，围绕《时务报》也展开了一场激烈的斗争。维新派报刊冲破了封建“言禁”，拉开了国人办报高潮的序幕。

（一）康有为与《万国公报》《中外纪闻》

康有为（1858—1927），字广厦，号长素，广东南海人，戊戌变法时期维新派的代表人物，维新思想家，报刊政论家。他出身于诗书继世的官宦之家，从小受到严格的传统教育和较好的文化熏陶。11岁那年，他在祖父的官舍“频阅邸报，览知朝事”。22岁那年，他第一次游历香港，对这个受英国殖民统治的地方进行考察，“始知西人治国有法度，不得以古旧之夷狄视之”。25岁那年，他赴京考试落第后途经上海，看到“上海之繁盛，益知西人治术之有本”。在香港和上海，他收集了大量西学书籍和报刊带回广东学习研究，其中对他影响最大的是外国传教士在上海办的《万国公报》，以至于他后来创办的第一份报刊也沿用了这个名字。

1891年，康有为在广州创办长兴学舍，收徒讲学，培养了一批维新骨干，其中最有名的是梁启超。1895年5月2日，在甲午战败的危急形势的刺激下，正在北京参加会试

的康有为联合全国十八省参加会试的举人 1 300 人，进行了闻名中外的“公车上书”，要求朝廷变法维新。在“公车上书”中，康有为提出“纵民开设”报馆的建议，把办报视作维新变法的重要内容之一。接着，康有为、梁启超、陈炽等在北京着手筹办报刊和学会。康有为认为，要开通风气，“非合大群不可”，而要合大群，“非开会不可”①。梁启超也认为：“欲开会，非有报馆不可。报馆之议论既浸渍于人心，则风气之成不远矣。”他们所说的“开会”，指的是组织社会团体。梁启超还函告友人：“顷拟在都设一新闻馆，略有端绪”，“此举有成，其于重心力量颇大也”②。

不久，《万国公报》③ 于 1895 年 8 月 17 日在北京创刊，康有为、陈炽等负责筹募经费，康有为的两大弟子梁启超、麦孟华担任编辑，这是我国资产阶级维新派出版的第一份报刊。北京当时没有铅印机器，该报只好委托民间报房用木版雕印。《万国公报》每两天出版一期，版式与京报相似，但不署出版时间及地点。由各报房的报贩在递送京报时免费附送给在京的“王公大臣”及“士夫贵人”等各级官绅阅读，起初每期送出千余份，以后最多送出 3 000 份左右。

在《万国公报》创刊的当月，康有为、梁启超、文廷式、陈炽等人联络部分官僚士大夫和知识分子，在北京成立了强学会④，推陈炽为会长，梁启超任书记员，每十天聚会一次，讲论“中国自强之学”。袁世凯、孙家鼐、张之洞、英国驻华公使欧格纳以及英美传教士李提摩太、李佳白、林乐知、毕德格等都参加了该会的活动。强学会成立后，《万国公报》转为该会的机关报。

《万国公报》所刊内容以讲论洋务为主，每期刊载文章一至三篇，题目有工商、铁路、邮政、兵制、学校、报馆等，其中必有梁启超所撰论说，其余大多选自广学会出版的书报。《万国公报》的出版在京师引起强烈反响。虽然“守旧者疑谤亦渐起”，但却受到具有维新思想的士大夫的欢迎。正如康有为所说：“报开两月，舆论渐明。初则骇之，继而渐知新法之益。吾复挟书游说，日出与士大夫讲辩，并告以开会之故，明者日众。”⑤

1895 年 12 月 16 日，强学会主办的《万国公报》改名（系应李提摩太之请）为《中外纪闻》，继续在北京出版，康有为亲自题写报名。《中外纪闻》仍为两日刊，署有出版月日，不编期号，每册 10 页，共 4 000 多字，木活字印刷，由强学书局刊行，发行地点在北京宣武门外后孙公园，由梁启超、汪大燮主编。《中外纪闻》的经费比初期的《万国公报》雄厚得多，不再仅靠康有为独立支撑，而是大量收受了袁世凯等达官贵人的捐款。

从内容上看，《中外纪闻》除论说外，增加了外电、外报选译和国内各报摘录等内容，还有上谕等。康有为在该报上发表的《开会主义书》，陈述了中国的危急形势，接着又以印度、土耳其、安南、朝鲜的亡国遭遇为例，沉痛地勾画出中国亡国以后的“惨烈之状”；最后号召士大夫和知识分子以德国、日本为榜样，开展变法维新运动，以挽救中国的危亡。文章写得慷慨激昂，扣人心弦，是一篇重要的维新派政治宣言。《中外纪闻》

---

① 中国史学会．戊戌变法：第四册．上海：神州国光社，1953：133.

② 丁文江，赵丰田．梁启超年谱长编．上海：上海人民出版社，1983：40.

③ 报名与广学会出版的《万国公报》相同，因其行销多年，在士大夫中颇有影响，袭用其名，以利推广。

④ 另一说是 11 月中旬成立。

⑤ 同①.

的出版，受到了倾向于维新变革的政府官员及士大夫知识分子的欢迎，也使更多的中国人“渐知新法之益”，“识议一变”。

维新派组织学会、创办报刊的活动，引起封建顽固派的极度恐慌。在北京，先是“谣诼蜂起”，以至《中外纪闻》“送至各家门者，辄怒以目，驯至送报人惧祸及，悬重赏亦不肯代送矣”。1896 年 1 月 20 日，御史杨崇伊秉承内阁大臣、文华殿大学士李鸿章旨意，参劾强学会植党营私、刊印《中外纪闻》，“按户销售，犹复藉口公费，函索外省大员，以毁誉为要挟”，请饬严禁。清廷即据折命都察院“查明封禁”。于是，《中外纪闻》被迫停刊，只存在了一个月零五天，共出 18 期。强学书局于当年 1 月 29 日改为官书局。

（二）上海强学会与《强学报》

1896 年 1 月 12 日，上海《强学报》创刊。该报的出版是康有为南下宣传维新变法主张的结果。1895 年 10 月间，康有为有鉴于《万国公报》和京师强学会的活动已引起封建顽固派的注意、大学士徐桐等人打算上书弹劾等情势，决定离京，转赴南方各地活动。10 月 17 日，康有为离开北京，先去南京，游说两江总督张之洞，获张的许可和捐银 1 500 两。之后，康有为到上海，与梁鼎芬、黄遵宪、汪康年、张謇等人共同发起，于 11 月下旬建立上海强学会，康有为亲自草拟的《上海强学会章程》宣称“本会专为中国自强而立”，并提出了学会应做的四件“要事”，其中一项就是“刊布报刊”。

经过短时间的筹备，上海强学会办起了机关报《强学报》。该报由康有为的弟子徐勤、何树龄主编，五日一出，铅字印刷，页数不等，免费派送，其政治色彩较《万国公报》和《中外纪闻》更为浓厚，旗帜鲜明地倡导变法维新，发出了“穷则变，变则通，通则久，不变则不能久矣”的警告，明确提出了“明定国是”“开设议院”等政治主张。该刊发表的《开设报馆议》一文，阐述了报纸在维新运动中的作用，即“广人才，保疆土，助变法，增学问，除舞弊，达民隐”。这几句话，实际上就是《强学报》的办报宗旨。《强学报》不用大清年号而用孔子纪年，借以“托古改制”。这些激进的表现，当然为张之洞所不满。张怀疑康托古改制是图谋不轨，要求该报取消孔子纪年，并打算对《强学报》进行改组。徐勤将此消息报告康有为后，康有为明确指示说，“彼有不办之心，我有必办之意”，要求徐勤等人“忍辱负重”，坚持把报纸办下去。张之洞指责康有为“并不公商，遽先刊报”，于 1 月 25 日下令解散上海强学会，停办《强学报》。《强学报》只存在了 14 天，只出版了 3 期。目前仅见两期，因第 3 期印好后未来得及发行。

京沪两地的强学会及其机关报《中外纪闻》和《强学报》虽然被封建顽固派和洋务派扼杀了，但它们的影响是扼杀不了的。强学会的成立，标志着酝酿了几十年的变法维新已由思想宣传转变为有组织的政治活动。《万国公报》《中外纪闻》和《强学报》的出版，冲破了封建“言禁”，为即将到来的国人办报高潮拉开了序幕。更重要的是，这些活动培养和锻炼了维新派的办报骨干，为维新派报刊宣传活动的全面展开打下了基础，使变法维新成为不可阻挡的时代潮流。

（三）梁启超与上海《时务报》

1896 年夏，随着维新活动的重新兴起，维新派报刊纷纷创刊，将维新派的办报活动推向高潮。1896 年 8 月 9 日，《时务报》在上海创刊，由梁启超任总撰述，汪康年任总经理。该报的筹备工作，是在黄遵宪（1848—1905）带头下进行的。黄遵宪曾任清政府驻日、英使馆参赞和驻旧金山、新加坡总领事，是清末著名的维新派官员。上海强学会被查封后，他“愤学会之停散，谋再振之，亦以报馆为倡始”，并带头“捐金一千元为开办费”，其余经费来自上海强学会余款和其他人的捐赠。

梁启超（1873—1929），字卓如，号任公，广东新会人，笔名有饮冰室主人、哀时客、少年中国之少年、中国之新民等 40 余个，是清末影响较大的报刊政论家之一。他自小熟读经史，17 岁中举人，18 岁晋京会试，落榜而归，遂拜康有为为师。1895 年，他和康有为一起晋京会试，其间参与了“公车上书”，之后主编《万国公报》和《中外纪闻》，开始在舆论界初露锋芒。《中外纪闻》被迫停刊后，他的衣服、用具、书籍均被没收，“流浪于萧寺中数月”而“办报之心益切”。这时，黄遵宪等人在上海筹办《时务报》，邀他南下办报，他便毅然来到上海。梁启超在主持《时务报》笔政一年零三个月后，1897 年 10 月接受了湖南时务学堂的邀请，赴湖南长沙就任时务学堂总教习，并参与《湘报》的筹办事宜。1898 年“百日维新”期间，他积极参与各项新政活动，并受命筹办京师大学堂和译书局。戊戌政变后，梁启超逃亡海外，先后在日本创办《清议报》《新民丛报》《新小说》《政论》《国风报》，在檀香山创办《新中国报》，大力介绍西方资产阶级的社会政治学说，鼓吹保皇立宪，被誉为“言论界之骄子”。辛亥革命后，梁启超回国，曾任袁世凯政府的司法总长、段祺瑞政府的财政总长，也参加过反袁斗争，主编过《庸言》《大中华》《改造》等杂志，晚年在清华大学讲学并担任北京图书馆馆长，1929 年病逝于北京。回顾梁启超的一生，其办报生涯自 1895 年在北京主编《万国公报》起至 1922 年脱离报界，前后共有 27 年，亲自创办和积极支持过的报刊有 17 家，撰写各类文字 1 400 万言，其办报实践对我国近代新闻事业的发展具有重要贡献，其新闻思想对报界产生过很大的影响。

《时务报》每期约 30 000 字，所刊内容有政论、谕折、京外近事、域外报译、西电照译等。初期，梁启超一人担负全部编撰工作，每天除撰写 4 000 多字的评论外，还要撰写、修改 20 000 多字的文稿。他在《时务报》上发表数十篇政论，最为著名也最有影响的是《变法通议》。这篇长文，自创刊号起在报上连载了 43 期，涉及当时的政治、经济、文化、军事等各个方面的问题，第一次全面系统地阐明了维新派的变法主张。梁启超在创刊号上发表的《论报馆有益于国事》一文，大力鼓吹多办报纸，主张报刊应“广译五洲近事”，“详录各省新政”，“博搜交涉要案”，“旁载政治学术要书”，以启民智，以开风气，以助变法。梁启超认为：“去塞求通，厥道非一，而报馆其导端也”；“其有助耳目喉舌之用而起天下之废疾者，则报馆之为也”；“阅报愈多者其人愈智，报馆愈多者其国愈强”。《时务报》大胆而新颖的言论使朝野大为震动，所译外报文章又使读者大开眼界，因而“举国趋之，如饮狂泉”。尤其是梁启超撰写的文章，更是风靡一时，以至于“上自通都大邑，下至僻壤穷陬，无不知有新会梁氏者”。

《时务报》曾一度得到部分地方官员的支持。1896 年 9 月，湖广总督张之洞向其湖北属吏推广《时务报》，指示善后局每年拨款订购该报 288 份，“全省文武大小各衙门，文职至各州县各学止，武职至实缺都司止，每衙门俱行按期寄送一本，各局各书院各学堂分别多寡分送”①。1897 年 2 月，湖南巡抚陈宝箴决定以部院公款订购《时务报》并分发全省各书院，供诸生“次第传观，悉心推究”。先此，浙江巡抚廖寿丰也指令各地方官以公款订购《时务报》，分发所属各书院。此外，两江总督刘坤一、山西巡抚胡聘之、安徽巡抚邓华熙、江苏学政龙湛霖、贵州学政严修、江西布政使翁曾桂等督抚也曾通札各属及书院诸生悉行阅看《时务报》。正是由于读者的欢迎和官府的提倡，《时务报》的发行量与日俱增：创刊时发行 3 000 多份，半年后增至 7 000 多份，一年后增至 12 000 多份，而最高发行量则达到 17 000 份，创造了当时报刊发行量的最新纪录，成为维新派最重要的、影响最大的机关报。

但是，《时务报》也遭到了封建顽固派的反对和嫉妒。一些后党大臣纷纷上书，指责维新派的变法宣传“以笔舌倾动人主”，“藉报章鼓簧天下”，诬蔑办报人是“混迹报馆”的“无赖者”，要求朝廷查禁。洋务派首领张之洞见此情形，有所动摇，虽然半年前曾称赞《时务报》“识见正大，议论切要”，“实为中国创始第一种有益之报”，但这时立刻收帆转舵，以梁启超、徐勤、欧榘甲等人的言论“太悖谬”为由横加干涉，企图将《时务报》的言论纳入其设定的轨道。由于梁启超等维新派人士意志坚定，继续大声呐喊，张之洞后又通过他在《时务报》的代理人汪康年竭力排挤梁启超，从内部进行劫夺。

汪康年（1860—1911），字穰卿，杭州人，曾为张之洞的家庭塾师及幕僚，深得其信任。1895 年上海强学会成立时，张曾捐银 1 500 两作为活动经费。不久，强学会解散，这笔钱尚有剩余，即由汪康年收存，转为《时务报》的创办经费。这样，张之洞便以该报的大股东自居，汪康年成了他的代理人。《时务报》创刊初期，笔政由梁启超主持，汪康年只管行政事务，不干预编务，后来在张之洞的指使下，汪大权独揽，视梁启超为雇员，甚至擅自修改梁的文章。1897 年 10 月，梁启超因饱受排挤而离职赴湘，其他维新派人士也先后离去，使后期的《时务报》落入汪康年手中，变成洋务派的喉舌。但汪康年确实是办报的行家里手，他十分注意报纸的经营管理。戊戌政变后，他继续从事办报活动，积累了很丰富的办报经验。

在 1898 年“百日维新”期间，康有为还试图夺回《时务报》，并展开过一场激烈的斗争。是年 7 月 17 日，康有为通过御史宋伯鲁上疏光绪皇帝，建议清廷将上海《时务报》改为官报，由梁启超主办。清廷准奏，命孙家鼐“酌核妥议，奏明办理”。最后，光绪批准将《时务报》改为《时务官报》，迁至北京出版，并责成康有为督办此事。但是，汪康年仗着后台张之洞，抗旨不交，并抢先于 1898 年 8 月将《时务报》改名为《昌言报》，继续在上海出版。随后，光绪派黄遵宪去上海调查处理这场纠纷。黄遵宪到达上海不久，戊戌政变就爆发了，康、梁逃亡海外，黄遵宪称病不出，调查之事不了了之。围绕着《时务报》的这场斗争遂以维新派的失败而告终。

二、维新派的其他主要报刊

这一时期由维新派主办的政论性报刊还有很多，其中以澳门《知新报》、天津《国闻

① 鄂督张饬行全省官销时务报札．时务报，1896（6）．

报》、长沙《湘学新报》和《湘报》影响最大。

（一）澳门的《知新报》

《知新报》是维新派在华南地区的重要舆论阵地，1897 年 2 月 22 日在澳门创刊。这份创办较早、出版时间最长的维新派报刊，是康有为亲自策划创办的。

《时务报》在上海创办后，康有为想在华南地区再办一份报刊，并于 1896 年 11 月经香港去澳门游说，得到了澳门巨商何廷光的大力支持。11 月初，返粤省亲的梁启超也专程赴澳门进行筹划，康有为又调集了一些弟子前来协助筹备。

康有为之所以选择澳门作为维新派的办报基地，其原因如下：一是澳门是葡萄牙的租借地，为清朝政府势力所不及，比在内地办报少受一些限制；二是想在华南地区建立一个舆论阵地，与上海《时务报》南北呼应，为维新运动造声势。

《知新报》创刊之初，曾取名《广时务报》，含“推广时务报”和“广东的时务报”两层意思，后为避免与《时务报》重名，故更名为《知新报》。该报初创时为五日刊，后改为周刊、半月刊，由何廷光、康广仁任总理。《知新报》与《时务报》的编辑方针基本相同，但在宣传上更为大胆，敢于言《时务报》所不敢言，曾刊载过康有为在“百日维新”期间上光绪皇帝的许多奏折的全文、梁启超在保国会成立大会上的演说等重要文件，以及揭露各地贿赂之风、戳穿日俄侵华阴谋的报道。

《知新报》的历史意义，不仅在于它是维新派在华南地区的重要舆论阵地，更重要的是自戊戌政变发生到 1898 年 12 月横滨《清议报》创刊之前的三个多月里，国内各地维新派报刊消失殆尽，唯独《知新报》能继续出版，歌颂为变法死难的烈士，谴责发动政变的后党，指名道姓地痛骂慈禧太后和荣禄等人是“逆贼”“奸党”，竭力为光绪皇帝和康有为辩诬，成为同封建顽固派作斗争的唯一报刊。《知新报》一直出版到 1901 年 1 月 20 日才自动停刊，总共出了 133 期。

（二）唐才常、谭嗣同与长沙《湘学新报》《湘报》

《湘学新报》和《湘报》是变法时期维新派在华中地区的重要舆论阵地。《湘学新报》1897 年 4 月 22 日创刊于长沙，是一份以讲求实学、新学为主的旬刊，以倡新学、开民智、育人才、图富强为宗旨，设有史学、掌故学（第 25 册起改为时务）、舆地学、算学、商学、交涉学六个主要栏目，每个栏目均由专人编辑，每期装订成册。从第 21 册起改名为《湘学报》，共出 45 册，于 1898 年 8 月 28 日停刊。江标、黄遵宪、徐仁铸先后督办，唐才常、陈为镒先后担任主编。

唐才常（1867—1900），字绂丞，湖南浏阳人，是维新变法时期著名的政治活动家和宣传家，与谭嗣同合称“浏阳二杰”。1897 年到长沙，主编《湘学新报》，后成为南学会的骨干。戊戌政变后流亡日本，旋回国在上海召开“国会”，成立自立军，发动武装勤王活动。1900 年 7 月，自立军起义失败，唐才常在汉口被捕遇害。

唐才常一人兼任《湘学新报》的史学、时务、交涉学三个栏目的编撰，发表了大量文章，向读者宣传“天下非一人之天下”的资产阶级民权思想，鼓吹在中国实行君主立宪制度，发展民族工商业，走资本主义道路。他属于维新运动中的左翼，在湖南知识界有很大影响。《湘学新报》的出版受到读者热烈欢迎，仅“长沙一城，销千数百份”，并在上海等地设立了分销处，湖广总督张之洞也曾令湖北官署订阅。

1898年2月，湖南维新派人士在长沙成立南学会，这是湖南维新运动实际上的领导机关。鉴于《湘学新报》每十日一出，周期太长，且偏重于学术，文字较深，已不能满足日益高涨的维新运动的需要，南学会决定创办一份比较通俗的日报。于是，《湘报》于1898年3月7日在长沙应运而生。该报“专以开风气、拓见闻为主旨”，由唐才常任主编，设有论说、奏疏、电旨、公牍、本省新闻、各国时事、商务、新书选录、答读者问等栏目，已初具近代综合性报纸的规模，发行对象主要是南学会各州县分会和新式学堂，“按日送报，不取报资”，并以部分报纸张贴于通衢要道供读者阅览。《湘报》除报道各地维新运动的动态外，还发表了大量政论，对封建专制制度进行猛烈抨击，对民权、平等学说进行热烈鼓吹，明确提出了变法维新的一系列主张，如开议院、伸民权等，进行了慷慨激昂、有声有色的宣传，其激进程度超过《时务报》《知新报》和《湘学新报》。《湘报》的主要撰稿人是谭嗣同。

谭嗣同（1865—1898），字复生，号壮飞，是这一时期重要的政治活动家和报刊政论家。甲午战后，他在家乡浏阳倡立学社，后游历北京、上海，吸收新学知识，所著《仁学》一书是中国近代反对封建伦理纲常的名著。1897年回湘，积极参与湖南的各项新政活动。他是南学会的主要组织者，又是《湘报》的核心人物。1898年8月被荐入京，任四品军机章京，协助光绪实施变法。9月政变发生后，与康广仁等人同时遇害。谭嗣同在《湘报》的半年间，发表了25篇政论文章，内容涉及政治、经济、法律、教育等各个方面。

《湘报》的激进言论，使湖广总督张之洞和湖南守旧势力惊恐不安。于是，围绕着《湘报》存废问题引发了斗争。1898年5月，张之洞首先致电陈宝箴、黄遵宪，对《湘报》进行指责，说：“新出《湘报》，其偏尤甚……亟宜谕导阻止，设法更正。”接着，长期把持湖南政、学两界的守旧派湘绅王先谦、叶德辉等人也联名向陈宝箴递送《湘绅公呈》，诬蔑《湘报》文章是“率天下而乱”的“邪说”，已造成“灭圣经”“乱成宪”“堕纲常”“无君上”的严重后果，要求陈宝箴下令停办《湘报》。《湘报》同仁也不示弱，联名在报上公开发表《上陈中丞书》，怒斥王、叶等人破坏新政，表示将不惜“以性命从事，杀身成仁”。王、叶等人气急败坏，便煽动流氓打手到南学会哄闹，捣毁湘报馆，殴打编辑人员，他们还联名致函在京任职的湘籍大吏，要求上书光绪皇帝控告陈宝箴。夹在中间的陈宝箴十分为难，不得不令《湘报》从7月19日起停刊。但是，到了8月2日，《湘报》宣布“已改订章程，专归商办”，自行复刊。政变发生后，《湘报》勉强坚持出版至10月15日被迫停刊，共出177期。

（三）严复与天津《国闻报》

《国闻报》是变法时期维新派在华北的重要舆论阵地，也是维新派创办的第一份日报，1897年10月26日创刊于天津，主要创办人是我国近代启蒙思想家、报刊活动家和翻译家严复。

严复（1854—1921），字又陵，福建侯官（今闽侯县）人，出身于名医世家，幼年受到严格的中国传统文化教育。1866 年他考入马江船政学堂，毕业后在军舰上工作。他 1877 年被选派到英国格林尼次海军大学留学，回国后受聘于天津水师学堂任教习，历时 20 年，直至升任该校总办。甲午海战失败后，作为中国海军成员的严复感到痛心疾首，连续在天津《直报》上发表《论世变之亟》《原强》《辟韩》《救亡决论》等文章，猛烈抨击列强的侵略行径，揭露封建专制制度的弊端，提出了“鼓民力”“开民智”“新民德”的主张。这些文章发表在康有为“公车上书”之前，在当时的思想界有很大影响。1897 年夏，在维新派办报热潮的推动下，严复与北洋学堂总办王修植、育才学堂总办夏曾佑、内阁中书杭慎修（辛斋）等人，集资创办了《国闻报》和《国闻汇编》，大力鼓吹变法维新。然而，严复属于维新派中的右翼，并不完全赞成维新派的主张，且很少与康、梁交往，故戊戌政变后未被追究。以后的十年间，他潜心于翻译工作，思想渐趋保守。他反对辛亥革命，1915 年列名筹安会拥护复辟帝制，1919 年又反对五四新文化运动。1921 年，他在家乡病逝。

《国闻报》日出对开 1 张，另京报附页 4 开 2 张，设有电传、上谕恭录、制台辕门抄、路透电讯、论说、国闻录要、本埠新闻、国内新闻、国外新闻、广告等栏，社论大部分出于严复之手。该报尤注重外报选译和新闻采访工作，在国内各地及伦敦、巴黎、柏林、彼得堡、纽约、华盛顿等城市设有特约记者。同时，还出版旬刊《国闻汇编》。

《国闻报》在当时的维新派报刊中独树一帜，“以通外情为要务”，创刊号上刊载的《国闻报缘起》强调其办报目的是“通上下之情”，“通中外之故”，帮助读者学习西方的“民主”和“西学”，以求中国富强。因此，国闻报馆不惜重金聘请懂得英、法、德、日等文字的翻译人员，大量译载西方的社会政治学说和自然科学知识，以及外电、外报的消息和评论。而最杰出的翻译人员则是严复本人。在译文中加入许多自己的见解，是严复翻译的特点，也是其译文脍炙人口的原因之所在。在《国闻汇编》上，严复发表了他翻译的《斯宾塞尔劝学篇》和赫胥黎《天演论》（原名《进化论与伦理学》）两部未完书稿。特别是《天演论》的发表，在当时起到了巨大的思想启蒙作用。

《国闻报》所刊消息“确而速，又极多极详”，且颇具地方特色，以来自华北各省为多，其中社会新闻约占一半。创刊之初，其报馆章程曾规定除京、津等华北地区的新闻外，东南各省新闻“一概不述”。《国闻报》曾用大量篇幅报道康有为等人在北京成立保国会的消息，发表了康、梁在成立大会上的演说，并配发评论为其叫好。“百日维新”期间光绪皇帝发布的全部诏书和维新派大臣的各项条陈，也都全文发表。

由于《国闻报》的出版地点毗邻京都，加上几个主持者都是朝廷命官，一言一行都会受到封建顽固派的注意。为了保住这个重要的舆论阵地，严复等人不得不采用一套特殊的斗争策略。他们把报馆地址设在天津租界里，推出一个不知名的福建人李志成充当“馆主”。1898 年 3 月后，该报又宣称因“销行不广，资本折阅”，将报馆盘给日本人西村博，并在报上加印“明治”年号。而且，严复等该报的实际主持人从未踏进报馆大门，有事均在王修植家中商议，发表文章也从不署名。“百日维新”期间，光绪皇帝在召见严复时曾问他是否担任《国闻报》主笔，他立刻矢口否认。正因为采取了特殊的斗争策略，《国闻报》才得以坚持出版下去。尤其难能可贵的是，在戊戌政变发生以后，该报借助日商招牌，顶住压力，在一片恐怖的环境中大胆地揭露事件真相，仗义执言，向读者报道了谭嗣同等“戊戌六君子”殉难的过程，为中国近代史留下了珍贵史料。1899年2月后，该报开始真正由日本人主办，至1900年还在出版。

三、第一次国人办报高潮

1897年后，随着维新运动的深入，各地维新志士以极大的热情创办报刊。1898年“百日维新”期间，光绪皇帝发布准许官民办报的诏书更进一步促进了各地报刊的飞速发展。自19世纪70年代兴起的国人办报活动，在维新运动中走向高潮，打破了外报在中国新闻舆论界的垄断地位，使中国人的报刊成为社会舆论的中心。维新运动时期的国人办报活动，史称第一次国人办报高潮。

（一）第一次国人办报高潮的特点

一是报刊数量多。近代国人自办报刊，自19世纪70年代至1895年的20余年间，总共30种左右。维新运动兴起后，特别是在“百日维新”期间，各地维新派兴办报刊，从1895年到1898年的三年时间里，特别是1897年和1898年，全国各地新创办的报刊达90余种。

二是办报地区广。外报绝大部分是在上海、香港、广州、天津等沿海城市，而维新运动期间国人自办报刊遍布各地。其中上海最多，其余依次为浙江、湖南、广东、江苏、北京、四川、天津、澳门、广西、陕西、安徽、江西、香港等地。

三是报刊种类多。除了以政论见长的综合性报刊得到迅速发展外，还出现了专业报刊、纯商业报刊、文艺娱乐报刊，以及以青年、妇女、儿童等各类社会群体为对象的报刊、图画报刊、白话报刊，其中不少是我国新闻事业史上第一次出现的报刊类型。

（二）新的报刊类型的出现

在第一次国人办报高潮中，出现了一批文摘类报刊，如上海的《集成报》《萃报》，长沙的《博文报》，江西萍乡的《菁华报》等。这些报刊多半出现于1897年和1898年，大多是综合性的，内容有谕旨、章奏、论说、中外新闻、西学西艺等，文章绝大部分摘选自国内其他报刊的精华部分。在资金缺乏、采编力量不足、读者购买力有限的情况下，文摘类报刊是一种简便易行的办报方式，得到了梁启超等人的肯定和支持。

维新变法期间，国人还创办了一批妇女、儿童报刊。1898年7月由康有为的女儿康同薇、梁启超的夫人李蕙仙等在上海创办的《女学报》，是中国的第一份女报，也是我国最早的由妇女主持编务、以妇女为读者对象的报刊。《女学报》以宣传变法、提倡女学、争取女权为宗旨，有新闻、论说、征文、告白等栏，还有插图，大部分文章是白话文。

《蒙学报》创刊于1897年11月，石印线装周刊，是上海蒙学公会的机关报，内容有儒家伦理、史、地、数学、天文、格致等，供5～13岁少年儿童阅读，文言与白话并用，图文并茂。

这一时期新出版的报刊中，有许多专业类、行业类报刊，如《农学报》、《算学报》、《利济学堂报》（医学刊物，1898年在温州创办）、北京《工商学报》（1898）、上海《工商学报》(1898)。它们向读者介绍自然科学、社会科学甚至新器新艺等科技知识。1897年罗振玉等在上海创办的《农学报》，是我国的第一份农业刊物。《算学报》1897年创刊于温州，后迁至上海，黄源澄任主编，是我国最早的专业性科技报刊。以上这些报刊，不仅仅是为了传播专业知识，还带有向西方学习、希望变法维新的政治诉求。它们对新学、实学的提倡与传播，在当时起到了开风气、助维新的作用。

在国人第一次办报高潮中，以上海为中心创办了一系列消闲性文艺小报，如《指南报》《奇闻报》《笑报》《笑笑报》《游戏报》《采风报》《趣报》，还有杭州的《笑林报》、广州的《嘻笑报》等。其中，1896年由清末著名小说家李伯元在上海创办的《指南报》，是我国最早的消闲性小报。出版时间较长、影响较大的是由李伯元创办的《游戏报》。这些小报以刊载文艺作品和社会趣闻为主，展示了近代报刊的文化娱乐功能，其主办者大多是一些落魄文人，自我标榜为“讽世”“觉世”，嬉笑怒骂、针砭时弊。这些小报的娱乐性和商业性很明显，刊载了不少格调不高的诗文和风花雪月的文字。

维新运动中白话报的出现，是尤其值得注意的现象。早在1876年，《申报》就曾出版过通俗的“字句俱如寻常说话”的白话报《民报》，随《申报》附送，供粗识文字的普通民众阅读，但不久即停刊。维新运动兴起后，维新派人士开始创设白话报刊，为的是能使“人人得而阅之”和“广开民智”。1897年11月，在梁启超的支持下，《演义白话报》在上海创刊，这是中国人自己办的最早的一家白话报。该报的宗旨是“把各种有用的书籍报册，演做白话，总期看了有益”，内容以文艺为主，也有新闻。影响较大的白话报是1898年5月在无锡创办的《无锡白话报》(第五期起改名《中国官音白话报》)，由维新派人士裘廷梁及其侄女裘毓芳创办并编撰。该报刊载口语化的新闻、论说、经史、西学、文艺等内容。

(三)第一次国人办报高潮的主流

第一次国人办报高潮中出现了各种类型的报刊，但是，其主流始终是维新派主办的以宣传变法维新为主旨的政论性报刊，如上文提到的澳门《知新报》，长沙《湘学新报》与《湘报》，天津《国闻报》，以及上海《蒙学报》《译书公会报》，广州《博闻报》《岭学报》《岭海报》《时敏报》，广西《广仁报》，四川《渝报》《蜀学报》，江苏《无锡白话报》等。

这些政论性报刊的办报人员大多是维新派人士。各地维新派报刊的主编，往往就是当地维新运动的领导者、核心人物。这些办报人员，有的是康有为的弟子，有的是康、梁的亲友，有的是参加过“公车上书”的举人，形成了一支以康有为为领袖、由康有为指挥的宣传队伍。

从办报方式来看，维新派从“开民智”“育人才”的总体思想出发，把办报同办学会、办学堂紧密联系起来，形成“三位一体”的组织形式。例如，湖南的南学会、时务学堂和《湘学新报》，广西的圣学会、广仁学堂和《广仁报》，广东的时敏书局、时敏学堂和《时敏报》，上海的女学会、女学堂和《女学报》等。在这种三位一体的组织里，报刊的编辑同时又是学会的骨干和学堂的教师，学会(或书局)为报刊的出版和学堂的开办提供各种条件，学堂为报刊、学会培养和输送人才。这种组织形式，在康、梁流亡海外期间也长期袭用。

四、近代新闻立法的有益尝试

在维新运动中，康有为等维新派人士不仅继王韬等改良主义思想家之后，再次公开提出建立以言论出版自由为本的近代新闻法律制度的要求，而且在得到光绪皇帝的认可后，还一度付诸实践，揭开了中国近代新闻法制建设的第一页。

冲破“言禁”“报禁”，争取言论出版的自由权利，是中国近代新闻法制建设的第一步，也是最为关键的一步。中国人要求办报的呼声由来已久，但清政府却一直充耳不闻，顽固地执行其“言禁”“报禁”的一贯政策。甲午战争惨败后，康有为等维新派人士将这一呼声传达到庙堂之上。康有为等人的部分办报建议，得到了清廷的采纳。

1896 年 3 月 4 日，清廷派工部尚书孙家鼐为管理官书局大臣，负责该局开办事宜。官书局成立后，除印行新书外，还出版《官书局报》和《官书局汇报》两种。《官书局报》《官书局汇报》的创办，是清政府公开发行新式官报之始，也是清末新闻法制建设起步的标志。强学会被封禁，但强学书局旋被改建为官书局，无疑是清廷“报禁”政策有所改变的一个暗示，对当时的维新派继续开展办报活动起了一定的鼓舞作用。

在这一情势下，清政府虽然仍未公开表态支持官绅士民的办报活动，但在经济上推出了一项扶助报业发展的举措，即降低报纸的邮寄费用。“百日维新”开始后，光绪皇帝多次发布具有法律效力的上谕，正式承认官报、民报均具有合法的地位，“报禁”“言禁”的藩篱被冲破，官绅士民第一次得到了办报的自由权利。在“百日维新”期间，光绪皇帝还多次应臣僚的奏请而发布新的有关上谕，从精神与物质两个方面支持、扶助与鼓励官办或民办报业的发展，体现了光绪皇帝对报刊及其社会功能的深刻认识。

1898 年 7 月 26 日，光绪皇帝就孙家鼐奏遵议上海《时务报》改为官报一折发布上谕，这是中国历史上第一个公开宣告开放“报禁”的法令。它的基本精神，一是开办中央政府机关报，具体举措是将上海《时务报》改组为官报即《时务官报》，迁至北京出版，该计划初因汪康年的抵制，后因变法失败而未果；二是公开承认各地报馆的合法地位，并准许报刊“据实昌言”。

此后，光绪皇帝还发布过多道上谕，进一步扶植、鼓励官绅士民创办近代报刊。对书籍报刊实行免税、加快民族报业发展的优惠政策，是光绪皇帝应梁启超之请而做出的一项难能可贵的进步举措。即使在当时的资本主义国家，对报业免税以扶助其发展者也不多见。

1898 年 8 月 9 日，康有为在上光绪《恭谢天恩条陈办报事宜折》的同时上了一个附片《请定中国报律折》，在中国首次提出了“报律”的制定问题。新闻法（当时称报律）的制定第一次被提上议事日程。康有为之所以提出制定报律问题，是有鉴于当时封建顽固派极为敌视报业的事实。康有为的建议立即得到了光绪皇帝的支持，光绪皇帝在康有为上书的当日（即 8 月 9 日）就发布了有关制定报律的上谕：“泰西律例，专有报律一门，应由康有为详细译出，参以中国情形，定为报律，送交孙家鼐呈览。”[①]

---

① 杨家骆．戊戌变法文献汇编：第二册．台北：鼎文书局，1973：51.

但是，变法未几即告失败，这个指定由康有为草拟的报律未及问世便胎死腹中，在维新运动中取得的其他新闻法制成果也毁于一旦。9 月 26 日，清廷发布上谕，宣布废官书局，停办《时务官报》。10 月 9 日，清廷又发布上谕，命各地督抚查禁报馆、严拿报馆主笔。10 月 11 日，清廷更进一步发布禁立会社、严拿会员的上谕，对出版报刊的各种社会团体一律予以严禁。1900 年 2 月 14 日，清廷发布上谕，缉捕康有为、梁启超，查禁“康党”所设报馆，并对购阅“康党”报纸的读者“一体严拿惩办”。

在“百日维新”期间，中国近代新闻法制的建设，以皇帝发布具有法律效力的上谕为主要方式，迈出了具有历史意义的第一步。“报禁”一度被解除，“言禁”一度被放宽，新闻法的制定也一度被正式提上议事日程。虽然这次中国近代新闻法制建设的实践活动为时过短，最后以失败而告终，但却是一次极为有益的尝试，具有重要的历史意义。

第三节　维新派报刊的业务特点与历史作用

维新派报刊活动家们的办报活动始于 19 世纪 70 年代，到戊戌变法时期，已经积累了许多办报经验。他们对报刊业务进行了很多改进和创新，逐渐摆脱了外报的影响，形成了中国报刊的本土特色。在维新运动中，西学和新学是维新派宣扬的主题，而报刊则是这种思想的载体和传播的工具。在维新派的宣传活动中，报刊显示了它作为大众传播媒介的巨大效力。维新派的办报活动具有重要的进步作用与历史贡献。

一、维新派报刊在新闻业务上的特点

维新派报刊在新闻业务上表现出以下特点：

第一，开创了新的报刊政论文体。对报刊政论文体的充分运用与创新是这一时期维新派报刊的突出特点。维新派人士对维新变法主张的阐述与宣传、对封建专制制度的揭露与抨击，主要是通过政论的方式展开的。维新派的领袖人物多是报刊的创办者，同时又是政论的撰写者。康有为、梁启超、谭嗣同、严复等维新派人士撰写的政论，虽然风格各不相同，但却有一个共同的特点，就是摆脱了传统制义文章的束缚，开创了适合报刊宣传的新文体——报章文体，影响了一代文风。

所谓“报章文体”，是指出现于报刊之上、不同于盛行一时的桐城派古文的一种比较通俗浅近的文体。这种文体首先是王韬在《循环日报》上运用的，但当时没有形成气候，所以在康、梁办报前，我国多数报刊上流行的仍然是桐城派古文。甲午战后，中国社会酝酿着大变革。这种束缚人们思想的旧文体，已经无法表达维新派要求变革的激情。同时，西方的新思想、新知识、新名词大量涌进，旧体文言文已经不能适应介绍新知、新学的需要。于是，一种新的报章文体应运而生。这种新文体的特点是：半文半白，平易畅达，笔锋常带情感，有时还夹以口语和外来语。这种新的报章文体，以梁启超在《时务报》上运用得最好，故被人们称为“时务文体”。后来，梁启超在《新民丛报》上运用得更加成熟，又被称为“新民文体”。

梁启超曾在其所著《清代学术概论》中对这一文体的产生及其特点作过精辟的阐释："启超夙不喜桐城派古文，幼年为文，学晚汉、魏、晋，颇尚矜炼，至是自解放，务为平易畅达，时杂以俚语韵语及外国语法，纵笔所至不检束，学者竞效之，号新文体。老辈则痛恨，诋为野狐。然其文条理明晰，笔锋常带情感，对于读者别有一种魔力焉。"这种新文体出现后，风行一时，成为文言文与白话文之间的一种过渡文体，为五四时期的白话文运动开了先河。

第二，新闻报道中夹带评论。19世纪末，中国的报纸与期刊还没有形成严格的分野。新闻也还没有成为报纸上的主角。不少维新派报刊的政论非常发达，而新闻报道却很薄弱，经常是寓评论于新闻之中，这是当时报刊业务上的一个特点。通常是在新闻的后面表述自己的观点，在新闻或译文之后随时附加上去。有的是在新闻中间夹叙夹议，借题发挥，表明对于某问题的观点，实际成为报刊政论文章的一种补充。

第三，编辑工作有所改进。中国早期的近代报刊，一般采用书本样式，版面安排简单，整版不分栏，标题与正文字号一样。到了维新变法时期，情况有所改变，版面分栏，新闻分类，改变了过去只按谕旨、论说、纪事等一排到底的版式。对一些过长的文章，会进行压缩和编辑加工。以前的标题，通常用四字一句的方式来概括内容，如《武林纪事》《白门柳色》等，后来逐渐使新闻标题向一事一题的方式发展，便于读者了解新闻的内容。

第四，重视新闻的采访工作。随着电报技术的采用，维新派报刊开始重视新闻的采访工作，在这一时期的报刊上出现了一些时效性强、具体生动的新闻报道。不过，由于维新派所办报刊中只有少数几家日报，因此，维新派多数报刊所登载的新闻并不多。但是，维新派报刊对新闻报道的态度却是严肃认真的，批评和抵制闭门造车、记载不实、大量刊登琐事奇闻的做法。维新派报刊所载主要是"各省新政""交涉要闻""五洲近事"等严肃新闻。

第五，运用新闻图片配合新闻报道。国人近代报刊最早编发新闻图片的是1884年创刊的《述报》。至维新变法时期，为了配合文字报道，维新派报刊开始注意使用新闻图片。不过，这一时期的新闻图片，仍然还是画家们创作或摹绘的木刻版画。

在此以前，报刊一般都用油光纸或连史纸单面印刷。此时的维新派报刊，少数已开始使用白报纸两面印刷，文字和图片的印刷质量得到改善。

二、维新派办报活动的进步作用与历史贡献

维新运动是具有先进思想的中国知识分子在面临民族危机的时刻为挽救国家命运而发动的一场政治运动。新兴的资产阶级和知识分子向封建统治、封建思想文化发起冲击，从此，中国社会思潮、文化结构发生重大变化。维新派的办报活动是维新运动的主要内容，其进步作用与历史贡献主要表现在以下几个方面：

第一，向读者进行了资产阶级思想的启蒙教育。19世纪70年代以来，王韬、康有为、梁启超、严复等向西方寻求真理的"先进的中国人"，陆续将西方资产阶级的哲学、社会科学和自然科学知识通过他们所办的报刊介绍到中国来。他们的报刊以大量的篇幅

介绍了西学和西方的情况，在中国掀起了学习西学的热潮。许多报刊都聘请翻译人员，专门负责翻译外国书报上的文章，在报刊上设置专栏加以刊登。这些新知新学“振动了已冻之脑官”，使众多知识分子从埋头经史、醉心八股的桎梏中解放出来，使他们的知识得到更新，思想得到解放，出现了“智慧骤开，如万流腾沸，不可遏抑”的生动局面。维新派报刊活动家提倡资产阶级新文化，鼓吹变革，颂扬自由、平等、天赋人权等思想，介绍进化论学说，对陈腐的封建思想文化进行批判。他们以新知新学为武器，同传统的封建意识进行斗争，对以后半个多世纪的中国社会生活产生了极大的影响。

但是，由于维新派宣传家们的成长环境使得他们身上还留有浓厚的旧文化传统的烙印，因此，他们所宣传的新学还不纯粹，夹杂着不少封建旧学思想。

第二，向读者进行了民族主义和爱国主义的教育。维新运动是在外国侵略的刺激下，由中国资产阶级维新派发动的一场爱国救亡运动。维新派的报刊宣传始终贯穿着强烈的爱国主义热情，这种爱国思想表现为明确的民族主义和国家观念，维护民族独立和国家主权。在传播新知识的同时，维新派报刊用大量篇幅向读者陈述了中华民族面临的严重危机，提醒国人所面临的落后挨打、亡国灭种的危险局面；谴责了列强侵略中国的种种罪行，发出了“叱咤英俄，鞭笞欧美，振我夏声，昌吾华种”的怒吼；提出了发展民族工商业与列强进行商战的主张；号召建设一个强盛、独立的新中国。维新派的报刊宣传激发了民众的爱国觉醒，唤醒了一部分士大夫和知识分子，促使他们积极投身于救亡图存的爱国运动之中。

第三，维新派的报刊宣传活动有力地推动了维新运动的发展，促成了变法的实现。在维新派报刊的大力宣传鼓吹下，变法、维新成了不可抗拒的社会潮流。在一些地方（如湖南），还进行了“新政”的试验。

第四，冲破了封建统治者对报刊出版的限禁。中国历代统治者为了维护其专制统治，一贯控制和垄断传播媒介，禁止言论、出版自由。而清朝的言禁更加厉害：“凡造谶纬妖书妖言及传用惑众者，皆斩”，“捏造言语录报各处者，系官革职，军民杖百，流亡千里”。早在维新运动兴起之前，王韬、郑观应等人就发出过要求解除言禁、允许私人办报的呼吁，清廷未予理睬。1895 年康有为在“公车上书”中又提出“纵民开设报馆”的要求，也未得到皇帝的首肯。直至 1896 年《时务报》创刊后，各地维新派报刊如雨后春笋一般出现，这才在实际上冲破了封建统治者的言禁。这些维新派报刊在宣传变法维新的同时，猛烈抨击“禁著私书，禁谈国事，禁上直言，禁倡清议”和“严巷议之诛，立腹诽之律”的政策，要求给予出版报刊和发表言论的自由权利。

“百日维新”期间，康有为和一些维新派大臣又纷纷上书皇帝要求允许设立报馆，广开言路，终于促使光绪皇帝颁布了准许“官绅士民”办报的诏书，允许报纸“据实昌言，不必意存忌讳”，并要求各地政府给办报以免税的奖励。光绪皇帝的这份诏书，与其说是对民间办报的提倡，毋宁说是对办报事实的认可。这是维新派多年来争取报刊出版自由权利取得的重大胜利，也是他们对中国新闻事业的发展做出的重要贡献。

第五，开政治家办报的先河，提高了报人、报业的社会地位。在康、梁办报以前，中国的知识分子大多醉心于科举，迷恋于仕途，从事报刊活动的多半是一些科场失意的落魄文人。他们办报的目的，或者是养家糊口，或者是借以抒发其失意和不遇之情。所以，当时的报刊“大抵‘沪滨冠盖’、‘瀛眷南来’、‘祝融肆虐’、‘图窃不成’、‘惊散鸳鸯’、‘甘为情死’等字样填满纸面，千篇一律”①。因此，一般士大夫和知识分子视办报为不务正业，视报纸为文坛垃圾。然而，自从康有为、梁启超、严复等人办报后，社会上对报人、报纸的看法为之一变。因为这些人是变法维新的领袖，是思想敏锐、学识渊博、笔锋犀利、声名显赫的政治活动家。他们出来办报，一扫落魄文人的陈腐习气，开我国政治家办报的先河，从而使报人、报业的社会地位大大提高。维新派报刊以其思想性、知识性提升了近代报刊在社会上的地位，成为近代思想文化的载体。

第六，推动了民族近代新闻事业的发展。甲午战前，外报在中国报业结构中占据主导地位，外国人几乎垄断了中国的报业。到了维新变法时期，虽然民族工商业有了一定发展，但是还不足以促成大量商业报刊的产生。出于政治斗争的需要，维新派知识分子、思想家们创办了一大批政论性报刊，出现了国人第一次办报高潮，打破了外报的垄断，使政论性报刊成为中国近代报业的主体。从此，报刊为大多数中国人所认识和接受，成为社会生活中不可缺少的一部分。

学习思考题

1. 试析国人对近代报刊的早期认识。
2. 简要评述王韬对中国近代新闻事业的贡献。
3. 简述国人在上海、广州早期创办报刊的情况。
4. 试析第一批国人自办报刊的特点。
5. 简要介绍维新派创办的主要报刊。
6. 试论维新变法期间新闻立法活动的意义。
7. 试析国人第一次办报高潮的特点。
8. 报章文体是怎样形成的？有何特点？
9. 试析维新派报刊在新闻业务上的特点。
10. 试论维新派办报活动的历史贡献。

① 梁启超．清议报一百册祝辞并论报馆之责任及本馆之经历//梁启超全集：第一册．北京：北京出版社，1999：477.

第四章

清末时期的新闻传播事业

自近代中文报刊诞生以来，在海外和国内均有发展。尤其是清末社会巨变期间，报刊成为资产阶级改良派和革命派的重要武器，成为宣传思想、改革社会的有效工具。国人在办报实践中，不仅创办了很多有重大影响的报刊，而且对报刊思想和新闻思想也有了系统思考，这一时期成为中国新闻传播活动非常活跃的时代。

第一节　资产阶级各政治派系在海外、港澳的报刊活动

清朝末年，在海外的华人群体越来越多，有输出的华工、戊戌政变后流亡海外的资产阶级改良派、在海外活动的资产阶级革命派等，他们出于各自目的创办报刊，成为中国近代报刊的重要组成力量。

一、19 世纪下半叶的海外华文报刊

海外华文报刊自 1815 年《察世俗每月统记传》创办后，发展十分缓慢。东南亚是华侨聚居地，最早一批华文报纸出现在那里。19 世纪 40 年代后期，随着大批“契约华工”被诱拐到北美加州金矿做苦力，50 年代开始，华文报刊开始在当地出现。1848 年加州华人尚不满 800 人，但 1852 年时已多达 25 000 人。当地教会出版华文报刊，向华人传道。

这一批报刊主要有三种，已知最早的《金山日新录》(*Golden Hill News*) 于 1854 年 4 月 22 日在华工比较集中的旧金山创刊，由美国基督教会主办，发行人为威廉·霍华德 (William Howard)，周刊。该报内容有新闻，中西商业广告、国内外船期和货物行情等。自 1854 年 6 月起刊登英文言论，讨论诸如人权、政治、宗教等问题，并关注华工的生活和需求，既报道新闻，也反映舆情，具有浓重的新闻性和商业色彩。在形式上，《金山日新录》完全具备现代报纸的各种特征，其版式与西方报刊无异，呈对折式，其分栏方法也比较科学，各版从上到下分为三栏或四栏。该报还设有邮局，并代办翻译、领牌照等业务。《金山日新录》仅出了几个月即告停刊。继《金山日新录》之后，《东涯新录》(*The Oriental*) 于 1855 年 1 月 4 日在旧金山创刊，由基督教长老会牧师威廉·斯卑尔 (William Speer) 创办，中国留美学生李根 (Lee Kan 的译音) 担任华文编辑。李氏是第一批旅居美国的华侨知识分子，曾经在澳门马礼逊学校读书，与容闳是同学，被称为“美国第一位华人编辑”。《东涯新录》初为双日刊，每星期出版三次，前两次用中文，后

一次中英文合刊，几个月后改为中英文合刊的周报，其内容、形式与《金山日新录》十分接近，出至 1856 年末停刊。第三份是首次由旅美华侨自己创办的华文报纸，1856 年 12 月创刊的《沙架免度新录》（*Chinese Daily News*）。该报由旅美华侨、广东四邑人司徒源创办并任主编，在加州首府萨克拉门托（Sacramento，当时译为沙架免度）出版。司徒源毕业于教会学校，到美国后曾任翻译，并在华人中教授英语，鉴于《金山日新录》和《东涯新录》两份华文报刊都是美国人创办的，不可能无条件为华人说话，于是他集资创办该报。《沙架免度新录》初为日报，不久后改为周二刊，以刊登与华人社会有关的新闻为主，出至 1858 年停刊。由于它是第一份中国人在海外创办的华文报纸，也可能是世界上出版的第一份华文日报，因此在中国新闻事业史上具有一定的地位。

由于华文报刊生存空间狭小，基础薄弱，自 1858 年《沙架免度新录》停刊后，海外华文报刊进入了一个长达 16 年的沉寂时期。

19 世纪 70 年代以后，海外华文报刊再度兴起。这一时期出版的华文报刊，绝大多数诞生在美国和南洋地区。鸦片战争前，清廷实行海禁，所有出洋的劳工都是秘密招募、非法出境的，人数并不很多。19 世纪 60 年代后，清政府被迫取消禁止华工出国的法令，华工出国人数由此激增并逐渐形成高潮。除华工之外，远涉重洋的还有一批商人和知识分子，他们成为日后华人社会的中坚力量。此后，侨民的文化水平逐渐提高，对各种信息的需求量越来越大，为海外华文报刊的崛起奠定了良好基础。此外，中国境内出现的一批影响较大的中文报刊，也为海外华文报刊的创办提供了更为直接的样板，并成为其设备、人员和稿件来源的坚实后方。这一时期在美国创办的刊物主要有以下几种：

创办地点	报刊	创办信息
旧金山	《旧金山唐人新闻纸》（*San Francisco China News*）	1874 年 7 月 15 日创刊。美国人创办，旅美华侨主编，周刊，声称以“欲华人多闻广见”为办报宗旨，分各货行情、来往船期、上海新闻、花旗新闻、大埠新闻、羊城杂报新闻等栏。
	《唐番公报》（*Oriental or Tang Fan Kung Pao*）	1875 年 9 月 11 日创刊，周刊，由旅美华侨黄卓（Chock Wong 的译音）与美国人霍夫曼（J. Hoffman）联合创办。翌年旅美华侨林赞（Lim Danc 的译音）接办后改名为《华番汇报》。接着，林赞又通过向华人集资，从美国人手中买下了印刷设备并学习印刷技术，使该报成为完全由华人经营的报纸，后几经更名，出至 1903 年左右停刊，是 19 世纪在美国出版时间最长的一份华文报纸。
	《文兴报》（*Mon Hing Po*）	1888 年创刊，后更名为《宪政报》《世界日报》，出至 1969 年停刊。
	《文记唐番新报》（*San Francisco Chinese News*）	1876 年创办。
	《华人记录》	1876 年创办。
	《金山新报》	1876 年创办。
	《中外新报》（*The Weekly Occidental*）	1878 年创刊，后改名为《翰香报》，1900 年改为日刊并再次改名为《翰香捷报》。

续表

创办地点	报刊	创办信息
旧金山	《华西申报》(*San Francisco Chinese Daily News*)	1883年创刊。
	《萃记华美新报》(*Sueikee American and Chinese Commercial News*)	1883年创刊。
	《中外新闻》	1883年创刊。
纽约	《华美新报》	1883年创刊，旅美华侨黄清福创办，为在纽约出版的第一家中文报纸。
	《华英经报》	1888年创刊，月刊，中英文合刊，是一份以旅美华侨为读者对象的基督教教会刊物。
芝加哥	《华美新报》	1890年，旅美华侨黄清福创办，为在芝加哥出版的第一份中文报纸。
波士顿	《瑞香华洋新报》(*Chinese Monthly News*)	1891年创刊，月刊，旅美华侨主办。
费城	《华美字报》(*Chinese American Advocate*)	1892年创刊，周刊，中英文合刊，旅美华侨主办。
洛杉矶	《华美新报》	1899年5月10日创刊，旅美华侨伍盘照主办，1900年迁至旧金山出版。
夏威夷檀香山	《檀山新报》(*The Hawaiian Chinese News*)	1883年3月16日创刊，社址在檀香山更街(King Street)，初为石印周刊，后改铅印，1899年后改为周二刊，逢星期三、六出版，先后主持报务的有程蔚南、何宽、许直臣、张泽黎等。内容以当地各业行情为主，酌刊有关中国的消息。该报为隆记公司接办后，曾在报头中加标“隆记”字样，故又被简称为《隆记报》。1894年，孙中山在檀香山从事革命活动，并成立中国资产阶级革命派的第一个团体兴中会。在他的影响下，《隆记报》一度倾向革命，成为兴中会的言论机关。孙中山曾在该报设立据点，联络同志，筹募经费，并组织兴中会成员进行军事操练。
	《华夏报》	1893年创刊。
	《丽记报》	1895年前后创刊。

这一时期，除美国外，南洋华文报刊发展得也比较繁荣。早在1858年，就有一份名叫《日升报》的华文周报在新加坡出版。但原报已佚，情况不详。为人们所认同的“南洋第一报”，是1881年12月在新加坡创刊的《叻报》。“叻”是马来语“Selat”(即海湾)的译音字，早期华侨称新加坡为“石叻坡”。19世纪中期以后，新加坡的华人社会逐渐发展，人口增长很快，华商的地位不断提高，华文教育有很大进步，为华文报纸的创办和发展奠定了坚实基础。同时，在这一时期，新加坡逐渐发展成为亚洲最大的转口贸易港，中西交往日益频繁，新加坡华商亟欲了解与商业有关的各方面的知识与信息，以便

有效地从事经济、贸易活动。正是在这样的背景下，《叻报》应运而生。

《叻报》创办人薛有礼（1851—1906），祖籍福建东山，生于新加坡，华人富商之一。其父薛荣樾，曾参与创办1854年在当地成立的萃英书院。薛有礼接受过英、中文教育。毕业后，任新加坡汇丰银行买办，后有感于当时“叻地同侨，囿于旧俗，身之与国，漠不相关”，于是决定辞去酬薪优厚的职位，创办华文报纸《叻报》，以开启华人社会风气，推广中华文化。主笔一职则由原任职于香港《中外新报》的叶季允担任。叶氏主持《叻报》笔政40年，以“惺噩生”为笔名，先后撰写过数百篇社论和评论，文笔流畅，立论新颖，开华侨风气之先，有“南洋第一报人”之称。《叻报》在政治上偏于保守，内容则比较全面地反映了新加坡早期华人社会的风貌，为后人提供了大量有价值的文献资料。该报设社论、国内外新闻、政府公报和广告等栏目，销量在19世纪末期前最高为500份，最低为160份，可见当时的读者不多。《叻报》是新加坡乃至整个东南亚地区出现较早、寿命最长的华文日报，一直出版到1932年停刊，历史长达近51年，在海外华文报刊史上占有重要的地位。

继《叻报》之后，《星报》《日新报》《天南新报》《图南日报》《中兴日报》《晨报》等先后出版，均旋生旋灭，报龄多则十年八年，少则一二载，影响不大。

在菲律宾出版的华文报刊，影响较大的有《华报》《岷报》和《益友新报》。《华报》1888年马尼拉创刊，由闽籍华侨商人杨维洪（汇溪）独资创办并自任社长兼编辑及翻译。由于当时华侨中识字者少，能读报者更寥寥无几，因而该报销量很少，出版不到一年即停刊。《华报》停刊后，其主持人杨维洪和陆伯周决心东山再起，于1890年又创办起《岷报》，由杨维洪等主编，在内容、版式等方面均与《华报》大致相同，出版不及数月，就因销量少、无人登广告而自行停刊。《益友新报》于1899年由粤侨、菲律宾保皇会领袖潘庶蕃在马尼拉创办，为保皇会在菲律宾出版的机关报，宣传康、梁等人的维新保皇主张，拥护光绪皇帝，开办一年多后改名为《岷益报》，不久停刊。

在马来亚（1963年后称马来西亚）出版的华文报刊，影响较大的有《槟城新报》（*Penang Sin Poe*），1895年8月8日在马来半岛槟榔屿市创刊，由马来亚华侨主办，创办人为当地点石斋印字馆主人林花簪及林成辉。该报初为石印周二刊，后改铅印，1896年7月21日改为日报，是马来半岛的重要中文报纸。

在世界各地，这一时期出版的华文报刊还有：《飞龙报篇》，1866年1月在伦敦创办，月刊，为欧洲最早的华文报纸；《华字新报》，1876年在日本东京创刊，在旅日华侨中发行；此外，英国的《中英商工机器时报》（又名《清韩英实业杂志》，1894年10月在伦敦创刊），德国的《日闻》（1895年在德国勃力门创刊），加拿大的《日新报》（1899年10月在温哥华创刊），澳大利亚的《东华新报》（1899年在悉尼创刊）等纷纷创办。

二、资产阶级维新派在海外、港澳的报刊宣传活动

戊戌变法失败后，康有为、梁启超等维新派人士逃亡海外。1899年7月首先在加拿大创立了保皇会（全称为“保救大清皇帝会”），随后又陆续在南洋、欧、美、澳洲等建

立了 170 多个分支机构，从事保皇和君主立宪活动，被称为“保皇派”或“保皇党”。保皇派在海外的主要工作之一就是创办报刊，进行保皇立宪宣传。自 1898 年至 1911 年辛亥革命前夕，保皇派在海外创办和控制的报刊有 30 多家。其中，最有影响的是在日本出版的《清议报》和《新民丛报》。

《清议报》是戊戌政变后康、梁等人在海外创办的第一个报刊，旬刊，1898 年 12 月 23 日在日本横滨创刊，样式和《时务报》相仿，每期 3 万多字，线装书式。编辑水平比《时务报》有明显提高，栏目丰富，门类清楚，内容有评论、新闻、小说等，并开办了中文报刊上最早的时事短评专栏“国闻短评”。

《清议报》是在日本政府和华侨的支持下创办起来的，经费由旅日华侨冯镜如、冯紫珊、林北泉等负责筹集，主编为梁启超，协助梁启超从事编撰工作的有麦孟华、欧榘甲等。梁启超以哀时客、任公、饮冰室主人、少年中国之少年等笔名，撰写了大量社评，为该报第一撰稿人。

《清议报》自揭其创办宗旨有四：其一，维持支那之清议，激发国民之正气。其二，增长支那人之学识。其三，交通支那、日本两国之声气，联其情谊。其四，发明东亚学术，以保存亚粹。所刊文字主要是以下两个方面的内容：

一是尊皇攘后。即拥护、支持光绪皇帝，反对慈禧太后及其党羽。1900 年 1 月 24 日慈禧擅立端王载漪的儿子为大阿哥后，《清议报》立刻严词反对，痛斥慈禧等为“逆后贼党”，说他们的“立储”是一个大阴谋，目的在于排斥他们拥戴的光绪皇帝。与此同时，该报还极力揭露和指责后党们的顽固腐化和贪婪凶残。因此遭到清朝当局的查禁，被禁止在国内发行。

二是关于君主立宪的宣传。这家报纸虽然痛斥慈禧等后党，但并不反对封建君主专制制度，并寄希望于“舍位忘身而变法”的光绪皇帝，希望他能像俄罗斯的彼得大帝或日本的明治天皇一样，通过一系列的改革措施，将中国带入一个强大的资本主义社会。为此，这家报纸极力宣扬君主立宪思想，力图用保皇立宪来代替革命，用渐变来代替突变。

在此期间，梁启超频繁与孙中山、陈少白等革命党人接触，思想上受其影响。为了适应时代潮流，梁启超、欧榘甲在《清议报》上发表了一些谈民权、谈自由、谈破坏、谈革命的文章，还曾主张《清议报》“不登保皇会文字”，避免过重的拥君色彩，赢得了不少读者。然而，思想比较保守的麦孟华却向康有为告密，说梁启超“渐入行者（指孙中山）圈套”。于是，康有为下令在保皇会的报刊上不得出现“革命”“民权”“自由”“独立”等字样，并将梁启超、欧榘甲分别派往檀香山和旧金山去进行保皇活动。1901 年 12 月 21 日，当《清议报》出版了第 100 册后，一场大火焚毁了报馆，报纸因此而停刊。本来报社是买了保险的，但因为中间发行人变更，没有去保险公司登记，所以保险公司不予赔付。

失火前，梁启超对刊物已有了一个全新的设想。1902 年 2 月 8 日，该报在横滨复刊，改名《新民丛报》。该报按西方大型综合性杂志的模式创办，半月刊，封面有一幅彩色中国地图，并有刊载重要内容的目录。其共分 25 个栏目，每期 5 万字，社会科学、自然科学无所不包，古今中外无所不谈。其内容之丰富，编辑之严谨，印刷之精美，均为“中国报界前此未有”。

《新民丛报》是康、梁等改良派在海外最著名的刊物，主编仍是梁启超，编辑有蒋智由、马君武、麦孟华等。1903 年之前，报纸用大量篇幅介绍西方资产阶级的政治、经济、军事、法律、宗教、教育、文化等各方面学说，甚至包括马克思主义学说。为适应时代潮流，也发表了许多高谈革命的文章，使刊物大受读者欢迎，销量达 14 000 份，在国内外设立了 97 个代销处，可谓盛极一时。梁启超被誉为“舆论界之骄子”，影响了整整一个时代。

《新民丛报》的命名，取意于《大学》中的“大学之道，在明明德，在亲民，在止于至善”。在梁启超看来，中国积弱的根本原因，最重要的还是国民素质低下，缺乏“公德”和“私德”，缺乏国家思想、义务思想和权利思想，缺乏进取、冒险、自由、自治、自尊、合群、尚武等精神。只有通过教育手段来提高国民素质，造就一代“新民”，中国才能富强，国家才有希望。从创刊号起，梁启超连载其代表作《新民说》，直到 1906 年刊完，共 20 节，11 万字，系统地阐述了中国如要富强、推行民族主义、抵御外族必须从新民开始的思想。

《新民丛报》总的倾向是鼓吹保皇和君主立宪。尽管这个刊物在 1903 年前也谈过革命、民主和自由，但用梁启超自己的话说，只是为了宣传，并不是真的为了革命。他在 1902 年的《新民丛报》的《敬告我同业诸君》里这样写道：“欲导民以变法，则不可不骇之以民权，欲导民以民权，则不可不骇之以革命，当革命论起，则民权亦不暇骇，而变法无论矣。”1903 年底梁启超赴美洲游历考察以后，思想发生变化，公开宣布不再谈革命。1907 年 8 月，《新民丛报》停刊。

在世界其他地方，保皇派也创办或争取和利用当地已有的一些报纸，作为自己的宣传阵地。主要有以下一些报刊：

地点	报刊	创办信息
香港	《香港华字日报》 《循环日报》 《维新日报》	香港老牌报纸，保皇派利用它们进行宣传。
	《实报》	1903 年创办。
	《香港商报》	1904 年创办。
澳门	《知新报》	戊戌变法时期创办，变法失败后继续出版。
	《镜海丛报》 《濠镜报》	新创办报刊。
美国	《文兴日报》	徐勤在旧金山于 1899 年创办。
	《大同日报》	欧榘甲 1902 年在旧金山主持，该报原为洪门致公堂创办。
	《维新报》	汤铭山于 1903 年在纽约创办。
	《新中国报》	梁启超于 1900 年在檀香山创办。
加拿大	《日新报》	梁启超于 1899 年在温哥华支持华侨创办。
澳大利亚	《东华报》	唐才质于 1902 年在悉尼创办。

续表

地点	报刊	创办信息
新加坡	《天南新报》	徐勤帮助当地保皇会于1899年创办。
	《南洋总汇报》	前身是1904年创刊的《图南日报》，1906年2月转入保皇派商人手中，成为保皇会的重要喉舌。
荷属东印度群岛（印尼）	《泗水日报》	康有为于1903年亲自在爪哇岛创办。
	《苏岛日报》	康有为于1904年支持苏门答腊保皇会创办。
缅甸	《仰光新报》《商务报》	仰光保皇会分别于1904年、1906年创办。
墨西哥	《墨西哥朝报》	当地保皇会于1905年创办。
菲律宾	《益友新报》	康有为派潘庶蕃于1899年在马尼拉创办。
日本	《新小说》	梁启超于1902年在横滨创办。
	《中国新报》	1906年12月12日于东京创刊，月刊，现存9期，第9期为1907年12月出版。名义主持者为陈籽美、陈家瓒，实际主持者为杨度。参与编撰者有薛大可、熊范舆、谷钟秀等。
泰国	《启南日报》	徐勤、梁伯鸣于1907年在曼谷创办。

三、资产阶级革命派在海外、港澳的报刊宣传活动

海外华文报刊中还有一支重要的力量，就是以孙中山为首的资产阶级革命派创办的报刊。以1905年同盟会的成立为标志，资产阶级革命派的办报活动分为两个阶段，即兴中会阶段和同盟会阶段。

1894年兴中会在檀香山成立，标志着以孙中山为首的资产阶级革命派开始登上了历史舞台。兴中会成立之初，并不重视报纸宣传，也没有自己专设的机关报。但当孙中山领导的反清革命屡遭挫折，一些兴中会会员在《清议报》宣传的影响下纷纷退会转入保皇会时，才使资产阶级革命派认识到报刊宣传的作用，并下决心拿起报刊这一武器。

《中国日报》是兴中会创办的第一份机关报，也是中国最早宣传资产阶级民主革命的报纸，1900年1月5日创刊于香港。由孙中山指派他的战友陈少白主持，报纸每日出大小两张，大张为正张，专载新闻和评论，小张只载货价和船期。版面受日本报纸的影响，均分为六横栏，以便阅读。《中国日报》的主要宣传内容如下：一是揭露清政府的腐败无能和卖国罪行，鼓吹反清革命；二是宣传天赋人权、自由、民主等资产阶级思想，赞美共和制度；三是与保皇派报刊进行论战，该报1903年曾与广州保皇派的《岭南报》笔战，后又与香港保皇派的《商报》论战。

中国日报馆还出版《中国旬报》，主要刊登译稿、长篇论说和讴歌革命的文艺作品，包括广东民间喜闻乐见的说唱戏曲等文艺作品，内容以讽刺昏庸腐朽的清朝官吏为主。《中国旬报》停刊后，有关内容移入日报，改名《鼓吹录》，成为中国报纸最早的文艺副刊之一。

《中国日报》从经费筹集、设备采购到人员选定，都是孙中山亲自操办的。该报由孙中山定名，取“中国者中国人之中国也”之意。选择香港作为办报基地，是考虑到香港靠近华南武装起义地区，又为清廷势力所不及。主持者陈少白（1869—1934），原名闻韶，广东新会人，是资产阶级革命派早期重要的报刊活动家。他于 1889 年在香港结识孙中山，后加入兴中会。1895 年革命派发动的广州起义失败后，他随孙中山流亡日本。1899 年冬，奉孙中山之命，用“服部次郎”的日文化名潜回香港筹办该报。报纸创刊后，陈少白担任第一任社长兼总编辑，1905 年同盟会成立后，被正式推举为同盟会香港分会会长。辛亥革命后，陈少白一度出任广东都督府外交司长，1925 年孙中山逝世后，回到新会外海乡担任乡长，热心于家乡建设，并创办了以移风易俗为宗旨的《外海杂志》，为我国最早的乡报，1934 年病逝于北平。

《中国日报》不仅是革命党人的宣传舆论阵地，也是他们的重要活动据点。多次武装起义的策划、组织和联络工作，都是在该报馆内进行的。这种既是舆论机关又是联络机关的组织形式，以后为多家革命派报馆所继承。《中国日报》在 1900—1906 年期间由陈少白任社长，1906—1911 年，经改组后，由冯自由、谢英伯相继任社长兼总编辑，辛亥革命后，《中国日报》迁至广州出版，卢信任社长兼总编。1913 年 8 月被袁世凯在广东的代理人龙济光查封，共存在了 13 年零 8 个月。

在《中国日报》的带动和孙中山的指导下，1905 年同盟会成立前，粤港和南洋等地出版了很多革命报刊，其中比较著名的还有郑贯公创办的《世界公益报》《广东日报》和《有所谓报》。郑贯公（1880—1906），名道，字贯一，广东香山人，出身于贫苦农民家庭。16 岁辍学随乡亲到日本谋生，先在太古洋行横滨支店做佣工，业余时间为《清议报》撰稿而受知于梁启超，准许他免费进入横滨大同学校学习。在此期间，他结识了孙中山、蔡锷、唐才常等人，并发起出版中国留日学生创办的第一个具有革命思想倾向的刊物《开智录》，一度应梁启超之聘任《清议报》助理编辑。1901 年春，郑贯公经孙中山介绍赴香港，任《中国日报》记者。他利用这一讲坛大胆鼓吹革命，发表了许多激进言论，使该报面貌焕然一新。1903 年春，因与陈少白意见不合，脱离了《中国日报》。

《世界公益报》1903 年 12 月 29 日创刊于香港。郑贯公与黄世仲、崔通约等集资，郑贯公任主编。该报日出两大张 5 万字，号召推翻清朝统治，恢复汉人天下，光复中国。由于言论过于激烈，股东们曾要求他改变办报宗旨。郑贯公与股东们力争，但毫无结果，乃自行告退。接着，他重新集资，以股东们不得干涉言论为条件，于 1904 年 8 月 31 日另创《广东日报》，自任督印人兼总编辑。该报自称以“发挥民族主义，提倡革命精神”为宗旨，主张以暴力手段实行资产阶级民主共和。由于受到无政府主义思潮的影响，该报曾发表《炸药之二十世纪》《暗杀主义说》等文章，鼓吹用暗杀手段来推进革命。1906 年 4 月该报停刊。1905 年 6 月 4 日，郑贯公又在香港创办《唯一趣报有所谓》，简称《有所谓报》，自任发行人兼总编辑，以“开智社”的名义发行，主要执笔者有陈树人、胡子晋等。该报是一张通俗小报，内容分庄谐两部分，言论比前两个报纸更为激烈。时人称其“一纸风行，为省港各报之冠”。取名“有所谓”，是因为郑贯公等人看到“故国濒危”，决定要“抒救时之策，鸣警世之钟”，再不能“无所谓”了。该报创刊之时，正值反对美国华工禁约运动的高潮，遂全力投入这一斗争，无情揭露美国残害华工的暴行，大力宣传抵制美货，销量跃居香港报纸的首位。1906 年夏天，正当郑贯公的事业如日中天的时候，一场瘟疫在香港流行，他不幸染疾而亡，终年只有 26 岁。

从兴中会成立到 1905 年，是民主革命的准备时期，这一时期出版的革命派报刊以《中国日报》为首，不下 40 余种。

1905 年夏，孙中山从欧洲到达日本。同年 8 月 20 日，将兴中会和华兴会、光复会等其他革命组织联合起来，在东京成立了中国革命同盟会。同盟会成立后，革命有了统一的机构，革命派的报刊进入了一个新的发展阶段。

新成立的同盟会，原拟将华兴会的机关报《二十世纪之支那》月刊转为同盟会的机关报。但在移交前，这本杂志因刊登《日本政客之经营中国谈》一文，遭到日本当局封禁。同盟会于是决定另起炉灶，改以新创办的《民报》，作为自己的言论机关。

1905 年 11 月 26 日，《民报》在日本东京创刊。该刊是一份大型时事性政论月刊，设有论说、时评、谈丛、纪事、译丛等栏目，每期 6 万至 8 万字。先后参与编撰工作的有胡汉民、汪精卫、陈天华、朱执信、廖仲恺、汪东、章太炎、刘师培、黄侃、苏曼殊、马君武、陶成章、田桐等。《民报》的主编，第 1～5 期为胡汉民，第 6～24 期为章太炎（其中第 19～22 期由陶成章代理主编），在东京秘密编发的第 25、26 期由汪精卫任主编。因为张继日语较好，便于和日本人交涉，所以由他出任发行人。担任撰稿和发行工作的还有胡汉民、章太炎、汪精卫、陈天华、朱执信、廖仲恺、宋教仁、汪东、刘师培、黄侃等。发刊辞由孙中山署名，刊登在第一号的首页，第一次用文字全面地诠释了他的政治主张。《民报》的发刊使革命派有了一个旗帜鲜明的宣传平台。

宣传“三民主义”的政治纲领，是《民报》的办刊宗旨。在《民报》创刊号上，孙中山亲自撰写的发刊辞中，第一次将其革命主张概括为民族主义、民权主义和民生主义，后被简称为“三民主义”。根据民族主义、民权主义和民生主义这一政治纲领，《民报》的宣传内容主要有以下几个方面：一是宣传以排满为中心的民族主义；二是宣传以建立共和政体为中心的民权主义；三是《民报》还对世界各国的资产阶级革命运动和民族解放运动，对西方的新文化和新思潮，其中包括社会主义思潮和无政府主义思潮，都作了大量的报道与介绍。在报纸每一期的后页上，都刊载着《民报》的简章。其中明白揭示《民报》的六大主义：颠覆现今之恶劣政府；建立共和政体；维持世界之真正和平；土地国有；主张中日两国之国民的联合；要求世界列强赞成中国之革新事业。

《民报》一出，就在海外留学生以及华侨社会中风行，它的创刊号再版了 7 次，第 2、3 期再版了 5 次仍然供不应求，最高发行量达到 17 000 份。在国内，虽被清政府严禁，但从民报社向国内各地催收报费的社告来看，相信流传在国内的不在少数，应占总数的一半以上。但《民报》每月出版的日期不定，而且时常延期。1908 年，《民报》发表汤公介的《革命之心理》一文，鼓吹暗杀。正值清政府派唐绍仪为中美同盟专使赴美国，途经日本，章太炎写短评讽刺他，唐就透过清驻日大使要求日本政府查封《民报》，日本政府怕中美同盟于己不利，又为了讨好清政府，遂以“扰乱秩序”“破坏治安”为由，下令禁售《民报》，并对《民报》及其主编章太炎提出起诉。1908 年 11 月 26 日，日本东京地方法院对这一案件进行公审，被告人章太炎被控以三项罪状：一是上述《民报》刊载的《革命之心理》一文“冒渎皇室的尊严、变坏政体或紊乱朝宪”；二是《民报》未呈报编辑人、发行人与发行所；三是《本社简章》内容不妥，均违反了《报纸条例》。在公审中，章太炎为自己辩解说，《革命之心理》一文所叙述的“意图恶劣政府的颠覆”，不是针对日本政府的，而是针对清政府的，因而与《报纸条例》第 32 条无涉。但是，日本法院还是在 12 月 12 日认定章太炎及《民报》有罪并处以罚款。由于当时章太炎与孙中山意见不合，孙中山拒绝为《民报》提供经费和罚款，迫使《民报》出至第 24 期后暂时休刊。之后，《民报》在汪精卫的主持下，又在东京秘密编发过两期，1910 年 2 月终刊。

从 1905 年中国同盟会成立到武昌起义这段时间，是资产阶级民主革命逐步进入高潮的时期，也是革命派的办报活动空前发展的时期。海内外共出版革命或有革命倾向的报刊 160 多种，其中海外 60 多种，国内 100 多种。

据不完全统计，在辛亥革命前十年间，资产阶级革命派在海外创办的主要中文报刊有以下几种：

地点	报刊
新加坡	《图南日报》
	《中兴日报》
	《星洲晨报》
	《南侨日报》
槟榔屿	《槟城日报》
	《光华日报》
吉隆坡	《吉隆坡日报》
	《四州日报》
荷属东印度群岛（印尼）	《泗滨日报》
	《民铎报》
	《苏门答腊报》
西贡	《美南日报》
	《湄南日报》
	《华暹日报》
	《同侨报》
仰光	《光华报》
	《进化报》
	《全缅公报》
马尼拉	《公理报》
檀香山	《民生日报》
	《自由新报》
	《启智报》
旧金山	《大同日报》
	《少年中国晨报》

续表

地点	报刊
温哥华	《华美日报》
	《大汉报》
秘鲁	《民醒日报》
墨尔本	《警东日报》
悉尼	《民国报》

四、留日学生的办报活动

从 1898 年开始，清政府向日本派遣留学生。这以后，大量青年知识分子怀着学习先进科学技术和救亡图存的想法，负笈东渡，其中有相当部分人倾向于利用激进手段变革社会，选择革命道路。留日学生对民主革命的贡献主要在宣传鼓动方面。孙中山在总结辛亥革命前几次武装起义时说过："其慷慨助饷，多为华侨；热心宣传，多为学界；冲锋破敌，则在军队与会党。"[①] 其中学界主要指的就是留日的学生。

留日学生刊物以 1902 年为界限分两个时期。前期人数较少，刊物不多；自 1902 年后，赴日学生激增，1903 年有 1 000 多人，到 1904 年前后已经有 3 000 多人，1905 年达 8 000 多人，他们成立各省留日同乡会，出版会刊，形成一个办刊的高潮。

第一个阶段留日学生的报刊活动中比较重要的有以下几份：《开智录》《译书汇编》《国民报》。

《开智录》是中国留日学生创办的第一份刊物，1900 年 11 月创刊于横滨，留日学生团体开智会主办，半月刊，郑贯公主编，参与创办的郑贯公、冯樊龙、冯斯栾等三人，分别用"自立""自由""自强"的笔名，在该刊上发表宣传西方资产阶级自由民主思想的文章，人称"三自"。《开智录》开始油印，后来接受了孙中山资助的 200 元印刷费，改为铅印，借《清议报》的印刷所印刷，随《清议报》发行，出版十几期后，因受到《清议报》的压制而停刊。该刊曾译载卢梭的《民约论》，以及日本学者的《自由原论》《民权真义》《法国革命史》等专著和《义和团有益于中国》等政论文章，初步宣传了资产阶级的自由平等和天赋人权等思想，以"文字浅显、立论新奇"受到读者的喜爱。

《译书汇编》1900 年 12 月 6 日创刊于东京，月刊，由杨廷栋、杨荫杭、雷奋等主编，同样是编译欧美日本等资产阶级的政治法律经济等方面的著作，如卢梭的《民约论》、孟德斯鸠的《万法公理》、斯宾塞的《政治哲学》等。第二年，《译书汇编》开始改为以著述为主、编译为辅，1903 年 4 月改名为《政法学报》。这两个刊物在宣传资产阶级民主思想、促进当时青年的思想进步方面起了一定的作用，但是它们没有提出明确的激烈的革命主张，同改良派的政治分野不太明显。

留日学生中最早显露革命思想的刊物是《国民报》。1901 年 5 月 10 日，《国民报》创

① 胡汉民．总理全集：第一集．上海：民智书局，1930：923.

刊于东京，月刊，只出了4期，同年8月10日停刊。秦力山主编，孙中山曾在经济上给予支持，资助过1 000元印刷费。该刊主要宣传革命排满思想，第4期上发表章太炎撰写的《正仇满论》，驳斥了梁启超“保皇扶满”的言论，是革命派从正面批驳保皇派的第一篇文章，说明他们的思想已经有所前进，正在摆脱保皇和改良思想的束缚，转向革命的道路。

1902年后，留日学生中的革命组织有了初步发展。1902年4月26日，章太炎、秦力山等十余人在东京召开“支那亡国242年纪念会”。同年冬天，又有了以民族主义为宗旨、以破坏主义为目的的“青年会”。这些组织在学生中产生了很大影响，留日学生的反清思潮渐渐形成。到1902年前后，留日学生中就涌现出一批地区性的学生会组织，这些组织纷纷创办自己的言论报刊，进入留日学生办报活动的第二个阶段。这一阶段主要有《游学译编》（1902年2月14日创刊，湖南留日同乡会主办）、《湖北学生界》（湖北留日同乡会1903年1月创办）、《直说》（直隶留日同乡会1903年2月创办）、《浙江潮》（浙江留日同乡会1903年2月创办）、《江苏》（江苏留日同乡会1903年4月创办）。据《中国近代报刊名录》载，清末中国人在日本创办的报刊共109种，其中革命报刊65种。

这些刊物一开始并没有立即宣传排满革命，而是从爱国爱乡的热情出发，分析国际形势和国家民族所面临的严重危机，激励读者奋起图存，共同救亡。爱国救亡成为这些刊物一个时期内的中心内容。为了探索救亡的途径和方法，这些刊物和各自的同乡会紧密配合，在本省范围内展开了广泛的社会调查活动，并在刊物上辟出专栏，刊登调查报告，供大家研究参考。这种联系实际实事求是的学风是十分可取的。1903年4、5月后，留日学生为抵制俄国侵占东北发起了一场爱国运动。他们组织军国民教育会，成立拒俄义勇队，一方面进行操练，准备随时开赴前线，一方面派遣代表回国请愿，但却遭到日本政府和清朝当局的破坏和镇压。这件事粉碎了他们对清政府的最后一点幻想，不少人由激进的爱国者转变为资产阶级革命者。与此同时，刊物的宣传也有了明显变化。首先，对帝国主义的侵略活动进行激烈抨击。其次，公开将矛头对准了清政府，展开了激烈的“反满革命”宣传，民族革命的鼓动达到了空前激烈的程度。在宣传“反满革命”的同时，这些刊物还传播了民主主义的思想，对封建文化思想展开批判，并开始对当时还很有市场的改良思想进行批判。

五、革命派与保皇派的大论战

清末十年是各种思想先驱们办报活动的高潮期，在这些报刊中，主张民主革命的与主张保皇和君主立宪的两派报刊之间曾就一些问题进行了激烈的论战。其中代表为《民报》与《新民丛报》的论战。

两报论战主要围绕着以下四个问题展开：第一，要不要进行民族革命推翻清政府统治。《新民丛报》否认清政府实行民族压迫政策，认为满汉之间没有民族矛盾，革命派的排满实际上是“杀尽满人”，造成天下大乱，主张拥戴光绪皇帝，推动清廷进行自上而下的改革。《民报》则认为，“反满”主要反的是清政府，因为它对内实行民族压迫，对外奉行卖国政策，已经成为帝国主义的“守土长官”，所以要想救国就必须进行民族革命，用武力推翻清政府。第二，实行民主共和制还是实行君主立宪制。《新民丛报》认为，中国革命必须经过专制、立宪、共和几个阶段，不能超越，现阶段“民智未开”，还不具备共和国公民的资格，因此只能实行君主立宪或开明专制。《民报》则认为在君主专制制度下国家秩序和人民权利均无保证，中国人民完全有民权立宪之能力，应该立即废除君主，建立民主共和国，以顺应历史发展的大趋势。第三，要不要实行土地国有、平均地权。《新民丛报》认为，中国不存在土地贫富不均的现象，没有必要平均地权，实行土地国有对农业生产不利。《民报》则用事实驳斥说，中国确实存在“豪右”和“细民”的差别，只有实行平均地权和土地国有，生产才能发展，民生问题才能解决。第四，革命会不会引起帝国主义干涉，使中国招致瓜分。《新民丛报》认为，革命是暴烈的行动，必然引起社会动乱，帝国主义乘虚而入，中国就会被瓜分。《民报》则认为，革命只是推翻清朝政府，并不排外，因此不会引起社会动乱和帝国主义干涉。如果不革命，中国越来越弱，才会招致瓜分。

论战一开始，梁启超嚣然自大，文中常常嘲笑革命派，认为《民报》诸人都是浮薄少年，革命完全是感情用事，理论上不堪一击，等到论战深入展开以后，梁启超捉襟见肘，理屈词穷，不但保皇论点缺少根据，就是援引的材料和外文翻译上也接连出错，经《民报》揭发驳斥后，梁启超十分被动。这场大论战持续到 1907 年冬《新民丛报》停刊，以《民报》胜利告终。

在《民报》与《新民丛报》展开大论战的同时，在香港、檀香山、温哥华、旧金山、新加坡、曼谷、仰光、广州、巴达维亚等地出版的革命与保皇的两派报刊之间，也纷纷展开论战。论战进行得十分激烈，有的一直持续到 1911 年辛亥革命爆发，才以革命派报刊的最后胜利告终。这场论战，不仅使资产阶级民主革命思想得到广泛传播，使孙中山的三民主义逐渐深入人心，而且还为辛亥革命做了组织上的准备，许多原来支持保皇派的人转变了立场，纷纷退出保皇会而加入同盟会。

海外华文报刊自 19 世纪 40 年代以来，发展迅速，出版地点遍及东南亚、欧美、日本等地的华侨聚居地区。到了 19 世纪末，由于戊戌政变后出走的维新派知识分子和主张民主革命的知识分子纷纷在海外办报，引发了海外华文报刊的大发展，其影响渗入国内。从类别上讲，这些海外华文报刊既有当地侨界为开风气、通信息服务于当地侨众而办的商业报刊，也有保皇派和革命派知识分子为宣传各自的政治主张而办的政党报刊。后一类报刊以宣传为主，除在当地销售外，还设法运回祖国发行。这些报刊当中，有的影响巨大如《新民丛报》《民报》，有的报龄长久如《叻报》《少年中国晨报》，其影响远远超过早期的海外华文报刊。

第二节 “新政”与国内新闻传播事业的发展

1901 年 1 月末，逃亡途中的慈禧以光绪皇帝的名义发布上谕，顺应时势，实行改革，之后，国内新闻传播事业有较大发展。

一、“清末新政”与清末民营新闻传播事业的发展

“清末新政”是清廷贵族为挽救岌岌可危的清朝命运的最后一次努力，改革的内容非

常庞杂，主要涉及以下几个领域：

一是外交上，改总理各国事务衙门为外务部，“班列六部之前”，以便与列强“讲信修睦”。

二是政治上，调整机构，整顿吏治。改革刑律，废除酷刑。举办警政，设巡警部。改革旧习，缓和民族矛盾。

三是军事上，改革军制，练兵筹饷。

四是经济上，设商部，定商律，实行一系列奖励工商、振兴实业的措施。

五是文化教育上，废除科举，兴办学堂，选派学生到国外留学。

慈禧的上述新政，使资产阶级登上历史舞台，成为社会中的新兴力量。新式知识分子群体迅速形成，同时也促进了新闻事业的发展，使清末十年成为中国报刊发展的又一次高潮，形成了中国新闻事业史上的第二次国人办报高潮。

1901 年之后，随着“报禁”“言禁”的废除，慈禧“新政”的成果开始在报刊界显现，中国民族新闻事业进入了一个蓬勃发展的时期。官绅士民自办的报刊纷纷创刊，数量年年递增。据不完全统计，从 1899 年到 1905 年，共新创办 354 种报刊，其中 1901 年为 34 种，1902 年为 46 种，1903 年为 53 种，1904 年为 71 种，1905 年为 85 种。1906 年 9 月清廷宣布预备立宪后，近代报刊进一步发展。据不完全统计，新创办的报刊，1906 年为 113 种，1907 年为 110 种，1908 年为 118 种，1909 年为 116 种，1910 年为 136 种，1911 年为 209 种。报刊出版地点有北京、天津、上海、南京、成都、重庆、贵阳、桂林、昆明、济南、广州、兰州、伊犁、西藏等 60 多个城市和地区，几乎遍布全国。这些报刊中绝大部分是政治上比较温和、主张改革的报刊。比较著名的有《京话日报》《东方杂志》和上海的一些比较出色的商业报纸。

《京话日报》是一张以城市居民为主要读者对象、用通俗北京话出版的报纸，1904 年 8 月 16 日创刊于北京。创办人兼社长彭翼仲（1864—1921），名诒孙，江苏苏州人，长期居住在北京，出身官僚世家，但到他这一代已经败落，因而对底层人民的生活疾苦有所了解和同情。他一生办过《启蒙画报》《京话日报》《中华报》三家报纸，以《京话日报》的影响为最大。彭翼仲创办《京话日报》的目的有二：一是开发民智，二是争回中国人说话的权利。报纸每日出铅印一小张，售价三文，设有演说、紧要新闻、本京新闻、各省新闻、各国新闻、宫门钞、告示、电报、小说、时事新歌、儿童解字、来函和商情广告等栏目。除文字外，间附插图。“通篇概用京话，以浅显之笔，述朴实之理，纪紧要之事”，很受读者欢迎。发行数量一度超过 10 000 份，成为当时北京销量最大、声誉最隆的一份报纸。

《京话日报》十分注意与底层读者的密切联系。它热心为读者服务，因而深受读者的信赖。在宣传报道上，它比较重视有关反帝爱国主义思想的宣传。对帝国主义者的践踏欺凌和他们所制造的反华活动，表示了强烈的愤慨。在 1904 年 10 月到 1905 年 4 月有关南非英国殖民当局虐待华工的报道中，它用大量的篇幅揭露了南非英国当局虐待华工的暴行，并对此表示了极大的愤慨。在 1905 年 5 月到第二年春天全国性的抵制美货运动中，它在紧要新闻栏对各地的抵制活动作了连续报道，并撰写评论以示声援，还主动拒刊美货广告。1906 年南昌教案发生后，它连续报道了事件的真相，并将被法国传教士残害致死的南昌知县江召棠遗体的照片公诸报端，揭穿了法方宣传的江是自杀的谎言，激起了读者对帝国主义的极大义愤。

这家报纸还敢于冲撞权贵，曾连续揭载那王府草营人命、活埋侍妾事件和驻京淮军骚扰百姓事件，因此触怒当局，受到迫害。1906 年 9 月 28 日，清廷以“妄议朝政，容留匪人”等莫须有的罪名将该报查封，彭翼仲被流放新疆。在他被迫离京的那一天，“市民去送者数千人，赠送程仪者无算”，一位名叫“醉郭”的读者还自愿陪他同去新疆戍所。1913 年彭翼仲从新疆回京后，复刊《京话日报》，但不久又因触怒袁世凯再度被封。袁世凯死后，再度复刊，一直办到 1922 年才自动停刊。

《东方杂志》为综合性文摘月刊，1904 年 3 月创刊于上海，上海商务印书馆主办，是该印书馆出版的重要刊物之一。初创时的主编人为徐珂和孟森。该刊以“启导国民、联络东亚”为宗旨，按现代学科分为文学、哲学、工业、商业、理化、博物等门类，“广征名家之撰述，博采东西之论著，萃世界政学文艺之精华，为国民研究讨论之资料”。辛亥革命后，该刊认为西方的道德观念已毁，强调要用中国固有的“精神文明”来救治西方的“物质文明”。《东方杂志》采取兼容并蓄的办刊方针，辟有各种专栏，评介东西方各种学说，并对时政进行评论，先后出版 45 年，是中国近代出版时间最长的大型综合性文摘月刊。

上海因为是著名通商口岸城市，经济发达，又有租界作为庇护，因此很多新老报馆发展得比较顺利。戊戌变法失败后，《时务报》被查封，但主持该报的汪康年仍继续从事办报活动，先后创办了《时务日报》《中外日报》《京报》《刍言报》等，成为一名经营有道、业务上有很大改进的职业报人。其所办各报中，以《中外日报》最为著名。

《中外日报》，前身为 1898 年 5 月 5 日创办的《时务日报》，“戊戌政变”后，改名《中外日报》。为与当时著名日报《申报》《新闻报》《循环日报》等竞争，该报在业务上锐意改革，日出两张，双面印刷，四版，每版分四栏，首创“版面分栏，新闻分类”的编辑手法，即每版分四栏，新闻分四类，标题也进行改进，让人耳目一新。该报重视新闻报道，政治上持保守的爱国主义，拥护慈禧垂帘听政，但反对废黜光绪，并支持 1905 年的抵制美货运动。1909 年后报纸多次转手，一度为上海苏松太道蔡乃煌所掌握，1911 年停刊。

与此同时，上海老牌的民营报纸，如《申报》《新闻报》等，也在经营上不断有所改进。1899 年《申报》创办人美查回国，报馆董事会改组，改组后的申报馆买办为席子眉，主笔黄协埙。席子眉病故后，买办一席由其弟席子佩承乏。1909 年，报馆股份为席子佩购进，产权转为中国人所有。到 1911 年《申报》日销量在 7 000 份左右。1912 年，由张謇、赵竹君、应德闳、史量才、陈冷五人合股经营。后张謇等退出，由史量才独资经营，自任总经理。

《申报》由史量才主持后，锐意改革，聘请张竹平任经理兼营业部主任。首先，张竹平从广告经营下手，设立以招揽广告为业务的广告推销科，聘用了专职的广告设计人员。至 1915 年 4 月，报纸的广告版面超过了新闻、副刊的版面，业务收入随之增加。其次，张竹平也重视报纸的发行。除了发展本埠订户外，还设法扩展外埠订户，凡火车、汽车和轮船能当天到达的上海邻近地区，都力争当天送达，使长江三角洲地区的读者能尽早看到报纸。远的地方，则通过邮局或代办处发展集体和个人订户，使发行量不断上升，最高时达到 15 万份。

《新闻报》创刊后，1899 年股权为美国人福开森（John. C. Ferguson）购得，聘汪汉溪为总经理，汪去世后由其子汪伯奇继任。金煦生、李浩然等相继任总编辑。1906 年改组为有限公司，朱葆三、何丹书、苏宝森等为华人董事。1916 年因慑于风起云涌的抵制美货运动，改在香港注册，改称英国公司。

辛亥革命后，该报逐渐改革内容，以报道经济新闻为主，以工商界人士为主要读者对象。除设专职记者采访外，还在各行各业聘请通讯员，在会审公廨、捕房等处聘请特别报事员，在北京设常驻记者，国内各大城市均建立通讯网；在各国首都也聘请了访事人员，随时向报馆提供信息或直接供稿。报纸还逐日介绍商情、商场动态，经济信息灵通，为工商界所重视。报纸也兼及时事、社会新闻和市民生活的报道。所办副刊《庄谐丛录》，创刊于清末，1914 年改名《快活林》，由严独鹤主编，注重趣味性、知识性、通俗性，受到市民阶层的欢迎。

《新闻报》注重经营管理，实行报纸企业化，并进口双层轮转印刷机，采用卷筒纸印报，提高报纸质量和印报速度，又自置无线电台，收录电讯稿。为扩大发行，该报在全国各地设有分馆、分销处 500 余所，报纸发行量最高达日销 15 万份，成为全国第一家突破 10 万份以上的报纸。

二、资产阶级立宪派报刊活动的复苏与发展

资产阶级君主立宪派即此前的保皇派的办报活动，在 20 世纪初到清末这段时间，以 1906 年清政府的“预备立宪”为界经历了两个发展阶段。第一阶段的代表性报纸为《大公报》《时报》《时事新报》。第二阶段的代表性报刊则有《政论》《国风报》《预备立宪公会报》《国民公报》等。

《大公报》，1902 年 6 月 17 日在天津创刊，由天主教徒英华、柴天宠、主教樊国梁，法国公使鲍渥等集资创办。该报早期有一定的宗教色彩，一定程度上受到来自法国领事馆方面的影响，英华任总理。

英华（1866—1926），字敛之，生于北京，满族，家世寒微，信奉天主教，与法国神父来往密切。在维新运动中，他追随康有为，戊戌政变后逃往云南蒙自，曾受聘为法国领事馆雇员。1902 年，他在天主教资本家、法国驻华公使馆和天主教神父的支持下，创办起《大公报》，自任社长，也写一些政论文章。虽反对袁世凯，但并不倾向革命。辛亥革命胜利后，1912 年 2 月，英华退隐北京香山，不问报事，潜心从事宗教、教育与慈善事业，1926 年去世。

《大公报》在英华主持下，以“开风气，牖民智，挹彼欧西学术，启我同胞聪明”为宗旨，取“忘已之为大，无私之谓公”之义，定报名为“大公”，声称“断不敢有自是之心，刚愎自用；亦不敢取流俗之悦，颠倒是非；总期有益于国是民依，有裨于人心学术；其他乖缪偏激之言，非所取焉；猥邪琐屑之事，在所摈也”[1]。该报鼓吹变法维新，主张

[1] 英敛之．大公报序．大公报，1902－06－17.

君主立宪，反对封建专制、黑暗吏治和国外侵略。该报重视言论工作，以“敢言”名于时，深受读者爱重，创刊初期日销量曾一度达到 5 000 份。1916 年 9 月后，英华退出，转归王郅隆经营，因与北洋政府中的安福系有牵连，并有一定亲日倾向，销数大落，到 1920 年每天只印几十份，1925 年 11 月 27 日停刊。1926 年 6 月，该报被新记公司接办，改弦更张，开始成为在中国现代史上影响较大的一家日报。

《时报》是戊戌政变后以康、梁为首的保皇派在国内创办的第一份报纸，1904 年 6 月 12 日创刊于上海。保皇派十分重视国内这个舆论阵地，先后投资 20 万元。梁启超在该报酝酿期间，曾一度从海外秘密返沪，参与该报的筹办工作，并明确宣布：“吾办此报，非为革新舆论，乃欲革新代表舆论之报界。”发刊词与体例也都出于梁氏之手。初办时刊登的论说，大都由梁从日本横滨寄来。梁离沪后，《时报》的报务由狄葆贤主持。

狄葆贤（1873—1941），字楚青，号平子，江苏溧阳人，早年受康有为影响，支持维新运动，戊戌政变后流亡日本，加入保皇会。1900 年，狄回国参加自立军勤王活动，事败，再次东渡。1904 年，他奉康有为之命到上海筹办《时报》，主持该报工作 17 年之久，1941 年病逝于上海。

早期的《时报》，曾是康、梁在国内的重要言论阵地，也是一家在评论、编辑等各项业务上勇于创新的报纸。它在评论和编辑业务上曾作过以下一些尝试：第一，将梁启超在《新民丛报》上创造的时事短评这种新的评论文体移植于日报，先后在各版开设了“时评一”“时评二”“时评三”等栏目，配合当天重大新闻，发表时事短评，使评论和新闻报道紧密结合。第二，设立“北京特约通信”专栏，聘黄远生任驻京记者，为该报撰写新闻通讯。第三，设置教育、实业、妇女、儿童、英文、图画、文艺七种周刊专版，聘请专家担任主编，以一周为期，轮流在报上刊出。第四，采用 1 号至 6 号铅字排版，新闻标题和新闻、评论中的重点，“皆加圈点以为识别”，版面编排“务求醒目”。第五，改变书本式的旧的版面模式，为对开全张式的版面模式，对编排、栏目、标题、字体等都有所改进。《时报》的这些业务上的改革让读者耳目一新，深受他们的欢迎，也相继为各报所效法。

1908 年以后，《时报》与康、梁的关系逐渐疏远，但仍与立宪派人士保持密切联系。辛亥革命后，该报转为狄葆贤独资经营，言论稍稍倾向于进步党。其后政治色彩渐趋淡薄，但在报业经营管理方面仍有不少创获。

《时事新报》，由《时事报》（1907 年 12 月 9 日创刊）、《舆论日报》（1908 年 2 月 29 日创刊）和日商《同文沪报》三报合并而成。在 1911 年 5 月 18 日售与黄溯初、张公度、张东荪等人后改名为《时事新报》，汪诒年任经理，主笔汪剑秋，日出对开四大张。

辛亥革命前，该报与梁启超等有密切联系。中华民国成立后，由共和党接办，后来成为进步党的喉舌。

1906 年 9 月，慈禧宣布“预备立宪”，康、梁等保皇派人士认为自己多年呼吁的政治改革终于为统治者所接受，康有为立即宣布将保皇会改组为国民宪政会，后更名为帝国宪政会，要求所属报刊全力鼓吹君主立宪。国内外支持君主立宪的官绅们也纷纷创办报刊，宣传立宪思想。在光绪宣布的“大权统于朝廷，庶政公诸舆论”的上谕的鼓舞下，支持立宪的报刊数量大增。1906 年中国国内新创办的报刊数量首次超过了 100 种，到

1911 年全国报刊的总数达到 200 多种。新创办的报刊中，近半数以上是支持立宪派的人士创办的。其中主要的有《政论》《国风报》《预备立宪公会报》《国民公报》等。

《政论》月刊，1907 年 10 月创刊，是梁启超在日本组建的政闻社的机关报，蒋智由主编。第 1 期在东京出版后，即随政闻社总部一起迁至上海。该刊明确宣布以“实行国会制度，建设责任政府”为目标，鼓吹立宪。清政府对这项活动并不支持，1908 年 3 月勾结租界当局，以“纠结党羽，化名研究时务，阴谋煽乱，扰害治安”的罪名查封了政闻社，《政论》随之停刊，共出版了 7 期。

《国风报》旬刊，1910 年 2 月由梁启超等在上海创办，半数以上的稿件出自梁启超之手，每期稿件均由他在日本编定后寄往上海印刷发行。该报以“忠告政府，指导国民，灌输世界之知识，造成健全之舆论”为宗旨，曾就实施宪政所涉及的国会、宪法、内阁、官制、财政、实业、外交等问题，积极为清廷出谋献策，同时对全国各地的宪政派进行理论上的指导。1911 年武昌起义前停刊，共出 53 期。

《国民公报》，1910 年 7 月立宪运动进入高潮后由梁启超的密友徐佛苏在北京创办，借以联络各省立宪派人士，指导各地的立宪运动。主要撰稿人仍为梁启超，他平均每三四日即寄文一篇，以“畅论国民应急谋政治革命之理由”。

《预备立宪公会报》，1908 年 2 月创刊于上海，半月刊，上海预备立宪公会机关报。该会由江、浙、闽资产阶级上层人物张謇、郑孝胥、汤寿潜等人创办，在革命立宪运动中占有举足轻重的地位。主编和编者大都是日本政法大学毕业生，以介绍宪政知识为主，并经常对有关立宪的一些理论和实际问题展开讨论。

立宪派报刊的言论走向，与当时清廷对立宪的态度有密切关系。开始的一个阶段，对清廷预备立宪的宣示寄予厚望。后来，随着一次次要求行宪的请愿失败，这些报刊开始失望，批评的言论渐趋激烈，报刊上开始出现了大量指摘和抨击政府行宪不力的文章，有的文章直斥清廷为“麻木不仁的政府”“祸国殃民之政府”，谴责清廷借立宪之名，行专制之实；并大量刊载宣传议会制度和地方自治的文章，以提高国民对君主立宪政治的认识和了解。

三、资产阶级革命派报刊的进一步活跃

八国联军的入侵和《辛丑条约》的签订，给中国带来了更为深重的灾难，也促进了民主革命运动的发展。革命宣传开始由海外逐步转移到国内。上海租界地区，由于有治外法权的保护，为清廷力所不及，开始成为革命党人进行革命宣传的重要基地。《苏报》激烈的革命宣传和 1902 年震惊中外的“苏报案”，就是在这一背景下发生的。随着 1905 年中国同盟会的成立，资产阶级革命派在国内的宣传活动更为活跃，在上海和上海以外的武汉、广州等地，陆续涌现出了一批宣传革命的报刊。

《苏报》创刊于 1896 年 6 月 26 日，创办人为胡璋，以其日本妻子生驹悦的名义在日本驻上海总领事馆注册，用“日商”名义发行。1898 年冬，因“营业不利”转让给了被罢官后蛰居上海的陈范。陈范曾任江西铅山知县，因处理教案不力被革职，后移居上海，“愤官场之腐败，思以清议救天下”，思想上倾向于变法。那时正值戊戌政变，陈范的哥

哥陈鼎“以戊戌变党事获罪，被判永久监禁”，陈范自己也对康、梁深表同情。在当时上海的几家中文日报中，《苏报》的资本、规模都是最小的，发行量也不大。但因坚持维新、改革的立场，仍然受到流亡海外的维新党人的推重。梁启超曾在《清议报》第100期发表的长文中，称赞它和《中外日报》《同文沪报》“皆日报佼佼者，屹立于惊涛骇浪狂毒雾之中，难矣，诚可贵矣!”①

当康、梁转向保皇之后，陈范渐渐转向革命。1902年，蔡元培等人在上海成立中国教育会、爱国学社，并以爱国学社为基地，聚集起一批有志革命的青年。陈范与他们频繁接触，并在经济上资助爱国学社，该校师生也每天轮流为《苏报》撰写论说。章太炎、蔡元培、吴稚晖、黄宗仰、张继等都曾为《苏报》撰稿。这年冬天，上海、南京、杭州等地学潮不断，《苏报》开辟“学界风潮”专栏，连续报道各地学潮的消息，支持上海南洋公学、南京陆师学堂学生反对学校当局干涉言论自由引发的退学风潮，实际上成了当时上海资产阶级革命党人的言论机关。1903年5月章士钊出任《苏报》主笔，在他的主持下，《苏报》明确提出了“第一排满，第二排康”的办报方针，决心“扔出一束手榴弹轰开局面，报馆被封在所不惜”。自6月1日起，《苏报》宣布“本报大改良”，增辟和加强“舆论商榷”“时事要闻”等栏目。随后，又极力向读者推荐邹容所写的宣传革命的小册子《革命军》，发表章士钊的论说《读〈革命军〉》、章太炎写的《康有为与觉罗君之关系》等文，驳斥康有为“只可行立宪，不可行革命”的主张，并以轻蔑的口吻直呼光绪皇帝为“载湉小丑”，说他和慈禧太后都是“汉族公仇”，彰显了这家报纸强烈的革命倾向。

《苏报》的上述革命言论，为清政府所不容。6月30日，清政府经与上海领事团多次密谋，决定由上海租界工部局发出拘票，对陈范、章太炎、邹容等7人实行拘捕，当日章太炎等被捕，邹容闻讯后于翌日自动投案。清政府不惜以出卖沪宁铁路筑路权为交换条件，要求将章、邹交给清廷审判，但遭到了租界当局的拒绝。7月15日，上海租界会审公廨开始会审“苏报案”，一场以清政府为原告，以章、邹等为被告的特殊审讯开始了。审讯初期，清政府要求判处章、邹死刑，又遭拒绝。经过几次审理，1904年5月1日会审公廨作出判决：章太炎监禁3年，邹容监禁2年，《苏报》永远停刊。这就是中国近代史和中国新闻史上著名的“苏报案”。

在“苏报案”中，清政府在中国领土上同自己的臣民打官司，却要由租界当局来审判，在国际上颜面扫地。而章、邹在审讯过程中慷慨陈词，把法庭变成宣传革命的讲坛。在每次审讯完毕押解回捕房的路上，章太炎在马车上口诵“风吹枷锁满城香，街市争看员外郎”的诗句，彰显了他对敌人的藐视和无所畏惧的革命精神。章太炎入狱后，针对上海《新闻报》对他和对民主革命事业的诋毁与诬蔑，于7月6日在《苏报》上发表《狱中答新闻报记者书》，进一步表达了革命的决心，有“天命方新，来复不远。请看五十年后，铜像巍巍立于云表者，为我为尔，坐以待之，无多聒聒可也”等语，表现了革命者的崇高气节和英雄气概，赢得了人民群众和社会舆论的同情。

章太炎（1869—1936），名炳麟，字枚叔，后改名绛，号太炎，浙江余杭人，清末民

① 马光仁．上海新闻史：1850—1949. 上海：复旦大学出版社，1996：231.

初民主革命家、思想家、学者、报刊活动家。1897年任《时务报》撰述，曾因参与维新运动被通缉，流亡日本。1900年，他剪辫发，立志革命。1903年因“苏报案”被囚，1906年出狱后，他被迎至日本，参加同盟会，主编同盟会机关报《民报》，与改良派展开论战。上海光复后回国，他曾主编《大共和日报》，并任孙中山总统府枢密顾问。晚年在苏州设章氏国学讲习会，以讲学为业。平生著述刊入《章氏丛书》《续编》及《章氏丛书三编》。

“苏报案”发生后，上海的革命报刊宣传并没有停止。章士钊、蔡元培等继续创办了《国民日日报》《俄事警闻》《中国白话报》《二十世纪大舞台》等报刊，进行革命宣传。

《国民日日报》，“苏报案”后的第一份革命派报刊，1903年8月7日在上海创刊，由章士钊主编，参与编撰工作的有张继、陈去病、刘师培、陈独秀、苏曼殊等。该报比较注意斗争策略，聘请英国人在英国领事馆注册，宣传上不作“爆炸性之一击”，但并不讳言其革命立场。在“苏报案”的审讯过程中，该报对章太炎、邹容在法庭上的斗争给予声援。对清廷制造的迫害新闻工作者的“沈荩案”，作了及时详尽的报道。沈荩，湖南人，多次参加反清活动。1903年他在北京担任新闻记者时，因探得中俄签订密约信息，及时在外报刊出，引发全国各界和留日学生反对密约的斗争，被清廷逮捕，判斩立决。因值慈禧“万寿庆典”，又改判“立毙杖下”。行刑时他被狱吏杖至二百余下，“血肉飞裂，犹未致死”，最后用绳“勒之而死”，死状极为惨烈，史称“沈荩案”。《国民日日报》的以上报道和有关革命的宣传，受到两江总督魏光焘的注意，曾颁发《通饬禁阅国民日日报令》严行查禁，但并无效果，反而促使该报销量大增。《国民日日报》后因内部意见分歧于1903年12月3日停刊。

《俄事警闻》，1903年12月15日在上海创刊，参与编撰工作的有蔡元培、林白水、江允宗、刘师培、陈去病、柳亚子等，1904年2月26日更名为《警钟日报》继续出版。该报将拒俄宣传与反清宣传紧密结合起来，大力抨击清政府的腐败无能和卖国政策。1905年春，其因揭露德国企图侵占山东半岛的阴谋，被上海道勾结租界当局以“任意毁谤，淆惑人心”的罪名查封。

上海之外，这一时期的江浙、四川、湖南、安徽、河北等地，也出现了一批有革命倾向的报刊，如杭州的《杭州白话报》、芜湖的《安徽俗话报》等。这些报刊大部分是一两个倾向革命的青年知识分子自发创办起来的，言论的激烈程度远不如上海租界出版的那些报刊，但大部分还是难以逃脱被迫害的命运。如1904年10月17日在重庆创办的革命报纸《重庆日报》，就由于敢于抨击清廷腐败和鼓吹民主革命，受到地方当局的迫害。1905年6月1日，该报发行人卞小吾被诱捕至巴县衙门软禁，《重庆日报》被迫停刊。6月12日，卞小吾在狱中被乱刀捅死，遗体各部有刀伤23处，成为清末报纸发行人被公开杀戮的第一人。

总体上说，1905年前，革命派在国内的报刊宣传有所开展，但还不够普遍。比较活跃的只是个别地区和个别报刊。地区主要在上海租界。报刊则有相当一部分是白话报刊或通俗报刊，显示出办报者对下层民众的关注。1905年后，国内的革命派报刊活动出现了新的高潮。上海和武汉成为这一时期革命党人的两大重要办报基地。

上海经济发达，水陆交通方便，印刷条件先进，又有外国租界可以作为庇护，因此成为革命派在国内办报的首选之地。自 1905 年到 1911 年，革命派在上海创办了 16 家报刊，其中比较著名的有《中国女报》《神州日报》和“竖三民”报。

《中国女报》创刊于 1907 年 1 月，主编秋瑾。秋瑾（1877—1907），著名女革命家，笔名竞雄、鉴湖女侠，绍兴人。她于 1904 年到日本留学，加入光复会等革命团体，1904 年曾在东京创办妇女革命刊物《白话》月刊，1905 年同盟会成立后被推举为评议部部长和浙江省主盟人。她于 1906 年回国筹划起义，1907 年办《中国女报》，该报以妇女为主要读者对象，以争女权、争独立、争解放为宗旨，出版了两期即因秋瑾被捕就义停刊。

其后，于右任主办的《神州日报》和“竖三民”报在 1907 年后于上海相继问世。于右任（1878—1964），名伯循，陕西三原人，年轻时中过举，因发表“爱自由如发妻，换太平以颈血”等诗句，被官府通缉。他于 1906 年东渡日本，加入中国同盟会，翌年 4 月回上海从事革命办报活动。《神州日报》是于右任创办的第一家报纸，也是革命派在国内创办的第一家大型日报，1907 年 4 月 2 日在上海创刊，创刊时日出 4 大张 16 版，第 4 天改为 3 大张 12 版。报名“神州”，是为了“唤起中华民族之祖国思想，激发潜伏之民族意识”。该报在“有闻必录”的掩护下，详细报道了秋瑾烈士遇害的经过和各地武装起义的消息，揭发贪官污吏的罪行，披露列强觊觎我国蒙藏边疆和东北地区的阴谋，很受读者欢迎，日发行量过万。创刊 80 天后报馆遭火灾，于右任无力恢复而退出，由杨毓麟等接办。

离开《神州日报》后，于右任继续筹款办报，1909 年 5 月 15 日在上海公共租界创办《民呼日报》，自任社长，报名取“大声疾呼，为民请命”之意，革命色彩较《神州日报》时更为鲜明。其内容分为言论、纪事、丛录三部分，除宣传同盟会的纲领和介绍西方社会政治学说外，以大量篇幅揭露贪官污吏的罪行。当时甘肃一带发生灾荒，该报将官吏侵吞救灾赈款的情况披露报端，并为救助西北灾民发起赈灾捐款活动，引起陕甘代理总督毛庆蕃的嫉恨，毛串通上海道和租界当局，反诬于右任贪污赈款，8 月 2 日拘捕于右任，报纸在 8 月 14 日被迫关闭，9 月 8 日于右任被判“逐出租界”。

于右任出狱后，利用原来的机器设备，1909 年 10 月 3 日又在上海法租界创办起《民吁日报》。“民吁”二字有三层含义：一是“呼”字去掉两点便成“吁”，表示即使被挖掉两只眼睛仍然要反映人民疾苦；二是“吁”字由“于”字加“口”字组成，表示出自于右任之口；三是不准“大声疾呼”，暂且“长吁短叹”罢。《民吁日报》创刊不久，日本前首相伊藤博文到我国东北进行阴谋活动，该报连续发表《伊藤怪物之行踪》《满洲风云日急》等文章，揭露日本政府企图夺取满洲铁路筑路权并进而控制我国东北的阴谋。伊藤博文在哈尔滨车站被朝鲜爱国志士安重根刺死，该报又发表文章赞扬安的英勇行为，说伊藤之死罪有应得。于是日本政府恼羞成怒，11 月初日本驻沪总领事向上海道蔡乃煌施加压力，以“任意臆测，煽惑破坏，幸灾乐祸，有碍中日两国邦交”为辞，要求惩处该报，致使该报只出版了 48 天就被查封，并被勒令“永远停止出版”，“机器不准作印刷报纸之用”。

《民吁日报》停刊后，经过一年的艰苦筹办，1910 年 10 月 11 日，于右任又创办起《民立报》。该报创刊之初，言论还较为温和，随着革命形势的发展而日趋激烈，称清朝官吏为“民贼”，设立专门刊登贪官污吏罪行的“民贼小传”专栏，痛斥清政府为“倒行逆施之政府”，公开支持四川的保路风潮，详细报道革命党起义诸役的情况，公开预言“民党”即将“战胜政府”。该报编辑力量雄厚，宋教仁、范鸿仙、景耀月、陈其美、章士钊、叶楚伧、张季鸾、吕志伊、马君武等报界精英均曾担任过编撰工作。其中宋教仁用“渔父”“桃园渔父”等笔名发表的政论，深受读者欢迎。该报日销两万多份，为当时发行量最大的一家日报。1911 年 7 月，成为上海同盟会总部的机关报和联络机关。由于《民呼日报》《民吁日报》和《民立报》都是于右任创办的，报名都用“民”字打头，报头竖排，创办时间又互相衔接，史称“竖三民”。

武汉是武昌起义前革命派报刊活动的又一个中心，自 1905 年到 1911 年武昌起义，在当时出版的革命党人创办或被革命党掌握的报刊有十多家之多，其中比较重要的有《楚报》《商务报》和《大江报》。

《楚报》创刊于 1905 年，是武汉地区最早出现的一份具有革命倾向的报纸，由张汉杰和陆费逵主持笔政。是年冬，该报将湖广总督张之洞向外商借款修铁路所签的草约全文发表，并加按语斥之为“丧权辱国”。张之洞以“鼓吹革命”的罪名勾结英租界将报馆查封，张汉杰被判入狱。

《商务报》创刊于 1909 年 10 月 8 日，原是一家商业报纸，不久辍业，被日知会会员宛思演盘进，更名为《商务日报》，改组为群治学社的机关报，由群治学社成员詹大悲任总编辑。群治学社以报馆为秘密联络点，并储存枪支弹药准备起事。后事泄，湖广总督函请租界当局将报馆查封。

《大江报》的前身是创刊于 1911 年 1 月 3 日的《大江白话报》，该报因 1911 年 1 月报道汉口英巡捕打死人力车夫及英水手毙伤群众多人事件，受到当局威胁，创办人胡为霖收回投资，由詹大悲接办并自任总经理兼总编辑，不久成为革命团体文学社的机关报。《大江报》注意向新军士兵和下级军官宣传，用大量篇幅反映新军士兵的疾苦，维护他们的利益，在新军中宣传革命思想。在《大江报》的宣传影响下，许多士兵参加了当地的革命团体。

1911 年 7 月 17 日该报发表何海鸣撰写的时评《亡中国者和平也》，7 月 26 日又发表黄侃撰写、署名“奇谈”的评论《大乱者救中国之妙药也》。这两篇短文，指出中国社会已病入膏肓，非有极大之震动，极烈之改革，不能救中国，认为只有“大乱”（即革命）才是拯救中国的唯一途径。文章发表后，湖广总督瑞澂极为震怒，立即以“淆乱政体，扰乱治安”的罪名，派军警于 8 月 1 日查封大江报馆，逮捕詹大悲，何海鸣闻讯后自动投案。《大江报》事件发生后，一时舆论哗然，纷纷指责湖广总督摧残言论的暴行，汉口各革命团体和报界公会集会抗议，许多新军士兵来到报馆表示声援。瑞澂拟对詹、何处以重刑，但慑于民愤，不得不从轻判处詹、何二人 18 个月徒刑，史称“大江报案”。

除上海、武汉外，这一时期的革命党人还在国内其他地区创办了不少鼓吹革命的报刊。在广州，革命派先后出版的报刊有 18 种左右，均为同盟会会员自由结合集资创办，不具备机关报性质。其中《时事画报》创刊于 1905 年 9 月，是革命派创办的第一份画报。《可报》创刊于 1911 年 3 月 30 日，后因报道温生才刺杀广州将军孚琦事件被当局查封。在香港，革命派出版的报刊有 13 种，其中编辑力量最强、影响最大的是老牌革命报刊《中国日报》。该报于 1905 年 10 月同盟会香港分会成立后成为该会机关报，1906 年秋同盟会南方支部建立后又成为该支部机关报，冯自由、谢英伯和卢信等先后担任社长兼总编辑。《中国日报》不仅是同盟会的言论机关，而且还是革命党人策划起义、筹集经费、储运军火、联络同志的场所，被誉为“革命军之总枢纽”。在北京，最早出现的是《帝国日报》(1909年12月创办)，接着是《国风日报》(1911年2月8日创刊)。在天津，革命党人相继创办了《忠言报》《北方日报》《克复学报》《民国报》《民意报》等报刊。在河北，1905年在保定出版了《直隶白话报》。在新疆，革命派主办的《伊犁白话报》用汉、满、蒙、维四种文字出版，是我国最早用少数民族文字出版的报刊。全国各地普遍创办的革命派报刊，在全国各地进行革命宣传。

四、新式官报的出版与新闻出版法规的制颁

受近代化报刊发展的影响，中国古代的旧式官报在戊戌维新前后逐渐向新式官报转变。其发展过程，可以分为两个阶段。

第一阶段从1896年到1902年，为新式官报的萌芽时期。这一时期出版的有代表性的新式官报是1896年官书局主办的《官书局报》《官书局汇报》。清末最早由官方创办的报刊，是江南制造局出版的《西国近事汇编》和上海道台用公款创办的《新报》，但它们并没有用官府的名义。稍后出版的影响较大的是《江南商务报》，这是江南商务总局的机关报，线装书式，内容多为省内和国外的商业行情，还有该局收发的文牍以及外报的摘译、商务知识等。由江宁布政使及苏、皖、赣三省布政使札发各县派销，期发约2 000份，虽然没有用官方的名义，但已经出现了官方报刊的管理特点和发展趋势。1896年的《官书局报》和《官书局汇报》是最早以官方的名义编发的。它们从形式到内容都和报房京报类似，不同的是增加了路透社电讯等新闻和外国新事新艺的译文。这种报刊一无自采新闻，二无言论评说，三不代表政府发布命令和文告，所以还不是严格意义上的官报。戊戌政变后，这些报刊都停办了。

第二阶段从1902年《北洋官报》的诞生到1911年，是近代新式官报的大发展时期。据统计，这一时期共出版官报111种，其中有不少属于行省以上级别的官报。在这一时期创办的近千种报刊中，新式官报占有较大的比例。[①] 其中，最有代表性的是1902年12月25日创刊的《北洋官报》。这家官报是时任直隶总督的袁世凯在天津创办的，初为双日刊，1906年改为日刊，每期铅印一册，内容首为圣训、上谕，次为本省政、学、军事事务，次为时务、农、工、商、军等知识，次为教案、交涉，最后是各省、各国新闻，还刊发广告性的公私告白。它的创刊，标志着中国官报的发展进入了新的时期。它的内容和体例，也被沿用下来，成为一种模式，为其他同类型的新式官报所模仿。1907年10月26日创办的《政治官报》则是我国历史上第一份由中枢部门直接创办的新式政府机关报。继承它的是1911年8月24日创刊的《内阁官报》。后一家官报虽然寿命不长，但被赋予公布正式法令、公文的功能，从而具有更高的权威和地位。

新式官报的内容、管理体制及其法定地位的确立有一个历史过程，是从《北洋官报》

---

① 李斯颐．清末10年官报活动概貌．新闻研究资料，1991（3）.

到《政治官报》再到《内阁官报》逐步确立起来的。早期的新式官报，内容较为驳杂，除发布政令外，还兼有开民智之类的内容。如《北洋官报》的宗旨为“以宣德通情启发民智为要义”[①]。《商务官报》的宗旨是“（一）发表商部之方针；（二）启发商民之智识；（三）提倡商业之前途；（四）调查中外之商务”[②]。从宗旨中可以看出内容也是综合性的，其对“商部之方针”的发表，只是官报内容的一个组成部分，并没有法律上的效力。

《政治官报》是我国历史上第一份中枢部门直接创办和公开出版发行的政府机关报。其章程规定：“本报专载国家政治文牍……凡有政治文牍，无不详慎登载。”所刊的内容有谕旨批折、电报奏咨、奏折、咨札、法制章程、条约合同、报告示谕、外事（外国通讯社消息归此类）、广告等，已经很有现代官报的特点，但还有新闻、评论等内容，还没有赋予它有别于其他非政府类报刊更高的地位。后此出版的官报，开始有所变化。如 1911 年 5 月 10 日创刊的《两广官报》就明确指出，“本报只登载官文书，不述新闻，不撰论说，亦不转载别报论说，刊录诗词及无关政事文件，以符合官报名义”[③]，表明这份官报正在努力使自己成为功能单一明确的政府官报。

一份研究显示，清末官报的主要内容中，公文类占 34.07%，章奏占 23.03%，新知、实业占 18.09%，新闻占 10.88%（条数 17.53），论说占 8.72%，谕、抄占 6.27%，艺文占 3.49%，广告占 1.58%。[④] 公文和奏章占 57.1%，其余的都是非政府文件类信息，显示出中国官报过渡时期的特点，即在内容上以发布政府文件为主，但未取得法定地位，不是发布法令法规的权威机构。不过它们离现代官报只有一步之遥了。

1911 年 8 月 24 日《内阁官报》取代《政治官报》公开出版，并宣称：“内阁官报为公布法律命令之机关，凡谕旨、奏章及颁行全国之法令，统由内阁官报刊布。”“凡京师各衙门通行京外文书，均由内阁官报刊布，各衙门毋庸再以文书布告……”“凡法令除专条别定施行期限外，京师以刊登内阁官报之日始，各行省以内阁官报递到之日起，即生一体遵守之效力……”“凡未经内阁官报刊布之章程奏折，有在商办报章登载者，不得援据。”[⑤] 以上四条，确立了它的权威性和它在公布政府政令方面的法律地位，体现了代官报的本质特征，即它是正式刊登国家法令、公文的法定媒体，所刊发的法令条例具有“一体遵守之效力”。因此，可以说，正式意义上的中国现代官报是从《内阁官报》开始的，尽管这份官报的寿命极短。

清廷宣布实行“预备立宪”后，中枢部门制颁法律的活动加速，新闻立法工作也正式起步。自 1906 年至 1911 年的 5 年时间内，清政府有关部门先后制定了一大批专门适用于新闻事业的或与新闻事业有关的或含有调整与规范新闻事业条款的法律与法令。其中专门适用于新闻事业的法律主要有《大清印刷物件专律》《报章应守规则》《报馆暂行条规》《大清报律》（后修订为《钦定报律》）等，含有调整与规范新闻事业的条款及与新闻事业有关的法律则主要有《钦定宪法大纲》《违警律》《清新刑律》《电报总局传递新闻

① 戈公振．中国报学史．北京：中国新闻出版社，1985：48.
② 同①49.
③ 沈云龙．近代中国史料丛刊三编：第 50 辑　两广官报．台北：文海出版社，1980.
④ 李斯颐．晚清的官报．世纪中国，2006（3）.
⑤ 同①44－46.

电报减收半价章程十条》《重订收发电报办法及减价章程》《著作权章程》等。

《大清印刷物件专律》，1906 年 7 月颁布，分为大纲、印刷人、记载物件、毁谤、教唆、时限等 6 章共 41 条，对包括报刊在内的印刷物的注册登记、印刷物的禁载事项、毁谤与教唆以及违律行为的惩罚等作了明确的规定。

《大清报律》是中国最早的新闻出版法，1908 年 1 月制定公布，共 42 条，1910 年修订，增为 45 条。其内容较之前的《大清印刷物专律》更为详细、严格和完善，增加了保押金制度和事先审查制度，规定发行人应交纳 250～500 元的保押金，每天发行的报纸应在发行前一天 12 点以前送有关部门查核，按律办理等内容。

清末新闻法律制度的特点有如下三条：

其一，资本主义的形式，封建主义的内容。清末颁行的新闻法规，在形式上照抄照搬西方特别是日本的新闻法规，因而根据这些新闻法规建立起来的新闻法律制度，带有十分浓厚的近代资产阶级法制的色彩。但是，清廷之所以将新闻立法工作提上议事日程，其目的则完全是钳制日益发展的新闻事业及其宣传报道活动，执法者仍然是满脑子“人治”观念的封建旧官吏，因而在实际执法过程中往往以当权者的意志为依归，并不依法办事。

其二，无法取信于民，缺乏执法的体制保证。清末的新闻法制，是在清王朝覆灭前夕逐步建成的。当时，推翻清王朝封建专制统治的资产阶级民族民主革命思想已深入人心，清王朝推出的任何挽救颓局的举措都遭到反对。新颁的新闻法规，往往刚出台就遭到新闻界和举国上下的强烈抵制。号令不行，形同虚文。

其三，无权制裁在华外报。由于历史的原因，中国新闻事业的重心大多在西方列强执掌行政和司法权力的租界地区，一些有影响的重要报刊也大多在那里出版，清王朝制定与颁行的新闻法规在这些地区内不起作用。在清廷统治地区内出版的外国人主办的报刊，或挂外商旗号的报刊，也因有“治外法权”的庇护而可以拒不守法，这客观上造成了清政府新闻执法上的困难。

慈禧实行新政之后的十年间，中国的各类报刊齐头并进，各有进展。表现如下：(1) 商业报纸发展加快，形成了一批较有规模、注重经营、比较成形的商业报纸，如上海的《申报》《新闻报》。(2) 涌现了一批以西方的新闻业为榜样，既重视经营，也重视社会效益的民办报纸，如上海的《中外日报》和北京的《京话日报》。(3) 支持维新变法的一些知识分子借“新政”开张、“言禁”稍弛的机会，重新恢复了办报活动。创办了以天津《大公报》、上海《东方杂志》为代表的一批有影响的报刊。(4) 革命派在国内的办报活动开始崭露头角。一些明显倾向革命的报刊在上海、武汉等一些革命党人比较活跃的城市开始出现。由于清政府和外国租界当局的干涉，这些报刊大多受到压制，旋起旋灭，但这些报刊不为所动，常常前赴后继，越战越勇，产生了很多彪炳史册反压制的事件，如“苏报案”“大江报案”等。1905 年是一个分水岭，1905 年以前革命派的报刊活动只是吹皱一池春水，而此后则渐成燎原之势。(5) 立宪派报刊有了较大的发展。1906 年清政府宣布“预备立宪”之后，立宪派报刊如雨后春笋般在中国大地上出现，但随着立宪的破灭，这些报刊也纷纷关闭。(6) 新式官报开始兴起，并逐步取代了旧式官报，成为政府的喉舌。这十年间，清政府还尝试制定新闻法，力图用法律来控制和约束新闻事业的发展，但在内容制定和现实执行上均不甚成功。

第三节 新闻思想与新闻业务的发展

资产阶级维新派和革命派在这一时期内均产生了各具特色的新闻思想，其中资产阶级维新派的新闻思想比较成熟。

一、资产阶级各派别的新闻思想

中国资产阶级的新闻思想，早在维新运动时期就已渐成体系，其主流思想是资产阶级维新派的新闻思想，代表人物有康有为、梁启超、严复、谭嗣同等。他们的办报主张较之林则徐、魏源等开始睁眼看世界的开明官员和王韬、郑观应等早期的维新派思想家们，又前进了一步。其中以梁启超的思想最系统和完整。

康有为、严复、谭嗣同等都十分重视报刊在“上下通达”中的作用，并认为报刊是维新变法最重要的武器之一。康有为认为报刊“可通时务”，政府应该“设报达聪”。他认为中国百弊丛生的原因之一是消息闭塞，消除弊病的方法莫如设报以“解蔽达聪”；不但要在“直省要郡开设报馆，州县乡镇亦令续开”，这样才能使“民隐咸达，官慝皆知”。他还认为，“今日要事，在知敌情”，因此主张广泛订阅外报，使“百僚咸通悉敌情，皇上可周知四海”。百日维新期间，康有为总结了维新派三年来的办报经验，把报刊的作用归纳为匡不逮、达民隐、鉴敌情、知新政四个方面。严复也认为报刊的功能在于“通上下之情，通中外之故”，但他强调“尤以通外情为要务”。严复认为，如果一个国家是与外界隔绝的“自立之国”，当然“以通下情为要议”，但当时的中国已经是“与各国并立之国”，因此应该“以通外情为急”。谭嗣同的新闻思想更多体现出民主主义意识，他在《湘报后叙》中认为，报纸一要“求新”，成为“助新之具”；二要反映人民的声音，“报纸，即民史也”。他说：“彼夫二十四家之撰述……要不过一姓之谱牒焉耳。”“不有报纸以彰民史，其将长此汶汶暗暗以穷天，而终古为喑哑之民乎！”① 谭嗣同的办报主张已经比康、严等人更为进步。

梁启超的新闻思想在维新派新闻思想中最为典型，是维新派新闻思想的集大成者。他的新闻思想有一个发展过程，大体上可分为三个时期，前两个时期的思想可以视作改良派资产阶级新闻思想的典范和集大成者。

第一个时期为戊戌变法时期。其思想主要集中在1896年梁启超在《时务报》第1册上发表的《论报馆有益国事》一文中。在文中，他把报刊比作耳目喉舌，指出其功能是“去塞求通”。梁启超认为一个国家的强与弱，取决于国情的通与塞。所谓“通”包括通上下和通中外两个方面。他指出，“中国受侮数十年”，就是因为上下不通，内外不通。要改变这种状况，开设报馆是最好的办法。同时，梁启超对怎样才能发挥“去塞求通”的作用，还提出四条要求：“广译五洲近事”“详录各省新政”“博搜交涉要案”和“旁载政治学艺要书”。只有这样，国家才能“风气渐开，百废渐举，国体渐立，人才渐出”。

---

① 蔡尚思，方行．谭嗣同全集：下册．北京：中华书局，1981：416-419.

梁启超早期的办报主张，表达了维新派要求学习借鉴西方、从政治经济各个方面迅速改变国家落后面貌的爱国热情。

第二个时期为1899年到1911年。变法运动失败后，康、梁等流亡海外，接触了更多西方资产阶级的社会政治学说和新闻理论，梁启超在总结前人和自己办报经验的基础上，汲取了西方资产阶级的新闻理论，形成了以下比较系统的新闻思想。

一是报纸的功能。他提出报纸具有“监督政府”和“向导国民”的“两大天职”。1902年梁启超在《敬告同业诸君》（载《新民丛报》第17期）一文中说：“某以为报馆有两大天职：一曰对于政府而为其监督者，二曰对于国民而为其向导者。”他认为，政府没有权力办不成事，但权力过大而又不受监督，就会滥用职权，所以需要作为“国民公意的代表者”的报纸，像父兄对待子弟那样去监督政府，政府才不至于走向腐败。他还认为，“中国所以不振，由于国民公德缺乏，智慧不开”，因此需要报纸“若孝子之事父母，若良师之诱蒙童”那样去向导他们，并提出为何、如何、由谁来监督和向导的问题。

二是办好报纸的四条原则。梁启超在为《清议报》出版第100册而写的《祝辞》中提出了以下的四条办好报纸的标准：（1）“宗旨定而高”；（2）“思想新而正”；（3）“材料富而当”；（4）“报事确而速”。

三是健全舆论的主张。他在《国风报叙例》和《读十月三日上谕感言》等文章中，系统阐述了什么叫舆论、舆论的形成、舆论的力量、舆论的种类、舆论与报刊的关系以及报刊怎样才能造成健全舆论等问题。他说，舆论是一种天地间最大的“社会制裁之力”，报馆则是体现舆论最有力的机关。报刊要造成健全舆论必须具备“五本”：“一曰常识”，要求持论者知道“自然界，社会界之重要现象，其原理、原则”和“本国及世界历史上重大事实，与夫目前陆续发生之问题”。“二曰真诚”，即“以国家利益为鹄，而不以私人利害为鹄”，不“怀挟私计，而欲构煽舆论，利用之以供少数人之刍狗”。“三曰直道”，就是要有“柔而不茹，刚而不吐、不侮鳏寡、不畏强御之精神”。“四曰公心”，不以自己的好恶来判断是非，不要“怀挟党派思想，而于党以外之言论举动，一切深文排挤之”，也不要“自命为祖护国民，而于政府之所设施”一概反对。“五曰节制”，就是要“导之以真理”，不能“拨之以感情”，更不能“迎合佻浅之性，故作偏至之论”。

四是他根据自己的办报经验，提出办刊宣传有两种方法，即浸润的方法和煽动的方法。所谓浸润的方法，就是“旦旦而聒之，月月而浸润之”，使读者耳濡目染、潜移默化，逐渐接受论者的观点；所谓煽动的方法，就是要“故作惊人之语，造极端之词”，使读者猛醒。同时，对具体的新闻业务提出建议，如在论说的写作上，提出“公、要、周、适”四点原则；在新闻的采集和写作上要做到“博、速、确、直、正”。

第三个时期应属中华民国成立后，梁启超政治上更为成熟，新闻思想也产生了一些变化，但相较前期，缺乏系统性。为实现君主立宪之政府，他寄希望于袁世凯，曾致信袁：“善为政者，必暗中为舆论之主，而表面自居舆论之仆，夫是以能有成。今后之中国，非参用开明专制与服从舆论，为道若大相反，然在共和国非居服从舆论之名，不能举开明专制之实。”[1] 他不再提倡作为反清斗士时所推崇的“言论自由”，转而提倡“言

---

① 丁文江，赵丰田．梁启超年谱长编．上海：上海人民出版社，1983：617.

论的社会责任”。1915 年他撰写的《〈京报〉增刊国文祝辞》这样写道：“夫报之所以有益于国人者，谓其持论之能适应乎时势也；谓其能指陈利害，先乎多数人所未及察者而警告之也；谓其能矫正偏颇之俗论，而纳诸轨物也；谓其能补多数人常识所未逮，而为之馈贫粮也；谓其能窥社会心理之微，针对发药，而使之相悦以解也；谓其对于政治上能为公平透亮之批评，使当局者有所严惮也；谓其建一议发一策，能使本国为重于世界，四邻咸知吾国论所在而莫敢余侮也。”显示其新闻为社会和政府服务的倾向。

资产阶级革命派的新闻思想与资产阶级维新派的新闻思想同出一源，均来自西方资产阶级的新闻学说。因此，他们的办报主张不仅在实质上是相同的，在具体表述方面也有许多相似之处。但是，革命派的报人更注意汲取西方新闻学说中反封建的民主主义内涵，因而更具有资产阶级上升时期的革命性和战斗性。在辛亥革命时期，资产阶级革命派的新闻思想逐渐取代资产阶级维新派的新闻思想，成为中国资产阶级新闻思想的主流。

资产阶级革命派的新闻思想主要有以下几点：

第一，高度重视报刊宣传在革命斗争中的作用。以孙中山为首的革命派引进和极力鼓吹西方新闻学著作中流行的一家报馆犹如一支军队、报纸的威力胜过四千毛瑟枪等观点。如秋瑾就把她所办的报纸称为革命队伍中的一个“师团”。郑贯公则在《拒约必须急设机关日报议》（载 1905 年 8 月出版的香港《有所谓报》）一文中宣称：“报纸能宣布公理，激励人心，何异政令？报纸能声罪致讨，以儆效尤，何异裁判定案？报纸能密查侦察，何异侦探暗差？报纸能布其证据，直斥其人，何异警察巡兵？报纸能与人辩诬讼冤，何异律师？报纸能笔战舌战，何异军人？”① 基于这种认识，革命派报刊把揭露清政府的专制腐败、卖国虐民作为其宣传报道的主要内容。辛亥革命胜利后，孙中山曾公开宣称：“革命成功，全仗报界鼓吹之力。”他甚至认为“革命成功极快的方法，宣传要用九成，武力只可用一成”②。

第二，公开承认报纸的党派性，明确提出为革命办报的主张。这一时期，改良派和革命派均承认自己报纸的党派性，自称“党报”，但革命派更坦率，还称之为机关报。他们以俄国社会民主工党的机关报为榜样，自觉利用报刊宣传革命纲领和主张。孙中山在《民报发刊词》中说，革命报刊应把“非常革新之学说，其理想灌输于人心，而化为常识”。胡汉民在《民报之六大主义》（载《民报》第 3 号）一文中也说：“革命报之工作，所以使人知革命也。”

第三，党报要重视舆论的制造和指导。孙中山在《民报发刊词》中提出报纸是“舆论之母”。《民报之六大主义》一文中，胡汉民也提出革命报纸通过言论制造舆论的过程，“若夫革命报之言论……其始也发表少数人之意思，而为舆论所趋附，洎渐造成舆论，则凡主之人之意思，以之为代表，而横靡一世，其效力孰可比耶？”而在制造舆论的过程中，孙中山更强调要“言论一致”，具有“恒心”。

第四，党报重视民意。革命派创办的报纸，大多以“民”字命名，如“民报”“国

---

① 复旦大学新闻系新闻史教研室．中国新闻史文集．上海：上海人民出版社，1987：70.

② 孙中山选集：下卷．北京：人民出版社，1956：491.

民”“民呼”“民吁”“民立”“民声”等。他们甚至认为：“记者据最高之地位，代表国民，国民而亦承认其为代表者。”① 党报应该反映人民意愿、代表平民利益，是“社会公器”和“国民代表”。

除上述几点外，革命派报人还发表了一些鼓吹言论自由、重视开发“民智”等方面的主张，甚至还有主张记者应该“先知先觉”这样的观点。但总的看来，革命派报人的办报主张都比较零散，不像梁启超那样系统性比较强。

二、新闻业务工作的改进

辛亥革命时期，特别是第二次国人办报高潮兴起后，新闻业务得到了前所未有的发展。

第一，报刊的形式，在1902年前后开始由书册式逐步向单张印刷的近代西方报纸靠近，1904年以后采用白报纸两面印刷的对开日报越来越多，如上海《时报》《神州日报》《民呼日报》《民吁日报》《民立报》等全都是对开大报。为了提高新闻的时效性，一些报纸对重大的突发事件开始发行“号外”。一般报纸已兼有新闻、评论、副刊和广告四方面的内容。

第二，在版面的安排上，开始打破“首论说、次上谕或宫门钞，次为各省各埠要闻，次为本埠新闻”的框框。由于电报的普及，新闻专电开始成为报纸的重要内容。专电、论说或重要的消息和通讯都可以上头条。编辑水平也有很大提高，横栏由三栏变成五至七栏，字行缩短，版面也灵活起来。报刊字体不再千篇一律，而是根据内容重要程度使用不同字号字体。栏目设置越来越细致，甚至出现了“答问”“邮筒”“来信”“来书”等与读者加强联系的栏目。新闻标题一改过去那种按地区归类、一文一题和题文同一字号的做法，出现了大字题和主题、眉题、副题等多行题。

第三，重视报刊评论的写作。各报刊均以论说为重，甚至一天的报纸上有数篇论说，而论说的质量也直接关系到报纸的社会影响和声望。一般评论已不像维新运动时期报刊评论那么冗长，评论的形式也日益多样，有“社论”“社说”“时论”“代论”“来论”“时评”和“编者按”等。“时评”这种形式始于《时报》，就当日某一新闻配发短小精悍、鞭辟入里的言论，深受读者欢迎。后各报纷起效法，著名的有《神州日报》的“时事小言”栏，《民呼日报》的“公言”栏等。“编者按”在第二次国人办报高潮期间得到了广泛的运用，然而当时大多为一事一议，置于新闻的后面，用“按”“本馆按”“记者按”“记者曰”等字样开头，然后就新闻中的某一事件进行评论。

第四，新闻的质量开始提升。中国早期的报刊，由于通信手段落后，内容大多以评论和一般文章为主，新闻所占的比重不大。第二次国人办报高潮期间，由于通信设备和印刷技术的改进，加上经济的发展和政局的多变，新闻报道的数量大大增加，大型日报每天刊登的新闻稿一般有20至30条，多者在50条以上。新闻报道的范围相应扩大，开始划分为政治新闻、经济新闻、社会新闻、国际新闻等不同门类，在固定的版面上刊载。

---

① 戈公振．中国报学史．北京：中国新闻出版社，1985：131－132.

新闻报道的体裁也日益增多，既有简明扼要的专电，也有篇幅较长的快讯，既有对某一事件的追踪报道，也有对全局形势的综合分析报道。除消息外，作为新闻新体裁的夹叙夹议的通信也开始在报上出现，当时称为“通信”或“纪事”。为了及时获得新闻，不少报刊还建立起了一支专业与业余结合的记者队伍，有的报刊还在外埠聘请通讯员和“特派访员”。

第五，新闻摄影图片开始被广泛运用。1876 年上海《格致汇编》最早刊登铜版镂刻照片，1901 年《大陆报》和《万国公报》开始刊出影像逼真的铜版印刷的新闻照片。至此，新闻照片作为一种新闻手段开始登上了中国报坛。

第六，这一时期，报纸文艺副刊也有了一定的发展。《中国日报》的《鼓吹录》、《申报》的《自由谈》、《新闻报》的《庄谐丛录》（后改名为《快活林》）等著名的文艺副刊，都是在这一时期诞生的。《申报》的《自由谈》创刊于 1911 年 8 月 24 日，由王钝根主编，初创时其内容多为滑稽小品，如“游戏文章”“海外奇谈”“岂有此理”“博君一粲”等，后不断充实内容，加载文艺作品，与正刊相配合，受到了读者的欢迎。

三、新闻团体的兴起

上海报界早在 1905 年就已经意识到报业联合的重要性。1905 年 3 月 13 日的《时报》曾发表文章，提出组建报业同业组织的主张。[①] 但中国最早的报业同业组织却诞生在天津，这就是 1906 年 7 月 1 日成立的天津报馆俱乐部。上海最早的报业团体是 1909 年成立的上海日报公会，虽然稍晚于天津，但其会章较天津更为完善，组织也更为健全。[②] 近代中国第一个全国性报业组织——中国报界俱进会，也是由上海日报公会发起组成的。北京地区最早的新闻团体则是 1908 年的北京报界公会。清末时期的这些新闻团体，为团结同业，维护自身的利益和抵制当局对言论的压制等，做了一定的努力。

这一时期出现的属于派报人的团体，则有上海的派报业工会。上海派报业有悠久的历史，自清末上海诞生新闻报纸后，派报组织就随之产生。当时称“捷音公所”，成员都是递送报纸的工人，人员众多，颇有声势，但带有一定的封建世袭和行业垄断的性质。

清末为中国报刊比较活跃的时期，各种新闻思想比较活跃，特别是以梁启超为首的维新派知识分子，作为中国政论报刊乃至国人自办报刊的领军者，在办报的实践中逐渐形成系统办报主张，成为维新派新闻思想的集大成者，其中很多思想对现在还有启发意义，对中国新闻理论的发展影响深远。相较而言，革命派报人的办报思想也已萌发，渐成体系，但还处在探索阶段。这个时期新闻团体的出现，成为报刊现代化过程中的重要内容和标志。

---

① 赵建国．近代中国报业同业组织发轫辨析．新闻界，2006（3）.

② 到目前为止，该协会成立的日期依旧在探讨中，比较流行的说法是根据戈公振在《中国报学史》中记载的 1909 年三四月间。另外本章节中部分上海新闻团体的资料参考了上海地方志。

学习思考题

1. 试论述资产阶级各派别在海外创办的主要报刊的基本情况。
2. 试论述资产阶级革命派的主要报人和报刊活动。
3. 简述“苏报案”的基本情况。
4. 试论述 1902 年后中国本土报刊事业的发展状况。
5. 试评析资产阶级各派别的新闻思想。
6. 试介绍辛亥革命时期中国新闻业务的进步情况。

第五章
民国初年的新闻传播事业

民国初年主要是指1912年元旦中华民国成立到1928年前的北洋政府统治时期。这段时间，中国政局混乱、思想活跃、冲突激烈，主要历经孙中山、袁世凯以及袁死后各路北洋军阀执政。这个时期内新闻传播活动发展迅速、新闻与社会各界互动频繁，不同性质的报刊层出不穷，通讯社等新型媒体形态也登上了历史舞台。

第一节　民国初年政党报纸的繁荣

1911年10月10日，武昌新军发动起义，辛亥革命爆发。接着，各地纷起响应，两个月后，全国有14个省宣告独立。1912年1月1日，中华民国政府在南京成立，孙中山就任临时大总统，史称中华民国南京临时政府。民国成立初期，在全国范围内迎来了中国近代史上又一个办报活动的高潮，其中政党报纸繁荣一时。

一、政党报纸大发展的历史背景

民国初年新闻事业大发展的原因主要有以下几点：

第一，旧的禁令的废除。武昌起义后，清政府偏安北方，在南方号令不行，所谓的《大清报律》等法规更是形同虚设，限制办报和束缚办报人手脚的各种禁令大多自行废弛。1912年3月2日，南京临时政府内务部通电全国新闻界宣布："满清行用之报律，军兴以来，未经民国政府明白宣示，自无继续之效力。"[①] 至于前清的《著作权章程》，因其没有同民国国体相抵触的内容，决定在未颁行新的著作权法前暂时援用。

第二，新的自由新闻法律体系在中国的建立。1912年中华民国成立后，以孙中山为首的南京临时政府立即通过立法手段建立起与西方先进国家接轨的自由新闻体制，保障人民的言论出版自由权利。一是将言论出版自由的原则载入国家的根本大法之中，1912年3月11日颁行的《中华民国临时约法》第2章第6条第4款中规定，人民有言论、著作、刊行及集会、结社之自由。第2章第15条规定，人民享有的包括言论、著作、刊行等各项自由权利，只有在"有认为增进公益、维持治安，或非常紧急必要时"，才能"以

① 内务部颁布暂行报律电文．临时政府公报（第30号），1912-03-06.

法律限制之”[1]。3月17日，孙中山发布《大总统通令开放疍户惰民等许其一体享有公权私权文》，认为“天赋人权，胥属平等”，并特申令示：前清法律对疍户（即水上居民）等各类所谓“贱民”的歧视与限制一律取消，所有各个阶层的人均享有国家社会的一切权利，包括选举、参政、言论、出版、集会、信教等自由。二是颁布有利于新闻事业发展的法律、法令，促进新闻事业的繁荣。3月17日，孙中山应上海日报公会之请，下令交通部核减新闻邮电费，以利报业的发展。交通部接到孙中山的命令后，拟决“报界之电费，悉照现时价目减轻四分之一，邮费减轻二分之一”。3月27日，孙中山批准了交通部所拟酌减报界邮电费办法，并要求该部“即令行所属知照”，并同时致电袁世凯转饬北京邮电总局知照。[2]

第三，革命党对新闻自由的保护和推动。在辛亥革命进行中和中华民国成立后，取得胜利的革命党立刻在其所控制的地区，按照言论出版自由的理念，建立起自由新闻体制。各地政权机关都在所颁布的法令和签署的协定中，写有保护言论出版自由之类的条款。11月9日，中华民国湖北军政府颁布《鄂州约法》，明确规定：“人民自由言论著作刊行并集会结社”，只有在“有认为增进公益，维持公安之必要，或非常紧急必要时得以法律限制之”[3]。浙江、四川等军政府则明确规定：政府不许干涉报馆议论，保证人民有言论、著作、刊行及集会、结社的自由。由同盟会会员陈其美担任都督的沪军都督府就非常鼓励办报。有报纸对政府的报道失实，他也只是去函更正，态度平和，不借势压人。他还经常请记者开“谈话会”，听取他们对政策的看法和意见，并倡议组织“报界俱乐部”等。江西军政府及其都督李烈钧也很尊重报界，曾聘请当地革命报纸的主笔任顾问，支持设立“报界俱乐部”，定期与报界接触沟通。即使在一些由立宪派分子和旧官僚掌权的地区，也不得不在表面上尊重新闻界。如大汉四川军政府，即在所颁《独立协定》中规定：“巡警不得干涉报馆。”四川都督府政务处每次开会时，还在旁听席上用红布围出一个女记者室，以便于女记者旁听采访。省内外往来电报，可以发表的，也都油印得清清楚楚，分送报馆。这些对报刊通讯社的创立和新闻事业的发展，都起到了鼓励和保护的作用。

第四，民国“暂行报律”事件的影响。1912年3月2日，南京临时政府内务部次长居正等人，针对《大清报律》废止后报刊出版无章可循的状况，由内务部参事林长民草拟了一个简单的条例《中华民国暂行报律》，同新闻界约法三章：“（一）新闻杂志已出版及今后出版者，其发行及编辑人姓名，须向本部呈明注册，或就近地方高级官厅呈明，咨部注册。兹定自令到之日起，截至阴历四月初一日止，在此限期内，其已出版之新闻杂志各社，须将本社发行及编辑员姓名呈明注册，否则不准其发行。（二）流言煽惑，关于共和国体有破坏弊害者，除停止其出版外，其发行人、编辑人并坐以应得之罪。（三）调查失实，污毁个人名誉者，被污毁人得要求其更正。要求更正而不履行时，经被污毁人提出诉讼时，得酌量科罚。”[4] 但有关电文发至上海的中国报界俱进会后，立即遭到了该

---

① 临时政府公报（第35号），1912-03-11.
② 临时政府公报（第49号），1912-03-27.
③ 陈旭麓．宋教仁集：上册．北京：中华书局，1981：350.
④ 临时政府公报（第30号），1912-03-06.

会和新闻界的一致反对。曾担任《民报》主编在新闻界有重大影响的章太炎，立即撰写《却还内务部所定报律议》一文，表示坚决反对，逐条加以批驳，并指责南京临时政府“钳制舆论”“欲蹈恶政府之覆辙”。对此，孙中山虚怀若谷地接受了新闻界的反对意见。他基于对新闻自由、言论自由的尊重，以及法律文件的制定必须经过参议院，不得违反程序的原则，下令取消了该报律。实际上，内务部作为南京临时政府管理新闻事业的职能部门[①]，颁发临时性的行政管理条例，应该说也在其职权范围之内；而且，在革命成功初期，颁布这样的法令对阻止国内外反对和反动势力通过新闻出版的力量和影响反对革命政权，也具有相当的实际意义。但是，由于其他重要法律均未制颁，率先制定报律，容易引起反感。且“暂行报律”中罪与非罪的界限及量刑的标准含混不清，在实施中易被误解与滥用，确有所不足。宣布撤销，还是很得人心的。“暂行报律”被撤销一事，加深了人们对言论出版自由的认同。

第五，国人与业界对报刊和报人的过高期待和自诩。新创办的报刊，无不以天然的“舆论之母”“舆论的代表”“四万万民众共有之言论机关”自居，极力宣扬在民主制度下，“报馆与国务院、总统府平等对待，其性质与参议院均同为监督公仆之机关”，“共和国之最高势力在舆论”，而新闻记者是“不冠之皇帝，不开庭之最高法官”，应担负起监督政府和指导国民的职责。报刊不仅可以批评官员，甚至可以指名道姓地斥责总统，这与封建社会的强烈反差使一些知识分子或政客过于热衷或迷信创办报刊。

二、新闻业的短暂繁荣与政党报纸的泛滥

上述的种种原因，使得这一时期的各种报刊风起云涌，呈现出前所未有的繁荣景象。据统计，武昌起义后的半年内，全国的报纸由十年前的100多种猛增到近500种，总销售数量达4 200万份，这两个数字都突破了历史的最高纪录。其中，仅1912年2月以后，到北京民政部门登记要求创办的报刊就达到90多种，被称为“报界黄金时代”。

新出版的报刊中有相当一部分是新建立的各级政权机关的机关报，如四川都督府创办的《都督府政报》，云南都督府创办的《云南政治公报》，还有一部分是新成立的各个资产阶级政党所办的机关报，如国民党的《湖南民报》，共和党的《群报》。也有一部分是政治新贵们自己掏钱创办的为个人制造舆论、作鼓吹的报刊，还有一些资产阶级知识分子为追求资产阶级民主，“鼓吹共和”“监督政府”而创办起来的报刊，如章士钊在上海出版的《独立周报》等。此外还创办了一批提倡女权和妇女解放的妇女报刊、研究自然和社会科学的学术性报刊、文艺报刊和一些民族资本家创办的以推销产品为主要目的的商业报刊等。

在这些报刊中，数量最多、发展最快的是政党报纸。民国初年，在建设民主政治的时尚下，各路政客纷纷组建政党，最多时竟有各类政党300多个。比较重要的有孙中山领导的同盟会-国民党，章炳麟的统一党，以沈毅为发起人的“民社”，孙洪伊的共和党

① 1912年2月22日，孙中山在批复法制局呈文中指出：“查新闻、杂志、演说会等事，自应归内务部管理，即行查照订定可也。”（孙中山全集：第2卷．北京：中华书局，1982：120）

以及民主党、公民党、民宪党、大中党等。后来为了和国民党竞争，共和党、民主党和统一党三党合并组成“进步党”。在这些政党中，一般是由“文书部”或“文牍”出面来掌管办报事宜。每个政党都创办或支持一种或多种报纸，为自己做宣传，但其中大部分办得比较随意，正规的有影响的政党报纸比例不高。

为了在国会中争取更多的席位，具有实力的国民党和进步党两大系统，竞相创办报纸作为自己的舆论机关。国民党的报纸数量最大，遍布南京、北京、天津、上海、湖北、湖南、河南、安徽、四川、云南、广东、广西、福建等全国主要省市。其中《民立报》是公认的该党报纸的总枢纽。海外党人拍给同盟会领导人和民国政府的电报，有不少就特别注明由《民立报》收转。同盟会领导核心经过研究确定的一些方针政策，也首先派人知会《民立报》，由该报牵头发表。“二次革命”失败后，该报受到袁世凯的迫害，被迫于 1913 年 9 月 4 日停刊。此外，《天铎报》《民国新闻》《中华民报》等几家，也是国民党派报纸中的重镇。《天铎报》由李怀霜担任总主笔，陈布雷、柳亚子等担任编辑工作，在反对袁世凯专制独裁方面发表了不少言辞激烈的文章，其中尤以柳亚子的文章最为脍炙人口。《民国新闻》创刊于 1912 年 7 月 20 日，以“维护共和政体”为宗旨，宣称“非有精确之新闻，无以造正大之舆论；非有正大之舆论，无以扶初步之共和”①。《中华民报》创刊于 1912 年 7 月，创办人是邓家彦，以“拥护共和，防止专制复活”为宗旨，是同盟会系统中反袁态度最坚决的报纸。

除以上各报外，国民党还在北京、天津、武汉等地拥有自己的言论机关。在北京，原来的《国风日报》继续出版，又新创办了《亚东新报》。《国风日报》是同盟会在北京的主要机关报，由景梅九负责，经常批评袁世凯政府，曾多次受到“停刊三日”的处分。《亚东新报》创刊于 1912 年 5 月，由宋教仁发起创办，在组建国民党方面起过积极作用，宋教仁还经常以“桃源渔父”的笔名在该报上发表文章，鼓吹政党政治。在天津，新创办的有《民意报》和《国风报》。《民意报》是京津同盟会的机关报，《国风报》是国民党直隶支部的机关报。在武汉，除《大汉报》和《中华民国公报》外，武昌起义前被查封的《大江报》恢复出版，新创刊的报纸有《震旦日报》《春秋报》《民心报》和《民国日报》等。其中影响较大的是《震旦日报》，创刊于 1912 年 4 月 15 日，由共进会会员、鄂军都督府军务部部长张振武出资创办，宛思演、方觉慧任正副总编辑。该报初创时发表过一些拥护黎元洪的言论，后转而倾向同盟会并成为其机关报。在长沙，有《长沙日报》和《国民日报》。《长沙日报》原来是清政府的官报，武昌起义后被革命党人接收，成为同盟会的机关报。《国民日报》由原来的《军国日报》和《湖南民报》合并改组而成，是国民党湖南支部的机关报。在广州，有《中国日报》《中原报》《平民日报》《民生报》等。《中国日报》原是同盟会南方支部机关报，由香港迁至广州出版，受广东都督府的巨额津贴，为广州最有影响的报纸。此外还有开封的《民立报》，成都的《天民报》《四川公报》《四川民报》，重庆的《国民报》《新中华报》，昆明的《天南新报》，南宁的《民风报》，桂林的《民报》，福州的《福建民报》《群报》，等等。同盟会改组为国民党后，由于吸收了大批官僚政客，成员庞杂，革命的性质有所削弱，党纲中删除了平均地权、民

---

① 天铎报，1912-05-24.

生主义等主张，但总体上还是拥护共和、反对专制，不同程度地抵制了袁世凯、黎元洪等军阀破坏共和的行为。这一情况在上述报纸的办报活动中也都有所反映。

进步党 1913 年由几个小党派合并而成，以梁启超、章太炎、张謇、程德全等为领袖，其成员主要是立宪派、旧官僚和对他们的观点比较认同的原同盟会成员等。该党新创办的报刊也很多，足以与同盟会-国民党报刊相抗衡。其中除武昌起义前已出版的《国民公报》《时报》和《时事新报》等原立宪派报纸外，大多数是中华民国成立以后新创办的。在北京，有《天民报》《北京时报》《新纪元》《京津时报》和《少年中国》周刊等。《少年中国》周刊由黄远生、蓝公武、张君劢等人创办，以"主持正论公理，以廓清腐秽，而养国家元气"为宗旨。该刊的基本态度是拥护袁世凯的，但敢于批评时政、揭露黑幕，因而也颇受读者的欢迎。在天津，梁启超主编了一份名为《庸言》的政治理论性半月刊，1912 年 12 月创刊，由于梁启超在舆论界享有很高的声望，因而在当时影响甚巨，发行遍及全国。在上海，有《大共和日报》《民声日报》和《东大陆报》等。《大共和日报》是中华民国联合会的机关报，创办人是从同盟会中分裂出来的章太炎。该报把矛头指向孙中山、黄兴和临时政府，吹捧袁世凯和黎元洪。在武汉，有《共和民报》《强国报》《国民新报》等。《共和民报》由湖北省原谘议局副局长张国溶主办，是民主党的言论机关，而《强国报》则是武汉地区共和党的言论机关。在长沙，有《湖南公报》等。《湖南公报》是一份大型日报，创刊于 1912 年 4 月，原来接受共和党的津贴，后来被进步党控制。在成都，有《共和日报》《日日新闻》《公论日报》《四川正报》等。《公论日报》创刊于 1912 年 2 月，由刘师培、吴虞等主笔，是统一党的言论机关。此外还有济南的《大东日报》，重庆的《正论报》《益报》，广州的《华国报》《天职报》，南宁的《指南报》，桂林的《公言报》，等等。

在两大报系之间引起激烈争论的，主要有以下一些问题：实行中央集权还是地方分权；实行总统独裁下的"超然内阁""人才内阁"，还是实行责任内阁；国务员是对国会负责还是对总统负责；对外借款问题。两派报纸互相攻讦，互揭老底，我骂你是"贼党"，你骂我是"贼报"，甚至发展到互相殴打报人、捣毁报馆。在北京，《国民公报》因攻击南京临时政府，同盟会方面的《国光新闻》等七家报纸的工作人员数十人便前去捣毁报馆，打伤了该报主笔徐佛苏和蓝公武。在长沙，国民党的《长沙日报》和共和党的《湖南公报》互相敌视，各记者出入时，均备有手枪，以防不测。上海的国民党系统报纸派遣记者去北京采访时，也发给武器，以便于自卫和在必要时用来自杀。在同一政党报纸之间，也经常出现争论。

除了"同盟会-国民党"和"共和党-进步党"两大政党系统的报刊外，一些小政党、政治团体和个人也办起了不少报刊。在上海，自由党创办了《民权报》，由戴季陶、何海鸣主编。该报以言论激烈闻名于世，提出"以暴易暴，惨无人道，欲真共和，重在改造"和"报馆不封门，不是好报馆；主笔不入狱，不是好主笔"等激进的口号。《民权报》还曾与"同盟会-国民党"系统的《中华民报》和《民国新闻》一起，被人们并称为"横三民"。中国社会党创办了《社会日报》和《新世界》杂志，因出版时间较短，在读者中影响较小。此外，康有为创办的《不忍》杂志，以君主立宪卫道士的姿态，猛烈抨击中华民国成立后的政局，竭力为清帝复辟制造舆论。总之，民国初期出版的政党报刊，大多热衷于党争，正面的影响不多，反而加剧了政局的混乱。

和全国范围内的办报高潮相配合，这一时期在国内的一些主要省市，还办起了一批有专人从事新闻采访并向报社发稿的通讯社。通讯社这种组织形式起源于19世纪30年代，1872年前后路透社远东分社在上海成立，成为中国通讯社活动的发端。国人自办的通讯社，则以骆侠挺在广州创办的中兴通讯社为最早，地址在广州中华中路回龙里，1904年2月17日起开始向广州、香港两地报刊发稿。1911年2月，杨实公在广州创办展民通讯社，社址在小北路。这两家是较早出现的民办通讯社。民国初年，新闻事业飞速发展，地区性通讯社纷纷兴起。1912年长沙成立了湖南通讯社、湖南新闻社。1912年11月1日广州再次出现公民通讯社，主办人杨公民，社址在中华北路白莲巷。上海第一家登记在册的国人自办的通讯社，则是1912年8月31日诞生的，上海报人李卓民主办的民国第一通讯社。由于人力财力有限，这些民营通讯社大都以译报、剪报为主，自采新闻较少，只具备刻字复写油印十数份新闻稿分送报社的能力，维持的时间也很短。通讯社事业在民国初年的相当一段时间内仍为外国通讯社所垄断，国人自办的通讯社还相对弱小，不成气候。

民国初年新闻事业的繁荣，有泡沫，有假象，是应资产阶级的各个大小政党为争夺更多的革命果实和分得更多的政治经济利益的需要发展起来的。这一段时期，曾被称为民国初年报业的黄金时代，但所谓的“黄金时代”，其实十分短暂，只维持了不到一年的时间就结束了。

第二节　袁世凯统治下的新闻传播事业

中华民国成立后不久，袁世凯利用革命形势给清王朝的强大压力和手中的军政大权，以逼迫清帝退位为筹码，为自己谋得了临时大总统的职权。他上台后，通过政治、法律以及金钱、暴力等各种手段对新闻事业先收买后摧残，使中国新闻事业受到前所未有的破坏。

一、袁世凯对各种报刊的控制和收买

袁世凯上台之初，由于民主共和思想和言论出版自由理念的深入人心，新闻界十分活跃，“有冠皇帝大限告终，无冠皇帝炙手可热”。袁世凯也不得不故作尊重新闻自由的姿态，甚至推出一些保护新闻自由的举措，如在国务院特设新闻记者接待室，每天由国务院秘书长亲自出面接待。并颁发了一些有利于新闻传播的法令，如对新闻专电的优惠等，客观上促进了新闻业的发展。

但实际上，袁世凯对报刊、舆论等并不是真正的尊重，而是要对其进行控制。其控制舆论和新闻界的主要手段有以下几种：

第一，创办御用报纸。袁世凯创办或接办的御用报纸，在北京主要有新创办的《国权报》《金刚报》和《亚细亚日报》，在上海主要有接办的《神州日报》，在广州主要有接

办的《时敏报》，在长沙主要有新创办的《国民新报》（后改名《大中报》），等等。在这些报纸中，影响较大的是北京的《亚细亚日报》和上海的《神州日报》。《亚细亚日报》于1912年6月在北京创刊，由袁世凯政府出资10万元开办，声名狼藉的帝制分子薛大可①担任主编，丁佛言、樊增祥、易实甫等任撰述，日出三大张，是御用报纸中言论最反动、活动最猖獗的一家报纸。"二次革命"期间，该报曾领衔发表所谓的《讨贼露布》，以后又连续刊登帝制分子劳乃宣和袁世凯的政治顾问古德诺鼓吹复辟帝制的文章，报道筹安会的劝进活动。袁世凯称帝期间，该报带头改用"洪宪"年号，称袁世凯为"今上"，记者署名称"臣记者"。1915年9月，《亚细亚日报》在上海出版分版，遭到革命党人和爱国人民的强烈抵制，报馆接连两次被炸，勉强拖到1916年1月被迫停刊。1916年3月，袁世凯被迫取消帝制后，北京《亚细亚日报》随之寿终正寝。《神州日报》于1915年被袁党强行接办后，利用它原来在读者中的声誉为袁筹办帝制张目，一时起过蒙骗民众的作用。

第二，收买报纸或报人。从表面上看，袁世凯的御用报纸并不多，但实际上为袁世凯控制与收买的报纸为数不少，如袁世凯的御用党——公民党在各地创办的报纸、在复辟帝制阴谋暴露前基本上亲袁世凯的"共和党-进步党"系统的报纸。此外，像北京的《国华报》《黄钟日报》《大自由报》和《新社会日报》，上海的《大共和日报》和《时事新报》，长沙的《大公报》，广州的《华国报》等，也曾一度为袁世凯所收买。据不完全统计，在袁世凯执政期间，直接或间接收买的报纸在125家以上。袁世凯收买报纸和报人的手段，有的是一次付以重金，有的是长期发放津贴，有的是零星施舍，不一而足。如奉命到上海收买报纸的人，一次就携款30万元。被派到广州收买报纸的，抵达广州后对各报馆一律每家每月发"袁头（即银元）三百板"。1915年，当袁世凯准备称帝时，梁启超写了《异哉所谓国体问题者》表示反对，袁世凯知道后，立刻派人送上20万元，企图收买，被梁拒绝。

第三，迫害和摧残反对派的报刊。对一批革命立场坚定的报刊，袁世凯则毫不留情地进行迫害与摧残。捣毁、查封报馆和殴打、逮捕、驱逐、杀害报人的事件时有发生。1912年6月，袁世凯政府内务部总长赵秉均派出军警200余人，包围、打砸北京《中央新闻》，绑走该报经理、主笔等工作人员11人。8月，袁世凯政府通过法国驻华公使，指令天津租界当局将《民意报》逐出租界。在武汉，黎元洪在8月8日下令查封武汉《大江报》，罪名是该报馆为"乱党秘密机关"。《大江报》主笔凌大同被扣以"言论专取无政府主义"的罪名，由黎元洪亲自下令逮捕、斩首，并将头颅挂在城门口示众。接着，在不到半年的时间里，黎元洪又查封了《民心报》《民听报》《帝民报》《群报》《民哭报》等革命报纸。在湖南，长沙《大汉民报》因对军队有所批评，被旧军官率队捣毁；《岳阳日报》因对当地筹饷局"不论贫富，值十抽一"的规定表示了一点异议而被当局查封，主笔被捕。在福建，福州《民心日报》《群报》只因消息中揭载了当地官吏的不法行为和同情民军，就被强行查封。《民心日报》发行人遭通缉；《群报》总编辑被杖责后收押，

---

① 薛大可（1891—1960），又名薛大奇，湖南人，早年加入兴中会，后到日本早稻田大学攻读政治学，回国后投靠袁世凯。袁世凯时期，薛除了创办御用报纸《亚细亚日报》外，还曾一度协助袁克定一起伪造《顺天时报》，为袁世凯的称帝造势。袁死后，投靠张宗昌，主编《黄报》，后曾任《哈尔滨市报》编辑部主任。1949年去了台湾。

两名记者遭暗杀。在四川成都，仅仅在1912年一年内，就有《四川公报》《中华国民报》《蜀报》《蜀醒报》等多家拥护共和的报纸被当地军阀查封或唆使军人捣毁；《蜀报》记者朱山竟被以“企图炮轰都督府”的莫须有罪名而斩首。

即使在同盟会-国民党掌权的地区，一些骤升高位的当权者，为维护与发展自己的权势，也动辄封报杀人。《中国日报》原记者、民军总长黄世仲因对遣散民军问题有所不满，被广东代理都督陈炯明杀害。广州《公言报》《佗城报》为黄世仲被杀鸣不平，陈炯明立即下令查封报馆，发行人陈听香被杀害。浙江绍兴军政分府都督王金发纵容士兵将批评他的《越铎日报》砸毁，打伤该报工作人员17人，其中一人伤重不治而死。

“二次革命”终因敌我力量悬殊而失败。之后，袁世凯政府宣布国民党为“乱党”，凡国民党系统的报刊一律扣以“乱党报纸”的罪名而查封。北京、天津、武汉、广州、长沙、成都、福州、南昌、开封等地的国民党系统的报刊全部被查封。非国民党系统的报刊，只要有碍袁世凯的独裁统治，也被乘机剿灭。一些本来拥袁的报纸也有因“城门失火”被殃及者。在北京，《超然报》本是军阀江朝宗津贴的报纸，因刊登《顺天府中之黑幕》一则消息，被赵秉钧指为“诋毁军人名誉”而被查封。政治上相当保守的《正宗爱国报》，因一个编辑写的时评中有“军人为国家卖命，非为个人卖命。若为个人，可谋生之处甚多，何必从军”等语，就被扣上“迹近通匪，煽惑军心”的罪名而被查封，该报社长丁宝臣后来也遭到枪杀。在广州，袁世凯的代理人龙济光在一天之内就查封了《中国日报》《平民报》《中原报》《民生报》《讨袁报》《觉魂报》等六家反袁的国民党报纸。教会报纸《震旦报》因言论激烈而被查封，发行人康仲荦被杀。一向“拥护中央”的《粤声报》《民治报》《公论报》等，因被怀疑与国民党的粤军和民军有关联，也先后被查封。在福州，《福建民报》《群报》《共和报》等被查封，主笔被捕。在开封，《民立报》编辑敖瘦蝉撰写了一副悼念宋教仁的挽联：“目中竟无拿破仑，宜公先死；地下如逢张振武，说我就来。”挽联一发表，敖瘦蝉即被袁世凯的爪牙逮捕并枪决。上海的情况稍有不同。《民立报》《民权报》《民强报》《天铎报》《国民日报》等国民党报纸，因在上海租界内出版，袁世凯政府无权直接查封，但由内务部明令各地“禁止售卖”，致使这些报纸发行受阻，印数骤降至几百份，因经济上难以维持而被迫停刊。《中华民报》则因总编辑邓家彦被袁世凯政府咨请租界当局逮捕、判刑而停刊。据统计，到1913年底，全国继续出版的报刊只剩下139家，较之民国元年的约500家锐减了300多家，北京的上百家报刊也只剩下20余家。报刊减少三分之一，报人大批被捕被害，因而在中国新闻史上把“二次革命”失败后袁世凯对新闻界的大扫荡称为“癸丑报灾”。

第四，袁世凯上台后，还通过立法手段，以总统、中央政府及其组成部门、各级地方政府的名义发布具有法律效力的命令，逐步建立起一个为其封建军阀独裁统治服务的新闻法律制度。

二、报界的反袁斗争

袁世凯政府对报业的压制，引起了报业的强烈反弹。

很多报纸冲破禁锢，揭露袁世凯政府的阴谋。1912年底至1913年初，在国会参众两院选举中，宋教仁领导下的国民党取得了压倒多数的胜利，袁世凯的独裁统治受到了严重威胁。于是，袁世凯便唆使赵秉钧派人于1913年3月20日在上海刺杀宋教仁。为了瞒天欺世，京师警察厅在1913年3月11日，即宋教仁事件发生前夕，就向各报转发了陆军部、内务部的命令，以防止泄露外交、军事机密为借口，宣告自即日起由陆军部派员对各报拟刊载的新闻稿实行预检。“宋案”发生后，为防止事件的真相败露，袁世凯又由陆军部出面下令各地报纸：“定二年三月二十一日起，由部派员实行检阅签字办法。”凡登载军事外交事件，不服检阅者，“立即派员究办”，严重者“科以军法”①。5月1日，袁世凯又发布总统令，规定凡罪案未经审讯前，报纸不得刊载。

同月，内务部通令各地报纸不得使用“万恶政府”“政府杀人”“民贼独夫”等字样，违者从严取缔。6月17日，内务部又两次通令全国各报，不得就“宋案”和善后大借款事进行“谩骂”与“泄露机密”，否则按“报律”议惩，公然将已废止的亡清《钦定报律》重新供了起来。从此，报馆、报人被警告训斥、传讯罚款、搜查封禁，直至被捕被杀的事件接连不断，北京《国风日报》、天津《新春秋报》和《民意报》、汉口《震旦民报》等一大批国民党系统的报纸遭封禁。

但是，报界反袁声浪依旧汹涌。上海《民立报》从“宋案”发生的第二天起，每天以整版篇幅连续报道“宋案”的经过，刊登凶手供词和袁党往来密电等，证明袁世凯就是刺宋元凶。广州创办了《讨袁报》，一些报纸也出版了反袁专刊。即使是在北京出版的国民党报纸，也不顾安危，公开讨袁。《民国报》在所刊文章中指出：“击宋君者非亡命之徒，乃吾人之政敌也。”②《国风日报》发表社论猛烈抨击袁政府“谋叛，暗杀，卖国”，是“政府杀人”③。一些非国民党报纸，这时也看清了袁世凯的反动本质，加入反袁行列。为了推翻袁世凯的统治，再造共和，孙中山领导的国民党于7月发起“二次革命”，又称“癸丑之役”，江西、南京、上海、福建、湖南、广东、四川等省市，或宣布独立，或起兵反抗。“二次革命”爆发后，袁世凯政府颁发的新闻禁令更是一个接着一个，并要求全国所有的报刊重新登记注册。

尽管袁世凯滥施淫威，但他始终掌控不了全局。最先起来反袁的是孙中山重组的中华革命党、老同盟会会员和一些民主主义者所办的报刊。1913年“二次革命”失败后，孙中山再次东渡日本，重组“中华革命党”，并在日本东京创办《民国》杂志和《甲寅》杂志，分别由胡汉民和章士钊主持笔政，进行反袁宣传。接着，该党又在海外其他地区创办革命报刊或将当地的华侨报刊改组为革命报刊，建立起反对袁世凯的宣传阵地。这些报刊被袁世凯下令在国内禁售。由于在海外出版的革命报刊对国内的影响毕竟有限，因而中华革命党志士又潜回上海租界等国内地区，创办宣传反袁的报刊。1916年1月22日，中华革命党人陈其美等人在上海创办的该党机关报《民国日报》创刊，在国内树起了反对袁世凯的宣传大旗。这些革命报刊虽然受到袁世凯的查禁和迫害，但它们的反袁立场愈益坚定。袁世凯宣布筹办帝制后，原先拥袁、亲袁的报纸和报人，在全国人民反对帝制的强烈意志的震撼下，也转而加入了反袁行列。著名报人梁启超写了一篇反对复

---

① 北京报界对待陆军部违法命令之激昂．申报，1913-03-28.
② 宋君教仁遇害感言．民国报，1913-03-23.
③ 方汉奇．中国新闻事业通史：第1卷．北京：中国人民大学出版社，1992：1044.

辟帝制的《异哉所谓国体问题者》，袁曾派人送去20万元请他不要发表，被梁启超拒绝。这篇文章在《大中华》杂志发表后，各报争相转载，影响很大。一些历来比较保守的老牌资产阶级报纸，如上海《申报》、《香港华字日报》等，也改变态度支持反袁。《申报》曾公开发表声明，拒绝接受袁世凯的贿赂，指责帝制活动是“无端自扰”，“实难赞同”。真正死心塌地为袁世凯称帝作鼓吹的，最后只剩下《亚细亚日报》等几家御用报纸而已。

三、袁世凯时期有关新闻传播事业的立法活动

在1912年袁世凯上台至1914年前，袁世凯虽然还不敢公然制定钳制新闻事业的专门法律，但在制定其他法律时常常夹带一些有关剥夺新闻自由权利、限制新闻事业发展的条款。

1912年12月15日，袁世凯政府公开颁布《戒严法》。根据该法第14条的规定，在戒严地区内，驻军司令官有权“停止结会集社，或新闻杂志图书告白等之认为与时机有妨害者”，并“因其执行所生之损害，不得请求赔偿”。1913年，袁世凯政府还加强对邮电的检扣，下令不准报馆用密码拍发新闻，对北京发往上海的新闻电报尤为注意，交通部还派范春光去上海坐镇电报局检查电报，并命令该局“须经该员许可，方准译发”。

进入1914年后，袁世凯随着其统治地位的巩固与加强，开始制定与颁行对新闻界实施全面管制的专门法律。1914年4月2日，袁世凯政府以清除报界“败类杂种”等理由，以比前清报律“稍严”为主旨，制定与颁布了《报纸条例》。这部专门适用于报业的法令，共35条，不仅把《大清报律》对报刊的禁限条款悉数照抄，还从1909年颁布的日本《新闻纸法》等外国报律中搬来了许多新的禁限措施。报纸的创办实行批准兼保证金制，从政治、经济两个方面限制新闻事业的发展。《报纸条例》还规定了以下八条禁载事项：“一、淆乱政体者；二、妨害治安者；三、败坏风俗者；四、外交、军事之秘密及其他政务，经该管官署禁止登载者；五、预审未经公判之案件及诉讼之禁止旁听者；六、国会及其他官署会议，按照法令禁止旁听者；七、煽动、曲庇、赞赏、救护犯罪人、刑事被告人，或陷害刑事被告人者；八、攻讦个人阴私损害其名誉者。”[①] 据此，几乎所有的政务活动均被划入禁载之列。而且，“淆乱政体”“妨害治安”云云，并无明确的含义，可由执法者任意解释，从而使报刊活动处于动辄得咎的境地。针对这一条例，新闻界曾进行了强烈的抗争，但结果只是同意各报可暂缓交纳保证金，其他的方面未作任何退让。

1914年12月4日，袁世凯政府又颁布了《出版法》，共23条，不仅把《报纸条例》中的限禁规定推而广之到所有的文字、图画印刷品，即所有的出版物，而且更为苛刻。一些地方在执行过程中，擅自有所增益，如杭州警察厅规定，各报每晚九时前须将次日报纸大样送审，由警厅检查员在每条新闻上逐一验迄盖章。如有检扣，还须立即补稿送检。该法还给予警察部门认为必要时没收出版物的权力，禁止违反《出版法》的境外出版物入境出售或散布。

1915年7月10日，袁世凯政府以大总统的名义公布了《修正报纸条例》。《修正报纸

① 倪延年．中国报刊法制发展史：史料卷．南京：南京师范大学出版社，2006：89.

条例》系根据《报纸条例》的执行情况以及后于《报纸条例》颁发的《出版法》等有关法律的规定作了一些修改，其中大部分为文字性的或枝节性的修改。

在1915年，袁世凯政府还颁布了《新闻电报章程》《电信条例》《著作权法》等法律。《新闻电报章程》虽然规定“电报局由电线传递刊登报纸之新闻消息，准作为新闻电报，减价纳费”，但是又规定了享有这一优惠权的前提条件：一是须先经交通部审核批准并领取执照，二是新闻电报只准用中文、英文及其他准用之文字的明语发报。《电信条例》于4月颁布，是中国历史上第一个涉及无线电事业的法律。自从清朝末年无线电传入中国后，清政府对待无线电的政策原则是：未经中国政府批准，任何外国人不得在中国设立无线电台，不得私自收发无线电报。中华民国成立后，历届政府仍沿用上述原则。这一《电信条例》继续秉承了上述精神，明确规定，无线电器材属军用品，非经陆军部特别许可不得自由输入中国。同时，未经中国政府有关当局批准，不允许外国在中国境内私自设立无线电台，擅自收发无线电报。但是，无视中国主权的帝国主义列强根本不把这一法令放在眼里，私自输入无线电器材和私建无线电台之事不胜枚举。《著作权法》于11月7日颁布，翌年2月1日又据此颁布了《著作权法注册程序及规费施行细则》。

袁世凯政府还在1914年三四月间制定公布了新的宪法性文件《中华民国约法》，以取代孙中山任临时大总统时期颁行的《中华民国临时约法》。3月18日，根据袁世凯制定《中华民国约法》的旨意而匆匆组织起来的“约法会议”在北京召开；5月1日，《中华民国约法》公布施行，同时宣告废止《中华民国临时约法》。根据《中华民国约法》第2章第5条第4款的规定，“人民于法律范围内，有言论、著作、刊行，及集会、结社之自由”。这一新规定，改变了《中华民国临时约法》规定的只有在增进公益、维持治安或非常紧急必要等特殊情况下方可对言论出版自由权利予以法律限制的基本精神，使人民的言论出版自由权利在任何情况下均可予以法律限制。

在制定新闻法的同时，袁世凯还继续使用在其统治地位巩固之前一些惯用的法律手段，即在制定其他法律时加入一些钳制新闻事业的规定、发布总统命令以处理一些临时性或局部性的问题等。含有钳制新闻事业条款的法律主要有《治安警察法》《陆军刑事条例》等。《治安警察法》于1914年3月2日颁行，规定：“行政官署，因维持公共之安宁秩序及保障人民之自由幸福”，有权对“通衢大道及其他公众聚集往来场所粘贴文书、图画或散布、朗读，又或其他言语形容并一切作为者”，“行使治安警察权”。“警察官吏对于通衢大道及其他公众聚集往来场所，粘贴文书图画，或散布朗读，又或其他言语形容并一切作为，认为有下列情形之一者，得禁止并扣留其印写物品：一、有扰乱安宁秩序之虞者；二、有妨害善良风俗之虞者。”①

袁世凯对“民主共和”并不感兴趣，他关心的是如何在混乱的新政局下，加强中央集权的统治。因此对言论自由的报界，他采用又打又拉的手段，一方面创办御用报纸、收买报人为己所用，一方面对反对者毫不留情地打压。实际上他对报刊的这种态度正是他对待不同派别政治团体的一贯态度。但在民主法制的大环境下，他也懂得利用制定法律的方式对新闻界进行管理。复辟帝制失败后，袁世凯对新闻界、言论出版界的各项管

① 戈公振．中国报学史．北京：中国新闻出版社，1985：256-257.

制措施就被废止了。

第三节 北洋军阀控制下的新闻传播事业

袁世凯死后，北洋各系军阀陆续掌控中央政府。随着袁世凯的垮台，中央政府的力量被削弱，多元化政治和地方区域政治的发展，中国迎来了自由主义思想的一个高潮，这一高潮与政治军事上的混乱局面并存，对新闻业的再次繁荣产生了一定的影响。

一、新闻传播事业的复苏

1916 年到 1926 年是中国媒体发展较为稳定的时期，媒体的数量小有起伏，但基本上保持逐步发展的态势。1916 年报刊的数量为 286 种①，1918 年为 221 种。五四运动后，报刊有了较大程度的发展。目前学界普遍引用的数据来自《第二届世界报界大会纪事录》的记载，1921 年全国共有报刊 1 134 种，其中日报 550 种；到 1924 年②，据《中外报章类纂》社调查，全国华文报刊每日发行共有 628 种，其中北京 125 种，汉口 36 种，广州 29 种，天津 28 种，济南 25 种，上海 23 种。不仅报刊的种数呈上升趋势，发行量也逐年上升。这种增长得益于以下几点原因：

（一）中央政权的软弱

军阀割据，各种势力并存，各路军阀忙于地盘和利益的争夺，他们“所制造的分裂与混乱，却为思想的多元化和对传统观念的攻击提供了绝好的机会，并为之盛行一时。无论中央政府还是各省军阀，都无法有效地控制大学、期刊、出版业和中国知识界的其他机构”③。因为没有强有力的中央政府，因此对包括新闻业在内的教育、文化事业，无从进行有效管理，为它们的发展提供了比较消极的自由环境。新闻业正是在这样的“自由”中，获得相对较大的发展空间。林语堂曾通俗地解释说，“一个政府越‘强大’，报刊就越弱小，反之亦然”④。

（二）经济在夹缝中的发展

北洋政府时期，各届政府还实施了一些促进经济发展的措施。第一次世界大战期间和战后的最初几年，因为列强忙于战事，无暇东顾，中国经济获得了一次迅速发展的机遇，被称为中国资本主义的黄金时期。这一时期，伴随着民族工业的增长，印刷业的发展速度明显加快。作为我国印刷工业中心的上海，1919 年印刷产业工人大约有 10 000

---

① 方汉奇．中国近代报刊史：下册．太原：山西教育出版社，1981：726.

② 有资料说是 1927 年，1926 年发表的黄天鹏的《中国新闻界之鸟瞰》一文，显示该数据为 1924 年。详见民国丛书：第二编：第 48 卷：新闻学刊全集　新闻学名论集．上海：上海书店出版社，1990.

③ 费正清．剑桥中国史：第 12 册．台北：南天书局，1999：395.

④ 林语堂．*A history of the press and public opinion in China*. New York：Greenwood Press，1968：114.

人，占当时 18 万产业工人的 1/18。1929 年，上海年均各种印刷机的生产产值几近白银 50 万两。发达的机器制造业特别是印刷机制造业，提高了上海作为现代报业发展重镇的地位，也辐射和带动了整个中国报业的发展。1916 年以后，印刷机械和白报纸的进口量逐年增加，很多报馆用上了达到世界先进水平的轮转印刷机，对印刷业，尤其是报刊的发展提供了物质技术上的支持。

（三）交通、邮政、电信系统的进步

1912 年前，中国有铁路 9 618.10 公里，1912 年到 1927 年新建 3 422.38 公里，铁路的修建直接加快了信息流通。如 1912 年津浦通车后，从北京和天津发信两天就能到达上海，徐州以南地区一天就可以到达，这对新闻收集和报纸发行极为便利。同时各条线路之间的联运更加速了信件的流通，对新闻事业本身有直接的促进作用。因为铁路的修建，邮政系统开始扩建，在通邮的地区间，运输费用大大降低，客观上也促进了新闻业的发展。从 1923 年到 1926 年包括铁道邮路在内的中国所有邮路普遍增长，邮局整体数量在上升，大大方便了以邮政通信为主的报刊信息往来和报刊发行工作。有线电报和电话等电信事业开始发展，电话在一些有条件的商业大报馆里被开始使用在新闻信息的沟通上。

（四）思想、文化、教育的情况也有利于报刊的发展

中国的思想界当时正经历着一次大的震荡，1895 年以来，伴随着中国传统社会结构的裂变、科举制度的废除、封建宗法制度的瓦解，儒家学说受到了巨大的冲击，五四启蒙运动又使后者遭到致命的打击。儒家学说的式微像一把双刃剑，一方面使中国社会面临前所未有的道德和信仰层面危机，另一方面也为新思想的传播提供巨大空间。在新旧思想交锋中，报刊成为重要载体，不仅忠实记录了交锋的细节，也因为刊登它们而显得更为生动和精彩。中国思想界的激烈交锋推动了新闻思想的进步，从业者开始反思中国新闻业的种种问题，对报纸功能、新闻价值、新闻业务等方面都提出了新的见解，新闻学著作和专业期刊开始出现并繁盛起来。新式教育这一段时期也有很大发展，到 1916 年，中国在校学生数目将近 400 万，1925 年又增加到 681 万。知识阶层成为增长迅速的一个阶层，不仅保证了报刊读者群的稳定增长，而且从中不断产生为媒体撰稿的新生力量。其中的高级知识分子，包括大学教授、中学教员和大学生、高年级的高中生，开始成为报刊投稿的主力军。

二、北洋政府对新闻传播事业的管理

袁世凯死后的北洋政府，在新的新闻法律的制定方面行动趋缓，执法的力度也相对减弱。但仍依托已颁的各项法令，对新闻出版事业进行管理。

在新的新闻法律的制定方面，这一时期的北洋政府没有大的进展。民国成立后到 1928 年南京国民政府建立前，中国新闻业的法律大多颁布于袁世凯时代，先后制定和颁布的有关报刊法令法规主要有《报纸条例》（1914 年 4 月 2 日颁布），《修正报纸条例》

(1915年7月10日公布),《新闻电报章程》(1915年公布),以及《出版法》(1914年12月4日公布),《著作权法》(1915年11月7日公布)等,基本上构成了一个由专门法、相关法、综合法互为补充的报刊法律法令制度体系。①

袁世凯死后,北洋各派分崩离析,国内政局动荡不安,陆续执政的各派军阀既没有能力也没有心思来进行法制建设。因此,相当长的一段时间内,在报刊法制建设方面,没有新的举措。1918年10月17日,北洋政府法制局向国会提出了一个包含33条内容的《报纸法案》,咨请国会"取决"。后因慑于社会舆论,众议院将《报纸法案》"交法制股审查",最终未能出台。

在对新闻出版业的管控方面,袁世凯死后的一段时期一度有所缓解。段祺瑞、黎元洪上台之初即宣布取消袁世凯统治时期钳制言论出版自由的一切乱命。1916年7月6日和8日,北洋政府先后"咨"文全国各省区,宣布此前查禁各报"应即准予解禁"。7月16日,黎元洪又以大总统名义签署命令,宣布废止袁世凯颁布的《报纸条例》,并恢复新闻记者招待处,宣布"凡中外文电有关国计者许登录"②。六七月间,内务部又先后解除了对《时事新报》《民国日报》《中华新报》《民信日报》《民意报》《共和新报》等报的禁令。

但在整个北洋政府时期,基本上仍旧依托既定的一些法律如《出版法》等,对新闻出版业进行管理。如1925年"五卅运动"期间,上海公共租界警务处依此处罚上海《东方杂志》出版的《五卅临时增刊》,拘捕了商务印书馆负责人王云五,判处罚款,并要求该刊保证"以后不得再刊登此类文字"。事件发生后,遭上海日报公会、上海书报联合会等团体联名上书反对,在社会舆论强大压力下,北洋政府才于1926年1月27日宣布废止袁世凯制定的《出版法》。但其他袁世凯政府颁布实施的《戒严法》《治安警察法》《预戒条例》《陆军刑事条例》等一体沿用。尤其《戒严法》为各地执政军人滥加援引,遭其封禁和摧残的报刊与报人难以统计。如北京的《益世报》《五七杂志》《救国周刊》等就是被援引上述条例,遭到京师警察厅查禁的。③

一些新出台的条例或规定,也开始被援用。如1916年9月,黎元洪政府内务部警政司制定颁布《检阅报纸现行办法》,选派专人逐日检阅在京出版的报纸,在外省或外国出版的报纸也要选购检阅。把现行法律中有关报纸的规定作为检阅报纸的标准(当时主要是指《出版法》)。检阅人要分类检阅,并把检阅情况报次长总长,事关重大者应用部令通知警厅办理等。1917年又宣布自5月26日起恢复邮电检查。1918年8月,北洋政府设立了"新闻检查局",规定该局可以对新闻报纸上刊载的新闻消息及其他内容进行"检查"并予以处罚。1919年五四运动以后,北洋政府发布了《查禁俄过激派印刷物函》,意在阻隔俄国十月革命的影响及马克思主义在中国的传播。同年10月25日,徐世昌政府内务部颁布了《管理印刷营业规则》,规定"凡为印刷营业者,无论专业兼业,均应先行呈报,得该管警察官厅许可,给予执照后,方准营业","警察官厅如认为有违反出版法第十一条禁止出版之情形时……应禁止其印刷"。1925年4月,京师警察总监朱深颁

---

① 倪延年.论北洋军阀政府时期的报刊立法活动及主要特点.南京师大学报(社会科学版),2004(3).
② 黄瑚.中国近代新闻法制史论.上海:复旦大学出版社,1999:30.
③ 戈公振.中国报学史.上海:商务印书馆,1928:256.

布了《管理新闻营业条例》，规定“发行报纸杂志，须由经理人……呈报于警察厅，以凭发给执照”，并“须于呈报时取具妥实铺保”，“于呈报后，须俟官厅查明，核准发给执照，方得开始营业”①。

这些条例，规定得十分苛细，但由于当时中国法制不健全，法治精神薄弱，因此现实中无法做到依法行事，法不责众的情况时常出现。如交保证金制度，法律规定每个报馆需要交纳一定数量的保证金，但实际上，从1917年到1920年，北京地区的新闻纸中“有保证金”和“无保证金”的数额分别是4∶54、4∶61、6∶75和32∶50②，法律规定形同虚设。

从政府机构设置可以看出，新闻出版管理事务由内务部警政司第四科负责，京师及各地方警察厅署为执行机关。虽然第四科是报刊管理的重要部门，但该部门地位低下、力量薄弱，在政府整个机构设置中并不重要。《内务部警政司检阅报纸现行办法》第一条规定：凡在北京出版的报纸均购取一份由司拟定专员二员逐日检阅，其在外省或外国出版者也需要选购一并检阅。让两个人每天检阅京城全部报纸和全国乃至在外国出版的中文报纸，其效率和效果可想而知。

因此在日常的办报活动中，报人还是可以有所作为的。对政府和官员的批评与指责常常出现在报端，其中不乏十分尖锐的言论。虽然北洋历届政府都有过封报捕人的恶行，但可以把报纸转移到政治上中立的地区、敌对地区或租界地区去办。报馆一旦被封了，可以设法易地或易名再办，报人一旦被捕，可以请社会和政界名流出面缓和和组织营救③，社会舆论也会进行声援和支持，报纸和报人们还是有一定的回旋余地和设法找到自己的活动空间的。

当然，1926年邵飘萍和林白水被奉系军阀张作霖和张宗昌杀害，充分显示了时代的黑暗和屠夫们的凶残。但他们的被杀，既有新闻报道上的原因，也有政治上的原因。后一方面的因素所起的作用也许更大。

北洋政府统治时期，由于经济的发展，特别是工商业的发展，促进了报刊业的发展。这个时期，世界上最先进的轮转印刷机引入中国，新闻采集渠道拓宽，报刊由政论时代转到新闻时代，广告和发行收入的增加也从根本上加强了报业良性发展的经济基础。这一时期的中国报业在现代化的道路上大大前进了一步。

第四节　新闻业务的变迁和著名采访记者的诞生

这段时间，新闻业务整体上朝着现代化职业化方面不断发展，新闻取代政论成为报刊的主要内容，也催生了一批著名的职业记者。但在津贴收买和暴力打压的两种力量之下，新闻报刊也出现了不少乱象。

① 戈公振．中国报学史．北京：中国新闻出版社，1985：339.

② 北京档案史料，1998（6）.

③ 据方汉奇所著《中国近代报刊史》（山西教育出版社，1981年版）统计，从1916年到1919年的4年间，至少有29家报纸被封，17名记者被捕或遇害。其中有据可考的两个遇害记者都是在广州地区被杀的。

一、新闻业务的变迁

民国初年，中国的新闻事业有过短暂的繁荣。这种繁荣，其实是有很多泡沫的，并不是实实在在的繁荣。首先，报业的技术力量并没有质的飞跃，大量报纸依旧采用低档的平版印刷机印报，电报、电话等先进的通信技术还没有普遍使用，报业缺乏持续发展的物质基础。其次，有关新闻业实行现代化经营管理的观念，没有受到重视。报纸和报人社会影响也是瑕瑜互见，未必尽如人意。

在政党、政客普遍投资办报的大气候之下，当时的新闻界还出现了一些怪现象。首先，涌现了一大批以敛财为目的的报纸。个别文人钻党派纷争的空子，以办报作为卖身投靠和敛财的手段。当时人曾描写这些所谓的报纸，“往往比个体作坊还要简陋”，“斗室一间，即该报之全部机关；编辑、仆役各一人，即为该报之全体职员；凡具数百元资本，即可创设报馆”。编辑全仗“剪刀、浆糊、红水笔”[①]，即“手持大剪一把，将外埠报纸割裂无数，再斟酌前后而连属之，勾之以红笔，粘之以糨糊，不到一小时而两大张报成矣”[②]。其次，是出现了一些“马路小报”和“鬼报”。所谓“马路小报”大多出在上海，这些报纸连“一间斗室”都没有，往往在出版前夕，在旅馆开一房间作为临时主笔房；靠剪报等方式胡乱对付一些文字，不负责任地随便拉登广告，交付印厂。所谓“鬼报”，大多出在北京，这些报纸每次只印30到50张，一半贴在指定的贴报处，四分之一送给可能送干薪的大人先生，借此向津贴办报的军阀、官僚交差要钱，身边留下几份证明自己确是新闻业者，这种报纸在大街上买不到，所以有人叫它作“鬼报”。“办份‘鬼报’，只需制作一块某某报社的牌子挂在门口，买一令白报纸，然后参加‘联合版’组织，便可开张。”[③] 还有一些报纸，只要把报头和社评版换上自己的，其他的内容都利用现成的某一份报纸，即可出版。

以上这些，应属这一时期报业活动的支流。这一时期的主流报刊，在新闻业务活动上还是有进步有变化的。主要表现在以下几个方面：

第一，新闻通讯开始崭露头角，受到更多的重视。报纸开始了由政论时代向新闻时代转变。报纸的社评，在袁世凯政府的言论高压下，从质到量都开始萎缩，新闻则有所增加。一些大型日报每天刊登的新闻有二三十条，多的有五十条左右，报道面开始扩大，分为政治新闻、经济新闻、社会新闻、国际新闻等不同门类，并在报纸的不同版面上刊登。由于电报技术的普及，报纸上电讯增多，甚至一些重要电讯用大号字排印。有实力的商业报纸还以重金聘请有才能的记者常驻北京，发回“北京专电”或“北京通讯”集中报道中央的政治新闻。一批名记者精心钻研采访技术，并形成了比较系统的经验。同时，他们创造了一种崭新的报刊文体——新闻通讯。不少新闻通讯采用夹叙夹议的方法，文字生动，写作上很有特色。

第二，副刊有了大的发展。鸳鸯蝴蝶派小说在报纸上大行其道。民国初年以后，有

---

① 《最近之五十年》纪念特刊．上海：申报馆，1922.

② 民国日报，1919-01-09.

③ 刘家林．中国新闻通史：上册．武汉：武汉大学出版社，1995：335.

更多的报纸开辟副刊，刊登文学作品和茶余饭后的消闲性文字来吸引读者。其中如《申报》的《自由谈》，《新闻报》的《快活林》，《时报》的《余兴》《小时报》和《民权报》的副刊等，影响都很大。由于辛亥革命的不彻底，一部分原革命派的知识分子革命理想破灭，革命热情消退，又慑于军阀们的言禁，转而大写鸳鸯蝴蝶式的言情小说，使不少报纸成为"鸳鸯蝴蝶派"的园地。担任《申报》副刊《自由谈》主编的周瘦鹃、担任《新闻报》副刊《快活林》主编的严独鹤等，是其中的领军人物。

第三，图片报道的改进与发展。一些有实力的大报如《申报》《新闻报》等，开始增加摄影图片的刊登量。这一时期还创办了一些以摄影图片为主的刊物。如1912年6月5日创刊的《真相画报》，言论、照片、绘画各占三分之一，该刊有关宋教仁案的报道，影响深远。第一次世界大战期间创办的《诚报》，专登新闻摄影图片，内容多为欧战中与中国有关的题材，是中国第一个报纸型的新闻摄影画刊。此外，还有一些报纸刊登漫画，如天津《益世报》自1915年创刊以来，就在重要版面以漫画的形式刊登对时局、社会或风俗等的看法，通俗易懂。

为了加强新闻报道，通讯社开始发展起来。民国初年，新闻事业飞速发展，地区性通讯社纷纷兴起。1912年长沙成立了湖南通讯社、湖南新闻社。1912年11月1日广州再次出现公民通讯社，主办人杨公民，社址在中华北路白莲巷。上海第一家登记在册的、由中国人自办的通讯社民国第一通讯社于1912年8月31日诞生，李卓民主办。此后，中国的民营通讯社陆续出现。但由于人力财力有限，大都以译报、剪报为主，自采新闻较少，只具备油印十数份新闻稿分送报社的能力。多数通讯社"设备甚简，只为一党一派而宣传其消息，至不为国内报纸所信任，对外更无论矣"[①]。这一时期较有影响的是以下两家通讯社：

新闻编译社，邵飘萍创办，北洋政府时期中国最早一家比较有影响的通讯社，1917年5月成立。当时邵飘萍担任上海《申报》驻京特派记者，曾自述其创办通讯社的动机和目的："北京报纸绝少背后无关系者。以立宪国家言之，此固未足以为病；惟其新闻，则除与背后人有关系之一二条夹叙夹议、不伦不类、嬉笑怒骂、立言绝无范围者外（尤可注意者，动辄涉及隐私），殆不再有确实消息可言。而纵横挑拨于其间者，则为某国所设之一、二通讯社。吾人与同辈言及，每引为奇耻……乃于民国七年，创办新闻编译社于北京，是为我国人在北京有通讯社之始。"由于他在北京新闻界十分活跃，重视新闻采访，可以获得不少最新最真的消息，新闻编译社的稿件很受欢迎。"通讯一发，购者纷纷。向之政府议阁，关防严密无人过问者，至是乃打破之，而每次皆有所议之记载。北京报纸，顿改旧观，他家通讯社亦以继起，其记载新闻之格式，一仿新闻编译社，至今而未改。"[②] 该社稿件主要供给北京各报，外国驻京记者也多有参考。虽然不具备面向全国媒体发稿的实力，但仍是北京地区"具有现代通讯社观念的第一个新闻通讯机构"[③]。

国闻通讯社，1921年创办于上海，胡政之参与筹办并担任主编。该通讯社初创时，有安福系和浙卢方面的背景。1920年直皖战争中失败的安福系为了东山再起，与南方国

---

① 戈公振．中国报学史．北京：三联书店，1955：253.
② 邵飘萍．我国新闻学进步之趋势．东方杂志，1924，21（6）.
③ 台湾"中央通讯社"．七十年来中华民国新闻通讯事业．1981：22.

民政府和北方奉系军阀结成一个临时性的反直联盟，中心设在上海。为了政治斗争的需要，决定创办国闻通讯社，作为宣传机构。由于这个反直联盟是以安福系为主体，所以这一通讯社由安福系推荐主编，又因为通讯社的主要经济来源是浙江军阀卢永祥，因此主持人是卢的亲信石小川。卢永祥后来在军阀内战中战败，该社得到了金融巨头吴鼎昌每月 400 元的经费支持，改由胡政之负全责。胡政之早在担任《大公报》驻欧记者时，受外国通讯社采访活动的启发，就有自办通讯社的考虑。在《国闻通讯社缘起》中，他还曾表示要办一个有全国影响的通讯社，有“欲将本积年之经验，访真确之消息，以社会服务之微忱，助海内同志之宏业”① 等语。在胡的主持下，该社曾先后在北京、汉口设立分社，成为当时规模最大的民营通讯社，该社主要用邮寄的方式发稿。上海地区每天发稿两次，约六七千字；北京、天津、奉天（沈阳）、汉口、长沙、重庆、广州、贵阳等地所设的分社，则每天发稿一次。② 这已经是当时国人自办通讯社中最好的业绩了，但相比一般外国通讯社每一个小时发稿一次的频率和速度，还有所不及。

国闻通讯社所发的消息，以详确报道事实为主，不加议论。国外消息和各国报纸上的重要消息，则随时译述，供报界采用。其中私人订阅，每月 4 元；本埠各报订阅，每月 6 元；外埠各报订阅，每月 8 元；外埠快邮订阅，每月 10 元。

为了应对通讯社只能发新闻稿，不能发表言论的不足。胡政之又于 1924 年 8 月创办了一个《国闻周报》作为通讯社的附属刊物，记载每周国内外大事，并加以评论，执笔者有张季鸾、胡政之、陈布雷、叶楚伧、潘公展等。该社自 1925 年增加以电报传递新闻，同时增加报道各地的商业行情，供工商界人士参考。1926 年 6 月，天津新记《大公报》开始筹办，胡政之将国闻通讯社总部迁到天津，继续发稿，成为北方通讯社中的巨擘。

二、民国初年的名记者

由于政论的萎缩和新闻通讯的兴起，民初还诞生了一批以写作新闻通讯著称的记者，主要有黄远生、邵飘萍、刘少少、徐彬彬、林白水、张季鸾、胡政之等。

黄远生（1885—1915）名为基，字远庸，笔名远生，江西九江人，出身于书香家庭。他早年就读于南浔公学，21 岁中进士，但弃官不做，留学日本中央大学学习法律，1909 年回国被清政府任命为邮传部员外郎兼参议厅行走和编译局纂修官。但他无意为官，对记者职业却很青睐。辛亥革命后，1912 年在北京创办并主编《少年中国》周刊，开始了记者生涯。其后编辑梁启超主办的《庸言》月刊，并担任上海《时报》《申报》《东方日报》和《亚细亚报》的驻京特派记者，还常在《东方杂志》、《论衡》杂志、《国民公报》上发表文章。黄远生正式从事新闻工作的时间并不长，大约只有三四年的光景，可是他以深厚的中西学基础、高超的社会活动能力和卓越的采访写作技巧成为民国初年新闻记者的巨擘，被誉为“报界之奇才”，与刘少少、徐彬彬（凌霄）有民国初年新闻界“三杰”之称。袁世凯称帝期间，袁氏想借重他在舆论界的声望，聘他担任御用报纸《亚细亚

① 戈公振．中国报学史．北京：三联书店，1955：256.

② 台湾“中央通讯社”．七十年来中华民国新闻通讯事业．1981：22.

日报》上海版总撰述。黄远生坚辞不就，由北京避到上海，并在上海各报刊登《黄远生反对帝制并辞去袁系报纸聘约启事》，公开表示在国体问题上“与贵报主义不合”。为了避祸，他只好远走美国，1915 年 12 月 25 日晚上，中华革命党方面误认他为袁党，在旧金山枪杀了他，年仅 31 岁。所作通讯评论作品，后辑为《远生遗著》四卷，由商务印书馆出版。

他的新闻通讯有以下一些特点：其一，题材重大，内容翔实。黄远生有很强的政治敏感和新闻敏感。他的新闻通讯所报道的大都是重大政治新闻，或是人们欲知而不得知的内幕新闻，如《陆总理演说后之政界》《借款里面之秘密》《政界小风潮零记》《闷葫芦之政局》等。由于他是留学生，又曾在前清做过官，对当时政界情况比较熟悉，所以他的采访活动非常活跃。他经常出入于政府要害部门，周旋于上层人物之间，访难访之新闻，取独家之报道。其二，分析深刻，见解独到。黄远生在进行新闻通讯的写作上，对新闻背景、事件内幕的挖掘与分析，常入木三分。如袁世凯上台不久，就向英法等六国银行借款六亿元，以盐税作押，以监督中国财政为条件。黄远生写了《借款内脉之解剖》，把六国大借款放在整个世界列强角逐的背景下，用大量材料揭露英、法、德、俄、比、日六国幕后的交易活动以及对袁世凯政府的软硬兼施，最后得出结论：六国大借款反映了各帝国主义国家对华利益的争夺，关系到中国政权是否独立，国土能否不被人瓜分的问题。迫于国内反对借款的强大声势，袁世凯政府不得不同六国重开谈判，条件稍作改变。事后，黄远生又写了《最后借款之命运》，报道了修改条件的几次谈判内幕，逐条剖析所修改的几个条件，指出在堂皇的字句下所掩盖的本质问题：“何有改良？越改越恶耳。岂止越改越恶，虽谓国家之命运将断送于此最后之借款，可也。”[①] 其三，文笔生动、亦庄亦谐。他的通讯大多涉及政坛人士，对他们的描绘生动形象，于诙谐中透出犀利。其代表作《外交部之厨子》，从一个余姓厨子的个人经历，写出了世态的复杂、官场的腐败和革命的不彻底等。总之，黄远生的通讯既继承了中国古代历史实事求是的优良传统，又具备了现代通讯的基本特点，即真实性、新闻性、生动性、评论性。他的新闻通讯写作实践，在中国新闻史上开辟了一个新的时代。

黄远生在其短短四年左右的新闻实践中，提出过很多有价值的新闻观点：

第一，报纸应“主持公理，指斥时弊”。在《少年中国之自白》中，黄远生指出，办报应“主持正论公理，以廓清腐秽，而养国之元气”，“使百年之后，吾黄钟犹有再兴之日”。他认为报馆作为舆论机关，其使命应为“救国兴邦”[②]。

第二，新闻报道要客观、公正、真实、全面。在为《庸言》写的《本报之新生命》中，黄远生说：“吾曹此后，将力变其主观的态度，而易为客观。故吾曹对于政局，对于时事，乃至对于一切事物，固当本其所信，发挥自以为正确之主张，但决不以吾曹之主张为唯一之主张，决不以一主张之故，而排斥其他主张。”[③] 他主张尽可能客观报道，不以自己的主张轻易否定排斥他人的主张，在没有大量确凿事实之前，不要轻易发议论，可以把事实摆出来，以提供今天或者将来作参考。“所以黄远生的许多文章都是当时历史事实的忠实记录，为历史学家所看重。新中国成立前出版的《中国政治史》（李剑农编）、

---

① 黄远生．远生遗著：上册．北京：商务印书馆，1984：27.

② 同①11.

③ 同①103.

《中国近代史》（陈恭禄编），就有多处取材于黄之通讯。”① 为了新闻事件的真实，黄远生特别重视掌握第一手材料，他反对一些新闻记者以传闻为新闻、面壁虚造的做法，更反对“一人杜撰，万报誊写”。

第三，记者要加强自身的修养和基本功的训练，做到四能：“脑筋能想；腿脚能奔走；耳能听；手能写。”所谓“能想”，就是“调查研究，有种种素养”；所谓“能奔走”，就是“交游肆应，能深知各方面势力所在，以时访接”；所谓“能听”，就是“闻一知十，闻此知彼，由显达隐，由旁得通”；所谓“能写”，就是“刻画叙述不溢不漏，尊重彼此之人格，力守绅士之风度”②。黄远生强调，记者要加强“种种素养”：广博的知识与经验，正确的分析思考能力；广泛地接触社会，加强活动能力；深入调查研究，善于触类旁通，分析事物的能力；注重事实，恰如其分地叙述的能力。这既是黄远生对记者的要求，也是他自身经验的总结。

邵飘萍（1886—1926），原名镜清，后改名振青，字飘萍，笔名阿平、素昧平生，浙江金华人。13 岁中秀才，1902 年入浙江高等学堂。曾任《申报》特约通讯员。1912 年，他在杭州与辛亥革命时期著名报人杭辛斋合作创办《汉民日报》，任主编，以才华过人受到同行爱重，被推为省报界公会干事长。因不时抨击袁世凯阴谋复辟帝制和卖国行径，1914 年该报被查封，邵被捕，经营救出狱。之后，他逃亡日本，入日本法政学院，并组织东京通讯社。1915 年初，日本向袁世凯提出灭亡中国的“二十一条”，邵飘萍立即驰报国内。1915 年底，他返回上海，应邀任《申报》《时报》及《时事新报》主笔，抨击袁世凯称帝。袁倒台后，邵接受《申报》聘请，担任该报驻京特派记者，负责撰写“北京特别通讯”。1917 年 5 月，在北京创办新闻编译社；1918 年 10 月在北京创办《京报》，任社长，开启独立办报生涯。1919 年因触怒段祺瑞政府，报纸被查封，邵被迫再次流亡日本，应聘为《朝日新闻》工作。1920 年下半年，段下台，邵回北京恢复《京报》。

邵飘萍是民国时期非常著名的新闻记者，以善于采访著称，常能访到独家新闻。同时期的张季鸾曾评价说：“飘萍每遇内政外交之大事，感觉最早，而采访必工。北京大官本恶见新闻记者，飘萍独能使之不得不见，见且不得不谈。旁敲侧击，数语已得要领。其有干时忌者，或婉曲披露，或直言攻讦，官僚无如之何也”；“中国有报纸 52 年，足当新闻外交而无愧者仅得二人，一为黄远生，一即邵飘萍”③。邵在日常生活和工作中，随时处于临战状态，新闻嗅觉灵敏，用他自己的话说是“其脑筋无时休息，其耳目随处警备，网罗世间一切事物而待其变”④。关于一战期间中德断交这样的重大新闻，就是他在不经意间听到一个电话得来的。另外在新闻工作中，广泛交游，随机应变，掌握心理，把握战机，都是他获得独家新闻的重要技巧和手段。他从事新闻 14 年，其中获得的比较重大的新闻还有“金佛郎案”“府院之争”等社会重大政治、经济、外交新闻。

刘少少（1870—1929），字少珊，笔名少少，湖南善化人。民国初年北京的著名记者，有“怪杰”之称。他出身知识分子家庭，青年时代求学于岳麓书院。1905 年留日，

① 邦梁．试论黄远生的新闻思想．视听纵横，2006（1）．

② 黄远生．远生遗著：上册．北京：商务印书馆，1984：123-140．

③ 京报特刊，1929-04-24．

④ 邵飘萍．实际应用新闻学．北京：京报馆，1923．

学法政，曾协助杨度主办《中国新报》。1909年回国后，他应邀任北京《帝国日报》编辑，取“少年中国之少年”之义，以“少少”为笔名，撰写政论，在新闻界崭露头角。武昌起义后，他一度返湖南，任共和党报纸《湖南新报》和杨怀中、徐特立等教育界人士主办的《公言》杂志的编辑、记者、主笔。北京《亚细亚日报》初创时，他被聘为主笔，主写时评。1915年，上海《亚细亚日报》欲聘其为主笔，遭他拒绝。袁世凯称帝阴谋暴露后，他拒绝了袁世凯的收买，避走天津，并发表文章反对帝制，遭到通缉。1918年，他应聘到北京大学任教，研究道家学说。刘少少一生在政治上较为保守，然其为文独辟蹊径，庄谐杂出，时有新意，为一部分旧知识分子所欣赏。

徐彬彬（1888—1961），原名凌霄，笔名彬彬、凌霄汉阁主，江苏宜兴人，是民国初年的著名记者和剧评专栏作家。他出身于封建士大夫家庭，伯父徐致靖、堂兄徐仁铸都是清朝官吏中著名的维新派人物，徐彬彬生长在这样的家庭，受其影响，成人后多同君主立宪派人物往来。黄远生遇刺身亡后，徐凌霄于1916年继黄远生任上海《申报》《时报》的驻京特派记者，长期为两报撰写北京通讯和随笔。徐彬彬长于文学，娴于经史，熟悉历史掌故，因而他撰写的通讯文笔优美而又富于情趣，深受读者欢迎。由他创作的纪实小说《古城返照记》1928年9月至1931年2月在《时报》连载，一时好评如潮。另外，他对京剧颇有研究，所撰剧评多有创见。20世纪30年代起，徐彬彬长期担任天津《大公报》副刊主编，在“凌霄随笔”“凌霄汉阁笔记”等栏目连载文史短文，介绍我国文物、典章制度和历史掌故。同时，他又任《戏剧周刊》、《北京》副刊和《小公园》的主编，写出的随笔融时事、经史和历史掌故于一体，颇受读者欢迎。他用彬彬笔名采写的通讯，以内容隽趣、文笔晓畅著称，尤其是他熟悉民国初年一些政治要员的身世经历，所写通讯常能运用有趣的内幕材料，以此深受读者欢迎。他著有《凌霄随笔》《凌霄汉阁随笔》《凌霄一士随笔》等，与黄远生、刘少少一道被称为“民初三大名记者”。

林白水（1874—1926），原名獬，又名万里，字少泉，福建闽县人，曾留学日本。1901年6月，林任《杭州白话报》主笔，1903年与蔡元培合办《俄事警闻》，之后又参与创办《警钟日报》。1917年起，他先后在北京创办《公言报》《新社会报》《社会日报》等报，自任社长兼总编辑。林早年倾向革命，袁世凯当政后任总统府秘书兼直隶省督军署秘书长，袁世凯倒台后又被委任参政院参政。1917年起，他开始专注于办报。此后到1926年，是他发表政论、时评、小品文等作品最多的时期。他的文章，“或臧否时事，或月旦人物，夹叙夹议，文采飞扬，谈笑从容，庄谐杂出”，“他的评论文章，感觉敏锐，识见精到，能言人所不敢言，而且热情似火，笔致如大江奔流，被侪辈称之为‘如云驱电掣，如风马之驰’”[①]。他的文风个性明显，非常敢言，“每发端于苍蝇臭虫之微，而归结于政局，针针见血，物无遁形”[②]。所办《新社会报》曾因报道吴佩孚搬运飞机炸弹及盐余公债黑幕等消息，被徐世昌查禁，1922年又因刊登揭露曹锟贿选总统的文章被查封，他也一度被捕。林出狱后即将《新社会报》改名《社会日报》继续出版，并宣称：“自今伊始，斩去‘新社会报’之新字，所以自刑也。”[③]

---

① 林伟功．林白水文集．福州：福建历史名人研究会林白水分会，2006：序一．

② 同①序二．

③ 张次溪．记林白水//纪念林白水文集．福州：福建历史名人研究会林白水分会，2005：15-25.

张季鸾（1888—1941），名炽章，笔名一苇、榆民等，陕西榆林人。他曾师从关学大师刘古愚，后留学日本，创办《夏声》杂志，1911 年归国，任《民立报》编辑。1912 年初，他任中华民国临时大总统孙中山秘书，曾为孙中山起草《临时大总统就职宣言》。宋教仁被刺案发生后，他在报上秉笔直书，被袁世凯逮捕，囚禁三个月。袁世凯死后，他出任《中华新报》总编辑，又因揭露段祺瑞政府与日本订立满蒙五路大借款合同的消息，再陷囹圄，后经各方营救获释。当年业界人士评价，1926 年前，最能引起中外人士注意和重视的报馆社评就是《中华新报》的张季鸾和《商报》陈布雷的文章。但因为《中华新报》销路欠佳，不大引起读者的关注，因此张季鸾当时的名气没有陈布雷大。1926 年后，因与吴鼎昌、胡政之一起接办天津《大公报》，任主笔，其名气才开始日渐变大。张季鸾既有中国士人的流风余韵，又有现代报人的广博知识。其所作评论文章，注意时效性，追求新闻价值基础上的评论价值；追求预见性，洞悉时局与事态的本质及趋势；注重逻辑性，文章结构严谨，政论缜密；走向通俗性，用平实畅达的语言叙事说理；标榜公正性，在“客观”与“敢言”间寻求平衡。① 他成为当时中国主流知识分子的代表，在国际上也有一定影响。

胡政之（1889—1949），名霖，四川成都人。1907 年，他自费留学日本，回国后应聘任上海《大共和报》翻译、编辑、主笔，1915 年任该报驻京特派记者，以消息快捷受到报界关注。1916 年，安福系财阀王郅隆接办天津《大公报》，胡政之受聘为该报经理兼总编辑，曾亲自采访段祺瑞“马厂誓师”等重大新闻，蜚声于时。1918 年欧战结束后，他以《大公报》记者身份采访巴黎和会，是采访该会的唯一中国记者。后在上海组织国闻通讯社，在天津任新记公司《大公报》经理兼副总编辑，成为报界名人。

北洋政府时期的新闻业务，和前一时期相比质和量都有明显的提升。这不仅得益于经济的发展、市场的需求，也得益于通信技术和印刷技术的提高。后一点在新闻图片大量而广泛的运用上表现得尤为突出。革命的高潮过去之后，在迷惘和失望之中，鸳鸯蝴蝶派开始风行于中国的文坛和报坛。他们借助报纸的副刊大行其道。新闻地位的提高和新闻报道的受重视是这一时期报纸内容和版面上最突出的变化。新闻时代的来临，也催生了一批重视新闻采访和撰写新闻通讯的著名记者。这些都是历史的进步。

学习思考题

1. 试述民国初年新闻事业的繁荣及其原因。
2. 简述“癸丑报灾”的前因后果。
3. 简述袁世凯对报界的控制手段和报界的反抗情况。
4. 试析民国初年新闻业务的进步及其原因。
5. 简述黄远生的新闻业务活动特点和新闻思想。
6. 民国初年有哪些比较著名的记者，他们各自的新闻经历如何？

---

① 方汉奇，等．《大公报》百年史．北京：中国人民大学出版社，2004：269－274.

第六章

五四时期的新闻传播事业

中华民国成立后，国内外形势依然十分严峻，尤其思想文化界守旧势力顽固。一些先进知识分子主动进行探索，他们从文化角度入手，欲以思想文化变革作为社会改革的开端。随着新文化运动兴起，以传播新思想为己任的报刊纷纷创办，形成了新的报刊宣传阵地。五四运动爆发后，中国无产阶级新闻传播事业诞生，中国新闻传播事业自五四时期进入了一个新的阶段。

第一节 《新青年》与新文化运动

以陈独秀、李大钊、胡适为代表的知识分子利用报刊，掀起了声势浩大的改造国民思想和文化的启蒙运动。1915 年 9 月，陈独秀在上海创办《青年杂志》，后改名《新青年》，新文化运动由此发端。

一、《新青年》及其主编陈独秀

中华民国成立后不久，袁世凯窃取了国家政权，力图复辟帝制；日本帝国主义提出了“二十一条”，加紧对华侵略。中国社会仍然处于深重的内忧外患之中。现实的教训引起了当年追随辛亥革命的资产阶级、小资产阶级知识分子的思考。有些当年叱咤风云的人物在思想上倒退了，竭力提倡封建道德和尊孔读经的旧文化，鼓吹复古思想。甚至还有一些人公开宣扬鬼神迷信，阻碍民众的觉醒和社会的进步。这种局面激起了中国先进知识分子对于帝国主义和封建专制的强烈愤恨，使他们深深感到虽然有了宪法、国会、总统，却没有解决问题，必须重新找寻解决中国问题的方案。以陈独秀、李大钊等为代表的一部分激进的知识分子直面现实，提出了一个开展广泛的“改造国民性”运动的政治主张。他们认为，要在中国实现民主共和政治，必须首先从思想启蒙着手，用民主思想取代封建思想。于是，这一部分知识分子不再热衷于政党政治活动，转向开展唤起民众的思想启蒙活动。《新青年》杂志就是在这一历史背景和指导思想下创办起来的。

《新青年》，1915 年 9 月 15 日在上海创刊，初名《青年杂志》，自第 2 卷起因有重名之嫌而改为《新青年》。《新青年》，16 开，月刊，出满 6 号为 1 卷，从创刊至 1922 年 7 月共出刊 9 卷 54 号。创办人陈独秀（1879—1942），字仲甫，笔名三爱、实庵、只眼等，安徽怀宁（今属安庆市）人。他出身于一个封建官僚地主家庭，早年考中秀才，后到南京考举人，落榜。由于受到康有为、梁启超发动的维新变法的影响，他抛弃了传统的仕宦旧途，转向寻求西方新学，自 1901 年起多次东渡日本求学考察。同时，他还在国内外组织进步团体和报刊书社。1903 年，他协助章士钊等在上海创办《国民日日报》，担任编辑。1904 年与人合作创办《安徽俗话报》半月刊，并任主编。辛亥革命后，陈独秀面对黑暗的现实，坚持革命的信念弥坚，敏锐地看到中国社会问题的症结。1914 年，在日本东京协助章士钊编辑《甲寅》月刊，并在报刊上发表时论，传播资产阶级民主革命思想，反对封建专制，激励国民志气，克服"奴隶根性"。1915 年夏，陈独秀在袁世凯复辟帝制的危难时局中，毅然回国筹办《青年杂志》，由上海群益书店印刷发行，作为"救国救民"的舆论基地。

《新青年》的创刊，是中国新文化运动兴起的标志。陈独秀在创刊号上发表带有发刊词性质的《敬告青年》一文，针对封建思想文化的束缚，打出了科学和民主的大旗，向青年读者提出了六个方面的要求：自主的而非奴隶的；进步的而非保守的；进取的而非退隐的；世界的而非锁国的；实利的而非虚文的；科学的而非想象的。他大声疾呼："国人而欲脱蒙昧时代，羞为浅化之民也，则急起直追，当以科学与人权[①]并重。"他希望青年"发挥人间固有的智能，抉择人间种种的思想——孰为新鲜活泼而适于今世之争存，孰为陈腐朽败而不容留量于脑里——利刃断铁，快刀理麻，决不作牵就依违之想"。

作为《新青年》的创办人和主持人，陈独秀还为刊物制定了宣传策略，即以思想启蒙为要务，"批评时政，非其旨也"[②]。他还根据不同的情况提出不同的宣传政策与方针，确立了开展思想文化斗争的原则，组织编者、作者和读者队伍。陈独秀又是《新青年》的主要撰稿人，一共撰写了 100 多篇政论、专论和杂文，通信专栏署名记者的答疑辩难文章也大多出于他之手。他在主持《新青年》的七年中，一次被捕入狱，两次被抄家罚款，平时来自社会封建顽固势力的咒骂与人身攻击更是不计其数，但他坚持《新青年》的方向，和读者一起前进。

《新青年》经历了三个发展阶段：陈独秀主撰阶段（1915 年 9 月至 1917 年 12 月），编辑部同人轮流主编阶段（1918 年 1 月至 1920 年 5 月），中国共产党上海发起组机关刊物阶段（1920 年 9 月至 1922 年 7 月）[③]。它的第 1 卷影响不大，包括赠送在内每期发行仅千份。经过调整，自 1916 年 9 月出版的第 2 卷起，陈独秀把"改造青年思想，辅导青年修养"的宗旨和现实的社会政治、青年的思想实际逐渐结合起来，影响日益扩大。1917 年初，陈独秀应聘任北京大学文科学长，《新青年》随之迁到北京出版，并由个人主办发展为拥有一批进步教授、学者参与编撰的同人刊物。1918 年 1 月第 4 卷第 1 号开始，实行轮值主编，主编者有陈独秀、钱玄同、刘半农、胡适、李大钊、沈尹默等，主要编撰人有鲁迅、周作人、高一涵、陶孟和、王星拱、陈大齐、张申府等，形成了一个新文化运动宣传的统一战线。其中，李大钊是《新青年》同人中和陈独秀并肩战斗的猛

---

① Democracy，起初译为人权，意即人权平等之说，后通译为民主。

② 答王庸工．青年杂志．第 1 卷第 1 号，1915－09－15.

③《新青年》从 1920 年 9 月第 8 卷第 1 号起改组为上海共产主义小组的机关刊物。1922 年 7 月出至第 9 卷第 6 号休刊，前后共出 54 号。1923 年 6 月 15 日，《新青年》改为季刊，作为中共中央理论性机关刊物继续在广州出版，至 1926 年 7 月终刊。

将，胡适、鲁迅、钱玄同、刘半农等也各有建树。

二、新文化运动中的《新青年》

《新青年》一创刊，就高高举起民主与科学的旗帜，发动了一场以反对旧道德提倡新道德、反对旧文学提倡新文学为主要内容的新文化运动，并在这场新文化运动中始终是主要阵地。它的宣传内容主要有以下三个方面：

（一）提倡自由民主，反对封建礼教，开展批孔运动

《新青年》大力介绍西方的民主、自由、平等、博爱等新思想、新道德，批判中国封建的旧思想、旧道德，并针对当时的尊孔复辟逆流展开批判孔孟之道的斗争。

《新青年》发表的第一篇批孔文章是易白沙撰写的长篇政论《孔子平议》，它的上篇发表在第1卷第6号上（1916年2月15日），下篇发表在第2卷第1号（1916年9月10日）。这篇文章论述了尊孔会导致政治专制和思想专制，认为“独夫民贼利用孔子，实大悖孔子的精神”。对反对当时盛行的尊孔读经的复古逆流影响最大的是陈独秀、李大钊、鲁迅等人撰写的一系列文章。

1916年9月，鼓吹尊孔、复古的代表人物康有为向北洋军阀政府上书，要求把孔教定为“国教”，以孔孟伦常为立国的精神载入宪法。对此，陈独秀立即在《新青年》上发表了《驳康有为致总统总理书》《孔子之道与现代生活》《宪法与孔教》《袁世凯复活》《复辟与尊孔》《再论孔教问题》等多篇评论，以袁世凯称帝、张勋复辟都打着尊孔旗号这一事实立论，指出“孔子之道，不适合现代生活”，“主张尊孔，势必立君，主张立君，势必复辟”。陈独秀阐述了西方的民主思想与自由平等的观念，把思想上反对封建伦理道德和政治上要求实行民主共和结合起来进行宣传。他疾呼：“欲建设西洋式之新国家、组织西洋式之新社会，以求适今世之生存，则根本问题，不可不首先输入西洋式社会国家之基础，所谓平等人权之新信仰，对于与此新社会、新国家、新信仰不可相容之孔教，不可不有彻底之觉悟，勇猛之决心，否则不塞不流，不止不行！”[①] 这些话集中反映了陈独秀反对封建思想道德的坚定意志，也代表了新文化运动前期的指导思想。

李大钊也在《新青年》上发表《今》《新的！旧的！》等文章，反对颂古非今和安于现状的人生态度，反对尊孔复辟。鲁迅给《新青年》写的第一篇白话小说《狂人日记》[②]，深刻揭露了封建制度和封建礼教的“吃人”本质。《狂人日记》是第一篇署名“鲁迅”的文章，也是《新青年》刊载的第一篇白话文小说。此后，鲁迅还以“唐俟”“俟”的笔名先后写了《我之节烈观》《我们现在怎样做父亲》等五十多篇论文、小说、杂文。

以反孔闻名的吴虞，撰写了《家族制度为专制主义之根据论》《吃人与礼教》等论文，深刻地揭露了封建家族制度与君主专制统治的内在联系，认为封建家族制度是专制主义的根据。他坚定地表示，为了反对孔子学说，“虽蒙离经叛道”之讥，所不恤矣。[③]

---

① 陈独秀．宪法与孔教．新青年，1916，2（3）.
② 鲁迅．狂人日记．新青年，1918，4（5）.
③ 吴虞．家族制度为专制主义之根据论．新青年，1917，2（5）.

在批孔中，吴虞态度坚决，言辞激烈，被称为只手打“孔家店”的老英雄。

《新青年》还在读者通信栏中开展关于“孔教”的辩难，形成了“打倒孔家店”的强大社会舆论。

（二）提倡科学，反对迷信

《新青年》提倡科学，反对迷信，专门介绍自然科学知识的文章不多，主要是倡导用科学的观点来看待社会和人生，反对偶像崇拜、迷信盲从、主观武断和一切愚昧现象。陈独秀撰写的《偶像破坏论》提出：“宗教上、政治上、道德上，自古相传的虚荣，欺人不合理的信仰，都算是偶像，都应该破坏！”① 这种科学的精神，显然和反对封建主义的民主精神紧密地联系在一起。当时，封建统治阶级利用一些组织和报刊宣扬鬼神迷信。对此，《新青年》发表了一系列文章，痛斥所谓“灵学”，从多方面论证鬼神为无稽之谈，进行唯物主义的无神论宣传。易白沙在《诸子无鬼论》中针锋相对地指出：“鬼神之势大张，国家之运告终。”②

（三）发起文学革命运动

《新青年》提倡新文学反对旧文学，提倡白话文反对文言文，发起了一场意义深远的文学革命运动。1917 年 1 月 1 日，《新青年》第 2 卷第 5 号上发表胡适的《文学改良刍议》，拉开了文学革命的帷幕。该文提出，文学改良须从八事入手：言之有物，不模仿古人，讲求文法，不作无病之呻吟，务去滥调套语，不用典，不讲对仗，不避俗语。

胡适（1891—1962），字适之，安徽绩溪人，中国现代著名学者，是《新青年》倡导新文学和白话文的主力之一。1916 年在美国留学时，他就向《新青年》投稿，同陈独秀通信交往。《文学改良刍议》就是他在美国留学时撰写的论文。1917 年，胡适回国，任北京大学教授，并参加《新青年》编辑部工作，又撰写了《建设的文学革命论》等文章，主张“国语的文学，文学的国语”，着重提倡白话文。他首先在《新青年》用白话文写诗，后汇集出版《尝试集》，被称为“白话圣人”。

1917 年 2 月 1 日，《新青年》第 2 卷第 6 号上发表陈独秀的《文学革命论》，提出三大主义：推倒雕琢的阿谀的贵族文学，建设平易的抒情的国民文学；推倒陈腐的铺张的古典文学，建设新鲜的立诚的写实文学；推倒迂晦的艰涩的山林文学，建设明了的通俗的社会文学。他把革新政治与革新文学联系起来，认为“今欲革新政治，势不得不革新盘踞于运用此政治者精神界的文学”。

鲁迅、钱玄同、刘半农、周作人等是《新青年》发起的文学革命运动的战士。鲁迅继《狂人日记》之后，又在《新青年》上发表了《孔乙己》《药》等小说，并在该刊“随感录”栏发表了二十多篇杂文。鲁迅的白话文学作品，树立了批判现实主义的典范，使文学创作与反封建斗争紧密结合，显示了“文学革命”的实绩。钱玄同、刘半农赞同陈独秀“以白话文为文学之正宗”的主张，多次给反对文学革命的言论以有力的回击，其

---

① 陈独秀．偶像破坏论．新青年，1918，5（2）.

② 易白沙．诸子无鬼论．新青年，1918，5（1）.

中一次是以“双簧戏”的形式进行的。

1918年3月15日，《新青年》第4卷第3号在《文学革命之反响》的总标题下发表了著名的新旧文学论战的两封信。一封是钱玄同化名“王敬轩”写的反对文学革命的来信，汇集了当时反对新文化运动的许多论点，一封是刘半农写的有一万多字的《致王敬轩信》，逐条批驳王的论点，具体论述文学革命的必要性。这两封信的辩驳，推动了对文学革命问题的讨论。

同时，《新青年》还从第4卷第1号起大量译介世界近现代文学名著，发表俄、法、英、德、日、挪威、美、丹麦、印度等二十多个国家百余名作家的作品。同时，对“彻底暴露人生”的写实主义、自然主义和“人的文学”“平民文学”等文学理论进行了探讨，为新文学的发展提供了有益滋养。

《新青年》发起新文化运动，开展民主与科学的思想启蒙宣传，反对封建主义，批判孔孟之道，提倡新文学和白话文，惊醒了一代青年。广大读者纷纷致信《新青年》杂志，赞扬《新青年》在“公理消沉，邪说横行之时”，能够“独排众议，力挽狂澜”，认为《新青年》是“明灯黑室”“空谷足音”，开创了中国历史的“新纪元”，推崇陈独秀是“思想界的明星”。1917年，《新青年》最高销量每期达一万五六千份。1919年，《新青年》又再版第1卷至第5卷，以满足读者的要求。

当然，《新青年》在发起新文化运动时也存在着一些形式主义的缺点，正如毛泽东在《反对党八股》一文中所指出：“他们对于现状，对于历史，对于外国事物，没有历史唯物主义的批判精神，所谓坏就是绝对的坏，一切皆坏；所谓好就是绝对的好，一切皆好”①。总之，《新青年》前期对民主与科学的宣传，没有超出旧民主主义思想的范畴。但是它唤醒青年一代冲破封建思想的牢笼，为五四运动的爆发，为马克思主义在中国的传播开辟了道路。

三、李大钊揭开宣传马克思主义的新一页

正当中国新文化运动发展到高潮之际，俄国十月革命的炮声给中国人民送来了马克思列宁主义。李大钊等先进的中国知识分子，敏锐地意识到马克思主义是解决中国社会问题的思想武器，并在《新青年》等报刊上发表介绍马克思主义的文章，揭开了宣传马克思主义的新一页。

李大钊（1889—1927），字守常，笔名明明、孤松、猎夫等，河北乐亭人。他是中国共产党的主要创始人之一，是中国最早的马克思主义的卓越宣传家，中国无产阶级新闻活动的先驱。五四时期，他曾广泛从事报刊活动，撰写大量政论。1913年，他在天津担任北洋法政学会的《言治》月刊②的编辑。1916年春，他在日本主编出版留日学生总会机关刊物《民彝》创刊号，并为《甲寅》月刊、《新青年》写稿。他从日本寄给《新青年》的第一篇稿件《青春》，号召青年“冲破历史之桎梏，涤荡历史之积秽，新造民族之

---

① 中共中央文献编辑委员会．毛泽东选集：第3卷．北京：人民出版社，1991：832.

② 《言治》1913年4月创办于天津，月刊，同年11月停刊，共出版6期。1917年，在相关人士的操持下，《言治》改为季刊在北京复刊，李大钊继续为编辑部成员之一。

生命，挽回民族之青春”，为把白首中华改变为青春中华而努力。1916 年 4 月回国后，李大钊担任《新青年》特约撰稿人，1918 年初被聘为北京大学图书馆主任，参加《新青年》编辑部工作。除积极参与《新青年》编撰工作，他还与陈独秀等创办《每周评论》；还担任过北京《晨钟报》总编辑、《甲寅》日刊编辑、《少年中国》杂志编辑主任，北京大学学生刊物《国民》杂志社导师和《新潮》杂志社顾问，指导北京《晨报》副刊改革。1920 年，他领导北京共产主义小组出版《劳动音》周刊。中国共产党成立和大革命时期，他指导创办《工人周刊》、《政治生活》周刊、《国民新报》等报刊，并为《新青年》季刊、《向导》、北京《晨报》等报刊撰稿。1927 年 4 月 28 日，他在北京牺牲。

俄国十月革命于 1917 年 11 月 7 日爆发。11 月 10 日，上海《民国日报》第三版要闻以“突如其来之俄国大政变”为主标题，以“临时政府已推翻”“美克齐美（即布尔什维克）党占据都城”“新政府即将提出公正之和议”为副标题作了报道。11 日，北京《晨钟报》，上海《申报》《时报》《中华新报》等多家报纸也发了消息。一般报纸则刊载这样一条简讯：“8 日，伦敦电，俄国公报云，彼得格勒戍军与劳动社会已推倒克伦斯基政府。”① 随后，各报陆续报道苏维埃政府的政策措施，如分配土地给农民、工人监督工厂企业、实行普选制等。对于列宁（当时译为里林、雷林、李宁）的活动，也有所反映。各报把俄国革命作为一件新近发生的事情来报道，但也夹杂着一些误传和歪曲，如说“里林氏闻已就逮”，把布尔什维克党说成是“乱党”等。所以如此，与采用外国通讯社（英国路透社、日本东方社等）的电讯有关。

李大钊最早、最热情地歌颂俄国十月革命。1918 年，正当皖系军阀段祺瑞政府阴谋把我国拉进帝国主义反苏干涉战争中去的时候，李大钊在报刊上接连发表了几篇热情歌颂十月革命的政论，如《法俄革命之比较观》（载 1918 年 7 月《言治》季刊）、《庶民的胜利》和《布尔什维主义的胜利》（载 1918 年 11 月《新青年》月刊）、《新纪元》（载 1919 年 1 月 1 日《每周评论》）等，赞扬十月革命“是世界革命的新纪元，是人类觉醒的新纪元”；指出第一次世界大战的结束是军国主义、资本主义的失败，“是民主主义的胜利，是社会主义的胜利，是 Bolshevism 的胜利，是赤旗的胜利，是世界劳工阶级的胜利，是二十世纪新潮流的胜利”。他解释什么是布尔什维主义：“他们的主义，就是革命的社会主义；他们的党，就是革命的社会党；他们是奉德国社会主义经济学家马客士（Marx）为宗主的。”他满怀信心地预言，十月革命“不过是使天下惊秋的一片桐叶罢了”，“试看将来的环球，必是赤旗的世界”！他鼓舞读者，不要因为俄国革命后“一时之乱象”而抱悲观，要“翘首以迎其世界新文明之曙光”，从十月革命中看到新希望。1919 年，李大钊把他轮值主编的《新青年》第 6 卷第 5 号②编成《马克思研究》专号，撰发长篇论文《我的马克思主义观》，系统、简明地介绍了马克思主义的政治经济学、唯物史观和科学社会主义三个组成部分，向读者推荐马克思主义是“世界改造原动的学说”，将新文化运动推向了新阶段。

在国内外时局变化、新思潮迅速传播的形势下，《新青年》日益倾向社会主义。陈独

---

① 申报，1917-11-10.

② 当时他为避开军阀迫害，赴河北昌黎，编辑工作在该地完成，第 6 卷第 5 号延至 9 月出版，但封面仍署 5 月。

秀在五四运动前夕开始改变怀疑观望态度，转而同情十月革命，谈论社会主义。1919年9月他出狱后，12月为《新青年》第7卷第1号写的《本志宣言》一文，强调指出："我们相信世界上的军国主义和金力主义，已经造成了无穷的罪恶，现在是应该抛弃的了"，把批判的矛头初步指向了帝国主义和资本主义。

1920年初，陈独秀由北京出走到已是新文化运动中心的上海，《新青年》从第7卷第4号起由他在上海主编出版。他在筹建中国共产党上海发起组的过程中，把第7卷第6号编成《劳动节纪念号》。这是《新青年》宣传马克思主义与工人运动相结合的一个里程碑。这期专号的篇幅多达360多页，比平时扩大一倍以上。它发表了陈独秀的《劳动者的觉悟》、李大钊的《May Day运动史》以及大量全国各地工人劳动、生活状况的调查报告和材料（包括数十幅照片），揭露在资本主义剥削下广大劳工牛马不如的奴隶生活。值得注意的是，这些材料有相当部分是《新青年》的记者和各地进步学生团体深入工人群众调查得来的，还有几篇是工人自己写的稿子和多幅工人题词。这表明《新青年》同人中的激进民主主义者逐渐转向了无产阶级的立场，促使《新青年》的社会主义因素不断增长。这为《新青年》后期转变为社会主义刊物打下了基础。

除《新青年》杂志外，国内其他报刊也出现了宣传马克思主义的文章。在南方，广东《中华新报》兼职记者杨匏安在该报发表长篇译述性文章《马克思主义》，自1919年11月11日起至12月4日连载19次，详尽介绍了马克思主义产生的历史及其组成部分。文章说："自马克思氏出，从来之社会主义，于理论及实际上，皆顿失其光辉，所著《资本论》一书，劳动者奉为经典……马氏以唯物史观为经，以革命思想为纬，加之以在英法观察经济状态之所得，遂构成一种以经济的内容为主之世界观，此其所以称科学的社会主义者也。"最后指出："马氏之言验矣！今日欧美诸国已悟布尔塞维克之不能以武力扫除矣！"这些南北同时发表的言论，标志着我国先进知识分子开始用马克思主义世界观来观察世界形势和国家命运，标志着他们运用报刊阵地传播马克思主义的开端。

第二节　新的报刊宣传阵线的形成

面对日益复杂的国际国内形势，陈独秀、李大钊等决定在《新青年》之外，再创办一份周刊——《每周评论》，《每周评论》时事政治性更强，特别是在五四运动爆发后，《每周评论》对运动给予大力支持，发挥了积极的舆论先导作用。与此同时，进步学生报刊也相继创立，形成了新的报刊宣传阵线。

一、《每周评论》的创办

第一次世界大战结束后，中国民众，特别是青年，日益关注国内外时事，对即将召开的关系国家权益的巴黎和会以及涉及国家前途的国内南北和会等问题尤为注目。这就迫切要求报刊加强对时事政治的报道和评论，《新青年》单枪匹马的斗争显然已不能适应时代的需要。在新文化运动的思想影响下，一个新的报刊宣传阵线应运而生。《每周评论》是其中最有影响的报纸之一，与《新青年》互相配合，将新文化运动推向新的发展阶段。

《每周评论》，1918 年 12 月 22 日在北京创刊，是陈独秀、李大钊等《新青年》同人为适应新的形势而创办的一份时事政治评论报纸，4 开 4 版。《每周评论》与《新青年》一样，以“输入新思想”“提倡新文学”为己任，但《新青年》“重在阐明学理”，《每周评论》则“重在批评事实”，把思想文化斗争和政治斗争紧密结合起来。《每周评论》加强反帝反封建军阀的政治时事报道评述，把报道和评论结合起来。陈独秀在发刊词中提出以“主张公理、反对强权”为宗旨。

《每周评论》政治思想内容丰富，议论精辟。这张 4 开 4 版的小型报纸，栏目新颖多样，有“国外大事述论”“国内大事述评”“社论”“文艺时评”“随感录”“新文艺”“国内劳动状况”“通信”“评论之评论”“读者言论”“新刊批评”“选论”等。除正张外，有时还抓住重大事件增出“特别附录”一张，随报赠送，如《对于北京学生运动的舆论》等。《新潮》杂志这样评价该报：“读它的人可用最廉的代价最经济的时间，知道世界上最新最重要的事件。”

1919 年 8 月 31 日，该刊被北洋军阀政府查禁，共出 37 期。前 25 期由陈独秀负责主编，李大钊是主要撰稿人，宣传反帝反封建思想，并倾向社会主义。自第 26 期起，由胡适接编，开展了“问题与主义”的讨论。

二、报刊对五四运动的宣传报道

1918 年，第一次世界大战结束，在中国报刊上出现“公理战胜强权”的欢呼声。但是，在 1919 年 1 月开始举行的巴黎和会上，作为战胜国的中国却成了列强瓜分的对象。列强拒绝中国收回山东的要求，答应日本接管德国在山东的一切权利。这种屈辱激起全国人民的公愤。于是，五四运动爆发了。全国报刊，包括向来保守的报刊，都积极报道和支持这个爱国运动。

北京各报，在 5 月 5 日都突出报道了北京学生的爱国行动。《晨报》以《山东问题中的学生界行动》为题，发表 2 000 多字的消息，详细报道了学生的游行活动。随后又对此进行连续报道，还发表了支持学生的评论，公布了被捕的 32 名学生的名字。5 月 8 日至 10 日，连续 3 天刊载《购回 5、6 两日本报》启事：“本月 5 日、6 日两天，本报因销数骤增而不及加印，现应寄外埠的报顿形不足，读者诸君如能以该两日的报出卖，本馆愿照原价收回。”

天津《大公报》的胡政之采访了巴黎和会，他的“巴黎来电”一时成为人们争相阅读、关注的内容。

上海各报也作了集中的报道。《申报》《新闻报》《时报》《神州日报》《时事新报》《中华新报》《民国日报》七家报纸联合决定，从 5 月 14 日起不收日商广告、船期、进市、商情等。各报还在报上就此发表了通告。

在五四运动期间，《每周评论》发挥了积极的舆论先导作用。五四运动前夕，陈独秀著文痛斥巴黎和会是“分赃会议”。五四运动爆发后，《每周评论》对运动作了连续的系列报道，及时评论，给予支持与引导。运动发生当天出版的第 20 号一版“国内大事述评”栏一面报道巴黎和会上日本帝国主义的狡诈态度，一面披露北洋政府外交部电令和会代表采取对日妥协退让、“对山东问题，不要坚持到底”的消息，吁请读者注意“卖国贼”的阴谋诡计。从5月11日出版的第21号起，一连五期用全部或大部分篇幅，有时还增出专页，详细报道了五四运动的经过和前因后果，发表评论，引导群众斗争。《每周评论》把这场伟大的群众爱国运动第一次称为“五四运动”，赞扬它是中国学生和中国人民的一个“创举”。它第一次提出学习五四运动的精神，即在关系中华民族危亡的时候所表现的“学生牺牲、社会制裁和民族自决”的精神。

在五四运动前后，中国报界出现团结一致的局面。1919年4月15日，上海《民国日报》、北京《晨报》等83家报纸，在上海成立了中华全国报界联合会，并宣布它将“外为和会专使的后盾，内作南北代表的指导”。该会积极动员各报拒登日商广告，显示报界一致对外的爱国立场。

三、进步学生报刊的纷起

五四运动前后，在《新青年》《每周评论》的带动下，进步学生报刊如雨后春笋般生长起来，在1919年一年就达400种之多。其中影响较大的有毛泽东主编的《湘江评论》、周恩来主编的《天津学生联合会报》。

《湘江评论》1919年7月14日创刊于长沙，湖南学生联合会机关报，由毛泽东主编。它是一张4开4版的小型周报，新闻、评论全部用白话文写作，以述评为主。毛泽东不仅精心编辑这张报纸，还发表政论、述论、杂论将近40篇。《湘江评论》在出版启事中宣布：“本报以宣传最新思潮为主旨。”毛泽东执笔的《创刊宣言》是一篇气势磅礴、豪情洋溢的文章。《创刊宣言》指出：《湘江评论》出版的任务就是研究、传播新思潮。毛泽东撰写的长篇政论《民众的大联合》，在该刊的第2至4号上连载，分析总结十月革命、辛亥革命和五四运动的历史经验，深刻阐述“民众大联合”的思想和策略主张，反映了毛泽东的民主革命统一战线思想的萌芽。当时，该文被上海、北京、成都、浙江的一些报刊转载或推荐。

《湘江评论》创刊号初印2 000份，当即销售一空，又加印2 000份。从第2号起增印5 000份，除主销地湖南外，上海、北京、武汉、广东、四川等地都有它的读者。李大钊评价它是全国最有分量、见解最深的刊物。1919年8月上旬，该刊第5号正付印时，遭到湖南军阀的武力查封。

《天津学生联合会报》，1919年7月21日创刊，天津学生联合会机关报，周恩来任主编。该报为对开大张日报，后改为三日刊，有时还发行号外。以评述为重点，其中周恩来用笔名“飞飞”撰写的许多评论，议论精辟，富有战斗性。创刊前，周恩来写了《天津市中等以上学校学生联合会日刊发行旨趣书》，表明对报纸作用的重视。他写道：“我们学生联合会在求社会同情的时候，不能不有两个利器：一个是讲演，一个是报纸。讲演、报纸全是我们学生思潮的结晶。”① 随后，他又为创刊号写了题为《革新、革心》的

① 中共中央文献编辑委员会，南开大学．周恩来早期文集：1912.10—1924.6.北京：中央文献出版社，1996：419.

社论，阐述了革命者既要改造社会，又要在这一斗争中自觉改造自己思想的正确主张，并以此作为该报宣传的宗旨。该报还以大量篇幅报道学生运动、工人罢工斗争，并派出“特派员”专程赴山东采访，还发行号外支持山东学生群众代表赴京请愿。广大读者称赞《天津学生联合会报》是天津的“新曙光”，评价它是“全国的学生会报之冠”。该报除发行天津外，还行销北京、上海、南京等全国许多地方，平时每日销数 4 000 多份，最高日销达万份以上。出版仅两个多月后，9 月 22 日就被反动当局以“妨害公共安宁秩序”的罪名查封。后经反复斗争，于 10 月 7 日复刊，改出三日刊。周恩来为复刊号写了《本报继续出版的布告》，表示不论反动当局如何阻挠迫害，本报“天天在奋斗里讨生活”，仍继续传播学生奋斗的消息。该报第 100 期特地取名“奋斗号”。直至 1920 年初停刊，该报共出刊 100 多期，至今只发现 17 期。

五四运动后，各地青年纷纷组织政治性社团，出版政治报刊。除《湘江评论》《天津学生联合会报》外，还有少年中国学生会在北京创办的《少年中国》杂志，北京俄文专修馆瞿秋白等人创办的《新社会》旬刊，湖南湘雅医专的《新湖南》，湖南周南女校的《女界钟》，周恩来、邓颖超在天津创办的《觉悟》杂志，恽代英、林育南等主持或参与的在武汉出版的《武汉星期评论》和《学生周刊》，浙江的《双十》周刊、《浙江新潮》和《钱江评论》，四川的《星期日》周刊和《四川学生潮》，等等。在全国出现了一个创办学生报刊的热潮。

在五四运动的影响下，社会各阶层都有明显的变化，也出版了一些新的报刊，如 1919 年 6 月 8 日在上海创刊的《星期评论》、1919 年 8 月 1 日在上海创刊的《建设》杂志、1919 年 9 月在北京创刊的《解放与改造》半月刊（新学会主办，1920 年 9 月改名《改造》月刊，由梁启超和蒋方震主编）。

四、新旧思潮在报刊上的激战

新文化运动向纵深发展，引起封建顽固势力的恐慌和抵抗。在 1918 年下半年至 1919 年上半年，一场新旧思潮的激战在报刊上展开。

代表封建顽固势力的重要人物有林纾（琴南）、辜鸿铭、刘师培等。代表封建顽固势力的报刊有《国故》月刊、《新申报》、《东方杂志》、《公言报》等。其中，《国故》月刊是刘师培等人专为抵制新文化运动而创办的，1919 年初在北京创刊。该刊以“昌明中国固有之学术”为号召，反对白话文，提倡文言文，反对新思想，提倡旧思想。《公言报》受到段祺瑞支持，1916 年 9 月 1 日在北京创刊，曾被舆论讥讽为“段氏之影片，段党之留声器”。

封建顽固派文人在报刊上发表了一批文章，攻击新文化运动。他们把《新青年》等宣传新文化运动的报刊视为“洪水猛兽”，把陈独秀等新文化运动的战士称为“过激派”，认为新文化运动是“功利倡而廉耻丧，科学尊而礼义亡，以放荡为自由，以攘夺为责任”。五四运动爆发后，《公言报》等报刊攻击五四运动是“铲伦常，覆孔孟”的“恶果”。有人主张把“学生事件交付法庭办理”，要学生自首“去遵服判罪”。对此，《每周评论》等报刊立刻予以反击。《每周评论》出版“特别附录”专页《对于北京学生运动的舆论》，选录了《晨报》《国民公报》《益世报》等报纸的 9 篇评论，集中批驳要求法律制裁的谬论，指出学生风潮激于爱国心，青岛事件为全国人民所注目，学生运动得到各方舆论之同情。这些评论还警告反动当局：如果违反公意，滥用法律制裁，必将酿成全国罢市罢工的激烈风潮。

1919 年 2 月 17 日，林纾在上海的《新申报》上发表文言小说《荆生》，杜撰了一个名叫荆生的"伟丈夫"在北京陶然亭痛打大骂孔子、主张白话文的田其美（隐指陈独秀）、金心异（隐指钱玄同）和狄莫（隐指胡适）的故事，反映了封建顽固派痛恨新文化运动的心理，暗示北洋军阀政府会像荆生一样来为他们出气。这篇小说一发表，立刻遭到新文化运动战士的反击。3 月 9 日，李大钊在北京《晨报》上发表《新旧思潮之激战》，正告封建顽固派"应该本着你们所言的道理，光明磊落的出来同这新派思想家辩驳、讨论"。3 月 16 日，《每周评论》第 12 号全文刊出了林纾的小说并逐段加以批评。

1919 年 3 月间，林纾还在北京《公言报》上发表公开信《至蔡鹤卿太史书》《再答蔡鹤卿书》，攻击蔡元培等新文化运动战士，攻击白话文是"都下引车卖浆之徒所操之语"。蔡元培在 1919 年 3 月 18 日北京《公言报》上发表《致〈公言报〉并答林琴南君函》，以事实为根据，逐一批驳林纾反对新文化和白话文、维护旧道德和文言文的言论，并提出"对于学说，仿世界各大学通例，循'思想自由'原则，取兼容并包主义"的主张。此后，林纾又在《新申报》上发表文言小说《妖梦》，同样遭到了痛斥。

针对封建守旧势力对新文化运动的攻击与责难，《新青年》第 6 卷第 1 号（1919 年 1 月 15 日出版）发表陈独秀撰写的《本志罪案之答辩书》，指出："追本溯源，本志同人本来无罪，只因为拥护那德谟克拉西和赛因斯两位先生，才犯了这几条滔天的大罪。要拥护那德先生，便不得不反对孔教、礼法、贞节、旧伦理、旧政治。要拥护那赛先生，便不得不反对国粹和旧文学。"这既是回答责难者，也是对新文化运动宣传的总结。这篇答辩书表现了《新青年》的编者与主要撰稿者一往无前的精神，他们坚定地表示："我们现在认定只有这两位先生可以救治中国政治上、道德上、学术上、思想上一切的黑暗。"因此，为了倡导民主与科学，"一切政府的压迫，社会的攻击笑骂，就是断头流血，都不推辞"。

第三节　中国无产阶级新闻传播事业的诞生

随着共产主义组织活动的开始和马克思主义新闻思想在中国的传播，《新青年》经过改组与无政府主义划清界限，由宣传新文化的启蒙刊物转变成为共产主义刊物。《共产党》月刊大力宣传党建知识，对中国革命的问题进行了初步探讨。《劳动界》《劳动音》《劳动者》等刊物相继出版，共同构筑起我国早期的无产阶级新闻传播事业体系。

一、《新青年》的改组和《共产党》月刊的创办

五四运动后，一批激进的民主主义者迅速接受了马克思主义。在共产国际的帮助下，

中国的共产主义运动开始兴起。1920年5月，首先在上海成立了中国共产党发起组，对外称马克思研究会。接着，北京、武汉、济南、长沙、广州等地的共产主义小组相继成立。在筹建中国共产党的过程中，迫切需要有自己的新闻舆论工具来传播马克思主义，发动和组织工人运动。于是，各地共产主义小组创办了一批报刊，其中影响最大的是改组后的《新青年》和《共产党》月刊。

在五四运动期间，陈独秀在北京参加了群众斗争，6月11日散发传单时被捕，9月16日出狱。10月5日，他主持《新青年》编辑部会议，决定将刊物迁到上海。12月1日出版的《新青年》第7卷第1号上他发表了《本志宣言》，宣布反对“军国主义和金力主义”，基本上确认了社会主义方向。

1920年9月，《新青年》从第8卷第1号起迁上海出版，成为中国共产党上海发起组的机关刊物。《新青年》采用先树旗帜的办法，在第8卷第1号上开辟“俄罗斯研究”专栏，表明刊物性质的变化。这时参加《新青年》编辑工作的有陈独秀、李汉俊、沈雁冰（茅盾）等，据沈雁冰回忆：“这一期的封面上有一小小图案，是一东一西，两只大手，在地球上紧紧相握，这暗示中国革命人民和十月革命后的苏维埃必须紧紧团结，也暗示全世界无产阶级团结起来的意思。”[①] 在印刷与发行方面，从第8卷第1号起与群益书店脱离关系，成立新青年社，作为独立的机构。

改组后的《新青年》扩充了编者作者队伍，内容上加强了社会主义的宣传，但是它仍然保持原来新文化运动统一战线的面貌，与在北京的编者作者保持联系，照旧采用他们的来稿。这样，既争取了原有民主主义作者、读者，同时也避免了反动当局的注目。尽管如此，《新青年》还是遭到了胡适的反对。1920年底至1921年初，他写信给陈独秀，指责改组后的《新青年》“色彩过于鲜明”，提出要《新青年》迁回北京编辑出版，发表一个“不谈政治”的声明。他还在北京同人中散布说：“今《新青年》差不多成了 *Soviet Russia* 的汉译本”，“北京同人抹淡的工夫决赶不上上海同人染浓的手段之神速”[②]。这时陈独秀应孙中山邀请去广州工作，《新青年》由陈望道主持编辑工作。胡适又寄明信片给陈望道，反对“把《新青年》作宣传共产主义之用”。胡适的主张受到了陈独秀、李大钊、鲁迅等人的反对，没有实现。

《新青年》成为我国最早的马克思主义报刊之一。改组后的《新青年》，向广大读者进行了马克思主义思想的启蒙教育，激励、团结许多人从民主主义走向马克思主义，在思想上和干部上为中国共产党的建立做了积极准备。

为了向群众进行共产主义教育，推进筹建中国共产党的工作，中共上海发起组于1920年11月7日创办了理论机关刊物《共产党》月刊，李达主编。该刊秘密出版，不标明编辑、印刷、发行的地点，也不署真名。《共产党》月刊主要从三个方面进行了宣传：（1）宣传有关共产党建设的知识，介绍第三国际和国际共产主义运动的实际情况、文献资料，特别是俄国共产党的经验和列宁的著作。（2）论述中国革命的道路和党的纲领策略，论证只有社会主义、共产主义能够救中国，主张无产阶级联合起来，建立俄国布尔

---

① 茅盾回忆录（四）. 新文学史料，1979（4）.

② 张静庐. 中国现代出版史料：甲编. 北京：中华书局，1954：8. *Soviet Russia* 即《苏俄》杂志，是在美国纽约出版的一家进步刊物。

什维克式的中国共产党，用革命手段夺取政权。（3）向工农兵群众宣传马克思主义，报道国内工人运动的发展。它刊登了《俄国共产党的历史》《列宁的历史》《告劳兵农》等传单式的呼吁书。《共产党》月刊至1921年7月止共出6期，每期发行5 000份，它不仅是早期共产主义者学习党的基本知识的必读教材，而且是各地共产主义小组交流思想、沟通情况、酝酿建党的一条重要纽带。

改组后的《新青年》和《共产党》月刊，坚持传播马克思主义，继进行反对实用主义的“问题与主义”论战之后，又开展了反对非科学社会主义和无政府主义的两次思想论战。1920年冬至1921年，研究系①的报刊《时事新报》、《解放与改造》杂志（后改名《改造》），打着研究社会主义思想的幌子，宣扬社会改良主义思想，鼓吹发展资本主义。张东荪以《时事新报》记者名义写的《由内地旅行而得之又一教训》挑起了论战。后来，《改造》上又发表他写的《现在与将来》和梁启超的《复张东荪书论社会主义运动》，是他们的代表文章。《新青年》、《共产党》月刊、《民国日报》的《觉悟》副刊等发表了反驳文章，《新青年》第8卷第4号收集有关论战的正反两方面文章编成《关于社会主义的讨论》文辑。无政府主义作为五四运动前后形形色色的新思潮之一，在知识分子中有着相当影响，当时宣传无政府主义的报刊有《民声》《进化》《自由录》《互助》《劳动》等。《共产党》月刊发表《无政府主义之解剖》等文反驳，译介了列宁《国家与革命》的部分章节，《新青年》第9卷第4号编了《讨论无政府主义》文辑。

二、《劳动界》等第一批工人报刊

1920年下半年，各地共产主义小组为了向工人宣传马克思主义，开展工人运动，相继创办了《劳动界》《劳动音》《劳动者》《劳动与妇女》等刊物，这是我国第一批以马克思主义为指导、以工人为对象的通俗报刊。

《劳动界》是中共上海发起组于1920年8月15日创办的，32开本，周刊，1921年1月23日停刊，共出24期，主编李汉俊。该刊的宗旨是“改良劳动阶级的境遇”。它用浅显的语言、生动的事例向工人介绍劳动创造价值和资本家剥削剩余价值等马克思主义的基本理论。它指出工人之所以受剥削，是由“资本家生产制”造成的，要解决这个问题，“劳动者非信奉社会主义，实行社会革命把资本家完全铲除不可”。它还以十月革命后的苏俄为榜样，鼓动工人联合起来结成团体，为改变受压迫的地位团结斗争。它报道国际国内工人运动情况，尤其是国内各地工人成立工会、开展罢工斗争的消息，为工人读者传递信息，促进工人的觉醒。

《劳动音》是北京共产主义小组于1920年11月创办的周刊，版式与《劳动界》相同，1920年12月5日出至第5期停刊，每期销数达2 000份。主要编辑人员有邓中夏（笔名“心美”）、罗章龙等。它着重反映工人受压迫的悲惨生活，详细报道唐山煤矿瓦斯爆炸五六百工人死难的惨案、南京万余机织工人捣毁省议会的斗争，发表评论，给予支持，

---

① 研究系，资产阶级政党，即宪法研究会。袁世凯死后，段祺瑞执掌北洋政府实权，与总统黎元洪发生“府院之争”，原进步党首领梁启超、汤化龙于1916年8月组织宪法研究会，以研究宪法标榜，反对以《中华民国临时约法》为制宪基础，时称研究系。

并指导工人正确斗争的方法和途径。后来，它曾改名《仁声》，又继续出版了几个月。

《劳动者》周刊是广东共产主义小组于1920年10月3日创办的，1921年1月2日停刊，共出8期。它向工人宣传只有组织起来推翻现存制度，实现社会主义，才能得到解放。它以《劳动歌》为题最早译载了《国际歌》歌词。由于无政府主义者对刊物编辑的影响，该刊存在无政府主义和工团主义倾向。

《劳动界》等刊物，被工人们看作自己的"喉舌"、工人解放的"明星"。这批刊物把宣传马克思列宁主义和工人运动初步结合起来，促进了我国共产主义运动的开展。

三、中俄通讯社

中俄通讯社于1920年7月在上海创立，简称中俄社，1921年5月5日起，改称华俄通讯社，简称华俄社，社长杨明斋。它是我国第一家无产阶级通讯社。

1920年共产国际代表维经斯基等人到达上海后，即着手建立中俄通讯社作为一个公开活动的机构。中俄社的主要任务是加强中俄两国人民的相互了解，向中国人民介绍列宁的革命理论、俄国革命的成果与经验，同时向俄国人民介绍中国革命的开展情况。它一方面翻译俄文资料，写成中文消息供中国报纸采用；另一方面将中国报刊资料译成俄文，供苏俄报刊采用。1920年7月2日，上海《民国日报》第一次采用中俄社的稿件（《远东俄国合作社情形》）。

中国共产党上海发起组成立后，中俄社成为它领导的机构之一。《新青年》、上海《民国日报》等都采用了中俄社的稿件。中国共产党成立后，它由中共中央宣传部主管，以华俄社名义发稿，断断续续，到1925年8月1日停止工作。

四、中国早期无产阶级新闻传播事业的特点与意义

俄国十月革命以后，特别是我国五四运动以后，马克思、列宁关于建立无产阶级政党的学说在我国广泛传播开来。建党学说中，包括创办和利用报刊的问题。新型的报刊与通讯社——以马克思列宁主义为指导的无产阶级报刊与通讯社在我国出现，既是新文化运动以来宣传新思潮的必然结果，也是我国筹建无产阶级政党的直接需要。我国首批无产阶级报刊，在筹建中国共产党的进程中发挥了宣传、鼓动和组织作用，为以后党的新闻传播事业的发展创造了良好的开端，在中国新闻传播事业史上开辟了一个新时代。

我国早期无产阶级新闻传播事业具有这样的特点：以向工人阶级和其他劳动者宣传马克思列宁主义为基本任务；有目的、有组织地进行宣传鼓动和新闻报道工作；新闻宣传工作与建党的组织工作紧密结合，相辅而行。

在我国首批无产阶级新闻媒体中，多数是新创办的，如《共产党》月刊、《劳动界》等工人报刊、中俄社；也有经改革后性质发生变化的，如《新青年》。此前，有一些激进的民主报刊被反动派扼杀，否则，它们也有可能走上新的轨道。我国早期无产阶级新闻传播事业是我国新闻史上前所未有的新型新闻传播事业，代表了我国新闻传播事业发展的前进方向。

第四节　新闻工作改革、新闻学研究与新闻教育

五四时期，我国新闻传播事业经历了业务层面的改革创新，北京大学新闻学研究会的成立既标志着中国新闻学研究的发端，亦标志着中国新闻教育事业的起步。同样在这一时期，中国职业新闻观念渐趋系统和专业化，中国新闻界与国际新闻同行的交流和交往也日益频繁。

一、新闻工作改革

在新文化运动和五四运动的推动下，我国新闻传播事业有了很大的发展，新闻工作也在多方面进行了重大改革，几乎所有报刊都有不同程度的变化。

（一）开创自由讨论的风气

五四时期出现了一个百家争鸣的局面，报刊成为争鸣的主要园地。形形色色的观点展现在人们面前。有些相互辉映，互为补充；但有更多的是互有矛盾、相互排斥，思想交锋，甚至激烈的思想论战时有出现。然而，这一切都是在自由讨论的气氛中展开的。

当时有三种情况：一是新旧思潮的激战，即拥护与反对新文化运动的双方争论；二是论战，有著名的三大论战（问题与主义、科学社会主义与非科学社会主义、马克思主义与无政府主义）；三是学术、文化、思想等各方面具体问题的讨论。三者特点与性质各异，但报刊让各方充分发表看法，还把反映各种观点的材料汇集起来供读者分析，如《每周评论》的“特别附录”、《新青年》的《关于社会主义的讨论》。

（二）政论传统的恢复与发展

从 19 世纪 70 年代末到 20 世纪初，我国报刊政论得到充分的运用与发展，树立了优良的政论传统。在宣传维新变法时，在革命与改良的论战中，政论都是主要武器，出了不少政论名篇和政论家。而在民国初年，应景的文字充斥报端，有见地的政论少见。到五四时期，自由讨论之风兴起，也带来了政论的活跃与繁荣。

《新青年》发起新文化运动后，广泛采用社论、专论、代论、来论、外论等多种形式，打破民国以来报刊万马齐喑的沉闷局面，政论重新受到重视并发展到一个新的阶段。《新青年》等宣传新文化的报刊，正是通过政论提倡民主、科学，批判旧思想、旧文化。《新青年》发表大量批判尊孔复辟的文字，有力动摇了封建统治。

《每周评论》《湘江评论》等常用的述评形式，政论和新闻报道相结合，夹叙夹议，及时评论国内大事。《新青年》的“随感录”专栏发表的短小犀利的时评，又称杂文，是一种“匕首”“投枪”式的评论文体，后来逐渐发展成为常用文体之一。

（三）新文风的出现

《新青年》提倡白话文，反对文言文，使我国报刊文风一新。新文化运动前，我国报

刊文字绝大多数是文言文。戊戌维新前后，曾出现少量白话报刊。当时用白话文写作，只是出于通俗宣传维新变法思想的需要，中上层生活中一般还是把白话文看作俯就愚民、难登大雅之堂的粗俗文体。《新青年》出版前后，报刊、教科书、应用文仍然几乎全部用文言文写作，因而《新青年》第1卷也全部是文言文。自第2卷开始，《新青年》开始发表胡适用白话文翻译的小说和他写的白话诗，但只占很少篇幅。在1917年8月1日出版的第3卷第6号“通信栏”中，钱玄同提倡：“我们既然绝对主张用白话体做文章，则自己在《新青年》里做的，便应该渐渐的改用白话。”他带头并建议该刊同人从此以后不论是写论文还是写通信，“一概用白话”。自第4卷起，《新青年》白话文迅速增多，至第6卷时几乎完全采用白话。

在《新青年》的影响下，五四运动中涌现的数百种报刊纷纷采用白话文，如《每周评论》《湘江评论》等。一些全用文言的大报，如《国民公报》《晨报》《东方杂志》等也开始部分采用白话文，有的办了白话文副刊，有的出现了白话文的短评、通讯，还有的在一部分消息和社论中也采用白话文。

在推广白话文的同时，《新青年》还提倡使用新式标点符号。过去报刊上的文字，既不分段落，也不加标点，只在句读处加圈或者空一格。《新青年》突破陈规，从第4卷起带头采用标点符号，1919年2月1日出版的第7卷第1号公布了《本志所用标点符号和行款的说明》，统一所用标点符号共计13种。后来，许多报刊也相继采用。读者还投书《新青年》，提出了报刊横排的主张。

（四）副刊的革新

五四以前，我国报纸副刊多是休闲性的读物，格调不高，有的还充斥低级趣味的内容。在新文化运动的冲击下，重视副刊成为报界的普遍现象，有的报纸副刊比正刊更出名。

上海的《时事新报》最先对副刊进行改革。1918年3月4日，该报创办起《学灯》副刊，初为周刊，因大受读者欢迎而不断扩版，由周二刊、三日刊最后于1919年12月改出日刊，由不足一版扩为两版，1922年改出4开4版。《学灯》初由张东荪主编，后继者有俞颂华、宗白华等，主要介绍西方国家的学术文化，也曾刊登过讨论社会主义的征文，李大钊、陈望道的文章和郭沫若早期的诗作。后来，该刊向右转，脱离了进步文化的潮流。

北京《晨报》具有副刊性质的第7版，自1919年2月7日起，在李大钊的指导和帮助下进行改革，主要是增加了介绍“新修养、新知识、新思想”的“自由讨论”和“马克思研究”等栏目，刷新了原有的“译丛”等栏，使《晨报》第7版变成积极参加新文化运动、传播社会主义思潮的新园地。其中，“马克思研究”专栏从1919年5月5日至11月坚持了半年之久，还出版了1919年《劳动节纪念》专号。1921年10月2日起，《晨报》第7版改成4开4版的单张出版，刊名《晨报副镌》，每日一张，每月合订一册，由孙伏园主编。鲁迅积极撰稿支持，将《阿Q正传》（署名巴人）付该刊连载。这一副刊在思想文艺界有着广泛影响，为发展新文学做出了贡献。

1919年6月6日起，上海的《民国日报》取消了格调不高的《国民闲话》和《民国小说》两个副刊，另办《觉悟》副刊，由邵力子主编，大力宣扬反封建的民主主义思想，并开始介绍社会主义思潮。1920年5月20日起，《觉悟》改出8开4页单张随报附送，后每月汇成一册，单独发行。1920年中共上海发起组成立后，它的成员邵力子、陈望道等继续主持《觉悟》的编撰，使这个副刊变成宣传马克思主义、社会主义的一个阵地。1925年12月，《民国日报》被国民党右派掌握后，《觉悟》也失去了进步作用。

五四时期副刊的改革，为办好报纸副刊提供了有益经验，意义深远。创刊于1924年12月5日的《京报》副刊，继承了副刊革新的传统，它同《晨报》副刊、《学灯》、《觉悟》一起，被称为五四前后的“四大副刊”。该刊由孙伏园主编，鲁迅是它的经常撰稿人。1926年4月，《京报》副刊因邵飘萍被杀、《京报》被封而停刊，共出版477期。

（五）报纸版面编排和新闻采写业务的改进

在报纸版面编排方面，头版头条已是最新发生的国内外重大新闻，原先作为头版头条的“大总统命令”已被排在不重要的位置，甚至当作补白性材料来填充版面。报纸版面分为4栏、5栏、6栏、7栏、8栏等多种形式，专栏增多，且注意创新，如各种时事述评专栏、“要闻”、“社论”、“随感录”、“新文艺”、“通信”、“译丛”、“国内劳动状况”、“新刊批评”等比较新鲜的栏目。标题的制作努力做到醒目引人。

在新闻采写方面，不少报纸聘设特派记者，开辟国内外新闻来源，重视直接采访报道，使国内外消息、通讯比重增加，并出现了一批有价值的新闻作品。如邵飘萍在担任《申报》驻京特派记者期间采写的大量独家新闻和北京通讯，在当时具有广泛的影响。有些报纸还聘请国外兼职通讯员、特派员，从而丰富了报纸的国际新闻通讯。1918年12月，《大公报》经理兼总编辑胡政之以该报记者名义赴法国，为该报发回一批专电、通讯。1920年秋，北京《晨报》和上海《时事新报》合筹经费，向美、英、法、德、俄五国一次派7名特派员。其中派往俄国的瞿秋白、俞颂华、李宗武等人，于1920年10月离京，次年1月到莫斯科，成为我国采访报道列宁领导的苏维埃俄国实况的第一批记者。

瞿秋白于1917年9月考入北京俄文专修馆学习，1919年积极参加五四运动，同年11月，他和郑振铎等创办《新社会》旬刊，宣传民主主义思想，并日益倾向社会主义，向往十月革命后的苏俄。从1921年初到1922年底，他坚持在苏俄采访活动两年，采写《共产主义之人间化》等数十篇新闻、通讯，发表在两报上的有50多篇。他还写了著名的通讯报告集《饿乡纪程》《赤都心史》等书。瞿秋白的作品如实地、深刻地报道了第一个社会主义国家初期的状况，增进了中国人民对十月革命、苏维埃政权、马克思主义、列宁和布尔什维克党的了解，在一代青年读者中产生了巨大的影响。瞿秋白在苏俄期间，于1922年2月加入了中国共产党，并于同年8月终断了与《晨报》《时事新报》的关系。①

周恩来采写的旅欧通信，为这个时期报纸的国际新闻通讯增添了光彩。他于1920年

---

① 瞿秋白还是我国最早的无产阶级新闻记者，1923年回国后，成为中共中央领导人之一。他是中共早期新闻事业的缔造人，先后主编《新青年》季刊、《前锋》月刊、《向导》周报和《热血日报》。1927年10月主编《布尔什维克》杂志。20世纪30年代在上海发起劳动左翼文化运动，指导《文艺新闻》的出版和中国左翼记者联盟的成立。1934年主编《红色中华》报。1935年6月18日在福建长汀遇难。

11 月赴法国勤工俭学，同时应天津《益世报》之约担任该报特约通讯员，为它撰写海外通信。从 1921 年 2 月到 1922 年 2 月的整一年中，周恩来连续在《益世报》上发表 56 篇通信，深刻反映了当时欧洲的革命形势、旅欧华人的斗争和中国留学生的艰苦生活。

二、新闻学研究与新闻教育的开端

新文化运动兴起后，新闻学研究迅速开展起来。1918 年 10 月 4 日成立的北京大学新闻学研究会，是中国将新闻学作为一门学科进行研究的开端。该会以“研究新闻学理，增长新闻经验，以谋新闻事业之发展”为宗旨，由北京大学校长蔡元培兼任会长，北京大学文科教授徐宝璜任副会长，徐宝璜和《京报》社长邵飘萍是专任导师。徐宝璜（1894—1930），字伯轩，江西九江人。1912 年赴美国留学，学习经济学和新闻学。1916 年回国，任北京大学教授。1920 年起，先后在北京民国大学、朝阳大学、中国大学、平民大学等校任教，主讲新闻、经济方面的课程。1930 年 6 月 1 日，在北平病逝。北京大学新闻学研究会还出版《新闻周刊》，为我国第一个新闻学研究刊物，徐宝璜任编辑主任。该刊采用横排的编排形式，但仅出版 3 期。北京大学新闻学研究会一直活动到 1920 年 12 月。

新闻学专著的出版是这一时期新闻学研究发展的一个重要表现。徐宝璜的《新闻学》（初名《新闻学大意》）1919 年 12 月由北京大学出版部以新闻学研究会名义出版，为中国学者撰写的第一本新闻学专著。蔡元培为该书作序，称赞它“在我国新闻界实为‘破天荒’之作”。正如徐宝璜在该书的自序中所说，该书“取材于西籍者不少”，但“对于新闻学的重要问题，则皆有系统的说明；而讨论新闻纸的性质与其职务，及新闻之定义与其价值，自信所言，颇多为西方学者所未言及者”。

随着新闻学研究的发展，中国的新闻教育应运而生。中国的新闻教育，在中华民国成立之初已有人建议，但一直未能实现。我国第一个新闻教育团体应为北京大学新闻学研究会。它的创建也是中国新闻教育事业起步的标志。该研究会向校内外公开招收会员，举办了两期研究班，培养会员百余人。徐宝璜为研究班讲授新闻学概论，并指导编辑新闻的练习。他的名著《新闻学》就是将其在新闻学研究班上使用的讲义整理改写而成的。邵飘萍在研究班上主讲新闻采访，并指导会员的实习活动，他的名著《实际应用新闻学》也是将其讲课时的讲义整理改写而成的。他们为我国新闻教育事业做出了开拓性贡献。当时，青年毛泽东正任职北京大学图书馆助理员，他参加新闻学研究会，并取得了听讲半年的证书。北大新闻学研究会的有些会员，如高君宇、罗章龙等，后来都曾担任中共早期报刊《劳动音》、《向导》周报、《工人周刊》、劳动通讯社等的记者和编辑。

这一时期，中国新闻界与国际新闻界的交往开始增多。仅 1921 年到 1922 年间，来华访问的西方新闻界知名人士就有英国《泰晤士报》社长北岩、美国密苏里大学新闻学院院长威廉、美国新闻出版界协会会长格立士、《纽约时报》名记者麦高森、美联社社长诺伊斯等人。他们在各地进行讲学、发表演讲，介绍西方新闻学和办报经验，影响广泛。1921 年 10 月，中国新闻界代表 6 人参加檀香山世界报界第二次大会，这是中国第一次出席国际新闻界会议。1923 年美商控股的上海《新闻报》创刊 30 周年，出版纪念册，其中收有西方新闻界头面人物的祝词、论文多篇，用中英文对照刊出，促进了中西报纸的经验交流。

学习思考题

1. 简要评述《新青年》的创办经过及其在新文化运动中的贡献。
2. 简要评述《每周评论》的特点及其在五四运动中的作用。
3. 简要评述陈独秀在新文化运动时期的报刊活动。
4. 简要评述李大钊的报刊活动及其贡献。
5. 简要评述毛泽东、周恩来、瞿秋白在五四时期的报刊活动。
6. 我国无产阶级新闻事业是在什么历史条件下产生的？有哪些具有代表性的报刊？
7. 我国新闻工作在五四时期有何重大变革？
8. 简要评述我国新闻学研究和新闻教育的开端。

第七章
中国共产党成立和大革命时期的新闻传播事业

1921年中国共产党成立以后，党的新闻事业迅速发展了起来，先后创立了机关报、共青团的报刊、工人报刊、妇女报刊等系列报刊，并且随着大革命的推进，党的新闻事业获得进一步发展，为党的革命事业发展做出了积极贡献。

第一节　中国共产党的报刊

中国共产党的报刊，是在共产国际帮助下，借鉴列宁党报思想和俄国党报经验创办起来的，它继承与发扬五四时期报刊的革命精神，以宣传马列主义和党的纲领、路线、方针、政策，指导革命斗争为基本任务，对于早期党的革命活动起到了积极的推动作用。

一、中共中央机关报刊

1921年7月，中国共产党诞生。《向导》是中共中央的第一个机关报，时事政治评论性的周报，16开本。《向导》1922年9月13日在上海创刊，1927年5月迁至武汉，7月停刊，共出版201期。蔡和森、彭述之、瞿秋白先后担任主编，陈独秀、李大钊、毛泽东、罗章龙、赵世炎等是主要撰稿人，有的还参加了编辑工作。

《向导》一创刊，就集中宣传党的二大制定的民主革命纲领——打倒帝国主义、打倒封建军阀，统一中国为真正的民主共和国。20世纪20年代初期的中国，军阀专制，政客弄权，帝国主义或背后操纵，或公开干涉，局势黑暗混乱。《向导》以马克思列宁主义理论为指导，分析形势，指出帝国主义侵略和军阀统治是造成中国混乱局面的根源，也是导致中国贫穷落后的根源。通过革命报刊的宣传，反对“帝国主义”和“打倒封建军阀”很快成为广大群众的行动口号。

《向导》同为帝国主义服务的宣传工具进行了激烈的舆论斗争。日本人办的中文《顺天时报》和英国人办的英文《字林西报》《京津泰晤士报》等，攻击中国人民的反帝斗争，甚至鼓吹对中国进行“惩罚战争”。《向导》发表文章痛斥这类言论，并从第54期起开辟了“外患日志”专栏，逐日记载帝国主义侵略中国的罪行。

《向导》还批驳了各种错误思想与主张，针对《努力周刊》宣扬“好人政府”“联省自治”等言论，《向导》指出改良主义是有害的幻想，“中国现在需要的是打倒军阀和外国压迫”①。

① 君宇．王博士台上生活应给“好人努力”的教训．向导，1922-10-11.

《向导》受到读者欢迎，影响日益扩大。发行量从最初的两三千份很快超过万份，最高曾达 10 万份。除在国内各地发行外，还远销至越南、日本、德国、法国等国家。国内读者赞扬它是“黑暗中国社会的一盏明灯”。

《向导》的首任主编蔡和森，为办好该刊做出了杰出的贡献。蔡和森（1895—1931），湖南湘乡人。1918 年，他同毛泽东等在长沙组织新民学会，五四运动后赴法国勤工俭学，1921 年冬回国，加入中国共产党。他担任《向导》主编两年又八个月，在该刊上发表了许多文章。蔡和森有很高的马列主义理论修养，他的文章能抓住重要的实际问题，提到理论高度来分析，具体生动地宣传党的纲领和政策。他于 1925 年冬赴莫斯科参加共产国际会议，1931 年在香港被捕后引渡至广州，被反动军阀杀害。

继《向导》之后，中共中央又创办了《新青年》季刊和《前锋》月刊。《新青年》季刊，1923 年 6 月 15 日在广州创刊，瞿秋白主编，1924 年 12 月出版第 4 期后休刊。1925 年 4 月复刊，原定为月刊，但不能按期出版，实际上成为不定期刊，1926 年 7 月出版第 5 期后终刊。《新青年》季刊及不定期刊，以宣传马列主义理论为基本任务，基本内容可以概括为三个方面：一是介绍马列主义的有关著作和国际无产阶级革命运动的经验，出版共产国际号、列宁号、世界革命号等专号；二是从理论上论证中国共产党在民主革命中的纲领和主张；三是参加“科学与人生观”的讨论，发表陈独秀、瞿秋白等人的文章，批评唯心主义观点，宣传辩证唯物主义与历史唯物主义。

《前锋》于 1923 年 7 月 1 日在上海创刊，为避免当局的注意，假托在广州出版。瞿秋白主编，原定为月刊，实际未能按期出版，1924 年 2 月 1 日出版第 3 期后停刊。它的基本任务是通过对中国与世界政治经济形势的分析，宣传中国共产党的纲领和主张。它重视调查研究材料，采用了许多统计数字，具有鲜明的理论色彩。

但是，《向导》和《前锋》对无产阶级在民主革命中的领导地位宣传不力，甚至有错误的观点。例如，把民主革命的成功说成仅仅是资产阶级的胜利，而“幼稚的无产阶级目前只有在此胜利的奋斗中才有获得若干自由及扩大自己能力的机会”①；“我们在此运动中，不敢说是领袖，更不敢说是先觉，只愿当前锋，只顾打头阵”②。

二、中国社会主义青年团报刊

在中国共产党成立前，各地共产主义小组在准备建党的同时，开展了建立中国社会主义青年团的活动，上海、北京、广州等地陆续建立团组织。有些地方团组织办起了面向青年群众的报刊，这就是中国最早的团刊。其中有四川成都团组织于 1921 年 1 月 15 日创办的《先驱》半月刊，广东团组织于 1922 年 3 月创办的《青年周刊》等。

在首批团刊中，《先驱》是出版时间最长的，也是唯一由地方团刊转为中央团刊的。它的第 1 期至第 3 期在北京出版，刘仁静、邓中夏（仲獬）编辑，由于北洋军阀政府的查禁，从第 4 期起迁至上海出版，并成为中国社会主义青年团临时中央局的机关刊物，

---

① 陈独秀．资产阶级革命与革命的资产阶级．向导，1923-04-25.

② 本报露布．前锋，1923-07-01.

施存统编辑。1922 年 5 月，中国社会主义青年团举行第一次全国代表大会，建立团中央机构，《先驱》从此正式成为团中央的第一个机关报。先后担任编辑的有施存统、蔡和森、高尚德等。它的基本内容是，介绍国际共产主义运动和青年运动的状况，评述中国青年思想和青年运动的现状，宣传马列主义理论和中国共产党的主张，报道团的活动和刊载团的文件等。《先驱》出版第 25 期（1923 年 8 月 15 日）后停刊。

1923 年 8 月，中国社会主义青年团第二次全国代表大会决定，创办《中国青年》作为团中央机关刊物。同年 10 月 20 日，《中国青年》在上海创刊，周刊，32 开本，经常发行 1 万多份，最多时 2 万份，出至 1927 年 10 月停刊。恽代英、萧楚女、李求实等先后担任主编。《中国青年》在发刊词中表示，它是给青年以“忠实的友谊的刊物”，“要引导一般青年到活动路上”。它的基本内容如下：一是帮助青年正确对待工作、学习、生活，引导青年走上革命的道路；二是评述时事政治，帮助青年正确认识国内外形势，提高觉悟，特别是在它的后期，革命处于危急关头，《向导》受到“左”倾错误的严重影响，而《中国青年》在一些重大问题上仍然坚持从实际出发进行宣传，发挥了很好的作用；三是宣传马列主义理论，同各种反动的、错误的思想作斗争。

重视青年的要求，从内容到形式符合青年的需求，是《中国青年》的特色。该刊第 4 期（1923 年 11 月 10 日）发表《我们的希望》一文，征求读者对该刊的意见，表明需要“有益而有味的稿子”。《中国青年》既注重“益”，也不忽略“味”，因而内容扎实、形式活泼，能吸引读者。它在一段时间里每期都有《本期研究题目》，启发读者思考。每当寒暑假开始时，它就对学生们提出建议——回家做些什么事，看些什么书，思考什么问题，等等。它同读者建立了直接联系，组织读报组，开会讨论。许多青年就是从阅读《中国青年》开始走上革命道路的，他们称《中国青年》为“良师益友”。

《中国青年》曾以最受欢迎的作者是谁为题征求读者意见，读者的回答是恽代英、萧楚女。

恽代英（1895—1931），江苏武进人。1915 年在武昌中华大学读书，五四后在武汉创办工人补习学校，开设利群书社，编辑《学生周刊》和《武汉星期评论》。1921 年加入中国共产党，1923 年赴上海担任团中央宣传部部长兼《中国青年》主编。1924 年国共合作后担任国民党上海市执行部工农部秘书，曾领导上海《民国日报》副刊部的工作。1926 年赴广州，任黄埔军校政治总教官兼中共党团书记、农民运动讲习所教员。大革命失败后，参加领导南昌起义和广州起义。1928 年后，任中共中央宣传部秘书，主编《红旗》。1930 年 5 月被捕，1931 年 4 月 29 日在南京被杀害。在主编《中国青年》时，恽代英勤奋写作，精心编辑，还亲自处理读者来信。他和萧楚女的作品代表了《中国青年》的文风，既洋溢着革命热情，又有理论分析，深入浅出，亲切感人。

萧楚女（1897—1927），原名树烈，字秋，湖北汉阳人。1920 年参加利群书社，1922 年加入中国共产党，不久去四川任中学教师兼《新蜀报》主笔。1925 年赴上海，任《中国青年》编辑，该刊的“新刊批评”专栏主要由他执笔。他在《中国青年》上发表了许多文章，热情地鼓励青年要有“入世宏愿”，勇于变革现实。1926 年赴广州，协助毛泽东编《政治周报》，曾任农民运动讲习所专职教员、黄埔军校政治教官。1927 年在广州反革命大屠杀中被害。他写过许多文章和小册子，其中著名的有《显微镜下的醒狮派》

《中国革命与中国共产党》等。

三、工人报刊

中国共产党成立后，以领导工人运动作为中心工作，工人报刊随之迅速发展起来。从 1921 年下半年到 1923 年初，在北京、上海、广州、武汉、长沙等地陆续创办了一批工人报刊。其中最著名的是上海《劳动周刊》和北京《工人周刊》。

《劳动周刊》是中国劳动组合书记部的机关报，也是党领导下的第一张全国性的工人报纸。1921 年 8 月 20 日创刊，4 开小型报。它的发刊词宣布："我们的周刊不是营业的性质，是专门本着中国劳动组合书记部的宗旨，为劳动者说话，并鼓吹劳动组合主义"，希望中国工人"都来维护这唯一的言论机关，扩大解放全人类的声浪，促进解放全人类的事业实现"。1922 年 6 月 19 日，被上海公共租界工部局以"载过激言论""鼓吹劳动革命"的罪名勒令停刊，共出刊 41 期。

《工人周刊》于 1921 年 7 月创刊，4 开小型报（后改 8 开）。最初是北京共产主义小组以"工人周刊社"名义刊行，1922 年夏改为新成立的中华全国铁路总工会的机关报，并迁至郑州出版。1926 年迁至天津出版，至当年 12 月约出版 150 期。因受军阀政府迫害，多次停刊，终刊时间不详。

在中国共产党领导的中国劳动组合书记部的组织下，各地创办了一批工人报刊，如山东的《山东劳动周刊》、湖南的《长沙劳动周刊》、湖北的《劳动周刊》、香港的《香港劳动周刊》等。在工人运动中，也出现了一批报刊，如陇海铁路总工会在 1922 年 2 月创办的《陇海路总罢工》、京汉铁路总工会在 1922 年初创办的《京汉铁路日刊》、唐山工会创办的《唐山潮声》等。

工人报刊的宣传报道中心是向工人群众通俗地介绍马列主义理论，反映工人群众的生活和工会组织的活动，号召工人阶级团结起来，进行反对帝国主义、反对封建军阀的斗争。在 1921 年 1 月至 1923 年 2 月我国第一次罢工运动高潮中，工人报刊发挥了宣传鼓动作用和组织作用。许多报刊及其工作人员在罢工运动中进行了英勇的斗争。如汉口《真报》（1922 年 10 月 10 日创刊，湖北省工团联合会主办，林育南主编）积极报道与支持工人斗争，在工人中传诵。1923 年 2 月 4 日京汉铁路全线总罢工开始后，《真报》成为罢工工人的喉舌。2 月 7 日发生镇压工人惨案，8 日《真报》被捣毁、查封，封条写的是"扰乱地方，鼓动工潮"8 个字。它的编辑之一施洋，7 日被捕，15 日被军阀杀害。林育南等出走上海，发表《汉口真报馆宣言》，呼吁全国人民团结起来，打倒封建军阀。

"二七"惨案后，全国工人运动转入低潮，工人报刊中多数被迫停刊或被查封，能够坚持出版的为数极少。

四、中共早期报刊的主要特点

中国共产党的报刊，是在共产国际帮助下，借鉴列宁党报刊思想和俄国党报经验创办起来的。中共一大通过的第一个决议中，对于出版党的报刊作了原则的规定，如"应由党员直接经办和编辑”，“不能刊载违背党的方针、政策和决定的文章”等。中共二大通过的《中国共产党加入第三国际决议案》，完全采纳了共产国际对党的报刊的要求，如规定党的报刊应由“确实忠于无产阶级革命事业的可靠的共产党人来主持”，“应该完全服从党中央委员会”。因此，把党的报刊作为党的事业的一个重要组成部分，贯彻党性原则，在党中央和各级党委领导下开展新闻宣传工作，是中共早期报刊的主要特点之一。党的主要负责人陈独秀、李大钊、瞿秋白等，都亲自领导党的报刊工作，经常为党的报刊撰稿。

中共早期报刊的又一个主要特点是继承与发扬五四时期报刊的革命精神，以宣传马列主义和党的纲领、路线、方针、政策，指导革命斗争为基本任务。在《新青年》季刊的创刊号上，发表了瞿秋白执笔的《〈新青年〉之新宣言》，其中指出：“《新青年》的职志，要与社会以正确的指导，要与中国平民以知识的武器，《新青年》乃不得不成为无产阶级革命的罗针。”在文风上，党的报刊也坚持了五四时期倡导白话文的正确方向。

在以广大工人为读者对象的同时，要面向民众，面向社会，扩大影响范围，这也是中共早期报刊的一个主要特点。中国反帝反封建的革命斗争，需要实现“民众的大联合”，党的报刊不仅要报道与评论民众所关心的一切方面，而且应争取在社会各阶层中拥有自己的读者。

中国共产党报刊的出现，在中国新闻史上揭开了新的一页，在开拓具有中国特色新闻事业的发展道路上迈出了第一步。

第二节　国共合作后的新闻传播事业

1924 年国共第一次合作后，中国共产党的报刊事业获得了长足的发展：一方面加强了中央报刊，使之成为革命舆论的领导者及中坚力量；另一方面建立地方报刊，出现一个初具规模的从中央到地方的党团报刊网络。

一、统一战线报刊的活跃

争取联合各派革命力量，结成反帝反封建的统一战线，是中国共产党报刊宣传的重要内容之一。1923 年 6 月，中共二大确定同中国国民党建立革命统一战线的政策后，又进一步加强了这方面的言论。1924 年 1 月，中国国民党第一次全国代表大会召开，实现了国共合作。

在国民党一大前夕，1923 年 12 月 30 日，孙中山对一些国民党员说：“革命成功极快的方法，宣传要用九成，武力只可用一成。”[①] 国民党一大后，统一和加强宣传机构成为它的一项重要工作。共产党员毛泽东担任了国民党中央宣传部代理部长，一批共产党员参加国民党报刊和通讯社工作。正是在共产党员的主持和帮助下，国民党的宣传工作出

① 孙中山选集：下卷．北京：人民出版社，2011：491.

现了活跃局面。特别是一些由共产党员主持、用国民党名义出版的报刊，在人民群众中产生了广泛的影响。

《政治周报》是国民党中央机关报，由国民党中央宣传部主持出版。1925年12月5日创刊于广州，毛泽东主持筹办工作并担任首任主编，从第5期起，先后继任主编的是共产党员沈雁冰、张秋人。每期销量4万份。现在所见最后一期为1926年5月出版的第14期。它创刊的时候，国民党右派刚刚在北京西山召开过会议，公开进行反共、反统一战线活动，宣布开除李大钊、毛泽东等共产党员的国民党党籍。帝国主义和一些军阀也公开对聚集在广东的革命势力造谣中伤。针对这种情况，毛泽东在《〈政治周报〉发刊理由》一文中指出："我们现在不能再放任了。我们要开始向他们反攻。'向反革命派宣传反攻，以打破反革命派宣传'，便是《政治周报》的责任。"毛泽东还进一步指出："我们反攻敌人的方法，并不多用辩论，只是忠实地报告我们革命工作的事实。""《政治周报》的体裁，十分之九是实际事实之叙述，只有十分之一是对于反革命派宣传的辩论。"这篇文章提出了"为了革命"办报的理论与方法，是体现毛泽东新闻思想的重要论著之一。

国民党中央农民部主持出版的《中国农民》和《农民运动》两个刊物，也是由共产党员经办的。《中国农民》月刊于1926年1月在广州创刊，经常为它撰稿的有毛泽东、李大钊、林伯渠、李立三、彭湃、阮啸仙等共产党员。毛泽东的《中国农民中各阶级的分析及其对于革命的态度》和《中国社会各阶级的分析》等文章，都是在《中国农民》上发表的。《农民运动》是一个通俗性的周刊，刊载有关农民运动的论文、宣传材料和报道，1926年8月1日创刊于广州，后迁至武汉，终刊时间不详，现在所见最后一期为1927年6月出版的第29期。

在报纸中，《楚光日报》和《汉口民国日报》都是由共产党员主持、用国民党名义出版的。《楚光日报》于1926年3月在汉口创刊，创办人董必武（用化名担任经理），总编辑宛希俨、陈潭秋。报馆工作人员仅四五名，都是共产党员。这家报纸是国民党湖北省党部机关报。1926年9月，北伐军占领汉口。11月25日董必武主持下的《汉口民国日报》创刊，用国民党湖北省党部机关报的名义出版，经理毛泽民，先后担任主编的是宛希俨、高语罕、沈雁冰。《楚光日报》和《汉口民国日报》积极报道工人运动、农民运动和北伐战争的形势，宣传中国共产党的主张和孙中山的联俄、联共、扶助农工三大政策。

在上海、广州、南昌都出版了《民国日报》，都是国民党的机关报，也都有共产党员参与。但是，它们的情况比《汉口民国日报》复杂得多。上海《民国日报》由共产党员和国民党左派党员共同组成副刊部，主持副刊改革工作，取得显著成绩。它先后出过9个副刊，影响较大的是《觉悟》和《评论之评论》。西山会议后，上海《民国日报》完全为右派所控制。至于南昌《民国日报》，共产党员和国民党左派党员合作，同国民党右派进行了反复争夺，几次改变方向，最终为右派所控制。广州《民国日报》也是先左后右。

此外，国民党湖南省党部机关刊物《新民周报》，1924年4月17日创刊，共产党员李维汉任主笔。刊行时间不长，终刊情况不详。1924年4月1日，国民党在广州创办"中央通讯社"，由中央宣传部直接管理，1926年迁至武汉。

二、共产党报刊、共青团报刊初步形成网络

国共合作后，中国共产党及其领导下的中国共产主义青年团都公开出版报刊，公开发行。它们一方面加强中央报刊，使之成为革命舆论的领导者及中坚力量，另一方面建立地方报刊，出现一个初具规模的从中央到地方的党团报刊网络。

从整体上看，中国共产党是先办中央报刊，然后在加强中央报刊的同时创办地方报刊。《向导》等中共中央机关报刊，面向全国发行，即使在北洋军阀统治中心的北京，李大钊还秘密组织了《向导》的翻印工作。在北京、上海等地的报刊上，有时也出现《向导》出版的广告。1925 年 1 月，中共第四次全国代表大会高度评价《向导》创刊以来的工作，指出它在全国革命运动中取得了“舆论的指导地位”。然而，党的地方报刊却是在国共合作后革命形势迅速发展的有利条件下陆续创刊的。如中共北京地方党组织主办的《政治生活》周刊，1924 年 4 月 27 日创刊。中共河南区委机关报《中州评论》，1925 年 8 月在开封创刊，萧楚女主编。中共湖南区委机关报《战士》周报，1925 年 12 月在长沙创刊，初为旬刊，后为周刊。中共广东区委机关报《人民周刊》，1926 年 2 月 4 日在广州创刊，张太雷主编。中共湖北区委机关报《群众》周报，1926 年 10 月在汉口创刊。此外，有些地区党组织也在此期间创办了自己的报刊，但具体创刊时间不详，如浙江的《火曜》、江西的《红灯》周报、福建的《革命先锋》等。

在党的报刊网络出现的同时，团的报刊网络也形成了。《中国青年》很快就成为全国青年中具有巨大影响的刊物，团中央又在上海创办了面向工农青年的《平民之友》（1924 年春创刊）、《青年工人》（1924 年初创刊，邓中夏主编）、《劳动青年》（1925 年初创刊）等报刊。地方团组织也筹办了一批报刊，如广东的《少年先锋》（1926 年 9 月创刊，李求实主编），北京的《烈火》（1926 年创刊，陈毅主编），湖南的《湖南青年》（1926 年 1 月创刊），上海的《少年通讯》（1926 年创刊），共青团北方区委在北京出版的《北方青年》等。

在国外，旅欧支部早在 1922 年 8 月 1 日就在法国巴黎筹办了油印的《少年》月刊，赵世炎、周恩来先后任主编，约出 30 期后停刊。1924 年 2 月 1 日，改名《赤光》续刊，周恩来任主编。邓小平参与编辑，并负责刻写和油印工作，1925 年 6 月 7 日出至第 33 期后停刊。1928 年在巴黎复刊，后又迁至德国柏林出版，成仿吾等主编，约于 1930 年初出至第 54 期后停刊。

三、工农群众运动中的报刊

国共合作后，工农群众运动在全国蓬勃开展，工人、农民、妇女报刊随之迅速发展起来，成为这一历史时期新闻事业前进的一个重要方面。

工人报刊经过一年左右时间的沉寂，在 1924 年春开始复兴。新创办了一批工人报刊，如广州的《工人之路特号》等。一些被迫停刊的工人报刊也陆续恢复出版。

在工人报刊中，最重要的是《中国工人》。它 1924 年 10 月创刊于上海，是中共中央

主办的指导职工运动的刊物，1925 年 5 月中华全国总工会成立后改为它的机关报。起初刊期不定，后为周刊。主要撰稿人有邓中夏、刘少奇、瞿秋白、李立三、任弼时、赵世炎、林伟民等。《中国工人》以指导工人运动的复兴作为自己的首要任务。通过总结我国工人运动经验教训、介绍国际工人斗争经验，帮助工人学习罢工的战略战术，充分做好战斗准备。

农民报刊的兴起，是大革命时期报刊发展的一个突出现象。在中国新闻史上，这也是前所未有的现象。当时正在兴起的农民运动迫切需要新闻传播与宣传鼓动工具，于是农民报刊便应运而生。1926 年 1 月，在《中国农民》创刊的同时，广东省农民协会创办《犁头》旬刊（后改为周刊）。同年 7 月，国民革命军誓师北伐，鼓舞和推动了农民运动的蓬勃开展。从 1926 年下半年至 1927 年初，涌现出一批报刊，如湖北的《湖北农民》和《湖北农民画报》，江西的《江西农民》《锄头》和《血潮画报》，湖南的《农友》，山东的《山东农民》和《山东农民画报》，陕西的《耕牛》等。在农民运动活跃的湖南、湖北、广东、江西等省，许多县、区都有油印小报。农民报刊的特点是通俗、活泼，从内容到标题都适应农民的需求，文字明白如话。

随着妇女运动的开展，妇女报刊逐渐增多。在中国共产党成立后不久，上海中华女界联合会创办《妇女声》半月刊（1921 年 12 月创刊），它的宗旨是："宣传被压迫阶级的解放，促醒女子加入劳动运动。"陈独秀、沈泽民、沈雁冰、邵力子、李达等都为它写过文章。1923 年 4 月，天津女星社主办的《女星》旬刊创刊，是天津《新民意报》的副刊之一。当时担任女星社和女权运动同盟会河北支部负责人的邓颖超，为《女星》写过不少文章。同年 8 月，作为上海《民国日报》副刊之一的《妇女周报》创刊，当时担任中共中央妇女部部长的向警予任主编，她写了许多文章呼吁妇女"与一切被压迫阶级的男子携手"，共同进行反帝反封建的民主革命。1924 年 1 月，天津《妇女日报》创刊，向警予发表了《中国妇女宣传运动的新纪元》一文。国共合作后，中国共产党在各地出版了一批妇女报刊，如北京的《妇女钟》和《妇女之友》（郭隆真主编），武汉的《赤女杂志》（以长江书店名义发行）。有些共青团的地方组织也出版以女青年为对象的报刊，如共青团长沙地委的《青年妇女》。

学生报刊也很快在各地出现。如《北京学生联合会日刊》（1923 年 2 月创刊）、广东的《新学生》半月刊（1923 年 7 月创刊）、湖北的《武汉学生》（1925 年创刊）、《上海学生》、《湖南学生》、《香港学生》等。1925 年 8 月，中华全国青年总会的机关报《中国学生》创刊。在 1926 年北伐战争前夕，全国各地学生报刊发展到 50 种以上，在团结广大学生积极投入革命斗争方面发挥了重要作用。

四、五卅运动中的新闻斗争

1925 年 5 月 15 日，上海日本纱厂资本家枪杀工人顾正红，打伤工人十多人，激起全市工人、学生、知识分子和市民的愤怒。30 日，上海学生两千多人在公共租界内集合声援工人斗争，要求收回租界，英国巡捕逮捕讲演学生一百多人。随即，群众万余人在公共租界南京路巡捕房门前集会，要求释放被捕者。英国巡捕对群众开枪，打死十多人，打伤数十人，逮捕数十人，造成“五卅惨案”。当晚，中共中央举行会议，号召上海人民开展罢工、罢课、罢市，抗议英帝国主义暴行。6 月 1 日，“三罢”开始。为了及时报道运动形势和指导群众斗争，中共中央决定创办《热血日报》，主编为瞿秋白。

6 月 4 日，《热血日报》创刊。它是迄今能看到的中共中央出版的第一家日报。铅印 4 开，设有“社论”“本埠要闻”“国内要闻”“紧要消息”“国际要闻”“舆论之制裁”等栏和副刊《呼声》。它发表大量新闻和评论，报道上海工商界群众的斗争，评述运动在全国开展的形势，揭露帝国主义的暴行，传播国际进步势力支持中国人民的信息。它同《向导》周报相配合，特别在时效性上弥补了《向导》的不足，对这场反帝爱国运动起了指导作用。

《热血日报》受到群众的热烈欢迎，出版 10 天就达到日销 30 000 份，每日收到来稿来信数以百计，许多读者冒着被捕的危险义务推销报纸，还向报馆捐款，它的许多新闻稿件和副刊稿件都来自普通工人、学生、商人，甚至警察。而帝国主义却对它多方迫害，工部局下令通缉主编瞿秋白，一些报贩被捕。6 月 27 日，它出版第 24 期后被迫停刊。

在五卅运动中，出现了一批为满足群众斗争需要而创办的报刊。在《热血日报》创刊的同一天，上海学生联合会机关报《血潮日刊》也出版第 1 期。它和《热血日报》采取一致态度，发行量达到 10 000 多份。为了对外宣传，上海学生联合会还创办了《英文周报》，共出 9 期。6 月 11 日，上海总工会机关报《上海总工会日刊》创刊。12 日，上海工商学联合会主办的《工商学联合会日刊》创刊。知识分子也积极参加了五卅运动，他们组织上海学术界对外联合会，早在 6 月 3 日就创办《公理日报》，由叶圣陶、郑振铎、胡愈之主编，得到学生和职工的支持，最高发行量达到 20 000 份。上海一些大学出版了宣传五卅运动的铅印或油印报刊。上海工商界出版了一些以提倡国货为主要内容的报刊，如《国货周刊》《国货日报》《国货评论报》《爱国报》《中华国货旬报》等。《东方杂志》也刊载了宣传五卅运动的文章，并出版了《五卅事件临时增刊》。在共同的斗争中，上海新闻界结成了一个广泛的爱国反帝统一战线。

五卅运动在全国引起强烈的反响，北京、南京、天津、广州、汉口、重庆等许多城市的人民群众纷纷起来响应。许多城市在斗争中出版了报刊，其中影响最大的是省港大罢工运动中出版的《工人之路特号》。它的前身是《工人之路》周刊，中华全国总工会机关报，1925 年 5 月 31 日创刊于广州。省港大罢工爆发后，于 6 月 24 日改出《工人之路特号》，成为中华全国总工会省港罢工委员会的机关报，全国总工会宣传部部长、省港罢工委员会党团书记邓中夏任主编，4 开 4 版，每日发行从 3 000 份增至 10 000 份。它出至七一五反革命政变前夕被迫停刊，现存最后一期为第 616 期，1927 年 4 月 14 日出版。它是第一次国内革命战争时期工人报刊中出版时间最久的一家日报。

在五卅运动中，政治态度不同的各种报刊都受到严峻的考验。上海的《申报》《新闻报》《民国日报》《时事新报》《商报》《时报》《中华新报》《神州日报》《新申报》等大报，在运动开始时态度消极，有些报道不真实，有些报道轻描淡写，甚至拒绝刊登进步团体的宣言和声明，却发表了不少主张妥协的言论。出现这种情况，同这些报纸所处的租界环境、政治上和经济上受到约束有一定关系，但从根本上说，是中国资产阶级软弱性的反映。更严重的是，《申报》和《新闻报》1925 年 7 月 11 日在广告栏内刊登帝国主义宣传品《诚言》的第1期，激起上海新闻界和广大市民的公愤。

上海公共租界工部局于1925年6月27日成立出版处，30日出版《诚言》。它是一种类似传单的铅印宣传品，不固定篇幅，不具出版机关，出过3期，标题分别是：第1期《英外长张伯伦演说》，第2期《沙面一役中国学生先放枪》，第3期《苏联对于中国的野心》。两个月内，共散发和张贴110万份。《诚言》的内容是为帝国主义辩护，颠倒是非，恶意攻击中国人民的爱国行动。如第1期刊载的英国外长张伯伦1925年6月17日在英国下院的谈话，公然声称："中国如是扰乱，华盛顿条件皆因此而障碍""惟在乱时，不能不施强压""以枪击散乱党，乃杀一禁百，辟以止辟"。这完全是强盗逻辑，十足的侵略言论。这个宣传品一露面，就受到上海广大市民的强烈反对。他们把"诚言"涂改成"谣言""贼言"，把"看《诚言》"涂改成"不看《诚言》""不看《谣言》"。

在这种情况下，《申报》《新闻报》刊登《诚言》事件一出现，社会舆论立即沸腾起来，《血潮日刊》《中国青年》《工商学联合会日刊》等载文痛斥，几百群众涌到申报馆门前提出抗议。上海学生联合会等团体派人与《申报》《新闻报》交涉。在爱国力量的说服下，《申报》在7月17日刊登《辟〈诚言〉》全文，18日刊登向社会各界道歉的启事，并印发《〈诚言〉是英国人的谣言》传单20万份。这场新闻斗争的结局说明，中国任何报刊都必须坚持反帝、爱国的方向，否则必将为人民群众所唾弃。

五、军队报刊的出现

北伐战争前后，涌现出一批军队报，它同农民报的兴起一样，是这一时期新闻事业发展的一个突出现象，也是中国新闻史上前所未有的现象。1925年7月1日，广州国民党政府成立，设有军事部。8日，国民政府决定统一军队编制，统称国民革命军，建立6个军，各军设国民党党代表和政治部。创办报刊，成为军队政治部门的一项重要工作。从1925年7月国民革命军建立到1926年7月誓师北伐的一年中，新办的和原有的军队报刊共计约30家（不包括油印报、墙报）。

国民革命军的报刊大致有几类：一是国民党中央军事机关出版的，如军事委员会政治训练部的《军人日报》、国民党中央军事部的《军人周刊》；二是各军政治部出版的，如第1军的《突击》、第2军的《革命半月刊》、第4军的《军声》；三是黄埔军校出版的，有校本部的《黄埔日刊》、特别党部的《革命军》等；四是军人团体出版的，如中国青年军人联合会的《中国军人》、黄埔同学会的《黄埔潮》周刊。此外，李大钊在北方组织了一批进步青年参加冯玉祥领导的西北国民革命军，并于1925年10月创办《西北日报》（后改名《中山日报》）。

许多共产党员参加了军队的政治工作，除周恩来担任黄埔军校政治部主任外，各军党代表和政治部主任大多数也是共产党员。在军队报刊的主编和主要撰稿人中，也有不少是共产党员。因此，多数军队报刊都具有正确的政治方向，能够按照国共合作的宗旨开展工作。其中影响较大的是《中国军人》和《军人日报》。

《中国军人》于1925年2月在广州创刊，初为旬刊，后改月刊。它是中国青年军人联合会的会刊，而这个联合会是周恩来组织的、以共产党员为骨干的进步军人的群众性组织。《中国军人》主编王一飞，主要撰稿人都是共产党员。这个刊物的宗旨是："鼓吹革命精神，团结革命军人，唤醒全国军人，促起全国军人的觉悟。"它的文章通俗易懂，配有插图，还结合实际问题组织读者讨论，引导读者学习马克思主义理论。它在军校师生中发行，还专送各军，在全军范围内都有影响，期发行量达 20 000 多份。

《军人日报》是对开大报，国民党中央军事委员会政治部训练部主办，1926 年 4 月 1 日在广州创刊，宗旨是："提高军人之政治观念，使军队真正成为拥护人民利益之军队"，"提倡军民合作"，"促进国民革命"。它大量报道国民革命军各军的活动，反映军人的生活和要求，又向军人介绍全国工农运动的形势，揭露帝国主义和封建军阀的勾结活动，还刊载了关于苏联的消息。同年 8 月，在湖南衡阳改组为北伐军总政治部主办的《革命军日报》，先后在长沙、南昌、武汉出版，郭沫若、潘汉年、杨贤江继任主编。

《中国军人》等报刊在军队建设和北伐战争中发挥了积极作用，成为官兵欢迎的新闻传播与宣传鼓动工具。也有一些军队报刊，在国民党右派的影响和控制下打击军内进步势力，反对孙中山的三大政策，以后成为国民党新军阀的宣传工具。

第三节　北洋军阀统治地区的新闻传播事业

北洋军阀政府对于新闻事业采取管制、收买和镇压的办法。北京、天津、上海三个大城市的新闻界，出现了很大的变化。这一时期，对于进步报人来说是比较黑暗的时期，著名报人邵飘萍、林白水也被北洋军阀残忍杀害。

一、北洋军阀对新闻传播事业的控制与大报的动向

广州的国民政府同北京的北洋军阀政府是对立的两个政权，但后者统治着中国大部分地区，特别是新闻传播事业较为发达的大城市。北京、上海、天津等城市，既在军阀统治下，又有革命力量，还有外国势力——北京有外国使团，上海、天津有外国租界，所以，这些城市的新闻传播事业是在复杂的环境中生存与发展的。

北洋军阀政府对于新闻事业采取管制、收买和镇压的办法。出版报刊要向警察部门登记，大样也要送警察部门检查。山东军阀张宗昌曾经召集记者，公开宣布："今天我请你们大家来，没有别的话说，就是你们的报上登载的消息，只许说我好，不许说我坏。如果哪个说我坏，我就以军法从事。"① 军阀政府还用直接资助和"津贴"等方式收买报刊与报人。而敢于坚持正义与军阀对抗的，就封报捕人，直至处死。但是，在困难重重的环境中，新闻事业仍然有所发展。1921 年全国有日报 50 家，1926 年增加到 628 家。

北洋军阀政府的军阀、官僚们控制了一些报刊，如曾任司法总长、教育总长的章士钊主编的《甲寅》周刊，以张宗昌为后台的《新鲁报》《黄报》，以孙传芳为后台的《上

---

① 贺逸飞，夏方雅，左笑鸿．北平《世界时报》史稿//张友鸾，等．世界日报兴衰史．重庆：重庆出版社，1982.

海报》等。

一些政党和政治团体出版了报刊，如研究系的北京《晨报》与上海《时事新报》，国家主义派的《醒狮》周报等。1925 年 12 月，国民党人在北京创办了《国民新报》。一些宗教团体、社会文化教育团体也出版了报刊，如天主教会在天津、北京分别刊行《益世报》，中华职业教育社在上海创办《生活》周刊等。

然而，数量最多的是民间报刊，其中有新办的，也有早就闻名于世的。例如，北京《京报》、《世界日报》、《现代评论》周刊，天津《大公报》，上海《申报》《新闻报》《时报》《时事新报》《商报》以及《创造》《洪水》等。

北京、天津、上海三个大城市的新闻界，出现了令人瞩目的重要变化。在北京，成舍我开始创立自己的事业——《世界日报》。成舍我（1898—1991），原名成勋，又名成平，笔名舍我，原籍湖南湘乡，曾在上海《民国日报》任校对、助理编辑，在北京《益世报》任编辑、总编辑。他于 1924 年 4 月 16 日创办《世界晚报》，1925 年 2 月 10 日创办《世界日报》，同年 10 月 1 日出版单张《世界画报》。他重视报纸的特色，《世界晚报》标榜“主张公正，消息灵确”；《世界日报》以军事政治新闻为主，兼重教育新闻，还设有多种副刊，曾聘请刘半农为副刊主编，发表过鲁迅的作品；《世界画报》先以时事照片为主，后以美术作品为主。他还重视经营管理，把印刷、发行、广告等工作组织得井井有条。《世界日报》日销量达 35 000 多份，居当时北京各报之首位。

在天津，新记公司接办《大公报》。创刊于 1902 年的《大公报》，1916 年安福系财阀王郅隆接办后，亲日色彩浓厚，为读者所厌弃，不得不于 1925 年 11 月停刊。这时，吴鼎昌、胡政之、张季鸾三人组成新记公司，接办《大公报》。吴鼎昌当时是“北四行”（金城、中南、大陆、盐业四家银行）的总经理，接办《大公报》后任社长；胡政之（胡霖）当时是国闻通讯社社长，并主持《国闻周报》，接办《大公报》后任总经理；张季鸾曾在多家报社任职，当时任陇海铁路会办，接办《大公报》后任总编辑。1926 年 9 月 1 日，《大公报》复刊，当天发表《本社同人之志趣》，提出“不党、不私、不卖、不盲”的办报方针，以后长期以此为标榜，形成自己的独特风格。

在上海，《申报》《新闻报》的发行量都突破 10 万大关。《新闻报》1920 年发行 5 万份，1924 年超过 10 万份。《申报》1922 年发行 5 万份，1925 年超过 10 万份。《申报》总经理史量才和《新闻报》经理汪汉溪，都致力于经营报业，取得显著成绩。《申报》增辟多种副刊，1924 年 2 月 8 日创办《本埠增刊》，每日出版，加强了同上海读者的联系。《新闻报》以经济报道、广告业务和经营管理见长，成为在工商界具有广泛影响的报纸。

二、邵飘萍、林白水遇害

1926 年，著名报人邵飘萍、林白水先后在北京被奉系军阀杀害，成为震动全国的重大事件，也是中国新闻界的重大损失。

邵飘萍和他主持的《京报》由于积极投入五四运动、支持群众的爱国行动而为皖系军阀所不容。1926 年 3 月，他积极投入“三一八”运动，《京报》对运动作了大量报道和宣传。4 月 18 日奉系军阀进入北京，24 日以“宣传赤化”的罪名逮捕邵飘萍，26 日将他枪杀于天桥，年仅40岁。1949年，浙江金华解放后，当地政府追认邵飘萍为革命烈士。

邵飘萍是忠诚的爱国者。正是在救国救民的战斗中，邵飘萍找到了马克思主义和中国共产党。《京报》出版纪念马克思诞生105周年特刊、悼念列宁逝世特刊，发表介绍马克思主义的文章，大量报道工人运动，有力地支持了罢工斗争。1925年，经李大钊、罗章龙介绍，邵飘萍秘密加入了中国共产党。此后，他除了办报外，还为党做了许多具体工作，如帮助印刷与发行报刊及宣传品，协助党培养新闻工作干部，同孙中山、冯玉祥等著名人士保持联系等。

1926年8月6日，著名报人林白水也被奉系军阀杀害，陈尸天桥。1926年8月5日，林白水在他所办的《社会日报》上发表时评《官僚之运气》，辛辣地讽刺了奉系军阀张宗昌的得宠官僚、国务总理潘复，因而遭杀身之祸，终年52岁。1985年7月30日，中华人民共和国民政部追认林白水为革命烈士。

三、中国广播事业的诞生与通讯社事业的发展

1920年11月2日，美国匹兹堡KDKA广播电台正式开始广播，这是世界上第一座向政府登记的广播电台（它是公认的世界上第一座广播电台）。接着，英国、法国、苏联、德国、意大利等国也相继设立广播电台。中国在1923年出现第一座广播电台，在世界各国中也属于较早的。

1923年初，美国人奥斯邦（E. G. Osborn）创办的中国无线电公司与英文《大陆报》合作，办起“大陆报-中国无线电公司广播电台”，同年1月23日晚首次播音。该台呼号XRO，发射功率50瓦，这是外国人在中国设立的第一座广播电台。首次播出为1小时，内容以音乐节目为主，也有新闻，包括本埠新闻、路透社电稿、市场与汇兑信息、《大陆报》刊载的消息等。1月25日，广播了孙中山《和平统一宣言》和他祝贺中国引进广播的消息。但是，它没有经过中国政府批准，因而被取缔，当年4月间停止播音。同年5月底，美商新孚洋行也在上海办起广播电台，但因经费拮据很快停办。1924年5月，美商开洛公司又在上海法租界办起一座广播电台，呼号KRC，发射功率100瓦，这座电台与《申报》合作，在报馆设发音室报告新闻。开洛公司广播电台设的广播节目有汇兑、市价、钱庄兑现价格、新闻、音乐、名人演讲等。这座广播电台是早期外商在上海开办的广播电台中时间最长、影响较大的一座，其播音一直持续到1929年10月。

北洋政府交通部于1924年8月公布了《装用广播无线电接收机暂行规则》，这是中国历史上第一个关于无线电广播的规则。规则中明确规定，允许民间装设收音机，从而改变了原来严加禁止的办法。规则还就收音机装设范围、收听内容、收音机收费等问题作了具体规定。这个规则的颁布，客观上促进了中国广播事业的发展。不久，北洋政府责成东北无线电长途电话监督处在一些地方筹建广播电台。1926年10月1日，哈尔滨广播电台开始广播，呼号XOH（后改为COHB），发射功率100瓦（后增加到1 000瓦），每天播音两小时，内容有新闻、音乐、演讲和物价报告等。这是我国政府自办的第一座广播电台。时隔半年，1927年5月15日，天津广播无线电台开始广播。同年9月1日，

北京广播无线电台也开始广播。1928 年初，沈阳广播电台正式广播。

与此同时，在上海、北京等地很快出现了几座中国自办的民营广播电台，其中最早的一座是上海新新公司广播电台，创办于 1927 年 3 月 18 日。同年底，北京商办的燕声广播电台也开始播音。

初创时期的广播事业，设备简陋、规模很小，收听范围只限于广播电台所在地区附近。特别是由于收音机价格昂贵，广播听众大多是政府官员、有钱的商人以及外国人等。当时全国有收音机 10 000 台左右。

通讯社也有所发展。据统计，1926 年全国有通讯社 155 家。当然，其中有些是持着招牌领津贴不发稿的。但多数是正常经营的，其中有的还具有一定影响，如国闻通讯社、申时电讯社。

国闻通讯社于 1921 年 9 月在上海成立，胡政之任社长。先后在汉口、北京、天津设立分社。总社设有广告部，北京分社设有英文部，向外国报纸提供英文稿。1924 年 8 月 3 日，胡政之创办《国闻周报》。1926 年新记公司成立后，国闻通讯社及《国闻周报》实际上成为《大公报》的附属机构。国闻通讯社至 1936 年停办；《国闻周报》出至 1937 年 12 月停刊。

申时电讯社发起于 1925 年，时任《申报》总经理的张竹平，联络《申报》《时事新报》两报部分编辑，在工作之余将两报的各方专电加以编辑，发给一些报纸采用。这种办法受到欢迎，采用者增多，于是在 1928 年正式成立申时电讯社。1932 年，该社与 110 多家报社签订供稿协议，1934 年成立股份有限公司和董事会，在北京、天津、汉口、香港等地设有分社，1937 年上海沦陷时停办。

四、新闻教育和新闻学研究的进展

20 世纪 20 年代，是中国高等新闻教育奠定基础的时期，一些大学办起了新闻学系。首先是上海圣约翰大学于 1920 年在文科中增设报学系（后称新闻系），聘请《密勒氏评论报》主笔毕德生（D. D. Patterson）兼职主持系务，晚间授课，选读的学生达四五十人，并出版英文《约大周报》。校长见学生对新闻学有兴趣，就函告美国董事会，要求增聘新闻学教授。1924 年，美国人武道（M. E. Votaw）来华任系主任。该系用英语授课，设有新闻、编校、社论、广告、新闻原理、新闻史等课程。

1921 年，厦门大学设报学系，学生仅 1 人，1922 年增至 6 人。但在 1923 年发生反对校长风潮，该系师生离校，赴上海办大夏大学，厦门大学报学系停办。

1923 年，北京平民大学设立报学科，徐宝璜任系主任，《京报》社长邵飘萍等为教授。学制 4 年，学生除课堂学习外，还去报馆实习，并成立新闻学研究会，创办了刊物。

1924 年，北京燕京大学设立报学系（后称新闻系），白瑞华为系主任，蓝序等为教授。学生有专修的，也有选修的，但都是三年级或四年级。曾设燕京通讯社向北京、天津、上海、汉口、香港、东京、纽约等地十多家报纸供稿。

1925 年，上海南方大学设立报学系，《申报》协理汪英宾兼任系主任，分设本科和专修科，聘请《时报》编辑戈公振讲授访事学。办有南大通讯社，由学生采集新闻，免费供上海各报刊用。

1926 年，南方大学发生反对校长的学潮，报学系停办，大部分师生转入上海国民大学，该校因此增设报学系。戈公振为系主任，并主讲中国报学史，《商报》编辑潘公展主讲编辑法，《时事新报》总编辑潘公弼主讲报馆管理，《商报》总编辑陈布雷主讲社论编写。

此外，复旦大学中文科于 1924 年秋开设“新闻学讲座”，由陈望道主持；1926 年扩大为新闻学组，由邵力子主持。北京民国大学、法政大学于 1924 年分别设立报学系。上海沪江大学、光华大学、大夏大学于 1926 年分别创办报学系。上海国民大学、光华大学、大夏大学三校报学系学生曾联合组织上海报学社，研究报纸工作理论与现状。

同新闻教育的发展形势相比较，新闻学研究的进步较为缓慢。这几年出版新闻学著作十多种，其中较有影响的是任白涛的《应用新闻学》（1922）、邵飘萍的《实际应用新闻学》（1923）和《新闻学总论》（1924）、戈公振的《中国报学史》（1927）。

至于新闻学刊物，为数极少。有的大学报学系出过，如 1924 年出版的《北京平民大学新闻学系级刊》，半月刊，仅出过 3 期。1927 年 1 月，北京新闻学会成立，同时创办《新闻学刊》，黄天鹏主编，1928 年停刊，共出 8 期。

第四节 北伐战争中的革命报刊

北伐战争中，党的新闻事业对于战争宣传做出了积极的贡献，但是 1927 年国民党反动派反革命政变后，轰轰烈烈的大革命失败了，革命报刊受到了严重的摧残。萧楚女、陈延年、赵世炎等革命报刊活动家、政论家被杀害，许多革命报刊被查封或被迫停刊，也有一些转入“地下”秘密出版。革命报刊繁荣发展的局面遭到了严重的破坏。

一、革命报刊对于北伐战争的宣传

1926 年 7 月，北伐战争开始。所有革命报刊都对国民革命军北伐作了报道和评论，在舆论上积极支持这场革命战争。北伐军总政治部创办《汉口革命军日报》，它以宣传北伐为基本任务。有些革命报刊还根据形势的变化，针对各种思想认识问题，做了细致的宣传与解释。《中国青年》就是其中较为突出的一家。

在北伐战争刚开始的时候，人们苦于连年战乱，害怕甚至反对任何战争。《中国青年》就向广大群众进行北伐战争的性质和意义教育。它发表《拥护国民革命军北伐》《北伐为的什么》等文章，阐明北伐战争的正义性质，指出北伐的目的是打倒奉直两系军阀和帝国主义在中国的统治，解除工农和全国人民的痛苦，因此根本不同于过去的军阀混战。《中国青年》还进一步指出：这场战争“不是靠北伐军孤军深入可以实现的，是要各地的浩大民众运动辅助进行的”，它希望人民群众不要袖手旁观，而应认识到自己的责任，积极参加到斗争中去。

1926 年 9 月，北伐军攻占了武汉，人民群众庆祝胜利，革命影响迅速扩大。在欢呼声中，《中国青年》及时分析了形势，认为革命队伍内部情况复杂，民众势力薄弱，封建军阀正在准备反扑，帝国主义也可能干涉与破坏，因此它呼吁革命力量“切不要看轻我们的危机”。它还明确指出：蒋介石在北伐期间禁止人民言论集会自由，禁止罢工，向农民勒销公债等，有投机革命的危险。

二、国民党右派对革命报刊的抵制

从国共合作开始，国民党右派就反对共产党，反对孙中山的三大政策。他们控制了一些报刊作为自己的喉舌，如广州的《青白花》，上海的《革命导报》《独立旬报》《革命青年》《江南晚报》等。他们的活动得到蒋介石的支持。蒋介石又指使黄埔军校学生中的右翼分子，组织孙文主义学会。这个组织在 1925 年 9 月创办《国民革命》周刊，与《中国军人》等革命报刊相对立。

1926 年 2 月，国民党二届二中全会通过《整理党务案》后，一些共产党员被迫离开报刊工作岗位，一些革命报刊被迫停办，其中包括黄埔军校政治部出版的《黄埔潮》半周刊。这个刊物停办后，由蒋介石控制的黄埔同学会仍用原名出版周刊，成为右翼军人的喉舌。

北伐战争开始后，蒋介石和国民党右派在各地抢占舆论阵地，排斥共产党员和进步人士。在蒋介石的大本营所在地南昌，封闭了革命的《贯彻日报》，完全控制了当地的《民国日报》。在蒋介石尚未控制的武汉，由国民党中央宣传部部长顾孟余主持，于 1927 年 3 月 27 日创办《中央日报》，与共产党员主持的《汉口民国日报》争夺读者。

蒋介石借军队力量打击革命报刊，引起人们的强烈不满。南昌《民国日报》工人为此罢工，使该报一度不能出版。武汉新闻记者联合会曾通过《质问蒋介石摧残革命舆论》《肃清新闻界反动分子》等决议。

三、从四一二反革命政变到七一五反革命政变之间的革命报刊

1927 年 4 月 12 日，蒋介石在上海发动反革命政变，屠杀共产党员和革命群众。共产党的报刊一概被查封；国民党左派报刊，有的被查封，有的被改组。蒋介石和国民党右派用各种办法控制报刊，一些报刊也主动投靠蒋介石。一度停刊的上海《民国日报》，在国民党右派的掌握下恢复出版。《时事新报》派专人去南昌，拿了蒋介石“准予照常出版”的手谕回上海。

但是，上海的革命报刊仍然坚持斗争。上海总工会机关报《平民日报》被查封后，改用《满江红》《孙逸仙》等化名继续出版，还秘密出版《新世界》杂志。

革命报刊的出版中心转向武汉。《向导》《中国青年》等都迁到了武汉，加上这里原有的《楚光日报》、《汉口民国日报》、《党声》杂志以及工人、农民、青年、妇女等方面的报刊，形成了强大的革命报刊势力。

在陈独秀、彭述之右倾错误控制下的《向导》，宣传了若干错误观点。而《中国青年》、湖南的《战士》以及许多地方党报都积极支持工农群众运动，《中国青年》甚至提

出“从敌人手中夺取武器来武装自己”的主张。

1927 年 7 月 15 日，汪精卫在武汉发动了反革命政变。轰轰烈烈的大革命失败了，革命报刊受到了严重摧残，萧楚女、陈延年、赵世炎等革命报刊活动家、政论家被杀害，《向导》于 7 月 18 日出版第 201 期后停刊，《中国青年》迁回上海，《汉口民国日报》被迫改组。许多革命报刊被查封或被迫停刊，也有一些转入“地下”秘密出版。革命报刊繁荣发展的局面遭到了彻底的破坏。

学习思考题

1. 简要评述《向导》《中国青年》等报刊的创办经过及其作用与影响。
2. 中国共产党建立初期党报有何特点？
3. 国共合作后，革命报刊有哪些重要发展？
4. 评述蔡和森、瞿秋白、恽代英、萧楚女、邵飘萍等人的报刊活动与贡献。
5. 简要评述新记《大公报》的办报方针。

第八章

十年内战时期的新闻传播事业

十年内战是指 1927 年至 1937 年间，蒋介石领导的南京国民政府为统一全国而进行的系列战争，既包括摧毁北洋军阀残余势力的第二期北伐，征服国民党内部各派系军事集团的历次战争，也包括“围剿”中共领导的工农红军和红色革命根据地的历次战争。因后者是中共领导的工农红军和红色革命根据地人民对抗蒋介石政府的革命战争，故又称为第二次国内革命战争或土地革命战争。

这个时期的中国新闻事业，从性质上主要分为三种，一种是国民党和南京国民政府官办新闻事业，一种是民营商业新闻事业，还有一种是中国共产党党办及左翼新闻事业；从区域上主要分为两块，一块是国民党统治区的新闻事业，一块是革命根据地的新闻事业；从时间上，以 1931 年九一八事变为界分为前后两个阶段。

第一节　国民党统治区的新闻传播事业

国统区的新闻传播事业主要有国民党和国民政府官办新闻事业、民营商业新闻事业，还有共产党和左翼新闻事业。

一、 国民党新闻事业网的形成与新闻统制的建立

1927 年四一二反革命政变和七一五反革命政变相继发生后，以蒋介石为首的国民党政权在全国取得统治地位，国民党在全国的新闻统制随之建立。这种统制表现为：在全国组建国民党新闻事业网络；控制和利用民营新闻事业；制定与实施反共反人民的新闻政策法规，设立新闻控制机构，推行新闻检查制度等。

国民党当局利用统治权力大力发展国民党新闻传播事业，形成了一个遍布全国的国民党新闻事业网络。这个网络以《中央日报》、中央通讯社和中央广播电台为核心，集中在南京、上海、北平、汉口等大城市和各省会城市。

《中央日报》系国民党中央机关报，1926 年在广州筹办，1927 年 3 月 22 日在汉口创刊，由国民党中宣部部长顾孟余兼任社长。在共产党人和国民党左派的影响下，该报初期曾积极宣传国民革命，四一二反革命政变后发表过反对蒋介石和南京政权的文章，但在七一五反革命政变后立场骤变，反共拥蒋，出至 9 月 14 日停刊。1928 年 2 月 1 日，在上海出版的《中央日报》发刊，国民革命军东路军前敌总指挥部政治部主任潘宜之兼任

社长。根据国民党中央的决定，上海《中央日报》出至1928年10月31日后停刊，1929年2月1日起在南京复刊，由国民党中央宣传部部长叶楚伧兼任社长。1932年3月，蒋介石委任程沧波为南京《中央日报》社长，并实行社长负责制。程沧波（1903—1990），原名中行，毕业于上海复旦大学，曾任上海《时事新报》总编辑，南京《中央日报》社长，1938年至1941年间任重庆《中央日报》社长时兼任复旦大学新闻系主任。《中央日报》在形式上成为独立的法人，独立经营，实际上更便于蒋介石直接控制。

中央通讯社，简称“中央社”，1924年成立于广州，1927年5月迁南京，由国民党中央宣传部主管。1932年5月，国民党中央任命萧同兹为社长。萧同兹（1894—1974），原名讳异，号涵虚，湖南常宁人，1927年起在国民党中央党部工作，1932年任“中央社”社长，直至1964年退休。“中央社”实行“工作专业化”“业务社会化”“经营企业化”的方针，在各大城市和省会城市设立分社或通讯员办事处，基本上建立了覆盖全国的通讯网，垄断了国内新闻来源。它还“收回”了外国通讯社在华的直接发稿权，同路透社、美联社、哈瓦斯社等外国通讯社签订了交换新闻合同，从而垄断了国际新闻来源。

中央广播电台，1928年8月1日开始在南京播音，全称为“中国国民党中央执行委员会广播无线电台”，呼号为XKM，发射功率500瓦。1932年11月建成新台，呼号改为XGOA，发射功率扩至75千瓦，为亚洲之冠。

此外，还在几个大城市创办了直属国民党中央（由中宣部管理）的报纸：北平的《华北日报》（1929年1月1日创刊），汉口的《武汉日报》（1929年6月10日创刊），天津的《天津民国日报》（1928年6月在北平创刊，年底迁至天津），西安的《西京日报》（1933年3月10日创刊），济南的《民国日报》（1928年6月创刊），英文《北平导报》（*The Peking Leader*，1930年1月10日创刊）等。国民党浙江省党部办的《杭州民国日报》于1934年6月16日更名《东南日报》，成立东南日报股份有限公司，陈果夫、陈立夫分别担任公司的董事长、监事长，实际上也成为国民党中央直接控制的报纸。国民党中央还出版了《中央半月刊》（1927年6月17日在上海创刊）。

国民党的地方党报系统、地方广播电台系统和军队报刊系统，也在20世纪20年代末30年代初建立。各省和许多区、县都创办了党报，其中不少是以《民国日报》为名称的，如《安庆民国日报》《南宁民国日报》《宁波民国日报》等。四一二反革命政变后，蒋介石注意加强其军事宣传机构。1931年3月，在南昌创办了《扫荡三日刊》，1932年6月23日扩版为《扫荡日报》，并附出《扫荡画报》；1935年5月1日迁汉口，改名《扫荡报》，同时刊行《扫荡画报》《扫荡旬刊》和《扫荡丛书》。

为了控制新闻宣传，国民党中央和国民党政府制定了许多专门的政策法规。其中主要有：1929年1月10日国民党中央公布的《宣传品审查条例》，1930年12月16日国民党政府公布的《出版法》，1931年2月4日国民党政府司法院公布的《危害民国紧急治罪法》，1933年9月21日国民党中央公布的《修正重要都市新闻检查办法》和10月公布的《新闻检查标准》等。还有许多针对广播事业的政策法规，如《广播无线电台条例》（1928年12月）、《限制民营电台暂行办法》（修正案）（1932年1月22日）、《装设无线电收音机登记暂行办法》（1934年1月15日）等。这些政策法规的共同点是，将共产主义和共产党定为非法，予以取缔。1934年1月24日，国民党第四届第四次中央全会通过的决议案，明确规定国民党的政策是“对全国之新闻界及出版界的有效之统制”①。

国民党当局甚至仿效法西斯的做法，实行新闻出版检查制度，由事后追惩改为事先审查，图书杂志要原稿送审。1933年5月起，在南京、上海、北平、天津等城市建立新闻检查所，1934年9月10日国民党中央成立新闻检查处，新闻检查逐渐在全国推广。更有甚者，特务、警察横行不法，肆意迫害新闻出版界。

二、共产党报刊的艰苦斗争

四一二反革命政变和七一五反革命政变相继发生后，共产党的报刊被取缔。共产党人在国统区被迫转入“地下”，冒着生命危险，秘密出版报刊，出版中心仍在上海。

1927年8月21日，中共中央发出通告，要求各级党部努力恢复和加强宣传鼓动工作，积极筹办面向党内和面向党外的报刊。9月、10月间，中共中央由武汉迁回上海后，立即抓报刊出版工作。由于形势的变化，重新出版的报刊不能沿用大革命时期的名称。同年10月24日，《布尔塞维克》创刊，其《发刊露布》指出：“谁能解放中国，使中国最大多数的工农贫民自己得到政权，开辟真正社会主义建设的道路？只有布尔塞维克！”《布尔塞维克》初为铅印16开本周刊，后曾改出半月刊、32开本月刊，至1932年7月出版第5卷第1期后停刊。中共中央决定，由瞿秋白、罗亦农、邓中夏、王若飞、郑超麟等组成编辑委员会，瞿秋白任主任，后又增加蔡和森、张太雷、毛泽东、周恩来等21人为编委。《中国青年》于1927年7月从武汉迁回上海，10月10日出至第8卷第3期后停刊，11月7日改名《无产青年》续刊，1928年10月22日又改名《列宁青年》，至1932年5月出版第5卷第4期后停刊。

1928年11月20日，中共中央在上海创办《红旗》周刊（后改三日刊），由中央宣传部主编，从第40期起被指定为“全国政治机关报”，既指导实际斗争，又评述政治形势。1930年8月，中共中央决定将《红旗》与《上海报》合并，出版《红旗日报》。《上海报》在当时被称为“全国最好的地方报纸”，创刊于1929年4月12日，初名《白话日报》，是中国共产党在上海办的一张通俗报纸，以工人大众为主要读者对象，报道工人运动，支持工人斗争，文字通俗易懂，秘密编印，半公开发行，担任编辑工作的有李求实、谢觉哉、吴永康等。《红旗日报》于1930年8月15日创刊，在报头旁署有“中国共产党中央委员会机关报”字样，从第162期起改署“中国共产党中央和江苏省委机关报”。1930年10月30日，《红旗日报》增出独立副刊《实话》，主要刊载论述党的路线和革命策略的文章，每五天出一期，随《红旗日报》发行。1931年3月8日，《红旗日报》停刊；3月9日，中共中央机关报《红旗周报》在上海创刊，出至1934年3月停刊。1932年1月21日，中共中央又在上海创办了一个机关刊物《斗争》，油印，出至1935年7月终刊。一些地方党组织也出版过“地下”报刊，如湖北省委的《湖北红旗》《长江》，广东省委的《红旗》等。

中国共产党领导的革命团体，也秘密出版了一些报刊。1928年12月1日，中华全国

---

① 荣孟源．中国国民党历次代表大会及中央全会资料：下册．北京：光明日报出版社，1985：222.

总工会在上海秘密复刊《中国工人》，出至1931年停刊。中华全国总工会还出版了《工人宝鉴》《全总通讯》等刊物，存在时间都很短。

党的“地下”报刊，是在极其困难的条件下出版的。它的工作人员，每时每刻都处在危险的环境之中，一些革命者为此献出了生命，如李求实。李求实（1903—1931），又名伟森，湖北武昌人，曾积极参加五四运动。1922年加入中国共产党，1923年在江西安源路矿工人俱乐部编辑《安源月刊》。1924年赴苏联学习，1926年任两广团区委宣传部部长，主编《少年先锋》。1927年任共青团中央宣传部部长，1929年任《上海报》主编，1930年任《实话》主编。1931年1月在上海租界被捕，2月7日牺牲于龙华，是“左联五烈士”之一。

特别值得提出的是，党的“地下”报刊介绍了列宁的党报思想。《布尔塞维克》第2卷第10期（1929年9月1日）刊载了列宁《从何着手?》一文的有关党报部分，还在多篇文章中介绍列宁关于“集体的组织者”和党报任务的论述。[①]《红旗日报》发刊词写道：“在现在阶级社会里，报纸只是一种阶级斗争的工具。”在中国新闻史上，这是对“报纸是阶级斗争工具”观点的最早的明确表述。

中共中央直接领导党报工作，一再强调党报的重要。在党报建设的具体工作中，积累不少有益的经验，其中主要有：

（1）建立党报委员会，全面负责党对报刊的领导。1929年6月25日，中共六届二中全会通过的《宣传工作决议案》中，关于“宣传工作的组织问题”部分有一项决定：“自中央、省委以至有党报的地方党部，都应将党报委员会与宣传部在组织上划分清白。党报委员会在中央以政治局全体委员充当，在省委及地方党部应当以全体常委充当”，“宣传部应与党报委员会发生最密切的关系，但宣传部不能代替党报委员会”[②]。

（2）发展通讯员，加强同群众的联系。中共六届二中全会决议案决定：“建立与训练工农通讯员，是地方党部与支部共同应负的责任。”[③] 1929年下半年和1930年上半年，中共中央两次公布中共党报通讯员条例，从制度上完善通讯员工作。党的报刊将发展通讯员作为联系群众的日常的基础工作，不仅与通讯员建立经常的联系，而且注重培训通讯员，帮助通讯员提高政治素质和业务能力。如《上海报》将《采访须知》发给通讯员，还召集通讯员讨论写稿问题。

（3）建立发行网，扩大党报影响。中共中央曾采取多种措施，建立自己的党报发行网。如，通过党和革命团体的组织系统发行，动员全体党员担当发行工作责任，把通讯员工作和发行工作结合起来，组建出版部作为专门的发行机构，等等。尽管局势险恶多变，发行工作还是取得了一定的成绩。

由于党内出现三次“左”倾错误路线，对党的工作造成了巨大的损失。在宣传内容上，“左”的错误主要表现为：错误地分析革命形势，鼓吹“直接革命”进攻大城市；否定“中间营垒”的存在，错误地批判中间力量；宣传了错误的斗争策略和口号，如“武

---

① 布尔塞维克党的组织路线：列宁论“党的组织”. 布尔塞维克，1929，2（10）.

② 中共六届二中全会宣传工作决议案（1929年6月25日）//中国社会科学院新闻研究所. 中国共产党新闻工作文件汇编：上卷. 北京：新华出版社，1980：41-61.

③ 同②53.

装保卫苏联”等。在办报策略上，不注意隐蔽精干，在条件不具备的情况下一味强调公开发行，结果招致更大的损失。1933年1月中共临时中央被迫从上海迁至中央革命根据地后，党的“地下”报刊除一两家偶尔出过一两期以外，可以说基本损失殆尽。

三、左翼文化运动中的报刊和鲁迅的报刊活动

在国民党统治区，共产党人和思想文化界的进步人士联合开展了左翼文化运动。这个运动的中心在上海，主要阵地是报刊，最早的倡导者是创造社、太阳社和鲁迅支持的社团与刊物。

创造社（1921—1929）是一个文学社团，曾出版《创造季刊》《创造周报》《创造日》《洪水》《创造月刊》等刊物，提倡“新文学的建设”。1928年1月15日，创造社主办的《文化批判》在上海创刊，综合性月刊，刊有社会科学论文、文学作品等。《文化批判》出至第5期改名《文化》，不久停刊。创造社又先后创办《思想》《新思潮》等刊物，内容相似。太阳社（1928—1930）也是一个文学社团，1929年1月在上海创办《太阳月刊》，提倡无产阶级革命文学。

鲁迅支持的社团与刊物主要有：《朝花》，1928年12月6日在上海创刊，鲁迅、柔石主编，后改名《朝花旬刊》，1929年9月末停刊；《未名》半月刊，1928年1月10日创办于北京，1929年5月停刊；《萌芽月刊》，1930年1月1日在上海创刊，鲁迅主编，自第3期改为“左联”机关刊物，第6期改名《新地》，仅出一期即停刊；《奔流》，1928年6月5日在上海创刊，月刊，鲁迅、郁达夫主编，1929年12月出至第2卷第5期停刊；《语丝》，1924年11月17日在北京创刊，1927年10月被查封，1927年12月在上海复刊并由鲁迅主编，1928年12月改由柔石主编，1930年3月出至第5卷第52期停刊。

为了加强左翼文化队伍的团结，在中国共产党领导下，中国左翼作家联盟（简称“左联”）于1930年3月2日在上海成立，随后中国左翼社会科学家联盟、社会科学研究会、新闻记者联盟、世界语联盟、戏剧家联盟等团体相继成立。

“左联”是影响最大的革命文化团体，它先后出版了《萌芽》《拓荒者》《北斗》《文学导报》《巴尔底山》《前哨》《十字街头》等机关报刊。其他左翼文化团体也出版了报刊，如《文化月报》《文学月报》《社会科学战线》《新文化》等。此外，还有一些左翼文化团体支持的外围报刊，如《文艺新闻》等。

左翼文化团体的报刊，在国民党专制统治的文化“围剿”下难以生存，大多数只出一两期就遭查禁。只有《文艺新闻》坚持了一年零三个月，是出版时间最长的。《文艺新闻》是一张4开4版报纸，周刊，1931年3月16日在上海创刊，袁殊①创办并主编。“这张小报内容五花八门，引人入胜，以中立公正有闻必录的面貌出现，却为‘左联’做了大量的宣传工作。”② 它以读者来信的形式，最早披露“左联”五作家遇害的消息。该报发行量从3 000份增至10 000份。1932年6月20日被国民党政府勒令停刊，共出30期。

---

① 袁殊（1911—1987），原名袁学易，曾用名曾达斋，笔名碧泉，1932年加入中国共产党。
② 茅盾．“左联”前期．新文学史料，1981（3）．

在左翼文化运动中，新闻界是积极的参与者。1931 年 10 月 21 日，中国新闻学研究会在上海成立。1932 年 4 月 12 日，该会发表《檄全国新闻记者》，号召全国新闻界要“从研究到行动，负起新闻界对社会所应负的任务”①。1932 年春，该会在《文艺新闻》上出版《集纳》专页，并在此基础上于 1932 年 3 月 20 日在上海成立中国左翼新闻记者联盟（简称“左翼记联”）。左翼记联在国内及海外南洋等地发展盟员，并在上海法国租界内创办国际新闻社，向国内外报刊供稿，报道的主要内容为抗日活动。左翼记联还通过上海的新声通讯社、远东通讯社，发布有关中国共产党抗日主张和工农红军北上抗日的消息。1934 年，左翼记联曾出版小型报纸《华报》，但刊行时间很短；又出版过刊物《集纳批判》，也仅出 4 期。1935 年，左翼记联创办中华新闻社，公开发稿。1936 年 5 月，左翼记联同各个左翼文化团体一样，为适应建立抗日民族统一战线的需要而宣告结束。

以蒋介石为首的国民党，在对革命根据地和工农红军进行军事“围剿”的同时，在国统区也进行了文化“围剿”。鲁迅在粉碎文化“围剿”中发挥了极其重要的作用。他是 1927 年 10 月 3 日从广州抵达上海的，由此直至逝世，始终在上海率领左翼文化大军进行艰苦卓绝的斗争。报刊是他的主要阵地。他主编或支持了多种刊物，其中有公开出版的大型刊物，如《奔流》《太白》等，而更多的是秘密的或半公开的左联机关刊物，如《前哨》《十字街头》等。他不仅自己写文章，还担任具体编辑、校对工作，甚至为刊物设计封面、安排目录、题写刊名，为刊物写“补白”稿件，如《太白》的“掂簸两”专栏、《中流》的“立此存照”专栏等。他大力支持黎烈文主编的《申报》副刊《自由谈》的革新，支持聂绀弩主编的《中华日报》副刊《动向》。他撰写了大量的杂文，其中不少是传世名篇。他不仅开创了独特的杂文风格，而且提出了对杂文的精辟的理论见解，使杂文在中国报刊上牢固确立了不可或缺的重要地位。

四、民营新闻业的进一步发展

此时国民党政府羽翼未丰，还需要利用民营报刊为其发声，因而，给民营报刊留下一定生存空间。国民党对于民营报刊，特别是著名大报，如《申报》《新闻报》《大公报》和《世界日报》等采取的是积极拉拢和严加控制的办法。1929 年 12 月 27 日，蒋介石致电《大公报》并转全国各报馆，表示尊重民意，欢迎批评，“凡属嘉言，咸当拜纳”。以写评论出名的报人陈布雷，在蒋介石亲自拉拢下，成为他的御用笔杆子。陈布雷（1890—1948），原名训恩，号畏垒，浙江慈溪人，1911 年任上海《天铎报》主笔，1921 后任上海《商报》编辑主任，1927 年 2 月加入中国国民党，同年 10 月任上海《时事新报》总主笔。此后，历任国民党政府教育部常务次长、国民党中央宣传部副部长、蒋介石侍从室二处主任、国民党中央政治会议副秘书长、总统府国策顾问等职。由于对国民党前途失望，陈于 1948 年 11 月 13 日服药自尽。但是，蒋介石的根本目的是要建立独裁统治，严格控制新闻宣传。所以，在反共问题上，丝毫没有宽松的余地，在国统区所有公开的传媒上，共产党都被称为“共匪”，而且出现一片“剿匪”声。对于外国人在华的

① 中国新闻学研究会．檄全国新闻记者（1932 年 4 月 12 日）．文艺新闻，1932，51.

报刊，蒋介石也严密注意，生怕它们捅出中国事态的真相。

另外，这个时期中国的经济、文化、教育事业都有一个相当的发展，为民营报刊的企业化经营提供了必要的条件，于是，民营媒体在民国初年发展的基础上又有了进一步的发展。

首先，报馆数量上有比较大的增长。从报馆数量看，1926 年，全国报纸为 628 家；1932 年增加到 867 家；1935 年增加到 1 000 家；1936 年又增加到 1 049 家。①

其次，报馆企业规模化经营，经济实力大增。当时，南北有影响的报馆凭借雄厚的经济实力，更新印刷设备，扩大生产，不仅每日版数增加，销售量也迅速增长，报馆经济实力大增。《申报》盖起了属于自己的大楼，成为中国新闻史上前所未有的事。企业化经营不仅使报馆规模扩大，而且影响力随之增大，迅速成为影响全国的舆论重镇，比如天津《大公报》，上海《申报》《新闻报》《时事新报》等。

再次，区域分布上，出现重心南移的现象。民国初年，民营报业无形中形成以平津和上海为中心的两大区域，随着国民政府建都南京，南京成为全国政治文化的中心，民营报业更多地向上海和江浙一带集中。天津著名报纸《大公报》，也于 1936 年 4 月创办上海版，实行重心南移。20 世纪 20 年代在北平创办《世界日报》系列而一举成名的成舍我，1935 年 9 月，与人合资在上海创办了著名的小型报——《立报》，并担任社长。据国民党中宣部 1935 年 8 月份的统计，江浙地区报馆总数为 424 家，占全国总数的 41.4%。②

最后，一些有实力的民营报馆经营者或兼并他报，或收买他报股权，做大自己的事业，并朝着报业托拉斯方向发展。比如，史量才于 1927 年购进了《时事新报》部分股票后，又于 1929 年从福开森手中购进《新闻报》大部分股权，俨然成为当时中国最大的报业资本家。史量才（1880—1934），名家修，原籍江苏江宁，后移居松江（今上海市）。他是一位很有事业心的报刊事业家，从 1912 年接办《申报》，苦心经营，使该报获得长足发展。更有甚者，《申报》经理张竹平 1930 年离开《申报》后，开始独立经营自己的事业，并于 1932 年将《时事新报》、《大陆报》（英文）、《大晚报》和“申时电讯社”联合起来，成立了一个联合新闻机构，简称“四社”，集日报、晚报、英文报和通讯社的优势，资源共享，相互协作，成为一个新闻报道和业务经营的联合体，在当时新闻界产生很大影响，被看作中国第一个报业托拉斯。张竹平（1886—1944），江苏太仓人，毕业于上海圣约翰大学，笃信基督教，是一位有理想的新闻事业家。

第二节　革命根据地的新闻传播事业

大革命失败后，中国共产党领导的革命力量被迫从城市向农村转移，在农村开辟根据地，组建工农红军。这是一条新的革命道路，即在农村积聚与发展革命力量，走农村包围城市、夺取全国胜利的道路。共产党革命新闻事业也在这条道路上开始了新的征程，

① 方汉奇．中国新闻事业通史：第 2 卷．北京：中国人民大学出版社，1996：413.

② 同①414.

为中国新闻史谱写了新的篇章。

一、中央革命根据地的新闻传播事业

中国共产党重视新闻宣传工作，即使在农村极其困难的条件下，也因地制宜地采取标语、传单、布告、壁报等多种形式，扩大政治影响，争取广大群众。1929 年 12 月，毛泽东为红军第四军第九次党的代表大会写的决议（即“古田会议”决议）指出，宣传工作是红军第一个重大的工作。决议具体分析了红军宣传工作的现状，对于此后的宣传内容和宣传技术作了详细规定，其中一项是各军及纵队必须办一壁报，名称均为《时事简报》，内容是国际国内政治消息、游击地区群众斗争情形、红军工作情形。要求每周至少出一次，用大张纸写，字要稍大点、要清楚点。①

1931 年 9 月，中央红军取得第三次反“围剿”的胜利，赣西南、闽西根据地连成一片，形成以江西瑞金为中心的中央根据地。11 月 7 日成立中华苏维埃共和国临时中央政府（即中央工农民主政府）。由此至 1934 年 9 月红军长征前夕的三年中，中央根据地迅速创建与发展新闻事业，初步形成了人民政权下的新闻事业系统，其主要机构是红色中华通讯社、《红色中华》报、《青年实话》和《红星报》等。

红色中华通讯社，简称“红中社”，是临时中央政府机关通讯社，1931 年 11 月 7 日在瑞金成立，广播呼号为 CSR（Chinese Soviet Radio），每日发稿一两千字，主要为临时中央政府文告、宣言、红军战报和根据地建设消息。它还利用红军电台抄收国民党“中央社”电讯和外国通讯社英文稿，经编辑后油印为《参考消息》（曾用名《无线电材料》《每日电讯》），供中央机关参阅。1934 年 10 月，红中社随红军长征，途中新闻广播中断，但抄报未停，1935 年 11 月在陕西瓦窑堡恢复新闻广播。

《红色中华》报，1931 年 12 月 11 日在瑞金创刊，是中华苏维埃共和国临时中央政府机关报②，也是我国在人民政权下创办的第一份中央报纸。《红色中华》报铅印 4 开，一般为 4 至 6 版，有时增至 8 至 10 版，初为周刊，第 149 期起改为双日刊，1934 年 10 月 3 日出版第 240 期后，随红军长征暂告停刊。③ 该报瑞金版发行量初期为数千份，后来超过 10 000 份，最多时达 40 000 份。《红色中华》报和红色中华通讯社是一家，即同一个机构，担负出版和通讯工作双重任务。负责人先后有周以栗、王观澜、杨尚昆、李一氓、沙可夫（陈微明）、瞿秋白等。

《青年实话》，是中国共产主义青年团苏区中央局机关刊物，1931 年 7 月 1 日在江西永丰创刊，总编辑部设在江西于都，总发行所设在福建长汀，1934 年 5 月迁至瑞金。陆定一、魏廷群先后任主编。《青年实话》初为半月刊，后改旬刊、周刊、五日刊，初为 32 开小册子，后为 8 开 4 版。其发刊词提出，“力求文字作风的青年化大众化”。该刊发

---

① 中共中央文献研究室，新华通讯社．毛泽东新闻工作文选．北京：新华出版社，2014.

② 《红色中华》从第 150 期（1934 年 2 月 16 日）起，删去“临时中央政府”的“临时”二字。

③ 1984 年江西瑞金革命纪念馆发现一期《红色中华》报，为 1935 年 1 月 21 日出版的第 264 期。红军长征后，该报在赣南出版，由中共中央分局和苏维埃中央办事处主办，中央分局宣传部部长瞿秋白主编。此时的《红色中华》报史称赣南版，该版至少已出 24 期。

行量起初为 8 000 份，后增至 20 000 份，最高达 30 000 多份。《青年实话》于红军长征前夕停刊，现在所见最后一期为 1934 年 9 月 30 日出版的第 113 期。

《红星报》，是中国工农红军军事委员会机关报，由红军总政治部主持出版，1931 年 11 月 7 日在江西瑞金创刊。1933 年 5 月后，邓小平任主编，1935 年 1 月遵义会议后，陆定一接任主编。《红星报》，铅印 4 开报纸，初定为五日刊，实际有时两天出一期，有时半月出一期，还出过“号外”，一度出过 32 开本小册子，1933 年增出《红星副刊》，发行量曾达到17 000 份。红军长征后，《红星报》随军出版，但改为油印，每期印七八百份发至连队。1935 年 8 月 3 日，该报停刊。

此外，还有以下报刊：《斗争》（1933 年 2 月创刊），中共苏区中央局机关报，主要刊载中共中央决议和中央负责人文章，发表过毛泽东的调查报告和张闻天的文章；《苏区工人》（1933 年前后创刊），中华全国总工会苏区中央执行局机关报；《少年先锋》（1932 年 1 月创刊），苏区少年先锋队中央总队部机关刊物；《时刻准备着》（1933 年 10 月创刊），中国共产主义青年团苏区中央儿童局机关报；等等。

二、其他革命根据地报刊和红军报刊

经过五年多的艰苦斗争，特别是中央根据地粉碎了四次军事“围剿”之后，到 1933 年下半年，中国共产党领导工农红军先后在 14 个省的边界地区开辟了十多个革命根据地。各根据地都建立了人民政权，出版了当地党政军机关和群众团体的报刊。但是，这些报刊绝大多数已在战火中被毁或散失，现有材料极少。

湘赣根据地的主要报刊有中共湘赣省委机关报《湘赣红旗》（半月刊，1931 年底创刊，1933 年 7 月改名《湘赣斗争》）、省苏维埃政府机关报《红色湘赣》（1933 年创刊）和《红色湘赣副刊》（1934 年创刊）、省军区政治部的《湘赣红星》、共青团省委机关报《列宁青年》等。

闽浙赣根据地的主要报刊有省委机关报《突击》、省苏维埃政府机关报《工农报》和《红色东北》、省军区的《红星报》和《前线》、省工会的《工人特刊》、共青团省委的《列宁青年》和《青年实话》、省互济会的《互济生活》等。这些报刊中，《工农报》影响最大，方志敏曾为它写过社论。《工农报》《列宁青年》等曾被列为学校教材。

湘鄂西根据地的主要报刊有中共湘鄂西分局机关报《红旗日报》（1931 年创刊）和《布尔什维克》周刊、省苏维埃政府机关报《工农日报》（1931 年创刊）、共青团省委机关报《列宁青年》等。其中影响最大的是《红旗日报》和《工农日报》：前者为油印 4 开小报，每期发行 2 000 多份；后者也是 4 开小报，有时油印，有时石印。

鄂豫皖根据地的主要报刊有中共鄂豫皖省委机关报《列宁报》（1930 年底创刊，周刊）、省苏维埃政府机关报《鄂豫皖苏维埃报》（1930 年创刊）、中共鄂豫皖分局主办机关报《红旗》、共青团鄂豫皖中央分局机关报《少年先锋》及儿童局的《赤色儿童》等。

川陕根据地的主要报刊有中央川陕省委机关报《共产党》（1933 年创刊，三日刊）、川陕苏维埃政府机关报《苏维埃》（1933 年创刊）、川陕省总工会机关报《斧头》等。

琼崖根据地的主要报刊有中共琼崖特别委员会宣传部主办的《琼崖红旗》（1930年创刊）、琼崖苏维埃政府和乐会县苏维埃政府的《工农兵报》（1929年创刊）、共青团琼崖特委宣传部主办的《团的生活》（1931年创刊）、少年先锋队琼崖总队的《赤光报》（1931年创刊）等。

红军各部队也出版了一批报刊，主要有红一方面军总司令部主办的《红色战场》（1933年，油印，32开）、红四方面军总政治部主办的《红军画报》、红三军团的《红军日报》（1930年7月29日创刊于长沙，8月4日停刊，是红军报刊中唯一的铅印对开日报）、红三军团政治部主办的《火线》（1933年1月创刊）、红二军团政治部主办的《红星》报、红四军的《红旗》、红五军的《工农兵》报、红七军的《右江日报》、红八军的《工农兵》报、红九军的《不战不休》、红三十军的《赤化全川》、红三十一军的《红星》、红军西北军区政治部的《战场日报》（1933年1月创刊，8月改名《红军》报）、湘赣省军区的《湘赣红星》、闽浙赣省军区的《红星报》、鄂豫皖省军区的《红色战士》等。

三、革命根据地新闻传播事业的特点和意义

革命根据地的新闻传播事业，是在中国共产党领导的人民政权下创建的党和人民的新闻传播事业。它与国民党的官办新闻传播事业根本对立，与国统区的共产党地下报刊也有所不同。它是党和人民大众的喉舌，是苏区人民用以巩固工农民主政权、争取中华民族解放与人民革命胜利的锐利武器。当时它虽然还处于初生状态，很粗糙很不完整，但已经形成了一些特点，并显示出强大的生命力。它的出现，揭开了中国新闻史新的一页，具有重大意义。

（一）革命根据地新闻传播事业的特点

1. 适应实际工作需要，围绕中心工作开展新闻宣传

中央根据地和各根据地争取革命战争胜利，巩固革命政权，扩大根据地，关键是打赢革命战争。因此，“一切为了前线”成为所有新闻传媒的报道与宣传中心。《红色中华》介绍政权建设的情况和经验，号召节省开支，支援前线。红中社的工作人员还带头自己种菜，节约粮食和伙食费，捐献衣物和部分津贴送给前方战士。青年报刊号召男青年踊跃参军，女青年多做军鞋，少年儿童报刊动员读者多积肥、多种南瓜。各种报刊都着眼于指导当前的实际工作，但不是千篇一律，而是各具特色，各有自己的视角。

2. 密切联系群众，依靠群众办报

根据地的新闻机构，工作人员都很少。红中社仅有12个人，一半编报，一半办新闻台。红军总政治部主办的《红星报》编辑部只有三五人，湘鄂西《红旗日报》也只有6个人。依靠群众办报（社），成为根据地新闻事业发展的必由之路。首先，大力发展通讯员。《红星报》有通讯员500多人，其他各报也都有自己的通讯员队伍。为了培养通讯员，《红色中华》在报上辟有“写给通讯员”专栏，出版《工农通讯员》刊物，还将列宁

关于“集体组织者”的名言印在毛巾上，发给通讯员作纪念品。其次，广泛听取读者意见，采纳读者建议。《红色中华》的“读者通讯”专栏和《赤焰》副刊就是根据读者建议开辟的。最后，吸收优秀通讯员参加报纸工作。

3. 开展批评与表扬

《红色中华》有批评专栏“黑报”，也有表扬专栏“红匾”，还有进行社会监督的专栏“突击队”。《青年实话》也有专栏“轻骑队”，该报表扬与批评并重，如扩大红军的宣传报道，既批评“不报名不散会”的做法，又表扬积极支持亲人参军的妇女。

4. 文字通俗，形式活泼

根据地所有的新闻宣传都用白话文写作，力求工农兵读者能看懂，不识字的能听懂。许多报刊还设有山歌、谜语、游戏、科学知识等专栏。曾任湘鄂西《工农日报》主编的谢觉哉曾说：“以前文告是给知识分子看的，尽可掉文，现在的文章是给工农群众看的（知识分子也在内），许多文语不可再用，要用也要经过工农群众了解或改造之后。”①

但是，根据地新闻事业也受到“左”倾错误路线的影响，1933 年 1 月中共临时中央局进入中央根据地后，“左”的色彩更为浓重。如分析形势时，称“国民党惊恐万状”；在干部政策上，报刊用公开点名的办法，打击了一些抵制“左”倾的干部；在文风上，《红色中华》出现“布尔什维克式的春耕”一类提法，“突击队”专栏先后更名“铁棍”“铁锤”“无产阶级铁锤”。

（二）革命根据地新闻传播事业的意义

第一，根据地新闻传播事业是在人民政权下创建的，是中国共产党领导新闻事业的开端。中国共产党主办和管理新闻传播事业，在实践中积累经验、完善措施、培育干部、准备资财，从此起步，经过二十多年的艰苦奋斗，终于在全国取得胜利。中华人民共和国成立时，中国共产党已经有了办新闻传播事业的经历，这是俄国十月革命所不具备的条件。

第二，开创一条革命新闻传播事业发展的新道路，即城市—农村—城市的道路。新闻传播事业主要在城市发展，这在全世界是普遍现象。中国农村在经济与文化上相当落后，根据地所在的边界地区条件更差。中国共产党的新闻传播事业在农村中宣传先进的革命思想、传播科学文化知识、沟通当代社会信息，使农村迅速发生深刻变化，这在中国历史上是前所未有的。

第三，继承和发扬了列宁的党报思想。列宁的名言“报纸不仅是集体的宣传员和集体的鼓动员，而且是集体的组织者”成为根据地报刊工作者的行动口号，并在实际工作中得到贯彻实现。根据地的党和政府都重视通过报刊动员、组织人民群众投入革命斗争和做好各项工作，报刊注重用具体事例进行宣传鼓动，开展批评与表扬，体现了列宁的党报思想。

以瑞金为中心的根据地时期，其存在时间仅有三年，又处于战争的环境中，新闻传

---

① 详见《谢觉哉日记》（北京：人民出版社，1984），1943 年 3 月 7 日。

播事业却开创了一个全新的局面。但这仅仅是开头，有些方面还显现了它的幼稚性。[①]

第三节　抗日救亡运动中的新闻传播事业

1931 年九一八事变后，日本帝国主义加紧侵略中国。中国人民奋起抗日救亡，相继爆发了"一·二八"淞沪抗战、"一二·九"运动、西安事变等抗日怒潮。在抗日救亡运动中，中国新闻界有不俗的表现，许许多多新闻人运用新闻媒体为抗日救亡鼓与呼。其中，既有共产党人创办报刊、开展新闻活动，也有进步民主人士创办报刊、开展新闻活动。

一、共产党的新闻传播事业积极宣传抗日救亡

中国共产党的新闻传播事业一方面站在抗日救亡运动的前列，积极宣传团结御侮、一致对外，一方面在抗日救亡的宣传中获得发展。

在革命根据地，《红色中华》等报刊及时刊载共产党和苏维埃政府有关抗日的决议、宣言，反映人民群众的抗日呼声。红军长征，《红色中华》停刊。红军到达陕北后，《红色中华》于 1935 年 11 月 25 日在瓦窑堡复刊，史称陕北版，该版为油印 4 开，周三刊。1936 年 12 月 12 日西安事变发生后，蒋介石被迫接受停止内战、联共抗日的条件，中国开始实现从国内战争到抗日战争的转变。为了团结各种力量，形成抗日民族统一战线，《红色中华》从 1937 年 1 月 29 日起改名《新中华报》。红色中华通讯社也于 1937 年 1 月改名新华通讯社（简称"新华社"），两者同时迁至延安。1937 年 4 月 24 日，中共中央政治理论机关刊物《解放》在延安创刊，铅印 16 开本，初为周刊，后改为半月刊。

在国民党统治区，共产党的新闻宣传活动迅速恢复，地下党组织在北平创办了《华北烽火》（1935 年 12 月 4 日创刊）、《长城》（1936 年 6 月 20 日创刊）、《国防》（1935 年 11 月创刊）等报刊。共产党积极支持学生组织和救亡团体出版报刊，积极支持进步报刊的抗日救亡宣传。

为了开展在海外的宣传工作，共产国际中共代表团根据中共中央指示，创办了《救国报》。该报于 1935 年 5 月 15 日创刊，报头署社址为法国巴黎，实际编辑部设在莫斯科，在莫斯科编辑、排字、打纸型，航空寄往巴黎印刷发行。该报以宣传反法西斯和建立中国抗日民族统一战线为宗旨，廖焕星（中共代表团秘书）、李立三、陈潭秋先后任主编，吴志坚、饶漱石等先后主持印刷发行。该报初为半月刊，后改为周刊，曾在天津

---

① 例如：1933 年 12 月 11 日，《红色中华》第 134 期刊载郑茂德偷骡子的报道，其中有"回来就与少共中央局的某些同志大吃馆子"一句，与事实不符，《红色中华》在第 135 期（12 月 17 日）作了"重要更正"。但是，《青年实话》编辑部竟在该刊第 3 卷第 4 号（12 月 17 日）上，用四号字称《红色中华的造谣》，指责中央机关报。中共中央宣传部于 12 月 29 日作出《关于〈青年实话〉的决定》，指出《青年实话》是"诬蔑中央政府的机关报，企图将中国共产主义青年团中央局的《青年实话》同中华苏维埃共和国临时中央政府的《红色中华》对立起来。中央宣传部认为这是绝不能容许的现象，特给《青年实话》编辑部以严重警告，并于《红色中华》与《青年实话》上公布这一决定"。两报分别于 1933 年 12 月 31 日和 1934 年 1 月 1 日刊载了这一决定。

《大公报》上刊登广告称是“唯一铅印的西欧侨胞的喉舌”①。该报1935年10月1日出版的第10期上，首次发表了中国共产党的《八一宣言》。国民党政府要求法国政府停邮该报。11月中旬，该报出版第16期时，接到法国政府停邮通知。共产国际中国代表团派吴玉章赴巴黎交涉后，于12月9日改名《救国时报》在巴黎重新创刊，仍为中共在海外办的机关报，面向海外华侨和国内民众，设有“民族出路问题论坛”“救国阵地”“侨胞生活”“祖国消息”等专栏。该报曾大力报道“一二·九”学生运动和“一·二八”淞沪抗战，还介绍过中央革命根据地和红军长征情况。该报发行至43个国家与地区，国内的北平、天津、上海、西安等大中城市和东北、新疆等地都有读者，发行量达两万多份。1938年2月10日，该报出至第152期后暂时停刊，同年8月迁往美国纽约，与中共主办的《先锋》周报合并，1939年10月停刊。

二、国民党统治区新闻界的变化

在九一八事变之前，日本侵略者在中国国土上屡次挑起事端，已经引起中国舆论界的关注和抗议。如1931年6月和7月，日本侵略者制造“中村事件”和“万宝山惨案”后，邹韬奋在《生活》周刊上发表文章指出：这是“日本侵略中国的一部分表现”，“不可视为一时一地的事情”②，希望全国人民“众志成城，可寒贼胆，民族惨祸，必可获免”③。上海《申报》也谴责了日本的侵略行为。

1931年9月18日，日本侵略者制造“柳条湖事件”，大举进攻沈阳，全国为之震惊。全国各地的报刊都对事变作了报道，《申报》在时评中提出“应为维护国家维护民族，而作自卫之背水战”的主张。上海《时事新报》连续发表十来篇社论，反对日本侵略。上海《新闻报》也刊载了主张抗日的报道与言论。

但是，主张抗日的舆论却没有得到国民党当局的支持。在全国人民，特别是青年学生请愿要求抗日的时候，蒋介石要于右任打电报给张季鸾，要《大公报》主张“缓抗”。虽然《大公报》发表了主张“镇静应付”、寄希望于国际联盟干预和美苏表态的评论，但是，毕竟还是看重国家利益，也发了要求抗日的消息、通讯和评论。至于国民党的党办报刊，当然是在严密控制之下，口径一致地为蒋介石的不抵抗政策辩解，但也不能全然无视日本帝国主义的侵略罪行和全国人民要求抗日的怒涛，只得采取两面照应：一方面七折八扣地报道日本的侵略活动；另一方面又竭力制造舆论，企图把人民的抗日呼声压下去。它们以“诉之国联”，“待公理之裁决”为宣传重点，掩盖对日妥协政策的实质，企图将人们的视线引向“剿共”，结果却反而激起民众的公愤，国民党的《中央日报》就被群众捣毁过。

九一八事变激起中国人民抗日救亡宣传的高潮，四个多月后的淞沪抗战宣传把这个高潮推向了顶峰。1932年1月28日，日本侵略军进攻上海，十九路军在全国人民的声援下奋勇抵抗。上海和全国新闻界全力支持十九路军，报刊除了出版增刊、特刊和画刊进

---

① 救国报出版了．大公报（天津），1935-06-21.

② 韬奋．国人应奋起一致对外．《生活》周刊，1931，6（29）.

③ 韬奋．全民族的生死关头．《生活》周刊，1931，6（31）.

行宣传鼓动外，还做了大量的组织工作，如募集捐款、开办伤兵医院、抚恤阵亡将士家属、救济难民等。声势浩大的抗日救亡宣传冲破了大革命失败后的舆论沉寂局面，也使新闻界自身发生了巨大的变化。其中最为突出、具有重要意义的是史量才和《申报》的变化、邹韬奋和《生活》周刊的变化。

这里先述史量才和《申报》的变化。史量才 1912 年接办《申报》后，在企业化经营方面取得引人注目的成效，但在政治上却是保守的。大革命失败后，在史量才主持下的《申报》上也出现了“共匪”一类的字眼。但《申报》唱的是低调，史量才在打主意发展他的事业，甚至想建立英美式报业托拉斯。1929 年他购进《新闻报》的股票时，遭到了强烈的抵制。实际上是国民党当局使他的托拉斯构想失败，但他在事业上的雄心仍在，还要搞改革。就在股票风波后不久，他邀请黄炎培、陶行知、戈公振等人参加《申报》的工作，共商革新大计。1931 年 9 月 1 日，该报发表《本报六十周年纪念宣言》，宣布自即日起的一年为纪念年，提出了奋斗目标。但是，十多天后就发生了九一八事变，继而又有淞沪抗战。

骤变的形势使《申报》的纪念活动中断了，却深刻地教育了史量才，民族危亡的严酷事实和救亡运动的爱国激情，使他认清了蒋介石对日妥协和“攘外必先安内”政策的危害，毅然赞同团结抗日的主张。史量才和《申报》作出了一些出人意料的果断举动，如 1931 年 12 月 20 日，上海各家日报（除《民国日报》外）在史量才的策划下，同时刊载《宋庆龄为邓演达被害宣言》；1932 年 6 月 30 日发表时评《剿匪与造匪》，7 月 2 日和 4 日又发表两论和三论，矛头直指蒋介石；淞沪抗战期间，史量才带头发起组织上海地方维持会，并被推选为会长；等等。1932 年 11 月 30 日，该报发表《六十周年革新计划宣言》，宣布 12 项革新措施，还强调需要“社会大众的伟力”来推进新闻传播事业。

《申报》纪念六十周年的革新活动，可以归纳为以下各项：一是加强新闻，改进本埠新闻报道，在南京、汉口等 29 个城市设分馆，增加各地通讯；二是改革副刊《自由谈》，把它办成具有时代性的思想文化园地，这项改革措施产生了深刻的影响，特别是推动了杂文的发展，鲁迅用 40 多个笔名在该刊上发表了 140 多篇杂文；三是改进副刊和增刊，以适应各种类型读者的需要，它的副刊和增刊有综合性的（如《业余周刊》）、文艺性的（如《春秋》）、知识性的（如《医学专刊》），各有鲜明特色；四是出版书刊，有《申报月刊》《申报年鉴》《中华民国新地图》等；五是兴办社会文化事业，有流通图书馆、新闻函授学校、业余补习学校、《申报》服务部等。由于这些措施的实行，申报馆成为一个以报纸为中心的庞大的文化事业群体。

史量才和《申报》的变化为社会所瞩目；而在国民党当局看来，这些变化意味着《申报》脱离它的控制，这是不能容许的。在软硬兼施（包括蒋介石亲自同史量才谈话）都未能奏效的情况下，便下了最后的毒手——1934 年 11 月 13 日下午，史量才偕夫人、儿子由杭州乘自备汽车回上海，行至海宁县翁家埠附近时遭特务枪击，史量才当场身亡。

三、抗日救亡宣传的广泛开展

史量才被暗杀，是以蒋介石为首的国民党当局用极端手段维护其新闻统制的一个案例。在此前后还发生过邹韬奋被迫出国流亡、“新生事件”以及多名新闻工作者被捕或被杀的事件（在江苏南通，《江声报》经理兼主笔刘煜生被处决）。显然，国民党当局的意图是遏制乃至扑灭抗日救亡宣传。

由九一八事变激起的抗日救亡宣传，经历了1931年和1932年的迅猛发展而遍及全国。但从1933年至1935年上半年受到压制。“一二·九”运动爆发后，抗日救亡宣传随之出现新高潮。

站在斗争前列的是学生报刊。燕京大学的《燕大周刊》在1935年12月初发表埃德加·斯诺的长达万言的通讯《毛泽东访问记》，使许多青年第一次了解到中国共产党及其领袖的情况。学生运动起来以后，《燕大周刊》增出了十多期“一二·九特刊”。北平市学联出版了《学联日报》，北京大学、清华大学也出版了报刊。

学生的爱国运动很快从北方传到南方，以至全国各地。邹韬奋主持的上海《大众生活》、香港《生活日报》都以宣传抗日救亡为主旨。一批同邹韬奋、生活书店有密切关系的刊物也在抗日救亡宣传中发挥了重要作用。如1934年创刊的《世界知识》，1936年创刊的《永生》《现世界》《新认识》等，都是爱国救亡运动的积极宣传者。这些刊物的具体任务和读者对象各不相同，但在“一二·九”后都结合自己的特点，以抗日救亡为宣传中心。如李公朴主编的《读书生活》是以“把读书融化在生活中”为目标的，它发表的艾思奇的《哲学讲话》、薛暮桥的《经济常识讲话》、高士其的《科学小品》等，都为读者所喜爱。“一二·九”后，它积极支持学生运动，批评胡适要学生关门读书的主张，1936年1月开始在封面上标明“生活斗争，民族解放，理论指导的半月刊”，并把“信箱”专栏改称“救亡信箱”。

全国各地救亡团体创办了不少报刊，如北平的《华北呼声》、上海的《救亡情报》等。这些报刊发表救国会的文件，报道救亡活动情况，反映人民群众强烈的抗日要求。还有一些学术、文艺刊物，如上海的《中国农村》月刊，北平的《盍旦》月刊、《光明》半月刊等，或从理论上，或以艺术形象“尽救亡之责任”。

1935年9月20日，成舍我主办的《立报》在上海创刊。它是一张4开小型报纸，实行精编方针，以较小的篇幅承载较多的内容，售价低廉，力求使读者“能读、必读、爱读”。由于有爱国进步人士和中共地下党员参加工作，《立报》也积极宣传抗日救亡。《申报》在史量才遇害后态度趋向保守，不敢得罪国民党当局，但在“一二·九”运动爆发后的12月12日，发表题为《学生运动之复兴》的时评，表示赞同学生的行动。天津《大公报》也发表了主张抗日的言论，从1935年5月10日起刊发范长江的《旅行通讯》，影响深远。有些国民党的地方报纸也同情学生运动。

1936年12月12日，西安事变发生。西北抗日联军接管了国民党的《西京日报》，利用其资财设备，创办《解放日报》，12月13日创刊，为对开铅印大型报纸。中共地下党组织派韩进、魏文伯参加该报工作。该报真实地报道了西安事变的全过程，反映西北抗日联军和各界人士、广大民众的抗日要求，呼吁建立抗日民族统一战线。1937年2月10日，该报出至第57期后停刊。西安事变震惊全国，全国新闻传媒都作了报道，其中《大公报》12月18日社评《给西安军界的公开信》，颂扬蒋介石，要张学良、杨虎城向蒋介石“谢罪”。这篇社评被国民党当局翻印成传单，用飞机在西安散发。但是，团结抗日的潮流不可阻挡，全国绝大多数新闻传媒都加入了抗日民族统一战线。

四、邹韬奋的报刊活动与“韬奋精神”

邹韬奋（1895—1944），原名恩润，笔名韬奋，原籍江西余江，生于福建永安。1912年，他到上海，在南洋公学学习，1919年9月转入圣约翰大学，主修西洋文学，辅修教育。1921年，他毕业后，在上海纱布交易所任英文秘书，1922年任中华职业教育社编辑部主任，主编《教育与职业》月刊。该社于1925年10月11日创办《生活》周刊，王志莘主编。1926年10月，邹韬奋接任主编，由此开始毕生从事新闻出版工作。

《生活》周刊初期只印1 000多份，大多数是分赠职教社社员。邹韬奋接编的首期即第2卷第1期（10月24日出版），新辟“信箱”专栏，随后不断充实内容，革新版面，第2卷第47期（1927年9月25日）起，新开辟“小言论”专栏，1928年发行量达40 000份。

1931年九一八事变前后，邹韬奋的思想发生了明显而深刻的变化。他从大学走上工作岗位的最初数年，关心的是“职业教育”和“青年修养”。接编《生活》周刊后，他开始关心社会问题，但目标仅是“力求政治清明”与“实业振兴”[①]，九一八事变后，他迅速抛弃改良主义幻想，投入抗日救亡洪流，而且在胡愈之等进步人士的帮助下开始学习革命理论。他写了大量慷慨激昂的“小言论”，每期《生活》周刊上都有，有时一期登三四篇。1932年1月9日，他宣布《生活》周刊“最近已成为新闻评述性质的周报”[②]。“一二·八”淞沪抗战爆发的第二天，《生活》周刊出了两期“紧急号外”。1月30日，又出版“临时紧急特刊”，发表《痛告全国同胞书》。《生活》周刊在1932年底发行量达到155 000份，创当时全国期刊发行的最高纪录。

对于邹韬奋和《生活》周刊的变化，蒋介石和国民党当局大为不满，曾派胡宗南同邹韬奋谈话，要他“拥护政府”。邹韬奋据理反驳，但预感到《生活》周刊可能被扼杀，便于1932年7月建立生活书店，与生活周刊社分开，以保存实力。同年10月，他写了《与读者诸君告别》一文备用。1933年6月18日，民权保障同盟总干事杨杏佛被特务暗杀，邹韬奋也被列入黑名单。他被迫于7月14日离开上海，出国避祸。同年12月8日，国民党政府下令查封《生活》周刊。16日，《生活》周刊出版了最后一期，其上便刊登了邹韬奋在一年前写的告别文章。

1934年2月10日，《新生》周刊在上海创刊，由杜重远主编。杜重远（1898—1944），祖籍广东顺德，生于吉林怀德，曾留学日本，回国后创办沈阳肇新窑业公司，任奉天省总商会会长。九一八事变后，他参加抗日救亡运动，被聘为《生活》周刊特约撰述。1934年，他任《新生》周刊主编，1935年在“新生事件”中入狱，1936年9月出狱后赴西安。1939年，他任新疆学院院长，1944年6月被盛世才虐杀于狱中。《新生》周刊在内容上和形式上都是《生活》周刊的继续，只是“小言论”专栏改名为“老实话”，发行量达10万份。《新生》周刊第2卷第15期（1935年5月4日）上，发表易水

---

① 本刊与民众．《生活》周刊，1927，2（21）．

② 韬奋．我们最近的思想和态度．《生活》周刊，1932，7（11）．

（艾寒松）的杂文《闲话皇帝》，其中说到日本天皇是个生物学家，做皇帝是为了统治的需要，否则，他在生物学上会有更多成就。日本驻上海总领事借口此文“侮辱天皇，妨害邦交”，要求国民党当局查处。国民党当局接受日本的无理要求，于 6 月 22 日查封《新生》周刊，杜重远被判刑一年又两个月，史称“新生事件”。

从 1933 年 7 月至 1935 年 8 月，邹韬奋游历和考察了意大利、英国、瑞士、法国、比利时、荷兰、德国、苏联和美国。在英国，去图书馆看书；在苏联，去莫斯科大学听课；在美国，调查了黑人的生活；还研究了西方的新闻事业。他进行实地考察，又认真读书，写了 30 多万字的国外通讯，在《生活》周刊和《新生》周刊上发表，后汇集成《萍踪寄语》。他收集了许多素材，准备回国后撰写成文。他得知杜重远入狱的消息后，就急于回国。1935 年 8 月 27 日，他回到上海，下船后没有回家，就直接去监狱探望杜重远。随后，他即着手筹办新刊物。11 月 16 日，《大众生活》在上海创刊，16 开周刊。他在创刊号上发表《我们的灯塔》一文，提出以“力求民族解放的实现，封建残余的铲除，个人主义的克服”为三大目标。北平传来“一二·九”运动的消息，他不仅在刊物上立即支持学生的正义运动，还寄了几千份《大众生活》给北平市学联。该刊发行量达 20 万份，再创全国期刊发行的最高纪录，1936 年出至第 16 期被国民党当局查封。3 月 7 日，生活书店创办《永生》周刊，作为《大众生活》周刊的继续，由金仲华主编，出至 6 月 27 日被查封，共出 17 期。

1936 年 3 月初，邹韬奋被迫出走香港。6 月 7 日，他主办的《生活日报》在香港创刊，这是他一生中主编的唯一一份日报。他在发刊词中宣布：“本报的两大目的是努力促进民族解放，积极推广大众文化，这也是从民众的立场，反映全国民众在现阶段内最迫切的要求。”与该报同时创刊的有《生活日报星期增刊》。该报出至 7 月 31 日自动停刊，拟迁上海出版。但国民党当局不予登记，结果只能出版《生活星期刊》，1936 年 8 月 23 日创刊，周刊，邹韬奋任主编兼发行人。11 月 23 日，邹韬奋和其他 6 位救国会负责人沈钧儒、李公朴、沙千里、史良、章乃器、王造时等同时被捕，史称“七君子事件”。在狱中 8 个月，邹韬奋除出庭受审外，致力于读书和写作，完成著译文稿 30 多万字。

邹韬奋毕生从事新闻出版工作，主办过 7 个报刊（包括此后的《抗战》、《全民抗战》、香港《大众生活》），他既担任主编，又是主要作者，还管经营，积累了丰富的报刊工作经验。他还提出了许多卓有见地的办报主张，特别是主编《生活》的一系列论述，构成了一套较为完整的报刊思想。他的报刊思想和实践经验有着鲜明的特色，被称为“韬奋精神”。

什么是“韬奋精神”？毛泽东说：“热爱人民，真诚地为人民服务，鞠躬尽瘁，死而后已，这就是邹韬奋先生的精神，这就是他之所以感动人们的地方。”① 这是对“韬奋精神”的精辟诠释。由于体现了这种精神，邹韬奋所办报刊，个个受到人民大众的欢迎。而在他的亲身体验基础上形成的报刊思想，是一种切合中国实际的人民报刊理论。有关论述很多，以下列举的是其中几个重要方面。

---

① 解放日报（延安），1944-11-22.

第一，报刊是人民的耳目喉舌，应该成为实现民族解放、大众解放大目标的工具。

1928年，邹韬奋指出："生活周刊是以读者的利益为中心，以社会的改进为鹄的。"[①]那时，他关注的是职业教育和青年修养。九一八事变以后，他积极投入抗日救亡运动，向《大众生活》周刊的读者宣布："我们不是为本刊而办本刊，只不过把本刊作为努力于我们的大目标的一种工具。"[②] 这里所说的"大目标"，就是"民族解放大众解放"。1936年，他宣布《生活日报》是"人民的报纸"，"本报的两大目的是努力促进民族解放，积极推广大众文化"[③]。他指出：《生活日报》的"言论要完全作人民的喉舌，新闻要完全作人民的耳目"，"本报可以容纳各种不同甚至相反的主张，但是不能一步离开抗敌救亡的大目标"[④]。1941年，他在为《新华日报》创刊三周年写的纪念文章中指出："舆论机关的重要任务一方面在领导社会，一方面在能反映社会大众的公意，这两方面是要融合贯通、打成一片的。一个报纸对社会能引起领导作用，绝对不是由于它要怎样便怎样，必须由于它能灵敏地意识到社会大众的真正要求，代表着社会大众的真正的利益，在这个立场上，教育大众，指导大众。"[⑤]

第二，报刊要成为读者的"好朋友"，真诚地为读者服务。

邹韬奋接编《生活》周刊之初，就提出要"以文会友"，作者和读者"精神可以连合为一"，刊物要成为读者"极好的朋友"。之后，他多次强调这一主张，直到他的最后遗著《患难余生记》的最后一段，还恳切地要求读者把他主持的新闻出版事业视为"最可靠最亲爱的好朋友"。他自己对此身体力行，同广大读者建立了极为亲密的关系，把读者的事看作自己的事，"与读者的悲欢离合、甜酸苦辣打成一片"[⑥]，为读者"竭我智能，尽忠代谋"[⑦]；而读者也以他为良师益友，向他倾诉衷情，同他商量问题，托他代办事情，亲如家人。他一有号召，读者群起响应，他遇到困难，读者群起支援，他受到迫害，读者群起掩护，留下不少动人的故事。在邹韬奋看来，要成为读者的"好朋友"，最重要的是关心读者的需要，办好报刊，同时也要同读者建立经常的联系，努力为读者服务。关于后者，邹韬奋采取的主要方式是：认真处理读者来信——作为主编的邹韬奋，每天都要亲自看信、复信，即使由别人代写的回信，他也要亲自看过，签上名以后才发出；办好"信箱"专栏；热情接待读者来访；读者委托代办的事情尽力办到。

第三，办报刊要有创造精神，形成报刊的个性或特色。

邹韬奋在《经历》一书总结自己办报刊的体验时指出，有几个原则必须掌握，其中"最重要的是要有创造的精神"。他反对雷同和模仿，主张报刊要有自己的风格。他认为，没有个性或特色的刊物，生存已成问题，发展更没有希望了。他所说的个性或特色，包括内容和形式两个方面。在内容上，他取舍稿件的标准是"有价值与有趣味"，既不赞成"老生常谈"，也反对"滑头面孔"，而是提倡把"有益"与"有趣"统一起来，寓教育于

① 《生活》周刊究竟是谁的?.《生活》周刊，1928，4（1）.
② 永生．大众生活，1935，1（4）.
③ 创刊词．生活日报，1936，1（1）.
④ 《生活日报》的创办经过和发展计划．生活日报（香港），1936，55.
⑤ 韬奋．领导与反映．新华日报，1941-01-01.
⑥ 韬奋．光杆编辑兼光杆书记．店务通讯，1939，76.
⑦ 韬奋．新女子最易上当的一件事．《生活》周刊，1929，4（10）.

趣味之中。1936年，他曾经就“我们要怎样办《生活日报》”问题作系统的论述，在多方面提出了自己的主张，其中包括：广博的言论（每天发一篇社论、两篇以上专论，内容广博），统一性（言论、新闻、附刊态度一致，硬性文字和软性文字分配均匀），广泛性（在民族独立、解放和繁荣的共同目标下，反映人民大众的多方面的生活），研究化（研究新闻的背景和前因后果，发表有关参考材料），文字大众化（用语体文写作，使初识字的人能看懂），销数（面向全国，包括大城市、农村和边疆，从上层社会到洋车夫、苦力、农夫都能看到），经济公开（经济来源和招股情况在报上公布，请会计师审查），以中国最大多数老百姓为背景（由大多数人投资经营，不希望有大股东，一切公开于大众，内容力求大众化），等等。

第四，文风要“明显畅快”。

邹韬奋把提高人民大众的文化水平、推广大众文化作为报刊的基本任务之一，因而一贯重视报刊文字的通俗易懂。在编《生活》周刊后不久，他就宣布：“本刊力避‘佶屈聱牙’的贵族式文字，采用‘明显畅快’的平民式文字。”①他写文章，注意用“最生动、最经济的笔法”，短小精悍，亲切感人。对广大读者像老朋友谈心一样，推心置腹，循循善诱。而在批驳国民党当局的错误言行和揭露丑恶的社会现象时，他慷慨陈词，锋芒凌厉，有很强的说服力和号召力。

第五，重视经营管理和社会信用，处理好商业性新闻与广告的关系。

在广告、发行、经营管理和设备现代化等方面，邹韬奋也有实践经验和理论论述，1940年出版了专著《事业管理与职业修养》一书。他认为，“我们这一群的工作者所共同努力的先进的文化事业”，是“引人向上的精神食粮”，“是要能够适应进步时代的需要，是要推动国家民族走上进步的大道”的事业。这就是事业性。同时又要靠自己的收入维持生存，这就是商业性。不应把二者对立起来，而是“为着要发展事业，在不违背我们事业性的范围内（我们当然不专为赚钱而做含有毒菌落后的事业），必须尽力赚钱，因为我们所赚的钱都是直接或间接用到事业上面去”②。他重视广告，认为报刊“对于所登载的广告，也和言论新闻一样，是要对读者负责的”③，登载广告需要选择，要从法律和道德上考虑，在版面安排上广告不能割裂新闻。邹韬奋所办报刊，都享有很高的社会信用，其原因除报刊本身办得好、读者服务工作做得好以外，还有经济公开（公开收入与支出，有高级会计师审查监督）、准时出版、从不脱期等因素。

第六，新闻工作者应“视事业如生命”④，有高尚的人格和真才实学。

邹韬奋热爱新闻出版工作，乐此不疲，为新闻事业奋斗终生。在艰难困苦的条件下，他从未失去信心，“一息尚存，决不罢休”⑤；在威胁、利诱面前毫不动摇，“宁为保全人格报格而决不为不义屈”⑥。1937年1月，他在国民党的监狱中写道：“我在二十年前想要做个新闻记者，在今日要做的还是个新闻记者——不过意识要比二十年前明确些，要

---

① 本刊与民众．《生活》周刊，1927，2（21）．

② 邹韬奋．事业管理与职业修养．北京：三联书店，1982：115-116．

③ 《生活日报》的创办经过和发展计划．生活日报（香港），1936，55．

④ 新闻记者是不戴帽子的皇帝．《生活》周刊，1929，4（9）．

⑤ 永生．大众生活，1935，1（4）．

⑥ 韬奋．与读者诸君告别．《生活》周刊，1933，8（50）．

在‘新闻记者’这个名词上面，加上‘永远立于大众立场的’一个形容词。”[①] 他全面主持报刊工作，还亲自编辑、写稿、处理来信、联系作者、接待读者，甚至跑印刷厂、看校样、拉广告。他刻苦钻研业务，“且做且学，且学且做”，对前人的经验和外国的经验都采取分析的态度，引为借鉴。他十分重视发现和培养人才，善于团结同事，共同办好报刊。他曾经提出，理想的编辑至少应具备四个条件：一是大公无私；二是敏锐的观察和卓越的识见；三是文字畅达；四是至少精通一种外文。他还提出过新闻工作者应该有广博的知识、健全的体格，懂一些自然科学知识。

五、范长江、斯诺等的西北采访活动

（一）范长江和《中国的西北角》《塞上行》

范长江（1909—1970），原名希天，四川内江人。1927 年，他考入中法大学重庆分校，随后到武汉，入国民革命军第 20 军（军长贺龙）学生营当兵，参加南昌起义，失败后流浪于社会，1928 年考入南京国民党中央党务学校（后改名中央政治学校）。1932 年下半年，他考入北京大学哲学系学习，同时积极参加抗日救亡运动，并向北平的《北平晨报》与《世界日报》、天津的《益世报》与《大公报》投稿。1935 年 5 月 1 日起，他以天津《大公报》特约通讯员名义离津南下，经烟台、青岛到上海，再沿长江西行，赴重庆、成都，沿途写“旅行通信”，5 月 10 日起在该报发表。1935 年 7 月 14 日，范长江又从成都出发，开始了他的西北之行，至 1936 年 6 月结束，历时约 10 个月，西至敦煌，北抵包头，实地考察了四川、陕西、青海、甘肃、内蒙古的许多地方，了解政治、经济、文化、宗教、民族关系等多方面情况和风俗民情。他沿途撰写的旅行通讯陆续在《大公报》上发表。西北之行结束返天津后，范长江成为《大公报》的正式记者。1936 年 8 月，他将这次旅行所写的通讯汇集成《中国的西北角》一书出版，数月内连印 7 次。这些通讯揭露了日本帝国主义侵略的野心，国民党统治的腐败、黑暗与各族人民的痛苦生活。更为可贵的是，该书首次向国统区读者透露了红军长征的行踪和影响。

1936 年 8 月至 12 月，范长江又赴内蒙古、绥远等地采访，写了多篇通讯。西安事变发生后，他冒险从绥远前线取道宁夏、甘肃，于 1937 年 2 月 2 日到达西安。4 日，他见到周恩来，5 日周恩来同他长谈，6 日由博古、罗瑞卿陪同乘车至延安。9 日晚间毛泽东同他长谈，向他详细介绍了十年内战的经过，解释中国革命的性质、任务和抗日民族统一战线的方针政策。16 日，即范长江到达上海的第二天，上海《大公报》发表他写的时事述评专文《动荡中之西北大局》，介绍了西安事变的真相和中国共产党关于建立抗日民族统一战线的主张，在国统区引起巨大震动。随后他又写了《西北近影》《陕北之行》等多篇通讯。毛泽东于 3 月 29 日写信给范长江说：“你的文章我们都看过了，深致谢意！”[②]

范长江的通讯作品，以纪实的方式，谈古论今，既有大量的历史、地理、人文与自然知识，更透露了重大的政治消息，笔触生动而有感情，刊出后受到广泛欢迎。“长江”

---

① 韬奋文集：第 3 卷．北京：三联书店，1955：134.
② 毛泽东致范长江信（1937 年 3 月 29 日）//范长江．塞上行．北京：新华出版社，1980.

名噪一时，《大公报》也销数陡增。这些作品以其特有的风格和深远的影响，为我国新闻通讯写作提供了新经验与新样本，在我国新闻史上有重要地位，其中有些已成为传世名篇。

（二）斯诺和《红星照耀中国》

埃德加·帕克斯·斯诺（Edgar Parks Snow，1905—1972），美国新闻记者、作家，出生于密苏里州堪萨斯城，1926年至1927年在密苏里大学新闻学院学习，兼任《堪萨斯星报》校内通讯员。1928年秋，他来到中国，1928年9月至1930年3月，在美国人鲍威尔办的上海英文报纸《密勒氏评论报》任助理编辑、代理主编等职，兼任美国《芝加哥论坛报》驻远东记者，曾在沪杭、沪宁、津浦、京沈、京绥等铁路沿线采访，发表不少新闻作品，描绘了中国人民的苦难生活。1933年至1935年，他任燕京大学新闻系讲师，讲授"新闻特写""旅游通讯"等课程，同时兼任美国《纽约太阳报》和英国《每日先驱报》特约记者。"一二·九"运动爆发后，他积极支持中国的学生运动。

1936年6月中旬，斯诺在中国共产党地下组织的联系与协助下，离开北平到达西安，7月初进入陕北革命根据地。从7月至10月，斯诺在陕北根据地进行了广泛的采访，会见了毛泽东、周恩来等中共领导人，又到甘肃、宁夏红军前线部队访问彭德怀等军队领导人。毛泽东多次同他长谈，介绍革命经历和长征的经过等。斯诺还拍摄了许多照片，其中有著名的毛泽东头戴缀有五角红星的八角帽的照片。10月25日，斯诺回到北平。11月14日、21日，上海《密勒氏评论报》发表他的长篇通讯《与共产党领袖毛泽东的会见》和毛泽东的照片。1937年1月和2月，北平英文《民主》杂志、上海英文《大美晚报》又先后发表了斯诺的陕北报道，美国《生活》杂志发表他拍摄的70余幅照片。在这些报道的基础上，他写成《红星照耀中国》（*Red Star over China*）。1937年10月，该书首先由英国伦敦戈兰茨公司出版英文版，1938年1月美国纽约兰登书屋又出版该书英文版。同年2月，在上海租界中，胡愈之主持的复社自筹经费，翻译出版该书，为避免检查和发行中的麻烦，中文版书名改为《西行漫记》。由于这部书较早地公开介绍了中国共产党的革命斗争及其领导人的情况，出版后广泛流传，成为传诵一时的名著。

1937年底，斯诺同路易·艾黎等在上海发起中国工业合作社运动（简称"工合"）。1938年至1939年，斯诺在武汉、重庆、成都等地采访，曾会见周恩来、邓颖超、叶挺等。1939年，斯诺以记者和"工合"国际委员会代表身份到延安参观访问，毛泽东再次同他进行了深入交谈。1941年1月，他从香港向美国报刊发稿，报道皖南事变真相，2月即被国民党当局取消记者特权，并被迫回国。1942年至1946年，他担任美国《星期六晚邮报》记者、副主编。

1949年中华人民共和国成立后，斯诺在美国受到麦卡锡主义的打击，处境困难，1959年移居瑞士。1960年、1964年、1970年他三次访问中国，写了很多文章，出版著作，热情介绍中国的建设成就和新面貌。1972年2月15日，斯诺在瑞士日内瓦病逝。16日，毛泽东在唁电中对他作了高度评价："斯诺先生是中国人民的朋友，他一生为增进中美两国人民之间的友谊进行了不懈的努力，做出了重要的贡献。他将永远活在中国人民的心中。"①

---

① 人民日报，1972-02-17.

根据斯诺的遗愿，他的骨灰一半安葬在北京未名湖畔，一半安葬在美国纽约州哈德森河畔。

第四节　新闻学研究和新闻教育事业的发展

这一时期，国家暂时“统一”，各派新军阀之间的矛盾也暂时“平缓”；进入建设时期的南京国民党政府对发展学术研究与国民教育表现出积极的态度。在这种情况下，新闻学研究与新闻教育也有了一定程度的发展。

一、新闻学研究

新闻学研究在这一时期得到较全面的开展，有了研究力量，有了学术团体与研究机构，有了专业刊物，出版了一批专著。

研究力量主要是高等学校新闻学科教师、学生和新闻从业人员中有志于研究者。也有的新闻学者虽然以办报或教书为职业，但主要精力用于研究学术上，如黄天鹏。黄天鹏（1909—1982），广东普宁人，曾在日本早稻田大学攻读新闻学，1926 年发起成立北京新闻学会，主编会刊《新闻学刊》。1928 年，他主编北平《全民日报》副刊《新闻周刊》，同年到上海任《申报》主笔，《时事新报》副刊《青光》主编。1930 年，他任复旦大学新闻系教授，兼任沪江大学等校的新闻系教授。抗日战争时期，他任重庆《时事新报》经理兼中央政治大学新闻系教授，中央印务局总管理处处长。抗战胜利后，他在南京从事侨务工作。1949 年他去台湾，在多所大学任教，曾出版多种新闻论著。这时的新闻研究者有个共同特点就是，对于报纸工作实践有所了解或相当熟悉。如谢六逸在大学任教，同时又兼编报纸副刊；戈公振是富有改革思想的著名报人，同时从事教学与研究工作。因此，新闻学研究同新闻工作实践的关系较为密切。

学术团体主要有：中国新闻学研究会，1931 年 10 月 23 日在上海成立，是我国第一个研究无产阶级新闻学的学术团体。初期有会员 40 余人，主要来自上海《申报》《新闻报》《时报》等报社的进步记者以及上海民治新闻学院（后改名民治新闻专科学校）和复旦大学新闻系师生，核心是《文艺新闻》的工作人员；复旦大学新闻学会，1929 年 4 月成立，会员除该系师生外，还吸收已毕业的新闻系学生和其他新闻爱好者参加，曾创办印刷厂，出版书刊，1935 年 10 月举办“世界报纸展览会”，展出来自 33 个国家的报纸 2 000 多种（本国 1 500 多种，外国 500 多种），参观者达 1 万人次；南京新闻学会，1936 年 6 月 15 日成立；平津新闻学会，1936 年元旦成立，会址在北平。

专业刊物主要有：中国新闻学研究会主办的《集纳》（《文艺新闻》副刊，1931）和《集纳批判》杂志（1932）；复旦大学新闻学会主办的《新闻世界》（1930）、《明日的新闻》（1931）、《新闻学期刊》（1934）；燕京大学新闻系主办的《新闻学研究》（1932）、《记者座谈》（上海《大美晚报》专刊，1934）；平津新闻学会主办的《报学》半月刊（《世界日报》副刊，1936）；民治新闻专科学校所属上海新闻记者社的《新闻记者》

（1937）；黄天鹏主编的北平《新闻学刊》（1927）和上海《报学杂志》。

新闻学专著主要有：张友渔著《新闻之理论与现象》（1936），黄天鹏著《现代新闻学》、《新闻记者论》（1930）和《新闻学概要》、《新闻学入门》（1934），孙怀仁著《新闻学概论》（1936），胡仲持著《关于报纸的基本知识》（1937），袁殊著《记者道》（1936），谢六逸著《实用新闻学》（1936），梁士纯著《实用新闻学》（1936），郭步陶著《编辑与评论》（1933）、《本国新闻事业》（1936），蒋国珍著《中国新闻发达史》（1927），马荫良著《中国报纸简史》（1937），吴定九著《新闻事业经营法》（1930），刘觉民著《报业管理概论》（1936），钱伯涵、孙恩霖著《报馆管理与组织》（1936），徐润若著《新闻发行学》（1936）。

这些著作涉及新闻学科的多个领域——新闻理论、中国新闻史、新闻业务、新闻事业经营管理等。对新闻学开始全方位的研究，是这一时期的特点。而更为重要的还在于，马克思列宁主义党报学说得到广泛传播并付诸实践，并且开始了这方面的研究，党的报刊上出现了一些有学术研究价值的文章；张友渔等人的论著也提出了若干重要的基本观点；邹韬奋的人民报刊思想具有理论研究价值。所有这些，都为建立中国的马克思主义新闻学理论体系提供了有利条件。

二、戈公振和《中国报学史》

在新闻学研究中，戈公振做出了重要贡献，他的《中国报学史》一书为中国新闻传播史研究奠定了扎实的基础。

戈公振（1890—1935），原名绍发，江苏东台人，1913年入上海时报馆工作，由校对、助理编辑、编辑升至总编辑，前后达15年之久。1920年，他创办《图画时报》，为第一个报纸画刊。1925年至1931年间，他曾经先后兼任上海国民大学、南方大学、大夏大学和复旦大学等校新闻学教授，曾参与组织上海报学社，从事新闻学研究。1927年，他赴英、法、德、意、瑞士、美、日等国考察新闻事业，并应国际联盟邀请，参加在瑞士日内瓦举行的国际新闻专家会议。1928年回国后，他应史量才的邀请任《申报》总经理助理，负责为革新报纸业务和改进管理制度作调查研究，1930年任《申报图画周刊》主编，1931年任《申报》总管理设计处副主任。九一八事变后，他积极参加抗日救亡运动，学习马列著作。1932年，他以记者身份随国际联盟李顿调查团赴东北地区调查日本侵略中国真相，后又随调查团赴日内瓦参加国际联盟举办的日本侵略中国的特别大会。1933年，他以“中央通讯社”特派记者身份赴莫斯科采访，写了不少通讯，后汇集为《从东北到庶联》一书。1935年8月，他应邹韬奋、胡愈之的邀请，回国参与筹办《生活日报》，同年10月22日在上海病逝。他的专著有《中国报学史》《新闻学》《从东北到庶联》等，还有译作及多篇论文。

戈公振是一位有革新思想的新闻工作者，又是一位大学教授和卓有成就的新闻学专家。1929年，他的挚友邹韬奋以《迷》[①] 为题，在《生活》周刊上发表文章介绍戈公振

① 心水．迷．《生活》周刊，1929，4（30）．

收集中外报刊原件入迷的事迹。

在戈公振的著作中，《中国报学史》的影响最为深远。这部书写于 1925 年至 1926 年，1927 年 11 月由商务印书馆出版，曾多次再版，日本人小野保增译为日文，书名改为《支那新闻学史》，于 1943 年在东京出版。

《中国报学史》全书共 6 章，在第 1 章绪论中他指出："所谓报学史者，乃用历史的眼光，研究关于报纸自身发达之经过，及其对于社会文化之影响之学问也。"这个定义，明确认定了本学科的研究对象、研究范围，在学术上具有重要意义。第 2 章至第 6 章，分别就官报独占时期、外报创始时期、民报勃兴时期、民国成立以后、报界之现状等阶段，全面、系统地评介报纸发展的历史，有明确的历史分期和报刊分类，为中国报刊史提供了一个较为完整的理论框架。该书史料翔实，多为第一手材料，为中国报刊史研究提供了丰富的史料。该书从主要观点与论断到文字表述的字里行间，洋溢着作者的爱国、民主、进步思想和敬业乐业精神，为新闻学研究树立了治学与道德风范。因此，该书被称为"中国新闻史研究的开山之作"①。虽然限于历史条件，该书有些史料存在差错，引用不够规范，后人为它作了补正和指正，但是，瑕不掩瑜，其在中国新闻学术史上的价值是永存的。

三、新闻教育

我国新闻教育事业在这一时期发展较为稳健，主要表现为高等新闻教育和新闻职业教育都有所发展。

上海复旦大学于 1929 年秋正式创建新闻系，由谢六逸任系主任。谢六逸（1898—1945），笔名宏徒、鲁愚，贵州贵阳人，日本早稻田大学毕业回国后在商务印书馆编译所工作，1926 年任复旦大学中文科教授，1929 年至 1938 年任复旦大学新闻系主任，曾主编《立报》副刊《言林》、《国民周刊》、《趣味》周刊、《儿童文学》等，著有《谢六逸文集》等。复旦大学新闻系的培养目标是"养成本国报纸编辑与经营人才"，课程设置与教学安排参照美国密苏里大学新闻学院的教学计划；1930 年成立新闻研究室，由黄天鹏任主任，同时设立印刷所，出版新闻学丛书；1931 年创办复旦大学新闻通讯社（简称"复新通讯社"），作为学生实习机构，并向上海各报发稿。该系除专任教师外，还延聘戈公振、陈布雷、冯列山等为兼职教授。

北平燕京大学新闻系，1927 年因经济拮据和白瑞华回美国而停办，1929 年 9 月恢复，梁士纯为系主任，与美国密苏里大学新闻学院建立了交换教授与研究生的合作关系。该系每年春季举办"新闻周"，邀请著名报人为学生讲演。

这一时期新闻职业教育发展较快，成为新闻教育的一个重要组成部分。1928 年秋，中国新闻学院在广州设立，后改名为中国新闻学校，是我国最早的新闻专科学校，创办人为谢英伯。同年 12 月，顾执中创办上海民治新闻学院，1931 年改名为民治新闻专科学校。顾执中（1898—1995），上海市人，1923 年任上海《时报》记者，1926 年任上海

① 方汉奇．中国新闻事业通史：第 1 卷．北京：中国人民大学出版社，1992：序言．

《新闻报》记者、采访部主任。1928年，他创办上海民治新闻学院，任院长（校长）。九一八事变后，他积极参加抗日新闻报道。1934年至1935年间，他出访欧洲及苏联、美国、日本，考察新闻教育。1940年7月，他被日伪通缉，8月遭日伪特务枪击。1944年，他在印度加尔各答任华侨《印度日报》社长兼总编辑。1949年后，他任高等教育出版社编审、民主同盟中央委员等职。他著有《西行记》《到青海去》《东北行天录》《战斗的新闻记者》《余烬集》《报人生涯》《报海杂忆》等。1931年，上海沪江大学商学院与《时事新报》、《大晚报》、《大陆报》、申报电讯社合作，创办新闻训练班，由张竹平主持。同年2月，济南新闻函授学校在山东创办。1933年1月，上海申报新闻函授学校开办，为申报馆主办的事业之一，马荫良、张蕴和主持校务，招收函授学生500多名。在1935年至1936年间，出版了17种函授教材。

学习思考题

1. 国民党的新闻统制是如何建立起来的？

2. 中国共产党地下报刊在国统区的出版情况如何？有什么经验教训？

3. 中国共产党领导的根据地新闻传播事业是在怎样的历史条件下产生的？其发展情况如何？有何特点与意义？

4. 九一八事变后，中国新闻界出现了哪些重大变化？

5. 什么是“韬奋精神”？简要评述邹韬奋的报刊活动与报刊思想。

6. 简述范长江西北采访的成果与意义。

7. 简述20世纪30年代初《申报》改革的基本情况。史量才遇难说明了什么？

8. 戈公振著《中国报学史》的基本内容是什么？有何重要学术价值？

9. 简述斯诺在中国的新闻活动。

第九章

全民族抗战时期的新闻传播事业

1937年七七事变发生之后，中国进入了全民族抗战时期。中国共产党提出了持久战、游击战等争取抗战胜利的战略方针，并创建了以延安为首府的陕甘宁边区以及其他敌后抗日民主根据地。在延安等抗日民主根据地里，中国共产党新闻传播事业在极为困难的环境中坚持发展，日益壮大，并趋于成熟。国民党新闻传播事业及国统区民营新闻传播事业被迫西迁内地，发展空间十分有限。从东北到华南的大片沦陷区内的新闻传播事业则遭到前所未有的劫难，几乎所有的新闻传播媒体都沦为日伪的宣传工具。

第一节　延安等抗日民主根据地的新闻传播事业

1937年7月全民族抗战爆发后，党的新闻传播事业与党领导的抗日民主根据地同步发展与壮大。中共党报系统的重建，新华通讯社的独立发展，人民广播事业的创建，以及《解放日报》等党报在整风运动中推出的改革举措，标志着党的新闻传播事业已发展到全面成熟的阶段。这一时期，为数不少的外国新闻记者与作家纷纷前往延安等抗日民主根据地进行采访与报道，向世界介绍了中国共产党的政治路线、主张以及党领导下的根据地欣欣向荣的景象，为中国抗战立下了不朽的功绩。

一、中共党报系统的重建

早在中国共产党成立初期，党就致力于建立一个以党的机关报为中心的革命报刊系统。大革命失败后，党的工作重点转向在农村开展土地革命，在反动势力薄弱的地区建立革命根据地和苏维埃工农政权，并开始以人民政权的名义创建新闻传播事业。抗战爆发后，中国共产党在其直接领导的抗日民主根据地创办起一大批以团结、抗战、民主为宗旨的报刊。1939年，中共中央发出指示，要求各抗日民主根据地建设以党的机关报为中心的抗日民主报刊系统，重点办好党的机关报。

陕甘宁边区首府延安，作为中共中央所在地，是全民族抗战时期中国共产党新闻传播事业的中心。1937年1月13日，中共中央进驻延安。1月29日，中共中央为团结抗日计，决定将《红色中华》报改名为《新中华报》，1937年9月6日陕甘宁边区政府成立后改组为陕甘宁边区政府机关报，由油印改为铅印。同时，中共中央还创办了《解放》周刊（后改为半月刊），1937年4月24日创刊，由中共中央党报委员会主办，曾在上海、西安、汉口设立分销处并翻印发行。1939年2月7日，中共中央决定将《新中华报》改组为中共中央机关报，同时兼为陕甘宁边区政府机关报，刊期另起，三日一刊，开始在延安重建一个以党中央机关报为中心的报刊系统。该报主要在陕甘宁边区和各抗日民主根据地内发行，全面、系统地报道了党领导下的八路军、新四军的战绩以及陕甘宁边区等抗日民主根据地的政治、经济、军事、文化、教育等方面的成就，坚持抗战、团结、进步，反对投降、分裂、倒退。1941年1月国民党发动第二次反共高潮，该报及时报道"皖南事变"真相并发表抗议通电，阐明中国共产党的立场与观点。

围绕着《新中华报》这一中心，《八路军军政杂志》《中国青年》《中国妇女》《共产党人》《中国工人》《中国文化》《边区群众报》等一批报刊先后出版。《八路军军政杂志》创刊于1939年1月15日，月刊，由八路军总政治部出版，毛泽东为之撰写发刊词，出至1942年3月停刊。《中国青年》创刊于1939年4月16日，初为半月刊，后改为月刊，由全国青年联合会延安办事处宣传部主办，曾发表毛泽东撰写的《五四运动》《青年运动的方向》等重要文章，出至1941年3月停刊。《中国妇女》创刊于1939年6月1日，月刊，由中共中央妇女运动委员会主办、延安中国妇女社编辑出版，出至1941年3月停刊。《共产党人》创刊于1939年10月20日，月刊，是中共中央主办的党内刊物，毛泽东为之撰写发刊词，以党的建设为办刊宗旨，出至1941年8月停刊。《中国文化》创刊于1940年2月15日，月刊，是陕甘宁边区文化协会主办的文化学术刊物，毛泽东在其创刊号上发表了重要论著《新民主主义论》，出至1941年8月20日停刊。《中国工人》创刊于1940年2月，月刊，由中共中央职工运动委员会主办，毛泽东为之撰写发刊词。《边区群众报》创刊于1940年3月25日，是一份以农村基层干部和农民为主要读者对象的通俗小报，初为石印旬刊，后改为铅印周刊，由陕甘宁边区文化协会主办，先后为陕甘宁边区党委、中共中央西北局的机关报。

1941年后，全民族抗战在经济上进入了最为艰难困苦的时期，以延安为中心的陕甘宁边区物资奇缺。为集中人力、物力办好党中央机关报，中共中央决定将延安《新中华报》和《今日新闻》合并，改出对开大报《解放日报》，同时停办《中国青年》《中国妇女》《中国工人》等刊物。1941年5月16日，《解放日报》创刊，日出对开半张，自9月16日起扩版为日出对开一张，由博古（秦邦宪）任社长、杨松（吴绍镒）任总编辑（1942年杨松病逝后由陆定一继任）。《解放日报》的创办，中共中央予以高度重视。毛泽东在其创刊前一天（5月15日）为中共中央书记处起草了创办《解放日报》的通知，部署和安排该报的各项工作，并亲自为《解放日报》题写报头、撰写发刊词。《解放日报》创刊后，毛泽东经常指导该报工作，并为其撰写和修改重要的评论和新闻。苏德战争爆发后，该报曾以大量篇幅报道苏德战争的情况，同时发表了不少评论，对国际形势做了科学的分析，但同时也出现了刊载国际新闻过多、脱离中国抗战实际与根据地群众的倾向。同年8月，《解放》周刊和《共产党人》先后停刊。

在其他敌后抗日民主根据地，中国共产党以及其他爱国力量在抗战初期也出版了不少抗日民主报刊。1939年后，根据中共中央指示，各敌后抗日民主根据地开始着手建设以当地党委机关报为中心的报刊系统，在经济困难地区则集中力量建设当地党委机关报。

晋察冀根据地的《抗敌报》于1937年12月11日在河北省阜平县城创刊，初为油印，后改为石印，是敌后抗日民主根据地最早创办的报纸，由晋察冀军区政治部宣传部主办，1938 年 8 月 16 日被改组为晋察冀边区党委机关报。1940 年 11 月 7 日，《抗敌报》改名为《晋察冀日报》，为中共中央晋察冀分局机关报，邓拓任社长兼总编辑。

在太行根据地，《新华日报》华北版于 1939 年 1 月 1 日在山西沁县创刊，铅印两日刊，为中共中央北方局机关报，何云任社长兼总编辑，1943 年中共中央太行分局建立后改组为中共中央太行分局机关报，并改名为《新华日报》太行版。

在晋绥根据地，《抗战日报》于 1940 年 9 月 18 日在山西兴县创刊，为中共晋西区党委机关报，赵石宾任总编辑，1942 年 8 月后改为中共中央晋绥分局机关报，1946 年 7 月 1 日改名为《晋绥日报》。

在山东根据地，《大众日报》于 1939 年 1 月 1 日在山东沂水县创刊，油印三日刊，后改为铅印日刊，为中共中央山东分局机关报，刘导生、匡亚明分别任社长和总编辑，1945 年底改组为中共中央华东局机关报。

在华中根据地，《抗敌报》于 1938 年 5 月 1 日在安徽泾县创刊，五日刊，铅印对开四版，为新四军军部机关报，1941 年 1 月“皖南事变”后停刊。《拂晓报》于 1938 年 9 月 30 日在河南确山县创刊，为新四军第四师机关报，油印小报，但刻印精美，常有套版与插图。新四军第四师转战淮北地区后，《拂晓报》自 1943 年元旦起与《人民报》合并，报名保留，成为中共淮北区党委机关报，后改为铅印，并另出《拂晓报》部队版在军中发行。

在苏北根据地，《江淮日报》于 1940 年 12 月 2 日在江苏盐城创刊，为中共中央中原局机关报，次年 5 月中原局和东南局合并为中共中央华中局后为华中局机关报，由华中局书记刘少奇兼任社长、王阑西任副社长兼总编辑。该报除在华中根据地发行外，还秘密发行至日伪占领区，1941 年 7 月 22 日停刊。

此外，中国共产党领导创办的报刊，在华南地区有广东东江抗日根据地出版的《新百姓报》（后改为《东江民报》）、东江抗日游击纵队出版的机关报《前进报》、中共海南琼崖特委出版的《抗日新闻》等，在东北地区有中共满洲省委出版的《满洲红旗》（后改名《东北人民报》）和抗日联军出版的不定期小报《人民革命军报》《青年义勇军报》等。

二、新华通讯社的独立发展与人民广播事业的创建

新华通讯社的前身是 1931 年创建的红色中华通讯社，与当时的《红色中华》报实际上是同一个机构。1937 年 1 月，与《红色中华》报改名为《新中华报》同时，红色中华通讯社改名为新华通讯社。全民族抗战爆发后，新华社发稿范围逐渐扩大，如对外发布中共中央文件、《解放》周刊和《新中华报》评论等。当时各抗日民主根据地都为敌人所封锁，党中央的方针、政策及有关指示的传达、各抗日民主根据地的情况与信息的交流，在极大程度上要依靠新华社。新华社每天的发稿量，也由原来的一两千字增至四五千字。此外，新华社编辑部还把收到的国外电讯译成中文，编成油印的参考资料——《每日电讯》，每期发行约 400 份，供中央领导及各机关参阅。1938 年底，《每日电讯》改名为《今日新闻》，1940 年 3 月 10 日又由油印改为铅印。

1939年初，中共中央决定将新华社与《新中华报》分开，各自成立由中共中央党报委员会统一领导的独立的编辑机构，结束了报、社一家的历史，标志着党的新闻通讯事业趋于成熟。之后，中央组织部抽调了一批人员到新华社开展外电翻译工作，以加强新华社的编辑力量。6月，新华社进一步调整、扩充组织机构，下设编辑科、通讯科、译电科、油印科四个部门，人员增至30余人。

自1939年起，新华社首先在华北和晋察冀根据地，继而在山东、华中和晋西北根据地建立新华社分支机构，逐渐在国内形成了一个以延安总社为中心的新华通讯社网。1939年10月，创立于1939年5月14日的晋察冀通讯社改名为新华社晋察冀分社。同月19日，新华社晋东南分社在山西沁县一带成立，后改名为华北分社。这一时期，新华社各地分社与当地党报实为同一机构，社长一般由该地党报社长或总编辑兼任，记者也由当地党报记者兼任。1941年5月25日，中共中央发出指示，要求各地报纸的通讯社应同新华社延安总社直接建立通讯关系，一律改为新华社某地分社。1942年下半年，新华社在各抗日民主根据地已有5个分社组织，较大的分社开始发展为总分社，有的分社下面设有支社。至抗战胜利时，新华社已建立了9个总分社和40多个分社，延安总社人员由几十人发展到124人。

1940年底，延安新华广播电台的创建，标志着党和人民的广播事业由此诞生。早在1937年全面抗战爆发前夕，毛泽东就提出要在延安创办无线电广播电台，以打破国民党与日寇对抗日民主根据地的新闻封锁，让各地人民群众听到中国共产党的声音。1940年3月，周恩来从莫斯科治病归来，回延安时带回了一部广播发射机。之后，中共中央决定成立广播委员会，由周恩来任广播委员会主任，开始筹建广播电台。周恩来去重庆工作后，朱德继续主持广播电台的筹建工作。为创建人民广播事业，中央军委三局以及其他有关部门抽调了30多人，组成9个分队，具体负责电台的施工和安装。没有发电的动力，他们就将一部破旧的汽车头改装成发动机，用它带动发电机发电；没有汽油，他们就自己动手烧木炭，用木炭生产煤气，用煤气代替汽油作为燃料；没有发射用的铁塔，他们就将几根大木杆子连接起来竖立在山顶上，架上天线，保证无线电波的传送。为防止日寇的轰炸及敌人特务的破坏，电台的台址设在距延安西北19公里外的偏僻小山村——王皮湾村，播音室设在一孔土窑洞内，机房设在半山腰的两孔石窑洞内。

1940年12月30日，延安新华广播电台正式建成并开播。该电台的发射电力约300瓦，波长28米，呼号为“XNCR”（X为中国无线电台呼号的第一个英文字母，NCR是New Chinese Radio的缩写），播音时间为每天上、下午各一次，每次一小时左右，后增至每天两次三小时、三次四小时不等，波长也屡有调整。该电台的播出内容，主要是中共中央重要文件和《新中华报》、《解放》周刊、1941年5月后创办的《解放日报》的重要社论及各类文章，以及国内外时事新闻、名人讲演、科学常识、革命故事、日语等，另外还有抗日歌曲、戏曲等文艺节目。当时，延安新华广播电台是新华社的一个组成部分（即新华社的口语广播电台），广播稿件由设在清凉山的新华社广播科提供，同新华社的文字广播相配合，向国内外报道抗日民主根据地军民斗争的实况，宣传中国共产党的各项政策和主张。延安新华广播电台开播后，中共中央多次发出指示，要求各地党组织按时收听延安台的广播。5月25日，中共中央发布《关于统一各根据地内对外宣传的指示》，强调“各地应经常接收延安新华社的广播，没有收音机的应不惜代价设立之”①。6月20日，中共中央宣传部在《关于党的宣传鼓动工作提纲》中指出：“在现代无线电业发展的情形下，以及在中国交通工具困难的情形下，发展通讯社的事业、无线电广播事业，是非常重要的。应当在党的统一的宣传政策之下，改进现有通讯社及广播事业的工作。”② 由于当时设备简陋，零配件奇缺，延安新华广播电台不得不时播时停。1943年春，延安新华广播电台在大型电子管被烧坏后停止播音，直至1945年9月5日抗战胜利后才恢复。

延安新华广播电台是中国共产党领导创办的第一座无线电广播电台，因而该台的开播日后来被定为中国人民广播事业的创建纪念日。

三、《解放日报》的整风改革与中共新闻理论的发展

1942年春天，中国共产党开始在全党范围内开展马列主义教育运动，即整风运动，反对主观主义以整顿学风、反对宗派主义以整顿党风、反对党八股以整顿文风，核心是反对主观主义，以清算中国共产党成立二十多年来在党内发生的历次“左”、右倾错误路线及其在思想上的流毒。

1942年2月，毛泽东在延安先后做了《整顿党的作风》《反对党八股》重要报告，整风运动的序幕由此揭开。3月16日，中共中央宣传部发出《为改造党报的通知》，要求各地根据整风精神检查报纸的党八股现象。作为这次党报改革的纲领性文件，《通知》还阐明了一系列极其重要的党报理论，其中包括“全党办报”的方针，加强党报编辑部的工作，加强党报的战斗性、通俗化等。

《通知》发出后，党中央机关报《解放日报》率先掀起了检查“党八股”与整风改革的热潮。1942年3月31日，毛泽东和《解放日报》社长博古在杨家岭中共中央办公厅召集各方面人士70多人开会座谈，就《解放日报》改版征求各方面的意见。毛泽东在最后的讲话中指出：“为了纠正这些不良作风，我们提出了整顿三风。但要达此目的，非有集体的行动，整齐的步调，不能成功。”“利用《解放日报》，应当是各机关经常的业务之一。经过报纸把一个部门的经验传播出去，就可推动其他部门工作的改造。我们今天来整顿三风，必须好好利用报纸”。③ 这种利用报纸来推动中心工作开展的方法，后发展成为党报的一个重要传统。

1942年4月1日，在中共中央的指导下，《解放日报》实行改版。是日，《解放日报》公开发表了中共中央宣传部《为改造党报的通知》，并发表改版社论《致读者》。该社论首先论述了党报的党性、群众性、战斗性及组织性（指导性）原则，接着检查了该报创刊10个月来存在的问题，即：“我们以最大篇幅供给了国际新闻，而对于全国人民和抗日根据地的生活、奋斗，缺乏系统的记载；我们孤立登载着中央的决议指示，领导同志的论文，而没有加以发挥和阐明，对于政策和决议的执行情形，经验检讨，则毫无反映；

---

① 中国社会科学院新闻研究所．中国共产党新闻工作文件汇编：上卷．北京：新华出版社，1980：99.

② 同①110-111.

③ 中共中央文献研究室，新华通讯社．毛泽东新闻工作文选．北京：新华出版社，2014：90.

我们以巨大篇幅登载枯燥乏味的论文和译文，而不能以生动活泼通俗易解的文字解释迫切的问题，对于敌对思想缺乏应有批评。……对于边区中所进行的各种巨大的群众运动，我们至多只记载了一些论断，而没有能够全面地反映，更说不上推动与倡导。”该社论明确指出，《解放日报》的工作要“有一个彻底的改革”，“改革的目的，就是要使解放日报能够成为真正战斗的党的机关报。要达到这一目的主要的环节，就是要使我们整个篇幅贯彻党的路线，反映群众情况，加强思想斗争，帮助全党工作的改进。这样来贯彻我们报纸的党性、群众性、战斗性和组织性”①。

《解放日报》改版后，面目焕然一新。在改版前，《解放日报》受党八股和王明教条主义错误路线影响很深，在版面安排上几乎有一个公式，即“一国际、二国内、三边区、四本地（即延安）”，报道内容以刊载国际新闻为主，第 1、2 版登载国际新闻，第 3 版登载国内新闻，第 4 版登载陕甘宁边区新闻和副刊，严重脱离了党的中心任务和陕甘宁边区的实际工作。在改版后，《解放日报》开始积极配合党的中心工作，密切联系群众和工作实际，在内容上开始以延安以及其他抗日民主根据地的新闻报道为主。在版面安排上，第 1 版为反映各解放区情况的要闻版，第 2 版为陕甘宁边区版，第 3 版为国际新闻版，第 4 版为副刊和各种专论版。

由于整风运动是当时党的中心工作，因而《解放日报》发表了大量报道整风运动发展情况的新闻和指导整风运动的社论等各类文章，同时还新开辟宣传整风运动的专刊、专栏，如 1942 年 4 月 1 日开辟的专登整风文件的“党的生活”专栏、4 月 9 日开辟的“一得书”杂文专栏、1942 年 5 月 13 日开辟的专登理论文章的《学习》专刊等。1943 年大生产运动兴起后，《解放日报》先后发表了 3 000 多篇报道大生产运动的消息和通讯，宣传党的“自力更生，奋发图强”“自己动手，丰衣足食”的方针，宣传大生产运动中的先进典型及其经验。此外，军事宣传报道也大大加强，出现了不少反映部队生活和描绘八路军、新四军战士及民兵英雄形象的通讯和报告文学。

随着整风改革运动的深入，延安《解放日报》开始全面贯彻“全党办报”的方针，强调党报必须由全党来办，不是依靠几个报馆同人来办，党报工作者必须认识到自己是整个党组织的一分子，自觉地把自己融于党的集体之中，不允许与党唱对台戏。1942 年 9 月，为了在组织上保证“全党办报”方针落到实处，中共中央决定《解放日报》兼为中共中央西北局机关报，以加强该报与陕甘宁边区各级党组织的联系。9 月 9 日，中共中央西北局做出《关于〈解放日报〉工作问题的决定》，强调“各级党委要把帮助与利用《解放日报》的工作当作自己经常的重要业务之一”②，并责成各级党组织在党内进行关于党报的教育，要求全体党员经常看党报，帮助党报发行和组织担负该报的通讯工作，各级党委要定期检查自己对《解放日报》所做的工作并向西北局报告，各分区党委及县委的宣传部部长要担任《解放日报》的通讯员并负责组织所属地区的通讯工作。该决定还规定，中共中央西北局每月讨论一次《解放日报》关于陕甘宁边区问题的宣传方针，吸收报社负责人参加西北局会议，西北局也派人出席报社编辑会议。

---

① 社论．致读者．解放日报，1942－04－01.

② 中国社会科学院新闻研究所．中国共产党新闻工作文件汇编：上卷．北京：新华出版社，1980：133.

在整风改革中，《解放日报》还发表了一系列关于新闻工作的重要文件、社论和理论文章，其中重要的有：毛泽东的《在〈解放日报〉改版座谈会上的讲话》，中共中央宣传部《为改造党报的通知》，中共中央西北局《关于〈解放日报〉工作问题的决定》，《解放日报》社论《致读者》《党与党报》《本报创刊一千期》《提高一步》等，以及胡乔木的《报纸是人民的教科书》、陆定一的《我们对于新闻学的基本观点》等，丰富、发展了马克思主义新闻观，初步奠定了中国无产阶级新闻学的理论基础。1942 年 10 月 28 日，《解放日报》特辟“新闻通讯”专栏，是抗日民主根据地报纸上最早出现的新闻学研究专栏。这些文件、文章所涉及的内容和范围，主要有以下三点：一是用马克思主义的观点研究、探讨新闻的本质与特点。1943 年 9 月 1 日，陆定一在《解放日报》上发表的《我们对于新闻学的基本观点》一文中明确指出：“唯物论者认为，新闻的本源乃是物质的东西，乃是事实，就是人类在与自然斗争中和在社会斗争中所发生的事实。因此，新闻的定义，就是新近发生的事实的报道。”① 二是重申了党报的性质、特征和任务，确立了“全党办报”的思想。“全党办报”思想的提出，始于延安整风运动期间中共中央宣传部于 1942 年 3 月 16 日发布的《为改造党报的通知》。“全党办报”这一概念的明确界定，则始于 1944 年 2 月 16 日《解放日报》发表的社论《本报创刊一千期》：“这一年又十个月中间，我们的重要经验，一言以蔽之，就是‘全党办报’四个字。”社论指出：“要办到这件事，一定要全党来努力，万万不可以只有少数人努力，万万不可以回到改版以前那种‘记者办报’的情况中去。”② 全党办报，就不是记者办报，也不是编辑部办报，其核心内涵是要求整个党组织和全体党员都要以集体的形式参加党报工作，各级党组织要直接领导与参与党报编辑部的工作。“全党办报”思想的提出，发展了无产阶级党报的党性原则，是中国共产党人对马克思主义新闻观的具有创新性意义的伟大贡献。据此，党要求党报工作者加强党性修养，确立“人民公仆”的思想；坚持“政治第一，技术第二”的原则，同时要反对党八股，树立生动活泼的马列主义文风。三是强调要发扬党报理论和实践相结合、和人民群众紧密地联系在一起以及自我批评的三大作风。1945 年 5 月 16 日，延安《解放日报》社论发表社论《提高一步》，明确指出，毛泽东在党的七大上所做的政治报告中总结的“理论和实践相结合的作风，和人民群众紧密地联系在一起的作风以及自我批评的作风”，“是全党的作风问题，但同时也就是我们报纸的作风问题”。社论指出：“理论与实践结合，和人民大众紧密地联系，以及自我批评这三者统一的作风，可以使我们天天发现新事物，新问题，取得新经验，发展新理论，坚持真理，修正错误，不断前进，不断发展。贯彻这种精神在报纸之中，就可以使我们的工作提高一步，为人民群众服务得更好。”③

之后，从延安到各抗日根据地的各新闻单位，也先后掀起整风改革的热潮。各地党委普遍加强了对党报的领导。《新华日报》华北版、《抗战日报》等还在整风的基础上进行了类似《解放日报》的改版，以加强报纸联系革命斗争实际与人民群众。

---

① 中国社会科学院新闻研究所．中国共产党新闻工作文件汇编：下卷．北京：新华出版社，1980：188.
② 社论．本报创刊一千期．解放日报，1944-02-16.
③ 社论．提高一步．解放日报，1945-05-16.

四、外国记者对抗日民主根据地的采访与报道

1937 年抗战爆发后，为数不少的外国新闻记者与作家纷纷前往中国共产党领导下的各抗日民主根据地进行采访与报道，及时、详细地向世界介绍了中国共产党的政治路线和主张，报道了中国共产党领导的抗日民主根据地欣欣向荣的景象。这些通讯报道，不仅在国内外报刊上发表，还被结集出版，其中大多数在当时就被译成中文在国内出版，其中著名的有海伦·斯诺的《续西行漫记》、贝特兰的《华北前线》、卡尔逊的《中国的双星》、福尔曼的《来自红色中国的报道》、斯坦因的《红色中国的挑战》、爱泼斯坦的《中国未完成的革命》、斯特朗的《中国人征服中国》、贝尔登的《中国震撼世界》等。

1938 年 10 月武汉失守、抗日战争进入相持阶段后，国民党政府在 1939 至 1943 年间先后发动了三次大规模的反共高潮，动员大批军队进攻陕甘宁边区及其他抗日民主根据地。与此同时，国民党政府还对延安等抗日民主根据地实行严密的新闻封锁，在重庆及国统区查禁有关反映延安等抗日民主根据地真实情况的报道和作品。对于在华外国记者撰写的有关报道和评论，国民党政府或责令重写，或不准发稿，甚至为之吊销这些外国记者的采访许可。

1944 年后，国际反法西斯战争取得了重大进展，盟军反攻日军的时机日益迫近，国际人士十分关心中国战场、特别是敌后游击战和抗日民主根据地的情况。在此情况下，国民党政府不得不允许解除对延安等抗日民主根据地实行的严密的新闻封锁。1944 年春夏之际，中外记者西北参观团的组建与成行，是当时一件令中外瞩目的新闻报道事件。国民党政府允许中外记者组团采访延安，完全是迫于当时来自中外的各种压力。为了防止中外记者采访延安可能造成的对国民党当局的负面影响，国民党当局的军令部、中宣部、外交部、军委办公厅制定了《外籍记者请发采访证审定办法》，中宣部国际宣传处制定了《招待外籍记者赴延安参观计划》，还决定由国民党外事局副局长谢葆樵、新闻局副局长邓友德为正、副团长，国民党中宣部国际宣传处负责人魏景蒙及其助手陶启湘、张湘生和国民党中央组织部的杨西崑等四人充当“陪同人员”。在中外记者西北参观团中，外籍记者有斯坦因（美联社、英国《曼彻斯特卫报》、美国《基督教科学箴言报》记者）、爱泼斯坦（美国《时代》周刊、《纽约时报》、《同盟劳工新闻》记者）、福尔曼（美国合众社、伦敦《泰晤士报》记者）、武道（路透社、《多伦多明星周刊》、《巴尔的摩太阳报》记者）、夏南汉神甫（美国《天主教信号杂志》、《中国通讯》记者）、普金科（苏联塔斯社记者）六人，中国记者有孔昭恺（《大公报》记者）、张文伯（《中央日报》记者）、谢爽秋（《扫荡报》记者）、周本渊（《国民公报》记者）、赵炳琅（《时事新报》记者）、赵超构（《新民报》主笔）、金东平（《商务日报》记者）、徐兆镛（中央社记者）、杨嘉勇（中央社记者）九人。在中外记者出发前，中宣部部长还邀集外国记者训话并发布进入共产党区域后的注意事项。5 月 18 日，中外记者西北参观团从重庆出发，首途飞宝鸡，辗转至西安。国民党当局还不让记者走直路，偏要他们坐上五天的汽车，绕上一个大圈子，渡过黄河，先到山西去参观阎锡山的“变法”和“新政”，以期通过采访阎锡山之事来冲淡专访延安的印象和影响。然后再折回陕西，于 5 月 30 日才进入陕甘宁边区，参观八路

军359旅的军事训练和生产建设。6月9日，记者团抵达延安，到7月12日清晨告别延安，用时一个多月。中外记者回到重庆后，纷纷把采访得来的材料撰写成专文或者专著发表。自7月底始，重庆各报陆续发表有关访问延安的见闻，除《中央日报》《商务日报》的个别记者做了歪曲、攻击性报道外，大多数记者的报道都比较客观、真实。《新民报》主笔赵超构撰写的长篇通讯《延安一月》，在其所在的报纸上整版连载达一个多月，后汇集成书出版。中外记者对延安客观、真实而又生动的报道，再次打破了国民党的新闻封锁。

这一时期，为中国人民抗日宣传做出巨大贡献的外国记者中，值得在此写上一笔的有艾格妮丝·史沫特莱（Agnes Smedler）、安娜·路易斯·斯特朗（Anna Louise Strong）和汉斯·希伯（Hans Shippe）。

艾格妮丝·史沫特莱于1892年出生于美国密苏里州北部贫困的农业区，年轻时当过女佣、烟厂工人和书报推销员，并在忍饥挨饿的环境下经过不懈努力自学成才。1921年，史沫特莱离开美国来到德国柏林，一面教授英语和美国研究等课程，一面攻读印度史博士学位。1927年，她撰写完成自传体小说《大地的女儿》。1928年底，史沫特莱以德国《法兰克福日报》、英国《曼彻斯特卫报》的特派记者的身份，途经苏联抵达中国，经东北、华北而至上海，曾参加上海的第一个国际马列主义学习小组的进步活动。1936年12月，她在西安向世界报道了西安事变。1937年3月1日，她前往延安、后又转赴山西抗日前线，先后采访了中共领导人和红军将领毛泽东、朱德、周恩来、任弼时、彭德怀、贺龙，以及红色妇女领袖邓颖超、康克清等，并不断将获得的一手信息报告给世界各地的读者。1938年1月，她前往武汉采访，10月武汉沦陷后又跟随新四军部队做随军采访。1940年初，史沫特莱来到重庆，9月因病取道香港回美国就医，结束了在中国12年的记者生涯。回美国后，史沫特莱一面写作朱德传记《伟大的道路》，一面利用一切机会宣传中国革命，并因此而受到麦卡锡主义者的迫害。1949年10月新中国成立后，史沫特莱决定重返中国，但在前往伦敦等待签证时因胃溃疡于1950年5月4日住院接受手术，不幸于5月6日长辞人世。

安娜·路易斯·斯特朗于1885年出生于美国内布拉斯加州的一个边陲小镇，家庭环境优裕，1908年在芝加哥大学获博士学位，1919年西雅图爆发大罢工期间成为一家工会报纸的编辑。1921年后，斯特朗旅居苏联近30年，创办和主编苏联第一家英文报《莫斯科新闻》，把莫斯科视作她的常住之地，1949年因被苏联政府指控为“间谍”而被捕，后被驱逐回美国，1955年被恢复名誉。在斯特朗的一生中，她先后6次到中国旅行、采访，1925年第一次来华时在广州报道了孙中山领导的民主革命运动和中国人民的反帝运动——省港大罢工，1927年第二次来华时深入湖南农村报道了毛泽东领导的农民革命运动，1937年第三次来华时曾到山西南部八路军总部采访、报道敌后抗日游击战争，1940年末她第四次来华时在重庆采访了蒋介石与周恩来等国共政要，1946年第五次来华时在延安采访毛泽东并报道了毛泽东提出的“帝国主义和一切反动派都是纸老虎”的著名论断，1958年8月以72岁的高龄第六次来华并在北京定居。1970年3月29日，斯特朗在北京病逝。

汉斯·希伯于1897年出生在原属奥地利的克拉科夫（第一次世界大战后属波兰），

青年时期在德国上过大学，在莱比锡及斯图加特等地参加过德国工人运动，曾任德国共产党中央委员。1925 年，希伯第一次来到中国，曾在北伐军总政治部编译处工作，并为上海的《中国周刊》等报刊撰稿。1932 年，他再次来到中国并在上海定居，与《大美晚报》英国籍编辑巴林博士一起发起建立上海的第一个国际马列主义学习小组，同时常用“亚细亚人”的笔名在美国《太平洋杂志》、英国《曼彻斯特卫报》等报刊上发表关于远东和中国问题的报道及评论。中国全民族抗战爆发后，他积极支持中国抗战，除在《太平洋杂志》上发表《中国正越战越强》等长篇政论文章外，还筹募医药用品并冒险送到新四军部队中。1938 年春，希伯从武汉转往延安，采访了毛泽东。1939 年初，他在皖南泾县云岭新四军军部采访了周恩来和叶挺军长。1941 年“皖南事变”发生后，希伯于当年 5 月与夫人秋迪一起到苏北新四军中采访，会见了陈毅和粟裕，并在苏北解放区完成了 8 万字的书稿《中国团结抗战中的八路军和新四军》。同年 9 月，希伯从苏北进入山东沂蒙山区抗日根据地，采访、报道敌后八路军的抗日斗争。1941 年 10 月 30 日，希伯在沂南县大青山因所在部队遭遇日寇而在激战中壮烈牺牲。

第二节　国统区新闻传播事业与境外抗日宣传活动

1937 年全民族抗战爆发后，随着战事的发展，上海、武汉、重庆先后成为国统区全民族抗日宣传的中心。国统区新闻传播事业的重心迁至西南、西北等内地城市，桂林、昆明等城市的新闻传播事业出现了前所未有的兴旺局面。在国统区，随着抗日民族统一战线的形成，中国共产党机关报《新华日报》应运而生，并在抗日宣传舆论战线上始终发挥着中流砥柱的重要作用。这一时期，香港、澳门以及海外地区也出现了不少爱国抗日报刊，为中国抗战做出了重大贡献。

一、抗战初期上海、武汉等地的新闻传播事业

全民族抗战爆发后，上海作为国统区新闻传播事业的中心，立刻成了全民族抗战宣传的中心。

一大批抗日救亡报刊在上海纷纷问世，著名的有《救亡日报》、《抗战》（一度改名《抵抗》）、《文化战线》、《战时妇女》、《救亡周刊》、《战时联合旬刊》等。《救亡日报》创刊于 1937 年 8 月 24 日，日出 4 开 4 版，系中国共产党领导下的抗日民族统一战线组织——上海市文化界救亡协会的机关报。该报编辑委员会及编辑部人员中既有共产党员及文化界、新闻界、社会科学界进步的知名人士，也有国民党人，刚从日本回国不久的郭沫若担任社长，共产党人夏衍、国民党人樊仲云同时担任总编辑，开办费也由国、共双方各出 500 元。上海沦陷后，《救亡日报》于 1937 年 11 月 21 日出版了最后一期后宣告停刊，后迁至广州、桂林复刊。《抗战》创刊于 1937 年 8 月 19 日，由邹韬奋创办并主编，三日刊，同时出版六天一期的《抗战画报》，9 月 9 日出版的第 7 号起迫于上海租界当局的压力而改名为《抵抗》，从 11 月 23 日出版的第 29 号起恢复原名《抗战》，并宣布

自30号起迁至汉口出版。

1937年11月后，上海、南京相继沦陷。随着国民党党、军、政中心迁至武汉，武汉成为全国抗战的中心。上海等沦陷地区的报刊，包括著名的《抗战》三日刊、上海《申报》、天津《大公报》等先后迁至武汉出版，加上当地的《武汉日报》《武汉时报》《壮报》等地方报纸及《扫荡报》（1935年5月从南昌迁汉口出版）等，武汉地区的抗日宣传力量大为增强，开始取代上海成为国统区全民族抗日宣传的中心。邹韬奋主编的《抗战》三日刊于1937年12月16日起在汉口出版，翌年7月7日与《全民周刊》合并，改名《全民抗战》（三日刊）继续出版，1938年10月武汉沦陷前夕内迁重庆。上海的《申报》也一度迁至汉口出版，1938年1月15日发刊《申报》汉口版，出至1938年7月31日后停刊。此外，天津的《大公报》在天津沦陷后即迁至武汉，1937年9月18日发刊该报汉口版，出至次年10月中旬迁往重庆。

在武汉，中国共产党直接领导的《新华日报》、《群众》周刊的创刊，不仅在国统区竖起了一面全民族抗战的思想旗帜，而且是中国共产党新闻传播事业在1927年大革命失败后在国统区的首次亮相。1937年10月，在周恩来、秦邦宪、叶剑英等人的直接领导下，潘汉年、章汉夫、吴敏（杨放之）、徐迈进等人已经开始在南京筹办《新华日报》和《群众》周刊。后因战局日趋紧张，南京即将不保，中共中央决定将《新华日报》、《群众》周刊的筹办工作迁至武汉。1937年12月11日，《群众》周刊在汉口创刊，由中共中央长江局直接领导，潘梓年任编辑兼发行人，许涤新实际主持该刊工作。1938年1月11日，《新华日报》在汉口创刊，初由潘梓年任社长兼总经理，1938年5月后改由熊瑾玎任总经理、华岗任总编辑、章汉夫任编辑部主任。作为中共中央长江局机关报，时任中共中央长江局书记的王明兼任该报董事长。作为抗战时期中国共产党在国统区公开发行的唯一的一份大型日报，《新华日报》在汉口出版的九个多月时间里，大力宣传中共中央有关抗日民族统一战线和“团结抗战、持久抗战”的战略方针以及毛泽东等提出的游击战争理论，无情揭露日寇侵华阴谋和罪行，及时报道台儿庄大捷等中国军队抵抗日军进犯的战绩和八路军、新四军英勇驰骋敌后的战绩，产生了巨大的影响，发行量曾高达一万二三千份。此外还应该指出的是，由于王明右倾机会主义路线的影响，《新华日报》在创刊头一个月曾发表过数篇反映王明右倾机会主义观点、放弃党在统一战线中的领导权的社论，如1月12日发表的《团结救国》提出了“一切为着抗日民族统一战线，一切经过抗日民族统一战线”的错误口号，1月26日发表的《关于游击战争》贬低了游击战的意义，1月29日发表的《建立新的军队》轻视和低估了中国共产党领导的人民抗日武装力量及游击战争的战略地位，造成了一定的负面影响。

此外，中国共产党还在国统区新闻界积极开展统战工作，创建了中国青年新闻记者学会。上海沦陷前夕，由范长江、夏衍等人发起，中国青年记者协会于1937年11月8日在上海宣告成立，但尚未开展活动即被迫离沪迁往武汉。1938年3月15日，中国青年记者协会在汉口开会，决定改名为中国青年新闻记者学会，简称“青记”。3月30日，“青记”在汉口举行第一次全国代表大会，正式宣告成立，主要发起人与负责人有范长江、陈同生（农菲）、孟秋江、金仲华、恽逸群等人。“青记”成立后，还在广州、香港、桂林、成都、重庆、延安、兰州等地设有分会，会员曾发展到1 000多人。9月，在周恩来的指导下，范长江以“青记”骨干为基础，在汉口筹办合作社性质的通讯社——国际新闻社，简称“国新社”，10 月 20 日在长沙正式建社并对外发稿，由刘尊棋以中央社战地记者身份兼任社长、范长江任副社长，11 月迁至桂林并设立总社。“青记”是中国共产党领导下的新闻界统一战线组织，党通过参加这个组织的中共党员努力团结广大进步新闻工作者，积极争取民主、争取新闻自由和开展抗战宣传。

1938 年 10 月武汉失守后，国民党中央党部及军政机关纷纷西迁作为国民政府战时“陪都”的重庆。之后，重庆成了国统区全民族抗日宣传的中心。上海、天津、北平、南京、武汉等地迁至重庆出版的报刊，加上当地原有的报刊，使重庆的报刊数量激增，全盛时仅报纸就多达 20 多种。

抗战前，重庆出版的报纸有《新蜀报》《西南日报》《商务日报》《国民公报》等数种，期刊也为数甚少。抗战爆发后，南京的《新民报》、上海的《时事新报》最先迁至重庆出版。武汉沦陷后，《新华日报》、《群众》周刊、《全民抗战》等一大批进步报刊迁至重庆。《新华日报》在武汉战局吃紧之际就做出决定，留下一部分人员坚持出报，其余人员及设备分批迁移，一部分人西撤重庆，一部分人往北转移至西安以开辟新的宣传阵地。1938 年 10 月 25 日凌晨，日军侵入武汉市郊，《新华日报》在当天出版第 287 号后在汉口停刊，第二天（即 10 月 26 日）由已迁至重庆的人员出版第 288 号，未因战事紧张、报社迁址而停刊一日。《群众》周刊在同年 12 月迁至重庆复刊，1943 年 1 月改为半月刊。邹韬奋主办的《全民抗战》（三日刊）自 10 月 15 日起西迁重庆出版，由三日刊改为五日刊，后又改为周刊，出至 1941 年 2 月 22 日第 157 期后被国民党当局查封。此外，国民党的《中央日报》、中央广播电台、中央通讯社以及《扫荡报》等新闻机构先后从南京、武汉、长沙等地迁至重庆，天津的《大公报》与《益世报》、北平的《世界日报》等也先后在重庆复刊。

在重庆，1939 年 5 月 3 日、4 日，由于日寇飞机接连不断的狂轰滥炸，上半城的新街口（《中央日报》《时事新报》所在地）、铁板街（中央通讯社所在地）、武库街（《新华日报》《国民公报》所在地），下半城的《大公报》《新蜀报》《商务日报》所在地均被炸，致使各报办公地房屋倒塌、水电断绝。鉴此状况，《中央日报》《时事新报》《扫荡报》《新蜀报》《商务日报》《大公报》《新华日报》《国民公报》《新民报》《西南日报》等 10 家大报不得不集中人力、物力、财力，于5月 6 日合作刊发“重庆各报联合版”，初为日出对开半张两版，后出对开一张四版，在防空洞中编排印刷，至 8 月 12 日结束，共出版了 99 天。

除重庆外，桂林在 1938 年 10 月至 1944 年 9 月大撤退前期间也是大后方进步报刊的重要集聚地之一，成为大西南地区进步新闻文化宣传的中心，赢得了抗战“文化城”的美誉。桂林当时是广西省省会，也是国民党桂系军阀统治的中心。由于桂系与蒋介石之间有很深的矛盾，周恩来在抗战爆发后曾多次对桂系领导人李宗仁、白崇禧做统战工作，传达中共中央愿与桂系团结抗战的愿望，使桂系答应容纳一部分进步文化人士去广西开展抗日救亡工作。1938 年底、1939 年初，不少进步文化人士根据党的指示撤退至桂林，在这座西南城市中出版报刊，开办书店、出版社和印刷厂，使桂林的报纸、期刊及图书出版出现空前的繁荣景象。《新华日报》于 1938 年 12 月在桂林设立分馆，自 12 月 7 日起由重庆总馆将该报纸型航寄桂林翻印，发行至广西、广东、湖南等省份。航空版翻印停止后，桂林分馆继续接收订户，千方百计把报纸送到读者手里，直至1944年6月桂林实行紧急疏散时才停止工作。《救亡日报》在上海沦陷后于1938年1月1日迁广州复刊，10月21日因日本侵略军占领广州而再度停刊，1939年1月10日在桂林再度复刊，至1941年2月28日被国民党当局勒令停刊。《国民公论》于1938年9月11日在武汉创刊，是“救国会”的言论机关，1939年1月1日迁至桂林出版，由胡愈之主持，至1941年2月停刊，是当时影响较大的综合性时政刊物，曾发表过毛泽东的《第二次帝国主义战争讲演提纲》、周恩来的《中日战争之政略与战略问题——一个报告大纲》、叶剑英的《从抗战经验谈到当前战局》等文章。《大公报》于1941年3月15日发刊桂林版，日出对开一大张，由《大公报》重庆总管理处领导，王文彬兼发行人及副经理，蒋荫恩任编辑主任。1941年12月太平洋战争爆发后，原香港版《大公报》总编辑徐铸成等香港《大公报》人员撤至桂林，徐铸成出任桂林版总编辑，使桂林版编辑力量大为加强，至1944年9月12日停刊。1942年4月1日，该报社还发刊《大公晚报》，四开一张，至1944年6月27日停刊。《力报》于1940年3月10日创刊，系以“中间偏左”的姿态出现的民营报纸，日出对开一张，由张稚琴任总经理，欧阳敏讷、冯英子等先后担任总编辑，中共地下党员邵荃麟等曾为该报撰写过社论、专论等各类文章，中共地下党员聂绀弩、葛琴等主编过该报副刊《新垦地》。《广西日报》系广西省政府机关报，桂系喉舌，其前身是在南宁出版的《民国日报》，1936年10月广西省会由南宁迁至桂林后改名《广西日报》并在桂林出版，至1945年1月27日停刊。《扫荡报》桂林版于1938年12月15日创刊，发表过一些宣传抗战的文章，后随着形势的发展而以反共宣传为主要任务。《扫荡报》的外围小报《小春秋》于1941年12月1日创刊，三日刊，四开一张，以刊登社会新闻及小文章为主，内容反动。《扫荡报》桂林版及其外围小报《小春秋》均出至1944年9月4日停刊。

桂林的通讯社有国际新闻社（“国新社”）、中央通讯社桂林分社、西南新闻社、战时新闻社和中国工商新闻社等数家，其中以“国新社”影响最大。1938年11月12日长沙大火后，“国新社”迁至桂林，11月21日与香港分社合并成为全国性通讯社，并以桂林为总社、香港为分社，开始正式对国内外报刊、主要是大后方的报刊与海外华侨报刊发稿。“国新社”由桂林八路军办事处主任李克农直接领导，社内有中共地下党的支部组织，由范长江任社长。1941年“皖南事变”后，一部分社员撤往香港和敌后抗日根据地，仅留孟秋江等少数人坚持工作至5月。

昆明在当时是与国外联系的重要陆、空门户，因而也成了抗战初期中国的文化、政治中心与新闻传播事业比较集中的城市，从东南地区迁至昆明出版的报刊主要有南京的《朝报》、天津的《益世报》等。

此外，武汉沦陷后，《武汉日报》一部分设备和人员西迁宜昌，于1938年12月1日出版该报宜昌版，1940年11月1日再迁至恩施出版；另一部分则西迁贵阳出版，于1938年12月1日改名为《贵阳中央日报》。

二、重庆时期的《新华日报》

自1938年10月26日起，《新华日报》开始在重庆出版，至1947年2月28日被国民党当局封闭，共出版八年又四个月。在以周恩来为首的中共南方局的领导下，重庆《新华日报》坚持抗日民族统一战线的政策，按照“有理、有利、有节”的原则，同国民党顽固派进行了坚决而顽强的斗争，发展进步势力、争取中间势力、孤立反共顽固势力，成为国统区舆论战线上的中流砥柱。毛泽东曾赞扬说，《新华日报》如同八路军、新四军一样，是党领导下的一个方面军。因此，新华日报社这支新闻工作队伍，曾有“新华军”之称。

在言论、新闻报道方面，《新华日报》采用原则的坚定性和策略的灵活性相结合的方法，在与国民党的新闻检查制度的斗争中取得了一个又一个的胜利，在重大原则问题上全力突破国民党的新闻封锁，向国统区人民群众宣传中国共产党的政治主张。1939 年 9 月 16 日，毛泽东在延安对中央社、《扫荡报》、《新民报》的记者发表了重要讲话，揭露国民党顽固派加紧反共投降活动、造成时局危机，严正声明共产党对顽固派的反共摩擦的态度是“人不犯我，我不犯人；人若犯我，我必犯人”，并重申“坚持抗战、反对投降；坚持团结、反对分裂；坚持进步、反对倒退”的原则与立场。根据周恩来的指示，《新华日报》采取“拒检”（不送国民党新闻检查机关审查）的办法，在 9 月 19 日《新华日报》的显著位置上刊载毛主席的这篇重要讲话，并提前出报，在国民党当局发现前已把报纸送至读者手中。1941 年 1 月 6 日“皖南事变”发生后，《新华日报》在 1 月 11 日晚上获悉这一消息，第二天就在报上披露国民党军队袭击新四军这一严重事件。1 月 17 日，国民党军事委员会发布了污蔑新四军“叛变”、宣布撤销新四军番号、继续向新四军进攻的通令与谈话。对此，《新华日报》当晚避开坐镇报馆的国民党新闻检查人员的监视，在 18 日出版的报纸上发表了周恩来为“皖南事变”书写的两个题词，揭穿了国民党顽固派制造的阴谋：“为江南死国难者志哀!”“千古奇冤，江南一叶；同室操戈，相煎何急?!”这份刊有周恩来题词的《新华日报》，被许多人当作珍贵资料保存，发行量剧增五倍。除“拒检”外，《新华日报》还常常采用“暴检”的手段来揭露国民党新闻检查制度的罪恶。所谓“暴检”，就是在报纸上开“天窗”，在被检查人员删去内容的报纸版面上故意留下空白，有时还在空白版面上排上“此段遵检”“被删”“被略”等字样，以暴露国民党当局删改言论、新闻报道的无耻行径。

当时，纸张供应十分紧张，国民党当局采用一推、二拖、三扣的卑劣伎俩，企图用断绝纸张供应的手段来扼杀《新华日报》。对此，《新华日报》一方面争取纸张分配的合法权利，义正词严地要求国民党当局公平分配纸张，并在重庆报业联合会上公开揭露国民党顽固派企图扼杀《新华日报》的阴谋，迫使国民党当局不得不为其配给一定数量的纸张；另一方面又去市场零星购买纸张、去产纸地区收购纸张，后来还在重庆附近的梁山、岳池以及华蓥山下的丁家坪等地创办小型纸厂，以确保《新华日报》的用纸，甚至在别的报纸发生“纸荒”时还能救他报之急。

此外，国民党当局还采用“只准你办报，不准你出版”的办法，通过控制报贩和邮局来破坏《新华日报》的发行工作。对此，新华日报社雇用了 100 多名报童，建立起自己的发行队伍。这些报童，大多出身于穷苦人家，不顾个人安危，为《新华日报》的发行工作立下了不朽的功绩。

重庆《新华日报》虽然在国统区出版，但在 1942 年全党开展整风运动期间，报社全体工作人员积极参加整风学习，同时遵照无产阶级党性原则努力改进报纸工作。1942 年 5 月 23 日，《新华日报》发表社论《敬告本报读者——请予本报以全面批评》，宣布要在读者的帮助下“使本报得以肃清主观主义、教条主义与党八股的残余”。9 月 18 日，《新华日报》正式改版，并发表社论《为本报革新敬告读者》，在改进新闻编辑和版面编排的基础上，新创办了向国统区人民及时报道边区建设情况的“边鉴”专栏和旨在向读者介绍社会科学和自然科学知识的综合性的《新华副刊》。9 月 19 日，《新华日报》创办《团结》副刊，作为共产党员和先进分子学习和修养的园地，努力把各阶层的群众团结在党的周围。与此同时，《新华日报》还进一步改进国际新闻报道，建立编、译、评等整套国际新闻报道新机制。

三、香港、澳门与海外的抗日报刊及其宣传活动

1937 年 7 月全民族抗战爆发后，香港、澳门以及海外地区的新闻界，依靠它们所具有的特殊的政治与地理环境，积极宣传中国人民的抗日救国斗争，新创办起一批以抗日宣传为主旨的爱国报刊，为中国抗战发挥了不可替代的重要作用。

在香港，自 1937 年 7 月全民族抗战爆发至 1941 年 12 月太平洋战争发生止，原已出版的《华侨日报》《华侨晚报》《工商日报》《工商晚报》《香港华字日报》等报纸在全民族抗战爆发后，立刻举起抗日宣传的大旗。1938 年后又出现了《保卫中国同盟新闻通讯》《星岛日报》等新创办的报刊。《保卫中国同盟新闻通讯》创刊于 1938 年 6 月，系宋庆龄领导的“保卫中国同盟”出版的中英文会刊，英文版由爱泼斯坦和贝特兰负责编辑，中文版由邹韬奋、金仲华等负责编辑。为团结国际进步人士和海外华侨援助中国抗战，该刊刊登了宋庆龄撰写的文章和致国际友人的信，还大量介绍八路军、新四军、敌后抗日民主根据地和国民党统治区的抗日活动情况，成为世界人民了解中国抗战的一个重要窗口。《星岛日报》创刊于 1938 年 8 月 1 日，由著名华侨商人胡文虎创办，金仲华任总编辑，杨潮（羊枣）任军事评论员，作家夏衍、沙汀等经常为其副刊《星座》撰稿。该报积极宣传抗日，笔锋犀利，生动活泼，一度成为香港地区宣传团结抗战的进步新闻阵地。1941 年 6 月 1 日，由于国民党特务的干扰破坏，金仲华、羊枣等进步人士被迫辞职离去。

1937 年底，随着平津、沪宁等内地城市的相继失陷，部分爱国新闻文化工作者南下香港，参与当地新闻工作或创办新报。1937 年冬，上海国际宣传委员会迁至香港，并改组为国际新闻社，由恽逸群负责，以香港为基地，向海外数十家华侨主办的中文报纸发稿。1938 年 3 月 1 日，上海《申报》发刊香港版，大力宣传全民团结抗战，报道了台儿庄大捷和敌后游击战等抗日战绩，至 1939 年 7 月停刊，共出版了一年零三个月。1938 年 4 月 1 日，上海《立报》迁至香港复刊。该报在复刊后的近半年中，由于得到香港中共地下组织的政治关怀和经济援助，并经总编辑萨空了等人的努力，积极反映各界民众的抗日呼声和民主进步要求，宣传中共团结抗战的真诚愿望，介绍了陕北和各敌后抗日民主根据地的新气象，在当地青年读者中产生了巨大的影响。1938 年 9 月后，由于成舍我的干扰，萨空了愤而离职，该报在政治上转趋保守，延至 1941 年 12 月停刊。1938 年 8

月13日，《大公报》创办香港版，11月增出《大公晚报》。同月，著名国际时事刊物《世界知识》也迁至香港出版。

1941年皖南事变发生后，大批国统区进步新闻文化界人士转移到香港，创办了《华商报》晚刊、《大众生活》周刊、《光明报》等抗日报刊。《华商报》创刊于1941年4月8日，是一份中国共产党领导下的具有统一战线性质的晚报，每日下午5点钟出报对开一大张。该报在廖承志的主持下，由邹韬奋、茅盾、范长江、夏衍、乔冠华、金仲华、胡仲持七人筹办，著名爱国商人、华比银行经理邓文田及其兄弟邓文钊分任督印人兼正副总经理，范长江也以副总经理的名义主持日常工作。该报在宣传上以团结抗日为宗旨，创刊开始即连载邹韬奋撰写的长篇纪实报告《抗战以来》，列举作者置身国民参政会四年中亲历的大量事实，揭露国民党顽固派"表面和骨子脱节"的政治真相，用光明磊落的公开言论唤起国内外社会舆论，制止国民党当局破坏团结抗战的倒行逆施，同时还热烈赞颂中华民族在抗战中的觉醒和不断滋长的新生力量，鼓舞海内外民众坚持抗战到底的信心，至1941年12月太平洋战争爆发后于12月12日停刊，仅出版了八个月。《大众生活》创刊于1941年5月17日，周刊，邹韬奋创办并担任主编。该刊以宣传团结抗日、呼吁民主政治为宗旨，其社评几乎都出自邹韬奋之手，具有及时、透彻、针对性强等特点。该刊还设有"信箱""大众之声"等栏目，尽量刊登读者来信来稿，邹韬奋还亲自主持"简复"专栏，用最大的精力处理读者来信来稿，尽其所能为读者答疑解难。由于《大众生活》反映了海外侨胞渴望抗战胜利、祖国振兴的愿望与舆论，因而在海外读者中影响甚巨，平均每期发行量高达10万份，同年12月出至新30号后因太平洋战争爆发而停刊。《光明报》创刊于1941年9月18日，系中国民主政团同盟机关报，由梁漱溟任社长、萨空了任总经理、俞颂华任总编辑，出至同年12月14日停刊。

在澳门，原有的《朝阳日报》《大众报》等报纸在1937年七七事变之后联合发起了当地的文化、体育、音乐、戏剧界抗日救国组织——澳门四界救灾会，该会于1937年9月正式成立，并每周出版《救灾特刊》以开展抗日救国宣传。使用"救灾"一词，是因为"抗日"一类的词语为当时的澳门当局所限禁。1937年9月，澳门新闻界还成立了澳门新闻记者联合会，以致力于救亡宣传、鼓舞团结澳门同胞投身抗日救国活动为宗旨，并承担起主编《救灾特刊》和每逢"七七""八一三"等抗战纪念日增出专刊的任务。同年11月，香港《华侨日报》创办澳门版《华侨报》，积极宣传抗日，发行量曾高达10 000份。

在海外国家与地区，绝大多数华人华侨主办的中文报刊，不论原有的政治立场和背景如何，但在抗战爆发后无不同仇敌忾，积极宣传抗日救国，并发动侨胞捐款捐物、抵制日货，以支援祖国抗战。与此同时，新的以抗日为主旨的中文报刊也纷纷创刊。

以新加坡、马来亚为中心的东南亚，是海外抗日办报宣传活动最为活跃的地区。据统计，至1937年全民族抗战爆发时，世界各地的华人华侨已达1 000万人，其中80%以上居住在东南亚地区。因此，东南亚地区华人华侨主办的中文报刊为数甚多。自1937年全民族抗战开始至1941年太平洋战争爆发，新加坡、马来亚出版的中文报刊共29种，其中数胡愈之、郁达夫等抗日爱国人士主持编辑工作的《南洋商报》《星洲日报》影响最大。

1940 年底，胡愈之奉中共中央的指派，赴新加坡开辟海外抗日宣传阵地。同年 12 月 1 日，胡愈之应聘担任新加坡爱国侨领陈嘉庚创办的《南洋商报》编辑主任，次年 1 月 1 日正式接编该报。胡愈之接编后推行了三项报纸革新计划：一是加强报纸言论工作。胡愈之几乎每天撰写一篇 1 500 字左右的社论，针对华侨救亡运动中的问题和华侨最关心的事件，阐述抗日民族统一战线的方针政策，宣传团结抗战和民主进步，批驳分裂投降和专制倒退的论调。二是实行采编合一制度，改进报道工作。胡愈之倡导组织采访委员会，深入社会各阶层各行业，重点采访报道抗日救亡活动情况。三是与香港国际新闻社紧密联系，大量采用该社有关祖国和世界各地的专稿、专电。此外，胡愈之还通过报纸组织群众性的爱国活动，曾发起"马来亚侨胞筹赈献金签名活动"，数万侨胞签名响应。经过一年的努力，胡愈之把《南洋商报》办成了"民众喉舌、舆论前驱"，日发行量由原来的 20 000 份增至 50 000 份，成为当时东南亚地区最畅销的报纸。

《星洲日报》是华侨领袖胡文虎在新加坡创办的报纸。1938 年底，著名作家郁达夫应《星洲日报》社之聘来到新加坡，次年 1 月起主编早报副刊《晨星》和晚报副刊《繁星》，后又兼编《文艺》《教育》周刊和《星洲》半月刊，还参与编辑纪念该报创刊十周年的大型年鉴式特刊《星洲十年》，1940 年下半年代行该报主笔职务三个多月并为该报撰写了不少社论，1941 年还参与编辑新加坡英国当局新闻情报部出版的《华侨周刊》。在 1938 年底至 1942 年初的三年中，郁达夫以《星洲日报》等报刊为阵地，以惊人的勤奋撰写发表了大量宣传抗日的政论、短评、杂文和诗词，广泛传播爱国主义思想，坚定海外华侨抗战必胜的信念，为抗日新闻文化事业做出了巨大的贡献。1942 年 2 月新加坡沦陷后，郁达夫撤退到苏门答腊，1945 年 9 月 17 日遭日本宪兵杀害。

在美洲地区，《美洲华侨日报》于 1940 年 7 月 7 日在美国纽约创刊，由梅参天、徐永英等和纽约华侨衣馆联合会部分会员创办，冀贡泉任社长，唐明照任总编辑。该报创刊后，积极响应中共抗日民族统一战线的号召，致力于报道祖国正面战场和敌后游击战争的情况，帮助华侨了解祖国和抗战的真相，还发动华侨捐款赠物以支援祖国抗战，深受美国华侨读者的欢迎和支持，发行量曾高达 5 000 份。

在欧洲地区，全欧华侨抗日救国会在法国巴黎创办的《联合战线》《祖国抗日情报》等报刊，也都积极宣传抗日救国，为祖国抗战立下了巨大的功劳。

第三节　沦陷区的新闻传播事业与上海"孤岛"的抗日新闻宣传活动

抗战期间的沦陷区，是指自 1931 年九一八事变开始、历经 1937 年七七事变爆发、直至 1945 年抗日战争全面胜利为止被日军武力侵占的地区。在沦陷区内，新闻传播事业遭遇了空前劫难，所有报刊、通讯社和广播电台均沦为日伪欺骗与奴役中国人民的宣传工具。这一时期，上海租界地区一度成为被沦陷区包围的"孤岛"，各种爱国力量无不利用"孤岛"的特殊环境，积极开展抗日新闻宣传活动，在中国新闻史上留下了可歌可泣的一页。

一、沦陷区的新闻传播事业

1931 年 9 月 18 日，日本帝国主义发起蓄谋已久的侵华战争，强占了中国的东北三省。1937 年 7 月 7 日，日本帝国主义发动七七事变（亦称“卢沟桥事变”），大举入侵中国的华北、华中和华南地区，强占了中国的半壁江山。在这些沦陷地区，新闻传播事业遭遇空前劫难，日本侵略者及其扶持的汉奸政权、组织及汉奸分子残酷地迫害与镇压一切具有民族气节的报刊、通讯社和广播电台，创办为日本的侵略罪行张目、奴化沦陷区民众的报刊、通讯社和广播电台。

以长春、沈阳为中心的东北地区，在 1931 年九一八事变后沦为日占区。1932 年 3 月 1 日，在日本关东军的一手操纵下，伪满洲国宣布成立，设伪都于长春，大批日本人担任伪满要职并主宰东北的一切。与之相应，大批日本人担任了新闻机构或新闻统制机构的主持人或实际主持人。据统计，伪满地区的报纸，1940 年 7 月为 39 种，绝大多数由日本人直接主办。其中，在长春出版的有 5 种：日文《满洲新闻》，原名《大新京日报》，1935 年 2 月创刊，主办人为日本人和田日出吉。日文《新京日日新闻》，原名《长春实业新闻》，1920 年 12 月创刊，1932 年改此名，主办人为日本人城岛德寿。中文《大同报》，主办人为日本人染谷保藏。朝鲜文《满鲜日报》，主办人为李性在。英文《满洲日报》(*Manchuria Daily News*)，主办人为日本人小野敏夫。在沈阳出版的有 4 种：日文《满洲日日新闻》，曾在大连出版，主办人为日本人松本丰三。日文《奉天每日新闻》，1918 年 7 月由日本人松宫干树创办，主办人为日本人松宫琴子。中文《盛京时报》，为日本人在华出版时间最长的中文日报，1906 年 9 月 1 日由南满铁路株式会社出资创办，日本人菊池贞二（笔名傲霜庵）长期担任总编辑。中文《醒时报》，主办人为张友兰。

1942 年后，根据 1941 年伪满颁布的《新闻社法》的规定，伪满当局实行新闻社的新体制，建立起由伪满当局直接控制的中文《康德新闻》、日文《满洲日日新闻》和日文《满洲新闻》三大新闻社。《康德新闻》社合并了东北地区 18 家中文报社，连著名的《盛京时报》也未能幸免，被改组为《康德新闻》社奉天分社；《满洲日日新闻》社合并了 3 家日文报社；《满洲新闻》合并了 4 家日文报社。1944 年 5 月，《满洲新闻》和《满洲日日新闻》合并为《满洲日报》。

在华北地区，北平、天津是日伪新闻传播事业比较集中的两个城市。在北平，日伪报纸主要有《新民报》《实报》《华北日报》《晨报》等。《新民报》创刊于 1938 年 1 月 1 日，是日伪组织“新民会”劫夺《世界日报》资产后创办的大型报纸，日出对开两张，由日本人武田南阳任社长兼总主笔。该报鼓吹所谓的“新民主义”，宣传“和平反共”“建立东南亚新秩序”等旨在奴化中国人民的论调，出至 1944 年 4 月 30 日停刊。《实报》创刊于 1928 年 10 月 4 日，社长管翼贤，系北方著名小型报，北平沦陷后沦为日伪的宣传工具。《华北日报》创刊于 1929 年 1 月 1 日，原是国民党中宣部直接创办的中央直辖党报，北平沦陷后被日寇“劫收”。《晨报》在五四运动时期就是一份著名的报纸，1937 年七七事变之后一度停刊，1939 年 6 月改组复刊后成为附逆报纸。在天津，日伪报纸主要有《庸报》《东亚晨报》《救国日报》《新天津报》等。《庸报》原是华北地区有影响力的大型日报，1926年6月由董显光创办，是当时天津仅次于《大公报》《益世报》的第三大报，天津沦陷后被日本军部派来的同盟社报人大矢信彦接管，改组为日本“北支派遣军”机关报。1944年后，日本侵略者因面临经济困难而不得不压缩其新闻传播事业，北平的《新民报》《实报》等所有报纸于5月1日起被合并改组为《华北新报》，天津的《庸报》等则被改组为《华北新报》天津版，并改由伪华北政务委员会情报局管辖，至1945年日本投降后停刊。

在华中地区，上海、南京是日伪新闻传播事业的中心。在上海，日伪报纸主要有《新申报》《中华日报》《平报》《国民新闻》《新中国报》等。《新申报》创刊于1937年10月1日，日出对开一张半，内容以刊登日本军部言论、消息为主，是驻沪日军指挥部直接创办的大型日报，社长为日本人坂尾与市，后被改组成为日文报纸《大陆新报》的中文版，1945年日本投降后停刊。《中华日报》创刊于1934年4月11日，系汪精卫集团控制的报纸，1937年11月29日停刊，1939年7月10日汪精卫集团投敌后复刊，1940年3月汪伪政府正式成立后改组为汪伪南京国民政府的机关报，日出一张半，由汪伪政府宣传部主管，社长初为林柏生、后为许力求。该报详载汪精卫及伪中央大员的言论和伪国民党中央、国民政府的施政方针，社论多由汪精卫亲自撰写或由其秘书代拟，1945年8月21日终刊。《平报》创刊于1940年9月1日，由大汉奸周佛海主办，罗君强、金雄白先后任社长，1945年7月1日自动停刊。《国民新闻》创刊于1940年3月22日，日出一张，多刊电讯及译著，由汉奸大特务李士群主办，黄敬斋任社长。《新中国报》创刊于1940年11月7日，日出一张，1945年8月16日停刊。此外，著名大报《申报》《新闻报》在太平洋战争爆发后也沦为附逆报纸。1942年2月14日，日本侵略者勒令《申报》复刊，并指派汉奸陈彬龢任社长兼总编辑。同时，日本侵略者还强行改组《新闻报》，由吴蕴斋任社长兼董事长。在南京，日伪报纸主要有《民国日报》《新南京报》《南京晚报》《中报》等。《民国日报》的前身是《南京新报》，1938年8月改现名，并成为汪伪政府宣传部直属报纸之一，社长秦墨哂，多载伪政府的消息。《南京晚报》创刊于1939年1月，社长曹见微。《中报》创刊于1940年3月30日，董事长周佛海，社长罗君强。

在华南地区，日伪报纸主要集中在广州、香港等地。在广州，日伪报纸主要有《中山日报》《迅报》《民声报》等。《中山日报》创刊于1940年1月，日出一张半，积极宣传汪伪的“和平运动”，社长为陈伯起、后为林汝衡。《迅报》系日本“南支派遣军”司令部机关报，由唐泽信夫任社长，最初同时出版中文、日文两个版本，后日文版改组为独立出版的《南支新闻》。太平洋战争前夕，该报还一度出版晚刊。该报出至日本投降停刊，前后历时七年之久。

在香港，日伪报纸有《南华日报》《天演日报》《香岛日报》《大光报》《东南晚报》《华侨日报》等。

日伪在沦陷区建立与主办的广播电台，大约有五六十座。

在东北地区，日本早在1925年7月就建立了大连广播电台——“大连放送局”。该台由“关东州递信局”管辖，呼号为JQOK，发射电力500瓦，系日本在中国设立的第一座广播电台，也是我国东北境内第一座广播电台。九一八事变之后，日本侵略者先后攫夺了沈阳、哈尔滨两座广播电台并改组为沈阳广播电台，1931年10月26日开始播音。

1932年3月伪满洲国在长春成立后，日本主管通信、广播事务的关东军特殊通信部也迁至长春，在其管辖的“新京电话局”内设立演播室，以奉天放送局新京演奏所名义开始播音。在此基础上，日伪又于1933年4月成立由关东军司令部直接控制的“新京放送局”，9月起移交隶属于伪满交通部的电信电话股份有限公司（简称“电电”）管理，1937年七七事变之后改名为“新京中央放送局”，1941年太平洋战争爆发后又改称“新京放送总局”，以作为伪满广播事业的中心。1944年，日伪在东北的广播电台增至25座。

在华北地区，北平、天津、太原、青岛等地的广播电台于1937年七七事变之后相继落入日军之手，并在日本广播协会的直接掌控下先后恢复播音。1938年1月1日，即“中华民国临时政府”在北平宣告成立的同日，伪北平“中央广播电台”开播，以作为华北地区日伪广播事业的中心。1940年7月，由“中华民国临时政府”改组而成的“华北政务委员会”控制下的华北广播协会成立，下辖广播电台八座，分布于北平、天津、济南、青岛、石家庄、唐山、太原、徐州，总发射电力为100千瓦。1939年9月1日成立的“蒙疆联合自治政府”也设有蒙疆广播协会，先后在张家口、大同、呼和浩特、包头等城市创建广播电台，以控制绥远、察南、晋北等地的广播事业。

在华中地区，上海、南京是日伪创办广播电台的主要城市。1937年11月上海沦陷后，日本侵略军利用其抢占的国民党在上海的两座广播电台的设备，建立大上海广播电台，以作为日本侵略军的喉舌。1938年3月，日伪“上海市广播无线电台监督处”成立，并宣称“取代原国民党中央广播事业指导委员会的全部职权”，强令上海各电台向该处申请登记。1941年太平洋战争爆发后，日本侵略者一进入上海租界，立刻把所有民营广播电台查封，并强行接收美国人主办的广播电台，使日伪的广播电台一统天下。在南京，日本侵略者在1937年12月13日占领该城后建立“南京广播电台”，1941年2月汪伪中国广播事业建设协会成立后被改组为“中央广播电台”。与此同时，汪伪中国广播事业建设协会还拟定了广播电台的《组织章程》和《广播无线电台计划》，以统一上海、汉口、杭州、苏州、蚌埠等地的广播事业。为了控制广播收听，汪伪政府还实行无线电收听限制制度，即沦陷区人民装设收音机必须向当地主管官署申请登记、经主管官署核准并发给登记证后方准使用，登记申请书必须写明欲装设的收音机的机件种类、真空管数、天线样式、电流供给状况、波长范围、购置或自行配制，不得制造、使用、持有或转让可收听短波或改作发报收音机用的收音机。1943年10月，汪伪政府开始实行收音机装设许可制和收听费用征收制。凡以收听广播为目的而装设无线电收音机者，应以每一收音机为单位向汪伪政府宣传部提出装设许可申请书，领取许可证并与伪中国广播事业建设协会签订《收听契约书》后方准使用，并试行收听交费制度。

为了控制新闻来源，日伪还在沦陷地区办起了不少的通讯社。在伪满地区，通讯社由日本人直接掌握。1932年12月，日本帝国主义与伪满当局利用日本通讯机构在东北设立的通讯网，成立“满洲国通讯社”（简称“国通社”），总部设在伪满首都长春，伪满所属各省均设立一个支局。1937年4月，“国通社”与日本同盟社签订日满通讯一体化协定，成为日本同盟社的一个分支机构。1942年后，根据1941年伪满当局颁布的《通讯社法》的规定，伪满当局组建了新的“满洲国通信社”，并赋予其政府机关的地位，以垄断东北地区的新闻收集与发布活动。在华北、华中、华南等地区，日本同盟社的华文部在整个抗战时期是唯一的新闻来源。汪精卫投敌之后，该部被改组成汪伪组织的“中华通讯社”，1939 年 11 月 3 日在上海成立。1940 年 3 月 30 日汪伪“国民政府”在南京成立后，伪宣传部于 5 月 1 日将上海的“中华通讯社”和原“维新政府”所属的“中华联合通讯社”合并为“中华电讯社”，隶属于伪宣传部之下，以作为全国新闻通讯事业的最高统制机关。该社除在南京设立总社外，还先后在东京、香港、上海、广州、武汉、杭州等地设立分社。

对于日伪在沦陷地区的上述倒行逆施，在中国共产党的领导或影响下，不少爱国志士也曾创办过一些抗日报刊，在舆论战线同日伪展开不屈不挠的斗争。在天津，1937 年 7 月 30 日沦陷后不久，曾出现过《高仲明纪事》报、《炼铁工》、《抗战》、《匡时》、《中心月刊》、《前哨》月刊、《火线上》、《突击》、《后方》等 20 多种小型抗日报刊。这些报刊大部分由爱国知识分子主办，物质条件极差，大多为油印，也有个别为铅印（如《匡时》等）。由于日寇的残酷迫害，这些报刊存在的时间一般都很短暂。《高仲明纪事》报创刊于 1937 年，系秘密出版发行的油印小报，由爱国职业报人编辑，至 1939 年停刊，共出 700 余期，每期发行数达 6 000 余份，曾先后三次遭到敌伪查抄。《炼铁工》则由粗通文墨的工人编辑，流传于天津的大小工厂。在苏南，1938 年间曾在苏州附近一小镇上出现过一份名为《青白报》的抗日小型报刊。

二、上海“孤岛”的抗日新闻宣传活动

1937 年 11 月 12 日，国民党军队撤离淞沪，日军占领上海华界地区，英、美、法等西方国家控制的上海公共租界、法租界因其四围均为日军所侵占而形同“孤岛”。这一情形，一直持续到 1941 年 12 月 8 日太平洋战争爆发、日军进占上海租界才告结束。这一时期，中国共产党以及其他爱国政治力量，无不利用上海“孤岛”的特殊环境创办抗日宣传报刊，开展抗日宣传活动。上海“孤岛”上出现的以抗日为主旨的“洋旗报”，始终是“孤岛”抗日新闻宣传活动的主力军，在特殊的环境中发挥了特殊的抗日宣传作用，并在中国新闻事业史上留下了可歌可泣的一页。

上海租界沦为“孤岛”之初，《救亡日报》、《立报》和《抗战》三日刊等抗日报刊被迫停刊或内迁。11 月 28 日，日本军事当局宣布接管国民党设在上海租界内的新闻检查所，12 月 14 日起迫令各报接受由日伪的新闻检查，致使《大公报》《申报》等一批老牌商业性大报业被迫停刊或内迁。《大美晚报》（中文版）和《华美晚报》因外商担任发行人而得以免受日伪的新闻检查，并在中国主持人及员工的努力下报道真实的抗日信息、宣传正确的抗日主张。这一特殊现象，使留在上海坚持抗日斗争的中国共产党人以及其他各抗日爱国力量找到了在“孤岛”坚持抗日新闻宣传的新道路，即利用英、美、法等国与日本的矛盾，在租界创办以外商名义出版的中文报纸，时称“洋旗报”。

1937 年 11 月 25 日，实际上由中国报人朱作同创办并主持的《华美晚报》发刊《华美晚报晨刊》，1938 年 4 月 19 日后改名为《华美晨报》，报道抗战消息，宣传抗日主张。1938 年底，该报被改组为由中国共产党人直接主持的抗日报纸。12 月 1 日，《大美晚报》

在其中国编辑人员的策划下增办《大美晚报晨刊》，1938年5月1日后改名《大美报》，原《立报》编辑人员几乎原班人马地转移至这一新的抗日宣传阵地上。进入1938年后，中国共产党等爱国政治力量及民间爱国人士，也开始或聘请外国人担任发行人，或在外国注册，以“英商”“美商”的名义在租界内出版抗日报刊。1938年1月21日，中国共产党领导创办的抗日报纸《每日译报》创刊。该报的前身是《译报》，1937年12月9日，日出四开一张，由夏衍主持报务，所刊登的新闻及言论全部译自英、美、法等国通讯社稿和上海租界出版的外文报纸，并经过编者的精心选择与改写，客观地报道抗战形势，日发行量曾高达2万份，至12月20日出版了12期后被日本侵略军通过租界当局取缔。之后，中国共产党上海地下组织聘请英国人孙特司·裴士（Sanders-Bates）和拿门·鲍纳（N. Bonner）担任该报的发行人兼总编、经理，用“挂洋旗”的方法恢复出版并改名《每日译报》。该报创刊后，初为四开小型日报，内容与《译报》基本相同，自2月20日起改革版面、充实内容，开始刊登自己采编的新闻，5月1日起扩充为四开一张半，6月28日起改出对开一大张并附副刊四开一小张，常刊登中共中央的文件和中共中央领导人的文章、讲话，还采用“特讯”“专电”等形式报道中国共产党及其八路军、新四军在前线奋勇作战的消息。1938年1月25日，由曾任沪宁、沪杭铁路局高级职员的严宝礼等几位爱国人士集资创办的《文汇报》创刊，日出对开四版一大张，用高薪雇请英国人克明（H. M. Cumine）担任名义上的董事长、发行人兼总主笔。2月间，《大公报》向《文汇报》投资1万元，实际在代印《文汇报》的劳务费及垫付的纸张费项目下扣除，并委派徐铸成出任《文汇报》主笔并主持编务。1938年9月后，《新闻报》《申报》等也开始挂上“洋旗”，《中美日报》等新办的“洋旗报”纷纷问世。9月1日，在上海租界沦为“孤岛”后屈节接收日伪的新闻检查的《新闻报》，请回原主持者美国人福开森出任监督，以美商太平洋公司承租的名义出版。10月10日，《申报》在办“洋旗报”的热潮中假借美商名义恢复出版。11月1日，国民党留沪人士创办的国民党中央直辖党报《中美日报》创刊，以美商罗斯福出版公司的名义发行。11月21日，《大晚报》以英商独立出版公司名义发行。至1939年4月，租界上的“洋旗报”已达17种之多，总发行量约为20万份。这些报纸的政治倾向虽不相同，但在报道中国军民英勇抗战、揭露日军暴行和抨击汪精卫等汉奸的卖国言行等方面高度一致。

1939年5月后，由于上海租界当局受日本侵略军的胁迫，推出了一系列钳制租界内抗日宣传活动的措施。5月18日，《每日译报》《文汇报》《中美日报》与《大美报》一起被租界当局责令暂停出版两星期。紧接着，《每日译报》因其英籍发行人为日伪所收买而在两星期后未能复刊，《文汇报》同人也因克明为日伪所收买而决定自行停刊。之后，“洋旗报”阵营较前大为缩小，但直至1941年12月日军进占上海租界，“孤岛”上出版的“洋旗报”始终有10多种之多，其中包括新办的《神州日报》《正言报》等。《神州日报》于1939年12月以美商报纸名义复刊，在经济上接受国民党资助。《正言报》于1940年9月20日创刊，名义上由美商联邦出版公司发行，刚卸任的上海工部局总董樊克令（C. S. Franklin）被聘为董事长，实为国民党党报。

1938年后，各类以抗日宣传为主旨的时事政治性刊物也纷纷创刊或复刊，为数不下数十种，其中不少也采用了挂“洋旗”的手段。在这些时政刊物中，影响较大的有《华美周刊》《译报周刊》《公论丛书》《文献》《上海周报》等。此外，不少广播电台也采取“挂洋旗”的手段，拒绝接受日本侵略者的登记与管理，如民智电台、佛国文化电台、福音电台、大美晚报电台、华美电台等。坚持抗日宣传的通讯社则有大中通讯社、新声通讯社、平明通讯社、大光通讯社等。

但是，上海“孤岛”时期的“洋旗报”以及其他抗日媒体，其生存与发展的空间则十分险恶。日伪当局除了通过与上海租界当局交涉设法对这些媒体予以取缔外，还采取威胁恫吓、投弹破坏、武装袭击、暗杀绑架等法西斯恐怖手段，疯狂迫害、摧残抗日媒体及其从业人员。

1938年1月16日，《华美晚报》《华美晚报晨刊》因拒绝刊登伪苏浙皖三省统税局通告而遭日伪暴徒投弹破坏。是日傍晚，日伪方面派来的暴徒将一枚锤形手榴弹投入报馆，致使该报馆的设备受损、3名工作人员受伤。2月间，《文汇报》在3日、5日曾用很大篇幅揭露日伪暴行，8日发表社论《告若干上海人》，对上海几个意欲投敌的工商界要人提出严正警告，从此也成了日伪的迫害对象。9日，文汇报馆收到日伪方面的恐吓信，扬言要杀害报馆人员。10日下午六时许，日伪方面又指使暴徒向文汇报馆投掷手榴弹，当场炸伤工作人员3名，其中发行员陈桐轩因伤势过重而牺牲。12日，文汇报馆再次收到匿名恐吓信。此外，华美晚报馆、文汇报馆的主持人还曾收到过血淋淋的死人手臂，并恐吓说如不更改笔调将遭此下场。每日译报馆收到过10多份恐吓信件，内中充斥着“满门抄斩”一类的恐吓之词。更令人发指的是，日伪暴徒还残酷杀害抗日报人并将其悬首示众。1938年2月6日，上海《社会晚报》经理蔡钓徒被歹徒杀害，头颅被割下，歹徒趁黑夜将其头颅挂在法租界巡捕房对面的电线杆梢头。

1939年后，日伪方面的迫害活动日益加剧，“孤岛”新闻界被笼罩在一片白色恐怖之中。5月，汪伪“国民党中央执行委员会特务工作总指挥部”（因设在沪西的极司菲而路76号而被简称为“76号”）成立，开始充当执行恐怖活动的元凶。此后，绑架、凶杀事件此起彼伏，恐吓、袭击活动无日不有。1939年6月17日，《导报》馆首遭袭击。7月22日晚，《中美日报》和《大晚报》同遭袭击。此外，《申报》曾连续4次被炸，《大美晚报》印刷所和《大晚报》排字房曾被暴徒捣毁。为了防卫，《正言报》等报馆被迫在门前堆起沙袋，拉上铁丝网，装上铁栅门。《申报》等报馆还自费雇请租界巡捕作为门卫，编辑、记者等主要工作人员被迫住进报馆，以防不测。先后被暗杀的抗日报人有《大美晚报》中文版副刊编辑朱惺公、《大美晚报》中文版主持人张似旭、大光通讯社社长邵虚白、《大美晚报》国际版编辑程振章、《申报》记者金华亭、《大美晚报》广告部主任李骏英等，遭暗杀而幸免于难的有《申报》编辑瞿绍伊、《新闻报》记者顾执中等，遭日伪特务绑架的有《译报》主笔钱纳水与编辑唐焕栋、《新闻报》编辑倪澜深等。1940年7月1日，汪伪“国民政府”在《中华日报》等汉奸报纸上公布了一份“通缉”名单，被“通缉”的83人中有43人是报界人士，仅申报馆工作人员就有经理马荫良、编辑伍特公、胡仲持等10人。

学习思考题

1. 简述《救亡日报》、《抗战》三日刊等抗日救亡报刊的出版经过与宣传报道特点。

2. 新华通讯社在抗战时期有哪些重大发展？
3. 简述延安新华广播电台的创建经过及其重要意义。
4. 评述延安《解放日报》在整风运动中进行改革的经过、成效和意义。
5. 延安《解放日报》在改革中提出并解决了哪些新闻理论问题？
6. 创办《新华日报》有何重大意义？《新华日报》有哪些重要经验？
7. 香港和海外有哪些著名的华侨、华文报刊与报人？
8. 评述上海“孤岛”时期抗日报刊与爱国报人的艰苦斗争。

第十章

人民解放战争时期的新闻传播事业

1945 年 8 月中国人民的抗日战争取得全面胜利后不久，国民党即发起全面内战，共产党被迫迎战，历史进入人民解放战争时期。这一时期，中国共产党新闻传播事业愈战愈强，并由农村走向城市，在全国范围内取得了全面胜利。与此同时，国民党的新闻传播事业迅速由强转弱，最后败退台湾。民营新闻传播事业的发展道路日趋暗淡，并在政治上被迫分化，或转向人民立场，或追随国民党成为后者的殉葬品。

第一节　国民党新闻统制的重建与新闻界的抗争

1945 年 8 月抗日战争胜利后，国统区新闻传播事业的中心重返东南。国民党凭借其手中掌握的政权抢先在收复区扩展其新闻传播事业并重建其新闻统制制度，中国共产党和其他进步政党与力量以及民营新闻界人士也纷纷回到收复区争夺新闻阵地。在中国共产党的直接领导或政治影响下，国统区进步新闻界还借助抗战胜利之东风，掀起了“拒检运动”等多次争取新闻出版自由权利的斗争。1946 年 6 月全面内战爆发后，国民党进一步强化其新闻统制制度，国民党新闻传播事业一统天下，国统区内的进步新闻机构以及包括宣传“第三条道路”报刊在内的一切不利其统治的新闻机构无不遭到迫害与摧残。

一、国统区新闻传播事业的中心重返东南

1945 年 8 月，抗日战争取得全面胜利。国统区新闻传播事业的中心随着政治中心由西部向东部转移，重新回到东南地区的上海、南京一带。

以蒋介石为首的国民党统治集团，凭借其手中掌握的政权与法统，抢先在收复区扩展他们自己的新闻传播事业。日本刚宣布投降，国民党中宣部就开始筹划《中央日报》等党营新闻机构的迁移工作，并派出一批专员随同中央政府的受降人员一起，在美国空军的帮助下乘飞机回到南京、上海等地，抢占新闻阵地。

1945 年 9 月 4 日，国民党中央宣传部委派陈训悆与重庆《中央日报》副总编辑卜少夫等人，以出席南京受降仪式为名，由重庆乘专机飞回南京，接收了汪伪《中央日报》、《中报》和兴中印刷所，并利用其设备、资财乃至原班人员，在其原址南京新街口重建中央日报馆。9 月 10 日，南京《中央日报》复刊，马星野出任社长。11 月 12 日，国民党军报《扫荡报》改名《和平日报》在南京出版，随后总社也由重庆迁至南京。

1945年9月，国民党政府行政院颁布《管理收复区报纸通讯社杂志电影广播事业暂行办法》，明确规定“敌伪机关或私人经营之报纸、通讯社、杂志及电影制片广播事业一律查封其财产，由宣传部会同当地政府接收管理”①。据此法令，国民党当局在接收敌伪报馆、电台、通讯社等各类新闻机构的基础上，迅速重建起一个较战前更为庞大的国民党新闻传播事业网。

上海历来是中国新闻传播事业的中心。战前，《申报》《新闻报》等民营商业性大报地位巩固、影响广泛，使国民党系统的报纸根本无力与之竞争。战后，国民党抓住《申报》《新闻报》战时附逆的把柄，并按照准党报的标准改造两报。蒋介石亲自审批国民党中宣部拟定的《上海敌伪报纸及附逆报纸处置办法》，并对如何处置《申报》《新闻报》做了多次指示。国民党中宣部拟定了《管理申报新闻报办法》和《申报新闻报报务管理委员会组织规程》等文件，同意两报继续沿用《申报》《新闻报》的名称于11月间恢复出版，前提是必须组建由国民党要员担任主任的报务管理委员会。据此，《申报》《新闻报》的报务管理委员会主任分别由潘公展、萧同兹担任。1946年3月9日，国民党又拟定了两报的改组方案，用加入官股的办法改变两报的纯民营性质，并据此改选董事会，调整报社负责人员。此外，国民党还在上海恢复和新办了一批党营报纸。1945年8月23日，即日本宣布投降后第九天，国民党上海市党部主任吴绍澍接收、利用伪《平报》的设备资财，恢复出版国民党上海市党部的机关报《正言报》。8月30日，安徽屯溪《中央日报》社长冯有真派人回沪接收伪《新中国报》，出版上海《中央日报》。10月6日，国民党老牌党报《民国日报》在胡朴安的主持下复刊。1946年元旦，国民党军报《和平日报》上海版创刊。6月，国民党人胡健中主办的《东南日报》也跻身上海滩，出版该报的上海版。至此，作为中国新闻传播事业中心的上海，也开始由国民党党报一统天下。

在其他地区，国民党统治集团也采用相似的手法复刊或新办其党营报刊。1945年10月1日，国民党中央直辖党报《华北日报》利用接收日伪《华北新报》的设备资财在北平复刊，原报馆的敌伪人员一律留用，甚至两名日本特务报人也被聘用为该报日文版的主持人。同日，另一国民党中央直辖党报《中山日报》由韶关迁往广州出版。据不完全统计，至1946年5月国民党政府宣布还都南京时，国民党中央直接主办的报纸即中央直辖党报已发展到23家，总销量约45万份；省级党部主办的报纸27家，总销量约14万份。此外，国民党人士主办的准党报、县市级党部主办的地方党报以及国民党军方主办的报纸为数更多，几乎遍布全国各地。

国民党的广播、通讯事业也经历了类似报业的接收与改建过程。1945年8月下旬，国民党的中央广播事业管理处开始派员分赴各地接收日伪电台，并将其改建为国民党的官办电台。据不完全统计，至1946年5月，国民党当局接收并改建的广播电台共21座，大小广播发射机41部，总发射电力为274千瓦。1946年5月5日，即国民党政府“还都”之日，中央广播电台在南京使用10千瓦中波、4千瓦短波恢复播音。战后，该台规模大为扩充，除面向全国广播外，还开办了对国外广播。1946年4月，中央通讯社总社重回南京。

---

① 中国第二历史档案馆．中华民国史档案资料汇编：第五辑 第三编 文化．南京：凤凰出版社，1999：1-2.

面对国民党集团大肆抢夺新闻阵地的形势，中国共产党采取了针锋相对的方针。1945年9月14日，正在重庆同国民党谈判的毛泽东、周恩来致电中共中央并转华中解放区负责人，指示华中解放区尽快派人去上海、南京等地办报。9月初，中共中央还电告中共广东区党委：迅速派人去广州、香港开辟宣传阵地。

在上海，早在1945年8月16日，中共上海地下组织就抢在国民党势力返回上海前创办《新生活报》，以苏联塔斯社主办的俄文《新生活报》中文版名义出版，同年9月1日改名为《时代日报》，聘请苏商匝开莫担任发行人，实际负责人为中共党员姜椿芳。在此前后，上海地下党组织还创办了一些以学生的名义出版的报刊，如上海地下党“学委”出版的《新生代》等。毛泽东、周恩来的9月14日电报发出后，华中解放区立即派出一批新闻文化战士赴沪，同沦陷时期留沪坚持斗争的同志一起创办了一大批报刊，将党在上海的办报活动推向高潮。9月18日，上海地下党“职委”主办的《人人周刊》创刊。9月21日，《联合日报》出版。10月9日，《文萃》周刊问世。10月10日，《救亡日报》改名为《建国日报》复刊。11月5日，上海地下党“教委”领导的中小学教师群众团体“小教联”主办的《教师生活》创刊，五金业党组织以益友社五金业干事会名义出版的《五金半月刊》复刊。11月12日，上海地下党“工委”指导工人运动的刊物《生活知识》创刊。同月，党创办的面向工商界人士的刊物《经济周报》问世。12月，《世界知识》复刊，《文坛月报》创刊。1946年2月，上海地下党“学委”创办《学生新闻》以新成立的上海市学生团体联合会筹备会名义出版。3月1日，党领导国民党政府财政部系统的中央银行、中央信托局等四行二局职工成立“四行二局员工联谊会”，并以该会名义出版《联讯》。4月7日，《消息》半周刊创刊。5月7日，英文《新华周刊》（*New China Weekly*）出版，中共代表团工作人员龚澎任发行人。6月3日，《群众》自第11卷第5期起迁至上海出版，作为党在国统区的机关报担负起宣传重任。在此期间，中共上海地下组织还乘民营电台纷纷申请复业之际，以上海市文化运动促进会的名义秘密创办起党在国统区唯一的一家广播电台——中联广播电台，1946年3月初开始播音，至7月间因国民党当局借口整顿而被查封。

在这些报刊中，数《联合日报》(《联合晚报》)、《建国日报》、《文萃》周刊、《群众》周刊影响最大。《联合日报》系根据中共中央南方局提出的争取在上海办一份民间日报的建议而创办，由重庆派至上海的刘尊棋、王纪华等人筹建，名义上由美国新闻处任发行人，声称“以纯粹民间资本，无党派立场，发挥民间舆论精神”，一创刊即日销20万份，出版了两个月后于11月30日被国民党当局指令停刊。后经中国共产党的努力，该报于1946年4月15日恢复出版并改名《联合晚报》，由中共代表团驻沪办事处直接领导。《建国日报》是夏衍根据周恩来指示回上海恢复出版的，原拟用《救亡日报》旧名，后经周恩来交代改名《建国日报》，但报头栏仍标有“上海文化界救亡协会主办，社长郭沫若，总编辑夏衍”字样，以示该报是与抗战初期的《救亡日报》一脉相承的。10月24日，该报仅出版了15天就被国民党当局查封。《文萃》周刊由原国际新闻社记者孟秋江等主持编辑，为文摘性刊物，以转载重庆、成都等地报刊的进步文字为主，旨在将内地的民主运动扩展至收复区。1946年6月，《文萃》周刊改版为时事政治性刊物，由黎澍接办并任主编，后陈子涛等参加编辑工作。《群众》周刊迁上海出版的过程十分艰难曲折。

1945 年底，根据毛泽东、周恩来 9 月 14 日电报的精神，新华日报社派人至上海、南京两地设立筹备处，开始筹划该报上海版、南京版的出版事宜。1946 年 5 月，国民党政府还都南京，中共中央决定将中共代表团迁至南京、上海工作，并将《新华日报》总社迁至上海，出版上海版与南京版，正在重庆出版的《新华日报》则改组为中共四川省委机关报。但是，由于国民党当局的百般阻挠与刁难，上海、南京两地的《新华日报》始终未能面世，仅允许《群众》周刊由重庆迁至上海出版，由半月刊改为周刊。

在北平，1946 年 1 月，国共两党签订停战协定并成立军调处执行部。2 月 22 日，中国共产党利用在北平可以公开活动的合法地位创办党在华北地区公开出版的机关报《解放报》，初为三日刊，自第 27 期起改为双日刊，发行量高达 5 万份，超过天津《大公报》。同日，新华社北平分社也宣告成立。但是，北平《解放报》和新华社北平分社自创建第一天起就遭到了国民党特务的钳制与破坏，报童被殴打、报纸被抢劫、贴报被撕毁等暴行时有发生。4 月 3 日，国民党当局以“查户口”为名，逮捕了北平《解放报》和新华社北平分社的 39 名工作人员。后经中国共产党的交涉和全国新闻界的抗议，国民党当局才被迫将被捕人员释放。5 月 29 日，北平《解放报》和新华社北平分社被国民党当局无理查封。

在华南地区，根据 9 月初中共中央电报的精神，中共广东区党委决定由东江纵队《前进报》派出骨干赴香港办报。两个月后，党在香港创办的战后第一家党报《正报》于 1945 年 11 月 13 日创刊，除了在港、澳和华南地区广泛发行外，还远销新加坡、马来亚等地，最高发行量达 2 万份。1948 年 11 月 13 日，该报因中国共产党在华南地区工作重点转移而自动停刊。1946 年 1 月 4 日，《华商报》在香港复刊，并由晚报改为早报，高举和平民主的旗帜，呼吁制止内战、实现和平，出至 1949 年 10 月 15 日即广州解放翌日停刊，其全体工作人员根据党的指示回广州创办《南方日报》。

抗日战争胜利后，民主党派以及其他进步人士主办的报刊也纷纷创刊或复刊。在重庆，中国民主同盟先后创办了《民主星期刊》《民主报》，人民救国会创办了《民主生活》周刊，民主建国会创办了《平民》周刊。《民主星期刊》创刊于 1945 年 10 月 5 日，系中国民主同盟机关刊物，以“宣扬民主学说，介绍民主生活”为办刊宗旨，由邓初民任主编、陶行知任发行人。《民主报》创刊于 1946 年 2 月 1 日，初为四开小报，后扩版为对开大报，系中国民主同盟总部机关报，由张澜任发行人、罗隆基任社长、马哲民任总编辑。在上海，民主进步力量出版的报刊主要有《文汇报》《新民报晚刊》等。《文汇报》于 1945 年 8 月 18 日在严宝礼的主持下恢复出版，日出八开一张，不标刊号，以号外形式出版，至 9 月 6 日正式复刊，使用正式刊号，日出四开一张，后扩为对开大报。该报自称是一份无党派色彩的纯商业性报纸，但实际上最初在政治上倾向国民党，不久后由于中共党员以及进步人士加入编辑工作而逐渐转向进步。1946 年 5 月 1 日，《新民报晚刊》在上海创刊。作为一家政治上“居中偏左、遇礁即避”的民营报纸，该报在创刊时确立了一要进步、二要保全的办报方针，新闻报道采取“超党派”的立场，不论要闻版、本埠版，基本上都采用本报记者自己采访的新闻稿。对于一些重要的政治军事消息，大多根据新华社广播稿改编，以本报南京、北平专电形式发表。在其他地区，民主党派和进步人士出版的报刊还有在香港（后迁广州）出版的《人民报》、在成都出版的《民众时报》、在桂林出版的《民主星期刊》等。

战前在上海、北平、天津、南京等大城市出版的一批著名商业性大报，在战后也纷纷重返原地，其中不少报纸朝着报团方向发展，同时在其他城市建立分社、出版分版。《大公报》在战前出有天津版和上海版，抗战爆发后天津总社先迁至汉口，后又迁往重庆，并创办香港、桂林两地分版。抗战胜利后，该报立即派员前往上海、天津筹划复刊事宜。1945 年 11 月 1 日，《大公报》上海版复刊；12 月 1 日，天津版复刊。1946 年 1 月，该报总管理处迁至上海，统辖上海、天津、重庆三馆，后又恢复香港版、设立台湾办事处，发展成为一个拥有上海、天津、重庆、香港四个分社的报团组织，同时在四地出版《大公报》分版。《新民报》战前仅在南京一地出版，战时在重庆、成都两地同时出版，战后重返南京出版日刊与晚刊，并在北平出版日刊、在上海出版晚刊，后在南京建立总管理处，发展成为拥有南京、上海、北平、重庆、成都五个分社和日、晚刊八种报刊的报团组织，报纸总发行量约 12 万份。战前在天津出版的《益世报》也在战后发展成为一个同时在天津、北平、南京、上海、重庆等地出版分版的报团，报纸总发行量达 8 万份。

抗战胜利后，上海的民营商业性广播电台陆续恢复，至 1946 年年初发展到 43 座。为了遏止民营电台的发展势头，国民党政府交通部于 1946 年 2 月 14 日颁布了《广播无线电台设置规则》，对电台的设置、分布、数量、功率以及广播内容等各个方面都详加限制。据此，国民党交通部上海电信局自 3 月起对上海民营电台进行整顿，致使上海 54 家民营电台被封闭，仅剩的 22 家民营电台中绝大多数也必须同其他电台合用频率。

二、“拒检运动”与新闻界争取新闻自由的斗争

抗战胜利后，国民党集团不得不高唱和平曲调、玩弄“和谈”阴谋，以应付国内外要求和平、反对内战的呼声。因此，国统区新闻界抓住这一有利时机，掀起了“拒检运动”等一次又一次争取新闻自由的浪潮。

1945 年八九月间发生的拒检运动，是一场声势浩大的争取新闻出版自由的斗争。8 月 7 日，重庆国讯书店将《延安归来》一书不送国民党当局审查而自行出版，揭开了拒检运动的序幕。《延安归来》是黄炎培将其 7 月访问延安的见闻整理而成的访问记，记载了中国共产党各项政策的实施情况和解放区政治、军事、经济等各方面的成就，揭露了国民党多年来对中国共产党及其领导下的解放区的种种造谣污蔑。为了免遭国民党书刊检查机构的无理删改，国讯书店在其他进步出版机构的支持下决定不将此书送检而自行出版。《延安归来》出版后，进步人士张志让、杨卫玉、傅彬然三人立即起草了重庆杂志界宣布“拒检”的联合声明，在征得《宪政》月刊、《国讯》周刊、《中华论坛》、《民主世界》、《再生》、《民宪》半月刊、《民主与科学》、《中学生》、《新中华》、《东方杂志》、《文汇周报》、《中苏文化》、《现代妇女》、《战时教育》、《国论》、《学生杂志》16 家杂志社的签名后于 8 月 17 日正式发表，庄严宣布自 9 月 1 日起上述 16 家杂志社将不再送检，并将这一决定正式函告国民党中宣部、宪政实施协进会和国民参政会。

重庆 16 家杂志社拒检声明一发表，立即得到了整个文化界的支持与响应。由生活书

店、新知书店、读书出版社、国讯书店等19家出版社组成的新出版业联合总处宣布坚决支持重庆杂志界的拒检声明，叶圣陶等进步人士发表《我们永远不要图书杂志审查制度》等文章。8月27日，重庆杂志界联谊会举行集会，在拒检声明上签名的杂志社增至33家。与此同时，《宪政》月刊、《国讯》周刊、《中华论坛》、《民主世界》、《民宪》半月刊、《再生》、《东方杂志》、《新中华》、《中学生》、《文汇周报》10家杂志社决定出版《联合增刊》，一不办理登记手续，二不将稿件送检。9月15日，上述10家杂志社联合出版的四开报纸《联合增刊》第1期问世，由国讯书店发行，内容以民主和团结为中心，刊有张志让撰写的《胜利后的民主与团结问题》等文章。

对于国统区出版界发起的拒检运动，中国共产党予以坚决支持。9月1日记者节，重庆《新华日报》发表社评《为笔的解放而斗争》，抨击国民党当局实施的原稿审查制度，号召新闻文化界为争取新闻出版与言论自由而斗争。9月4日，《新华日报》发表社论《走向和平的新中国》，呼吁立即废除一切束缚人民的言论出版、结社集会自由的法令。9月18日，中国共产党机关刊物《群众》杂志也宣布自即期起不再送检，并发表社论，高度赞扬拒检运动是“一个意义重大的民主运动”，明确指出不合理的法律规章“都是应该立即废除的”。

1945年9月后，由重庆出版界发起的拒检运动扩展到成都、昆明等地，并由出版界扩展到新闻界。在成都，9月8日，《新中国日报》、《成都快报》、《华西晚报》、《大学月刊》、《天风周刊》、《开明少年》、《现代周刊》、《大义周刊》、川康通讯社、自强通讯社、国论社等16家新闻出版机构举行集会，一致决定以行动响应重庆出版界的拒检斗争，宣布报纸通讯社自即日起、杂志自即期起不再送交任何机关检查，自负言论报道之责，并发表《致重庆杂志界联谊会公开信》予以声援。10日，成都加入拒检斗争行列的新闻出版机构增至22家。17日，成都27家新闻出版机构举行集会，决定成立成都文化新闻界联谊会并发表宣言，提出了争取“发表的自由”等7项主张，还出版了一份联合刊物《言论自由》。在昆明，《民主周刊》、《大路周刊》、北门出版社、进修出版社等11个新闻出版机构于9月15日举行集会，宣布一致响应重庆、成都两地的拒检斗争，并决定成立昆明杂志界出版界联谊会。22日，昆明《大路周刊》等11个新闻出版机构联合致函云南图书杂志审查处，宣布自即日起所有文稿不再送审，同时致函昆明市印刷业同业公会，请该公会转告各会员印刷厂，此后一切付排稿件概由各机构自行负责，无须再受任何方面的限制，以致影响出版时间。桂林、西安等地的新闻出版界也纷纷成立联谊会，集体投入拒检运动。四川大学、燕京大学、复旦大学等高校学生编辑的刊物、壁报也通电响应拒检，不再送交各校训导处检查。

拒检运动的兴起与发展，使正在玩弄“和谈”阴谋的国民党当局陷入被动局面。当时，国共两党正在重庆举行政治谈判，国统区和平民主运动日趋高涨，而蒋介石集团发动内战的时机尚未成熟。在国际上，各国政府纷纷取消战时新闻检查制度，无形中对国民党当局形成了一种国际压力。为了缓和国内外的矛盾，国民党当局被迫做出让步，于9月12日由国民党中宣部部长吴国桢出面向外国记者宣布自10月1日起废止战时新闻检查制度，但收复区（即抗战时期的沦陷区）在军事行动尚未完成以前除外。9月22日，国民党中央第十次常会通过了废止新闻出版检查制度的决定与办法。至此，国统区新闻出版界为之奋斗多年的取消新闻出版检查制度的运动，经过为期两个月的斗争，最后获得了巨大的胜利。但关于收复区例外的规定，是国民党当局故意留下的“尾巴”。

之后，为了巩固和发展拒检运动取得的胜利成果，国统区进步新闻文化界进一步提出了新的斗争目标，将争取新闻出版自由的斗争推向新的高潮。10月1日，即国民党废止新闻出版检查制度的第一天，重庆《新华日报》发表社论《言论自由初步收获》，号召国统区进步新闻出版界为争取更多的民主自由而继续斗争。10月初，昆明《民主周刊》、《人民周报》、《大路周刊》、天野社、诗与散文社、北门出版社、孩子们社、进修出版社等10余家新闻出版团体联名发表宣言，提出了“废除新闻检查制度，必须做到‘彻底’，收复区不能例外”等新的斗争目标。11月，上海91名新闻文化界人士联名发表宣言，反对国民党当局压迫人民自由，要求废止收复区的新闻出版检查制度，实现言论出版自由。12月，上海30余名新闻记者联名发表宣言，反对上海市政府实行统制新闻的措施。同月，昆明《民主周刊》等17家杂志社联名提出废止有关限制出版的一切法令等主张，并建议在新闻文化界开展一场拒绝登记的运动。1946年1月8日，重庆生活书店、新知书店、读书出版社、大学印书局、交通书局等35家出版社联名致函即将召开的政治协商会议，提出废止《出版法》、取消期刊登记办法、撤销收复区检审办法等五项要求。

为了继续玩弄“和谈”阴谋，国民党当局被迫再次摆出让步的姿态。在1945年10月10日《国共双方会谈纪要》中，国民党当局同意保证人民享受一切民主国家人民在平时应享受的身体、信仰、言论、出版、集会、结社之自由，现行法令将依此原则分别进行废止或修正。1946年1月10日，蒋介石在政治协商会议开幕式上宣布“人民享有身体、信仰、言论、出版、集会、结社自由”等多项诺言。政协会议通过的《和平建国纲领》则更进一步明确规定废止战时实施的新闻出版检查办法、修正《出版法》、“扶助”报刊通讯社的发展等有利于新闻出版事业发展的条文。

但是，国民党政府的这些让步只是一纸空文，并没有真正放弃其一贯奉行的新闻统制政策。他们在公开宣布给予人民某些新闻出版自由权利的同时，暗中仍在进行镇压进步新闻出版界、剥夺人民的新闻言论自由的罪恶勾当。虽然自1945年10月1日起废除了新闻检查制度，但其实施地区仅限于西南、西北等抗战期间的国统区。即使在已废除新闻检查的地区，国民党当局也另谋管制方策。例如，国民党中宣部经常向报刊发出有关宣传工作的指示，对重大事件的报道、言论的处理方法与尺度做出具体规定。国民党中宣部组织撰写有关国际、国内重大问题的社论，交中央通讯社用密码统一播发，有时还由中宣部单独发稿给某一特定地区或报社。国民党各地党部经常召集当地国民党新闻机构负责人开会，传达宣传指示，统一各报言论。在重庆、上海等地，国民党当局还专门建立新闻党团聚餐会制度，由国民党宣传要员主持，解决宣传上的种种问题。此外，国民党还制造种种借口，公然查禁进步报刊，如在上海先后查封《建国日报》《联合日报》等进步报刊，在北平查封《解放报》、新华社北平分社等进步新闻机构。更有甚者，国民党当局还指使特务密探对进步新闻机构进行迫害与捣乱。《新华日报》曾多次遭到国民党当局的检扣，《新华日报》《民主报》的营业部于1946年2月22日同时被国民党特务捣毁。成都《华西晚报》曾在五天内收到恐吓信两封，并遭国民党特务袭击。1946年3月1日，西安《秦风工商日报》联合版遭国民党特务捣毁。1946年5月，西安《民主导报》主编李敷仁遭国民党特务暗杀，幸免于难。更令人发指的是，蒋介石在政协开幕式上宣布保证人民自由、释放政治犯等政治诺言之时，著名记者、军事评论家羊枣在杭州狱中惨遭杀害。羊枣（1900—1946），原名杨潮，湖北沔阳人，1933年初在上海加入中国左翼作家联盟，同年加入中国共产党，抗战爆发后积极从事抗日救亡宣传活动，参加上海文化界救亡协会工作，1939年流亡香港，香港沦陷后又转赴桂林、衡阳、福建永安等地从事新闻工作。1945年7月15日，羊枣因与新四军浙东游击队秘密联系而被国民党逮捕，1946年1月11日被秘密处死。

在争取和平民主、反对内战独裁的斗争中，《新华日报》等进步报刊还同国民党以及亲国民党的报刊展开一次又一次的舆论战。1945年8月28日，为了粉碎国民党玩弄的和谈阴谋和最后挽救和平，中国共产党领袖毛泽东偕周恩来、王若飞等飞抵重庆，同国民党举行了为时43天的政治谈判，迫使国民党当局不得不承认和平团结的方针。对于这次事关民族前途的谈判活动，不同政治力量的新闻机构所做的宣传报道也各不相同。《新华日报》《秦风工商日报》《新民报》等进步报刊对此寄予厚望。10月12日，国共两党于10日签署的《国共双方会谈纪要》公布后，《新华日报》《新民报》等进步报纸均在头版显著位置予以刊载，并发表社论。国民党系统的《中央日报》《扫荡报》等报刊则完全从其一党私利出发，在宣传报道上表现得十分拙劣。在蒋介石邀请毛泽东赴重庆共商国是的电报发出后，《中央日报》基于毛泽东绝不会赴渝参加谈判的错误估计，采取“假戏真做”的宣传方针，不惜篇幅，用大字标题刊登蒋介石的电文。毛泽东来到重庆后，《中央日报》立即调整宣传方针，竭力贬低这次国共谈判的意义，缩小其政治影响。毛泽东飞抵重庆的第二天，《中央日报》不发社论，仅采用了中央通讯社编发的两条共几十个字的消息，用两栏将其夹排在国内要闻版的中间。在谈判期间，即使是蒋介石与毛泽东会谈的消息，《中央日报》也一反往常不惜篇幅地报道蒋介石政治活动的惯例，仅用两栏标题刊登在国内要闻版的不显眼位置。《国共双方会谈纪要》公布后，《中央日报》仍不将其作为头条消息发布，而是排在国内要闻版的次要地位，并发表了一篇题为《政府与中共的会谈》的社论，对《纪要》内容加以歪曲，重弹“军令”“政令”统一的老调，为破坏国共谈判成果、发动反革命内战做舆论准备。貌似公正的《大公报》则采取时阴时阳的报道方针。8月20日，蒋介石发表再致毛泽东赴渝电。翌日，《大公报》发表社评《读蒋介石再致延安电》，支持蒋介石电报的基本观点。毛泽东抵达重庆后，《大公报》在报道上的态度是积极的。但在谈判期间，《大公报》邀请毛泽东等中共代表赴宴，席间该报负责人公然发表要求共产党“不要另起炉灶”的不当言论，当即受到毛泽东的驳斥。在国共谈判结果公布后，《大公报》发表社论《团结会谈的初步成功》，态度比较暧昧。之后，《新华日报》等进步报刊还为1946年2月10日发生的重庆“较场口事件”的真相问题同国民党以及亲国民党的报刊展开激烈的争论。

就国内外十分关注的和平与内战问题，《新华日报》同《中央日报》《和平日报》《大公报》也展开过多次正面交锋。重庆谈判结束后不久，国民党报刊就公然宣传“戡乱”，提出“没有内战，只有内乱”等谬论。以鼓吹内战起家的《和平日报》还解释说：“国家对此乱臣乱民，最后平之以兵，则谓之戡。”为了反驳“戡乱”谬论，重庆《新华日报》自1945年10月30日起特辟“小论坛”专栏，先后发表《舆论的责任》《中央日报的企图》《向中央社同业说几句话》等文章，针锋相对地进行批驳。1945 年 12 月 14 日，《新华日报》发表社论《异哉所谓“戡乱”!》，指出“国民党的政权本是由于篡窃而来”，它“抗战无功，建国无能，残民有勇，毁国有余”，在中国造成一片乱象，只是由于人民的宽大，还不主张对国民党政权“平之以兵”，而希望产生人民自由选举的政府。1946 年 3 月，《新华日报》又先后发表《先生此言差矣》《谁把国民党办坏了?》《出尔反尔》等社论，进一步清算国民党的反动政策和《中央日报》等“御用”报刊的荒谬言论。

由于《中央日报》等国民党喉舌在民众中毫无威信，而《大公报》以“不党不私”“文人论政”的民间报纸面世，在一部分人中有很大的影响，因而《新华日报》与《大公报》之间的论战最为引人注目。1945 年 10 月，国民党虽然表面上接受了中国共产党提出的和平团结的政治方针，但对解放区的进攻却变本加厉，常常无端挑起冲突。对此，《大公报》颠倒是非，把内战责任强加给中国共产党。11 月 20 日，重庆《大公报》发表题为《质中共》的社评，公开点名指责中国共产党，鼓吹“应该以政争，而不应该以兵争”，“只有国家有兵，人民不得有兵”，攻击共产党“争降争地”，“欲凭武力”造成“南北朝局面”，还说什么“希望共产党放弃军队”，“放弃局部的特殊政权”，“与其争城争地驱民死，何如兵器销为日月光”[①]。对于《大公报》的公开挑战，《新华日报》立刻在 21 日发表社论《与大公报论国是》，予以有力的反击。社论列举了蒋介石勾结敌伪对人民军队大张挞伐、破坏国共双方协议的大量事实，证明内战的责任完全在国民党方面，发动内战的正是秘密布置“剿匪”的蒋介石。社论最后一针见血地揭穿了《大公报》“借大公之名，掩大私之实，借人民之名，掩权贵之实”的一贯立场：“在若干次要的问题上批评当局，因而建筑了自己的地位的大公报，在一切首要的问题上却不能不拥护当局。这正是大公报的基本立场。”[②] 1946 年 4 月，为阻止国民党军队对东北的进攻，人民解放军发起自卫还击并解放长春。此时，《大公报》仍站在国民党立场上，发表恶意攻击中国共产党和人民军队的社评《可耻的长春之战》，于 4 月 16 日、17 日两天分别刊登在该报的重庆版和上海版上，诬蔑人民解放军的自卫还击是“可耻”的，为国民党破坏停战协定发动内战进行辩护。对此，《新华日报》于 4 月 18 日发表社论《可耻的大公报社论》，揭露了《大公报》反对人民的立场。即：国民党反动派公开破坏和平协议，攻占了东北许多城市，《大公报》不说“可耻”，而当人民还手时，《大公报》就说“可耻”。社论指出，《大公报》的某些别有用心的人已堕落到搬用国民党特务制造的谣言来攻击共产党和人民军队，真是“可耻到极点”。这篇社论的内容，是根据周恩来的指示精神撰写的，其题目也是周恩来亲自拟定的。社论一发表，即在重庆引起了巨大反响。接着，《新华日报》又选编了一部分群众来信来稿，以《人民皆曰可耻》为题发表，继续批驳《大公报》的反共言论。

三、新闻统制在内战中强化与国民党新闻传播事业从一统天下到全面溃败

抗战胜利后，国民党当局虽然在表面上多次做出给予人民言论出版自由的许诺，但

① 复旦大学新闻系新闻史教研室．中国新闻史文集．上海：上海人民出版社，1987：306－307.

② 同①305.

并不准备将这些许诺付诸实践，而是继续实施其对新闻界实施全面统制的反动政策。在广大的收复区，国民党当局以“除奸”为名，堂而皇之地制定与颁发新闻统制法规，重建新闻统制制度。

1946年6月内战爆发后，国民党的新闻统制制度得到进一步强化，国民党新闻传播事业开始一统天下，并大肆迫害与摧残国统区内的进步新闻机构以及其他一切不利于国民党政治统治的新闻机构。与此同时，国民党当局还演出了一番“行宪”的闹剧。1946年11月15日，国民党当局在南京召开“国民代表大会”，12月15日通过《宪法》，明文规定人民有言论自由、出版自由和人身自由等权利，宣称中国已进入“宪政”时期。据此，国民党当局不再以国民党的名义、而改用国民政府的名义发布具有法律效力的规定或命令，并于1947年6月1日在国民政府行政院内设立新闻局，接替国民党中央宣传部主管全国新闻传播事业。接着，国民党当局宣布对《出版法》进行第二次修订。1947年10月31日，国民政府公布《出版法修正草案》，不仅集以往新闻统制经验之大成，还增加了“出版品不得妨害本国或友邦之元首名誉之记载”等新规定，禁绝人民对蒋介石的揭露与批评。《出版法修正草案》删去了原有的罚则，规定出版物违法一律按刑事法规的规定予以处罚。该草案公布后，包括国民党派系报刊在内的大部分报刊都对此持不同意见。王芸生为上海《大公报》撰写社评《由新民报停刊谈出版法》，对出版法的反动性质做了大胆的批判与清算，明确主张废止《出版法》。

国民党新闻统制的进一步强化，致使国统区内的新闻传播事业几为国民党一党所独占，一度出现了国民党新闻传播事业一统天下的局面。

国民党党政军系统主办的报纸遍布全国。据1947年国民党中央宣传部的统计，国民党中央直辖党报已发展到23家，总发行量约45万份。除中央直辖党报外，国民党各省党部主办的地方党报有27家，总发行量约14万份。在省级党报之下，各县级党部主办的报纸则为数更多，几占全国报纸总数的一半。湖南省所有的县、江苏省三分之二的县都办有县党部机关报。国民党军事系统主办的报纸也为数众多，在1947年已发展到229家，如《和平日报》《党军日报》《黄埔日报》《阵中日报》等。此外，国民党还通过投资、改组等方式，使一批有影响的民营报纸沦为国民党的准党报，由国民党宣传大员出任要职，如上海的《申报》《新闻报》等。据统计，这类报纸的总发行量约40万份，其影响不可低估。战后，国民党还重新制订了党报企业化计划，全面实施企业化政策，中央日报社等中央级新闻机构按照《公司法》改组为企业组织，后逐步发展为报团组织。中央日报社发展成一个拥有12个分社的报团，分别在南京、上海、重庆、贵阳、昆明、桂林、长沙、福州、厦门、广州（后迁海口）、沈阳、长春12个城市同时出版报纸。抗战胜利后由《扫荡报》改组而成的和平日报社也拥有9个分社，分别在南京、上海、汉口、重庆、兰州、广州、沈阳、台北、海口等9个城市同时出版报纸。武汉日报社除了在汉口出版日、晚两刊外，还将其触角伸入宜昌，出版该报的宜昌分版。中山日报社也将触角伸出广州，同时出版该报的梅县分版。东南日报社也发展为同时在杭州、上海两地出版报纸的小型报团。

国民党的通讯、广播事业也开始进入了鼎盛时期。中央通讯社的国内分社从战时的18家发展到43家，其中战后新创建的有台北、沈阳、长春、太原、青岛等25家，分社下设的办事处9家；国外分社和特派员办事处从战时的12家发展到25家，其中战后新建的有旧金山、马尼拉、安卡拉、西贡等13家。全社工作人员人数较战前增加一倍。国民党系统的广播电台，据1947年统计，中央广播事业管理处直辖的广播电台增加到42座，总发射功率423千瓦。中央广播电台在1947年初使用由重庆迁至南京的7.5千瓦短波发射机播音，6月底新增两台20千瓦的短波发射机，1948年下半年新增100千瓦的中波发射机。

在宣传报道上，国民党新闻传播事业无不颂扬法西斯统治，鼓吹反革命内战，并为此颠倒是非、混淆黑白。1947年7月人民解放军由防御转入进攻、国民党军严重失利之时，根据国民党中宣部的指示，国民党系统的报刊、电台和通讯社增加所谓的"暴露性"宣传内容，对中国共产党及其领导的解放区竭尽造谣诬蔑之能事。在国民党的报刊上、电台里，不断出现耸人听闻的假报道：共区设立机构，专门贩卖烟毒，甚至卖人肉；中共布告民众，凡毁坏桥梁一座者赏大洋10万块；等等。在报道内战新闻时，全是"国军"取得的巨大"胜利"。在辽沈、淮海、平津三大战役中，国民党报刊、电台和通讯社把丢盔弃甲的全线溃逃，说成是英明果断的"战略转移"。在人民解放军向长江挺进时，国民党报刊还在继续重复"共军节节败退、国军乘胜追击"的谎言。

但是，进入1948年后，随着国民党统治在大陆的末日来临，刚刚发展到顶点的国民党新闻传播事业开始全面溃败，许多新闻机构拆迁设备、遣散人员，进行出逃准备。中央日报社开始筹办台北版，1949年总社社长马星野带着一大批工作人员和大部分器材、设备迁至台北，于3月12日在台北出版《中央日报》。中央通讯社在1948年下半年先后关闭了开封、济南、长春、沈阳等分社，12月初南京总社开始将重要电讯器材运往台北，大部分工作人员也陆续迁往台北，1949年7月在台北成立总社办事处，12月换上"中央通讯社总社"招牌。中央广播电台也在南京解放前夕迁往台湾，并带走了一批重要设备。此外，迁往台湾的还有《和平日报》（1949年7月1日起恢复《扫荡报》原名）等。此外，还有一部分国民党系统的新闻机构迁往香港等地，如上海《中央日报》、天津《民国日报》分别在1948年至1949年间将一部分器材、设备及工作人员迁至香港，创办《香港时报》。但是，由于人民解放战争以迅雷不及掩耳之势取得节节胜利，国民党新闻传播事业的全部房屋和大部分器材、设备均为人民政府所接收，成为建设人民新闻传播事业的物质基础，如北平《华北日报》的全部房屋及器材设备被用于出版中共中央机关报《人民日报》、南京《中央日报》留存的器材设备被用来出版中共江苏省委机关报《新华日报》等。

在国民党新闻传播事业从一统天下到全面溃败的过程中，国民党当局还大肆摧残国统区内的进步新闻机构，后又把一切不利于其政治统治的新闻机构如宣传"第三条道路"的新闻机构等也统统赶尽杀绝。

1947年后，中国共产党主办的公开或半公开的报刊均为国民党当局勒令停刊，少数报刊被迫转入"地下"坚持战斗。在上海，《群众》周刊在1947年2月28日接到"限令"停止活动的通知，3月2日出至第14卷第9期后停刊，工作人员随后撤回解放区。5月24日，党领导的《联合晚报》与另外两家进步报纸同时被国民党当局查封。《文萃》杂志自3月起转入"地下"改用丛刊形式秘密发行，坚持出版至7月21日后被国民党当局查封，工作人员吴承德、陈子涛、骆何民被捕，后惨遭杀害，史称“文萃三烈士”。在重庆，《新华日报》一直是国民党当局的“眼中钉”。在国共合作破裂前，国民党当局就散布谣言说《新华日报》社藏有武器，多次派军警宪特进行搜查。国民党军队还在《新华日报》社所在地重庆化龙桥四周山上构筑工事，将报社人员的行动置于严密监视之下。国共合作破裂后，国民党当局于1947年2月28日凌晨派军警宪特包围《新华日报》馆，“限令”中共人员停止一切活动。之后，《新华日报》工作人员被迫离开重庆返回陕北或晋鲁豫解放区。之后，北平、上海等地的进步学生报刊作为国统区反对国民党统治的第二条战线上的新闻尖兵，成了党在国统区坚持进步宣传的一支重要力量，其中影响较大的有《中国学生导报》《学生报》等。《中国学生导报》是抗战以来国统区出版时间最长的一份学生报纸，1944年12月22日在重庆创刊，由复旦大学等大中院校学生主办，抗战胜利后发行上海航空版，自1946年5月起同时出版重庆版和上海版，1947年6月被迫停刊。紧接着，刚成立的上海市学生联合会创办的机关报《学生报》于1947年6月11日在上海创刊，其前身是上海民治新闻专科学校、中国新闻专科学校的实习报纸《学生新闻》，初为三日刊，后改为旬刊，秘密发行，在重大事件发生时还出版“快报”“号外”以及传单等。

民主党派、进步团体与个人主办的报刊，也遭到了国民党当局的限制、迫害与摧残。中国民主同盟机关报《民主报》，多次遭国民党特务的袭击和威胁，至1947年3月1日被国民党当局勒令停刊。在此前后，重庆《民主星期刊》、桂林《民主星期刊》、成都《民众时报》等中国民主同盟主办的报刊也因遭到国民党当局迫害而停刊。据1947年4月22日重庆《世界日报》报道：各地国民党当局以“登记未准”或“尚未办竣登记手续”为理由而查禁的报刊，至少在100种以上。素有中国报业中心之称的上海，遭国民党当局迫害与摧残的报刊为数最多。马叙伦主编的综合性学术杂志《昌言》，1946年5月4日创刊仅一个月即被国民党当局勒令停刊。唐弢、柯灵主编的《周报》与郑振铎主编的《民主》也分别于1946年8月24日、10月31日被勒令停刊。1947年5月24日，上海《文汇报》《新民报》和《联合日报晚刊》三家报纸在同一天被国民党查封。此后，《新民报》虽于7月30日复刊，但其总编辑一职被国民党派来的人员占据。

1947年6月人民解放军转入战略反攻后，国民党当局借口非常时期，颁布了一大批非常法令，将人民的言论出版自由权利剥夺殆尽，将新闻统制制度强化到令人恐怖的程度。1947年7月4日，国民政府下达“戡乱动员令”。7月19日，国民政府颁布《动员戡乱完成宪政实施纲要》18条，对人民的基本权利严加管制，特别规定“对于煽动叛乱之集会及其言论行动应依法惩处”，使一切镇压措施得以借“戡乱”之名而合法化。7月间，国民党当局还制定与颁布《剿匪总动员宣传计划纲要》，转饬所有的新闻机构遵照执行。9月5日，行政院临时会议通过《新闻纸杂志及书籍用纸节约办法》，以节约纸张为名，限制报刊的出版与登记。该办法规定各地报纸均须缩减版面，最高不超过两张；杂志的篇幅也同样缩减，周刊不得超过16页，半月刊不得超过32页，月刊不得超过64页；对于无充分资金、固定地址的报纸、杂志，严格限制其登记。10月，国民政府国防部下令恢复“戒严地区”的邮电检查，凡认为与审查标准相抵触的书报刊，一律在邮局秘密查扣没收，不准发行。12月25日，国民党政府公布《戡乱时期危害国家紧急治罪条例》12条，其中第6条规定，以文字、图画或演说为匪徒宣传者，处3年以上7年以下有期徒刑，情节严重的，如煽惑军人不执行职务或不守纪律或逃叛者，可处死刑或无期徒刑或10年以上有期徒刑。此外，国民党当局还下达了不计其数的“密令”，取缔一切对反动统治不利的新闻传播活动。1948年下半年后，国民党统治的失败已指日可待，国民政府及有关部门又颁发了一批更为严密的新闻统制法规。6月，内政部、国防部共同制定了《军事新闻采访发布实施暂行办法》，后经行政院核准，改名为《动员戡乱期间军事新闻采访发布办法》通令施行。该办法规定：各报社、通讯社及杂志社刊登军事新闻时应以国民政府国防部政工局军事新闻发布组的稿件为原则，凡各报社、通讯社及杂志社自行采访的军事新闻未得证实者，非经事先询明当地军事新闻发布机构不得发布。1949年6月，国民政府颁布《惩治叛乱条例》，规定：散布谣言或传播不实的消息，可判处7年以上的有期徒刑直至无期徒刑。此外，有关新闻出版活动的重要法令，还有旨在通过纸张供应的控制来扼杀进步报刊的《白报纸配给标准》、将书刊印刷行业列入特种行业严加控制的《特种营业管制方法》等。

1948年后，国民党还下令迫害国统区内宣传“第三条道路”的报刊。所谓“第三条道路”，就是既反对国民党的独裁统治，又反对共产党的人民政权，试图在中国实现英美式的资产阶级专政，是一条代表资产阶级和上层小资产阶级利益的道路。早在抗战胜利后不久，国统区就出现了以宣传“第三条道路”为主旨的新闻机构，其代表人物中有不少是民主党派成员。1947年2月国共合作破裂后，《大公报》、《文汇报》、《观察》周刊、《新路》周刊、《时与文》、《大学评论》周刊、《世纪评论》等报刊发表了不少鼓吹“第三条道路”的文章，将“第三条道路”运动推向高潮。其中最有代表性的是《观察》周刊，1946年9月在上海创刊，其前身是1945年11月至1946年4月在重庆出版的《客观》周刊，由储安平创办并任主编。该刊从西方自由主义理念出发，对国民党法西斯统治表示失望与不满，同时对中国革命运动也缺乏认识，反对共产主义和共产党，认为共产党的胜利是“以暴易暴”。在人民解放军转入反攻之后，美国看到国民党政权已呈崩溃之势，更为积极地扶植“第三种势力”，主张让“自由主义分子”领导中国，因而在1948年间掀起了一轮规模更大的鼓吹“第三条道路”的宣传高潮。1948年1月1日，《大公报》发表社论，承认“武力不能解决问题”，希望这一年能成为“人类觉醒之年”。接着，该报陆续发表《自由主义者的信念》《国际第三方面势力的抬头》等社论，宣传“自由主义”的“中间路线”，强调“自由主义者的信念”，号召“自由分子站起来”，倡议实行多党竞争制，有时还自称民主社会主义者。3月1日，国民党政府中部分负责工业生产的官员和一些学者教授，在北平创建中国社会经济研究会，并于5月15日出版该组织的机关刊物《新路》周刊，宣传走改良主义的“第三条道路”。7月，国民党立法委员刘不同等人在南京创办《大学评论》周刊，也打出“第三条道路”的招牌。

对此，濒临崩溃边缘的国民党当局断然采取法西斯高压政策予以迫害与摧残。国民党当局对鼓吹“第三条道路”及其宣传活动的弹压，始于1947年下半年人民解放军转入反攻之时。1947年10月，国民党当局下令解散民主同盟，在事实上已经封杀了“第三条道路”。12月30日，《中央日报》发表陶希圣秉承蒋介石意旨撰写的社论，对同情学生运动的《大公报》总编辑王芸生进行指名道姓的人身攻击。1948年10月，《中央日报》发表社论《在野党的特权》《王芸生之第三查》等，攻击王芸生“是新华社广播的应声虫”，扬言追查王芸生的政治表现。在此情势下，王芸生被迫于11月离开上海去香港，1949年3月初投奔解放区，加入了人民新闻工作者的行列。1948年12月，国民党当局下令查封《观察》周刊，主编储安平愤而离沪去解放区，投身于人民新闻工作队伍。至此，美帝国主义者寄予厚望的“第三条道路”彻底破产，其宣传活动也戛然告终。

宣传“第三条道路”，既反对中国共产党的人民革命，又反对国民党的腐败无能，是国民党统治集团内部一部分力量进行政治投机活动在新闻领域的反映。中国共产党对“第三条道路”及其宣传活动一直持反对立场，上海《文萃丛刊》、香港《群众》周刊、《华商报》、《正报》以及其他进步报刊发表过不少文章，公开驳斥《大公报》《新路》等鼓吹“第三条道路”的错误论调。1948年5月22日，新华社发表社论《旧中国在灭亡，新中国在前进》，指出在中国人民和人民敌人的生死斗争中间没有“第三条道路”存在的可能性，中国只存在着两条道路，一条是大地主大资产阶级领导的半封建半殖民地的卖国内战独裁路线，另一条是工人、农民、独立劳动者、知识分子、自由资产阶级和其他爱国分子的反对帝国主义、封建主义、官僚资本主义的人民民主路线。

这一时期，中国共产党还将新闻阵地转移到香港，同民主党派、民主人士主办的报刊一起，展开反对国民党统治的舆论宣传斗争。1947年1月30日，中共在国统区出版的重要刊物《群众》周刊在香港复刊。为了配合人民解放战争，《群众》集中精力宣传中国共产党的团结一切可能团结的民主力量以反对三大敌人的政策，宣传解放区土地改革运动的伟大胜利，揭露美帝国主义和蒋介石国民党集团互相勾结、反对人民的罪恶行径。1949年中华人民共和国成立后，《群众》于10月20日出至第143期后停刊。此外，中国共产党还进一步加强在香港出版的《正报》《华商报》的宣传工作，使这两份报纸在国共合作破裂后发挥更大作用。利用香港报纸言论基本上不受检查的有利条件，《正报》《华商报》立足香港，并在发行上采取各种措施突破国民党的封锁，扩大到华南广大城乡乃至遥远的内地城市，同时向国统区和海外如实报道国内外形势，正确阐释中国共产党的方针和政策。在民主党派、民主人士主办的报刊中，影响最大的是中国民主同盟中央机关报《光明报》，其1941年9月18日在香港出版，同年12月12日宣告停刊，1946年8月宣告复刊，1947年7月再次停刊，1948年3月1日第二次复刊，以彻底摧毁南京独裁政府，彻底实现民主、和平、独立、统一的新中国为宣传宗旨，及时表达民盟三中全会后确定的政治主张，用事实揭露国民党统治的反动本质，积极报道中国共产党领导下的人民解放区生气蓬勃的真实景象。

第二节　解放区人民新闻传播事业的发展与走向全面胜利

自1945年8月抗日战争取得全面胜利到1949年10月人民解放战争胜利结束、中华人民共和国成立这一历史时期，在中国共产党领导的解放区内，新闻传播事业经历了一个发展、收缩、再发展直至取得全面胜利的曲折历程。

一、人民新闻传播事业的发展、收缩与再发展

抗战胜利后，中国共产党领导的人民军队迅即在敌后收复了大片国土，抗日民主根据地（后改称解放区）迅速扩大。1946年初，党领导的解放区面积已近300万平方公里，占全国总面积的四分之一；人口约1.4亿，占全国总人口的三分之一。

在广大的解放区内，党的报刊事业迅猛发展，出版条件大为改善，绝大多数报纸由油印改为铅印，不少报纸扩版或改版为大型日报。随着张家口等大中型城市以及工矿区的解放，党领导下的城市报刊和工矿报刊应运而生。1945年9月12日，原在阜平出版的中共中央晋察冀分局机关报《晋察冀日报》迁至张家口市出版，并改为对开四版，成为解放区内第一份在城市出版的大型日报。1946年5月15日，中共晋冀鲁豫边区中央局机关报《人民日报》在邯郸市创刊，日出对开四版。

党的广播事业也开始恢复并得到前所未有的大发展，党领导的广播电台网初具规模。1945年8月中旬，延安新华广播电台恢复工作并试验播音，其广播稿件由新华通讯社编辑科口播组负责编辑与供给。9月11日，延安新华广播电台正式恢复播音，呼号为XNCR，播送节目有时事新闻、解放区消息、时评及名人讲演等，还播出记录新闻供各地抄收。人民军队收复关内和东北地区的一批中小城市后，这些城市中的人民广播电台在没收、利用日伪广播电台设备的基础上纷纷创建。1945年8月20日，哈尔滨广播电台开播，除日常的新闻报道、讲座节目、文艺演播外，还经常采用转播群众大会的方式来宣传和平、民主、团结的主张，揭露蒋介石集团内战、独裁、分裂的行为。8月24日，张家口新华广播电台开始播音，每天以中、短波两部发射机播出早、中、晚三次节目，主要内容有新闻、评论、时事解说、政策法令讲座、广播讲演、百科知识和文艺节目等，并转播延安台节目，1946年7月起还增设英语新闻节目。1946年1月16日，大连广播电台开播，除自办节目外，还转播延安新华广播电台和莫斯科广播电台的节目。之后，长春、安东（今丹东）、鞍山、吉林、齐齐哈尔、承德等地也先后出现了党和人民的广播电台。

党的新闻通讯事业也得到进一步发展。新华社扩大、充实总社工作机构，建成国内新闻、国际新闻、英文广播、口语广播4个编辑部门，并新建各解放区的总分社、新解放区和重庆、北平、南京3个大城市的分社。至1946年4月，新华社已建成9个总分社、40多个分社，并根据中共中央提出的“全党办通讯社”的精神，制定《新华社、解放日报社暂行管理规则》，建立新华通讯社与解放日报社合二为一、以新华通讯社为主的新体制，由新华通讯社社长与总编辑分别兼任解放日报社社长与总编辑。

1946年6月内战爆发后，由于人民解放军不争一城一地的得失，主动放弃了一些地方，解放区的规模较前大为缩小，党在解放区的新闻传播事业也一度转为收缩态势。

许多报刊从城市迁回农村出版，由大报改为小报，由铅印改为油印，由日刊改为双日刊、三日刊、周刊以至不定期刊，发行范围与数量也由大变小，还有不少报刊自行停刊。1946年10月11日，《晋察冀日报》在人民解放军撤出张家口后迁回阜平出版。12月26日，《新华日报》华中版停刊。刚刚发展起来的广播事业被迫收缩，不少电台停播。

哈尔滨广播电台于1946年下半年转移到佳木斯，9月13日起改组为东北新华广播电台，由中共中央东北局领导。张家口新华广播电台于1946年10月转移到阜平山区，并改组为晋察冀新华广播电台，1947年元旦开播。延安新华广播电台为了保证在战争期间永不中断，自1946年11月下旬起就开始研究与准备转移事项，其中一部分工作人员转移至陕北子长县史家畔村，中央军委三局的通信技术人员也开始在陕北查勘台址，为建立战备台而积极准备。因此，1947年国民党军队进犯延安后，延安的电台坚持播音至3月14日中午，陕北子长县的战备台自同日晚上起接替播音。3月21日，延安新华广播电台改名陕北新华广播电台。此时，中共中央指示晋冀鲁豫解放区与邯郸新华广播电台迅速筹建新的广播电台备用。3月29日晚，这座设在太行山麓涉县境内的新电台，沿用“陕北新华广播电台”的呼号，开始接替陕北台播音。

1947年3月国民党当局对陕甘宁解放区发动重点进攻后，《解放日报》于3月9日起由原来的对开四版改为四开两版，3月13日撤出延安，3月15日起在陕北子长县史家畔村出版，3月27日出至第2130号后停刊。此后，新华通讯社开始成为党的新闻传播事业的主力军，并兼负起党中央机关报的作用。3月14日，根据党的战略大转移计划，新华社兼解放日报社社长廖承志率领两社大部分工作人员于3月20日东渡黄河赴太行山地区，其余为数不多的新华社工作人员则在新华社副总编辑范长江的领导下跟随党中央转战陕北，充当党中央的“耳目”与“喉舌”。新华社工作进一步加强，新增了社论与时事政治评论两种形式，以即时传达党中央的声音。在新华总社大部分工作人员向太行山区转移之时，党中央还紧急指示中共晋冀鲁豫中央局迅速抽调新华社晋冀鲁豫总分社与太行分社以及晋冀鲁豫《人民日报》等新闻机构的部分干部，组建新华社临时总社，临时接替在转移中的新华社总社的工作。新华社临时总社建立后，每天24小时同陕北党中央保持联系，播发中共中央领导人讲话、新华社社论或评论、中共中央发言人谈话以及人民解放战争的消息。1947年7月上旬，廖承志率领的新华总社大部人员抵达河北涉县并重建新华社总社，新华社临时总社的历史使命至此结束。

1947年下半年人民解放战争转入战略进攻阶段后，解放区人民新闻传播事业度过了艰难的岁月，随着一批又一批城市、矿山和交通中心的相继解放，解放区报刊再次由农村向城市转移。1947年11月12日，《新石门日报》在华北重镇石家庄市创刊，后改名《石家庄日报》。1948年1月1日，《内蒙古日报》在乌兰浩特市创刊。3月15日，《吉林日报》迁回吉林市出版。10月1日，《新民主报》在山东济南市创刊。12月12日，《东北日报》重回沈阳市出版。此外，在新解放的城市和工矿地区，一批以工人为读者对象的报纸问世，如山东的《新潍坊报》等。

为了适应1947年下半年人民解放战争转入战略进攻阶段的宣传报道工作的需要，迁至太行山区的新华社总社再次扩大编辑部门建制，原来的科、组、室被调整扩充为部，如解放区部、国民党区部、国际部、语言广播部、英文广播部、英译部等。在工作业务方面，新华社总社自1947年7月下旬起将抄收外电工作恢复到延安时期的规模，文字广播新增供中央领导机关及前方部队指挥员参考的“新闻情报”，口语广播新增供行动中的野战部队收听的简明新闻。9月11日，新华社总社新增国内英语口播新闻，旨在加强党的对外传播工作。人民广播事业也重回城市发展。1948年10月，华东新华广播电台在济南解放后迁入该市继续播音。

二、解放区新闻宣传报道的两大重点

在人民解放战争时期，军事报道与土地改革报道，是解放区党的新闻宣传报道工作的两大重点。

在军事报道方面，早在解放战争初期，新华社晋察冀、晋冀鲁豫、山东、华中等总分社就派出记者组或记者团随军开展采访活动，后又在此基础上组建起新华社的前线分社。1946 年 6 月 1 日，山东野战军前线分社率先成立，1947 年 1 月与华中野战军前线分社合并为华东野战军前线分社。6 月，新华社在各野战兵团均建有分社，形成了一个强大的军事报道网络。1949 年 3 月 5 日，新华社各野战军分社扩充为总分社，并在各兵团设立分社、各军设立支社。在报道业务上，新华社高度重视军事综合报道与军事评论工作，1947 年下半年转入反攻后总社编辑部还抽出专人负责撰写军事综合报道与军事评论，毛泽东也亲自为新华社撰写了一系列新闻报道与评论，如《中原我军占领南阳》《我三十万大军胜利南渡长江》等消息和《中国军事形势的重大变化》《将革命进行到底》《评战犯求和》《丢掉幻想，准备斗争》《别了，司徒雷登》等评论。在辽沈、淮海、平津三大战役和渡江战役期间，新华社做了有声势、有规模的报道，多侧面地反映战役的主要进程、胜利成果和伟大意义，涌现了一批优秀的新闻报道与通讯。

此外，新华社还与新华广播电台一起成功组织过多次瓦解敌军和争取蒋军家属的宣传报道。1946 年 7 月，原国民党上尉刘善本第一个驾机起义飞抵延安后，延安新华广播电台播发了刘善本对国民党空军官兵的广播演讲《赶快退出内战漩涡》。自 1947 年 1 月 20 日起，延安台每天播发放下武器、脱离内战的国民党军官名单。同年 9 月 5 日起，陕北台正式开办《对蒋军广播节目》(后改称《对国民党军广播节目》)，每天半小时，以蒋军官兵为主要对象，宣传中国共产党对时局的主张和宽大处理放下武器人员的政策，在分化瓦解敌军的作战意志方面发挥了很大的作用。

在土地改革报道方面，早在 1946 年 5 月 4 日中共中央发出《关于土地问题的指示》，土地改革工作在晋察冀、晋冀鲁豫解放区率先兴起后，新华社以及解放区的报刊、电台无不以满腔的热情宣传党的土改路线、方针与政策，传播与推广土改工作经验，但一度也出现了右的倾向，如忽视土改运动这场阶级斗争的激烈性和严重性，片面报道与宣传地主拥护土改、自动献地等“和平”土改的幻景，并由于新闻工作者个人主义、主观主义思想作怪而产生了不少失实新闻。这一切，不仅妨害了土改运动的展开，还损害了人民群众对党的新闻机构的信任。

对此，在中共中央晋绥分局领导下，《晋绥日报》自 1947 年 6 月起率先检查其在土地改革报道工作中存在的右倾错误和新闻失实问题，并采用在报纸上公开进行批评与自我批评的方式发动群众揭露假报道、维护新闻真实性原则的运动，史称“反客里空运动”。“客里空”是苏联剧本《前线》中塑造的一个人物，是一个惯于弄虚作假、吹牛拍马的战地特派记者，从不深入战场，总是躲在总指挥部里并根据在总指挥部里听到的一星半点材料胡编乱造战地报道。1947 年 6 月 15 日，《晋绥日报》第 4 版用整版篇幅刊登苏联剧本《前线》中有关“客里空”的情节，并在编者按中要求编者、作者勇敢地、严格地检讨与揭露自己不正确的采访编写的思想作风，并希望广大读者认真、负责、大胆地揭发客里空和比客里空更坏的新闻通讯及其作者，在晋绥解放区掀起了反“客里空”运动。6 月 25 日至 27 日，《晋绥日报》以《不真实新闻与客里空之揭露》为题，连续曝光报社自我检查出的或群众揭发检举出的失实报道，一些记者、作者、通讯员也响应报社号召，对自己采写的报道的失实之处做了自我检查与自我批评。9 月 18 日，《晋绥日报》与新华社晋绥总分社联名发表《关于“客里空”的检查》，连载四天，把检查重点指向报社领导人员，结合检查与端正领导作风以深入开展反“客里空”运动。《晋绥日报》发起的反“客里空”运动，立刻得到党中央的肯定并通过新华社报道予以推广。1947 年 8 月 28 日，新华社发表编辑部专论《锻炼我们的立场与作风——学〈晋绥日报〉检查工作》，要求“各解放区的新闻工作单位部门及个人，均应普遍在公开的群众性的方式下，彻底检查自己的立场与作风，要由此开展一个普遍的学习运动”①。9 月 1 日，新华社发表社论《学习晋绥日报的自我批评》，强调“《晋绥日报》的自我批评是土地改革中的一个收获，它必将使新闻工作更加向前推进一步”②。在新华社的号召下，各解放区新闻界自 9 月起普遍展开反对“客里空”运动，晋冀鲁豫《人民日报》和新华社晋冀鲁豫总分社、太岳《新华日报》和新华社太岳分社、《东北日报》和新华社东北总分社等新闻单位都先后做出学习《晋绥日报》自我批评精神的决定，认真检查新闻报道工作和新闻工作者立场作风等问题。

这场反“客里空”运动，发扬了批评与自我批评的优良传统，克服了土改宣传中的右的倾向，检查、纠正了新闻报道失实现象，但也存在一些“左”的偏向，误伤了一些好人，使 1947 年下半年、特别是第四季度的土改宣传报道出现了片面强调“走贫雇农路线”的“左”倾错误。这一情况，迅即为党中央所察觉，毛泽东于 1948 年 2 月 11 日亲自为中共中央起草党内指示《纠正土地改革宣传中的“左”倾错误》。据此指示的精神，解放区新闻界在 1948 年春开展检查土改宣传中“左”倾错误的活动，及时纠正了“左”的错误。

1948 年 3 月下旬，毛泽东途经晋绥地区，于 4 月 2 日接见《晋绥日报》编辑部人员，并发表了著名的《对晋绥日报编辑人员的谈话》。毛泽东的讲话，全面总结了解放区新闻工作经历的“左”“右”两条战线斗争的经验与教训，并进而阐述无产阶级党报理论的基本问题，强调“报纸的作用和力量，就在它能使党的纲领路线，方针政策，工作任务和工作方法，最迅速最广泛地同群众见面”。党报“要靠大家来办，靠全体人民群众来办，靠全党来办，而不能只靠少数人关起门来办”③。“我们党所办的报纸，我们党所进行的一切宣传工作，都应当是生动的，鲜明的，尖锐的，毫不吞吞吐吐。这是我们革命无产阶级应有的战斗风格”④。毛泽东还指出，“报纸工作人员为了教育群众，首先要向群众学习”⑤。

---

① 复旦大学新闻系新闻史教研室．中国新闻史文集．上海：上海人民出版社，1987：348.

② 同①350.

③ 中共中央文献编辑委员会．毛泽东选集：第 4 卷．北京：人民出版社，1991：1318－1319.

④ 同③1322.

⑤ 同③1320.

三、人民新闻传播事业走向全面胜利与城市新闻工作的提出

1948年后，随着人民解放战争的节节胜利，人民新闻传播事业开始走向全面胜利，党的城市新闻工作、对旧有新闻机构的处理等全新问题开始被提上了议事日程。

1948年3月，新华社总社随党中央一起向河北平山转移，5月23日抵达平山。在平山，中共中央重新恢复了对新华社的直接领导，并对新华社的组织机构做了调整、充实，原总社社务委员会扩建为管理委员会，由廖承志、胡乔木、范长江等组成，廖为社长，胡为总编辑，下设编辑部和广播管理部，分别由范长江和廖承志任部长。10月，总社成立编委会，由胡乔木负责，处理宣传方针、编辑业务及对各总分社工作的领导。至1948年11月，新华社全社工作人员共754人，其中编辑人员129人，电务人员215人，各地总分社和分社发展到20个。1948年6月15日，中共中央华北局机关报《人民日报》在河北平山创刊，由《晋察冀日报》和晋冀鲁豫《人民日报》合并改组而成，实际担负中共中央机关报的职责。

1949年1月31日北平和平解放后，中央级新闻机构陆续迁至北平。2月1日，华北《人民日报》北平版内部试刊，2月2日公开出版。3月15日，华北《人民日报》迁入北平出版。3月25日，新华通讯社随中共中央迁入北平，并根据中央关于逐步调整全国各地分社组织的决定，在各大区建立总分社，在各省、市、自治区建立分社，在解放军部队中也建立总分社、分社、支社各级组织，开始朝着组建一个统一集中的国家通讯社的方向发展。同日，陕北新华广播电台也迁入北平，改名为北平新华广播电台，向全国播音。6月5日，中共中央将原新华社的口语广播部扩充为中央广播事业管理处，领导与管理全国广播事业。此后，广播事业与新华社脱离，进入了独立发展的历史阶段。8月1日，根据中共中央的决定，《人民日报》被改组为中共中央机关报，胡乔木、范长江先后任社长，邓拓任总编辑。9月27日，北平新华广播电台改名为北京新华广播电台。此外，中华全国新闻工作者协会筹备会也于7月13日在北平成立，胡乔木任筹备会主任，胡愈之、廖承志任副主任，萨空了、徐迈进分别任正、副秘书长，还推选12名正式代表、2名候补代表参加即将召开的新政协，共筹建国大计。

1948年下半年后，随着大批大、中城市的相继解放，人民新闻传播事业由农村转移到城市。如何办好城市报纸和开展城市新闻工作的问题，被提上了议事日程。因此，中国共产党及时提出了城市新闻工作的方针、政策，以顺应城市报纸读者对象的变化。

1948年8月15日，中共中央宣传部发布《关于城市党报方针的指示》，提出了城市党报工作的三大注意事项：（一）报纸主要为工农兵服务，但同时也要为干部、工商业者和知识分子服务；（二）报纸以报道农村与工厂的消息为主，同时兼顾市场、学校以及其他地方；（三）报纸副刊，必须宣传马克思主义，深入浅出地对读者进行教育。9月和10月间，中共中央在河北平山西柏坡举办由人民日报社、新华社华北总分社部分记者参加的学习班。10月2日，刘少奇在学习班上做了《对华北记者团的谈话》，阐释了党的新闻工作的作用与任务等重要问题："我们要经过千百条线索和群众联系起来，而其中最重要的办法，就是报纸、新华社。你们的工作，你们的事业，它是千百条线索中最重要的

一个。”[①] “党依靠你们的工作，指导群众，向群众学习。”[②] “人民也是依靠你们的”，“依靠你们把他们的呼声、要求、困难、经验以至错误反映上来，变成新闻、通讯，给新华社，给各级党委，给党中央，给毛主席，这就联系起来了”[③]。刘少奇在讲话中还提出了党和人民的新闻工作者必须具备的四个条件：“（一）马列主义的修养；（二）政策路线的知识；（三）正确的基本态度；（四）独立地做相当艰苦的工作。具备了这四个条件，工作就可以做好，现在还不够，要学习。”[④] 据此，新华社等新闻机构开始将新闻业务学习与研究列为一项经常性的工作，提出了改进与加强新闻报道的四个问题，即：一是要有全局观点，立足于某一地区的新闻报道要考虑其对全国的意义和影响；二是要努力扩大报道范围，要大大加强城市报道，特别是对城市工人运动和经济建设的报道；三是新闻报道要有连续性和系统性；四是新闻报道必须准确、迅速、简练。11月18日，中宣部和新华社总社联名发出《关于纠正各地新闻报道中右倾偏向的指示》，在总结城市新闻报道工作的经验与教训的基础上，进一步阐释了党的城市办报方针。1949年3月5日至13日，中国共产党第七届中央委员会第二次全体会议在河北平山西柏坡举行。毛泽东在党的七届二中全会上代表党中央做了报告，明确指出：“从现在起，开始了由城市到乡村并由城市领导乡村的时期”，“党的工作重心由乡村移到了城市”，“从我们接管城市的第一天起，我们的眼睛就要向着这个城市的生产事业的恢复和发展”，“城市中其他的工作，例如党的组织工作，政权机关的工作，工会的工作，其他各种民众团体的工作，文化教育方面的工作，肃反工作，通讯社报纸广播电台的工作，都是围绕着生产建设这一个中心工作并为这个中心工作服务的”[⑤]。这一报告，对党的城市办报工作方针做了原则性的规定。

对于新解放城市中的旧有新闻机构，党及时制定了有关清理与接管工作的文件。1948年11月8日，中共中央颁布《关于新解放城市中中外报刊通讯社处理办法的决定》，指出：“报纸刊物与通讯社是一定的阶级、党派与社会团体进行阶级斗争的一种工具，不是生产事业，故对于私营报纸、刊物与通讯社，一般地不能采取对私营工商业同样的政策。”清理、接管工作的基本原则是“保护人民的言论、出版自由，和剥夺反人民的言论出版自由”[⑥]。之后，中共中央颁布了《对新解放城市的原广播电台及其人员的政策的决定》（1948年11月20日）等一系列有关文件。根据上述文件的精神，各地党和政府以既严肃又慎重的态度对旧有新闻机构展开清理与接管工作，即：对于国民党党政军系统和反动党派所主办的报刊、通讯社和广播电台，一律由人民政府接管，没收其一切设备与资财，不准以原名复刊或发稿。对于各民主党派、人民团体主办的报刊与通讯社，不仅允许其向人民政府登记后继续刊行与发稿，还予以保护与支持。对于私人经营的报刊、通讯社与广播电台，既不采取无限制放任的政策，也不采取简单地一律取消的政策，而是根据不同情况区别对待：对长期坚持进步态度的报刊、通讯社予以保护，准其向人民政府登记后继续营业；对中间的不禁止其依靠自己的力量继续营业，但须依法登记；对

① 中国社会科学院新闻研究所．中国共产党新闻工作文件汇编：下卷．北京：新华出版社，1980：250.
② 同①252.
③ 同①251.
④ 同①263.
⑤ 中共中央文献编辑委员会．毛泽东选集：第4卷．北京：人民出版社，1991：1427-1428.
⑥ 中国社会科学院新闻研究所．中国共产党新闻工作文件汇编：上卷．北京：新华出版社，1980：189-190.

反动的则予以没收，停止其继续营业。对于民营广播电台，因其可能被敌人用于通讯联络，故在军管期间一律归军管会统一管理，在军管会管理之下准其继续营业。私营的短波广播电台，则一律停止其播音。对于外国人主办的新闻机构，人民政府根据不同的情况采取不同的处理方法：对帝国主义国家官方设立的新闻机构，一律予以封闭；对外国私营报刊，如上海的《字林西报》《大美晚报》《密勒氏评论报》等则准其继续出版。对于旧有新闻机构的工作人员，除少数查有实据的特务分子、反革命分子依法处理外，其余均由人民政府安排，明显的进步分子与确有学识的中间分子留用，一般的编辑与记者经过短期教育后分别留用，其中思想顽固、生活腐化不易改造者则听其或助其转业；出版、经理、广播、电务等方面的技术人员，按对待一般技术人员的方针处理。

由于缺乏经验，处理旧有新闻机构的工作最初出现过一些偏差，但迅即为中共中央所纠正。1949 年 1 月 14 日天津解放后，天津军管会曾发布命令，宣布各报一律停刊。中共中央得知后立即致电中共天津市委，批评了这一错误做法，并提出了一些指导性的意见。根据中共中央电报的精神，天津军管会立即发布新的命令，以社会秩序业已恢复为理由，允许各报除已可确定封闭者可先行恢复出版外，其余待审查后再补发许可证。之后，各新解放城市在处理旧有新闻机构上均采取审慎的态度，严格执行中共中央制定的有关政策。1 月 31 日，北平宣布和平解放。由于已有天津的经验与教训，北平市军管会采取了审慎的态度，除没收《华北日报》等国民党系统的报纸外，允许其余私营报纸包括政治背景复杂的《世界日报》继续出版。2 月 22 日，《世界日报》因其坚持反动立场，刊登国民党"中央通讯社"的广播新闻、宣传国民党的假和平而被北平市军管会查封。4 月 23 日南京解放后，南京市军管会对《大刚报》的处理方法充分体现了党的政策。南京《大刚报》原为私营报纸，在解放战争时期直接为国民党 CC 系所控制。因此，南京军管会在处理《大刚报》时将其资本分为两部分，对其中属于官僚资本的部分予以没收，属于私人资本的部分则发还给在解放战争中持进步立场、解放后继续出版的汉口《大刚报》。

学习思考题

1. 抗战胜利之初中国共产党加强国统区新闻活动的意义何在？

2. 评述"拒检运动"等国统区新闻出版界争取新闻自由的斗争的经过与结果。

3. 国统区宣扬"第三条道路"的报刊是在什么背景下出现的？结局如何？

4. 新华社在解放战争中发挥了哪些重要作用？

5. 评述反"客里空"运动的经过与意义。

6. 毛泽东《对晋绥日报编辑人员的谈话》和刘少奇《对华北记者团的谈话》阐述了哪些重要问题？对无产阶级新闻学有何贡献？

7. 中共中央制定了哪些城市办报方针与政策？各地军管会是怎样正确处理新解放城市中旧有的新闻机构的？

第十一章

基本完成社会主义改造时期的新闻传播事业

1949年中华人民共和国成立后，党和政府即着手创建具有社会主义性质的公营新闻机构，同时对私营新闻机构通过公私合营等手段进行改造，很快即建成了一个以《人民日报》为中心、以党报等公营新闻机构为主体的新中国新闻传播网络。同时，党还要求新闻工作者不断改进新闻工作，以适应新时代的新特点、新要求，并在1956年间开展了一次以《人民日报》改版为中心的新闻工作改革运动。

第一节　社会主义新闻传播事业的创建与初步发展

中华人民共和国成立初期，公营的新闻机构与私营的乃至外商经营的各类新闻机构并存，是新中国新民主主义社会的性质在新闻领域的反映。但是，社会主义是新中国社会发展的方向，因而建立一个具有社会主义性质的公营新闻传播网络，是新中国新闻传播事业建设的首要任务，也是历史赋予中国共产党人的伟大使命。

一、公营新闻传播事业网的形成

新中国成立甫始，党和人民政府迅即对在革命战争中发展起来的党的新闻传播事业进行调整与充实，建立起一个以北京为中心、遍布全国各地的公营新闻传播事业网，包括以《人民日报》为中心、以各党报为主体的公营报刊网，以新华通讯社为主体的国家通讯社网和以中央人民广播电台为中心的公营广播电台网。

以《人民日报》为中心、以党报为主体的公营报刊网，是新中国成立初期最重要的新闻传播手段。据1950年全国新闻工作会议调查统计，当时全国各级党的机关报共151种，约占全国报纸总数的59%，在各类报刊中占优势地位。

中共中央机关报《人民日报》在新中国成立后迅即发展成为全国最大的报纸，并面向国外发行。该报最初日出对开6版（有时8版），1951年起改出对开4版，自1955年1月起先后在上海、武汉、西安、广州、成都、昆明、哈尔滨、乌鲁木齐、南昌等地出版航空版。该报的发行量在1949年为9万多份，1950年达17万份，1955年为71万份，1956年将近90万份。该报的主要内容有：报道评论国内外重要时事和重要思想、政策问题；介绍全国各地及首都的情况与中心工作，交流经验，开展各种思想与工作问题的讨论；刊登文艺作品和介绍文艺工作经验；发表读者来信问答。

各大行政区、省、直辖市党委的机关报，在新中国成立前后随着革命形势的胜利发展而逐步发展起来。有的是由原在本地出版的党报改组而成的报纸，如《大众日报》《东北日报》等；有的是由以解放区新闻干部为骨干并吸收当地进步知识分子组成编辑队伍新创建的报纸，如《解放日报》《新华日报》《浙江日报》等。截至1950年，全国各大行政区、省、直辖市基本上都建立了党委机关报。之后，地（市）级乃至县级的党委机关报也纷纷创建，其中不少是原在本地出版的解放区报纸。1954年，各大行政区党委机关报随大行政区的撤销而一律被取消，并入当地省级党委机关报。

新中国成立初期的公营报刊，还包括工会、青年团以及民主党派、社会团体、人民军队、少数民族和人民政府职能部门主办的报纸，如《工人日报》《光明日报》《中国青年报》《解放军报》等。《工人日报》于1949年7月15日在北京创刊，为中华全国总工会机关报。《光明日报》于1949年6月16日在北京创刊，初为中国民主同盟中央机关报，1953年1月1日起改组为各民主党派、中华全国工商联和政协无党派人士联合主办的报纸。《中国青年报》于1951年4月27日在北京创刊，为中国新民主主义青年团机关报。《解放军报》于1956年1月1日在北京创刊，为中共中央军委机关报。

据统计，1950年全国各类铅印报纸有382种，1951年增至475种。其中虽有少数私营报纸，但大多数是公营报纸。后经1952年的整顿和1953年的调整，截至1954年10月，全国共有报纸248种，均为公营报纸。按报纸种类分，综合性报纸68种，工人报纸55种，农民报纸84种，青年报纸16种，少数民族文字报纸20种，外国文报纸2种，专业报纸3种。各类报纸的期发行总数比1950年增加了将近3倍。

在通讯社建设方面，党和国家对新华通讯社进行了一系列调整，将其组建为国家通讯社。1950年3月28日，中共中央发出《关于改新华社为统一集中的国家通讯社的指示》。1950年4月25日，中央人民政府新闻总署通过《关于统一新华通讯社组织和工作的决定》。据此，新华社在华北、东北、华东、中南、西南、西北六个大行政区建立六个总分社，在各省会城市建立分社；支社一律取消，对于一些需要设立相当于支社机构的城市则派驻记者组或记者；除第三野战军总分社及其所属机构外，其他野战军中的新华社分支机构一律取消。各地总分社、分社的人事编制和财务管理完全与地方脱钩，其人员由总社调动和任免，其财务纳入新华社的财政系统。1950年11月21日新华社第一次全国社务会议的召开，标志着新华社改组为一个集中统一的国家通讯社的任务基本完成。

1953年3月，新华社召开编委扩大会议，明确提出了新华社要成为“消息总汇”的总任务和国内外并重的方针。所谓消息总汇，是指反映各方面有价值的信息的、具有权威性的消息采集与发布中心。经过一个为时不长的业务建设过程，新华社集国内报道、对外报道、国际新闻报道等多种功能于一身，并主办了《参考消息》《参考资料》《时事手册》《内部参考》《新华社电讯稿》《新闻业务》《新闻图片》《摄影业务》《新华社新闻稿》《前进报》等一系列报刊。此外，新华社的摄影报道工作日益加强，通信技术手段有了很大的改进，同塔斯社及东欧社会主义国家通讯社的合作有了较大的发展，同路透社等资本主义国家的通讯社也开始建立合作关系。

为了便于向海外华人、华侨介绍新中国，以对外宣传为主要任务的中国新闻社于1952年9月14日在北京成立，10月1日开始发稿，由金仲华任社长。该社以海外华侨、港澳台同胞和外籍华人为对象，在宣传上根据华侨爱国统一战线的基本方针和政策，报道祖国政治、经济、文教、卫生等建设成就和闽粤要闻、侨乡情况，以促进爱国华侨的大团结。每日广播华语记录新闻5 000字，后逐渐增至8 000字，同时向海外航寄新闻稿《中国新闻》，还发行有关中国风光、文物、建设等内容的照片，以后逐步增加供应文字特稿、摄制电影、制作唱片、出版画报等项业务。该社编辑机构最初附设在新华社内，名为华侨广播组（后改为部），并在广东、福建和上海三地设立分社，在广西、云南设立记者站，在香港设立办事处。

在广播事业建设方面，一个从中央到地方的国营人民广播电台网，以解放区广播干部为骨干，在没收利用国民党广播电台设备的基础上迅速建成。

1949年12月5日，北京新华广播电台改名为中央人民广播电台。作为人民广播电台网的中心，其服务对象也扩展为全国人民，陆续开办了《全国各地人民广播电台联播》《新闻和报纸摘要》《社会科学讲座》《部队》《对少年儿童广播》《经济生活》《文化生活》等节目。自1950年起，中央人民广播电台开办了少数民族语言广播业务，最初仅有蒙、藏两种民族语言，后又增加维吾尔、壮、朝鲜三种民族语言。1954年后开办对台湾地区广播业务，用普通话、闽南话每天播音两个小时，后又增用客家话播音。至1956年，中央人民广播电台已发展到每天播出5套节目，播音时间累计为38个小时。为了便于对外报道，北京广播电台于1950年4月10日成立，对外呼号为“Radio Peking”，用英语、日语、朝鲜语、越南语、缅甸语、泰语和印度尼西亚语7个外国语种播音，此外用普通话、广州话、厦门话、潮州话和客家话对海外华人华侨播音，每天播音时间为11个小时。

与此同时，各地区的人民广播电台也纷纷创建。东北、华东、西北、中南、西南5个大行政区的广播电台，在新中国成立前后先后成立，1954年与大行政区一起被全部撤销。各省级广播电台，随着全国行政区的划定而逐步建立，至1954年，除西藏外，各省级人民广播电台全部建成。此外，许多有条件的地（市）也创建起本地区的人民广播电台。

根据中国国情，有线广播收音网在全国各地、主要是农村地区普遍建立，大多采用吉林省九台县创建的有线播音模式，简称“九台式”。1951年，吉林省九台县县委书记张凤岐偶然听到县城的有线广播线和电话串音，并从中得到启发。他在召集技术人员进行可行性研究后，决定利用已有的电话线路建设九台县有线广播站，该站于1952年4月1日正式建成，是国内第一座利用电话线路播音的有线广播站，成为当时经济贫困的农村地区发展有线广播的可资效法的楷模。同年12月，中央广播事业局召开第一次全国广播工作会议，充分肯定了九台县有线广播站的建站经验，并把这一利用电话线路建立广播站的方式称为“九台式”。会议结束后，“九台式”作为新中国成立初期有线广播建设的主要模式在全国得到推广，迅速提高了当时我国农村有线广播站的普及率。至1954年底，全国共有县有线广播站101座，中小城镇有线广播站705座，有线广播喇叭49 854个。

二、对私营新闻传播事业的社会主义改造

新中国成立后不久，由于旧中国遗留下来的私营报刊、电台等新闻机构在经济上均

遭遇了难以克服的困境，因而党和政府开始采取合并改组、加入公股、公私合营等措施，对私营报纸进行社会主义改造。

据 1950 年 3 月的统计，全国共有私营报纸 58 家，私营广播电台 34 座。华东地区私营报纸最多，有 24 家，其中上海有 14 家，如《新闻日报》（由《新闻报》改组而成、已实行公私合营机制）和《大公报》、《文汇报》、《新民报》、《大报》、《亦报》、英文《字林西报》、英文《密勒氏评论报》以及 3 家俄文报纸等。华北与中南地区各有 11 家私营报纸，其中北京的私营报纸仅存《新民报》一家。私营广播电台则大部分在上海，共 26 座，占全国私营电台总数的 76%。

对于这些私营新闻机构，党和政府最初根据公私兼顾的政策，在经济上予以扶持。1949 年 11 月 30 日，中共中央宣传部发电报指示："私营报纸及公私合营报纸，在现阶段有其一定的必要，故应有条件予以扶助。"该电报还明确指示华东局宣传部要扶助《大公报》，"拨给适当数目纸张，作为公股投入该报"①。根据中央的精神，各大城市均采取了类似措施，以改善私营报纸的困境。

但是，在新的历史条件下，私营报纸自身遇到了许多难以克服的困难。首先，办报业务难以适应新的形势。党和政府要求新闻工作联系实际，对工作和社会生活有指导作用。一般私营报纸缺乏这方面的素质，不熟悉新的办报方式，因而报纸的思想性和群众性较差。不少报纸还不时登载低级、庸俗的东西，甚至出现"歪曲党的政策"的报道。其次，在新中国的读者心目中，党报的威信远远高于私营报纸。私营报纸在采访活动和获得新闻方面的条件较差，获得广告也比较困难，私营报馆内部职工也大多数不愿继续留下工作。因此，私营报纸的发行量不断下降，自行停刊的越来越多。1950 年 6 月底，全国私营报纸已由 3 月份的 58 家减至 43 家，11 月底减至 39 家，12 月底减至 34 家，1951 年 4 月底减至 31 家，8 月下旬仅存 25 家。

根据这一新的情况，党和政府进一步采取合并改组、公私合营等措施，对私营报纸实行社会主义改造。1950 年 7 月，《大公报》实行公私合营，并在报社内建立中国共产党党组。接着，《文汇报》《新民晚报》也先后实行了公私合营，在经济上除保留私股外，政府的公股以投资或贷款的方式加入，以扶持报纸发展。至 1953 年，私营报纸的公私合营工作全面完成。之后，人民政府逐渐退还私股，进一步将公私合营报纸改造成公营报纸。

私营广播电台的经历与私营报纸基本相同。至 1953 年，全国各大城市的私营广播电台全部实行公私合营，后被并入当地的国营人民广播电台。私营电台的改造工作，数上海最具有代表性。上海解放后，经过登记、清理，允许继续播音的私营电台有 22 座，其中有 6 座因违反上海市军管会法令于 1951 年被勒令停业。1952 年，其余 16 座电台因经营不善、长期亏损而向政府提出公私合营的申请，同年 10 月被合并为公私合营的上海联合广播电台。1953 年 9 月，根据上海联合广播电台私方代表提出的自愿将私方财产实行转让的要求，政府以 9 亿人民币（旧币）收购了属于私方的资产，并将该台并入上海人民广播电台。

---

① 孙旭培．解放初期对旧新闻事业的接收与改造．新闻研究资料，1988（3）．

这一时期，对于私营新闻机构的报道活动则实行言论出版自由的原则，对报刊上的新闻、言论不实行事前检查的办法，但广播电台播出的节目则须经有关部门审查，并须按规定转播中央人民广播电台的节目。在内容上，北平市军管会在北平解放后曾明令各新闻机构“不得有违反本会及人民政府法令的行为”“不得进行反对人民民主事业的宣传”“不得泄露国家机密与军事机密”和“不得进行捏造谣言与蓄意诽谤的宣传”[①]。上海解放后，上海市军管会在进行私营报刊登记的同时，也对其报道内容做了原则规定：禁止利用国民党中央通讯社及帝国主义国家通讯社电讯稿；在发布军事消息、本市军管会各机关部队和政府一切有关政策及刊发中共中央发布的一切文件著作及有关政府的消息时，必须全文采用新华社消息；不得解释中共及解放军政府的法令政策；各报发布的社会消息，必须实事求是，崇尚真实，向人民负责。

对于无视人民政府的有关规定、进行违法的报道活动的新闻机构，则依法予以制裁。在北平，《世界日报》在北平解放后继续刊登国民党中央社的广播新闻，一个多月后被北平市军管会查封与接管。在上海，美商主办的《大美晚报》因造谣惑众受到上海市军管会的警告和报馆内职工的反对，1949 年 6 月下旬被迫自动终刊。英商主办的英文《字林西报》经常刊载损害中国人民利益、反对中国人民政权的消息与言论，违法采用西方国家通讯社的电讯。1950 年 11 月，上海市人民政府严令《字林西报》不得采用西方国家通讯社的电讯。1951 年 3 月 31 日，《字林西报》自行终刊。与《大美晚报》《字林西报》相反，美商主办的《密勒氏评论报》在宣传报道上对中国人民持同情立场，为中国人民与政府所尊重，但因经济困难而于 1953 年 6 月停刊。《密勒氏评论报》主编约翰·威廉·鲍威尔夫妇返回美国后，遭到美国政府的无端陷害，中国人民曾为此发起声援鲍威尔夫妇的活动，予以道义上的支持。

三、新闻教育机构的整顿与改造

新中国成立初期，党和政府对旧的新闻教育体系进行了全面的整顿与改造，并创办新型的无产阶级新闻学校，培养新时代所需的新闻传播人才。

在整顿与改造旧的新闻教育体系方面，凡是国民党直属的新闻教育机构，如南京的国民党政治大学新闻系等，实行一律停办的政策；对其他新闻教育机构，如北京的燕京大学新闻系以及上海的复旦大学新闻系、圣约翰大学新闻系、暨南大学新闻系、民治新闻专科学校等，实行整顿与改造的政策，一是在人事管理上改变和加强这些学校的领导力量，调配党的新闻工作者担任教职；二是组织原有教师进行学习和思想改造，用无产阶级新闻观点消除资产阶级新闻观点；三是在教学上对新闻学专业课程在内容上进行改革，取消原有的政治上反动的课程，开设马列主义政治理论课，并组织学生参加政治运动与社会活动。

在创办新型的无产阶级新闻学校方面，党和政府先后在上海、北京办起了华东新闻学院和北京新闻学校。华东新闻学院于 1949 年 7 月 19 日在上海开办，为中共中央华东

---

① 孙旭培．解放初期对旧新闻事业的接收与改造．新闻研究资料，1988（3）．

局主办的新闻干部学校，恽逸群任院长，先后招收过一期讲习班、两期研究班、一期专修科班，学员合计 828 人。北京新闻学校于 1949 年 11 月 1 日在北京开办，前身是新华总社主办的新闻训练班，附属于新闻总署，新闻总署副署长范长江兼任校长，1951 年 7 月停办，先后培养了两期学员，共 500 余人。

1952 年，高等院校进行大规模的院系调整，复旦大学新闻系成了院系调整后国内唯一的一个新闻系。另有一个编辑专业，即北京大学中文系编辑专业，由北京的燕京大学新闻系改组而成，后改名新闻专业。1954 年，中共中央党校设立新闻班，主要培训相当于省委机关报编委以上的新闻干部，聘苏联专家讲课，同时开展新闻学研究工作。1955 年，中国人民大学新闻系成立，为新中国成立后新创办的第一个大学新闻系。

四、新闻总署的设立与新闻法制的建设

中华人民共和国的新闻传播事业是一种崭新的新闻传播事业，其内容与形式都与以前的新闻传播事业迥然不同。由于新中国成立初期实行的是新民主主义政策，新闻传播事业既有公营的也有私营的，因而新闻传播事业的管理方式也一度由革命战争时期形成的由中国共产党直接管理转变为由人民政府通过法律手段予以管理，以适应当时的社会性质和实际情况。1949 年 10 月 19 日，中央人民政府政务院成立新闻总署，作为新中国领导与管理全国各类新闻媒介与新闻工作的行政机构，下设一厅（办公厅）、一社（新华通讯社）、三局（广播事业局、国际新闻局、新闻摄影局）、一校（北京新闻学校）。与之相应，各大区设立新闻出版局，各省、市设立新闻出版处。12 月 5 日，中共中央发出《关于中央政府成立后党的文化教育工作问题的指示》，指出：在中央政府成立以前，党的中央宣传部不得不实际上暂时代替中央政府的文教机关，管理国家的文化教育工作。这在过去的情况下，是完全必要的。现在，中央政府已经成立，管理全国文化教育事务的中央人民政府政务院文化教育委员会及其所属之各部、院、署亦先后成立，因此，全国的文化教育的行政工作，此后均应由中央政府文教部门来管理。各地区有关文化教育行政的工作，此后均应经由各地政府及军管会之文教机关向中央政府文化教育委员会或适当部门转告和请示。这样做的目的，在于使中央政府文化教育委员会及其所属各部门，在党（通过政府党组）的领导和党内外民主人士的参与下负起管理全国文化教育行政的任务，以便党的中央宣传部能够摆脱行政事务，集中注意于党内外的思想斗争、党的宣传鼓动工作的领导和党的文化教育政策的制定。有关文化教育方面之重大问题，各地区仍须依照过去中央有关请示报告制度的规定，经过党的系统，向中央报告和请示。

新闻总署成立后，制定与颁布了一系列有关新闻传播事业管理的法律规范性文件，为建设新民主主义新闻法制做了大量工作，以保证新闻传播事业正确发挥其社会功能。这些法律规范性文件，一部分是由新闻总署为中央人民政府政务院起草制定、由中央人民政府政务院发布的，如 1949 年 12 月 9 日中央人民政府政务院颁布的《关于统一发布中央人民政府及其所属各机关重要新闻的暂行办法》、1950 年中央人民政府政务院颁布

的《关于中央人民政府所属各机关在〈人民日报〉上发表公告及公告性的文件的办法》、1951年6月13日中央人民政府政务院秘书厅颁布的《关于严格遵照统一发布新闻的通知》等；另一部分是由新闻总署制定并以自身名义颁布的，如1950年1月12日颁布的《关于报纸采用新华社电讯的规定》与同日与邮电部联合颁布的《关于邮电局发行报纸暂行办法》、1950年4月14日颁布的《关于建立广播收音网的决定》、1950年4月25日颁布的《关于统一新华通讯社组织和工作的决定》和《关于省市区新闻机关员额暂行编制的决定》、1950年5月1日颁布的《关于改进报纸工作的决定》、1950年9月6日颁布的《关于各报应保守国家秘密的指示》、1951年3月15日颁布的《关于区、省、市广播电台及新闻行政机构关系问题批复西南新闻出版局》、1951年6月6日颁布的《关于各地人民广播电台与新闻行政机构关系的补充与说明》等。

作为国家的新闻行政管理机构，新闻总署在新中国成立之初推出报纸“企业化经营”与“邮发合一”的积极措施，以解决当时报业的经济问题。由于长期战争造成物资匮缺、纸价上涨（纸价一般占到报纸总成本的70%），再加上社会购买力低、读者范围不广等，新中国成立之初几乎所有的公、私营报纸都遭遇严重的亏损，报业经营管理十分艰难。为此，新闻总署于1949年12月17日至26日在北京召开全国报纸经理会议，决定全国一切公私营报纸的经营必须采取与贯彻企业化的方针；公营报纸必须把报社真正作为生产事业来经营，逐步实行经济核算制；条件较好的公营报纸应争取全部或大部自给，条件较差者亦应在政府定期定额的补贴下，争取最大可能的自给自足；私营报纸亦须在已有基础上进一步改善经营方法。为了降低报纸发行成本，会议决定报纸发行工作学习苏联及我国东北、山东的经验，逐步地全部移交邮政局负责，建立“邮发合一”新机制。邮局发行所花的发行费虽然比自办发行多，但可以扩大发行范围，增加发行量。1950年1月12日，新闻总署会同邮电部联合颁布《关于邮电局发行报纸暂行办法》，开始落实“邮发合一”制。之后，“邮发合一”制由《人民日报》率先实行，至1953年1月1日起得到全面实行。

1950年间，新闻总署还主持了全国各类报纸的社会分工事宜。新闻总署对于不同报纸之间的分工合作进行了具体规定，划定了公、私营报纸面向的不同读者对象以及报道内容的不同侧重面。例如，《人民日报》的主要读者对象为干部和先进群众，其主要内容是报道、评论国内国际主要时事、思想、政策情况，介绍交流工作经验，开展各种思想与工作的批判，发表代表性文艺作品及有关文艺工作经验的文章，刊登读者问答等。《光明日报》的读者对象为各民主党派及小资产阶级、知识分子，其主要内容侧重于时事、文化、学术、思想及业务学习等方面，并特别提倡讨论。《新民报》的读者对象主要是北京的小资产阶级及比较无组织的劳动群众，以通俗文艺为主的副刊是其主要特色。这次分工与调整，使新中国的专业化报纸增多而综合性报纸减少，各报各有重点，减少重复，以节省财力。由于强调地方报纸地方化、以指导当地实际工作为己任，因此一个市或一个地区办的向全国发行的报纸也大为减少。

1952年8月7日，新闻总署被撤销。接着，各大区新闻出版局、各省（市）新闻出版处也随之被撤销。

第二节　社会主义新闻工作的确立与新闻业务的探索和改进

1949 年新中国成立后，党和政府把联系实际、联系群众、开展批评与自我批评确立为社会主义新闻工作的基本方针。同时，大力借鉴苏联新闻工作经验，不断探索与改进新闻业务工作。

一、社会主义新闻工作方针的确立

新中国成立后，新闻工作与新闻业务怎样适应新时代的特点、满足新时代的要求，是摆在新闻工作者面前的一个新问题。对此，党和政府首先要求新闻工作者继承和发扬党在革命战争时期形成的联系实际、联系群众、开展批评与自我批评的新闻工作传统，并将之确立为社会主义新闻工作的基本方针。

1950 年 3 月 29 日至 4 月 16 日，新闻总署召开了新中国成立后的第一次全国新闻工作会议。会议向新闻界提出“改进报纸工作、加强与群众的联系”的要求，新闻总署署长胡乔木在会上明确指出，改进报纸工作主要有联系实际、联系群众、批评与自我批评三个方面。之后，中共中央、中宣部、新闻总署、新华总社又颁发了一系列有关文件，如 1950 年 4 月 19 日中共中央发布的《关于在报纸刊物上展开批评和自我批评的决定》、1950 年 5 月 1 日新闻总署颁布的《关于改进报纸工作的决定》和 1954 年 7 月 17 日中共中央政治局通过的《中共中央关于改进报纸工作的决议》等，进一步阐释与落实联系实际、联系群众、开展批评与自我批评的新闻工作方针。

根据这些文件的精神，新闻工作有了许多重大的改进，以进一步加强新闻工作与社会实际和人民群众的联系。在新闻工作体制方面，报社开始全面实行采编合一制与总编负责制。新中国成立之初，报纸编辑部一般只笼统地分设编辑、采访、通讯联络三大部门。1950 年 5 月 1 日，新闻总署发布《关于改进报纸工作的决定》，指出：为了加强报纸在国家建设事业中的作用，“应当改革报社的组织形式和工作方法，改变现有的妨碍联系实际的编辑采访通讯联络等项工作各自为政的状态，建立编辑部门统一集中的领导，并应按照社会生活的不同方面（例如公私营工商业与工人问题、农业与农民问题、军事与军队、思想文化与教育出版等）实行适当的分组，以便各组的编辑采访人员可以获得关于各个方面的专门知识，并将编辑采访的工作联合在一起”①。按照这一要求，中共中央机关报《人民日报》和各省、市委机关报率先采用将采编合而为一的新体制，取消原有的编辑部、采访部、通讯联络部三大部门，改设国内政治、工商、农村、文教、文艺、国际新闻、理论、群众工作等部门，并实行编委会领导下的总编辑负责制。

为了加强与人民群众的联系，各新闻机构还建立起广泛的通讯员网与群众性的读报小组。1950 年 5 月，《人民日报》在全国组织读报小组 2 101 个，在报纸版面上开辟了

---

① 中国社会科学院新闻研究所．中国共产党新闻工作文件汇编：中卷．北京：新华出版社，1980：76.

“读报组反映”“读报组活动”等栏目。1951年，《人民日报》通讯员由原来的200多人迅速发展到万人以上。据1952年5月统计，《人民日报》通讯员队伍的构成状况是：工人占6.7%，农民占1.3%，士兵占4.7%，知识分子占4.8%，干部和工作人员占82.5%。《人民日报》还编印出版了内部刊物《人民日报通讯》，以作为培养通讯员的园地。

在新闻宣传报道方面，《人民日报》等报纸还进行通俗化改革，以期报纸更好地贴近群众、反映群众、引导群众。《人民日报》栏目《人民园地》开始只发表群众性的、通俗化的东西，把读者来信、读者服务作为中心，并通过“报纸述评”及时报道、推广各报的通俗化举措及其经验。根据1950年《关于改进报纸工作的决定》的精神，各报确立了全编辑部人员都有责任关心处理读者来信的原则，将党报的读者来信工作提高到一个新的水平。《人民日报》自1952年起将“读者来信”专栏扩大为专版，并在专版上设立“来信摘要”“来信综述”“读者来访”“答读者问”“对批评建议的反映”和“新人新事”等栏目。1953年上半年，《人民日报》逐月在报纸上公布读者来信来访处理情况，详细列出每月读者来信来访的件数、人次以及来信利用件数和其中内容的分类统计数等。对于未能发表的信件，《人民日报》编辑部也从中寻找线索，将具有普遍性的问题采用评述、综述、答读者问等多种形式公开发表。范长江还提出要安排专人24小时接听值班电话，把从读者中传来的声音随时告知相关人员。与此同时，各地报纸也纷纷开设读者来信或专栏，并逐步扩大刊登读者来信的篇幅。许多报纸还把一些比较重要的来信突出地编发在头版或新闻版上，有些报纸的副刊把读者来信作为主要内容。

作为广播工作联系实际、联系群众的重要措施之一的广播收音网，根据新闻总署1950年4月10日发布的《关于建立广播收音网的决定》的精神，全国各县市人民政府、人民解放军各级政治机关以及其他机关、团体、工厂、学校开始设置专职或兼职收音员，收听或记录中央和地方人民广播电台广播的新闻报道，向群众介绍广播节目，组织群众收听重要节目。

积极开展批评与自我批评，是新中国成立初期新闻工作的一大特色，也是新闻工作联系实际、联系群众的一个重要方面。1950年4月19日，中共中央颁发《关于在报纸刊物上展开批评和自我批评的决定》，从政权建设和党的建设的高度阐述了报刊批评的重要意义，明确指出：“如果我们对于我们党的人民政府的及所有经济机关和群众团体的缺点和错误，不能公开地及时地在全党和广大人民中展开批评与自我批评，我们就要被严重的官僚主义所毒害，不能完成新中国的建设任务。”《决定》要求“在一切公开的场合，在人民群众中，特别在报纸刊物上展开对于我们工作中一切错误和缺点的批评与自我批评”，并提出了实行批评独立与责任独立相统一的原则：“在今后，报纸刊物的人员对于自己不能决定真伪的批评仍然可以而且应当征求有关部门的意见，但是只要报纸刊物确认这种批评在基本上是正确的，即令并未征求或并未征得被批评者的同意，仍然应当负责加以发表。”“凡在报纸刊物上公布的批评，都由报纸刊物的记者和编辑负独立的责任。”①

这一时期的报纸批评与自我批评工作，其最显著的特点是旗帜鲜明、斗争坚决。在

① 中国社会科学院新闻研究所．中国共产党新闻工作文件汇编：下卷．北京：新华出版社，1980：5-7.

1951 年底至 1952 年底“三反”“五反”运动期间，各报集中揭发和批评了一批重大典型事件，其中影响最大的是关于中共天津地委书记刘青山、天津专署专员张子善盗窃国家资财被判死刑案的连续报道。许多报纸还开设“人人检举贪污浪费”“人人都来检举贪污行贿”等专栏，形成强大的社会舆论，推动“三反”“五反”运动的开展。在继起的反官僚主义、反强迫命令、反违法乱纪活动的“新三反”运动中，各报还将报刊批评与当时的整党、整风活动的宣传结合起来，报道了许多相关的典型案例，在社会上引起强烈的反响。对于社会上压制批评的行为，各级党报予以了无情的揭露与抨击。作为中共中央机关报的《人民日报》，还担负起指导各级党报开展批评的重任，经常刊载评述各级党报开展批评情况的文章并提出改进的方法，在地方报纸开展批评受阻时勇为地方报纸撑腰。1953 年 2 月，《人民日报》报道了鞍山《工人生活》报在开展批评中遭到官僚主义严重阻碍的情况，点名批评了阻碍报纸批评的中共鞍山市委及市委书记，提出希望中共中央东北局纪律检查委员会负责督促鞍山市委进行检讨，在职工中开展反对官僚主义的斗争。据统计，《人民日报》所发表的批评性报道或文章，1949 年为 347 篇，1950 年为 753 篇，1951 年为 1 749 篇，1952 年为 1 741 篇，1953 年为 1 027 篇，其中 1951 年至 1953 年的三年间日均刊登的批评稿件超过 4 篇。

值得指出的是，这一时期的报刊批评与自我批评工作也出现过一些问题，如批评言辞过于偏激、报道内容失实等，甚至有忽视党性原则的错误倾向。1953 年春，广西《宜山农民报》在报上擅自批评中共宜山地委。事后，中共广西省委宣传部对《宜山农民报》进行了批评并上报中宣部。中宣部在复信中提出了“报纸不得批评同级党委”的原则，即：“不经请示，不能擅自批评党委会，或利用报纸来进行自己同党委会的争论。”① 1954 年 7 月，中共中央政治局通过了《关于改进报纸工作的决议》，确立了报纸批评的三项标准：一是报纸上的批评必须展开，二是批评必须正确，三是批评必须在党委的领导下进行。此后，报纸批评工作进入了有序轨道，批评报道与评论的质量大为提高，但数量有所减少。

二、学习苏联新闻工作经验

由于新中国成立初期实行“一边倒”的国策，因而学习与借鉴苏联新闻工作经验成了当时新闻界的一个重要现象。

1950 年 1 月 4 日，《人民日报》开辟篇幅为一个整版的《新闻工作》专刊，每两周出版一期，截至 1950 年 12 月共出版 26 期。该专刊大量地、系统地介绍了苏联新闻工作的经验，刊登了译介列宁、斯大林论报刊和苏联新闻工作经验的文章近 30 篇。1950 年秋，三联书店推出《新闻工作丛书》，先后出版了《怎样领导党报》《报纸编辑部的群众工作》等小册子，其部分文章即选自《人民日报》的《新闻工作》专刊。

进入 1954 年后，新闻界出现了学习苏联新闻工作经验的高潮，对口学习蔚然成风。1 月，人民日报社总编辑邓拓率领中国新闻工作者代表团访问苏联真理报社，3 月初回

---

① 孙旭培．新闻学新论．北京：当代中国出版社，1994：277.

国，开始在《人民日报》等报纸上连续发表关于访苏收获的文章，后由人民出版社汇编为《学习〈真理报〉的经验》一书出版。3 月，《人民日报》开始翻译出版内部刊物《真理报文选》，一般每周两期，前后共出版了 200 多期。7 月，中央广播事业局副局长温济泽率领的中央广播事业局代表团赴苏联考察广播事业，回国后编印了《苏联广播工作经验》一书。11 月，中央广播事业局召开第二次全国广播工作会议，提出要通过学习苏联广播工作经验来改进我们的广播工作。1954 年底，新华社副社长朱穆之率领新华社代表团赴苏联访问塔斯社，回国后编印了《塔斯社工作经验》上下两册。与此同时，苏联新闻工作者也多次应邀来我国访问，介绍苏联新闻工作经验。1954 年 10 月，苏联报刊工作者代表团应邀访华一个月，多次在北京等地举行专题报告会或座谈会，人民日报社总编室将这些报告、座谈纪录汇集为《苏联报刊工作经验》一书出版。1955 年底，苏联广播工作者代表团访华，向中国广播界介绍了苏联广播工作经验。1954 年至 1955 年间，人民出版社翻译出版《联共（布）中央直属高级党校新闻班讲义汇编》第一、第二集和苏联国家政治书籍出版局编辑的《布尔什维克报刊文集》，以作为全国新闻工作人员和大学新闻系学生的学习用书。

苏联作为世界上第一个社会主义国家，有着不少可供新中国新闻工作者学习与借鉴的经验。通过学习与借鉴苏联新闻工作经验，新闻工作者得以系统地学习了列宁、斯大林的办报实践、办报思想和苏联新闻工作的传统，加深了对于无产阶级新闻传播事业党性原则的认识，在很大程度上成了建设新中国新闻体制的指导思想与理论基础。此外，学习与借鉴苏联新闻工作的业务经验，包括新闻的编辑、采访、写作以及经营管理和发行等方面的经验，有助于提高新闻工作者的业务水平。

但是，在学习苏联新闻工作经验的过程中，也出现了脱离中国实际、对苏联经验盲目生搬硬套的教条主义错误，以致一些新闻工作者束缚了自己的独立思考能力和创造性。这些教条主义错误主要表现为：一是把苏联的《真理报》认作一份从不登“更正”“没有错误的报纸”，因而《人民日报》也提出了“为没有错误的报纸而奋斗”的口号。二是在社论写作上盲目模仿《真理报》，不论有无必要，每天必写一篇社论并按规格写满 2 500 字放在头版头条位置，其中不少是“无的放矢”之作。三是在新闻标题的制作上使用清一色的一行标题，废弃传统的多行标题，标题讲究遣词立意的好传统也被干巴巴的文字所代替。四是袭用苏联的国际报道方法，对社会主义国家只说好，对西方资本主义国家只说坏，不能客观、全面地反映国际形势。五是限制在广播中开展批评，广播中只谈成绩不讲缺点。

三、新闻业务的探索和改进

新中国成立初期，新闻界积极探索与改进新闻业务工作，尤其是新闻报道业务工作，推出了不少有力的建设性措施，提高了新闻工作者的业务水平。

自 1951 年 1 月下旬起，新华社开始酝酿发起“练笔运动”，以提高新华社的新闻业务水平。2 月 13 日，新华社颁布《开展练笔运动的决定》，成立练笔运动委员会，对旨在消灭稿件中事实错误、文法错误与文字冗长现象的练笔运动做了具体部署，并宣布运动自21日正式开始，为期三个月。新华社总编室把练笔运动定为编辑部的重要任务，指定专人负责指导和解决运动中的日常问题，并制定了全编辑部及各部门消灭错误的目标和进程，规定了检查、登记、统计手续，印制了《技术错误登记表》《成品错误统计表》，并组织评奖与竞赛，加强资料核对制度。与此同时，新华社还创办了业务刊物《新闻业务》，作为全社编辑记者探讨业务、交流采写经验的阵地。

1951年6月6日，《人民日报》发表了毛泽东修改定稿的社论《正确地使用祖国的语言，为语言的纯洁和健康而斗争》，发起了纯洁祖国语言文字的活动。在此期间，新闻界不仅大力倡导，还身体力行，从纯洁语言文字、注重语法修辞做起，以端正文风。人民日报社等新闻机构还采取“请进来”或“走出去”的方式，多次组织编辑记者听叶圣陶等学者专家讲课，并开展稿件评比活动，以提高语法、修辞、写作水平。之后，新闻界在促进汉字改革、推广普通话、实现汉语规范化等工作上做出了重大贡献。1955年1月，国家教育部和文字改革委员会发布汉字简化方案草案，《人民日报》等全国主要报刊配合各地开展群众讨论的需要，分两批在报纸上刊出141个简化汉字，并首先在报纸上试用。1955年后，报刊版面编排也由传统的竖排改为横排。1955年1月1日，《光明日报》的版面率先由竖排改为横排。接着，《中国青年报》、《中国少年报》、《人民铁道》报、《文汇报》、《河北日报》等9家全国性或省级报纸也先后实行版面横排。自1956年元旦起，《人民日报》《工人日报》《大公报》《健康报》4家全国性报纸和《北京日报》《天津日报》《解放日报》《山西日报》等17家大城市省级报纸实行横排，全国性期刊除一两种外全部改为横排，并由此带动各类图书的横排，完成报刊图书编排形式的重大变革。

此外，随着报纸摄影采访力量和新华社供稿能力的加强，报纸图片的运用不断得到改进。报纸图片数量大为增加，内容和编排形式日渐多样化。1950年1月，《人民日报》共刊用各类新闻照片50幅，除4期画刊外，单幅照片为16幅，以平均2天1幅的频率见报。至1956年，这一情况已彻底改变，《人民日报》上照片所占篇幅扩大到整个版面的7%左右，各新闻版几乎每天都刊有照片。其他报纸的情况也大体相似。从内容上来看，题材扩大，文化教育方面的照片增多，并触及一般群众的日常生活，如向科学进军、改进服装、春天风景、剧照、普通工人的家庭生活、宿舍俱乐部，以及演员、作家的近况等。报纸上新闻照片的增多，不仅充实了报道的内容，而且也使版面更加生动美观，提高了可读性。除了结合当前形势和任务及时编发画刊和专栏照片外，一些报纸还创设了较固定的图片栏目。1951年1月，《人民日报》在报头位置增辟照片专栏“我们伟大的祖国”，每天刊出1幅照片，介绍祖国各地风光和建筑，不仅开阔了读者的视野，还有助于陶冶读者的爱国主义思想。这一形式后为其他报纸所仿效，为报纸图片的运用开辟了一条新路。

作为新闻业务工作重点的新闻报道业务，经新闻界的积极探索与改进，初步形成了顺应新时代需求的由经济报道、政治报道和思想文化报道三大报道内容构成的新闻报道基本模式。

在经济报道方面，一是强调紧密配合党和政府的中心工作。新中国成立初期，人民日报社等新闻机构紧密配合恢复国民经济这一中心任务，重点宣传报道统一全国财政工作、调整工商业、精简节约等方面的情况。1953 年后，经济报道开始重视现实问题，宣传质量进一步提高。农业合作化运动兴起后，人民日报社等新闻机构抓住农业互助合作这一主线，进行了长期持续的报道，通过新闻、评论及时宣传农业合作化运动发展的进程，阐明互助合作运动是土地改革后引导小农经济逐步向社会主义经济过渡的正确道路。同时，人民日报社等新闻机构还注意宣传“积极领导，稳步前进”的方针，反对盲目冒进，引导农业互助合作运动稳步发展。1956 年 6 月 20 日，《人民日报》发表社论《要反对保守主义，也要反对急躁情绪》，着重批评党内出现的急躁冒进情绪。这篇社论是刘少奇根据中央会议意见请中宣部起草并经他审定后发表的，但遭到了毛泽东的指责，以致未能挽回这一工作上的失误。二是突出报道国家重点成就，展示经济建设日新月异的全貌，激励人们积极投身经济建设。自 1953 年起，中国开始实行经济建设的第一个五年计划，新闻机构担负起动员、组织人民投身国家经济建设尤其是支援重点建设的重大任务，人民日报社、新华社等新闻机构通过新闻、评论、通讯、报告等报道形式向国内外广大读者展示了一幅幅国家重点工程的壮丽景象。三是让人民群众充当宣传报道的主角，突出宣传人民群众中的先进人物与先进事迹。新华社、人民日报社等新闻机构报道了大批先进人物及其先进经验，使他们在读者心目中留下了光辉的形象，成为推动生产建设的强大的精神力量。例如，鞍山钢铁公司机械总厂工人王崇伦八次改进生产工具，每月完成的劳动定额为原计划的 346.62%，被誉为“走在时间前面的人”。《人民日报》《东北日报》《工人日报》《中国青年报》等报纸全面报道了王崇伦的先进事迹，倡导革新创造和忘我劳动的精神，推动了全国工业战线开展技术革新、劳动竞赛的热潮。但是，不足之处是经济报道的社会作用与服务对象不够明确，从群众的角度提问题、反映职工生活、满足群众需要和兴趣的报道较少。

在政治报道方面，《人民日报》、新华社等新闻机构成功地报道了开国盛典、第一届全国人民代表大会的召开、《中华人民共和国宪法》的颁布，以及日内瓦会议、万隆会议等重大的政治、外交活动，为塑造人民民主专政制度的新中国的光辉形象做了重大贡献。开国盛典的报道，是指对自第一届中国人民政治协商会议第一次会议召开到中华人民共和国宣告成立这一开国全过程的报道，新中国的报刊、通讯社、电台等各种新闻机构第一次大规模地协同作战，发挥各自优势，生动、及时地报道了这一历史大典，诞生了为数甚多的垂世之作，如新华社记者李普采写的新闻报道《开国大典》等。

之后，在周恩来总理的直接指导下，1954 年 4 月至 7 月的日内瓦会议、1955 年 4 月万隆会议等重大外交活动的报道工作均取得了巨大的成功。日内瓦会议是新中国成立后正式参加的第一次重要国际会议，新闻界组织了一个由人民日报社、新华社、光明日报社、大公报社、中国青年报社和世界知识杂志社等新闻机构的 30 余人组成的大型记者团前去采访报道。万隆会议的报道，着重反映了中国代表团本着“求同存异”的方针为促进会议的成功所做的重大努力，有助于增强新中国的国际威望。为了报道这次会议，新华社总社记者沈建国、新华社香港分社记者黄作梅、中央人民广播电台记者杜宏、新华社兼光明日报社记者李平、中央新闻纪录电影制片厂摄影记者郝凤格、波兰《人民论坛报》记者斯塔列茨、奥地利《人民之声报》记者严裴德七名中外记者，因国民党特务造成的飞机爆炸失事而殉职。

新中国成立初期的政治报道中，值得大书一笔的还有自1950年下半年开始的为时三年多的抗美援朝报道。《人民日报》、新华社以及全国各地的所有报刊始终将抗美援朝作为头等大事进行报道，抗美援朝的报道始终占据《人民日报》头版和国际版的大量篇幅，自1950年12月4日起《人民日报》还在第5版开辟"抗美援朝"专栏。自1951年初至1953年7月朝鲜停战协定签订前夕，中央人民广播电台开办了面向侵朝美军的英语广播节目。各地广播电台先后举办了28次广播大会，报道中国人民志愿军归国代表团的活动与演讲，直接听众达1 500万人，加上收听录音的听众，总收听人数估计在1亿人以上。由于战争环境、交通障碍等条件限制，及时采写消息比较困难，因此战地新闻通讯和报告文学等体裁被广泛运用，先后发表了数以千计的通讯报告作品，其中不乏至今仍脍炙人口的优秀作品，如1951年4月11日刊于《人民日报》头版社论位置的《谁是最可爱的人》等。

在思想文化报道方面，为了引导广大人民摆脱国内外反动派的思想影响，用无产阶级思想改造旧的意识形态，《人民日报》、新华社、中央人民广播电台等新闻机构根据党中央的指示，加强理论宣传，介绍马克思列宁主义经典著作和毛泽东著作，普及马克思列宁主义基本知识，并采取多种形式报道马克思列宁主义的学习活动，组织读者开展思想问题讨论。中央人民广播电台自1950年4月起增辟《社会科学讲座》节目，邀请艾思奇等著名专家学者系统讲授《社会发展史》《政治经济学》以及《共产党宣言》等经典著作。

但是，新中国成立初期发动的三次较大规模的学术批判运动，采用政治斗争的方式，造成了严重的失误。一是关于电影《武训传》的批判。1951年5月20日，毛泽东撰写的《应当重视电影〈武训传〉的讨论》被作为《人民日报》社论发表，同日还发表了专论《共产党员应当参加关于〈武训传〉的批判》，对当时正在公映并获得大量好评的电影《武训传》发起批判。至7月下旬，《人民日报》在第3版连续6天刊载长达45万字的《武训历史调查记》，得出了与历史事实不符的"武训是一个以'兴义学'为手段，被当时反动政府赋予特权而为整个地主阶级服务的大流氓、大债主和大地主"的调查结论，并以此结束关于《武训传》的讨论。二是关于《红楼梦》研究和胡适派资产阶级唯心论思想的批判。1954年，《文艺报》收到青年学者李希凡、蓝翎批评俞平伯有关《红楼梦》研究观点的来稿但未予发表，后李、蓝的批判文章先后在山东大学学刊《文史哲》与《光明日报》上发表。毛泽东阅后于10月16日给中共中央政治局写了《关于〈红楼梦〉研究问题的信》，并附上李、蓝的两篇文章，称赞"这是三十多年以来向所谓《红楼梦》研究权威作家的错误观点的第一次认真的开火"，要求由此开展一场"反对在古典文学领域毒害青年三十余年的胡适派资产阶级唯心论的斗争"[①]，掀起了一场自上而下的、以新闻工具为主要阵地的学术思想批判运动，把俞平伯的红学观点和著作上纲到"走什么样的路"的政治高度。三是对"胡风反革命集团"的揭露与批判。1954年7月，胡风撰写了30万言的《关于解放以来的文艺实践情况的报告》呈政务院转交党中央，由此引发了1955年间展开的对胡风资产阶级唯心主义文艺思想的批判，后升级为对"胡风反党集团""胡风反革命集团"的揭露与批判，并在全国范围内大规模清查"胡风反革命集团"分子。有关这三次较大规模的学术批判运动的报道，把政治与学术完全等同起来，混淆

① 中共中央文献研究室．建国以来毛泽东文稿：第4册．北京：中央文献出版社，1990：574.

了两类不同性质的矛盾，严重阻碍了学术文化研究的正常开展，是新中国成立初期新闻报道工作的严重失误。

第三节　1956年社会主义新闻工作改革

1956年，新闻界根据毛泽东《论十大关系》等有关讲话的精神，从中国的实际出发，在认真检查自身工作及其问题的基础上，积极探索社会主义新闻传播事业的发展道路，掀起了新中国历史上的第一次新闻工作改革，亦称“1956年社会主义新闻工作改革”。

一、新闻工作改革的历史背景与指导方针

自1949年新中国成立至1956年，社会主义的新闻传播事业体制基本确立，革命战争时期形成的中国共产党新闻工作的优良传统与作风继续得到发扬光大，苏联新闻工作的经验给中国新闻工作者提供了许多有益的借鉴与启示。但是，社会主义新闻工作仍然存在着不少问题。一是教条主义和党八股严重。《人民日报》的编辑记者长期在农村根据地办报，惯于直接代表党政机关发言，进行自上而下的指导，而未能及时对新中国成立后报纸的功能发生的改变进行分析与研究，对新时代提出的新要求显得束手无策。二是对苏联的经验与做法照抄照搬。由于盲目学习《真理报》，报纸脱离中国实际和群众的生活，消息的信息量少且有很大片面性，通讯内容贫乏且与生活现实有距离，批评与自我批评日益减少。新闻机构日趋单一化、新闻宣传日益公式化，新闻报道内容枯燥、讨论缺少、语言生涩、形式呆板，是当时新闻界普遍存在的通病。

对于这一状况，广大读者十分厌恶，新闻工作者深感不安，有的还上书领导，提出批评意见。1955年12月，毛泽东在《合作社的政治工作》的按语中批评说：“我们的许多同志，在写文章的时候，十分爱好党八股，不生动，不形象，使人看了头痛。”“哪一年能使我们少看一点令人头痛的党八股呢？”①

1956年后，新闻工作改革的时机与条件开始成熟。4月，毛泽东在最高国务会议上宣布了发展科学文化的“百花齐放、百家争鸣”的方针（简称“双百”方针）。4月25日，毛泽东在中共中央政治局扩大会议上做了《论十大关系》的报告，总结了中国社会主义革命与建设的经验教训，分析了学习苏联经验的过程中出现的弊端，提出了探索适合中国国情的社会主义建设道路的任务。毛泽东指出：“我们的方针是，一切民族、一切国家的长处都要学，政治、经济、科学、技术、文化、艺术的一切真正好的东西都要学。但是，必须有分析有批判地学，不能盲目地学，不能一切照抄，机械搬运。他们的短处、缺点，当然不要学。”“对于苏联和其他社会主义国家的经验，也应当采取这样的态度。过去我们一些人不清楚，人家的短处也去学。”②

① 中共中央文献研究室，新华通讯社．毛泽东新闻工作文选．北京：新华出版社，2014：231.

② 中共中央文献研究室．建国以来毛泽东文稿：第6册．北京：中央文献出版社，1992：101－102.

5 月 28 日，时任全国人民代表大会常务委员会委员长的刘少奇分别听取了新华社和中央广播事业局负责人的汇报，并发表了长篇讲话。6 月 19 日，刘少奇又召集中央分管宣传工作的胡乔木和新华社负责人谈话。在这些谈话中，刘少奇明确提出了反对教条主义和党八股的问题，指出：不分好坏，不看条件，一律接收，一律学习，一律照办，就是教条主义，就是盲从，就是迷信。在我们的同志中间要破除迷信。他说："我们的新闻报道，学习塔斯社的新闻格式，死板得很，毫无活泼……我们不能学这种党八股。"①

毛泽东、刘少奇的这几次谈话，为新中国成立初期的新闻工作改革确定了指导方针。

二、《人民日报》以改版为中心的新闻工作改革

1956 年 4 月，《人民日报》编辑部召开新闻工作改革动员大会，一场以改版为中心的新闻工作改革运动首先在人民日报社内掀起。

在这次动员大会上，负责联络《人民日报》的中共中央副秘书长胡乔木传达了中央意图。之后，报社发动全体人员检查工作，并采用派专人进行个别访问、召开小型座谈会、个别写信和发公开信等方式，向各省委、市委、中央有关部门、县以上的报纸编辑部和各界读者征求意见与建议。5 月，《人民日报》编委会在向中共中央的报告中提出："要使人民日报能够多方面地反映客观情况和群众意见，及时地深入地宣传解释党和政府的政策，更多地反映和交流地方工作的经验，对于广大人民迫切关心的工作上、生活上、思想上的问题展开讨论，使人民日报成为群众欢迎的生动活泼的报纸。"报告还提出了报纸扩版、报道范围扩大、开展自由讨论、满足读者需要等具体意见。6 月 20 日，人民日报社制定的报纸改革方案正式上报中共中央。7 月 1 日，经中共中央批准，《人民日报》正式宣告改版，并发表改版社论《致读者》。在《致读者》中，人民日报社总结了该报创刊八年来的成绩，同时也公开承认《人民日报》的工作仍然存在教条主义和党八股严重等缺点，缺乏生动活泼的作风，不能适应形势发展的需要，因而必须进行一场深入的改革。社论指出，"《人民日报》是党的报纸，也是人民的报纸"；改版的重点，"第一，扩大报道范围"，"第二，开展自由讨论"，"第三，改进文风"②。

《人民日报》改版后，面目焕然一新。《人民日报》的篇幅由对开四版改为对开八版，版面安排也相应做了调整，第 1 版仍为要闻版，第 2、3 版为国内经济版，第 4 版为国内政治版，第 5、6 版为国际版，第 7 版是学术文化版，第 8 版上、下半部分分别为副刊和广告版。最大的变化反映在新闻报道上，一是报纸新闻数量大增。改版前，该报新闻数量少，内容又多半是外交、会议、公告等硬新闻；改版后，新闻数量明显增多，改版后的第一个月平均每天登出新闻 74 条共 4 万字，占全部版面的 40%，其中经济新闻占据主要地位，以适应经济建设的形势。二是新闻报道的题材更为广泛，开始报道社会生活中的新闻，探讨解决生活中的问题，关心和贴近读者的生活，如刊登《沈阳的生活费用为什么高?》《不要让孩子再在街头游荡》等。7 月 4 日，《人民日报》在头版刊登《着手解

---

① 中国社会科学院新闻研究所．中国共产党新闻工作文件汇编：下卷．北京：新华出版社，1980：359.

② 社论．致读者．人民日报，1956-07-01.

决居民生活福利问题》的报道，体现了把读者需要放在首位的办报理念。对于波兰波兹南事件和匈牙利事件，《人民日报》也做了如实报道，打破了对社会主义国家只报喜不报忧的刻板印象，受到广大读者的欢迎。三是言论明显改进。《人民日报》的社论以及其他评论文章不仅题材广泛，大多短小生动，出现了不少从实际中提出问题并进行批评分析的好文章；关于“百家争鸣”方针的讨论，一扫教条主义的文风，表现了独立思考的自由、发表意见的自由。四是副刊与通联工作进一步加强。新办文学性副刊，刊登活泼、明快、尖锐的短文和文艺作品；认真编发群众来信，在改版后的第一个月内平均每天发表读者来信近10篇，并按照其内容性质分别刊登在有关各版上，改变了过去设立读者来信专版、专页集中刊登读者来信来访的做法。五是版面处理十分生动活泼。在继承严谨、端庄、朴素的传统版式的基础上努力创新，新闻、言论、图片有机组合，时时推出组合式新闻等各种报道形式；在照片的使用上，或是在报眼位置刊登图片新闻，或是将一幅大照片改为两幅或多幅小照片，或是在文章中灵活穿插图片，时时给人以新鲜的感觉。

《人民日报》改版后，赢得了全国各阶层读者的欢迎，报社不断收到读者的赞扬信。为了推广《人民日报》改革的措施与经验，中共中央于1956年8月1日向各省、市、自治区党委批转了《人民日报》编辑委员会向中央呈送的关于《人民日报》改版的报告。为此下达的中共中央文件明确指示：“中央批准这个报告，认为《人民日报》改进工作的办法是可行的。中央还希望各地党委所属的报纸也能够进行同样的检查，以改进报纸的工作。”中共中央文件还就报纸上展开自由讨论做了精辟的论述：“为了便于今后在报纸上展开各种不同意见的讨论，《人民日报》应该强调它是党中央的机关报又是人民的报纸。过去有种论调说‘《人民日报》的一字一词都必须代表中央’，‘报上发表的言论都必须完全正确，连读者来信也必须完全正确’。这些论调显然是不实际的，因为这不仅在事实上办不到，而且对于我们党的政治影响也不好。今后《人民日报》发表的文章，除了少数的中央负责同志的文章和少数的社论以外，一般地可以不代表党中央的意见，而且可以允许一些作者在《人民日报》上发表同我们共产党人的见解相反的文章。这样做就会使思想界更加活跃，使马克思主义的真理愈辩愈明。各地党委今后也要强调地方党报是地方党委的机关报，又是人民的报纸。我们党的各种报纸，都是人民群众的报纸，它们应该发表党的指示，同时尽量反映人民群众的意见；如果片面强调它们是党的机关报，反而容易在宣传上处于被动地位。”① 这一文件，体现了党尊重新闻规律的科学态度，体现了党报政策与宪法关于言论、出版自由规定的一致性，标志着党报理论的重大发展。

三、新闻工作改革的全面展开

在《人民日报》进行新闻工作改革的同时或稍后，中央和各地的报纸、通讯社、广播电台也都先后进行改革，掀起了一场规模巨大的新闻工作改革热潮。

新华通讯社以建设世界性通讯社为目标，在提高新闻报道质量、改进国内通讯社工作、加强国外分社工作等多方面进行大胆改革。新中国成立后，新华社经过几年的努力，

① 中国社会科学院新闻研究所．中国共产党新闻工作文件汇编：中卷．北京：新华出版社，1980：483.

工作有了很大的进步，新闻报道的质量也有了明显的提高。但是，新华社工作还存在着许多缺点，新闻报道片面性严重，不能经常反映事物的本质，而是只抓一些表面现象，没有完全做到认真地、全面地、及时地、生动地反映实际情况：只报喜，不报忧；只报成绩，不报困难和缺点；只反映与领导机关意见相吻合的情况，不反映不同的或相反的情况；只报道已有定论的问题，不报道重要但还没有定论的问题；只注意完成工作任务，不注意群众的意见和呼声。此外，新华社的国内工作存在严重的机关化的作风，工作效率亟待提高，组织管理与工作方法亟待改进，国外分社工作发展不快。

对于新华社在国外业务活动的发展上思想保守、行动迟缓的问题，毛泽东在 1955 年 12 月就批评说："驻外记者派得太少，没有自己的消息，有，也太少。"毛泽东指出，新华社"应该大发展，尽快做到在世界各地都能派有自己的记者，发出自己的消息。把地球管起来，让全世界都能听到我们的声音"[①]。1956 年 5 月 28 日、6 月 19 日，刘少奇两次同新华社负责人的谈话，对新华社的性质与任务、新闻报道的基本要求与国内和国际报道的改进、记者的工作与作风以及建设世界性通讯社、学习塔斯社等问题提出了更为具体的意见。刘少奇要求新华社"成为世界性通讯社"，不要老是强调官方身份，不要把自己束缚得死死的，还大胆地提出新华社"不做国家通讯社，当老百姓"的问题。他认为，新华社同报纸的关系是合作关系，新华社要为报纸服务，适应报纸的需要、读者的需要，提高报道的质量。新华社的新闻必须是客观的、真实的、公正的、全面的，同时必须是有立场的。他指出：现在的新闻报道有偏向，只讲好的，有片面性。应该是好的要讲，不好的也要讲。他说："现在我们的国际报道只有一面。骂美国，说我们好的。这种片面性的报道，会造成假象，培养主观主义。"[②] 当然，讲坏的，不是什么都讲。什么都讲是客观主义，是有闻必录，要经过思考和观察，有自己的见解。要做到对当前斗争有利，不被敌人和反动派利用。他还要求新闻报道要讲普遍兴趣，多种多样，简短及时。关于新闻记者的思想与工作作风，刘少奇认为：第一要有老实态度，第二要深入观察问题，对事物要有分析，要克服报道中的片面性，要坚持真理，要有斗争性，头上要长角，不要怕人家报复，不要怕人家把你赶走。应该发挥记者的积极性，除了写新闻外，还要写通讯、评论，写各种文章，并且在稿件上署名，加重记者的责任。刘少奇还提出新华社要学习塔斯社，同时也要学习资产阶级通讯社。对社会主义国家通讯社的经验不要迷信，不要盲从。要克服教条主义，发挥创造性，要创造自己办无产阶级通讯社的经验。

根据刘少奇的指示和国内外形势发展的要求，新华社在认真检查工作中存在的问题的基础上，制定了新华社工作全面改革的规划，并于 1956 年 11 月 10 日以新华社编委会的名义就若干重大问题向中共中央呈送了请示报告。

关于新华社的性质问题，该请示报告认为："从新华社作为一个舆论机关来考虑，特别考虑到新华社要成为世界性通讯社，要跟西方资产阶级通讯社竞争，采取民办的形式好处较多。因为民办后，政府在外交上对新华社可以不承担什么责任，而新华社可以更自由地进行活动和报道，也可以减少新华社的报道是官方宣传的印象。同时在国内问题

---

① 中共中央文献研究室，新华通讯社．毛泽东新闻工作文选．北京：新华出版社，2014：226.

② 中国社会科学院新闻研究所．中国共产党新闻工作文件汇编：下卷．北京：新华出版社，1980：360.

的报道上也可以更灵活些。如作为民办通讯社，可以考虑采取由中国报纸和广播电台联合经营的办法，成为合作企业。但是对于这个问题我们目前缺乏经验，因此暂时可以不改变目前国家通讯社的形式。今后应该尽可能少用官方的面孔出现，更多采用民间通讯社的做法，在积累得一定经验后，再决定是否改变。"①

该请示报告还就新华社的国内新闻报道、国际新闻报道等问题提出了一些改进意见："在国内新闻报道方面，新华社应该是党和政府向人民群众进行宣传鼓动、指导工作、贯彻执行政策的重要工具。它要协助党和政府及时集中群众的意见，并及时把集中起来的意见在群众中坚持下去。它要及时传布党和政府的政策、法令和决议、指示，反映人民群众的意见和要求，介绍和推广工作中的成就、先进榜样和先进经验，揭露和批评工作中的缺点和错误，揭发敌人的阴谋污蔑。但是新华社的新闻报道不同于指示、决定、工作总结。它是通过事实的客观反映来起到上述宣传鼓动和组织的作用的。""在国际新闻报道方面，新华社要充分反映各国的真实情况，贯彻我国和平外交政策，打破西方资产阶级世界通讯社对新闻报道的垄断和封锁，揭发它们的造谣污蔑。它要增进人民知识、促进各国人民相互了解、推进人类和平进步事业。但是，新华社的新闻报道不同于外交文件，它是通过对国际事件的全面的客观的反映来贯彻我国外交政策。"②

在建设世界性通讯社上，该请示报告提出分两步走的战略步骤：第一步，在五年到七年内集中力量建设成为东方（亚非地区）最有权威的世界性通讯社；第二步，在十年到十二年内建设成为在全世界范围内可以和西方资产阶级各大通讯社相匹敌的世界性通讯社。1956 年，新华社国外分社由原来的 9 家增加到 19 家。

广播工作改革的全面展开，以 1956 年七八月间召开的第四次全国广播工作会议为标志。之前，刘少奇于 5 月 28 日听取了中央广播事业局负责人的汇报，并发表了长篇讲话。刘少奇指出，人民广播事业要加强同人民日常生活的联系，广播要跟人民思想、人民生活、人民需要有密切的联系。比如，时装展览会，人民对它有兴趣，应该广播；又如，发现脑炎、猩红热，可以让卫生部门广播一些预防常识。看起来是人民生活琐事，但很重要，这表示人民广播电台很关心人。他说："跟人民密切联系，就要关心人民生活的事情"，"特别是地方的广播电台，有关粮食、鱼、肉的问题都可以广播。到百货公司去的人太多，太拥挤了，你们也就可以告诉听众，叫他们慢点去"③。刘少奇还提到了广播电台的广告问题："广播电台为什么不搞广告？人民是喜欢广告的。生活琐事和人民有切身关系，许多人很注意和自己有关的广告。"④ 关于对外广播，刘少奇认为，"以对亚洲和对华侨为重点，这当然是重要的"，但"搞规划要从全世界着眼"，"一定要把对美洲的广播列入计划之内"⑤。刘少奇还要求大力发展农村有线广播："发展农村有线广播很重要，但是不要因此加重群众的负担。""发展有线广播主要靠群众，群众要搞才搞，群众不要搞就晚点搞。"⑥ 为了培养大批广播工作者，刘少奇提出了办广播大学的建议，"应该

---

① 新华社新闻研究部．新华社文件资料选编：第 3 辑．北京：新华社，1987：601－602.
② 同①603.
③ 中国社会科学院新闻研究所．中国共产党新闻工作文件汇编：下卷．北京：新华出版社，1980：375－376.
④ 同③374.
⑤ 同③371.
⑥ 同③370.

有一个大学来训练广播干部”①。根据上述精神，中央广播事业局于7月25日至8月16日在北京召开了长达20多天的第四次全国广播工作会议，与会人员认真学习了毛泽东《论十大关系》和刘少奇的讲话，讨论了广播事业的体制和改进广播宣传等问题，确立了广播工作改革的主要目标，即改进新闻报道，扩大节目取材范围，办好文艺广播，让听众从收音机里听到更多的节目。

第四次全国广播工作会议结束后，从中央台到地方台，广播工作改革全面展开，广播工作有了显著的改进。一是改进新闻报道，努力做到又多又快又短又好。各台根据自己的力量，注意增加新闻节目的次数和容量，强调新闻的时效。中央人民广播电台的新闻节目从1949年的每天4次增加到15次，密切配合国家的中心工作和群众最为关心的问题。各地电台着重改进本地的《新闻联播》和《新闻报摘节目》，与中央电台的《全国联播节目》《新闻报摘节目》一起，组成早晚两次重点节目群，通过录音报道反映各地厂矿、工地、农村、学校、部队等先进单位及先进人物事迹的节目也逐渐增多。同时努力提高节目的质量，力求全面、真实、生动、有兴趣和有立场。各台努力扩大节目选材的范围，使广播节目贴近与体现人民的生活，反映社会主义建设的新面貌，歌颂社会主义先进人物与先进典型。在形式上，力求多样化与生动活泼，语言注意口语化与通俗化。中央人民广播电台于1956年11月开办了综合性的专题节目《祖国建设和人民生活》（1957年5月后改为《在祖国各地》），以通讯、特写、录音报道等为主要节目形式，既反映各地城乡建设的新面貌，又介绍各地的名胜古迹，同时还注意报道当地的模范人物。经过多年的努力，该节目成为中央台的名牌节目。在此先后开办的《对家长广播》《听众服务》和《时事谈话》（后改名为《广播谈话》）等节目，也均以群众普遍关心的问题为选题，既有对国内、国际重大问题进行通俗的阐述和评论，也有涉及人们衣食住行、生老病死等日常生活琐事的娓娓之谈，深受广大听众的欢迎。

二是贯彻“双百”方针，开展自由讨论，特别是纠正广播不得开展批评的错误观念。在学习苏联新闻工作经验后，广播批评被视为新闻工作的禁区。在改革中，广播工作者重新认识了这一问题，认为根据广播的特点，批评可以采取各种方式和方法来进行。中央台和地方台进行批评的方法也应该有所不同。中央台一般不应进行指名的批评，也不要求被批评者答复，它主要限于对不良现象和不良倾向的批评。省市台可以进行比较具体的批评，特别是市台，由于听众大都在本地生活，可以进行比较具体的批评。开展自由讨论，主要是指针对社会生活中的一般问题的讨论，选择那些多数听众感兴趣和能够接受，同时也有教育意义的问题，邀请有不同见解的人到话筒前发表不同的意见，进行批评和辩论。这种自由讨论，只要是不反对党和政府的既定的根本方针和政策，是应当允许的。在开展自由讨论前，各电台应认真做好准备工作，慎重选择和对待讨论的问题。

三是努力办好文体、知识以及社会群体等各类节目，并力求丰富多彩，满足不同兴趣和爱好的听众的需要。1956年后，实况广播体育比赛的次数明显增加，成为推动群众性体育活动的重要方法。1957年中央人民广播电台开办《星期演讲会》节目，每逢星期日邀请一些部门的负责人和各方面的专家、学者，讲解群众关心的政策、形势，介绍社

---

① 中国社会科学院新闻研究所．中国共产党新闻工作文件汇编：下卷．北京：新华出版社，1980：374-375.

会科学和自然科学的知识。文艺节目的题材、种类、形式日益丰富，逐步形成了欣赏性、知识性、教育性、服务性四类节目。广播剧和“电影录音剪辑”的数量有所增加，思想性、艺术性也有所提高。对少年儿童节目，除了原有的针对少先队员的《星星火炬》外，1956 年又开办了针对学龄前儿童的《小喇叭》节目，内容以向孩子们进行爱国主义、国际主义和社会主义教育为主。

在新闻改革的热潮中，《文汇报》《光明日报》《新民报》《大公报》等也在如何办成一张社会主义的中国报纸的大目标下，各自发挥其独有的传统优势，竞相变革，提出了不少新观念，推出了不少新举措，呈现出一派百花齐放的盛景。《新民报》重视新闻报道贴近读者、接近生活。《新民报》总编辑赵超构提出了改进报纸工作的三个口号：“短些，短些，再短些；广些，广些，再广些；软些，软些，再软些。”他还对“软”字做了进一步解释：“思想既要正确，又要把报纸弄得生动一些，通俗一些。深入浅出，对读者亲切一些。”① 这三个口号，有助于治疗报纸工作中存在的新闻和文章太长、报道面太窄、文章太硬、有教训人的口气等弊病。之后，《新民报》上的新闻和文章明显地短了，题材和体裁广了，深入浅出、生动有趣的东西日渐增多了。特别是在版面上加重社会新闻的报道，有计划地、创造性地编发与人民生活息息相关的社会新闻，诸如道德新闻、灾害新闻、社会治安新闻，受到读者的欢迎。该报还加强“小言论”栏目的建设，小型评论专栏“随笔”被移至第 1 版，每天一篇，由赵超构亲自撰写，并以“林放”为笔名发表。《文汇报》在新中国成立后逐步由私营转为公私合营以至公营，以知识分子为主要读者对象，立足上海，面向全国，以宣传党和政府的文教方针、政策为主要内容，1956 年 4 月至 9 月间曾一度迁往北京改版为教育部机关报《教师报》，10 月 1 日后又恢复原名并重返上海出版。

在新闻工作改革中，研究新闻理论与新闻业务的氛围也十分浓厚。复旦大学新闻系等新闻教育与研究单位，对报纸的性质与任务、读者观念、指导性与趣味性、中国报纸的传统等问题开展了热烈的讨论。复旦大学新闻系主任王中教授于 1956 年精心撰写《新闻学原理大纲》，并于 1957 年初应上海人民广播电台等单位邀请，做了多次学术讲演。王中对报纸的性质与任务等问题做了新的阐释，他认为，报纸的性能是“为人民服务”，在新形势下，报纸有指导工作、指导生活、扶植民主、培植道德等职能，但是不赞成继续照搬列宁的报纸是“集体的组织者”的说法，主张“社会的性质变化了，整个人与人之间的关系变化了，那么报纸的性质、办报的方针也应当随着变化”。王中还提出，报纸既是政党宣传工具，又是老百姓花钱买的商品，具有工具性和商品性两重性。他认为，“‘办报卖’和‘买报看’两个方面必须结合”②。这就要求报纸很好地为读者服务，让读者自愿地去买。王中的见解，尽管在当时引起了新闻界很大的争议，但对深入研究问题是十分有益的。

关于中国报纸的传统问题，广大新闻工作者普遍认为要予以全面的继承。中国报纸有着丰富的传统与特色，仅就中国共产党领导的无产阶级新闻传播事业而言，既有在解

---

① 赵超构．赵超构文集：第 6 卷．上海：文汇出版社，1999：507，510.

② 赵凯．王中文集．上海：复旦大学出版社，2004：103，93.

放区办报的经验，也有在国统区办报的经验；既有将解放区某个村庄农民成立“变工队”的消息放在头版头条以指导具体工作的延安《解放日报》，也有按照国统区读者的新闻价值观采编新闻，但能同时表达中国共产党的立场、体现无产阶级党性原则的重庆《新华日报》，还有在国共合作中常以不偏不倚的面目出现，但本质上倾向进步力量的《救亡日报》。对于这些优良传统，理应全面继承，而不能仅仅注重继承解放区党报的传统。不少新闻工作者还提出，新中国新闻传播事业还应该借鉴旧中国出版的非共产党的进步报纸、在历史上曾发挥过进步作用的以及其他在业务上有可资借鉴之处的其他报纸的经验与特色，使社会主义新闻传播事业风格多样、各有特色。

四、新闻工作改革的收获与意义

1956 年兴起的以《人民日报》为中心的我国新闻工作的改革，是新中国成立以来新闻界的一件大事。这次改革历时一年多，从中国实际出发，注重满足人民群众的需求，为办好我国社会主义新闻传播事业开辟了道路，具有深远的意义和影响。

首先，广大新闻工作者的新闻观念得到了更新与解放。这次改革冲破了教条主义思想的束缚，破除了盲从迷信，认识到对于苏联新闻工作经验要有分析地加以借鉴，择其善者而从之，其不善者则不盲从；对于国内外资产阶级的办报经验，不能简单地一概否定，可以批判地接受其中对我们有用的成分。

其次，广大新闻工作者明确了要办好我国社会主义新闻传播事业，必须从中国的实际出发，认真研究总结继承中国新闻传播事业的优良传统与经验，并在此基础上进一步创新，使新闻传播事业的社会主义内容与中国民族形式相结合。

最后，这次改革受到了广大读者的欢迎与支持，带来了报纸发行量、特别是自费订阅量的大幅度增加。自 1956 年 10 月 1 日开始，机关、团体等单位中私人需要的报刊实行自费订阅后，报刊发行量非但没有减少，反而有所增加，一些报纸超过了预计的发行数。

当然，这次改革也有偏颇之处。在反对教条主义思想时，有的人又走向另一极端，全盘否定新中国成立后学习苏联新闻工作经验的历史必然性和受益面。在对待旧中国资产阶级报纸的传统问题上，有些人主张不加分析地学习与继承。正如毛泽东在 1957 年 3 月 10 日同新闻出版界代表谈话时所说：“目前思想偏向有两种：一种是教条主义，一种是右倾机会主义。右倾机会主义的特点是否定一切，教条主义则把凡有怀疑的都一棒子打回去，肯定一切。教条主义和右倾机会主义都是片面性，都是用形而上学的思想方法去片面地孤立地观察问题和了解问题。”[①] 1957 年下半年反右派斗争开始后，1956 年兴起的我国社会主义新闻工作的改革因反右派斗争扩大化等诸种原因而中止。

学习思考题

1. 简述新中国成立初期党和政府创建公营新闻机构、改造私营新闻机构的基本

① 中共中央文献研究室，新华通讯社．毛泽东新闻工作文选．北京：新华出版社，2014：242.

过程。

2. 在新中国已经建立的历史条件下继续强调发扬党的新闻工作优良传统有何作用与意义？

3. 简述新中国成立初期学习苏联新闻工作经验的经过。有何意义与教训？

4. 为什么说批判《武训传》、批判胡适、批判胡风是新中国成立初期思想文化宣传报道的失误？

5. 评述 1956 年社会主义新闻工作改革的经过、重点和收获。

6. 简述 1956 年刘少奇有关新闻工作谈话的内容及其意义。

第十二章

全面建设社会主义时期的新闻传播事业

1956 年社会主义改造基本完成之后，我国进入全面建设社会主义的新阶段。从 1957 年至 1966 年“文化大革命”爆发前的这 10 年，社会主义建设取得了一定的成绩，但也付出了沉重的代价。在这种背景下，中国的新闻传播事业既有快速发展的阶段，也有停滞不前甚至后退的时候。而在新闻传播实践中，虽有一些好的经验值得发扬，但出现的严重失误尤需总结。

第一节　新闻传播事业的发展与调整

从 1957 年至 1966 年，我国的报刊随着政治与经济形势的变化而变化——1958 年“大跃进”的时候曾不顾经济条件，出现过全国大办县报的局面；在三年经济困难时期，由于纸张供应吃紧，报刊不得不合并、停办、压缩发行量、减少日常版面。这一时期，新华社用 10 年的时间基本建成了国内和国际的广播通讯网，为成为世界级通讯社奠定了基础。到 1966 年初，新华社的国外分社发展到 51 个，驻外记者达 85 人，形成了以亚非拉地区为主的国际报道网。电视与广播事业、新闻教育与新闻学研究也有了一定的发展。

一、报纸与期刊的发展与调整

据统计，1957 年，我国邮发报纸总数为 1 325 种，邮发报纸的期发数为 1 508 万份，全国报纸当年的总印数为 24.4 亿份。1958 年，由于全国上下的“大跃进”，报纸猛增至 1 776 种，邮发报纸期发数为 4 473 万份，报纸当年的总印数为 39 亿份。从 1959 年开始，邮发报纸总数开始下降，1959 年为 1 390 种，邮发报纸期发数为 3 237 万份。1960 年报纸总数为 1 274 种，期发数为 2 104 万份，但报纸当年的总印数却达到 509 亿份，创下最高点。随后由于国民经济遭到严重困难，中央和各地对报刊进行了整顿和精简，到 1963 年，报纸的种数骤减到 289 种，报纸的总印数也下降至 25.8 亿份。经过国民经济的调整与恢复，到 1965 年，报纸的种数增至 343 家，期发数为 2 785 万份，全国报纸的总印数增加到 47.4 亿份。但“文化大革命”开始的 1966 年，报纸总数再次降为 49 家，报纸的总印数又下降至 36.7 亿份。这其中的起伏充分说明了新中国报刊的发展和政治形势以及经济发展息息相关。①

① 方汉奇．中国新闻事业通史：第 3 卷．北京：中国人民大学出版社，1999：254－255.

在三年经济困难时期，纸张供应非常紧张，中央曾指示压缩报纸用纸，报纸不得不大量合并或停办。《人民日报》从1961年11月开始，每天8版压缩为日出6版，星期一只出4版，发行量由133万份压缩到100万份。《解放军报》的发行份数压缩了10%，《光明日报》的发行数由13万份压至不足8万份。

报纸的调整，在一定意义上促进了晚报的发展。新中国成立初期，我国主要有两家晚报：一是新中国成立前创办的《新民报晚刊》，新中国成立后继续出版，1958年4月改名为《新民晚报》；二是1949年3月复刊的天津《新生晚报》，1952年改名为《新晚报》，1960年改为《天津晚报》。1957年10月1日，广东省委领导的《羊城晚报》在广州创刊，这是一张对开的大型综合性晚报，作为《南方日报》的辅助和补充。1958年3月15日，中共北京市委领导下的《北京晚报》创刊，这是一张小型的综合性晚报，"面向基层，补日报之不足"。赵超构在任《新民晚报》总编辑期间，倡导"短些，短些，再短些；广些，广些，再广些；软些，软些，再软些"。这一方针使《新民晚报》面貌为之一变，独具特色，发行量也因此大增，甚至出现了市民排队买晚报的现象。1961年《新民晚报》的发行量突破30万份，足以说明当时晚报对于城市居民的重要性。这四家晚报各具特色，深受老百姓的喜爱，构成了新中国成立后我国晚报的基本格局。

20世纪60年代前半期，农民报、企业报都有不同程度的发展。农民报主要是指省委机关报办的农民版或农村版，有些专区也办有农民报。企业报主要是由一些厂矿自己创办的，当时有40多种，仅1958年一年创办的就有15种。但经济困难时期，企业报发展的速度开始减缓，到"文化大革命"前已所剩不多。

这个时期还创办了一些重要的报刊。1957年8月1日，中国国民党革命委员会中央委员会主办的时事政治周报《团结报》正式公开向全国发行，它是我国当时唯一的由民主党派创办并公开发行的报纸。

1958年3月4日，《北京周报》英文版创刊，主要向国外及时报道我国政治、经济、文化和社会各方面的发展情况，发行到一些国家和地区，后来还增出了法文、西班牙文、日文、德文等多种版本。

1958年9月1日，国家体育运动委员会主办的报纸《体育报》在北京正式创办。毛泽东为它题写了报头，这是我国当时唯一的全国性的体育报纸，特色鲜明。不久，我国体育报的发展进入一个高潮，有十几个省市先后创办了地方性的体育报。

1959年元旦，中国科学院创办了院报《科学报》。1960年，由于纸张缺乏，全国的各家科技报全部停刊。

期刊在1956年社会主义改造基本完成后大约有484种，每年的总印数为5.5亿份。在1958年"大跃进"时，这个数字几乎翻了一番，达到851种，其中时事政治期刊在这一时期得到了较大的发展。1958年6月1日，中共中央主办的《红旗》杂志在北京创刊，总编辑是陈伯达，这是中共八届五中全会决定出版的中央理论刊物，旨在加强马列主义、毛泽东思想的宣传，初为半月刊，后改为月刊。在此之后各省、市、自治区也纷纷创办了自己的政治理论刊物。如中共北京市委1958年11月创办的《前线》、上海市委的《解放》、浙江省委的《求是》、河南省委的《中州评论》等。一些市委、地委甚至县委也创办了理论刊物，从中央到地方形成了一张组织严密的政治理论宣传网。

在随后的经济困难和经济调整时期，期刊的数量也大幅下降，减少到400种左右，从1962年开始才有所回升，到1963年猛增至861种，和“大跃进”时期持平。这种状况一直持续到“文化大革命”前，1965年的期刊总数仍高达790种，到1966年才跌至191种。

二、新华社的发展与调整

1956年主管新闻宣传工作的国家领导人刘少奇曾对新华社的工作做过具体指示，为新华社的发展确立了方向。作为国家通讯社，新华社在这一时期明确提出了要使自己成为“消息总汇”、成为党和政府以及人民群众的耳目喉舌的目标。

1957年，新华社在向中央呈送的一份报告中，对“消息总汇”做了说明：(1) 在全国和全世界采集和发布有关中国和外国的政治、经济、文化和其他一切重要的、引起共同兴趣的新闻（包括文字的和照片的）；(2) 在全国和全世界采集和发布一切重要的、不宜于公开报道的情况（包括文字和照片的），提供中央和有关方面参考。

（一）新华社国内外事业的发展与整改

这一时期，新华社用10年的时间基本建成了国内和国际的广播通讯网，为成为世界级通讯社奠定了基础。早在1955年底，中央就明确指示，新华社应该大发展，尽快做到在全世界都派有自己的记者，发出自己的消息。因此1956年便成为新华社驻外分社建立较快的一年，先后有10个分社建立。到1961年底，新华社的对外分社达到了40多个，新华社的国际新闻也由原来的据外电编发为主转为以自己的驻外记者发稿为主、外电为辅。

据统计，到1966年初，新华社的国外分社发展到51个，驻外记者达85人，形成了以亚非拉地区为主的国际报道网。国外的出稿站也达到26个，新华社的新闻稿可以分别用9种文字出版发行到世界近百个国家和地区。对外广播也改变了过去只有英文一种语言的状况，逐步发展到用英、法、俄、西班牙、阿拉伯5种语言对外广播。

和国外新闻传播事业的发展相比，新华社在对内的新闻报道中与《人民日报》一样，在“大跃进”中犯了同样严重的错误。比如，这一时期新华社的新闻报道中存在着大量失实、片面、虚夸的现象。一些记者，包括摄影记者，不惜违背客观事实，任意夸大渲染，甚至故意捏造、无中生有，以求达到耸人听闻的效果；也有一些记者思想方法简单，看问题比较片面，缺乏深入的调查研究，人云亦云；还有一些地方记者站的记者主动跟风，迎合上级部门的需要。这些都严重损坏了一个国家级通讯社的声誉。

有鉴于此，从1960年开始，新华社开始下大力气纠正在国内宣传报道中出现的“左”倾错误。总社从编辑部门专门抽调一部分业务骨干，探讨新华社新闻工作的基本规律，总结经验教训。经过长期的讨论与修改，到1963年初，新华社先后就国内报道、对外报道和摄影报道形成了三个文件，即：《新华社国内新闻报道中的若干问题》《国内新闻对外报道中的几个基本问题》和《改进新华社摄影报道工作的意见》。这三个文件集中探讨了新华社工作中的一些根本性问题，包括坚决遵守与维护新闻真实性原则、新闻报道必须从政治上权衡利害得失、对外报道的基本原则和形式等。

新华社进行总结时正好中央也号召大兴调查研究之风，一切从实际出发，因此新华社要求各地分社在采写新闻报道时要加强调查研究工作，做到从群众中来到群众中去。经过几年对正反两方面经验的总结与学习，新华社的记者在思想和作风方面都发生了可喜的改变，很多记者深入基层，观察生活，调查研究，推出大量优秀、成功的新闻报道。雷锋、王杰、焦裕禄、南京路上好八连等先进人物和先进集体之所以能够在广大读者中产生重大反响，均得益于新华社记者的报道。一批名记者由此诞生，如穆青、郭超人等。通过他们的笔，一大批优秀共产党员鞠躬尽瘁、死而后已的精神气概鼓舞了一代人。

（二）《参考消息》的改版和扩大发行

《参考消息》是新华社编印的一份内部刊物，创办于革命战争年代，它选载当天收到的各国通讯社和国民党中央社播发的消息，编发各国报刊、中国台湾和香港地区报刊发表的有参考价值的资料文章，新中国成立后为 16 开本，每期约十几页，仅供党内外的高级干部阅读。1956 年 12 月 18 日中共中央发出关于扩大《参考消息》订阅范围的通知，决定从 1957 年 3 月 1 日起，把阅读范围扩大到县委委员以上或相当于这一级别的党内外干部。1957 年 1 月 27 日，毛泽东指出：我们决定扩大发行《参考消息》，从 2 000 份扩大到 40 万份，使党内党外都能看到……从而增强干部和群众在政治上的免疫力。①

毛泽东对《参考消息》的扩大发行一直十分重视，他还形象地把发行《参考消息》说成是“种牛痘”，之所以连那些骂共产党的反动言论也刊登，并不是替帝国主义做宣传，而是要把非马克思主义和反马克思主义的东西摆在大家面前，让人们经受考验和锻炼，把一些消息封锁起来反而有危险。1958 年 12 月，经中共中央批准，《参考消息》的读者范围进一步扩大到机关团体、企业的干部和高等院校的学生。《参考消息》的改版和扩大发行与当时变幻的国际局势紧密相关，是为了便于党内外干部更多地了解国际时事，特别是了解我们的敌人和朋友双方面的情况。改版后的《参考消息》每天出版一期，4 开 4 版，约 20 000 字，报道面比改版前扩大，不仅仅偏重于政治、军事、外交等硬性的新闻，还增加了经济、科技、教育、体育、文化、社会等方面的内容，从以前单纯地反映国际舆论转变到同时传播信息、增长知识、扩大视野，因而深受读者喜爱。在 1957 年改版初发行量仅有 13 万份，到 1965 年 10 月已增加到 85 万份。

三、电视与广播的发展

（一）电视的发展

早在第一个五年计划中，中央广播事业局就向国务院提出了创办电视事业的想法，并得到了周恩来等领导人的同意。1957 年 8 月 17 日，中央广播事业局决定成立北京电视实验台筹备处，1958 年 5 月 1 日，中央电视台的前身——北京电视台开始试播，向全世界宣告了中国电视事业的诞生。经过 4 个月的实践，北京电视台 9 月 2 日正式开播，每

① 方汉奇．中国新闻事业通史：第 3 卷．北京：中国人民大学出版社，1999：249.

星期播出4次，每次2～3小时。1959年元旦，节目又增加到每周6次。不久上海电视台和哈尔滨电视台先后建成试播。1958年12月，中央广播事业局在北京召开全国电视台基地工作座谈会，决定从点到面，在全国逐步建立电视台。从1959年到1961年，又先后有19座省市级电视台建成开播。在随后的三年经济困难时期，许多电视台被迫停办。1962年，全国的电视台和实验台只保留了北京、天津、上海、广州、沈阳5座。1963年又增加了哈尔滨、长春、西安3座。到1966年底，全国的电视台恢复到13座。

1959年11月2日，北京电视台开始口播《简明新闻》，每次5分钟，后来成为著名节目主持人的沈力是第一位电视播音员。在早期的电视节目中，中央新闻纪录电影制片厂摄制的《新闻简报》是电视台长期的新闻节目来源，新闻片和纪录片则是电视台早期最多的报道方式，因此有人称这一时期为“新闻纪录片时代”。值得注意的是当时中国电视新闻并非完全封闭，它与一些社会主义国家还是有交流的。但总体来讲，当时电视台播发国际新闻的面相当狭窄，主要选择的是一些政治性新闻，很少播出反映当时西方世界科学发明、技术进步、文化交流、社会变化的节目。

专题节目中，社会教育性的节目居多，科普类的节目主要是科学和医学两类，知识性与服务性兼备，很受欢迎。儿童节目也很活跃。文艺类的节目，除了电影之外，当时最吸引观众的就是戏曲戏剧节目，北京的观众多次通过电视台欣赏到著名京剧表演艺术家梅兰芳、尚小云、荀慧生、马连良、张君秋等人的精彩表演。当时流行的其他舞台剧目，如昆曲《十五贯》、歌剧《洪湖赤卫队》《江姐》等，也都在电视台播出。1958年到1966年还是中国电视剧的初创时期，8年时间，大约产生了200部电视剧，其中北京电视台约占一半。由于中国的电视事业产生后不久我国就进入了三年经济困难时期，电视机生产销售的数量极少，在一万台到几万台之间徘徊，因此所播的电视剧几乎没有对当时的社会产生什么影响。

1959年5月1日，北京电视台第一次在天安门广场转播了首都人民庆祝五一国际劳动节的大会和游行的实况，10月1日又直播了庆祝新中国成立十周年的文艺晚会。此后每年的国庆节和五一国际劳动节，北京和地方电视台都对一些盛大的晚会进行转播。

（二）广播的发展

由于实行中央和地方并举的方针，1957年以后地方广播事业有了很大的发展，新建了一批中等城市电台。1957年广播电台有61座，到1960年底，全国地方电台发展到135座。1961年，北京举行了第26届世界乒乓球锦标赛，这也是我国首次举办世界性体育比赛，中央人民广播电台转播了其中的9场比赛。

在三年经济困难时期，广播电视适当减少了播音时间，强调精办节目，提高宣传质量。中央人民广播电台于1961年停办了对少数民族广播节目，恢复和新办了一批知识性、趣味性和欣赏性的节目。据统计，1962年中央人民广播电台平均每天播音47小时50分钟，比1961年减少了13小时。地方电台也减少为84座，农村的有线广播站减少了一半左右。1964年以后又恢复与发展起来，并且先后建立了一批中波发射台，扩大了覆盖面积。对农村广播一直是广播工作的重点之一，在“面向农村，为农民服务”的宗旨下，中央人民广播电台和地方台专门开办了为农民服务的科技节目与文艺节目。有28个地方电台开办了《农业科学技术》节目。

这一时期，中央人民广播电台着重提高节目质量，强调办好重点节目，一批节目越办越好，受到全国听众的广泛欢迎，如《全国联播》《新闻报摘》《国际时事》《科学常识》《在祖国各地》《阅读与欣赏》《小喇叭》。新闻性节目依旧是广播电台的主体节目，国际新闻的报道得到了加强，教育性、文艺性、服务性节目的分量有所加重，如节目预告、报时、天气预告等节目坚持办了下来。1965 年，中央人民广播电台共有四套节目，两套对国内广播的综合节目，一套文艺节目，一套对台湾的广播节目。到 1966 年底，我国对外的广播语言增加到 33 种，并且建立了向各语言节目统一提供国内国际专稿的独立的发稿部门。

四、新闻摄影与新闻纪录片的发展与调整

新中国成立初期，我国报纸版面上的新闻照片很少，到了 20 世纪 50 年代后期，报纸上的新闻照片才多了起来。如《人民日报》在 50 年代初期，平均三块版才有两张照片，有 74%的版面没有照片，即使刊登照片，尺寸也很小，多为一栏、一栏半宽。50 年代末期《人民日报》的版面上照片多了起来，大了起来，每逢党的代表大会开幕闭幕等国家大事，经常刊登通栏、30 行高的大照片。一般在头版至少有一张照片，有时多达三四张。1958 年至 1959 年，随着国内“大跃进”运动的开展，报纸的照片数量激增，如《中国青年报》《北京日报》《河南日报》《广西日报》四家报纸 1959 年平均每月刊用照片都在 200 幅到 300 幅之间。

1961 年 7 月，《羊城晚报》在头版开辟了“一周视窗”专栏，用三分之一的版面刊登照片，打破了定期照片专栏不上头版的传统习惯，为报纸增添了生气与特色。1957 年，《解放日报》和《北京日报》在“双百方针”的激励下，刊登了少量的批评性照片，令广大读者耳目一新。可惜好景不长，随着反右派斗争的发展，批评性照片立刻销声匿迹。

为了扩大图片宣传，全国各地开展了形式多样的摄影展览活动。与此同时，中国的摄影作品开始打入国际摄影界，屡次获奖。1958 年 9 月，在匈牙利举行的社会主义国家新闻图片展览会上，陈勃摄的《雨越大干劲越大》荣获一等奖，这是新中国成立以来我国在国际摄影舞台上第一次获奖。不幸的是，生机勃勃的新闻摄影工作在反右派斗争等政治运动中也受到了冲击。一批有为的摄影工作者受到批判或撤职、降级等处分。新闻摄影的题材和内容日益狭窄，新闻照片的艺术性、趣味性被置于政治性之后，甚至被忽略。

新闻摄影中“组织加工、摆布导演”的风气十分流行。当时新华社发稿的摄影照片中，有 80%是经过摄影记者人为的加工与导演的。“政治挂帅，该摆就摆”“事实为政治服务”的观点深刻地影响了摄影界的工作作风，新闻摄影的真实性原则遭到了严重破坏。在“大跃进”中，为了配合“放卫星”的宣传，一些地方的摄影记者刻意作假，以达到以假乱真的效果，影响十分恶劣。这种状况一直延续到“文化大革命”，使中国的新闻摄影走进了死胡同。

新闻纪录片作为记录时代的重要载体，在“大跃进”中也获得了发展。1958 年有关

部门在全国建立了31个电影制片厂生产新闻纪录片。1958年和1959年两年，新闻纪录片的产量相当于前8年的总和。到1962年前后，绝大多数制片厂下马。在全国上下的“大跃进”中，新闻纪录片的拍摄不可避免地也出现了浮夸现象。1960年2月，文化部召开第一次全国新闻纪录电影工作会议，较多地讨论了拍摄中的真实性问题，强调了党的实事求是的原则，对制止浮夸与虚假起到了一定的作用。

五、新闻教育与新闻学研究的发展与调整

（一）新闻教育的发展

1958年以后，我国新闻教育事业有了一个较大的发展，新创办了一批新闻教育单位。1958年6月，北京大学中文系新闻专业正式并入中国人民大学新闻系，壮大了中国人民大学新闻系的教师队伍，该系发展成为我国新闻教育事业的一个重要基地。

1959年9月，北京广播学院成立，它的前身是1958年创办的北京广播专科学校，这是我国第一所培养广播电视各类专门人才的综合性高等学校。创办初期设有新闻、外语、无线电3个系，共11个专业。随后，湖南、福建、山东、上海、江西、吉林、广东、陕西等地也建立了广播学校。

复旦大学新闻系1961年曾招收过两名新闻史专业的研究生。这是当时唯一培养过新闻学研究生的大学。1958年至1960年还出现了一些新闻教育单位，如江西大学新闻系、杭州大学新闻系、南京大学中文系新闻专修科、暨南大学中文系新闻专业、吉林大学中文系新闻专业、山东大学中文系新闻专业等。1961年到1963年，新闻教育事业也进行了调整，许多新闻教育单位纷纷停办或停止招生，只有中国人民大学新闻系、复旦大学新闻系和北京广播学院继续开办并坚持一直招生，成为当时最重要的三个新闻教育基地。

（二）新闻学研究的发展

虽然经过1957年的反右派斗争扩大化，进行自由的新闻学研究已经困难重重，但是，这个时期我国的新闻学研究还是有了进一步的发展。中国人民大学新闻系和复旦大学新闻系相继编写了一批新闻教材，涉及新闻理论、新闻事业史和新闻业务等方面。1959年中国人民大学出版了内部铅印教材《中国现代报刊史讲义》，这是我国第一部以马克思列宁主义为指导的中国报刊史。中国人民大学新闻系还编辑出版了一批新闻文集和文选，如《马克思恩格斯论报刊》《列宁论报刊》《中国报刊工作文集》《批判资产阶级新闻学资料》《外国新闻事业概况参考资料》等。复旦大学则编辑了《中国报刊研究文集》《中国报刊通讯报告选》《中国报刊评论文选》等书籍。

1959年中共中央马恩列斯著作编译局研究室编写的《五四时期期刊介绍》出版，共三集，详细介绍了《新青年》《每周评论》《湘江评论》等在五四新文化运动中发挥重大历史作用的主要期刊及其主要内容，并附有这些期刊每期所发表文章的完整目录。上海图书馆编辑的《辛亥革命时期期刊总目》也很有资料价值。

新闻单位也编辑出版了一些类似经验汇编的书刊，如新华社编辑出版了《新华社社

论选》《新华社评论选》《我们的经验》等，人民日报著名记者田流撰写了《怎样写通讯报道》。1957年12月1日，中华全国新闻工作者协会创办了研究新闻学理论、交流新闻工作经验、讨论新闻业务的刊物《新闻战线》，该刊由人民日报社主办，是当时新闻学研究中的重要刊物，对全国的新闻工作都具有指导意义。该刊1960年7月与新华社的《新闻业务》合并，改名为《新闻业务》，由人民日报社、新华社和中华全国新闻工作者协会共同主办。

（三）新闻学研究中“左”倾错误及对其的纠正

由于“左”倾错误的影响，新闻研究以及当时出版的书刊中，也不可避免地将“报纸是阶级斗争工具”这一论点绝对化，而对其他正确的理论、观点进行盲目的批判。这就不得不提到1960年中国人民大学新闻系的“学术批判运动”。

中国人民大学新闻系根据教学需要编写了六本讲义。1960年6月，一些思想较“左”的学生以这些讲义为“靶子”，掀起了揭批“修正主义和资产阶级新闻学”的运动。这些讲义中的基本观点大部分是阐发马克思主义经典作家的观点，如“报纸是人民教科书”“记者是社会活动家”，然而在极“左”思潮的影响下，一些教师和学生认为这些观点是丧失阶级性的，认为说报纸具有“提供消息、传授知识、交流经验”的功能是修正主义新闻观，“报纸的真实性是新闻工作的根本原则”被扣上了“公然反对党性”的帽子；他们认为记者是党的驯服且奋发有为的工具，而不是什么社会活动家。甚至连列宁在社会主义建设时期的“报纸是对群众进行经济教育的工具”等论点也被说成是“否认报纸是阶级斗争工具”。1961年，中宣部派出调查组到中国人民大学新闻系进行调查，重新组织师生进行讨论，澄清了理论上的一些是与非，为受批判的教师和教材平了反。

第二节　从反右派斗争到“大跃进”运动的新闻报道

在10年的时间里，我国在政治上先后发生了1957年的整风与反右派斗争扩大化以及1959年庐山会议之后的反右倾运动。每一次运动之后，“左”倾错误虽然得到一些矫正，但迫于当时的政治形势，并没有得到彻底的根除，全国范围内政治、经济、文化等众多领域中的“左”倾路线不断加剧，新闻传播事业作为意识形态领域的重要组成部分，首当其冲，深受其害。媒体在整风运动中盲目鼓励大鸣大放，充当了“引蛇出洞”的工具，在“大跃进”中推波助澜、大放卫星，鼓吹共产主义穷过渡，给国家与人民造成了无法弥补的损失。一些新闻报道违背基本的新闻规律，以“假、大、空”代替真实的事实报道，教训极其深刻。

经过“大跃进”的狂热之后，党和政府主管宣传的领导和新闻界的同志一起对新闻工作进行了反思，在此基础上，重提调查研究的重要性，大兴调查研究之风。1960年冬以后，新闻媒体的宣传报道工作有了一定的改进，媒体的知识性、趣味性得到了加强，新闻工作者与理论工作者都进行了一些有益的探索，试图在实践中拓展一条适合中国国情的、生动活泼的新闻工作道路，但这些探索和1956年新闻界的改革一样来去匆匆，淹没在阶级斗争的大潮中。

一、大鸣大放中的新闻报道

1956 年我国社会主义改造基本完成，标志着社会主义制度在新中国已经建立起来。同年 4 月，毛泽东在中共中央政治局会议上提出将“百花齐放，百家争鸣”作为我国发展科学、繁荣文学艺术的方针。1957 年 2 月，毛泽东在第十一次最高国务院扩大会议上做了《关于正确处理人民内部矛盾的问题》的报告；3 月，毛泽东又在全国宣传工作会议上发表重要讲话，再次强调“百花齐放，百家争鸣”是一个基本的、长期的方针。

当时参加全国宣传工作会议的有许多新闻界的同志，毛泽东专门召集新闻界的代表开了一次座谈会，着重谈了当时新闻工作中的若干重要问题。后来根据中央档案馆保存的记录稿，这次谈话被整理为《同新闻出版界代表的谈话》于 1982 年发表。从发表的文章看，这次谈话涉及的内容非常多，如毛泽东讲“社会主义国家的报纸总比资本主义的报纸好……我们的报纸毒少，对人民有益”；如他专门针对《新民晚报》讲报上的文章“短些，短些，再短些”是对的，“软些，软些，再软些”要考虑一下。他还提出“在阶级消灭之前，不管通讯社或报纸的新闻，都有阶级性”①，完全客观的报道是没有的。他还承认，在办报方面，共产党不如党外人士，现在是外行领导内行。

在谈话中毛泽东专门表扬了上海的《文汇报》，说“你们的报纸搞得活泼，登些琴棋书画之类，我也爱看”②。复刊不久的《文汇报》因其主要使命是团结知识分子，促进科学文化的繁荣发展，因而在宣传贯彻“双百”方针方面确实比较积极，开设了“百家争鸣论坛”，以《电影的锣鼓》为开端，相继开展了对尊师重道、马寅初的新人口论、出版工作问题、汉字改革问题的讨论，产生了深远的影响。

然而在北京，大多数知识分子对于大鸣大放还有各种顾虑。1957 年的 4 月 10 日，毛泽东召见《人民日报》总编辑邓拓、副总编辑胡绩伟等，严厉批评说，最高国务会议和宣传会议已经开过一个月，共产党的报纸没有声音，你们按兵不动，反而让非党的报纸拿去我们的旗帜整我们。“过去说你们是书生办报，不对，应当说是死人办报。你们多半是同中央的方针唱反调，是抵触，反对中央的方针，不赞成中央的方针。”③

毛泽东一向认为新闻界的同志马克思主义修养不够，最易出修正主义。所以一方面，毛泽东把报纸作为实施“阳谋”、“引蛇出洞”和“钓大鱼”的工具，一方面又从新闻界开刀，最后钓上来的“大鱼”和“毒蛇”正是《文汇报》与《光明日报》两家。

（一）整风鸣放中的新闻界

1957 年 4 月 13 日《人民日报》发表长篇社论《正确处理人民内部矛盾》，全面报道毛泽东在最高国务会议上的讲话，以求能弥补“过失”。从 1957 年 5 月起，报纸把整风运动作为一项重大的中心工作来宣传报道。

---

① 中共中央文献研究室．毛泽东文集：第 7 卷．北京：人民出版社，1999：262，263.

② 徐铸成．徐铸成回忆录．北京：三联书店，1998：263.

③ 顾行，成美．邓拓传．太原：山西教育出版社，1991：89.

整风运动开始后，自由“鸣放”的空气热烈起来，民主党派和无党派人士也确实本着“知无不言，言无不尽”的精神向中国共产党和当时的领导人提出了许多诚恳的意见，各报纸以大量的篇幅客观地报道了各种座谈会上的发言。随着“大鸣大放”的进一步开展，各种各样的声音逐渐混杂在一起，既有善意的批评，也有恶意的攻击，还有一些虽然言辞很尖锐、很逆耳却并非恶意的言论，报纸的编辑人员对于一些偏激的言论显然不知该如何处理。这时中共中央于5月14日和16日连续发出《关于报道党外人士对党政各方面工作批评的指示》，对各级党报的宣传报道方针做了具体的规定：(1) 我们党员对党外人士的错误批评，特别是对于右派分子的言论，目前不要反驳，以便使他们畅所欲言，我们各地的报纸应该继续充分报道党外人士的言论，特别是对右倾分子、反共分子的言论，必须原样地、不加粉饰地报道出来，使群众明了他们的面目；(2) 对少数有反共情绪的人的带有煽动性的言论，应放手让他们发表，并且暂时不要反驳；(3) 对于有关市场物价、外交政策和个别肃反案件的消息和言论必须加以领导和控制。

事实上整风运动开始后，毛泽东一直关注着在鸣放中出现的各种言论，他曾提醒中央的领导同志要注意看上海的《文汇报》《解放日报》，北京的《光明日报》《北京日报》，南京的《新华日报》等。面对众多意见中过激、片面和错误的言论，他认为这是右派分子对社会主义的进攻，应该予以反击。而在反击的方法上，他采取了“诱敌深入”的办法，要求中央及地方的党报“不登或少登正面意见，对资产阶级反动右派的猖狂进攻不予回击”，“让魑魅魍魉，牛鬼蛇神‘大鸣大放’，让毒草大长特长”，“等待时机成熟，实行反击”①。

在“大鸣大放”运动中，表现较为突出和影响较大的是《文汇报》和《光明日报》。《文汇报》是中共上海市委领导下的以知识分子为主要对象的报纸，不是党的机关报。当时的总编辑是老报人徐铸成，柯灵任副总编辑。此外还聘请了一些社外编委，如上海的周谷城、傅雷、舒新城、罗竹风、王中、陈虞孙等，北京则有夏衍、姚溱、罗列、臧克家、刘思慕、徐盈、彭子冈等。在“大鸣大放”中，《文汇报》大量刊登了各种批评意见，在编排处理上也比较突出，在文化教育界引起强烈反响。反右派斗争中，《文汇报》成了被“钓”上来的大鱼，很多人被打成右派，成了政治运动的牺牲品。

《光明日报》当时是各民主党派和无党派人士共同主办的一张报纸，以统一战线和文教工作为报道重点。当时的社长由中国民主同盟副主席、农工民主党主席章伯钧兼任，总编辑是九三学社中央宣传部副部长储安平。作为一个资产阶级自由主义知识分子，储安平在新中国成立前就以办《观察》杂志、大胆放言而享有一定声誉。1957年4月，他接任《光明日报》总编辑，正赶上“鸣放”，他派记者分赴九大城市，以《光明日报》的名义，邀请民主党派人士和高级知识分子座谈对正确处理人民内部矛盾、“双百方针”以及“长期共存，互相监督”的看法与意见，并发表座谈纪录11次，共占了12个版，约13万字。在6月1日中共中央统战部召开的党外人士整风座谈会上，储安平大胆向中国共产党提意见，公然称党的统治为“党天下”，第二天《光明日报》竟全文发表了这篇文章，紧接着《文汇报》全文转载了该文。这自然引起了党中央的警觉，储安平为此遭到

① 文汇报的资产阶级方向应当批判．人民日报，1957-07-01.

了严厉批判，成为这次运动中引出来的最大的“毒蛇”之一。

在报道整风的同时，新闻界也就自身的工作展开了“鸣放”。在当时有两件事影响很大：一是“左叶事件”，二是首都新闻工作者座谈会。

1957年4月17日，苏联最高苏维埃主席团主席伏罗希洛夫在刘少奇的陪同下参观农业展览会，由当时任农业部部长助理的左叶担任向导，并负责维持秩序。由于现场比较拥挤，左叶与中国新闻纪录电影制片厂的摄影师韩德福发生了争执，左叶出言不逊，引起各报记者反感。第二天，《中国青年报》在场参加摄影采访的记者洪克写了一篇题为《部长助理与摄影师》的小品文，不点名地批评了左叶。《文汇报》发表该报记者的北京专电《新闻记者的苦恼》，报道了这个事件，同时还专门配发了社论《尊重新闻工作者》，对左叶进行了较为尖刻的讽刺。《北京日报》也报道了这件事，并举行了记者座谈会。《人民日报》则发表了文章《要学会尊重人》和诗歌《官僚架子滚开》，还配发了讽刺性的漫画。5月11日，新华社又发了通稿，使这件事的影响进一步扩大，并由此引发了全国新闻界关于新闻工作者地位和反官僚主义的大讨论。

1957年3月，中国新闻工作者第一次会议在北京召开，正式宣布成立中华全国新闻工作者协会（简称全国记协）。5月16日至18日，中华全国新闻工作者协会研究部、中国人民大学新闻系和北京大学中文系新闻专业联合在北京举行了第一次首都新闻工作者座谈会，200多位新闻界人士参加了会议。与会者就当时新闻理论和新闻实际工作中存在的问题各抒己见，“鸣放”的氛围非常热烈。一些学者、老记者尤其是非党报的编辑记者对于当时党报的现状深为不满，认为当时的中宣部根本不懂办报的一般规律，不讲究宣传艺术，也不重视宣传效果，把报纸办得像“布告牌”“留声机”“翻版书”。老报人张友鸾形象地说：报纸有两种姿态，一种是板起面孔正襟危坐的严师，一种是和颜悦色无话不谈的良友，严师有一位就行了，良友却是愈多愈好。复旦大学新闻系主任王中还认为，随着社会的变化，报纸的性质和作用也要有相应的变化。报纸是阶级斗争的宣传工具这种观点已经不适应形势，对于读者，报纸首先是借以获得知识和信息的出版物。读者花钱买报，我们要对得起人家的五分钱。有的与会者谈到了新闻自由与新闻体制，认为我国的新闻自由、言论自由及出版自由非常缺乏，主张多办几家通讯社，允许同人办报，不要党报一统天下。一些与会者还提出，旧中国的民营报纸在编辑、采访、写作、经营管理方面积累了许多经验，形成了很多好的传统，不应全盘否定。

当然这次会议并非一边倒，很多人对于上述问题也表达了不同的看法和意见。

（二）新闻界的反右派斗争

1957年6月8日，毛泽东为中共中央起草了《组织力量反击右派分子的猖狂进攻》的党内指示，同一天《人民日报》发表社论《这是为什么》，标志着大规模的反右派斗争正式开始。次日该报又发表了社论《要有积极的批评也要有正确的反批评》，指出要对“大鸣大放”中那些错误的破坏性的批评进行反批评。

《人民日报》对于新闻界自身的反右派斗争起了主要的推动作用。14日，《人民日报》发表了《文汇报在一个时期内的资产阶级方向》，将《文汇报》在“大鸣大放”期间的政治方向定义为“资产阶级方向”和“反共反人民反社会主义的方向”，并断定《文汇报》有一个“民盟右派系统”。由《人民日报》公开点名批判另一家报纸，这在全国还是第一次。时隔半月，7月1日，《人民日报》又发表了毛泽东亲自撰写的社论《文汇报的资产阶级方向应当批判》，文章分析了《文汇报》《光明日报》《新民报》三家报纸的表现，认为《光明日报》经过几次批判会后，立场基本转过来了，“像一张社会主义的报纸了”；《新民报》认真改正错误，表现出对人民负责的态度；唯有《文汇报》仍在为自己的资产阶级方向辩护。《文汇报》不得不于6月16日发表自我检讨的社论《明确方向继续前进》，并召开座谈会，揭露自己“在整风运动期间所犯的资产阶级方向错误”，公开承认自己在整风运动期间确实成为“章罗联盟向无产阶级猖狂进攻的喉舌”。由于反右派斗争，《文汇报》的发行量从十多万份跌到两三万份，处境十分艰难。

与此同时《光明日报》也发表文章，检查自己所犯的错误，并揭批总编辑储安平的办报思想。上海《新民晚报》的社长兼总编辑赵超构也不得不检讨自己的资产阶级办报路线。《大公报》《中国青年报》《北京日报》也纷纷发表编辑部文章和社论，检讨自己在“鸣放”中的表现，自扣帽子，以求过关。反右派斗争开始后，从6月24日到8月中旬，在北京又召开了第二次首都新闻工作者座谈会，有400余人参加了会议，重点批判了“新闻界的右派分子”，如《光明日报》社长章伯钧、总编辑储安平，《文汇报》的总编辑徐铸成、驻京办事处主任浦熙修，以及复旦大学新闻系主任王中等。在第一次座谈会上一些同志发表的观点也受到了批判，如王中被扣上了“资产阶级右派在人民新闻和文教事业中的代理人”的大帽子，说他的《新闻学原理大纲》是“反党反马克思列宁主义的资产阶级的反动纲领”。陆诒、顾执中、陈铭德等人也受到了大大小小的批判，并都被划为右派分子。

7月1日，《人民日报》发表社论对两次新闻工作者座谈会做了完全不同的评价，“一次否定，一次否定之否定”。8月14日《人民日报》又发表了《“左叶事件”报道失实》一文以及社论《对新闻工作的一个教训》，“左叶事件”被说成是“新闻界的右派分子向党的新闻事业发动进攻”，是“反党反社会主义”的。8月15日《文汇报》也发表了《“左叶事件”的沉痛教训》。《中国青年报》文艺部主任吴一铿因为编发了《部长助理与摄影师》一文而被打成“右派分子”，含冤而死。

新闻界的反右派斗争一直持续到1958年。据统计，从1957年6月至9月底，仅被《人民日报》点名批判的新闻界右派分子就达104人，其中不乏总编辑、副总编辑以及著名报人。到1958年2月，上海新闻界被错划为右派分子的达129人之多，其中仅《文汇报》就有21人。[①] 在反右派斗争宣布取得胜利、进行总结的过程中，又在新闻界负责人中补划了右派，如中央广播事业局副局长温济泽因提出改进对外广播的意见，于1958年10月被补打成右派。

（三）新闻界的教训

整风及反右派斗争的扩大化给新中国成立后中国新闻传播事业的发展造成了极为严重的后果，“左”倾错误思想的抬头和急剧膨胀使“报纸是阶级斗争工具”的观点片面地

① 马光仁．上海当代新闻史．上海：复旦大学出版社，2001：195.

得到发展，更为日后新闻界在“大跃进”和“文化大革命”中所犯下的错误埋下了隐患。

一大批有经验的新闻工作者被迫离开了自己热爱的新闻工作岗位，一些正直的新闻工作者的思想观念经过一番“洗礼”，不敢讲真话，人人自危。以《人民日报》1956年改版为代表的新闻改革在反右派斗争扩大化的过程中也半途而废，一些有益的、积极的建议和探索被当作资产阶级自由化思想遭到了批判，新闻改革以来初步形成的生动活泼的面貌被“大鸣大放”“大辩论”等形式所代替，报纸变成了群众大规模阶级斗争的舆论阵地，其固有的其他功能日渐萎缩。

二、“大跃进”与新闻宣传

和政治上的混乱相比，1957年我国在经济建设方面取得了超额完成第一个五年计划的好形势。在这种形势下，党内“左”倾冒进思想进一步发展，将理性的反冒进看成是右倾保守的体现，忽视一般经济规律、急于求成的心理占了上风，很快导致了以高指标、瞎指挥、浮夸风和共产风为特征的“大跃进”运动。

（一）新闻媒体与“大跃进”

新闻媒体的宣传对于“大跃进”运动的开展起了推波助澜的作用。早在1957年10月11日，《人民日报》就在社论中提出，我国的农业生产要在5年内赶上和超过富裕中农的生产水平，并称之为一个“大跃进”。1958年元旦，《人民日报》发表了受到毛泽东表扬的社论《乘风破浪》，其中指出，“我们要在15年左右的时间内，在钢铁和其他重要工业产品产量方面赶上和超过英国”，“再用20年到30年的时间在经济上赶上并且超过美国”。“超英赶美”的高指标便成为“大跃进”的战略任务。2月2日《人民日报》的社论又宣称：“我们国家现在正面临着一个全国大跃进的新形势，工业建设和工业生产要大跃进，农业生产要大跃进，文教卫生事业也要大跃进。”1958年5月，中共八大二次会议正式提出“鼓足干劲，力争上游，多快好省地建设社会主义”的总路线，全国各条战线的“大跃进”形势一发不可收拾，各新闻单位开始大张旗鼓地宣传总路线，宣传“大跃进”。

“大跃进”时期的宣传主要体现在农业生产宣传中的“浮夸风”与工业生产中的“瞎指挥”。所谓“浮夸风”是指大放农业生产的高产“卫星”。1958年6月7日，新华社郑州分社播发了一条消息《惊人的高产卫星》。第二天《人民日报》在头版居中一个并不显眼的位置刊登了这条消息，标题是《卫星社坐上了卫星，五亩小麦亩产2 105斤》。这条新闻的主角是河南遂平县的卫星农业社。没过几天，河南西平县又爆出了小麦亩产7 320斤的大“卫星”。《人民日报》7月12日的头版头条再次报道了这条假新闻。从此以后全国掀起了“卫星”攀比的浪潮。粮食的亩产最高纪录不断地被刷新，不出半个月，水稻的亩产量已达到几万斤。诸如此类的假报道在全国各地的报刊上可以信手拈来。这些报道明显违反基本的生产常识，而且没有经过调查研究，极大地损害了报纸的形象。

1958年8月，中共中央决定1958年生产钢1 070万吨，比1957年翻一番。为了实现这个高指标，当时新闻单位开始大规模地宣传“以钢为纲”和全民炼钢运动。在全民大炼钢铁的基础上，报纸上又开始大放钢铁“卫星”。《破釜沉舟全力以赴，九月破万吨，十月过两万，河北力争生铁扶摇直上》《首都钢铁星期日，城里城外一片红，七十万人大炼钢》等醒目的标题被刊登在报纸上最显眼的位置。一些报纸还开设了大炼钢铁的“各省进度表”，大家你追我赶，唯恐落后于人，因此只好大搞虚夸。《人民日报》开辟了“比一比”专栏，发表各省的计划数字与实际完成情况，这个专栏无疑给各地造成很大的压力。到 1958 年底，各新闻单位报道说，1 070 万吨钢的生产任务已经胜利完成，而实际上，土法炼钢导致了大量的废铁废钢。

1958 年 8 月，毛泽东视察河北、河南、山东等地，发出“办人民公社好”的指示，同月，在北戴河会议上发表了《关于在农村建立人民公社问题的决议》，人民公社化运动在全国迅速展开。8 月 18 日《人民日报》发表题为《人民公社好》的报道，肯定了人民公社有十大优越性，声称“一个由社会主义迈向共产主义的伟大社会改革——建立人民公社的运动，正在河南信阳地区蓬蓬勃勃地展开”。随后各新闻单位围绕这些精神立即展开大力宣传，刮起了一股“共产风”。从报纸上看，共产主义在我国的实现确实如中央所说，“已经不是什么遥远将来的事情了”。

与此同时，在理论宣传上，当时的报纸错误地宣传了“唯意志论”，即片面地强调人的主观能动作用，“不怕做不到，只怕想不到，只要能想到，一定能做到”“人有多大胆，地有多大产”等唯心主义色彩浓厚的口号和句子在报刊中随处可见。当时一些领导者一手拿着高指标，一手拿着右倾的帽子，逼着新闻工作者虚报浮夸，所以有“右倾帽压出高指标”的说法。有的新闻工作者在采访报道中了解到真实的情况，反映了真实的情况，往往被扣上“右倾分子”“反对三面红旗”的大帽子，受到不公正的待遇。在党报的宣传史上，1958 年是极不寻常的一年，部分记者头脑发热，满怀着革命浪漫主义的精神认真办报，犯了大错。

（二）新闻界的“大跃进”

在全国各行各业“大跃进”的形势下，新闻界自然也无法脱离这种环境的影响，也开展了“大跃进”运动。先是制定了“跃进规划”，继而“挑战应战”“开展评比”。1958 年 2 月 27 日，人民日报社举行了动员大会，宣布了《苦战三年工作纲要（草案）》。这个纲要提出的口号是：苦战三月，使报纸面貌焕然一新；苦战三年，使报社面目大大改观。在动员大会后，报社内部开展了热火朝天的群众运动，部门和个人都制定了跃进规划，开展了各种形式的挑战与竞赛活动。报社成立了报纸研究组，天天评报插红旗，评出好新闻、好标题、好版面、好评论。①

在中央党报的带动下，全国媒体都出现了“大跃进”的局面。同年 3 月，新华社总社召开国内分社会议，提出新华社国内部苦战三年的工作计划。此后新华社召开了一系列的会议，进一步提出要把新华社建成无产阶级的、以东方新闻为权威的世界级通讯社，并且将苦战三年的计划提前到 1958 年年内完成。中央广播事业局也于 1958 年 4 月召开了第五次全国广播工作会议，制定了广播工作“大跃进”的方针，制定了《苦战三年的

① 聂眉初．头脑发热的日子//人民日报报史编辑组．人民日报回忆录．北京：人民日报出版社，1988：146.

工作纲要》，要多快好省地办节目、办事业。在“大跃进”的形势下，中央人民广播电台的新闻节目从每天的 11 次增加到每天 15 次。现场广播大会成为当时经常运用的一种形式。许多广播电台十几天甚至几天就召开一次现场广播大会，听众动辄几百万甚至上千万，造成了极大的人力和物力的浪费，山西省广播电台曾在 8 个月之内召开了 36 次现场广播大会，创下了历史纪录。

（三）深刻的教训

1960 年冬，党中央开始纠正“左”倾错误，“大跃进”运动及有关的宣传报道这才停止。经过“大跃进”运动，新闻工作者对新闻真实性原则的重要性有了新的认识。在“大跃进”中，报刊上出现了无数的假新闻，大多数新闻工作者都违反了新闻真实性的原则。这固然和当时不正常的政治环境有关，有着特定的社会历史原因，但这并不能成为逃避自我反思的借口。

1958 年秋天，毛泽东到河北、河南等地农村视察，看到了高指标、瞎指挥、浮夸风和“共产风”带来的许多混乱现象，受到了很大触动，开始采取措施来纠正“大跃进”运动中的错误。在这一时期毛泽东也对新闻界做过几次重要的指示。1958 年 11 月，他曾强调：“做报纸工作的，做记者工作的，对遇到的问题要有分析，要有正确的看法、正确的态度。”① 他要求记者要到下面去，不能人家说什么，你就反映什么，要有冷静的头脑，要做比较。他特别告诫：“记者的头脑要冷静，要独立思考，不要人云亦云。”② 1959 年 6 月，毛泽东看了新华社关于广东水灾的内部参考材料，在上面批示：“广东大雨，要如实公开报道。全国灾情，照样公开报道，唤起人民全力抗争。一点也不要隐瞒。政府救济，人民生产自救，要大力报道提倡。工业方面重大事故灾害，也要报道，讲究对策。”③

1961 年，刘少奇在一次总结谈话中指出几年来新闻宣传工作的错误是：在宣传生产建设成就方面的浮夸风；在推广先进经验方面的瞎指挥风；在政策宣传和理论宣传方面的片面性。他还指出，“大跃进”的错误报道，中央负一半的责任，《人民日报》也要负一半的责任。《人民日报》搞了那么多错误的东西，影响很坏，可以说有报纸的害处，比没有报纸的害处还大。

根据毛泽东和刘少奇的指示，新华社、人民日报社等新闻单位开始对“大跃进”的宣传报道进行降温，反省“大跃进”运动中的错误，并试图着手改进。但实际上，当时从中央到地方，相当多的领导并没有真正意识到党的思想路线上的“左”的错误的严重性。1959 年 8 月召开的庐山会议本来是准备反“左”的，但当彭德怀、周小舟、黄克诚、张闻天等对“大跃进”提出一些意见、表达真实的看法时，立即遭到毛泽东的坚决抵制，并对彭德怀等人进行了无情的批判，随后又以此为由在全党展开了新一轮的反右倾斗争。新闻界也不得不从反“左”转为批右，开始对所谓的“右倾机会主义”进行批判。刚刚降温的浮夸报道又开始抬头。这种状况一直持续到三年经济困难时期。

---

① 中共中央文献研究室，新华通讯社．毛泽东新闻工作文选．北京：新华出版社，1983：211.

② 同①212.

③ 同①214.

第三节　60年代初期的新闻传播事业

鉴于“大跃进”给国民经济和人民生活造成严重困难的深刻教训，1961年1月，党的八届九中全会正式决定对国民经济实行“调整、巩固、充实、提高”方针。随着国民经济的好转，新闻传播事业已经渡过了凋零期，开始逐渐复苏，并有所发展。新华通讯社逐步奠定了自己成为世界级通讯社的基础，一些脍炙人口的优秀报道影响深远。但这种复苏极其短暂，随着“千万不要忘记阶级斗争”口号的提出，新闻宣传中“左”倾错误又开始抬头，并有所发展，且愈演愈烈。也是在这一时期，中国的报纸逐步形成了党报一统天下的格局，一些在新中国成立前创办的有独特传统的报纸不得不改弦更张，和中央步调一致，致使新闻媒体失去“纠错”机制。

一、新闻宣传中“左”倾错误的发展

1962年，毛泽东在党的八届十中全会上发出了“千万不要忘记阶级斗争”的号召，强调阶级斗争要“年年讲，月月讲，天天讲”，“以阶级斗争为纲”成为主导意识形态领域的准则，意识形态领域中正常的学术讨论又被火药味十足的政治批判所代替。在这次会议上李建彤的长篇小说《刘志丹》被康生等人诬为“为高岗翻案的反党大毒草”，毛泽东为此专门指出：“利用写小说搞反党活动，是一大发明。凡是要想推翻一个政权，首先是制造舆论，搞意识形态，搞上层建筑。革命如此，反革命也如此。”① 这部小说当时还是征求意见的样本，只有一部分曾经在《工人日报》上连载，结果与之有关的编辑都受到审查，报社的党组也多次进行检查却不能过关。

1963年5月，《文汇报》开始批判孟超创作的昆曲《李慧娘》和廖沫沙在《北京晚报》发表的肯定此戏的评论文章《有鬼无害论》，全国上下遂开始大批“鬼戏”，孟超、廖沫沙被批判为利用厉鬼“向共产党复仇”。第二年，毛泽东肯定了这一批判，而且还批评《人民日报》一直对宣传“有鬼无害论”不做交代。

1964年，毛泽东批评各文艺协会和他们所掌握的刊物大多数都跌到了修正主义的边缘。1964年8月，毛泽东在《中央宣传部关于公开放映和批判影片〈北国江南〉〈早春二月〉的报告》上批示：可能不只这两部影片，还有别的都需要批判，使修正主义材料公布于众。全国的报刊开始批判一些颇有影响的、融思想性艺术性于一体的优秀电影，如《不夜城》《林家铺子》《舞台姐妹》《红日》《兵临城下》等，达10部之多。

这年的下半年，报刊开辟了大批判阵地，在历史学方面展开了对李秀成评价的讨论，批判了翦伯赞、吴晗的“非阶级观点”；在哲学方面则开展了对杨献珍的“合二为一”论的批判；在美学方面批判了周谷城的“时代精神汇合论”；在经济领域批判了孙冶方的价

① 中共中央文献研究室．关于建国以来党的若干历史问题的决议注释本（修订）．北京：人民出版社，1985：369．

值规律。这种批判几乎波及所有的文学艺术与社会科学领域，动辄将学术观点的讨论提高到两个阶级、两条路线的斗争上来。

上海的《文汇报》于1965年11月11日突然抛出了姚文元的《评新编历史剧〈海瑞罢官〉》这枚“重磅炸弹”。1959年4月，毛泽东在不同场合提出要学习海瑞精神，时代需要直言敢谏、刚正不阿的忠臣。6月，明史专家吴晗应胡乔木之约，根据毛泽东的精神为《人民日报》写了《海瑞骂皇帝》一文，发表于6月16日的“读书札记”栏目。这都发生在庐山会议之前。庐山会议之后，胡乔木又约吴晗为《人民日报》再写一篇关于海瑞的文章，这便是9月21日发表的《论海瑞》一文。同年北京京剧团请吴晗写一部关于海瑞的戏。吴晗于1960年底将剧本写成，初名《海瑞》，后接受别人的意见改为《海瑞罢官》，1961年正式演出。这出戏公演以后，在社会上引起强烈反响，得到观众的好评。毛泽东看了《海瑞罢官》的戏后也很喜欢。然而江青等人为了实现个人的野心，多次向毛泽东指出，《海瑞罢官》是替彭德怀翻案，有严重的政治问题，毛泽东接受了这种观点，默许江青组织人写批判《海瑞罢官》的文章，1965年11月10日，由姚文元执笔的《评新编历史剧〈海瑞罢官〉》一文，经毛泽东亲自审定后在上海《文汇报》发表。

当时北京的报刊因为搞不清楚这篇文章的来历，而且对于如此突然公开点名批判一名北京市的副市长感到不可思议，都拿不准要不要立即转载。由于这篇文章的出台事先并没有告知主持工作的中央领导人刘少奇和周恩来，中央书记处的同志也没有想到文章有什么大的来头，包括中宣部也是一头雾水，因而当各大报纸请示要不要转载时，他们认为此文并不代表中央的意见，可以不转载。

11月下旬，毛泽东看到只有华东的一些省报对该文进行了转载，而北京并没有什么报纸转载姚文，就命令上海把此文印成小册子向全国发行，上海新华书店急电全国的新华书店征求订数。在北京主持中央日常工作的领导这才告知北京各大报纸迅速转载“姚文”。这时距《文汇报》发表该文已有20多天。《人民日报》11月30日转载此文时，颇费了些心思，将它放在了第5版“学术研究”，表明了编辑部依然希望能将这个问题限定在学术争鸣的范围。当时还专门配发了编者按，明确指出：“对海瑞和《海瑞罢官》的评价，实际上牵涉到如何对待历史人物和历史剧的问题，用什么样的观点来研究历史和怎样用艺术形式来反映历史人物和历史事件的问题。我们的方针是，既允许批评的自由，也允许反批评的自由；对于错误的意见，我们也采取说理的方法，实事求是，以理服人。”① 北京的许多家报社以此为方针，在刊登姚文元的文章之后，相继发表了许多不同观点的学术文章，其中包括邓拓以向阳生为笔名发表的《从海瑞罢官到道德继承论》、中宣部副部长周扬主持写作的《〈海瑞罢官〉代表一种什么社会思潮》等文章。《人民日报》为了表示自己的倾向，在刊登各种稿件时，还特意将拥护姚文元观点的文章排在最重要的位置，而且尽量少刊登对姚文持反对意见的文章。后来还发表了吴晗写的《关于〈海瑞罢官〉的自我批评》。但“姚文”显然是“醉翁之意不在酒”，因而无论《人民日报》及北京多家报纸怎样努力，也无力挽回大局。

---

① 人民日报，1965-11-30.

林彪在这个时期还通过报刊大造对毛泽东的个人崇拜。正是他在1961年提出“解放军报应当经常刊登毛主席的有关语录”[①]，从那年的5月1日起，《解放军报》开始摘登毛泽东语录，这也是在报刊上突出宣传毛泽东的开端。1964年3月，林彪再次指示《解放军报》：“要尽量使用党中央、毛主席提出的全国性的语言，如果来稿没有这种语言，编辑部审稿时要加上去。”另外《红旗》杂志从1960年11月起，对毛泽东等革命领袖的引文开始使用黑体字，以和正文区别开来，各报纷纷仿效。

对于这些蓄意制造个人崇拜的行为，刘少奇、邓小平以及中宣部的一些同志是有所警觉的，并曾努力加以控制，对于全国各地学习毛泽东著作的活动中存在的简单化、庸俗化和形式主义的倾向也极力进行了纠正。1964年刘少奇指出，现在学大庆、学毛选、学解放军都有形式主义的问题，并批评了新闻宣传中的形式主义，说《人民日报》发表的典型太多，太多了就有可能出现虚假。邓小平也曾指出，典型宣传不要太集中，对典型也要做全面评价。直到1966年2月，吴冷西还向宣传部门传达，中央对林彪提出的“毛泽东思想是当代马克思列宁主义的顶峰，是最高最活的马克思列宁主义”这一提法有不同的意见，主张宣传毛泽东思想不要起哄，不要庸俗化、简单化，不要搞形式主义。[②]

然而“左”倾路线的发展在当时就像一匹脱缰的野马，已经失去控制。

二、全党办报、群众办报

全党办报、群众办报的兴起还得从毛泽东的一封信讲起。1958年1月12日，毛泽东写了《给刘建勋、韦国清的信》，在信中他强调“省报问题是一个极重要问题，值得认真研究”，“一张省报，对于全省工作，全体人民，有极大的组织、鼓舞、激励、批判、推动的作用”；“精心写作社论是一项极重要任务，你们自己、宣传部长、秘书长、报社总编辑，要共同研究。第一书记挂帅，动手修改一些最重要的社论，是必要的”[③]。这封信的发表，赋予党报新的作用与任务，对全党办报提出了新的要求，也掀起了一个全党办报的新的高潮。

1月15日，毛泽东在和当时的新华社社长、人民日报社社长吴冷西谈话中强调，评论“要组织大家写，少数人写不行”，“各部门，各版可以竞赛”，“报社的人应该经常到下边去……下去又做工作，又当记者”。[④] 毛泽东的指示传达出去后，各省委第一书记和省委普遍加强了对省委机关报的领导，许多省的第一书记挂帅，撰写文章，发表讲话，论述党的方针政策以及新闻工作的问题，给新闻工作以重要指导，抓党报的宣传方向，抓社论，抓新闻干部的培养，将党报置于党委的绝对领导之下。有的党委书记甚至亲自到报社办公，一起制订宣传计划、值夜班。许多省委书记亲自抓报纸工作，总结全党的办报经验。

在各级党委的领导下，各地广泛建立和加强了通讯组织，党委通讯组大面积地发展

① 韦梅雅．《毛主席语录》编发始末．协商论坛，2000（4）.
② 童兵．主体与喉舌：共和国新闻传播轨迹审视．郑州：河南人民出版社，1994：101-102.
③ 中共中央文献研究室．毛泽东文集：第7卷．北京：人民出版社，1999：338.
④ 中共中央文献研究室，新华通讯社．毛泽东新闻工作文选．北京：新华出版社，1983：203，204.

起来，成为有影响的一种通讯形式。很多新闻单位在贯彻全党办报、群众办报方面进行了有益的尝试。《人民日报》1960 年曾同《河北日报》《解放日报》《云南日报》等地方报纸的编辑合作，共同写作一些论述地方重要典型经验的评论。《西藏日报》也曾向全国的党报发出电报和信件，请求帮助该报编辑“兄弟省（区）介绍”的专页，结果得到了许多省（区）报纸的积极响应。《解放军报》则形成了全军办报的局面，1962 年共收到部队来稿来信近 20 万件，采用了 8 000 多件，其中头版头条和重要文章达 1 500 多件。来稿的作者从将军到士兵都有，人数达 5 000 多人。

三、先进典型的宣传与报道

宣传先进典型在 20 世纪 60 年代成为新闻宣传报道的主要成绩，关于雷锋、大庆、大寨和焦裕禄的报道，在全国产生了广泛的影响。

《中国青年报》1960 年 2 月 28 日在头版用整版的篇幅发表了该报记者写的通讯《为了六十一个阶级弟兄》，并配发社论《又一曲共产主义的凯歌》，生动地报道了山西平陆 61 名筑路民工因食物中毒生命垂危时，得到首都军民和当地干部群众全力支援而及时获救的事件，宣传了在社会主义的大家庭中“一人有事，万人相助；一处困难，八方支援”的共产主义精神。次日，《人民日报》全文转载了通讯与社论，并加了编者按予以高度赞扬。接着全国多家报纸和刊物纷纷转载，还据此排成戏，拍成电影，广泛传播。

1960 年 5 月至 6 月间，新华社报道了我国登山队第一次从北坡胜利登上珠穆朗玛峰的辉煌事迹。《人民日报》发表了新华社记者郭超人写的长篇连载通讯《红旗插上了珠穆朗玛峰》和《珠穆朗玛山中的日日夜夜》，报道了登山队不畏艰险勇攀高峰的英雄气概。

从 1963 年起，对于雷锋的宣传报道是这一时期规模最大、影响最大的关于先进人物典型的新闻报道。在雷锋因公殉职后，《辽宁日报》立即开始突出宣传雷锋的先进事迹，《人民日报》于 1963 年 2 月 7 日发表了通讯《毛主席的好战士——雷锋》和《雷锋日记摘抄》。新华社为此发了通稿。《中国青年报》自 1963 年 3 月至同年 10 月，关于雷锋的宣传达 50 多万字，占这个时期报纸版面的十分之一，可见规模之大。《中国青年》3 月出版学习雷锋的专辑时发表了毛泽东的题词：“向雷锋同志学习。”《人民日报》3 月 5 日在头版发表了这则题词，对雷锋事迹的集中大力宣传，使得雷锋精神深入人心，整整影响了一代人的精神世界。

焦裕禄是 20 世纪 60 年代中期新闻报道中另一个影响深远的先进人物。《人民日报》1966 年 2 月 7 日发表新华社记者穆青、冯健、周原采写的通讯《县委书记的榜样——焦裕禄》，报道了河南兰考县委书记焦裕禄的感人事迹。这篇几经修改、饱含深情完成的经典通讯不仅感动了成千上万的读者，在中国新闻通讯的写作史上也占有重要的地位。

毛泽东 1964 年号召“工业学大庆，农业学大寨”，之后全国的新闻单位进一步大力宣传这两个重要的先进集体典型。《人民日报》记者袁木、范荣康合写的通讯《大庆精神大庆人》是报道大庆的优秀代表作，以“铁人”王进喜为代表的大庆人所体现出来的爱国主义情操，独立自主、自力更生、艰苦奋斗的创业热情以及无私忘我的奉献精神成为全国各行各业学习的典范。新华社记者莎荫、范银怀采写的《大寨之路》是报道大寨的代表作之一。

四、杂文的大发展

杂文从五四时期以来就是我国报刊的重要文体之一。以鲁迅为代表，我国的报刊杂文在20世纪三四十年代曾经达到很高的水准，深受广大读者的欢迎。60年代初期，我国的报刊出现了又一批有影响的杂文专栏和优秀的报刊杂文家。

"燕山夜话"是《北京晚报》1961年3月19日在副刊《五色土》上开辟的一个杂文专栏，由著名报人邓拓执笔，每星期二、星期四刊登两次，署名马南邨。到1962年9月2日结束时，共发表杂文152篇。这个专栏题材十分广泛，作者旁征博引，议论横生，将知识和思想熔于一炉，写得引人入胜，发人深省，以深刻的思想、丰富的知识和特有的文采赢得了群众的喜爱，不久结集成书出版，当时共计印行30万册之多，广为流传。

邓拓写这些杂文时刚刚48岁，正是一个政论家与史学家的黄金时代，他的杂文虽是短短千字的文章，却将其广博的知识、丰富的实践经验、高深的理论修养、精湛的写作技巧融为一体。

"三家村札记"是北京市委理论刊物《前线》半月刊从1961年第19期起开辟的一个杂文专栏，到1964年第13期止，共发表杂文67篇。这个专栏由邓拓发起，由他和吴晗、廖沫沙三人负责执笔，故名"三家村"，他们起了一个共用的笔名"吴南星"，三人轮流执笔，每篇千字左右，文责自负，内容也互不干涉，自由选题。执笔人若因故写不出时也可请他人代笔，所以其中有5篇是由其他作者代劳的。

"长短录"是《人民日报》1962年5月4日在副刊上开辟的一个杂文专栏，到同年12月8日止，共发表杂文37篇，主要作者是夏衍、吴晗、孟超、廖沫沙和唐弢五位杂文作家。专栏主持人是《人民日报》文艺部的陈笑雨。以上三个报刊的杂文专栏在当时都十分有影响，办得有声有色，针砭时弊不遗余力，谈古论今包罗万象，深受读者的喜爱。不幸的是，后来在"文化大革命"中他们都成为被重点批判的对象，邓拓、吴晗等人还为此付出了生命。

第四节　主要新闻思想研究

从1957年反右到"文化大革命"爆发前，对新闻传播事业发展产生影响的新闻思想主要来自当时党和国家的主要领导人。毛泽东从战争年代开始就关心党的新闻传播事业的发展，不但亲自为报纸写评论、消息，而且对党报的发展提出过许多精辟的指导理论。在这10年中，从党的新闻政策的制定到新闻报道的导向，毛泽东都亲自参与，他的新闻思想发生的各种变化无一不影响着中国新闻传播事业的走向。刘少奇作为当时主管新闻宣传的主要领导人，也多次对新闻宣传中存在的问题发表意见，他的思想也是党的新闻思想的重要组成部分。邓拓 20 世纪 30 年代起投身党的新闻传播事业，作为著名的记者、报刊政论家、杂文家，以及党报《人民日报》的总编辑，在长期的新闻实践中，也初步形成了自己的新闻思想。他们的新闻思想从不同的层次构筑了当时中国新闻思想的大厦。

一、新中国成立后毛泽东新闻思想研究

一般认为，毛泽东的新闻思想是中国共产党集体智慧的结晶。新中国成立后，作为中国共产党的领袖和社会主义建设的领导核心，同时作为中国新闻传播事业的掌舵者和意识形态领域的权威领导人，毛泽东有了更广阔的空间架构自己的新闻理论体系。

毛泽东认为报纸属于意识形态，是一种上层建筑，是一定社会经济基础通过新闻手段的反映，在社会主义国家，报纸是社会主义经济即公有制基础上的计划经济通过新闻手段的反映，无论是在社会主义国家还是资本主义国家，通讯社、报纸和广播电台都毫无疑问地具有阶级性，是为一定阶级的利益服务的。因而报刊是革命的手段，是阶级斗争的工具，它能够使党的路线方针政策最迅速最广泛地同群众见面。

在办报方面，毛泽东一贯主张全党办报和群众办报，而不是少数人关起门来办报。同时毛泽东一向重视宣传的策略与艺术，强调没有调查就没有发言权，要有实事求是的态度，他还身体力行倡导生动活泼新鲜有力的文风和为中国老百姓所喜闻乐见的中国作风与中国气派。这些思想结合中国的国情，继承和发展了马克思主义新闻思想，奠定了我国新闻工作的理论基石。

但由于种种原因，毛泽东的新闻思想在新中国成立后背离了马克思主义的方向，发展出一些致命的错误，严重干扰了中国新闻传播事业的健康发展，在一定时期内还造成了相当的历史悲剧。如我们前面所提及的 1957 年“反右”和“大跃进”，对国家和人民都造成了不可挽回的损失，新闻传播事业也损失惨重。

二、刘少奇新闻思想研究

作为中共中央政治局分管新闻工作的领导人，刘少奇曾对新华社、广播事业局以及人民日报社的工作做过许多重要的指示，是党在新的历史条件下对新闻学的重大发展，可以看作对毛泽东新闻思想的重要补充。1961 年 5 月，刘少奇曾对《人民日报》进行了严厉的批评，提出有时“有报纸的害处比没有报纸的害处还大”。刘少奇充分认识到当时报纸宣传中存在的危险性，在承认报纸联系党和人民群众的重要作用的同时，认为报纸如果给群众以错误的东西，散布错误的思想、理论、政策，把群众中的消极因素、落后因素、破坏因素鼓动起来，就会犯大错误，报纸的宣传不一定总是能起到好的作用。

刘少奇也十分看重调查研究，他多次强调报纸工作人员就是调查研究的专门工作人员，报上的一切文章都应该是调查研究的结果。他对于报纸宣传中存在的表面现象、形式主义、耸人听闻的报道深恶痛绝，认为这是受资产阶级新闻观点的影响。他还说：报

纸是阶级斗争最尖锐的工具，几年来报纸在敌我界限方面分得比较清楚，有敌我观念，但是非界限方面就分不清楚，是非不分，什么是不正确的，不应该宣传，还搞不清楚。这些话语是对当时新闻宣传实践的科学总结与归纳，一针见血、一语中的，其深度与广度都远远超过了同时代的人，即使今天对我们的现实仍然有着指导意义。可惜他的这些思想在当时极“左”思潮的影响下根本无法得到贯彻实施，在“文化大革命”中更遭到林彪、江青反革命集团的恶意攻击，被全盘否定。

三、邓拓新闻思想研究

邓拓 1937 年起进入革命根据地，从事党的报刊工作并长期担任主要的负责人。1949 年起担任《人民日报》总编辑、社长，他亲自主持了 1956 年《人民日报》的改版工作，在《人民日报》的示范下，全国的新闻传播事业曾经呈现出欣欣向荣的局面。1957 年邓拓当选为全国记协主席。因在整风期间的宣传报道中按兵不动，没有盲目跟风，被毛泽东批评是“书生办报”“死人办报”，而不是“政治家办报”，邓拓被迫离开了《人民日报》，1958 年改任中共北京市委分管文教的副书记，负责主编理论刊物《前线》杂志，并为《北京晚报》开辟“燕山夜话”专栏，撰写知识性杂文，深受读者喜爱。他所写的新闻理论的文章，主要收集在《邓拓文集》第 1 卷，约有 15 篇。

邓拓最重视的是报纸的社论工作，在他主持《人民日报》工作期间，社论形成了每月平均篇幅逐年增长的趋势：1948 年平均每月 8 篇，1950 年为 11 篇，1952 年为 14 篇，1954 年为 22 篇，随后则是每天都有社论了。邓拓认为：“一篇社论是一期报纸的旗帜；其他形式的评论文章也都代表报纸的政治见解。因此，报纸的评论工作应该被看成是思想工作的主要表现形式。”① 在担任《人民日报》总编辑的 8 年间，他亲自撰写或修改的社论和评论，仅经毛泽东审阅的就有 46 篇，经周恩来审阅的有 153 篇。同时邓拓也很重视报纸的理论宣传，提出报纸应当经常地就党和国家的总任务和实际生活的各项问题，进行马克思列宁主义的解释。他还强调理论宣传要从实际出发，以解决实际问题为目的，力戒教条主义倾向，不必要的大量引证马克思主义经典著作和随便创造不成熟的理论的现象必须停止。

邓拓对办报的任务与目的也有着独特的见解，他认为全国性报纸与地方性报纸是有区别的。全国性报纸的责任是全面地反映全国建设工作的成就，解释全国性的问题与任务，从全国的观点出发并照顾到各地方的特殊条件来反映地方生活，解释地方的成就与经验，并把它们普及到全国去。全国性报纸还负有解释中国的国际状况和中国政府的外交政策、保卫世界和平的任务。而地方报纸应当以大部分的篇幅来发表地方的材料，国内和国际新闻所占的篇幅不应超过二分之一。地方报纸应当从地方的实际情况出发，并按照地方的实际需求发表其他地区的经验与材料。

邓拓十分重视改进新闻报道，认为报纸上的长篇大论不是新闻，千篇一律枯燥无味的新闻也必须改革。他提出：“新闻必须用事实说话，必须选择全国人民有共同兴趣的事

① 邓拓文集：第 1 卷．北京：北京出版社，1986：289.

实；必须报道刚刚发生的事实；必须写活的人和人的活动；必须对稿件进行认真检查，保证事实的准确。缺乏以上条件的就不叫做新闻。”[①] 邓拓一生笔耕不止，写了大量的杂文和许多优秀的新闻报道，他亲身实践了他所倡导的“简明的科学的生动的文风”，为我们留下了许多脍炙人口的文章。

学习思考题

1. 1957 年至 1966 年中国新闻传播事业的发展变化有哪些主要特点？请解释这些特点形成的原因。

2. 通过了解“左叶事件”以及《光明日报》《文汇报》在整风运动中的命运，分析这十年我国新闻传播事业的发展背景。

3. 1958 年的“大跃进”给中国的新闻传播事业带来了哪些影响？“大跃进”之后，新闻传播事业从哪些方面进行了改进？

4. 请说明邓拓杂文的特点以及 20 世纪 60 年代报纸杂文兴起的主要原因。

① 邓拓文集：第 1 卷．北京：北京出版社，1986：293.

第十三章

“文化大革命”时期的新闻传播事业

“文化大革命”使党、国家和人民遭到了中华人民共和国成立以来最严重的挫折和损失。新闻传播事业是重灾区之一。这一时期，1949年以来的新闻传播事业被全面否定，“把新闻战线上的大革命进行到底!”成为主旋律。这也直接导致大多数报纸停办，大批新闻工作者离开了工作岗位。1968年底，全国省级以上的报纸仅余42种，全国性的报纸只剩下4种。以《人民日报》、《求是》杂志和《解放军报》组成的“两报一刊编辑部”的评论成为各报在重要时间、重要位置转载的“全国新闻联播”。

与此相伴的是“文革小报”与“红卫兵小报”的短暂涌现，北京地区有确切记载的小报近千种，全国出版的各类小报达6 000种。

一直以“广老大”自居的广播事业第一次停滞不前，跌入低谷。刚刚起步的电视事业遭遇暂时的挫折。

第一节　新闻传播事业的艰难发展

1966年5月，中央政治局扩大会议通过“五一六通知”。同年8月，八届十一中全会通过《中国共产党中央委员会关于无产阶级文化大革命的决定》，标志着“文化大革命”的全面发动。十年间，从中央到地方的重要新闻单位被夺权，大批新闻工作者离开了自己的工作岗位，大多数报纸停办，最少的时候，全国只剩下42种省级以上的报纸，直至1978年，全国仍只有186种报纸。

在此期间，电视事业取得了一定的成绩。1973年我国开始试验播出彩色电视。1978年6月25日中央电视台对第11届世界杯足球赛决赛实行直播，这是我国第一次经国际通信卫星传送电视直播节目。到1978年，我国共建成32座电视台。

新闻媒体的广告业务则被视为“资本主义生意经”，除了“样板戏”的演出广告和《红旗》杂志的出版广告外，其他广告在大众传播媒体上几乎消失。

一、罕见的“千报一面”

在“文化大革命”开始前进行的对邓拓、吴晗、廖沫沙即“三家村”的批判中，首都新闻单位由于反应迟钝、表现消极，为毛泽东所不满，成为被夺权的主要对象。《解放军报》《光明日报》《文汇报》代替《人民日报》成为制造舆论的旗手。

1966 年 5 月 9 日，在首都几家主要报纸负责人参加的会议上，陈伯达严厉地批评了《人民日报》一个时期以来的各种“错误”，责令人民日报社向中央做书面检查，同时让总编辑吴冷西停职反省。

1966 年 5 月中共中央政治局扩大会议召开期间，《解放军报》和《光明日报》同时发表题为《邓拓的〈燕山夜话〉是反党反社会主义的黑话》的材料以及系列文章，把《北京晚报》的“燕山夜话”和《前线》杂志的“三家村札记”斥为“猖狂向党向社会主义进攻的毒箭”，把北京市委领导下的《北京日报》《北京晚报》《前线》称为“反党工具”。5 月 10 日，上海的《解放日报》与《文汇报》又同时发表姚文元的文章《评“三家村”》，第二天全国各地报刊均转载，邓拓、吴晗等人在一夜之间成为全国上下口诛笔伐的“反党反社会主义黑帮”。1966 年 5 月 17 日，邓拓含冤去世。

从发表《评新编历史剧〈海瑞罢官〉》到“五一六通知”正式传达，《人民日报》作为党中央机关报，却处处落伍，处处被动，不得不跟在别的报纸后面转载重要的文章。5 月 31 日夜里，陈伯达率工作组到人民日报社，改组了报社的班子，掌握报纸每天的版面，同时指导新华社的广播电台的对外新闻。6 月 1 日，《人民日报》发表毛泽东亲自撰写的社论《横扫一切牛鬼蛇神》，向全国下达了开展“文化大革命”的总动员令。从此《人民日报》的地位大变，一夜之间成为“文化大革命”的发动者、领导者的舆论喉舌和得心应手的工具，一篇社论动辄全国各大报纸纷纷转载、电台纷纷转播，可以左右全国的舆论导向。

1967 年元旦，《人民日报》《红旗》杂志联合发表社论《把无产阶级文化大革命进行到底》，社论指出 1967 年是“向党内一小撮走资本主义道路的当权派和社会上的牛鬼蛇神，展开总攻击的一年”。中央人民广播电台将全文播出 8 遍。1 月 3 日与 4 日，上海《文汇报》和《解放日报》先后被造反派夺权接管，次日《文汇报》刊载“上海工人革命造反总司令部”等 11 个造反组织的《抓革命、促生产，粉碎资产阶级反动路线的反扑——告上海全市人民书》。《人民日报》于 1 月 19 日发表社论《让毛泽东思想占领报纸阵地》，称《文汇报》和《解放日报》的夺权“把人民喉舌的命运紧紧掌握在自己的手里。这是我国无产阶级文化大革命发展史上的一件大事，是我国无产阶级新闻传播事业发展史上的一个新创举”。

在林彪、江青两个反革命集团的操纵下，红卫兵造反派以造反夺权为名，肆意冲击国家法律允许出版的报纸期刊，使绝大多数报刊处于瘫痪状态。各地造反派夺取政权，成立了“红色政权”——革命委员会，到 1968 年 9 月，全国除台港澳以外的 29 个省、市、自治区都建立了“红色政权”，实现了所谓“全国山河一片红”。原省、市、自治区的机关报都改为革命委员会的机关报，有的报纸还改了名或者重新题写了报头，甚至重新编号出版，以示与原来的党委机关报彻底决裂。1967 年 1 月 3 日，中共中央发出《关于报纸问题的通知》，指出省市报纸可以停办闹革命，但是不应当停止代印《人民日报》《解放军报》《光明日报》。

1968 年 9 月 1 日，《人民日报》、《红旗》杂志、《解放军报》编辑部以“两报一刊编辑部”的名义发表了评论《把新闻战线的大革命进行到底——批判中国赫鲁晓夫反革命修正主义的新闻路线》，文章指出“经过斗争，中国赫鲁晓夫及其新闻界的代理人被揪出来了。他们所推行的资产阶级新闻路线，遭到了可耻的破产”，全面否定建国以来的新闻传播事业和新闻队伍，认定新中国成立18年以来的新闻战线是黑线专政，把刘少奇的马克思主义新闻学观点说成是资产阶级新闻路线，妄图以资产阶级的“客观”“真实”“公正”的口号取代无产阶级报纸的党性和阶级性，把彭真、罗瑞卿、陆定一、周扬、邓拓、吴冷西、梅益等思想、文化界的主要领导人诬蔑为“狐群狗党”“反革命修正主义分子”，指责他们“妄图使新闻事业变成颠覆无产阶级专政、复辟资本主义的工具”。陈伯达将新闻界说成是“反革命独立王国”，新华社的广大干部被诬蔑为“一筐烂西红柿”，人民日报社的干部则被说成有“一股邪气”，红旗杂志社的干部都应该“用铁扫帚扫出去”。

文章提出要“宣传好毛泽东思想，这是我们办好报纸的最高标准。要用毛泽东思想统帅新闻报道的一切方面，最迅速最准确地传达毛主席的声音，使毛泽东思想同广大工农兵群众结合起来，成为自觉的行动，变为改造世界的无穷无尽的力量”。倡导一切新闻机关，“不应当关门办报，应面向群众”，坚决遵照毛主席的伟大教导，勇敢地从各种旧框框、旧习惯的圈子里跳出来，吸收有无产阶级觉悟的有生产实践经验的工人到报社中来，大量培养不脱离生产的工农通讯员，“打破知识分子成堆的状况”。

“文化大革命”的十年间，社会主义建设在一些领域仍然取得了一定进展，工业交通、基本建设和科学技术方面，尤其是国防尖端技术取得的成就，增强了我国的综合国力和国防战略防御能力。比如1966年10月我国第一次成功进行了发射导弹核武器的试验；1967年6月成功爆炸了第一颗氢弹；1970年4月成功发射第一颗人造地球卫星“东方红一号”（简称“两弹一星”）；1972年成功提取青蒿素；1973年首次培育成功籼型杂交水稻；等等。这些重大新闻在报纸上的重要位置都有报道。

总体而言，各地报纸由本报记者采写的稿件少之又少，从头到尾是新华社的通稿，而且一个整版通常只发三四条消息，大多是经验总结之类的文章，根本没有鲜活的新闻，因而也无法向读者传递真实的信息。除了重要的政治新闻和重要的外交活动需要及时报道外，其他报道大多没有时效，只能称作“旧闻”。反倒是香港的一些报纸如《明报》开辟了“北望神州”之类的中国新闻版，专门报道“文化大革命”中所发生的事情。因此各种关于“文化大革命”的消息总是先发表于香港，再被转载至内地，小道消息满天飞。由于当时的政治形势十分复杂，报刊又不做详细的报道，广大读者只好根据报纸上有限的消息和图片来揣度政局的变化，从领导人的排名顺序、接见外国要员的次数到出席国庆或“五一”劳动节庆祝活动的名单，都成为研究的资料。

从新闻媒体的数量来看，“文化大革命”期间的报纸、期刊数量骤减。报纸的出版数量是近百年来最少的。到1968年底，全国报纸总数仅余42种，全国性的报纸只剩下4种。1971年稍有增加，达195种，然后又逐年降低，“文化大革命”结束的1976年有182种。① 各省市的晚报、专业报基本停刊，每个省（直辖市）只剩下一张党报。

但这一时期报纸的印数并没有明显的降低，反而有很大的上升。各地方报纸80%以上的版面都用来刊载新华社电讯和《人民日报》等中央级报刊的文章，出现了新中国成立以来也是中国新闻史上罕见的“千报一面”的特殊景象。每有重大事件发生，“两报一

① 中国报刊出版统计．中国新闻年鉴，2000.

刊编辑部”的文章便代表中央的声音，成为统一全国舆论和号令全党全国的指挥棒。它经常披露中央的最新、最高指示和新的运动口号，发布最新的战略部署，因而具有极大的权威性。

报纸的广告业务在“文化大革命”期间被视为“资本主义生意经”，除了“样板戏”的演出广告和《红旗》杂志的出版广告外，其他广告在报纸上几乎消失。

二、小报的兴衰

“文化大革命”开始后，随着各种“红卫兵”组织和“造反”组织的出现，社会上涌现出一大批“文革小报”与“红卫兵小报”。北京地区有确切记载的小报近千种，全国出版的各类小报达 6 000 种。这种小报开始是油印，后来大都发展为铅印，先是在学校、机关、工厂内部发送，随后逐渐向社会发行扩散。印数每期几千份、上万份以至十几万份不等，多为不定期刊，随出随停，随意性很大，大多没有正式、固定的编辑机构，也没有向有关管理部门申请、登记注册。

据北京主要图书馆的调查统计，北京地区近千种的小报大致可以分为几类：一是由大专院校、中等学校以及跨院校的红卫兵组织出版的小报，约有 300 种；二是各级党政机关群众组织办的报纸，超过 100 种；三是厂矿企业群众组织、革委会办的报纸，约有 30 种；四是文化艺术界办的报纸，约有 42 种；还有其他各行各业的群众组织出版的各类小报。这些小报中连续出版超过 10 期的约有 185 种，约有 700 种小报出版期数不足 10 期，出版 1 期即销声匿迹的小报也有 60 多种。《新北大》出版 200 期，清华大学的《井冈山》出版 156 期，北京地质学院的《东方红报》出版 149 期，北京航空学院的《红旗》出版 118 期，这些都是当时在全国颇有影响的小报，曾通过北京市邮局办理过全国发行。

作为特定历史时期的产物，从 1966 年夏到 1968 年秋是小报的活跃时期。1966 年 8 月 17 日，毛泽东为北京大学“文革筹委会”主办的新校刊题写了刊名，表示了对新报刊的支持。在此期间，《人民日报》、中央人民广播电台曾多次转载、摘播小报编辑部、小报记者撰写的文章，以一种特殊的形式肯定了小报的存在，因而在一定程度上助长了小报的快速发展。这些小报在“文化大革命”初期填充了大批合法报刊停办后留下的新闻空白区，形成了当时特有的由少数几家大报发号施令，指明方向，众多小报呐喊助威的舆论宣传阵势。[①]

当群众组织因对领导和运动的形势持有不同观点而形成互相对立的派性组织时，小报便成为党同伐异的工具，互相攻击、恶意谩骂甚至肆意歪曲事实，刊登一些未经核实的小道消息、内幕新闻，扰乱了正常的社会秩序。1967 年 5 月 14 日，中共中央发布了《关于改进革命群众组织的报刊宣传的意见》。文件首先肯定了各种小报及传单在宣传战线上所起的重要作用，然后强调小报必须坚持正确的政治方向，还对小报宣传做了详细具体的规定，如不准擅自刊登和印发毛主席没有公开发表的文章、讲话、批示，中央的内部文件、会议记录和内部讲话也不得随意刊登，不得公开发表反对人民解放军的文章，

① 印红标．“文革”中的群众组织小报//新闻研究资料：总第 56 辑．北京：中国社会科学出版社，1992.

必须严格保守党和国家的机密等。“我们队伍中也还有一些同志，从小山头的私利出发，或者对无产阶级司令部的指示断章取义，各取所需，发表耸人听闻的消息和图片，以制造某种舆论；或者不顾大局，不顾无产阶级的利益，肆意发表各种资料、文件，严重泄露了党和国家的机密：这些都是十分错误的，是资产阶级新闻路线的流毒在文化大革命中的恶劣表现，必须坚决加以纠正。”①

从公开支持红卫兵和群众组织办小报到发文对小报进行种种规定与限制，反映了中央领导对小报态度的变化。小报兴起的初期，正值“文化大革命”初期党、政、文化组织陷于瘫痪，社会信息渠道不畅，小报提供了一种渠道，传达出在大报和正规报纸上看不到的消息，也是新出现的基层群众扩大自己影响的得心应手的工具和武器。但小报毕竟是时代的特殊产物，是无政府主义的体现，缺乏最基本的纪律约束，引发了各种各样的混乱，这也是中央不得不对小报进行管理的主要原因。随着各种群众组织的解体和消失、各大学校的停办和学生的上山下乡，“文革小报”慢慢退出了历史舞台。

三、广播、电视与其他媒体

“文化大革命”中，广播电视也深受极“左”思潮的影响，成为林彪、江青反革命集团手中的舆论工具，为他们篡夺党和国家最高权力的阴谋服务。

（一）广播

1967 年 1 月，中共中央发出《关于广播电台问题的通知》，决定对地方人民广播电台实行军事管制，一律停止编辑和播送地方自办节目，全天转播中央人民广播电台的节目。1 月 18 日，上海人民广播电台首先被实行军事管制。年底中央广播事业局也被实行军管。中央人民广播电台一大批办得有特色的节目在这一时期被迫停办，原来的理论节目被改成《工农兵活学活用毛主席著作》；深受少年儿童喜爱的《小喇叭》《星星火炬》被改为《红小兵》《红卫兵》节目，和其他节目一样，每日照播最高指示和中央“两报一刊”编辑部的大文章。1971 年经中共中央批准，中央人民广播电台在许多节目开始时，使用这样的祝福语：“同志们，首先共同祝愿我们伟大的领袖毛主席万寿无疆!”而一些节目的结尾经常选用《国际歌》为结束音乐。

对台湾地区广播的节目大部分停办，保留下的节目同样失去了原来富有人情味的特点，变成了千篇一律的政治说教。在相当长的时期内，各地广播电台的文化报道和文艺节目中，只能反复地播放八个“样板戏”，排斥古今中外的优秀文化，剥夺广大人民群众正常的精神文化需求，使欣欣向荣的广播事业备受摧残。同样，对外广播也经常充斥着“左”的政治说教，各种语言的对外广播节目，同对内广播一样，经常连续全文播出有关“文化大革命”方针政策的长篇社论、文章以及领导人的讲话，照本宣科地播送毛泽东著作，有知识性、趣味性的内容少得可怜，对中国优秀文化的介绍也让位于对阶级斗争形势的分析。地方人民广播电台更是遭到了巨大的破坏。在各省、自治区、直辖市先后成

① 把新闻战线的大革命进行到底：批判中国赫鲁晓夫反革命修正主义的新闻路线．人民日报，1968－09－01.

立革命委员会以后，地方电台陆续恢复了少量的自办节目，但是基本没有地方特色，同中央台的节目从内容到形式保持绝对一致。

“文化大革命”期间，中央人民广播电台长期以来形成的庄重、朴实、亲切、自然的播音风格被破坏，广播节目充满声嘶力竭的大喊大叫，形成了高调门、平淡、空洞的“播音八股”，听众和广播电台建立起来的亲密关系日益疏远，广播电台收到的听众来信少之又少，影响力不断下降。新中国成立后广播战线坚持走民族化、大众化、通俗化、口语化道路，发挥广播所特有的优势，摸索出来的一条适合广播特点的传播道路，在“文化大革命”中被说成是修正主义路线，遭到全盘否定，使新中国成立后发展迅速、一直以“广老大”自居的广播事业第一次停步不前，跌入低谷。

但这一时期的广播事业也取得了一些意想不到的进展。中央人民广播电台对外广播进一步扩大，十年间增加了 12 种外语广播，对外广播用语达到 39 种，位居世界对外广播前列。农村的有线广播得到较大发展，基本上建成了以县广播站为中心、以公社广播放大站为基础、联结千家万户的农村有线广播网。

（二）电视

“文化大革命”的爆发也使刚刚起步的中国电视事业遇到暂时的挫折。1967 年初，全国 13 家电视台，除上海和广州电视台外，其他电视台一律停播。

1970 年，中央广播事业局会同有关部门，召开了全国电视专业会议，确定了集中主要力量研制彩色电视、同时适当发展黑白电视的发展战略。会后大多数省开始恢复和建立正规电视台。到 1971 年，全国电视台发展到 32 座，除了北京与西藏外，中国各省、自治区、直辖市都有了电视台。

其实早在 1959 年我国就开始了彩色电视的研制工作，到 1960 年，我国的彩色电视实验已经取得成效，却由于当时的国民经济严重困难而不得不中止，所以到 1970 年才重新开始。国务院批准筹建北京、上海、天津、四川彩色电视试播台，并于 1972 年派代表团出国考察西方彩色电视的发展状况，决定以 PAL[①] 为中国彩色电视暂行制式。1973 年 5 月 1 日，彩色电视开始在北京试验播出。8 月 1 日上海电视台开始试播彩色电视节目。10 月 1 日，北京、上海、天津三大城市进行了彩色电视节目的试传，这标志着中国电视事业和电视工业进入一个新的发展阶段。

在 60 年代许多地方电台和电视台先后组建了专业的广播电视艺术团体，按照广播电视的艺术特点进行表演和创作，丰富了广播电视文艺节目的内容，但“文化大革命”开始后，这些艺术团体被撤销，电视的文艺节目更加单调枯燥了。当时观众所能看到的电影长期以来一直是《地道战》《地雷战》《南征北战》这三部被观众称为“老三战”的电影。[②]

（三）新闻摄影与纪录片

翻开当时的报纸，你很难找到什么真正意义上的新闻摄影照片，除了领袖人物的巨

---

① PAL 制式又称为帕尔制，属于全球两大主要的电视广播制式之一，PAL 是 phase alternating line（逐行倒相）的缩写，是民主德国在 1962 年制定的彩色电视推广标准，采用逐行倒相、正交平衡调幅的技术方法，克服了另一种制式 NTSC 制式因相位敏感造成色彩失真的缺点，在当时是较先进的制式。

② 郭镇之．中国电视史．北京：中国人民大学出版社，1991.

幅照片，就是工农兵认真学习毛主席著作的图片。这些图片没有新闻时效性，而且多是经过导演和摆布之后的造假作品。画报和摄影杂志在“文化大革命”中越来越不景气。从1966年10月至1971年6月，全国的摄影画报只有《人民画报》与《解放军画报》两家。到“文化大革命”后期才陆续又出版了几家画报，《新疆画报》《民族画报》等一些在“文化大革命”初期被迫停刊的画报也相继复刊。《中国摄影》杂志于1966年3月被迫停刊，在以后长达8年的时间中，全国没有一本摄影杂志，直至1974年9月《中国摄影》复刊。

在全国各地电影制片厂相继停止生产的情况下，中国新闻纪录电影制片厂和八一电影制片厂仍坚持摄制新闻纪录片，为我们留下了关于那一时期的宝贵的历史资料。这其中有《南京长江大桥》《成昆铁路》《大庆红旗》《再次登上珠穆朗玛峰》等记录人民创造历史的影片，也有八一电影制片厂摄制的《欢呼我国发射导弹核武器试验成功》《我国成功地进行了一次新的氢弹试验》等反映我国军事科学技术发展的影片。随着中国外交活动的开展，新闻纪录电影工作者摄制了记录美国总统尼克松访华、日本首相田中角荣访华的影片以及记录1973年中国在联合国恢复合法席位这一重要历史事件的《第二十七届联大会议》。1976年1月，周恩来总理逝世，全国人民无比悲痛，中国新闻纪录电影制片厂的摄影工作者在拍摄指定的正式悼念活动的同时，也拍下了广大群众自发悼念总理的感人镜头，记录了十里长街哭送总理的真实场景。

四、新闻教育与新闻学研究

“文化大革命”爆发后，我国的新闻教育与新闻学研究遭到严重破坏。据统计，从1966年5月到1976年10月，出版的新闻学著作只有43种，基本上都是新闻单位内部编印的小册子，公开出版发行的著作寥寥无几。[①] 重要的新闻专业刊物《新闻业务》在“文化大革命”初期就被迫停刊，一些新闻团体如中华全国新闻工作者协会也被迫停止活动。

学校普遍停课闹革命，正常的教学秩序完全被打乱，各高等院校新闻系或新闻专业只好停课，并停止了招生。我国本来一直就有“新闻无学”的论调，再加上“文化大革命”中“开门办报”“群众办报”“工农兵办报”等观点的盛行，很多人认为新闻系根本培养不出革命的、战斗的新闻工作者，完全可以不办。1969年，北京广播学院被停办；1971年，中国人民大学停办，该校新闻系也随之被撤销。新闻教育被彻底否定了。到1971年9月，北京大学中文系新闻专业才得以恢复。1971年底，复旦大学新闻系招收第一批工农兵学员，1973年北京广播学院被批准复校，次年重新开始招生。此外其他的新闻教育单位也陆续恢复。新闻教育虽然恢复了，但教学秩序混乱。仅有的几门课程，也都充满了极“左”思潮的烙印。从当时工农兵学员所使用的新闻学教材来看，新闻研究的目的不是介绍新闻的业务知识、采访方法和写作技巧，而主要是为了引导学生去学习革命导师的教导，帮助学生更好地掌握新闻报道这一阶级斗争的锐利武器，为巩固无产阶级专政服务。当时的新闻写作课程就干脆借用毛泽东的《反对党八股》作为教材。评

---

① 童兵，林涵. 20世纪中国新闻学与传播学：理论新闻学卷. 上海：复旦大学出版社，2001：361.

论写作的依据主要是“革命导师的有关论述”。

第二节 “文化大革命”时期新闻传播事业的主要特点

“文化大革命”中，新闻界既是极“左”思潮的传播者，又是极“左”思潮的受害者。党对新闻传播事业的领导被否定，新闻真实性原则被大肆践踏，全党办报、群众办报等优良传统不再被重视，“报纸是专政的工具”“事实为政治服务”的观点大行其道，报纸版面充斥着语录体、口号体的文摘。新闻传播事业对党的失误和错误决策甚至起到了推波助澜的作用。这些沉痛的教训成为拨乱反正后进行新闻改革的出发点。

一、林彪、“四人帮”的宣传方法

“四人帮”奉行的新闻观，一言以蔽之，就是报纸是专政的工具，新闻媒体要为路线斗争服务。在这样的新闻观的指导下，新闻被严重政治化，新闻报道、报纸评论一切都从政治出发，为政治服务。塑造典型人物时可以任意虚构细节，报道新闻事件可以含沙射影、指桑骂槐，对新闻照片可以动手脚，甚至对历史照片也可任意涂改、为我所用。

（一）宣传个人崇拜

“四人帮”的宣传方法中运用最多的就是通过新闻媒体不断宣传对毛泽东的个人崇拜，以捞取他们的政治资本。“文化大革命”开始后，包括《人民日报》在内的各种报纸都效法《解放军报》的做法，每天在报眼位置选登毛主席语录，并冠以最高指示的栏头。同时在文章和新闻报道中都把毛主席语录排成黑体字，以示突出。毛泽东的大幅照片比比皆是。报刊的文章，无论是评论还是新闻通常只有一种写法，即毛主席语录加例子，不是引用毛主席的几句诗词作开头，就是以“最最最最敬爱的领袖”或“祝您万寿无疆、万寿无疆、万寿无疆”等语言作结尾。这种简单重复而且损害中国语言文字纯洁的空话套话成为当时最流行的文体，后来被人们称为“文革报刊文体”。

1966 年毛泽东曾 8 次在天安门广场接见红卫兵，先后有 1 300 多万名各地来京的红卫兵受到检阅。对这 8 次接见，各地的报纸、广播、电视无一例外地都做了突出的宣传，大幅的图片、连篇累牍的报道掀起了一波又一波的个人崇拜狂潮。1966 年 7 月 23 日，《人民日报》等报刊报道毛泽东不久前在长江的一次游泳，不仅在头版头条以大字标题予以报道，而且还配发了他横渡长江、在快艇上挥手的大幅照片以及毛泽东在游泳中所讲的语录。第二天，《人民日报》又专门发表社论《跟着毛主席在大风大浪中前进》，把毛泽东在长江中的畅游说成是令全国人民振奋的喜讯，亿万人民为主席的健康同声欢呼。

对毛泽东的神化，报刊起了很大的作用。大致从 1967 年 11 月开始，每逢元旦和其他重要节日，包括政治上有重大事件发生时，《人民日报》、《解放军报》和《红旗》杂志就联名发表社论、文章，这些社论和文章往往经过毛泽东的亲自审定，而毛泽东的一些最新指示也主要通过这些社论和重要的文章公之于世。所以每当“两报一刊”发表新的社论，不仅全国各地的报刊要全文转载，广播电台要全文广播，而且全国上下还要认真学习贯彻，甚至连夜要求职工返回单位集体学习、座谈或者游行庆祝。

（二）影射文章泛滥

“四人帮”最擅长的宣传手段之一就是在报刊上发表各种“影射文章”。这些文章大都从历史人物出发，将古今完全不同背景下发生的事件牵扯到一起，为了达到影射的目的，不惜将现代词汇强加于古人，让古人背上在那个时代根本不可能出现的思想。

1973 年 5 月，毛泽东在中央工作会议上提出批判孔子的问题，7 月 4 日在一次谈话中又提到，林彪和国民党一样，都是“尊孔反法”。毛泽东这番古今对比的话使对孔子、儒家、法家的学术批判带上了很浓的政治色彩，“四人帮”觉得可以借此大做文章。从 1973 年 9 月起，“四人帮”组织的批孔文章开始在北京、上海及全国各地的报刊上大量发表。这些文章名义上是“批林批孔”，而实际攻击的目标是周恩来。

1974 年 10 月至 11 月间，“四人帮”还在报刊上一手导演了“风庆轮事件”的宣传。周恩来主持国务院工作时从我国的基本国情出发，并征得毛泽东的同意，将我国的海洋运输方针定为造船与买船同时并进，在自力更生的基础上适当买进一些船只，力争在几年之内结束主要依靠租用外国轮船的局面。“四人帮”却将这一方针斥责为“洋奴哲学”“崇洋卖国”。1974 年 9 月 13 日，我国自己建造的风庆轮完成远航任务返抵上海吴淞口，“四人帮”为了攻击周恩来，便抓住这个契机大做文章，他们派 20 多名记者登轮突击采访，10 月 12 日上海《文汇报》与《解放日报》同时在头版头条以通栏标题发表关于风庆轮的长篇报道，并配发了评论员文章。这些报道将造船与买船人为地对立起来，影射攻击周恩来执行的是一条“孔孟之徒卖国主义路线”“儒家卖国主义路线”。关于这一事件的报道，在短短一个多月的时间里，上海《文汇报》与《解放日报》共用了三次头版头条，编发了 20 多个版面，组织报道近 20 万字的文章，此外还利用小说、故事、说唱电影报告会等形式配合宣传，并据此在政治局会议上向以周恩来为首的国务院发难。

1975 年 8 月 13 日，毛泽东与身边的工作人员谈话时对古典小说《水浒传》发表了一些评论，认为《水浒传》只反贪官不反皇帝，宋江投降是搞修正主义。姚文元得到这个谈话记录以后，立即组织《红旗》杂志、《人民日报》、《光明日报》开展对《水浒传》的评论。“四人帮”的写作班子被组织起来写了各种各样的文章发表在报刊上。这些文章以“投降派”“架空晁盖”来影射攻击在周恩来支持下邓小平同志对全国各行各业所做的“全面整顿”的工作。

（三）根据需要树立各种典型

“文化大革命”期间的典型报道，有很多都是“四人帮”别有用心地编造出来的，是根据斗争需要而树立的各种典型。

报纸上曾经连篇累牍地报道“六厂两校”。“六厂”是指北京印刷厂、北京针织厂、北京二七机车车辆厂等运动中的先进单位，“两校”是指清华大学和北京大学。早在 1968 年 10 月，毛泽东通过陈伯达传达了他对人民日报社的指示，要求报社的记者编辑三分之一下放劳动，三分之一深入实际调查研究，另外三分之一的人继续在报社工作。

而从事调查研究的首选之地就是“六厂两校”。当时新华社等新闻单位把派记者到这些单位蹲点看成是必须完成的重大政治任务。1968 年到 1976 年长达 8 年的时间里，两大新闻单位几乎接连不断地有人轮流到“六厂两校”接受“工农兵的再教育”，蹲点写稿子。写多写少写好写坏也被看成是“对毛主席的态度问题”，因而关于“六厂两校”的典型报道时常出现在报纸上，动辄便是几千字的大通讯，或者一个整版的专题报道，《人民日报》在半年之内对一个北京针织总厂的报道就达 20 000 多字，关于清华大学的报道一年有十几条，平均每条长 4 000 字。这样的反复宣传在新闻史上实属罕见。

“文化大革命”前曾经突出宣传报道过的山西省昔阳县大寨大队在“文化大革命”中继续被当作典型来宣传，只不过是由过去的生产典型变成了政治典型，由一个艰苦奋斗、自力更生的农业典型变成了推行极“左”路线的急先锋。“文化大革命”开始后，大寨大队的负责人以“大寨是毛主席亲自树立的一面红旗”为政治资本，对有关大寨的新闻报道进行控制，由指定的专人负责统一所有对外的宣传口径。那些长期热情宣传大寨的新闻单位也被说成是“歪曲、阉割大寨精神”，不得不按照大寨负责人的宣传口径报道大寨反对“修正主义”的经验。大寨出名后，接受了国家大量的投资贷款，并向企业事业单位无偿征调物资、劳力，再加上大寨广大群众的艰苦奋斗，大寨的面貌发生了很大变化，农业生产也有很大的发展，但这一切在宣传中都被说成是积极开展“路线斗争”的结果。大寨在建设中出现了许多不讲科学的蛮干行为，也被当作经验来推广。为了维护大寨的形象，宣传报道中也出现了浮夸风，粮食产量、工作成绩也都掺了水。大寨不仅仅是农业的典型，而且成为文化、卫生、理论学习、水利等各项工作的先进标兵，成为在各方面都一贯正确的万能典型。

在不同的政治背景下，“四人帮”总是根据自己的需要想方设法地找到一些典型，为自己鸣锣开道。1973 年邓小平在周恩来总理的支持下进行全面整顿，而阴谋在四届人大会议期间篡权组阁的“四人帮”处心积虑编造了一批典型，鼓吹“批林批孔”，树立“反修正主义回潮”的典型。1973 年 4 月 3 日，国务院批转了《关于高等学校一九七三年招生工作的意见》，提出要坚持选拔有两年以上实践经验的优秀工农兵上大学，在政治条件合格的基础上重视文化程度，进行文化考查。江青等人诬蔑进行文化考查是“智育第一”“文化至上”，于是将“白卷英雄”张铁生、反对“师道尊严”的小学生黄帅、“不学 ABCD，也能当接班人”的初中生张玉勤作为典型大加宣传。

当时的典型报道不但带有政治路线斗争的痕迹，而且存在各种片面性。如写先进人物的崇高思想境界，往往要加上闪光的语言，要十全十美、高大全，这些“万能”的典型一看便是虚假与夸大的；而先进经验的宣传也变得绝对化、模式化。

（四）成立各式各样的写作组

大型的写作组是“四人帮”在舆论宣传上的一支别动队，他们操纵主持的写作组主要包括北京大学、清华大学大批判组（笔名梁效或梁小章），上海市委写作组，中共中央党校写作组（笔名唐晓文），以及江青在文化部的写作组。其中最有名的便是署名“梁效”的北京大学、清华大学的写作组。这些写作组中不乏当时的大学者，但这其中有具体的时代因素，需要具体问题具体分析。

当时这些写作组用的笔名千奇百怪，应有尽有，如柏青、高路、万山红、秦怀文、丁学雷、方泽生、史向辉、伍甫、江天、初澜、史汀等，不下 50 种。此外还有各地“革委会”组织的写作组，也以形形色色的笔名，依照梁效等文章的调子撰写类似的文章，在当地的报刊上发表，形成“小报抄大报，全国看梁效”的局面。写作组是“四人帮”的御用“笔杆子”，炮制了许多重磅炸弹，置人于死地。“四人帮”往往“透露”一些中央的最新精神给写作组，不时吹吹风，指出要害所在，定出基本的调子，或者直接向这些写作组布置题目。这些写作组撰写了大量的影射文章，对中国历史断章取义，肆意歪曲，牵强附会，假借“批林批孔”、批儒捧法，千方百计为“四人帮”夺取最高领导权制造舆论。①

二、“四人帮”控制下的党报的彻底堕落

在“文化大革命”后期，“四人帮”加快了篡党夺权的步伐，利用党报控制舆论也越来越不择手段。党报彻底堕落为他们手中的棋子。

1976 年 1 月 8 日，周恩来总理因病去世，这一消息一经广播，人民群众无不悲痛万分，“四人帮”却背道而驰，千方百计限制、干扰、破坏媒体关于悼念周恩来总理的报道。对于周总理逝世，《人民日报》只做了程序式报道：1 月 9 日，1 版上半版为讣告，下半版为治丧委员会名单，周恩来总理的照片放得很小，当日其他各版均无相关消息。1 月 12 日，整版左中位置配发告别遗体图片一张，只有 60 字宽 32 行高。其生平图片只登了两个专版。这种规格显然没有反映出周总理在人民心目中的重要位置。全国人民悼念总理的活动未有任何报道，各国政要的唁电也都压缩使用。1 月 14 日是总理追悼大会的前一天，首都群众上百万人到天安门广场以各种形式表达对总理的无限哀思，这一天的《人民日报》在头版头条刊登了一篇《大辩论带来大变化》的文章，说全国人民都在关心清华大学教育革命的大辩论。人民群众对这种违背民意的行径十分愤慨，据说很多人将报纸撕碎后寄还给报社，报社收到的抗议电话有 100 多个。

在北京，从 3 月底开始，到天安门广场悼念周总理的群众就络绎不绝，4 月 4 日清明节，又有数十万群众不顾重重禁令涌向天安门。4 月 5 日，一部分革命群众同广场的战士警察发生了冲突，广场变得混乱起来，部分群众被逮捕，这场群众活动被定性为“反革命暴乱性质”。在姚文元的策划下，中央人民广播电台播发了关于“天安门事件”的“现场报道”《天安门广场的反革命政治事件》，同时广播了中共中央关于华国锋担任中共中央第一副主席、国务院总理，以及撤销邓小平党内外一切职务、保留党籍以观后效的决定。4 月 8 日，各地报纸都刊发了这篇颠倒黑白、捏造歪曲的报道与中央的决定。

从 4 月 8 日起，人民日报社便不断接到抗议的电话与信件。有读者寄给《人民日报》的信，信封正面写着：北京《人民日报》总编辑收，背面却是：请戈培尔编辑收。信封里装着 4 月 8 日的《人民日报》，但《人民日报》被改为《造谣日报》，里面还写道：“令人震惊！党报堕落了！成了一小撮法西斯野心家、阴谋家的传声筒！”

---

① 方汉奇．中国新闻事业通史：第 3 卷．北京：中国人民大学出版社，1999：371－374.

1976年9月9日凌晨，毛泽东与世长辞。下午3点，中央人民广播电台向全国播发了这一消息。从9月10日起，《人民日报》各个版全是关于毛泽东主席逝世的报道。“四人帮”伪造了所谓的“按既定方针办”的“临终遗嘱”，在9月16日《人民日报》头版以“两报一刊”社论《毛主席永远活在我们心中》公之于众。《人民日报》的报眼位置是固定的“毛主席语录”，从9月22日到9月30日选登的全是“按既定方针办”。姚文元曾六次指示新华社要反复宣传这个“临终遗嘱”，不要怕重复，处理稿件时要加进去，要让它覆盖版面。10月4日，《光明日报》在头版头条发表梁效的文章《永远按毛主席的既定方针办》，宣称：“任何修正主义头子胆敢篡改毛主席的既定方针，是绝没好下场的。”“四人帮”篡党夺权的野心昭然若揭。

三、“文化大革命”中新闻传播事业的经验教训

“文化大革命”是一场由领导者错误发动、被反革命集团利用，给党、国家和各族人民带来严重灾难的内乱。晚年的毛泽东对这一全局性的、长时间的严重错误负有主要责任。新闻传播事业则从头到尾沦落为阴谋家的宣传工具和政治传声筒，对党的失误和错误决策推波助澜，致使党的新闻传播事业失信于民，权威扫地。

主要的教训有：

党失去了对新闻传播事业的控制权。全党办报、群众办报一直是党的新闻传播事业的优良传统，但在“文化大革命”中，党对新闻传播事业的领导被否定。各省市党委机关报普遍被夺了权，党委机关报成为“四人帮”的“帮报”和“派报”。群众办报被片面地理解为“让工农兵占领上层舞台”，打破新闻界知识分子成堆的状况，变成了“掺沙子”的政策。

新闻真实性原则被大肆践踏。在“文化大革命”中“事实为政治服务”的观点十分流行，成为指导新闻实践的主流新闻思想。新闻政治化，斗争需要找材料、树典型、编故事、写评论堂而皇之地成为报刊通行的做法。

媒体言辞语录化、口号化。这一时期的报纸版面充斥的都是由语录、口号、文件和革命导师著作中的只言片语组成的拙劣文章，开头是语录，结尾是口号与祝词，中间也是语录或文摘，千篇一律。

新闻工作者的主体地位被削弱到了最低点。大量优秀的新闻工作者离开了新闻岗位，新闻机构与新闻工作者都被剥夺了独立思考的权力，成为“四人帮”控制下的驯服的工具。

学习思考题

1. “文革小报”具有哪些特点？它为什么会兴起，又为什么会迅速退出历史舞台？

2. “文化大革命”期间新闻传播事业有哪些特点？党报在宣传报道方面有哪些特点？

3. “文化大革命”期间新闻传播事业滑坡的主要原因是什么？如何避免类似的情况再次发生？

第十四章

改革开放和社会主义现代化建设新时期的新闻传播事业

改革开放是党的一次伟大觉醒，是中国人民和中华民族发展史上的一次伟大革命。改革开放极大地改变了中国的面貌、中华民族的面貌、中国人民的面貌、中国共产党的面貌。中华民族迎来了从站起来、富起来到强起来的伟大飞跃！中国特色社会主义迎来了从创立、发展到完善的伟大飞跃！中国人民迎来了从温饱不足到小康富裕的伟大飞跃！中华民族正以崭新姿态屹立于世界的东方！改革开放是党和人民大踏步赶上时代的重要法宝，是坚持和发展中国特色社会主义的必由之路，是决定当代中国命运的关键一招，也是决定实现“两个一百年”奋斗目标、实现中华民族伟大复兴的关键一招。[①] 随着改革开放的纵深推进，中国新闻传播事业历经四个阶段的发展，建立了多种类、多层次、多功能、多样化的新闻媒体网络，形成了高科技、现代化的新闻传播体系。

第一节　回归新闻本位（1978—1992）

1978 年中国共产党召开了具有重大历史意义的十一届三中全会，重新确立了解放思想、实事求是的思想路线，确定党的工作重心转移到社会主义经济建设上来，实现新中国成立以来党的历史上具有深远意义的伟大转折，开启了改革开放和社会主义现代化的伟大征程。1978 年到 1992 年，是中国新闻传播事业从拨乱反正回归新闻本位进入全面快速发展的重要阶段。这一阶段的新闻传播事业以 1978 年的真理标准大讨论和十一届三中全会的召开为起点，以 1992 年邓小平“南方谈话”为下限，经过这两个重大的历史事件，中国最终确立了社会主义市场经济的体制。

一、真理标准问题的讨论

1976 年 10 月粉碎“四人帮”之后，中国的各项事业包括新闻传播事业，经历了两年的徘徊期。

重新回到党和人民手中的新闻传播事业，面临着重建家业、再塑形象、恢复传统的紧迫任务。新闻界首先以极大的政治热情展开了揭批“四人帮”，清除其在新闻界流毒的

---

① 习近平．在庆祝改革开放四十周年大会上的讲话//中共中央党史和文献研究院．十九大以来重要文献选编：上．北京：中央文献出版社，2019：728-729.

斗争，发表了一系列为冤假错案平反的报道。然而，1977年2月7日，《人民日报》、《解放军报》、《红旗》杂志却联合发表社论《学好文件抓住纲》，提出“凡是毛主席作出的决策，我们都坚决维护；凡是毛主席的指示，我们都始终不渝地遵循”的言论。“两个凡是”的宣传，让刚刚从十年梦魇中走出的中国人民再次产生了困惑。新闻界为了冲破“两个凡是”的束缚，进行了艰苦的努力。

首先是中央人民广播电台在1978年2月停办了《毛主席语录》节目。3月22日，《人民日报》在刊登邓小平3月18日《在全国科学大会开幕式上的讲话》时，没有将他在讲话中所引用的毛泽东的话排为黑体字，从此报纸上摘引革命领袖的语录不必再像“文化大革命”时期一样用黑体字，并陆续取消了每天登在报纸报眼位置的“毛主席语录”专栏。很多报纸减少了文章中的语录，不再刊登领袖的大幅照片，也改变了对领袖的称呼和有关领袖人物活动的新闻编排方式。这些明显的变化显示了新闻界改革的勇气与力量。

1978年3月26日，《人民日报》发表了一组理论文章，其中有一篇短文《标准只有一个》，提出“真理的标准只有一个，就是社会实践”，在当时引起较大反响。1978年5月11日，《光明日报》在第一版显著位置发表特约评论员文章《实践是检验真理的唯一标准》，更是引发了一场席卷神州大地并对中国历史产生重大影响的大讨论。

这篇文章是在《光明日报》收到的南京大学哲学系教师胡福明的文章的基础上，经多位同志反复修改，由时任中央党校副校长的胡耀邦同志审定的，5月10日发表在中央党校内部刊物《理论动态》上，第二天《光明日报》全文发表。[①]

同一天，新华社向全国播发全文，第二天，《人民日报》《解放军报》和7家省市报纸均转载了此文。到5月底，全国共有30家报纸转载了这篇文章。这是拨乱反正以来影响最大、反响最强烈的一篇文章，是中国进入社会主义现代化建设新时期思想解放的宣言，为重新确立党的解放思想、实事求是的思想路线，实现全党工作重心的转移奠定了理论基础，为具有划时代意义的十一届三中全会的召开完成了思想理论与舆论上的准备。

1978年11月16日，新华社播发北京市委为1976年天安门“四五运动”平反的242字消息。北京市委讨论时，并没有使用“平反”的字眼，这个概念是记者周鸿书概括的。当时新华社社长曾涛、总编辑穆青、国内部主任杜导正和几位副主任，以及北京市委书记林乎加、《人民日报》总编辑胡绩伟、《光明日报》总编辑杨西光等同志，不同程度地参与了播发这条消息的决策。一些同志甚至做好了坐牢的准备。16日这天，所有的报纸都以头版头条通栏标题刊登了这条消息，国外众多媒体转发并发表评论。正在京西宾馆召开的中央工作会议会场上，各省的省委书记纷纷与新华社社长曾涛握手致意，说新华社“干了一件大好事”“你们要是有人为此丢了工作，就到我们那里去”。

1978年12月18日，党的十一届三中全会召开。邓小平发表了《解放思想，实事求是，团结一致向前看》的讲话：“解放思想，开动脑筋，实事求是，团结一致向前看，首先是解放思想。只有思想解放了，我们才能正确地以马列主义、毛泽东思想为指导，解决过去遗留的问题，解决新出现的一系列问题，正确地改革同生产力迅速发展不相适应

---

① 王强华．《实践是检验真理的唯一标准》的组稿、修改和发表//陶铠．光明日报与真理标准讨论．北京：光明日报出版社，1999：81.

的生产关系和上层建筑，根据我国的实际情况，确定实现四个现代化的具体道路、方针、方法和措施。"①

全世界都注意到了十一届三中全会的召开，敏感的法新社驻北京记者还发表了《中国人民进入正常的充满希望的时代》的新闻评论。文章称：从明年起，经济将同政治处于同等地位，大规模的急风暴雨式的群众阶级斗争已经基本结束。

二、农村改革的新闻宣传

在改革开放的初期，最先进行的是农村的改革。

在 1955 年的农业合作化运动中，个体农民在土地改革运动中分得的土地被合并为不可分割的"集体财产"。"文化大革命"结束后，许多地区的农民再次提出实行包产到户的要求。在安徽等不少地区，"包产到户"也有了相当规模的发展。但是，直到 1979 年的中共十一届四中全会，仍然规定"不要包产到户"和"不许分田单干"。新闻界在推进农村改革中起了非常重要的作用。

1979 年初，安徽省凤阳县的小岗生产队 18 户农民，在一个小学生写作业的格子簿上，写下了一份分田单干、包产到户的密约，由每户户主签字盖章，并郑重地摁上"血手印"。

他们把生产队里的土地按人平分到户，耕牛和大农具作价到户，农产品交售任务、还贷任务、公共积累分摊到户。这就是所谓的"大包干"。之后的第一年，小岗村收获粮食 13 万斤，远远超过"大跃进"时期的 3 万斤。

然而从中央到地方，围绕农村改革是不是"资本主义复辟"产生了尖锐的分歧，并经常以《人民日报》为意见交锋的讲坛，展开了一场旷日持久的拉锯战。

当时分管农业的领导对包产到户有点保留。1979 年 3 月，国家农委主任王任重把甘肃省档案局干部张浩的一封来信批给《人民日报》，批示说：当前农村出现了抢牲口农具、闹分队的现象，不利于集体经济巩固，报纸要赶快发表纠正这种现象的言论，号召大家不要搞包产到户，已包的说服引导，回到集体经济。

3 月 15 日，人民日报社领导安排总编室直接编发了这封读者来信，并依据相关领导的指示信写了编者按语。张浩在来信中批评了洛阳地区农民自找对象，"包产到组"，还准备分田到户、包产到户等做法，质疑这样做会"削弱和动摇"人民公社的"三级所有，队为基础"制度。一位普通干部存在这样的疑问不奇怪，但《人民日报》如此隆重地发表这篇来信，肯定"张浩同志的意见是正确的"，对现实的杀伤力却是可怕的。这一天的报纸发行到各地后，引起了强烈的震荡和混乱。

针对张浩来信发表后引起的混乱，《人民日报》决定尽快进行补救。解铃还得系铃人，《人民日报》决定还是用读者来信加编者按的办法，充分肯定包产改革。3 月 30 日，《人民日报》以《正确看待联系产量的责任制》为题，刊出安徽省农委干部的来信，直言不讳地批评《人民日报》3 月 15 日头版来信和编者按语造成的混乱，而在当天的编者按中，《人民日报》承认半个月前发表的张浩来信和编者按语中的"有些提法不够准确，今

① 邓小平．邓小平文选：第 2 卷．2 版．北京：人民出版社，1994：141.

后应当注意改正”。

1980年4月2日，在全国80%以上生产队实行生产责任制、25%的生产队实行“包产到组”的情况下，人民日报社李庄副总编辑在社论《因地制宜建立健全生产责任制》中加了一句话：去年3月15日，本报曾在一篇编者按语中对包产到组作了不适当的指责，挫伤了一些基层干部和社员群众的积极性。

《人民日报》在社论中做自我批评，历史上还是第一次。

1981年，《人民日报》报道广东高要县社员陈志雄承包集体鱼塘355亩，承包金额达到5万元，这在当时是一笔不小的数额。有的领导读后不仅批评了《人民日报》，还给广东省委写信，要求马上制止这种“资本主义倾向的发展”。

此时主持广东工作的，是“文化大革命”前的副总理习仲勋。广东马上组织了调查组，由于价值取向不一致，调查组的意见并不一致。《人民日报》以此为契机，从5月29日起在报纸上展开一场“鱼塘能不能承包”的讨论，从陈志雄承包集体鱼塘说开来，提出了当时具有爆炸性的专业户雇工“剥削”问题。参加讨论的读者认为陈志雄作为鱼塘承包者，除了要付出体力劳动，还要提供养鱼技术、付出成本，更要承担盈亏的责任，赚钱是合理的。还有人说，目前国家有多种经济成分存在，陈志雄承包鱼塘，既有利于集体，又有利于个人，“即使有一点剥削也不应大惊小怪”。

经过这场讨论发酵，广州郊区渔业迅猛发展，全国农村各业承包破冰前进。

1982年初，由新成立的中央农村政策研究室起草，中央发布著名的“一号文件”，首次正式认可了土地的家庭承包经营制度，“一号文件”代表政府与农民击掌盟约，包产到户等责任制“长期不变”，给农民吃了“定心丸”。

三、“渤海二号”与舆论监督的恢复

十一届三中全会以后，新闻舆论监督逐步正常化。从20世纪80年代初起，批评报道在数量上明显增加，在质量上有所提高。这其中影响最大的是关于“渤海二号”重大事故的揭露。

1980年7月22日，《人民日报》《工人日报》同时发表了关于“渤海二号”钻井船翻沉事故的消息，《工人日报》还发表了该报记者采写的《渤海二号钻井船翻沉事故说明什么?》一文，在全国引起强烈反响。这一起石油部海洋石油勘探局严重违章指挥造成的重大责任事故，在发生8个月之后，事故真相和有关领导的错误态度才被媒体公之于众。1980年8月26日，国务院决定处理“渤海二号”事故相关责任人，解除石油部部长宋振明的职务，给予主管石油工业的副总理康世恩记大过处分。

事情的经过是这样的：1979年11月25日凌晨，石油部海洋石油勘探局“渤海二号”钻井船在渤海湾拖航作业途中翻沉。船上74名职工中72人遇难，直接经济损失高达3 700万元。随后，海洋石油勘探局称，事故原因是突遇10到11级特大风浪，不可抗拒，指挥并无任何失误。石油部向国务院申请，命名“渤海二号”钻井船队为英雄钻井船队，追认遇难者为烈士，“丧事被说成喜事”。

在当时的宣传环境下，重大事故是新闻报道的禁区。新闻媒体不敢随便报道事故，加之消息封锁得很严，采访很困难。直到1980年3月25日，海洋局党委才第一次承认“渤海二号”的翻沉是违章造成的责任事故，但是回避了违章指挥。一直对此事进行调查的《工人日报》请求进行追踪报道时，也受到阻止。1980年4月19日，事故调查组向天津市委报送《调查报告》，认为造成这次事故的主因是拖航时没有打捞被怀疑落在沉垫舱上的潜水泵，以致沉垫与平台无法贴紧，使得“渤海二号”载荷重，吃水深，稳性差，导致最后的翻沉。《调查报告》建议，对事故责任者追究刑事责任和给予党纪政纪处分。这份报告，随后送到了中央有关部门，引起了中央领导的重视。6月20日，时任副总理的万里直接表达了对《工人日报》不报道“渤海二号”事故的不满，认为《工人日报》应该为工人说话，包括批评厂领导、部领导、国务院领导的官僚主义。“你代表工人讲话，不要怕得罪哪一级。这样才会使工人感到你像工人的报纸。”万里还点名让《工人日报》认真去调查采访。在采访中职工普遍反映“海洋局是事故出英雄，一次事故，一批英雄，事故越多，英雄越多”。职工们还告诉记者，事发后，局里大讲“渤海二号”不怕牺牲的功绩，开展所谓的大总结、大评比、大宣传、大表彰活动。全局统一思想，“事故”两字不许提。这些都写进了最终的报道中。

新闻界对“渤海二号”事件的报道，实现了批评报道三个方面的突破：一是突破了对重大事故和重大决策失误不公开报道的做法；二是突破了对先进典型的缺点错误不公开批评的做法；三是突破了对高级领导干部的错误不公开批评的做法。报道“渤海二号”事件后不久，1980年10月，《人民日报》、《中国青年报》、中央人民广播电台报道了中纪委对在任的商业部部长在饭店吃喝不付费用的错误进行通报批评的消息，并就此事发表评论。这几起批评报道，许多人至今记忆犹新。

四、广播电视恢复发展

改革开放后，广播电视事业受到了国家的高度重视，全国广播事业规划会议、第十次全国广播工作会议先后召开，谋划广播电视事业的恢复和发展。

1980年2月至3月召开的全国广播事业规划会议确定了广播电视事业的发展目标：努力办好广播，加速发展电视事业，在20世纪末，要使我国的广播电视在事业规模、技术设施、覆盖指标等方面都具有相当水平，进入世界的先进行列。1980年10月召开的第十次全国广播工作会议提出坚持“自己走路”的方针，强调要提高节目的质量，满足人民群众的需要，并主张中央广播要和地方广播、无线广播和有线广播互为补充，构成一个整体，共同发挥广播的巨大作用，希望要在20世纪末建成完整的、自成体系的电视宣传网。1983年3月召开的第十一次全国广播电视工作会议，是中央广播事业局改为广播电视部后召开的本系统第一次全国性的工作会议。会议倡导“扬独家之优势，汇天下之精华”的业务方针，提出要以新闻改革为突破口，带动整个广播电视宣传改革，并提出实行中央、省、有条件的地（市）和县“四级办广播、四级办电视、四级混合覆盖”。这是中国广播电视事业第一次突破的主要标志。①

---

① 哈艳秋．当代中国广播电视史．北京：中国国际广播出版社，2018：222.

（一）广播事业的恢复发展

1978年4月18日，中央人民广播电台对外广播部分（北京广播电台）从中央台分离出去，被命名为“中国国际广播电台”。11月，中央人民广播电台恢复了在“文化大革命”中停止广播的几个有特色的专题节目，如对学龄前儿童广播《小喇叭》、《祖国各地》等。从1979年起，中央人民广播电台开始增播新华社专供的最新国际新闻。11月，对电台的新闻节目进行改革，提出多播经济新闻、多谈经济、多从群众角度出发考虑等问题。

1980年1月1日，中央人民广播电台播出了自改革开放以来的第一条商业广告；同年中央人民广播电台开办广告节目，平均每天播出75分钟。10月23日，经中共中央宣传部批准，中央广播事业局发布人民广播诞生纪念日恢复为1940年12月30日的通知。1980年全国有电台近100座，发射台和转播台500座，调频台90多座，初步建成了全国范围的广播系统，遍布于中国城乡的两亿多台收音机、8 000多万只广播喇叭使广播保持着我国拥有最多受众的新闻媒体的地位。

1981年1月，中央人民广播电台和各省、自治区、直辖市广播电台举办首次“全国广播剧展播月”。同年3月1日，中央人民广播电台第三套节目复播，改用调频90.0兆赫面向北京地区播出。

1983年3月底至4月初，广播电视部召开了第十一次全国广播电视工作会议，会议明确了“坚持自己走路，扬独家之优势，汇天下之精华”的方针，提出要从局部改革进入整体改革，以改革新闻节目为突破，带动教育性、文艺性和服务性节目的改革。

1984年元旦，中国国际广播电台对北京地区的英语广播正式开播，这套节目以在北京生活工作的外国人和临时来京参观访问的外国朋友、旅游者为对象。不久，上海、广州也转播了这套节目。国际台从只有对外的外语广播发展到同时进行对内、对外的外语广播。也是在这一年，经过中央批准，国际台被确认为采访国家领导人外事活动的五家中央新闻单位之一，可以派记者随领导人出访，并在第一时间报道外国元首访华的新闻。中华人民共和国成立35周年庆典时，国际台第一次用英语在天安门城楼直播阅兵和群众游行盛况，在国庆节当天上午直接向北美洲进行了现场直播。

1986年4月，珠江经济广播电台在广州地区公开招聘节目监制、主持人、编辑、记者和电脑软件技术人员。12月15日，珠江经济广播电台开播，这标志着广播改革进入了一个全新的阶段。该台每天逢整点播出信息，逢半点播出新闻，各19次，平均每天播发科技和经济信息110条。珠江经济广播电台全部节目都设主持人，以两三个小时为一节，播出综合性内容，即所谓的大板块节目，大部分为直播，使听众能更多地参与节目，大量播出群众来信、讲话录音和点播、提问、发表评论或提出批评意见等。珠江经济台的这套做法被称为“珠江模式”，而其精髓在于将听众当作主人，平等地进行交流，它彻底改变了过去说教式的、单向传播的广播模式，树立了一种全新的双向、多向交流的广播模式，导致了整个广播宣传方式的变化。

1987年1月1日，中央人民广播电台以“缩短战线、精办节目、提高质量、合理布局”为指导思想全面调整、改革了原有的广播节目，他们对一些缺乏特色、与其他节目内容交叉重复或者内容陈旧、形式单一的节目实行了“关停并转”，将一些可以改造的节目改造为融信息、知识、娱乐于一体的综合性节目，倡导办出名牌栏目，如《午间半小时》和《今晚八点半》。

1988 年 2 月和 3 月间，中央人民广播电台委托中国社会调查所、中国人民大学舆论研究所等组织进行了我国首次针对全国广播听众的抽样调查，运用现代统计分析技术科学地考察了我国广播听众的基本情况、行为特点、需求目的以及他们对于广播的意见和评价。调查显示，在城镇居民中，广播已经排在电视和报纸之后，成为人们的第三种选择。广播听众的平均年龄明显高于电视观众和报纸读者，平均的文化程度和平均文化水平则低于电视和报纸受众。调查还表明，在我国至少有 1.35 亿居民收听外国电台的广播，如英国广播公司（BBC）和美国之音（VOA），而且这部分人群的整体素质较高。国外电台已经开始争夺中国广播的受众，这也促使我国广播事业进一步加大改革的力度。

为了加强新闻报道，中国国际广播电台从 1980 年开始组建了驻外记者队伍；至 1988 年底，常驻记者站已达 16 个。1988 年全年共发回新闻 7 974 条，专稿 623 篇，总的发稿量比 1986 年增加了一倍。[①] 同年，中国国际广播电台开展国际合作，积极同国外电台签订传送或寄送节目的协议，合作伙伴包括 34 个国家和地区的 68 家电台，寄送、传送节目达 1 000 多个小时。

1990 年是中央人民广播电台的“50 岁生日”，这一年，该台每天累计播音 107 个小时，有 1 300 名工作人员，收听其节目的听众有 8 亿，人口覆盖率达 73%。1991 年中国国际广播电台开始采用微型计算机自动控制切换节目，结束了其 40 多年来一直人工切换广播节目的历史。同年 12 月 1 日，中国第一家 24 小时播音的广播电台广州人民广播电台正式开播。

（二）电视事业的新发展

1978 年 5 月 1 日，经中共中央批准，北京电视台正式改称中央电视台（CCTV），对外称“中国中央电视台”。当晚，更换后的新台标映现在屏幕上，从此揭开中央电视台新的一页。6 月，中央电视台首次通过卫星转播第十一届世界杯足球赛比赛实况。

《新闻联播》的权威地位逐步建立起来。该节目的雏形开播于 1976 年 7 月 1 日。当时根据全国省级电视台共同协商的意见，北京电视台第一次试播全国电视新闻联播节目，向全国 10 多个省、直辖市电视台传送信号，播出时间为 10～15 分钟，只有外景片，没有播音间的口播。1978 年 1 月 1 日，《新闻联播》正式开播，这档在中国乃至世界拥有特殊地位的节目第一次亮相荧屏。这一天开播的《新闻联播》头条新闻是“邓副主席出席国务院办公室招待会，同外国专家欢庆新年”，时长 3 分钟；紧接其后是两条社会新闻，“河北马万水工程队勇夺新高峰”的时长也是 3 分钟，“山西平定县粮食获得丰收”的时长为 1 分 40 秒。

1979 年 9 月 1 日，中央电视台创办新栏目《国际新闻》。9 月，中央电视台与合众独立电视新闻社签订了互购电视新闻协定，互相航寄新闻录像带，但时效性依然无法满足

---

① 赵玉明．中国广播电视通史：第 2 版．北京：中国传媒大学出版社，2006：371.

要求。1980 年 4 月，从国外定购的新闻可以通过卫星传送，新闻时效大大提高，从原来的两周左右变成一天。世界上许多突发事件，如埃及总统萨达特遇刺、印度总理英迪拉·甘地遇刺、美国“挑战者号”航天飞机失事等，电视观众都很快获知，并看到了清晰的画面。这一年《国际新闻》并入《新闻联播》，与此同时，《新闻联播》的播出时间增至 30 分钟。

1981 年 4 月，全国电视新闻工作座谈会做出两项重大决定：各省、自治区、直辖市电视台都是央视的集体记者，有责任有义务向央视供稿；各省、自治区、直辖市电视台必须转播《新闻联播》。《新闻联播》由此构建了世界观众群体最大的新闻传播网。1982 年 9 月 1 日，恰逢党的十二大召开，中央决定将重大新闻的发布时间从过去的 20 点的中央人民广播电台提前到中央电视台 19 点的《新闻联播》发布，从而确立了这一栏目独立新闻发布机构的权威地位，这也是中国电视新闻发展的一个重要的里程碑。

1983 年，全国已有 24 个市开办了电视台，并自办电视节目。1983 年召开的第十一次全国广播电视工作会议提出“四级办电视”后，全国电视事业迅猛发展。至 1988 年底，电视台数量达到了 442 座，电视人口覆盖率达到了 75.4%。同年，随着彩电中心建成，中央电视台迁入新址（北京市海淀区复兴路 11 号）办公。

中央电视台采取各项措施提高新闻时效性。1985 年 3 月第六届全国人民代表大会第三次会议召开，1987 年 10 月中期十三次全国代表大会召开，中央电视台均现场直播了开幕式，这在全国人代会和党代会的报道史上尚属首次。[①] 1986 年 1 月 29 日，美国“挑战者号”航天飞机升空发生爆炸，《新闻联播》将其列为头条，并播放了足足 6 分钟。将国际新闻置于国内新闻之前播出，这是一向以刻板形象示人的《新闻联播》最为出位的一次。

1988 年 12 月 1 日，中央台新闻中心正式成立，确定了采、编、播“一条龙”的管理体制，通过体制创新来推动《新闻联播》的发展。1991 年 9 月 1 日，《新闻联播》通过国际卫星频道走向世界，覆盖全球。目前，《新闻联播》在全世界 17 个国家和地区建立了 18 个记者站（点），并与美国有线电视新闻网（CNN）等全球知名的电视机构建立了新闻节目交换合作关系。

五、经济类报刊异军突起

1978 年，“文化大革命”刚结束时，全国只有报纸 186 种。由于中央各大报在“拨乱反正”的四年中的良好表现，《人民日报》1979 年的发行量曾经攀升到 619 万份，创下了历史最高纪录；《光明日报》的最高发行量达到 147 万份。1983 年时，《中国青年报》期发数为 280 万份、《工人日报》为 222 万份、《文汇报》为 170 万份，中央大报在发行上达到了巅峰。

1984 年《中共中央关于经济体制改革的决定》发布后，中国更是迎来了第一次办报高潮，1984 年报纸总数很快增加到 1 041 家，1985 年增加到 1 445 家，1986 年达到 1 574

① 赵玉明．中国广播电视通史：第 2 版．北京：中国传媒大学出版社，2006：375.

家。其中经济类报纸增加最快，1979 年仅为 5 家，1986 年发展到 112 家。

1979 年 10 月 1 日，《人民日报》副总编辑、61 岁的安岗一手创办的子报《市场报》出版。报纸一出版，立即在全国各地被抢购一空。在北京西单的一个销售点，1 小时卖掉 1 万份，全天卖出 9 万份。

新中国第一份经济类报纸《市场报》一出世就面貌不凡。它全彩印刷，创刊号刊登了 70 条报道商品和市场的新闻，29 条广告，内容五花八门，既有介绍商品信息的消息，也有批评产品质量问题的报道，征购、待聘、寻人、征婚等社会服务应有尽有。北京长筒袜厂生产的产品长期滞销，袜厂尝试性地在《市场报》上刊登了广告，结果长筒袜一下子被卖光，并且供不应求。类似的刊登广告便能起死回生的案例还有哈尔滨的机电厂、洛阳的轴承厂等。

在这种对信息的巨大渴求下，第一份综合经济报纸《经济参考》报于 1981 年问世。1984 年 9 月，邓小平为《经济参考》报题词“开发信息资源，服务四化建设”。1985 年，《经济参考》报发行量由上年的 57 万份跃增到 78 万份，赢利 1 000 多万元，人均创利 11 万元，为 1984 年的 12 倍。

1982 年 9 月，党的十二大召开。1983 年元旦，由《中国财贸报》改版而成的《经济日报》创刊。在总编辑安岗的主持下，《经济日报》势头强劲，发行量在创刊初始即保持在百万份以上。1984 年，邓小平也为该报题写了报头。《经济日报》逐步发展为由国务院主办的以经济宣传为主的综合性全国性中央级党报，成为国务院指导经济工作、发布各项经济政策的重要舆论阵地。

人们也习惯上把《市场报》、《经济参考》报和《经济日报》看作经济类报纸的元老。它们和后来出现的财经类报纸最大的区别是，报道的领域涉及与经济相关的政治、社会的方方面面，而不仅仅是金融等财经领域。

1989 年 10 月，《中华工商时报》创刊。这是一份自主经营、自负盈亏、完全走市场化的报纸。总编辑丁望曾任《工人日报》《经济日报》副总编，他从全国工商联那里拿到的所有开办经费只有 25 万元，没有固定资产，比其他中央报纸高出 12%的发行费率，不能享受“价拨纸张”。但《中华工商时报》令人耳目一新的版式、视角独特的文章、丰富开阔的视野令其一面世就获得了满堂彩，让同行叫好，引起中国政经界和企业界的关注，至年底时已经实现赢利 5 万元。到 1994 年，《中华工商时报》发行量增长到 20 万份，从周报变成日报。丁望在办报之初就赋予时报鲜明的定位：为改革鼓与呼，为市场经济鸣锣开道，关注中国新兴经济力量——民营经济的成长。由于坚持“民味、商味、海味”的特色，该报的影响力迅速提升，并波及港澳台地区和东南亚，成为观察中国内地经济问题的一个参照物。《中华工商时报》在短短几年内培养出了一批经济报道和经营管理人才，其中很多人成为中国后来市场化经济媒体的掌舵者。

除经济类报纸外，一批老晚报纷纷复刊，同时涌现一批新办晚报，兴起了“文化大革命”后办晚报的第一次高潮。1979 年 11 月，《南昌晚报》率先复刊。1980 年 1 月，云南日报社主办的《春城晚报》创刊。这是“文化大革命”后创办的第一家晚报，也是我国省级报纸创办的第一家晚报。1980 年 2 月 15 日，《北京晚报》和《羊城晚报》这两家有影响的晚报同时复刊。同年 7 月 1 日，《兰州晚报》创刊，这是“文化大革命”后创办的第一家市级晚报。1982年1月1日，被迫停刊逾15年的《新民晚报》复刊。到1982年底，全国已有晚报19家，超过了“文化大革命”前的规模。这以后，几乎每年都有晚报创刊和复刊。其中影响比较大的主要有1984年7月1日在天津创刊的《今晚报》、1986年1月1日在南京创刊的《扬子晚报》和1987年1月创刊于杭州的《钱江晚报》。1991年，全国晚报总数达到51家。

六、媒体自办发行和报业竞争兴起

在媒体经营管理模式改革中，随着一次次的“办报热”，报业市场份额被一次次重新分配，报业之间的竞争也逐渐形成。

1978年国家规定报社是事业单位，可以实行企业化管理。1979年开始允许报纸、电视登广告。1979年1月4日《天津日报》率先恢复商业广告。同年1月28日上海电视台播出了中国电视史上第一条广告。同年5月，中宣部发文给上海市委宣传部，肯定了报纸恢复广告的做法，并对刊登广告做出了一些具体规定。从此，报纸和其他新闻媒体的广告业务有了突飞猛进的发展，并逐渐成为新闻媒体的经济支柱。1983年，财政部对中央大报实行利改税，税后利润全部留报社支配。

从新中国成立初期开始到改革开放之初，“邮发合一”的发行模式一直是报纸发行的主要模式。随着我国由计划经济向市场经济过渡，“邮发合一”的发行模式日益显出其固有的弊端。1985年1月1日，《洛阳日报》率先宣布脱离邮局，实行自办发行。在实行自办发行的前五年中，《洛阳日报》的年发行量平均增长率超过10%。《洛阳日报》自办发行后，由于邮局的发行费率上调，一些日报与晚报纷纷加入自办发行的行列。1986年部分城市报纸自办发行工作座谈会首次召开，有26家报社参加，对自办发行给予了积极的肯定。1988年，《天津日报》加入了自办发行的行列，打破了省级以上报纸难以自办发行的禁锢，并成为自办发行的龙头老大。很快著名晚报《今晚报》也利用下岗职工自办发行，既解决了下岗职工的再就业问题，又提高了报纸的发行量。1992年前后，全国自办发行的报纸很快达到800多家，其中地、市以上党报有260家，占党报总数的70%，占现有报纸总数的35%以上。

作为新闻纸，报纸要获得读者的认可、市场的欢迎，就必须满足读者的需要，为读者提供有效的信息服务。因此，报业竞争在根本上表现为新闻竞争。新闻包括新闻内容和新闻形式两个基本方面，其有机统一则是报纸版面。因此，中国的新闻竞争首先就体现为“周末版大战”和“扩版大战”。

1981年《中国青年报》的《星期刊》首开星期刊之先河，是国内报纸关注休闲的开始、周末版的源头。而1984年2月11日，《南方周末》创刊，标志着周末版的市场开发由专门的版面转向专门的报纸。1985年，《经济日报·星期刊》问世。到90年代初，《光明日报》《工人日报》《北京日报》《大众日报》《贵州日报》等一批省级以上报纸，分别出版周末增刊或星期刊，使中国的报纸结构发生了深刻的变化。据不完全统计，在1991年，全国100多家大报中有54家开办周末版，到1993年，全国创办了周末版的报社达到200多家。

与报纸扩版注重增加“硬新闻”的做法不同，周末版关注的是“软新闻”。被冠之以“社会速写”“经济广角”或“大特写”的宏观社会新闻样式，纷纷出现于报端。它与20世纪80年代中后期新闻界风行一时的深度报道的最大区别在于，取材较后者轻松，叙述较后者活泼，思辨色彩的语言较后者少。

1987年，《广州日报》率先由4版扩为8版，在全国形成扩版浪潮；1992年，《广州日报》又推出了12版大报，《文汇报》《福建日报》《黑龙江日报》则扩为8版；1993年，《解放日报》《经济日报》《光明日报》《辽宁日报》《大众日报》《沈阳日报》等，也纷纷扩为8版。据不完全统计，1993年有130家报纸卷入扩版浪潮中，1994年则有150多家报纸扩版增期。报纸扩版的直接动机，一是为了增加报纸的信息量，二是为了增强报纸的可读性，三是为了适应经济发展对广告的需求。

显然，周末版大战及扩版大战的实质，是报纸在扩大新闻信息量、提高报纸可读性这两个方面展开的竞争。从新闻竞争的角度看，这两种形态的竞争其实具有同一性，都处在扩大报道面、增加读者需要的新闻内容以填补信息空缺的阶段。1991年，报纸扩版增期成为潮流，这一年全国共有300家周末版、月末版。

与周末版热与扩版潮并行的是深度报道的大行其道。1987年6月24日至7月4日，三篇整版的调查性报道《红色的警告》《黑色的咏叹》和《绿色的悲哀》被刊登在《中国青年报》醒目的位置。三篇文章对新中国成立以来最大的一起森林大火进行了深度报道。这是一起令193人葬身火海、5万人流离失所、烧毁100万公顷土地、熊熊燃烧了25个昼夜的森林大火。按照过去的写法，灾难往往会被写成赞歌，在此之前，国内新闻界甚至从来没有直接或正面报道过灾难。这三篇报道成为中国灾难新闻报道的里程碑，也在新闻界引发了深度报道的高潮。

记者历时30多天的艰苦采访，换回了中国新闻史上的一组经典篇章。《红色的警告》记录了灾难中人与社会的关系，报道了在熊熊大火中仍然热衷于开会、讨论、扯皮的官僚主义者们，报道了废墟中如耻辱柱一般矗立的县长家的红瓦房。《黑色的咏叹》叙述了火灾背景下的人物命运和人在极端场合下的表现；而《绿色的悲哀》则前瞻性地探讨了人与自然的关系，揭示了这场灾难的生态原因。报道用振聋发聩的声音提出，这次大火不仅是天灾，更是人祸。这三篇报道因为披露官僚主义、触及体制弊端，在全国人民心中激起的震撼和思考，已远远超过了森林大火本身。“三色报道”也获得读者和新闻界同行的高度肯定，获得当年的全国好新闻特别奖。

七、新闻管理与新闻立法

改革开放之初，对加强新闻法规建设的要求十分迫切。党中央、国务院、全国人大、最高人民法院等机构先后就新闻宣传工作、新闻出版、广播电视等方面，制定、颁布了大量法律、法规和条例，促进了新闻传播事业的健康发展。

1978年11月13日的《人民日报》第3版发表了一篇题目为《要大大发扬民主和加强法制》的文章，作者之一是现在已经很著名的社会学家李银河。文章回顾了“文化大革命”期间人民权利受到践踏的情况，提出要制定保障言论出版自由的法律，自此开启了中国传媒法制建设的漫长历程。

从 20 世纪 70 年代末到 80 年代初的历次“两会”上，几乎都有人大代表和政协委员提出制定新闻法、保障言论出版自由的议案和提案。1983 年第六届全国人大会议，有代表提出在条件成熟时制定新闻法的议案，人大法工委转请中宣部处理。中宣部同意，向人大提出请示报告。1984 年 1 月彭真委员长在中宣部《关于着手制定新闻法的请示报告》上批示：“同意”。1984 年初由人大教科文卫委员会牵头、以胡绩伟为首的新闻法起草组成立。这个起草组设在中国社会科学院新闻研究所的新闻法研究室，由所长商恺、副所长孙旭培分别担任正副室主任。起草班子搜集并翻译了各国新闻法（后来由人民日报出版社出版）、出版了《新闻法通讯》、写作各类专题研究文章等，先后在北京、上海、广州、成都、重庆等地召开座谈会，并且到深圳邀请香港新闻界同行来参加座谈，听取他们的意见。

1987 年新闻出版署成立，媒体管理也进入专业化归口管理时代。新闻出版署的一项重要职责便是起草法律、法令和规章制度，经审定颁发后组织实施，制定关于新闻、出版管理的方针、政策，因此起草新闻法工作被划归新闻出版署操办，由当时的副署长王强华主持。按照王强华的提议，在上海成立了起草新闻法的“影子内阁”，主持人是时任中共上海市委宣传部副部长的龚心瀚。1988 年，新闻出版署的起草组、上海的起草组以及新闻法研究室都写出了新闻法的文稿，这样在全国就有了三个新闻法文稿，在业界广泛征求意见。这三个文稿是各自独立完成的，但都把新闻自由作为基本指导思想，都对新闻自由下了基本相同的定义；都打破了 30 年来的新闻媒体体制；都规定了新闻媒体的独立地位，禁止事先的新闻检查；都规定了新闻工作者的采访、报道、评论等权利；都有国家保障新闻报道的义务性规定；等等。

三个文稿的主要差异在于：新闻出版署文稿拟定“国家机关、政党、社会团体、企事业单位（或加上‘其他公民集体’），可以申请创办新闻报社、通讯社、新闻期刊社、新闻图片社”；上海起草组文稿拟定“国家机关、政党、社会团体、科学教育文化机构及其他取得法人资格的组织均可申请出版报刊”；新闻法研究室的文稿则多了一句“报刊的创办也可以由自然人进行”。当时个人不得办报确实是有些官方人士的一条底线，为此发生过激烈争论，后来“民间办报”还被斥为“资产阶级自由化”，但是我们知道，世界上许多有影响的报刊都是由民间组织来出版的，所以从字面上看，前两个文稿实际上也已从这条底线退却。

直到 1989 年 3 月，邓小平还特别强调要抓紧立法，包括集会、结社、游行、示威、新闻、出版等方面的法律和法规。后来因为国内国际事态的发展，新闻法的制定被无限搁置。

在 20 世纪 80 年代后期曾经出现了“新闻官司”“告记者热”的新闻媒体侵权案件。1979 年《中华人民共和国刑法》规定了诽谤罪和侮辱罪。1986 年《民法通则》设立了人身权专节并且规定了民事救济措施。这些法律条文公布之时，可以说新闻界并没有谁会想到它与自己有什么相干。所以当记者或媒体被告上法庭时，引起的震动可想而知。

《民主与法制》在 1983 年发表的《二十年“疯女”之谜》一文引发了中国第一起新闻官司。在法治条件下，媒体损害了自己的报道对象或受众的权益时，承担法律责任就是理所当然的。媒体侵权案件以追惩方式对媒体滥用新闻报道和批评权的行为起到了特殊预防和一般预防的作用，一定要限制其言论自由，当然限制的是传播虚假事实的自由，是任意裁判是非、宣布“罪状”的自由，是诽谤、侮辱、披露隐私、侵犯人格尊严的自由。

媒体侵权案件另一个积极变化是使受到强势媒体侵犯的民众投诉有门。1988 年《人民日报》发表报道，为新疆一位年轻工会干部无端加上“怠工乱告状”“强词夺理，撒泼要赖”等恶名，质问“政纪为何对她失灵”，于是她被“政纪”逐出单位，不得不进京告状，法院立案后等了三年，报社法人代表才宣布“我们决定应诉”。经过八年的艰难诉讼，这位干部终于讨回了公道。

八、“皇甫平”评论与《东方风来满眼春》

1990 年底，在党的十三届七中全会召开前夕，邓小平同志召集几位中央负责同志谈话，提出“要善于把握时机来解决我们的发展问题”①，强调“不要怕冒一点风险”推进改革开放，改革开放越前进，承担和抵抗风险的能力就越强。他还强调“不要以为搞点市场经济就是资本主义道路，没有那么回事。计划和市场都得要。不搞市场，连世界上的信息都不知道，是自甘落后”②。接着，在 1991 年 1 月 28 日至 2 月 18 日，邓小平同志到上海过春节。在视察工厂时邓小平又发表了一系列有关深化改革的谈话。他强调：“改革开放还要讲，我们的党还要讲几十年。会有不同意见，但那也是出于好意，一是不习惯，二是怕，怕出问题。光我一个人说话还不够，我们党要说话，要说几十年。”他还希望“上海人民思想更解放一点，胆子更大一点，步子更快一点”，“要克服一个怕字，要有勇气。什么事情总要有人试第一个，才能开拓新路”③。

时任上海市委书记兼市长的朱镕基向广大干部传达了邓小平视察上海的谈话。《解放日报》作为中共上海市委机关报，敏感地意识到这些关于深化改革、扩大开放的最新思想，具有很强的新闻性与现实指导性，应该大力宣传。按照《解放日报》的惯例，每年农历大年初一，都要发表一篇小言论贺新春。1991 年春节前夕，《解放日报》的副总编周瑞金与评论部的负责人以及上海市委政策研究室共同商议，决定合作写几篇联系上海改革开放实践阐述邓小平改革开放新思想的评论文章。开篇就是 2 月 15 日（辛未年正月初一）发表在《解放日报》头版、署名“皇甫平”的评论：《做改革开放的“带头羊”》。文章旗帜鲜明地指出“何以解忧，唯有改革”，提出中国正处在改革开放新的历史交替点上。“十二年一个‘轮回’。回首往事，上一个羊年——1979 年，正是党的十一届三中全会召开之后开创中国改革新纪元的一年。”“抚今忆昔，历史雄辩地证明，改革开放是强国富民的唯一道路，没有改革就没有中国人民美好的今天和更加美好的明天！”

3 月 2 日，第二篇署名“皇甫平”的文章《改革开放要有新思路》发表。这篇文章的点睛之笔，是提出 90 年代改革的新思路在于发展市场经济。3 月 22 日，第三篇署名“皇甫平”的文章《扩大开放的意识要更强些》发表，文章强调“增强扩大开放意识，就

---

① 邓小平．邓小平文选：第 3 卷．北京：人民出版社，1993：365.
② 同①364.
③ 同①367.

要求我们进一步解放思想，抛弃任何一种保守、僵滞、封闭的观念，形成与一个先进的国际城市相称的开放型软环境”。第四篇署名“皇甫平”的文章《改革开放需要大批德才兼备的干部》也于4月12日见报。这四篇陆续见报的“皇甫平”评论相互呼应，围绕解放思想以深化改革、扩大开放这个中心，宣传了邓小平在20世纪90年代初提出的改革开放新思想，形成了一个鲜明推进改革开放的完整的舆论先导系列。当时报纸广播几乎都在集中火力抨击“资产阶级自由化”，已有很长时间没有用这种口吻谈论80年代的改革开放了。

“皇甫平”的文章发表后，在国内外、党内外反响强烈。但敢于转载、敢于呼应的新闻单位却屈指可数，只有新华社《半月谈》杂志在同年的4月发表评论，呼应“皇甫平”的文章，公开表示支持不能对改革开放任意进行“姓社还是姓资”的诘难。大部分媒体保持了沉默，有个别媒体发起了一轮责难和批判，如《筑起抵御和平演变的钢铁长城》之类的评论员文章，经常出现在全国大多数报纸上。

思想界、舆论界的交锋一直持续到1992年春天。1992年1月18日至2月21日，邓小平以88岁高龄不辞劳苦视察南方，足迹遍及武昌、深圳、珠海、上海等地，再一次反复强调中国的改革就是要搞市场经济，基本路线要管一百年。不坚持社会主义，不改革开放，不发展经济，不改善人民生活，只能是死路一条。谁不改革开放，谁下台。

《深圳特区报》的副总编陈锡添作为邓小平此行唯一随行的记者，记录了邓小平所有的讲话与细节。由于小平同志自己提出“不题词、不接见、不报道”的要求，对于他的深圳之行，无论境外媒体如何炒得沸沸扬扬，国内媒体一直都没有做公开报道。一直等到党内开始以文件的形式传达邓小平的南行讲话，公开报道才成为可能。3月22日，广东省委机关报《南方日报》发表了一篇题为《小平同志在“先科”人中间》的文章，《深圳特区报》意识到发表的时机已经成熟，闻风而动，于26日发表了陈锡添长达一万多字的长篇通讯《东方风来满眼春——邓小平视察深圳纪实》。文章发表后陈锡添一直忐忑不安，直到当天下午的《羊城晚报》全文转载了这篇通讯，他才松了一口气。很快3月28日的上海《文汇报》《中华工商时报》和3月30日的《光明日报》《北京日报》均全文转载了此文。3月30日，新华社向全世界全文播发《东方风来满眼春——邓小平视察深圳纪实》，并以少有的规格配发了一条消息。第二天，《人民日报》等国内各主要报纸都在头版主要位置转载了这篇长篇通讯。3月31日，中央电视台在当晚《新闻联播》之后，用45分钟全文播发了这篇文章。国外各大通讯社和主要媒体，有的播（刊）发了《深圳特区报》的长篇通讯《东方风来满眼春——邓小平视察深圳纪实》，有的发了有关消息和评论。[①] 4月1日，即将访日的江泽民总书记接见日本驻华记者时，也被问及这篇文章，江泽民对这篇文章给予了正面的评价。该文章也获得了当年中国新闻奖的一等奖。

第二节　驶上市场化的快车道（1992—2002）

从1992年至2002年党的十六大，中国确立了邓小平理论在全党的指导思想地位，

① 吴松营，陈锡添．春风化雨润神州：1992年邓小平南方谈话报道追忆．新闻战线，1999（10）：73-75.

提出了“三个代表”重要思想，确立了社会主义市场经济体制的改革目标和基本框架，确立了社会主义初级阶段公有制为主体、多种所有制经济共同发展的基本经济制度和按劳分配为主体、多种分配方式并存的分配制度，开创全面改革开放新局面，推进党的建设新的伟大工程，成功把中国特色社会主义推向 21 世纪。① 这十年也是改革开放以后中国新闻传播事业飞速发展的第二个阶段。十年间，中国新闻传播事业驶上市场化的快车道，传媒界最响亮的口号是“走向市场”“走向报摊”。

一、《北京青年报》走向报摊

作为首都，北京有着得天独厚的政治文化优势，但由于有众多的中央大报云集北京，北京的报业市场一直并未真正形成竞争的态势，多少年一直只有一张《北京晚报》算得上是老字号品牌，是北京市民的最爱。整个报业市场一潭死水，直到《北京青年报》走上报摊。

可以说，《北京青年报》是 20 世纪 90 年代北京报业真正的黑马。它从几间简陋的地下室起步，走进了价值两个亿的大厦，从一张只有 4 开 4 版的处级小报变成了如今拥有十报、四刊、两网以及北青传媒上市公司的传媒集团，实现了质的飞跃。它算得上是北京地区第一份真正市场化的报纸，在 90 年代所创造的独特的版式风格、新闻取向，数年独领风气之先。正是在它之后，北京的报业市场才开始发育壮大，变成一池活水，先是《北京晚报》为夺回市场不断创新，随后《北京晨报》《北京娱乐信报》《京华时报》《新京报》《法制晚报》等相继加入竞争行列，展开多“国”混战。

《北京青年报》的迅速崛起是在 1991 年至 1995 年，到 1996 年时，其报纸广告已经突破亿元大关，利润则达上千万。1991 年《北京青年报》创办了《青年周末》，1992 年《北京青年报》又创办了《新闻周刊》，这两刊直接走上报摊，直面北京的报刊零售市场。当时的大报根本不屑于进报摊，传统观念认为报摊是低俗小报生存的地方，但《北京青年报》却将之视为自己报纸实现大众化、市场化、区域化时最需要开发的零售市场。为了提高竞争力，《北京青年报》提出了“30 秒钟效应”，也就是当读者停留在报摊的时候，要能在 30 秒钟之内吸引住他的目光，让他在众多报纸中选择购买《北京青年报》。于是《北京青年报》的美编们把报纸的头版分割成若干区域，仔细研究读者的眼动轨迹，找到头条标题在报纸上半部分中的最佳位置，文章与文章之间要用细线分割，整版要用粗线围框，大量使用煽情的大标题、大照片，强调视觉冲击力，从而形成“浓眉大眼”的报格，因而被称为“新派版式”的代表，风靡一时。

《北京青年报》当时提出了一个在今天看来依然似乎并不先进的理念，即把《北京青年报》改造成一张完全意义上的新闻纸，要求报纸用独家的、具有新闻价值的报道，甚至是负面的报道来满足读者的“新闻饥渴”。当时主管部门对于新闻报道还有许多的禁区，《北京青年报》的记者却经常擅闯禁区，靠打“擦边球”来赢得独家新闻和轰动效应，直到 1996 年因为报道“娃哈哈事件”而导致社长崔恩卿辞职。1993 年《北京青年

① 《中华人民共和国简史》编写组．中华人民共和国简史．北京：人民出版社，2021：201.

报》在《中国新闻出版报》头版刊登了自己的整版形象广告，创下了国内报纸自我宣传、自我炒作的先例。当时业界用“新闻冲击波”来形容《北京青年报》的横空出世。

以《北京青年报》为代表的边缘媒体的市场化使媒体的影响力格局发生了重大的变化，中央媒体一统天下的格局慢慢被打破。一是发行量持续下滑。一项调查显示，我国省级党报1992年的平均发行量为34.29万份，这是1990年以来的最高值，随后总体逐年下滑，1999年的年均发行量跌至23.91万份。2002年再创新低，平均发行量只有22.10万份。二是广告收入以及广告收入增长都落后于都市类报纸。1992年以后，都市类报纸的广告收入超过同一市场的党报，而且超过的幅度越来越大，党报的赢利能力下降明显。三是社会影响力逐渐降低。党报的人均拥有量越来越少，阅读率也较低，而且读者自费订阅党报的意愿非常低。

二、都市报的崛起

《华西都市报》创刊于1995年1月1日，是中国第一份都市报。它首创“市民生活报”定位，制定“全心全意为市民服务”的办报方针，自创“敲门发行法”，创立“区域组合城市”的新型城市报市场策略，以自身的成功模式，影响、推动了中国报业的市场化经营和产业化发展。由于定位准确，1996年底，创刊不到两年的《华西都市报》发行量就攀升至26万份，1997年突破了50万份大关；1995年仅为4开8版，1996年增加到4开16版，1997年扩版到4开24版；从广告收入上来看，1995年为1 000万元，1996年为2 000万元，1997年超过了9 000万元……

《华西都市报》的成功引起了媒体界的广泛关注，各地开始纷纷引进“华西模式”，由此，都市报进入了“雨后春笋般”的发展期。由于都市报适应了信息时代市民日益增长的信息需求，符合我国城市人口不断增长的现状，迎合了当今企业越来越有赖于广告开拓市场的趋势，所以有相当大的生存空间。由于都市报定位正确，加上主观上的积极进取、开拓创新，所以基本上是办一个成功一个。如今在陕西一枝独秀的《华商报》曾是一张陕西省侨联主办的行业报，年年亏损，但完全照搬“华西模式”，采用“拿来主义”仅一年，发行量就一路飙升到40万份，两年后广告年收入过亿。

在河南，定位“采缤纷天下事，入寻常百姓家”的《大河报》，诞生一年后便创造了日发行量突破45万份、年广告收入达6 800万元的奇迹。1997年8月24日，一辆肇事车在郑州街头撞人逃逸，导致一死一伤。《大河报》记者在追访过程中，发现肇事者竟然是郑州市公安局金水分局的局长张金柱。《大河报》连续刊发追踪报道，率先点出肇事者的身份，张金柱事件迅速成为全国性新闻。最后，张金柱被判处死刑。媒体报道说，张金柱在受刑前曾经哀叹：“我是栽在了记者的手上。”此后，张金柱之死是不是媒体审判的结果，成为新闻界的一桩公案。

都市报的迅猛崛起，打破了晚报对于都市普通受众的垄断优势，在很多城市报业进入了晚报与都市报趋同化竞争的时代。如在成都，先后有《华西都市报》《成都商报》《成都晚报》《蜀报》《商务早报》《天府早报》《四川青年报》7家报纸同城竞争。而且所有报纸新闻的风格定位、版面设置、读者圈定乃至新闻操作和广告模式都逐渐趋同，最终导致 7 报一面。竞争的集中必然演化为低价格倾销、发行量恶性竞争、广告杀价、盲目提高发行成本甚至在新闻报道上相互诋毁，有的报纸为了摆脱趋同的困境而刻意策划独家新闻，甚至通过制造假新闻来谋求轰动效应和市场热销。有的报纸为了扩大发行量而走“低端市场”路线，去迎合低层读者的阴暗趣味，以煽情的手段包装新闻，对读者进行误导。

南京报业的价格大战就是都市报不规范竞争的代表。1999 年 3 月，江苏省委机关报《新华日报》改版，它的成功打破了南京新闻界的平静。5 月 9 日，以 5 月 8 日美国为首的北约轰炸我国驻南使馆事件为契机，由江苏供销合作总社（集团）所属的一份行业报《江苏商报》改版上市，4 开 16 版，售价只有 0.2 元。到 1999 年 10 月，这份名不见经传的报纸已拥有 13 万份的日发行量，成为南京地区发行量最大的早报。《江苏商报》的低价格示范效应，使南京本地的报纸纷纷效仿。10 月 12 日，新华社江苏分社主办的《现代经济报》改版并易名为《现代快报》，4 开 16 版，酬宾价为 0.1 元。面市第一天，报纸的日发行量是平常的 3 倍，第二天又上升了 12%。到 12 月初，《现代快报》日发行量已达到近 30 万份，成为南京早报市场的新霸主。

12 月，南京各报纷纷改版、降价，调动各种策略推销报纸。12 月 1 日，《南京日报》改版，部分彩印，改对开 8 版为对开 12 版，售价 0.5 元，同时买一份《南京日报》送一份子报《金陵晚报》（0.4 元）。12 月 4 日，《金陵晚报》刊出消息，“订一年报纸（144 元），返还 144 元的礼品”，订报不要钱，再创南京报价新低。2000 年 2 月，在江苏省委宣传部的主持下，几家报纸达成关于报价统一为 0.3 元的协议，南京报价大战暂告一段落。与其他城市相比，南京的这次报价大战持续时间长（从 1999 年 3 月到 2000 年 2 月），竞争的力度、广度和深度也都是前所未有的。

据不完全统计，截至 1998 年底，全国 36 家广告收入超亿元的报社中，有 30 家是都市报，这 30 家报社的广告收入为 70 亿，占全国报业广告总收入的 63.6%。随着都市报进入激烈竞争的“战国时代”，都市报如何摆脱低水平恶性竞争、如何迈向主流媒体的困境开始显现。1998 年 3 月，《华西都市报》旗帜鲜明地提出“迈向主流媒体”的理论观点，并全面诉诸办报实践；以广州的《南方都市报》为代表的都市媒体，以前所未有的决心开始重拳打造时评，每天刊发多篇有思想有见地的评论。都市报开始试图影响社会进程、影响社会决策、影响市场、影响社会行为，有专家称都市报的纷纷转型为“后都市报时代”。

三、报刊的治理整顿

从宏观背景来说，报业的发展有三个制约条件：一是综合国力的强弱，二是国民整体文化素质的高低，三是城镇人口的多少。作为发展中国家，我国这三个条件都还不算很好。随着经济的发展，由于政治体制的限制，报业的发展出现了“散”“滥”现象。主要表现是：

（1）结构失衡，重复办报。从 20 世纪 80 年代初开始的“办报热”，到 90 年代愈演愈烈。以 1997 年为例，我国部委管的报纸 206 家，和部委相对应的各省厅、局所办的行业报有近 700 家，占全国报纸的三分之一。从品种、结构上看，这些报纸不甚合理，造成重复建设、资源浪费。

（2）布局分散，质量不高，形不成规模。多年来，我国批办报纸的思路基本上是计划经济体制下的配给制，有一个一定级别的单位就相应批一份报纸。这样，战线越拉越长，越铺越散。不少部门办起报纸之后，不熟悉报纸的政治性和业务性，也没有精力管理，人员素质无法适应办好报纸的要求。报纸质量不高，不受欢迎，发行量小，形不成规模。尽管新闻出版署对各类报纸的最低发行量都有明文规定，如部委报纸最低发行量 3 万份，但 1996 年年检中发现，达不到要求的占四分之一；厅局报纸发行量应达到 2 万份，但达不到这个标准的也不少。有的办了多年，仍维持上千份、甚至几百份的发行量，根本无法达到社会效益与经济效益的结合。在我国 2 000 多种报纸中，综合性报纸发行量超过百万份的，只有《人民日报》《参考消息》《羊城晚报》《新民晚报》《扬子晚报》5 种。

（3）强行摊派，加重群众负担，影响政府威信。不少报纸的主管单位在本系统内有制约能力，常常利用手中权力给下面下任务、下指标摊派订报。摊派征订又引起发行大战。近几年每到报纸征订季节，地方报纸和中央报纸抢发行，小报和大报抢发行，形成不正当竞争的恶劣环境。

（4）违规违法，险情不断。有的报纸卖刊号、卖版面，有的搞一号多报，有的格调低下，有的甚至根本不具备办报条件。从整体上看，违规报纸是少数，但影响很坏。除正式报纸外，我国还有大量的内部报纸，新闻出版署对它们有许多限制，如不准定价、不准登广告、不准征订、不准在社会上发行，等等。但为经济利益所驱动，不少内部报纸严重违规。

1995 年下半年，新闻出版署未批一张新办报纸。1996 年，新闻出版署决定停止批办新的报纸，停止所有报纸的扩版增期和转换主管部门，以遏制报业数量增长的势头。1996 年 12 月，中共中央办公厅、国务院办公厅发出《关于加强新闻出版广播电影电视业管理的通知》，指出：3 年内公开发行的报纸总量基本持平，着重提高质量，优化结构；内部报纸改为在本系统、本单位指导工作、交流信息的内部资料，不再列入报纸系列，不得在社会上发行，不得赢利，不得刊登广告。根据上述精神，新闻出版署于 1997 年 3 月初又提出关于报业治理工作的具体方案，开始治散治滥。

经过两年多的治理整顿，散滥现象受到遏制，布局结构得到调整。到 1999 年，中央国家机关还有行业报 150 种，各省、自治区、直辖市还有厅局级报纸 535 种。为适应社会主义市场经济体制和政府职能转变的要求，解决“政报分开”，让政府能彻底退出具体出版业务，使报纸出版真正符合出版规律和市场规律，中共中央办公厅、国务院办公厅于 1999 年 8 月 29 日联合发布《关于调整中央国家机关和省、自治区、直辖市厅局报刊结构的通知》，其主要目标就是彻底取消厅局级报纸，调整报业结构，加强党报主阵地建设，为党报集约化经营、集团化发展奠定基础，创造条件。到 2000 年 6 月底，基本完成了各省的厅局级报纸调整工作。同年 10 月，中央单位的报纸划转工作结束，共压缩报纸 24 种，期刊 14 种，划转厅局级报纸 550 种，厅局级期刊 299 种，中央单位报纸有 32 家被划转。这次被划转的报纸，绝大部分更名和重新定位，调整了办报宗旨和内容，有利于报刊结构的优化。

四、报业和广电集团的出现

报纸的兼并在20世纪90年代中期就开始出现。一些党报、大报，具有政治导向强、队伍业务精、财力雄厚、管理规范的优势；有些小报小刊因为人力财力薄弱、发行量小、质量又低，已到了办不下去的地步。在这种形势下，一些党报、大报开始兼并小报小刊。这为实现报业集团化创造了条件。

1994年6月，新闻出版署在杭州第一次举办“全国首次报业集团问题研讨会”。中国报业“集团化”隆重登场。新闻出版署提出，组建报业集团必须经新闻出版署批准，组建报业集团的报社必须是党报，组建报业集团必须具备五个条件：较有影响的传媒实力，较雄厚的经济实力，较充足的人才实力，较过硬的技术实力，较通畅的发行实力。

报业集团化的提出适应了全国报业进一步发展的需求。随着报业之间的竞争加剧，客观上比较强势的报纸存在兼并、整合区域内城市报纸的愿望和需求。

1996年，新闻出版署批准成立我国第一家报业集团——广州日报报业集团。随之，羊城晚报报业集团、南方日报报业集团、光明日报报业集团、经济日报报业集团和文汇新民报业集团于1998年成立。1999年，深圳特区报报业集团正式挂牌。2000年1至5月，新闻出版署又分别批准了9个报业集团（大众日报报业集团、北京日报报业集团、解放日报报业集团、四川日报报业集团、浙江日报报业集团、辽宁日报报业集团、哈尔滨日报报业集团、沈阳日报报业集团和河南日报报业集团）。

从此，报业集团的组建就成为我国报业发展的一个重要趋势，它标志着我国报业发展到了一个新的阶段。据统计，截至2003年6月，经新闻出版总署正式批准成立的报业集团共有39家。这39家报业集团以传统的行政级别来分，有中央级的2家、省或直辖市级的24家、市级的13家。分布于25个城市，其中有12个城市拥有2家以上报业集团，2个城市拥有3家报业集团（北京、广州），另有13个城市为单一报业集团所占据。39家报业集团共拥有报纸271种，平均每家报业集团有7种报纸，从经济状况看，39家报业集团的总资产共计384.46亿元，平均每家报业集团9.86亿元。39家报业集团2002年的营业总额为212.37亿元，其中，广告收入133.07亿元，占营业总额的62.66%。

报业集团已成为舆论导向的主力军。39家报业集团共拥有报纸271种，这在我国报纸种数中所占的比率并不大，仅占12.7%；但是，这些报纸的平均期发量却大约占到了全国所有报纸平均期印数的33.6%。由报业集团所统领的报纸已经在我国报纸市场上占据了三分之一的天下。通过集团的组织形式，将大批小报刊聚集到党报周围，形成舆论导向强势效应的初衷已基本达到。

报业集团已成为报业经济的顶梁柱。据估计，我国报业资产总量大约为1 000亿元，39家报业集团的总资产共计为384.46亿元，那么报业集团所占有的资产已经超过了我国报业资产总量的三分之一。据国家工商管理总局发布的统计数据，2002年全国广告营业额总数为903亿元，其中报业的广告营业额为188.48亿元。39家报业集团的广告营业总额为133.07亿元，占当年报业广告营业额的70.6%。也就是说，我国报业广告的七成以上被报业集团所攫取。同时报业集团的经营规模正在扩大。各报业集团除了通过兼并、重组、新创办等形式，在传媒领域里做大做强，形成了各具特色、结构合理、资源互补的报刊群体以及出版社和网站外，还依托报业集团的优势积极拓展多元化经营。39 家报业集团共拥有 225 个各类子公司，这些子公司涉及房产、物业、商业、制造、贸易、教育、旅游、会展等众多领域。多元化经营显示了集团化经营强劲的扩张态势。

在报业集团出现的同时，全国广播电视也经历着专业化频道改革并组建广电集团的尝试。

20 世纪 90 年代以后，中国广播的受众发生了很大变化，广播的核心受众群正在由乡村转向城市；随着私家车的迅猛增加，受众由固定收听转向移动收听；由收听调幅广播转向收听调频广播甚至数字音频广播；受众的收听习惯也由以往的“固定收听”转向“移动中的清晰收听”。北京、上海、广州、深圳等一些大城市，先后建立诸如文艺频率、新闻频率、音乐频率、交通频率等专业化频率，我国广播开始进入“窄播”和频道专业化的探索实践，如 1991 年上海交通信息台、1993 年北京音乐台等。

从 1995 年开始，相关部门停止批建广播新台，强调合理配置现有的节目频道。在全部节目中，强化新闻节目的龙头、骨干作用；在全部时段中，集中人力、物力、财力来办好一套节目和黄金时段，确保中央台和省台一套节目的覆盖。到 1998 年底，一个以中央人民广播电台为中心、各省级台为依托，遍及全国的广播宣传网逐步形成。1997 年，我国颁布了《广播电视管理条例》《关于加强广播电视广告宣传管理的通知》《卫星传输广播电视节目管理办法》《广播电视设施保护条例》等一批重要法律，改变了广播电视管理依据不足的局面。

互联网的迅速普及给传统媒体尤其是广播业带来了巨大冲击。此外，社会主义市场经济条件下广播电视行业自身发展的需要，要求对现有资源进行重组和整合，从重点突破向整体推进过渡。新一轮广电改革政策陆续出台。2000 年 8 月的全国广电厅局长会议，针对广播、电视、电影业的改革，不但提出了“大整合”的整体方案，而且还制定了“大整合”时间表。2001 年，《关于转发中央宣传部、国家广电总局、新闻出版总署〈关于深化新闻出版广播影视业改革的若干意见〉的通知》出台，对组建广电集团的指导思想、原则、体制、融资等做了全面规定，这些政策为中国广电业“大整合”奠定了理论依据，注入了政策活力，推动了此次广电事业的改革。

此前改革自下而上，由局部某个电台发起，取得成功经验后，全国其他电台纷纷效仿，逐步推广开来；而广电集团的组建工作，由于我国的市场发育还不充分和完善，还不能完全由市场促成，所以改革是由行政手段整合而成的，属于自上而下。

在中国广电集团化历程中，以发展为主题，以结构调整为主线，以壮大实力、增强活力、提高竞争力为目标，掀起了一波又一波改革浪潮。上海文广新闻传媒集团在这方面进行了可贵探索。2001 年，上海文广新闻传媒集团成立之初的第一项重大举措就是撤台建频道，取消原有三个电视台、两个广播电台，实行频道专业化。

但我国的广电集团整合，除了有线无线合并、频道专业化等集团组建最初实行的改革措施之外，并未发挥出显著的合力。主要原因是“事业性质、产业化管理”在具体操作时难以把握；有的集团整合，也仅仅是把同一行政区域内的若干广电经济实体相互捏合，实现同一传媒层次上简单、机械的平面联合，既没有形成内部各自的有机融合，更没有在专业领域实现资产优化组合。

五、电视新闻改革力度空前

1993 年 5 月 1 日，中央电视台的大型评论性栏目《东方时空》开播。它与 20 分钟的《早间新闻》一起，构成了一个小时的新闻节目板块。中国人第一次开始早晨起来看电视新闻。接着，1994 年，中央电视台对晚间节目进行了改造。这就是 4 月 1 日起在每晚黄金时间开播的《焦点访谈》，它与《新闻联播》一起构成黄金时间新闻板块，既有新闻总汇，又有热点聚焦，深受观众欢迎。《世界报道》和改版后的《晚间新闻》同时推出，形成又一个新闻收视高峰。1996 年推出的《新闻调查》与《实话实说》也非常有影响，创造了非常高的收视率。

舆论监督是新闻媒体的重要职责。《焦点访谈》这个全新而深刻的节目一夜之间成为中国人了解世情的"晴雨表"，掀起了舆论监督的热潮，许多节目使百姓拍手称快，使最高领导层拨冗瞩目，改变了中国电视媒体只有宣传的固有理念。观众调查结果表明，以《焦点访谈》为代表的舆论监督类节目的创办，使社会中存在的一些焦点问题在电视屏幕上曝光，增强了观众对电视的信任。据统计，1998 年《焦点访谈》中舆论监督的内容在全年节目中所占比例是 47%，当年每天有 3 亿中国人收看《焦点访谈》，这个栏目不但赢得了百姓的喜爱，而且两届总理都给予了其高度评价。1997 年，李鹏总理视察中央电视台时题词：焦点访谈，表彰先进，批评后进，伸张正义。1998 年，朱镕基总理视察中央电视台时，在《焦点访谈》的演播室里写下了"舆论监督，群众喉舌，改革尖兵，政府镜鉴"16 个字。

1995 年 4 月，中央电视台又在中午 12 点推出了《新闻 30 分》，有意识地组织系列跟踪报道，抓群众关心的问题，收视率直线上升，使午间时段得到有效开发。①

1996 年 1 月 1 日起，《新闻联播》由录播改为直播。1997 年在中国电视史上被称为"中国电视直播年"。以重大新闻的电视直播为标志，中国电视的新闻传播进入了一个新时代。留在人们记忆中的重要直播有：邓小平同志追悼会、世纪奇观海尔波普彗星与日全食同现苍穹、香港回归、中共十五大召开、长江三峡顺利实现大江截流等。尤其是中央电视台对三峡大江截流进行了长达 14 个小时的海陆空现场立体报道，香港回归则是 72 小时的超长式现场直播，这在中国电视新闻史上都是空前的。1998 年，中央电视台在对重大国际新闻和突发事件的报道中，依托高新技术，不断扩大直播领域，现场直播水平日益提高。张北地区发生强烈地震 20 分钟后，中央电视台新闻节目中即做了报道。中央电视台记者三次赴伊拉克及时报道武器核查危机与"沙漠之狐"行动，实现了重大国际新闻事件报道的重大突破。首次实现了利用卫星可视电视系统直播极地科学考察情况。

观众收视率状况是电视台宏观决策的信息基础，是提高编播制作人员专业水平、改进节目质量的促进因素。收视率被广泛运用于栏目设置、栏目播出时间安排、栏目评议、节目内容选择、电视台管理等许多重要环节，对广告商的作用也越来越重要。为此，

① 时统宇．电视影响评析．北京：新华出版社，1999：94.

1986年，中央电视台开始运用计算机进行日常收视率统计，一些地方台也纷纷开展收视率调查尝试。随着视听市场的发育和壮大，收视率不仅“作为观众意愿的某种表征”而引人注目，更作为调节媒体内部互动以及媒体与广告商之间买卖关系的“货币”而受到推崇和追逐。中央电视台于20世纪90年代初开始酝酿自己建立收视率调查网络。全国电视观众调查网的创建工作始于1991年，1997年底，“全国收视率调查网”已经拥有62个调查站，12 200个家庭样本户，覆盖500多个频道。截至2000年底，该网已发展成为世界上最大的观众收视调查网。

六、网络媒体的崛起和管理

中国的网络媒体崛起于20世纪90年代初。

中国国内第一份上网的中文电子刊物是《神州学人》。它由国家教委投资，于1995年1月12日正式发刊，但它还不属于我国大众媒体的电子化。在传统媒体中，首先进行电子化尝试的是一家地方报纸。1993年12月6日，《杭州日报·下午版》通过该市的联机服务网络进行传输，由此拉开了中国报纸电子化的序幕。

1995年10月20日，《中国贸易报·电子报》在人民大会堂举行了演示。这是国内第一家正式在国际互联网上发行的电子日报。它的问世引起了国内外新闻界同行的广泛关注，英国路透社立即成为该报电子信息的订户。

1996年1月2日，《广州日报》电子版通过新加坡报业控股的服务主站正式进入互联网。同日，《中国证券报》电子版也正式面世。它不仅以计算机联网方式迅速传递信息，而且专门开设了一个“公众论坛”栏目，使读者可以随时将自己的信息以最快捷的方式反馈到编辑部。《中国证券报》的重要内容还通过无线寻呼台进行播报，用户使用BP机即可收看到每天的主要新闻。

1996年1月13日，《人民日报》综合数据库国际平台开始运转，把当天《人民日报》《人民日报·海外版》《市场报》的全文内容约20万字和部分图片送入互联网。到1996年底，在互联网上发行电子版的报纸计有《中国贸易报》《人民日报》《经济日报》《金融时报》《解放日报》《新民晚报》《南方日报》《广州日报》等30余种。《中国集邮》《大众摄影》等近20家杂志发行了电子版。

1997年，中国互联网络信息中心（CNNIC）第一次对国内有关情况的调查表明，截至1997年10月31日，我国上网计算机达到29.9万台，上网用户数62万，CN下注册的域名4 066个，万维网站点约1 500个，国际出口带宽25.408M。

从这一年起，具有权威地位及雄厚经济实力的传统大报开始正式推出网络版。其中有代表性的是《人民日报》。该报于1997年1月1日正式推出网络版，内容包括所出版的系列报刊。该报曾先后推出了多个专辑和资料库，其中深受好评的有可供全文检索的《邓小平文选》以及“香港回归”“历次党代会”“中美关系大事记”等重大新闻专辑和背景资料库。到1997年11月底，《人民日报》网络版访问人次超过4 000万次，每天平均访问人次达到40万左右。

中国新闻社《华声月报》在1997年4月申请了自己的独立域名，随即制作了5个专栏共10多万字的网络版，正式定名为"《华声报》电子版"，于5月25日正式推出，不仅每天有新闻上网，而且从7月底开始向全球用户提供免费电子邮件传送新闻服务。这是国内首家以电邮方式正规地向用户免费提供新闻服务的新闻网站。

广播电视机构中，中央电视台起步最早，1996年底就开始进行尝试，不断加大投入力度。一些著名栏目，如《东方之子》《实话实说》《3·15特别节目》等，被推上了互联网。中央电视台在1997年重新注册了顶级域名：www.cctv.com。中国国际广播电台也于1997年在互联网上设立网址。一些地方广播电台、电视台行动亦十分积极。比如，1996年12月，广东人民广播电台率先建立网站，成为国内第一个上网的广播电台。

新华社在1997年11月7日建社66周年之际正式开通网站，充分利用本社丰富的新闻信息资源，及时、全面地反映国内外各个领域的最新动态，并收录和编写了大量的文献。新华社网站还开辟了国内新闻网站收费服务的先河。

1999年2月，时任中共中央总书记的江泽民在全国对外工作会议上第一次提及互联网，强调要加强信息传播手段的更新和改进，积极掌握和运用现代传播手段。

1999年5月8日，北约轰炸我驻南联盟大使馆，造成三名记者死亡，《人民日报》网络版审时度势，第二天便果断地开设了"强烈抗议北约暴行BBS论坛"。6月19日晚，"抗议论坛"改版为"强国论坛"，产生了极大的影响。论坛的开通实现了网络的交互性，并为广大网友提供了一个对世界大事、国家大事发表看法的重要平台。

新闻媒体网站尤其是广播电视媒体网站在音频、视频直播、点播方面也有长足进步。1999年中央电视台网站首次直播春节联欢晚会，此后对一系列重大活动均进行了网上直播。中国国际广播电台则用普通话、粤语、英语、葡萄牙语对多场重大仪式和庆典活动进行了网上音频直播。规模空前、时间超长的网上视频及音频直播，反映出国内新闻媒体网站水平的飞速进步。

从2000年起，中国各个省、市、自治区开始整合所属地区的新闻资源，建设综合性的地方新闻信息门户网站。2000年5月8日北京千龙新闻网开通。它由《北京晨报》、《北京日报》、《北京晚报》、《北京青年报》、《北京经济报》、北京人民广播电台、北京电视台、北京有线广播电视台（后与北京电视台合并）和《北京广播电视报》等北京市属新闻媒体共同发起和创办。千龙新闻网把北京市主流媒体的新闻资源进行整合发布，形成了北京地区的新闻信息网络门户。

2000年5月28日，东方网正式开通。这是由上海多家新闻媒体——包括解放日报社、文汇新民报业集团、上海人民广播电台、上海电视台、东方广播电台、东方电视台、上海有线电视台、青年报社、劳动报社、上海教育电视台——集中资源优势与上海东方明珠股份有限公司、上海市信息投资股份有限公司、上海精文投资有限公司联合投资组建的大型综合网站，发展策略定位于"新闻强势导入、信息服务衔接、电子商务展开"。东方网与150家媒体有签约合作关系，迅速成为整个华东地区最强势的新闻网站。

2001年12月13日，南方网正式开通。南方网依托南方日报报业集团，联合羊城晚报报业集团、广东省广播电影电视局、广东省新闻出版局、广东省新闻出版集团公司等省内新闻、出版、文化、社科单位共同建设，是广东省的新闻门户网站。

在网络媒体的崛起过程中，中共中央将网络媒体发展纳入国家战略，不断出台政策措施和规定，加强管理规范。

1999 年 2 月 26 日，时任中共中央总书记的江泽民在全国对外工作会议上第一次强调，信息传播业正面临着一场深刻的变革，互联网的应用使信息达到的范围、传播的速度与效果都有显著的提高，我们必须适应这一趋势，加强信息传播手段的更新和改进，积极掌握和运用现代传播手段。这次讲话被认为是党和国家领导人对新闻媒体要积极利用网络传播的第一个重要指示，也成为网络媒体地位上升的一个标志。

1999 年 10 月 16 日，中共中央办公厅转发《中央宣传部、中央对外宣传办公室关于加强国际互联网络新闻宣传工作的意见》。这是中央关于网络新闻宣传工作的第一个指导性文件。文件从争夺 21 世纪思想舆论阵地制高点的高度，明确了今后网络新闻宣传工作发展的方向，并对网上新闻信息发布提出了规范原则。国家广播电影电视总局随即发出《关于加强通过信息网络向公众传播广播电影电视类节目管理的通告》，明确规定：在境内通过包括国际互联网络在内的各种信息网络传播广播电影电视类节目，须报国家广播电影电视总局批准；在境内通过信息网络传播广播电影电视类节目，不得擅自使用“网络广播电台”“网络中心”“网络电视”等称谓；经批准通过信息网络传播的广播电视新闻类节目（包括新闻和新闻类专题），必须是境内广播电台、电视台制作、播放的节目。

事实上，从 1997 年起，中央就明确国务院新闻办公室为网络新闻宣传归口管理机构。2000 年 1 月，中共中央宣传部和国务院新闻办公室联合召开中国首次互联网新闻工作会议。会议对中国网络新闻传播业的发展做出重要战略部署，发展中国的网络新闻传播业已经成为国家行动。此次会议是中国新闻部门最高领导层首次对中国网络新闻传播业做出宏观战略部署。同年 4 月，国务院新闻办网络新闻管理局成立，负责统筹协调全国互联网络新闻宣传工作。其主要任务是负责规划国家互联网络新闻宣传事业建设的总体布局并实施；组织开展互联网络重大新闻宣传活动与开发重点信息资源；研究互联网络舆情动态，把握互联网络新闻宣传的舆论导向；拟定互联网络新闻宣传管理方针、政策和法律法规；对开办新闻宣传网站或栏目进行资格审核，组织搜索互联网络重要信息，抵御互联网络有害信息的思想文化渗透；组织新闻宣传网站开展国际交流与合作。在国务院新闻办成立网络新闻管理局之后，各省、自治区、直辖市新闻办也陆续设立了相应机构，形成了自上而下的管理体制。

5 月 9 日，中宣部、中央外宣办下发了《国际互联网新闻宣传事业发展纲要（2000—2002 年）》，这一文件提出了互联网新闻宣传事业建设的指导原则和奋斗目标，并确立了首批重点新闻宣传网站，它们包括：中国互联网新闻信息中心（即后来的中国网）、《人民日报》（即后来的人民网）、新华社（即后来的新华网）、中国国际广播电台（即后来的国际在线网）和《中国日报》（即后来的中国日报网）。

随着互联网的发展成为国家战略的重要组成部分，有关互联网新闻传播管理的政策法规也相继出台。2000 年下半年，有关部门陆续颁布了多项与互联网有关的法规。其中最引人关注的是 2000 年 11 月 7 日信息产业部制定的《互联网站从事登载新闻业务管理暂行规定》的发布，这是国内涉及网络新闻传播的最直接的法规，明确指出对网络新闻传播主体尤其民营商业网站采取的是许可制，而且还制定了一系列资质条件。

七、中国加入世贸组织对新闻传播事业的影响

在中国加入世界贸易组织（WTO）前后，关于加入 WTO 可能对中国传媒业产生的影响与冲击一直是讨论的焦点。为了应对入世，2001 年 1 月，在全国新闻出版局长年度会议上，有关方面首次明确指出：要着力进行“传媒领域投融资体系创新”，支持试点集团通过“购并和重组的方式兼营、创办多种媒体”，“试点集团要着重在实现多渠道利用社会资金方面取得进展”。2001 年 4 月，中国证监会公布了新的上市公司行业分类，其中取消了原来的“高科技产业”，新增了“传播文化产业”及“信息传播服务业”。前者的范围包括了“书、报、杂志、资料的出版业”，然而并未包括报纸、杂志的编辑业务。

2001 年 8 月，中共中央办公厅发布了《中央宣传部、国家广电总局、新闻出版总署〈关于深化新闻出版广播影视业改革的若干意见〉的通知》，这个被俗称为“17 号文”的通知，明确地提出了媒体集团化、媒体可以跨行业跨地区经营、经营性资产可以上市等三条意见。被专家解读为是媒体产业化政策的正式松动。

“17 号文”引发了随后的新闻产业改革。2001 年 12 月 11 日，中国正式加入了 WTO，成为世界贸易组织的正式成员。中国是以发展中国家的资格入世的，在入世谈判的过程中，并没有就新闻传播事业特别是报业的开放做任何承诺。在 15 年的时间内，新闻传播业的开放与否，完全取决于中国自己。但中国承诺逐步减让和降低新闻纸、激光照相排版设备、胶印机、打印机、复印机、光导纤维、各种摄影器材等和新闻传播业务有关的物品的进口关税；两三年内逐步开放图书、报纸和期刊的分销服务：逐步开放广告市场，允许外资与国内企业合作，开展广告代理和广告服务业务；开放电信服务市场，允许境外资本进入互联网市场；开放音像和娱乐软件市场。同时，承诺全面执行《与贸易有关的知识产权协定》（即《TRIPS 协定》），注意维护知识产权，加强反盗版行为，加强知识产权案件的审理，使中国对中外著作权人的保护水平与这个协定的规定基本一致。

这些承诺表明，中国的新闻传播事业将部分地融入世界贸易的机制，在某些方面将按国际公认的游戏规则办事。但这也意味着中国的传播业将面临一些严峻的挑战，如外国资本的大量涌入。中国的报业市场，是各种国外资金一直想进入的领域。入世以前，著名的国际新闻界大亨默多克领军的新闻集团、发行《财富》杂志的美国维亚康姆公司、发行《读者文摘》的美国唐纳利父子公司、美国的时代华纳公司和 IGB 公司、德国的出版业巨擘贝塔斯曼股份有限公司、法国索福瑞公司等，都已经开始了对中国传媒市场的进军。他们从以合资的方式投资办互联网、办电视节目和内销刊物开始，逐步渗透到传媒的广告、印刷、发行、分销等各个环节，对中国的报业市场形成了一定的冲击。

2001 年 5 月 12 日，新闻集团、路透集团、迪斯尼、维亚康姆、道琼斯等国际传媒巨头纷纷派代表参加在北京举行的国际传媒投资专场论坛，国内知名媒体及投资传媒业的上市公司也都参加了这场题为“传媒业投资和经营管理”的论坛，如此深层次和大范围地讨论传媒业与资本市场的结合，说明了外资进入传媒业的迫切愿望。2001 年 10 月 29 日，由新闻集团持股 37.6%的凤凰卫视中文台、电影台获准落地广东。由广电总局批准的有外资背景的电视频道有 20 多家陆续在指定的地方市场落地。

为了适应入世后的需要，我国加快了对相关法律法规的制定。自 2002 年 2 月 1 日起，新的《出版管理条例》开始施行，第 39 条规定，国家允许设立从事图书、报纸、期刊分销业务的中外合资经营企业、中外合作经营企业、外资企业。报刊领域较为宽松的政策吸引了大量系统外资金介入。当前报刊市场中，地方性报纸以其贴近读者、贴近实际、贴近生活，具有很强的可读性、服务性、实用性等优势压倒全国性大报，是当前中国报业发展最快、市场拓展最迅速的一类群体。例如，2000 年媒体 100 强中，地方性媒体占了 78 家。而全国性大众类报刊如《人民日报》《参考消息》等在区域性报纸的强大竞争力下，失去了往日的风采。此外，以信息产业、财经、娱乐类为代表的新兴行业类报纸，受相关新兴行业的带动，成长极其迅猛。

报业规模经济的竞争需要大市场、大资本的支撑。因此，资本运作的探索与报业集团的组建相伴而行。1997 年，广东省新闻出版局创办《新周刊》，三九集团以提供纸张和投入 2 000 万元资金获得《新周刊》的印刷、发行权。1998 年，中国科学院机关报《中国科学报》在联想集团投入 1 600 万元后，更名为《科学时报》，并创办子报刊《网络报》和《科技新闻周刊》。1999 年 8 月，成都商报社下属的博瑞投资公司获得上市公司“四川电器”27.65%的股权，成为最大控股股东。1999 年，博瑞投资公司控股的四川电器在上海证券交易所上市，使四川电器成为“报业第一股”。

控制新闻宣传和新业务、适当放开非新闻业务领域、严格管理将是我国传媒发展的趋势。顺应这一潮流，国外各大传媒公司纷纷通过一系列购并组建跨媒体集团。我国有关部门也已明确提出，要加快整合现有分散的资源，以广播电视电影为主业，以宽带网络传输、互联网、电视台、电台、电影制片厂为主体，努力组建一批在国际、国内有竞争力，资源共享、优势互补的大型广播影视传媒集团。一些地区在这方面已有实质性举动。2001 年 5 月，北京广播影视集团正式挂牌宣布成立。新成立的集团包括北京人民广播电台、北京电视台、北京广播影视报刊社以及北视、中北两大电视艺术中心等单位，还有歌华文化（歌华有线第一大股东）、歌华有线电视网络、紫禁城影业、北京音像公司等单位。上海东方电视台、东方广播电台、文新集团和东方网也联合组建新的东方传媒集团。尤其值得注意的是，歌华文化与东方传媒这两家大型传媒集团在 A 股市场上均有各自的窗口公司：歌华有线与东方明珠。2001 年 12 月，我国最大的广播电视集团——中国广播电视集团宣告成立，中央人民广播电台、中国国际广播电台、中央电视台等都是其成员。

第三节　日渐开放的新闻传播事业（2002—2012）

2002 年至 2012 年，中国进入全面建设小康社会、加快推进社会主义现代化的新的发展阶段。中国抓住重要战略机遇期，坚持以人为本、全面协调可持续发展的科学发展观，加快转变经济发展方式，国家经济实力和综合国力大幅度提升，国内生产总值跃居世界第二位。[①] 在全面建设小康社会的过程中，中国新闻传播事业迎来了改革开放以来飞

① 《中华人民共和国简史》编写组．中华人民共和国简史．北京：人民出版社，2021：268.

速发展的第三个阶段，也是中国更快地融入世界，中国新闻传播事业面对新的国际传播形势、新的传播技术变革、新的传播任务的更加开放的一个阶段。

一、“伊拉克战争”与“非典”中的媒体表现

2003 年 3 月 20 日 10 时 33 分 50 秒，新华社领先世界各大媒体 10 秒，抢先报道了伊拉克战争爆发，并提供了视频、音频稿件。中央电视台一套、四套、九套、三套节目也利用路透社、美联社、美国有线电视新闻网和半岛电视台的信号直播了战争，这是央视第一次大段引用外台外电报道。中央一套每天分时段播出大量实时报道，据央视索福瑞媒介研究的数据，在北京、上海、广州三大城市中，中央一套的收视率上升了 2～4 倍，中央四套的收视率在北京和上海上升了 4 倍，在广州上升了 10 倍。中央一套从 3 月 21 日开始播出的专题节目《伊拉克战争报道》，节目收视率的涨势超过了《新闻联播》，最高涨幅达 2.7 倍。

中央人民广播电台和中国国际广播电台也中断正常节目，迅速并连续多日进行直播。特别是 3 月下旬，几名中国记者曾进入巴格达现场报道，使收视收听率大幅攀升，央视国际网站 21 日的点击量高达 3.85 亿次。当时的中宣部副部长徐光春认为中国媒体的表现“几乎与事件和国际大传媒同步”，是“中国新闻报道史上的重大突破”。

3 月 20 日上午，从伊拉克战争爆发开始，凤凰卫视便开始对战事进行直播。战争爆发后，凤凰卫视中文台和资讯台便同时进入直播状态。24 小时之后，中文台停止直播，资讯台继续对伊拉克战事进行 24 小时滚动报道。凤凰卫视从开播以来，在香港回归时进行了 60 小时的连续直播，在“9·11”事件当中进行了 36 小时的连续直播。到 24 日下午，凤凰卫视资讯台对伊拉克战争的连续直播报道已经突破 100 个小时，创造了华语电视直播的最长纪录。

实际上从战争正式打响的前一周，各媒体的关注点就完全转向了伊拉克，一些专刊也已经在前期开始预制，因此在战争打响的次日，几乎所有媒体都以最大篇幅推出了伊拉克战争专刊。《人民日报》《经济日报》《中国青年报》等全国性报纸都进行了相关报道，北京当地各大都市类报纸则用更大篇幅报道此次战争动态，并刊登多幅照片，《北京晨报》《京华时报》等出版了专刊。其中《北京青年报》的专刊还用铜版纸印刷，“战争”成了各大报刊强力运作的看点。在伊拉克战区附近的中国战地记者最多曾达到 47 人左右，内地与港台记者大约各占一半。值得关注的是，本次伊拉克战争的战地记者中除了新华社、中国国际广播电台、中央电视台等大媒体的记者外，还出现了江苏《现代快报》、陕西《华商报》等地方媒体的特派记者，国内媒体对战争报道的热情达到了空前的高度。

美伊战争的打响，对各大互联网来说又是一次千载难逢的机会。美伊战争爆发当天，新浪网页面浏览量达到 2 亿以上，打破国内网络媒体访问量最高纪录；同时，新浪短信用户比平日增长了 10 倍。TOM 网站从 3 月 20 日上午 10 点半战争开始截至下午 2 点，新闻频道的流量已突破 650 万。

就在中国的媒体沉浸在伊拉克战争的新闻大战时，3 月末的北京其实正被另一场真

正与普通百姓息息相关的“战争”所困扰。这种后来被称为“非典型肺炎”的疾病在北京正呈现扩散的趋势，患者人数不断增加，各种谣言四处弥漫。但由于当时北京正在召开一年一度的“两会”，而且是五年一次的换届大会，所以大部分的媒体几乎都没有对“非典”进行报道，更别说突出的报道了。

对“非典”的报道早在2003年的2月间就在广东、香港的媒体中炒得火热，关于抢购板蓝根、食醋的新闻也传得沸沸扬扬。在“人民网”上，我们能检索到的最早的有关“非典型肺炎”的报道，是2003年2月11日的《广州非典型肺炎已得到有效控制》。3月26日，新华社称北京的输入性“非典型肺炎”得到有效控制——这是首次有关北京“非典”的权威报道。也就是说，在“非典”的初期，大部分的媒体，包括所有的主流媒体，都一致地保持了沉默，而且对于这种沉默可能带给中国的负面影响也没有任何判断。

在4月3日召开的关于“非典”的国务院新闻发布会上，时任卫生部部长的张文康仍然向与会的200多名中外记者表示：中国局部地区的“非典型肺炎”疫情已得到有效控制，这句话也成为当时媒体报道的一个基本口径。4月3日，在北京发行量最大的《北京晚报》以《北京迅速采取应对措施　有效控制“非典型肺炎”》为题报道说，目前本市居民当中无一原发病例发生。4月4日的《北京晚报》的一则标题更是令人印象深刻：中国是安全的，戴不戴口罩都是安全的。

直到4月7日，国际劳工组织官员派克·阿罗因患“非典”在京去世，媒体在报道时仍然引用卫生部有关人士的话，强调阿罗病例的“输入性”。政府有关部门隐情不报，无论是出于维护政绩、稳定局势还是想避免造成社会恐慌等方面的考虑，从客观上看，都直接造成了“非典”在北京的蔓延，几乎造成了无可挽回的严重后果。

政府公布的各类信息的前后矛盾、情况失真也使中国陷入非常被动的局面。比如4月3日的国务院新闻发布会上，权威的数字是：截至3月31日，北京感染的病例为12例，死亡3例。4月7日卫生部公布的数字是：北京19例，死亡4例。4月15日卫生部公布的数字是：北京37例，死亡4例。然而4月20日，随着卫生部与北京市两位主管官员的去职，这一天公布的北京确诊的病例却猛然达到339例，疑似病例402例。也就是说，仅仅5天的时间，病例从37例一跃而至339例，多出302例，增加了8倍多。这种数字上的巨大反差也让百姓开始质疑政府的公信力。

政府前期新闻发布的真实性受到怀疑，直接导致大家更愿意相信非官方的消息。4月20日以后，为了防止疫情蔓延，政府采取了一系列措施，其中包括设置隔离区和对病人进行转院诊治。但这些正常举动却引起了种种猜测与谣传，几乎造成了社会的大面积恐慌，北京几乎处于无序与失控状态。而海外媒体乘机捕风捉影，“妖魔化”中国的负面报道更达到了一个新的高度。据统计，《时代》周刊2003年的涉华报道共计29篇，其中关于“非典”的报道就有9篇，成为当年涉华报道的最主要议题，这些文章带有明显的政治倾向性，“非典”的成因、性质都被政治化。

中共中央政治局常务委员会在4月17日召开会议，要求各级党政机关“要准确掌握疫情，如实报告并定期对社会公布，不得缓报、瞒报”。4月20日之后，党和政府就“非典”问题采取了一系列果断措施。相关调查表明，当党和政府以坦诚、负责的态度将“非典”的疫情如实、客观地公告天下的时候，虽然人们的情绪产生了本能的震动，有近一半（47.5%）的北京市民感到“更加紧张”，但是 87.3%的人因此加强了个人和家庭对于“非典”的预防措施，54.2%的受访者表示他们增强了对政府有效控制“非典”的信心，84.8%的人对于政府目前的表现表示满意。以 4 月 20 日为界，媒体的可信度发生了根本的变化。“非典”之后，对于人民群众知情权的尊重与保障、信息公开逐渐提上历史日程。

二、新闻发言人制度在中国

2003 年 4 月初到 6 月 24 日，卫生部连续举办了 67 次新闻发布会，是举办新闻发布会最密集的时期。“非典”疫情结束之后，我国的新闻发言人制度逐步建立起来。2003 年 6 月 3 日，上海市政府率先建立新闻发言人制度，随后，国务院各部门和各省市纷纷建立新闻发言人制度，进行定期或不定期的新闻发布。2003 年 9 月 22 日，国务院新闻办第一期全国新闻发言人培训班开课，66 个部委的 100 多名新闻发言人参加了学习。同时，国务院提出了建立国务院新闻办公室、中央各部委、省级人民政府的三级新闻发言人制度的设想。

我国的新闻发言人出现得比较晚。1982 年初，中央对外宣传领导小组起草了《关于设立新闻发言人制度的请示》。经中央书记处批示同意后，中宣部、中央对外宣传领导小组于 1983 年 2 月联合下发了《关于实施〈设立新闻发言人制度〉和加强对外国记者工作的意见》，要求外交部和对外关系较多的国务院各部门建立新闻发布制度，定期或不定期地发布新闻。1983 年 3 月 1 日，时任外交部新闻司司长的齐怀远走马上任，成为外交部第一位正式的发言人，并于当天举行新闻发布会。他向中外记者宣布：中国外交部从即日起建立发言人制度。1983 年 4 月 23 日，中国记协首次向中外记者介绍国务院各部委和人民团体的新闻发言人，标志着我国新闻发言人制度的正式建立。此后，我国政府的新闻发布逐渐频繁，在 20 世纪 80 年代，每年“两会”期间的记者招待会，虽然为数不多，但却成了“两会”期间最靓丽的一道风景。1991 年 1 月，我国为了更充分地“向世界说明中国”，组建了国务院新闻办公室。该办成立后，一方面通过召开新闻发布会、提供资料等方式对外介绍中国，另一方面协助外国记者在中国采访，以便更有效、客观、准确地报道中国，在向世界介绍中国的方针政策、经济社会发展情况和中国的历史和文化等方面做出了积极的贡献。

2004 年，温家宝总理在十届人大二次会议所做的《政府工作报告》中指出：“为便于人民群众知情和监督，要建立政务信息公开制度，增强政府工作的透明度。”同年 9 月，中国共产党第十六届中央委员会第四次全体会议审议通过了《中共中央关于加强党的执政能力建设的决定》，其中明确提出要“重视对社会热点问题的引导，积极开展舆论监督，完善新闻发布制度和重大突发事件新闻报道快速反应机制”。此后，我国政府针对突发事件的新闻发布制度逐渐完善了起来。

2006 年 6 月提交全国人大常委会一审的《中华人民共和国突发事件应对法（草案）》第 57 条规定：“新闻媒体违反规定擅自发布有关突发事件处置工作的情况和事态发展的信息或者报道虚假情况，情节严重或者造成严重后果的，由所在地履行统一领导职责的人民政府处五万元以上十万元以下的罚款。”第45条规定：“履行统一领导职责或者组织处置社会安全事件的人民政府应当按照有关规定统一、准确、及时发布有关突发事件应急处置工作的情况和事态发展的信息，并对新闻媒体的相关报道进行管理。”这个草案受到了专家学者的广泛质疑，被认为是变相地束缚了媒体对突发事件的报道权。2007年6月24日，提交全国人大常委会二审的《突发事件应对法（草案）》，相比以前的草案有两处重要的修改：一是删除了第57条有关新闻媒体不得“违反规定擅自发布”突发事件信息的规定；二是删除了第45条中“并对新闻媒体的相关报道进行管理”这句话。两个条款的删改，实际上赋予了媒体对突发事件进行及时报道的权利，原草稿中的“擅自”，说明媒体没有自由报道突发事件的权利，需要事先请示，现在删除这样的行文，媒体也就得到了较为开阔的法规活动空间。

2007年1月17日，国务院常务会议通过了《中华人民共和国政府信息公开条例》，经温家宝总理签署，于2008年5月1日起施行。这个条例的实施为我国的新闻发言人制度提供了更好的制度环境，标志着我国的“阳光政府”建设又迈上一个新台阶。随着2008年北京奥运会的临近，新闻发言人制度及新闻发布在中国成为常态。2008年2月28日，我国有7个中央机关、74个国务院部门、全国31个省区市建立了新闻发言人制度，共设160余名发言人。据国新办发布的数字，2008年，党中央国务院各部门举行新闻发布会521场，各省（区、市）人民政府新闻办公室举行新闻发布会983场。国新办、中央各部门和各省（区、市）人民政府三个层次举办新闻发布会的总数达到1 587场。奥运会期间北京奥运会新闻中心和北京国际新闻中心举办了300多场新闻发布活动。

三、文化产业政策为传媒改革提速

从2003年开始，我国文化体制改革试点工作进入快车道，国家新闻出版总署和国务院办公厅相继颁发了《关于印发〈新闻出版改革试点工作实施方案〉的通知》《国务院办公厅关于印发文化体制改革试点中支持文化产业发展和经营性文化事业单位转制为企业的两个规定的通知》。其中后一个从财政税收、投资和融资、资产处置、工商管理、价格等方面，做出了适用于文化体制改革试点单位和试点地区的具体政策规定。中央当时确定作为改革试点进行合作改制的8家报纸是4家报业集团和4家报纸，即河南日报报业集团、新华日报报业集团、大众日报报业集团、深圳日报报业集团、《电脑报》、《中国证券报》、《北京青年报》和《今晚报》。但这8家试点单位合作改制的共同特点，都局限在经营领域，即委托经营，本身没有出版权和媒体所有权。出版权和媒体所有权由报纸的主管单位拥有。也就是说无论怎么改，“党管媒体不能变，党管干部不能变，党管导向不能变，党管资产不能变”。

2003年7月7日，“文汇新民”“新华日报”“浙江日报”三大报业集团创办的《东方早报》在上海横空出世，面向长江三角洲发行。同年11月11日，“光明日报”与“南方”两大报业集团酝酿已久的《新京报》在首都破壳而出。2004年11月15日，由“上海文广”“北京青年报”“广州日报”三家集团共投资一亿元的《第一财经日报》发行。它涵盖了广播、电视、报纸，且跨地区、跨媒体、跨行业“三跨”经营，打造了中国第一家跨媒体经营的财经传媒平台。这三张报纸的问世为中国报业的市场运作模式带来了新的突破：一是突破了地区分割的限制。省级的报业集团终于走出了自己的省份在异地办了都市报。二是突破了级别壁垒的限制。《新京报》是地方与中央级报业集团之间联姻的成果，显示了报业市场的新走向。三是突破了合作形式的限制。这三张报纸来势凶猛，实现了优势资源的重组，由一般的品牌输出、发行合作、广告联动，发展到以采编为核心、以资本为纽带的全方位运作。三报问世后，给北京、上海两地的报业市场带来了极大的冲击，显示出不俗的竞争力。

2005年8月国务院发布的《关于非公有资本进入文化产业的若干决定》，对非公有资本进入文化产业分成鼓励、限制和禁止三种情况。这是国家第一次对投资参股文化产业做出详细全面的规定。《决定》鼓励和支持非公有资本进入文艺表演团体、演出场所、博物馆和展览馆、互联网上网服务营业场所、艺术教育与培训、文化艺术中介等；鼓励和支持非公有资本从事文化产品和文化服务出口业务；在参与文艺表演团体、演出场所等国有文化单位的公司制改建中，非公有资本可以控股。

2006年1月，中共中央、国务院发出的《关于深化文化体制改革的若干意见》强调，推进文化事业单位改革，要根据现有文化事业单位的性质和功能，区别对待、分类指导，明确不同的改革要求。新闻媒体要坚持正确的舆论导向，始终确保党和人民喉舌的性质，要优化组织结构，整合内部资源，转变经营方式。要深化文化事业单位的内部改革，推进人事、收入分配和社会保障制度改革，按照政事分开的原则，事业单位和行政机关不得相互混岗。要求深化文化企业改革，要规范国有文化事业单位的转制。要大力提高文化产业规模化、集约化、专业化水平。9月13日，新华社发布了中共中央办公厅、国务院办公厅制定的《国家“十一五”时期文化发展规划纲要》。在这个纲要中“新闻事业”部分单列一个章节，对新闻媒体建设、加大对重点新闻媒体的扶持力度、办好新闻网站和发展新兴传播媒体进行了具体的规划。提出要扶持党报、党刊、通讯社、电台、电视台、重点新闻网站和时政类报刊，增强持续发展能力，成为拥有知名品牌和较强社会影响力、竞争力的优势媒体，充分发挥舆论主阵地、主力军作用，加大对中央和省级主要新闻媒体的扶持力度，加强基础设施建设、加快设备和技术的更新改造，不断改善硬件条件，提高信息化水平和传播能力。

2006年报刊业改革进入全面发展阶段，更多的报刊社实施了自身的改革。农民日报社、科技日报社、中国社会科学杂志社和民族画报社被确定为实行事业体制的试点单位，机电商报社、中国计算机报社等被确定为转企改制的试点单位。相关部门批准中国保险报社、机电商报社、中国计算机报社、国家电网报社、中华建筑报社、湖北知音传媒集团、中国科学杂志社、电力设备杂志社等整体转制为企业。2007年以来已有解放日报报业集团将主要经营资产注入新华传媒，广州日报报业集团控股的粤传媒获准国内主板上市等尝试。

2008年6月，新闻出版总署明确提出经营性报刊转企改制“三年三步走”的战略部署，即国有企事业单位主办的报刊在第一阶段完成改革，第二阶段是改革行业协会等社会团体主办的报刊，第三阶段是部委所办的报刊。力争三年建立起新体制的基本框架，完成重塑市场主体和培育战略投资者。改革不再是报刊出版单位内部的小打小闹，而是时代推动的脱胎换骨。作为文化产业领域最具意识形态特性的报刊业，也进入改革的攻坚阶段，“转制”成为这一阶段的核心议题。

新闻出版总署表示，中央单位所办的220多种报纸、2600多种期刊将划分为实行事业体制的报刊社和改制为企业的报刊社，对这两类报刊社将实行不同的改革要求和指导思路，确定分期、分批转企改制的单位和阶段性目标，扎实推进中央报刊出版单位深化改革，用两三年时间，使中央单位所属非时政类、非公益性报刊出版单位完成由事业单位向企业单位的改制。

2008年，我国共组建了中国广播电视集团、中国出版集团等70多家传媒集团，包括39家报业集团、10家出版集团和10家发行集团、12家广电集团、5家电影集团。但还没有一家横跨报纸、广播、电视、电影、网络等媒体的真正意义上的综合媒体集团。新闻出版总署明确表示将支持、推动一些初步形成品牌影响力和市场竞争力的行业、专业类报刊出版单位转制为企业，吸纳更多的报刊资源，整合多种形式的媒体资源，融入国有资本或上市融资，开展跨地区、跨行业、跨媒体的经营活动，逐步形成一批具有一定资源集中度的、占据优势竞争地位的报刊传媒企业集团。

2012年2月15日，新华社发布了《国家“十二五”时期文化发展规划纲要》，其中将“重点媒体国际传播能力不断增强，与我国经济社会发展水平和国际地位相匹配的媒体国际传播能力逐步形成”提高到事关国家文化软实力和国际竞争力提升的层面。在如何加快文化体制机制改革创新中，对于新闻传播事业的改革也提出了明确的要求，强调要以“建立现代企业制度为重点，加快推进经营性文化单位改革，培育合格市场主体”为目标，完成非时政类报刊社、新闻网站转企改制，同时“深入推进党报党刊发行体制改革和电台电视台制播分离改革，进一步完善管理和运行机制，不断扩大主流媒体的覆盖面和影响力”。10月24日，文化部部长蔡武受国务院委托，向全国人大常委会做了《关于深化文化体制改革推动社会主义文化大发展大繁荣工作情况的报告》，通报了文化体制机制改革进展，指出我国3388种非时政类报刊已有3271种完成转企改制，占总数的96.5%。

四、拉萨“3·14”事件与“反CNN”网站

2008年的拉萨“3·14”事件是中国政府继“非典”之后遭遇的又一场舆论大战。非常可惜的是，新闻界在传播方式上并不比几年前有多大的改进，在关键时刻的“失语”让自己再一次处于被动。

拉萨“3·14”事件发生时，正值“两会”的末期，第二天，主流媒体的大部分版面都是中央领导人的会议新闻，《人民日报》只是在第4版的右下角刊登了一条西藏自治区负责人答新华社记者问的短消息，全文不过百余字，既没有事件具体伤亡人数的统计数字，也没有对事件真相的报道，读者不明白，既然有足够的证据证明是达赖集团所为，为什么不把证据摆出来；更为不妥的是有关部门出于安全考虑，竟然关闭了境外媒体的采访渠道，并驱逐了留在拉萨的相关的新闻采访团。在随后的两天中，关于“3·14”事件的报道只有新华社记者的另一篇文章，依然被放在非常不突出的位置上。这种短暂的失语

与此事件在国际上的广泛影响，以及国际社会对于此事件的关注极不相称，让西方媒体的不实报道先声夺人。很多国内读者是在 3 月 18 日人大闭幕、温家宝总理举行的记者招待会上才得知“3·14”事件的严重性的。

让外国记者直接报道在拉萨目击的情况，有时比我们自己的报道更具有说服力。事实上有极少数外国目击者的报道传到国外后，这些目击者传播的内容，总体上是有利于中国的。后来有关部门虽及时做出了邀请外国记者赴拉萨采访的决定，却又处处限定记者的采访范围与活动区域。

面对西方强势媒体炮制的失实报道，面对已经被误导的国际舆论，中国媒体不得不开始了还原事实、揭穿谎言的舆论攻势。过去中国的报道总是习惯于先讲道理，后摆事实。这种传播方法，让思维习惯、文化环境截然不同的西方受众对中国媒体形成急于宣传观点而不是客观传播信息的负面印象，在此次回应西方失实报道的舆论反击中，为了说服更多的受众，赢回舆论主控权，很多媒体选择了把事实放在第一位，比如中央电视台播出的专题片《揭穿“中国军人”“假冒僧侣”谎言》，主要围绕几大事实展开：第一，国外网络上流传的所谓军人假扮僧侣照片不是英国媒体所宣称的卫星拍摄照片而是近景拍摄照片；第二，从 2006 年 5 月 1 日开始，武警部队服装已经由照片中的“八七”式布料服装换成现在的仿毛料；第三，2004 年 5 月以后，武警部队人员统一佩戴胸标和臂章，照片中的人员却没有佩戴；第四，照片中武警所穿是夏常服，而西藏三月天气较冷，武警所穿仍是冬常服；第五，照片中三轮车蓝色帘布是 2004 年 10 月份以前的款式，而在 2004 年 10 月以后，拉萨市的人力三轮车全部统一使用以绿色为主、富有民族特色的帘布；等等。报道的适时推出，彻底澄清并反驳了中国武警假扮僧侣参与暴乱这一荒谬舆论。中国媒体依靠有理有据有节的具体事实报道，有力地对不实舆论进行了回击。

在“3·14”事件中，针对西方受众对政府持有怀疑态度的心理，媒体选择了一些西方受众认同的传播者作为报道主角，从而赢取了较多的国际信任，如部分电视台制作了一批以博学的藏学家、西藏僧侣、西藏百姓和外国友人四类传播者为主角的报道，如从两位外国友人的观察视角反映现今西藏良好经济、文化、宗教状况的《西藏日记》，以藏学专家和普通百姓为传播主体的《感受西藏今昔》，均取得了较好的传播效果。

在“3·14”事件中，被称为“草根力量”的民间舆论，在扭转国际舆论走向上发挥了不可小觑的作用。3 月 20 日，23 岁的北京青年饶谨创办了一个域名为 anti-cnn.com 的网站，标题为《西藏真相：西方媒体污蔑中国报道全记录》。这一“反 CNN”网站随即成为广大民众揭批西方偏激媒体的重要阵地。一些西方媒体也很快关注到这一网站，在 3 月 27 日的外交部新闻发布会上，一名西方记者提问，反 CNN 网站是否受到了中国政府的资助。外交部发言人秦刚驳斥了这一怀疑，声称这完全是中国各界群众对“不负责任、违反职业道德的报道”的自发谴责和批判。反 CNN 网站在首页显著位置标明：“本网站是网民自发建立的揭露某些歪曲事实的媒体进行不客观报道的非政府网站。我们并不反对（西方）媒体本身，我们只反对媒体的不客观报道。我们并不反对西方人民，但是我们反对偏见。”一位网友制作的名为《西藏骚乱：西方媒体的真实面孔》的视频则搜集整理了大量被篡改和误读的西方媒体报道图片，用客观事实逐一批驳图片漏洞，揭下西方媒体“公正客观”的假面具；搜狐军事论坛、中华论坛等大型论坛的网友发起了以

“做人不能太CNN”为口号的反击西方媒体倡议，响应者众多，声势浩大；中国网友自发创建的反CNN网站旨在“收集、整理并发布西方主流媒体作恶的证据”，进行“一场反抗西方话语霸权的斗争”。在网络迅速集结起的民间舆论力量，代表了中国的广泛民意。它在“3·14”事件中呈现出的巨大反弹和导向作用，令西方媒体措手不及。多数西方媒体不得不对自己的不实报道进行纠正或者做出道歉。

五、中国媒体在汶川地震中

2008年5月1日，《中华人民共和国政府信息公开条例》正式施行。汶川地震发生在这个条例实施11天后，所以有媒体将这次地震的信息发布称为“信息公开第一考”。

2008年5月12日14：28，四川省汶川县发生特大地震，北京有震感。仅仅17分钟后，14：45，新华社就向全世界发出第一条英文快讯，两分钟后发出简明消息。中央电视台在15：00播出了关于汶川地震的新闻，许许多多的普通百姓，通过这条电视新闻了解到一场巨大浩劫的发生。15：04，中央人民广播电台也发出第一条地震快讯。16：40，中央人民广播电台、中央电视台记者随温家宝总理登上专机，奔赴灾区，并于飞机降落后第一时间，用电波与荧屏播出温家宝总理在专机上发表的重要讲话，将中国领导人抗震救灾的决心展现在世人面前，也令人们意识到了灾难的严重程度。19：00，中央人民广播电台“中国之声”推出全天24小时直播节目《汶川紧急救援》；22：00，中央电视台抗震救灾特别报道开始在综合频道与新闻频道同步并机直播。《人民日报》、《经济日报》、《解放军报》、中新社……各家中央媒体均在地震当天启动了应急预案，数十名记者立刻踏上了奔赴灾区的路途。

过去中央电视台作为国家级的电视台，定位端庄稳重，在面对重大突发事件的时候往往以“准”为报道的中心，这次他们大胆采用了“速报—更正”的直播方式，第一时间播报新闻，抢占舆论高地，掌握舆论的主动权，避免舆论被动，对于存在失实和采访不充分的地方再采取迅速更正的方式，减少负面影响。

地震发生后的第二天，国务院新闻办公室即组织民政部和国家地震局召开了第一次新闻发布会，真实地公布了具体的伤亡数字。其后一个月内此类发布会共有24场，频率之高、针对性之强前所未有。四川省也以省政府名义举办了20余场新闻发布会。赈灾的各种信息在新闻发布会上，通过广播、电视、报刊等媒体传播出去。西方的新闻媒体第一次大量使用中国官方媒体的电视信号：113个国家和地区、298个电视机构使用了中央电视台的直播信号。各国记者也可以自由进入地震灾区采访。地震发生后的第三天，即5月15日，有关部门即组织中外媒体记者赴灾区采访。据统计，救灾期间，四川省至少接待了800多人次的境外记者赴灾区采访。中国社科院新闻与传播研究所所长尹韵公认为，这次汶川大地震报道，给全国人民乃至全世界受众最深刻的印象，就是我们的信息公开达到了最大化、最优化。在中华人民共和国新闻史上，重大突发灾害性报道达到这样的信息公开程度，是史无前例的。

依照惯例，涉及中央领导人到地方的报道，通常是在领导人结束视察后发消息。但这一次，新华社从胡锦涛总书记、温家宝总理启程赶赴灾区那一刻开始就滚动播发快讯，同时对总书记、总理在灾区指导抗震救灾工作，每天都播发 3～5 条的消息、特写，这些报道被海内外媒体广泛转发。

5 月 15 日，《人民日报》在 5 至 8 版推出抗震救灾特刊，这是《人民日报》60 年历史上第一次为重大突发事件推出特刊，也是全国报纸中最早推出抗震救灾特刊的报纸。特刊的推出，使得《人民日报》抗震救灾报道从 13 日占版面 40%左右上升为 80%左右，保证了对抗震救灾进行全方位报道。

有外电评价说：地震发生当天，新华社发出了成百上千条震情通报，几乎每分钟都有新讯息发出，它还发布了现场记者对灾情的坦率评估。截至 5 月 27 日 23 时，央视《抗震救灾，众志成城》直播已连续播出近 300 小时，首播新闻 1 727 条，专题 133 个，创央视新闻直播纪录。国家哀悼日三天，央视内部各频道全部并机新闻频道，全国大多数省市上星频道全部并机或部分并机使用中央电视台信号。

一直被视为新生媒体的网络，也在这场灾难面前走向成熟。国内各大网站建立了以新闻中心为主，博客、播客、论坛、WAP 等多个频道参与的报道团队，24 小时不停息地刊发地震方方面面的新闻、信息和评论。5 月 12 日至 26 日，人民网和中国抗震救灾网共推出关于四川地震的文字报道近 5 万篇，其中中文稿件 4 万多篇，外文报道 7 000 多篇，图片新闻报道近 2 万篇，原创稿件近 4 000 篇，视频新闻 1 000 多条。人民网手机报推出“抗震救灾特刊”77 期，报道新闻信息 3 200 余条；3 800 多万人次的网友参与了人民网的抗震救灾互动活动，各种形式的留言超过 70 万条。

温家宝总理在映秀镇的废墟上主持了一次别开生面的记者招待会。他说，“这次救灾采取了开放的方针”，“我们欢迎世界各国记者前来采访，我们相信你们会用记者的良知和人道主义精神，公正、客观、实事求是报道灾情和我们所做的工作”。这里所说的开放，甚至不仅仅是对本国的新闻媒体的开放，还包括了对全世界新闻界的开放，这里所蕴含的信息公开的理念及其深远意义，或许要过很久以后才会被国人所完全认知。

六、北京奥运会对外国媒体敞开大门

2008 北京奥运会的新闻宣传规模是历届中最大的。据统计，共有 26 298 名注册记者和 5 980 名非注册记者前来报道北京奥运会，200 多个国家和地区进行了 5 000 小时的报道和转播，转播规模是雅典奥运会的 3 倍，全球共有 47 亿人收看、收听了北京奥运会的转播。而北京国际新闻中心从 7 月 8 日开馆到 8 月 24 日奥运会闭幕的 48 天中，举行了 84 场新闻发布会，累计出席记者 7 038 人次。主新闻中心举行了上百场新闻发布会，特别是在美国教练家属鼓楼遇刺事件和刘翔因伤病退赛后，及时召开了新闻发布会，通报情况。对敏感突发事件的积极处理态度让真相跑在了谣言前面。

有调查显示，有 29 个国家 67 家报纸在头版刊登了北京奥运会开幕式，绝大多数的报道是积极正面的。奥运会期间对于外国媒体的开放是空前的。2008 年 8 月 1 日，中国国家主席胡锦涛在人民大会堂接见了 25 位外国媒体记者，并回答他们的提问。同一天，来自 68 家境内外媒体的 103 名记者抵达位于北京市昌平区南口镇的北京军区某装甲师营地进行采访，并近距离接近坦克。这是解放军作战部队第一次向媒体开放。

北京奥运会上，国际奥委会首次将互联网、手机等新媒体作为独立转播机构，并对新媒体的转播权进行授权拍卖。央视网联合新浪等8家商业网站实施了联合转播，并与人民网、新华网等174家网站进行了公益性联合推广，缔造了奥运史上规模最大的新媒体传播联盟，成为新媒体发展中的一个里程碑。此外，新媒体与传统媒体合作，如新浪、网易与世界顶级通讯社法新社、美联社、路透社合作，传统媒体在新媒体领域的合作，如中央电视台与上海文新传媒集团联合为新媒体制作互动奥运节目，也成为传媒发展的新方向。

中央电视台体育频道在北京奥运期间，首次打破惯例，实行不延时直播赛事实况。也就是说，央视体育频道播出的节目将不再有30秒的技术延时，做到播出的节目与在国际广播电视中心（IBC）所传送的国际信号同步，即观众所看到的将是真正的实况。

北京奥运会对外国媒体的开放并没有因为奥运会的结束而结束。2008年9月21日，数家境外媒体的记者获准到酒泉采访“神七”发射，他们被允许参加发射前航天员乘组的中外记者见面会，这是我国神舟飞船发射首次向境外媒体开放采访。10月17日国务院总理温家宝签署了第537号国务院令，公布了《中华人民共和国外国常驻新闻机构和外国记者采访条例》。这标志着1990年1月19日国务院公布的《外国记者和外国常驻新闻机构管理条例》和《北京奥运会及其筹备期间外国记者在华采访规定》同时废止。

雅典奥运会结束后，奥林匹克运动进入北京周期。为充分满足海内外媒体报道北京奥运会的需求，2004年底，北京奥运新闻中心在北京华北大酒店正式启动。北京奥运新闻中心主要有四个方面职能：一是对中外记者采访北京奥运相关工作进行统一接待，实施“一站式”全程服务；二是定期举办新闻发布会和记者吹风会，作为北京奥组委和北京市政府发布有关北京奥运新闻的相对固定场所；三是提供北京奥组委、北京市政府和其他相关单位的宣传材料和宣传品，为境外记者了解“新北京、新奥运”开设新的窗口；四是通过举办各类联谊和交流活动，加强国内外媒体之间的交流与合作。2006年9月，中国发布了《外国通讯社在中国境内发布新闻信息管理办法》。根据这一法规，新华社对外国通讯社在中国境内发布新闻信息实行统一管理。外国通讯社在中国境内发布新闻信息，应当经新华社批准，并由新华社指定的机构代理发布，外国通讯社不得在中国境内直接发布新闻信息，除指定机构外，任何单位和个人不得经营、代理外国通讯社的新闻信息。12月1日，《北京奥运会及其筹备期间外国记者在华采访规定》（下称《规定》）颁布，《规定》共9条，自2007年1月1日起施行，2008年10月17日自行废止。《规定》指出，外国记者来华采访不再必须由中国国内单位接待并陪同，外国记者采访只需征得被采访单位和个人的同意，外国记者赴地方采访也无须向地方外事部门申请，只需征得被采访单位和个人同意。外国记者可以通过外事服务单位聘用中国公民协助采访报道工作。

《华尔街日报》2008年7月10日发表题为《北京放宽了奥运报道限制》的文章，指出外国电视广播公司已与中国达成协议，获准在北京奥运会期间进行新闻直播报道——包括天安门广场，而如美国全国广播公司这样拥有奥运转播权的电视公司，则可以在天安门广场做直播报道。

外交部新闻司时任司长刘建超在10月17日举行记者会，就新公布的《条例》做出说明。新条例将《北京奥运会及其筹备期间外国记者在华采访规定》的主要原则和精神以法规的形式固定下来，继续为外国新闻机构和外国记者在华采访提供便利。它的出台不仅仅是中国在对外开放、对外国新闻媒体开放方面的非常重要的举措，也是在便利外国记者在华采访方面迈出的重要一步。

七、新闻出版总署加强新闻从业人员管理

2008 年 10 月 31 日，中华全国新闻工作者协会负责人就山西霍宝干河煤矿矿难事故中记者领取“封口费”事件发表声明，表示对发放“封口费”的行为予以强烈谴责，对领取“封口费”的新闻界害群之马应予严肃处理，对假冒记者之名进行敲诈勒索的社会人员应予严厉打击，对新闻工作者正当的采访权益应予坚决维护。

据《中国青年报》10 月 27 日报道，山西霍宝干河煤矿于 9 月 20 日发生矿难，事故发生后矿方瞒报，真假记者争先恐后地赶到出事煤矿，领取煤矿发放的“封口费”。矿方提供的“进门登记表”显示，共有 23 家“媒体”、总计 28 人登记到访。其中持有新闻出版总署新闻记者证的仅有 2 人，煤矿以订报费、宣传费等各种名义给 6 家媒体总共支付 125 700 元。其中，假冒中央媒体的记者获 34 500 元，被移交司法机关立案侦查。

“封口费”并不是第一次出现。2003 年 9 月 26 日，就有 11 名新闻记者因在采访山西繁峙“6·22”特大爆炸事故中，收取当地有关负责人及非法矿主送的现金、金元宝，受到纪检监察部门的查处。2002 年 6 月 22 日，山西省繁峙县发生金矿爆炸事故，38 名金矿矿工不幸罹难后，当地负责人和金矿矿主为隐瞒真相，分别为采访事故的一些新闻单位记者送了现金和金元宝，其中，新华社山西分社记者鄯宝红、安小虎分别收受了现金 2 万元、金元宝 1 个（价值约 2 400 元）。当地政府有关负责人和职能部门置事实于不顾，按照矿主的谎报出具了“2 死 4 伤”的事故伤亡材料。6 月 27 日，陕西《华商报》和《中国青年报》接到举报，并先后赶到矿难现场。28 日、29 日，两家媒体先后披露了非法矿主转移、掩埋、焚烧死难矿工尸体和地方官员隐瞒真相的内幕。新华社接到群众举报后成立调查组，对 4 名记者的违纪问题进行了调查。根据调查结果，决定给予鄯宝红开除党籍、开除公职处分，给予安小虎留用察看处分，给予王东平、谭旭党内严重警告处分。

2005 年 2 月，新闻出版总署曾颁布《新闻记者证管理办法》，规定全国新闻机构使用统一样式的记者证，由新闻出版总署统一编号并加盖新闻出版总署印章、新闻记者证核发专用章、新闻记者证年度审核专用章和本新闻机构钢印。新闻记者证持有者应遵守有关法律规定和新闻职业道德，不得以新闻报道为名从事有偿报道、强拉广告或者向采访对象索取不正当利益。被采访者以及社会公众可以对新闻记者证持有者的新闻采访活动予以监督。违反者将由新闻出版总署等新闻出版行政部门予以警告，情节严重的，注销新闻记者证。

同时出台的还有《报社记者站管理办法》。所谓报社记者站，是指报社根据新闻采访需要在其登记地以外地区设立的从事采访、组稿、通联等新闻业务活动的派出机构。《管理办法》规定记者不得从事与新闻业务无关的其他活动，不得从事出版物发行、广告、

开办经济实体及其他经营活动，不得设立分支机构。除记者站外，报社不得以办事处、通联站、工作站等名义设立从事新闻业务活动的其他派出机构，报业集团或者拥有多家子报的报社可以以该集团或者报社名义设站，其属下报社不再单独设站。

2006 年 8 月，中纪委、中宣部、监察部联合发出了《严禁和严查中央国家机关或中央新闻单位人员骗钱的通知》，要求中央新闻单位健全制度，严肃纪律，严禁记者以批评报道、曝光相要挟向基层索取钱财，对于违反规定“揽钱”的中央新闻媒体工作人员，要依法依纪严肃处理，对于涉嫌犯罪的，要依法追究刑事责任。

2007 年北京电视台的“纸箱馅包子”事件更是引起全国的震惊。7 月 8 日晚 7 时，北京电视台生活频道（BTV—7）《透明度》播出报道“纸箱馅包子”的节目，节目一开始援引“业内人士马先生”曝料称，用废纸制作肉馅“已经成了行内公开的秘密”，并安排记者在朝阳区十字口村暗访这种现象，随后联系朝阳区左家庄工商所做突击检查，相关商贩因为没有营业执照和卫生许可证被取缔。节目最后还通过海淀区的卫生执法人员之口，告诉观众识别“纸箱馅包子”的方法。7 月 10 日，北京卫视（BTV—1）《北京新闻》接着以《“纸箱馅”包子流入早点摊》为题报道此事。随后，多家中央和地方的电视台、报纸转载该报道，这一事件也引起了海外媒体的关注。北京电视台还对事件进行了跟踪报道，7 月 16 日有报道称，“纸箱馅包子”摊主仍然在逃，而北京市食品安全办公室抽检全市 23 家早点摊的包子后，未发现“纸箱馅包子”。正当“纸箱馅包子”导致人心惶惶时，7 月 18 日晚间，北京电视台在《北京新闻》中称，“纸箱馅包子”被认定为虚假报道，摄制者已被刑事拘留，北京电视台向社会深刻道歉。北京市第二中级人民法院 8 月 12 日依法公开审理了“纸箱馅包子”事件，根据新华社的报道，审判如下：訾北佳作为北京电视台生活频道《透明度》栏目的临时人员，故意捏造事实，编制虚假新闻，并隐瞒事实真相，使虚假节目得以播出，造成恶劣影响。其捏造并散布虚伪事实的行为，损害了特定食品行业商品的声誉，情节严重，已构成损害商品声誉罪，依法判处有期徒刑一年。

2007 年 8 月初至 10 月 15 日，新闻出版总署在全国开展了整治假报刊、假新闻、假记者站、假记者专项行动：对于一些小报小刊在各地设立的不是以新闻采访为目的，而是进行拉广告、拉赞助、搞摊派发行等经营活动的所谓记者站，坚决取缔；建立“黑名单”制度，即向社会公布被新闻单位解聘、除名的不合格记者名单，以禁止他们再次“混”进新闻采编队伍，杜绝不合格记者或假记者通过“跳槽”手段继续招摇撞骗。

八、央视新闻频道改版和地方电视台崛起

新闻频道的成立有深刻的历史背景。随着中国在世界舞台的亮相越来越频繁，中国需要一个在国际舆论中发出自己声音的载体与平台，展现一个真实、客观、充满活力的大国形象，以摘除国际媒体的有色眼镜。24 小时不断刷新的新闻报道，对突发大事的不间断直播，以及与新闻相配合的新鲜意见，意味着人民知情权的进一步开放，意味着一个信息化时代的到来。

2008 年 3 月，央视新闻频道再次改版，这是自 2003 年央视新闻频道成立以来的第 5

次改版，也是改动幅度最大的一次，为了改变原来采编权分散在频道各个部门的状况，还专门成立了新闻采编部。过去，要做一场大型直播节目，可能要动用到地方部、时政部等多个部门的采编人员，而多个部门之间人员的协调、配合则要耗费相当一部分精力，效率很低。将所有的采编力量综合之后，资源得到了优化组合，所有记者听从一个部门指派。

据统计，2008 年，新闻频道全年各类直播报道时长已经超过了 2 000 小时，是 2005 年的 6 倍多。我国超过 88%的观众在国内外发生重大事件时，会在第一时间收看中央台的相关报道；当同一个事件出现不同说法时，超过 85%的观众更相信中央台的说法。可以说新闻频道经过 2008 年的一系列大事的直播才真正地实现了最初的设想。

2008 年底中央电视台等 50 家电视机构成立了新闻直播联盟，这意味着由中央电视台牵头组织的国内最大电视新闻资源收集和播发平台正式投入运行。这个平台旨在利用现代电视技术打造一个反应最快速、覆盖最广泛的全国电视新闻直播体系，强调新闻的原创率、首发率和落地率，实现全国电视新闻直播常态化。在过去传统的合作模式中，更多的是中央电视台单向地索取地方台的新闻线索，调用地方台的人力和节目，而地方台则更多希望在《新闻联播》等重要新闻时段播发反映地方建设成就的新闻。全国直播联盟将颠覆此种模式，按照联盟章程，联盟成员可以通过信息平台共享直播选题内容，共享卫星直播设备等技术服务。联盟成立后，一旦出现突发公共事件，事发地电视台将按照联盟协议，在第一时间赶赴现场，搭建直播体系，以直播方式将公用信号和现场报道发送给央视及其他合作伙伴。

近 10 年来，中央电视台实现了三个方面的巨大跨越：一是实现了向主导国内舆论、影响国际舆论的巨大跨越；二是实现了向电视、网络融合发展格局的巨大跨越；三是实现了向多元化、多媒体、多领域、集团化发展的巨大跨越。目前，中央电视台占据着全国三分之一的电视市场，2008 年全台总收入突破 230 亿元，在世界品牌 500 强中排名第 65 位，是当今中国当之无愧的“第一媒体”。中央电视台的一枝独秀对于中国电视业的发展并不利，地方台的崛起是必然的。

真正对中央电视台形成冲击的地方电视台主要是东方卫视与湖南卫视。

在东方卫视出现之前，上海卫视在全国市场收视排名第 13 位，仅占全国 1.5%的份额，位于山东卫视、安徽卫视、北京卫视、湖南卫视、辽宁电视台新闻综合频道之后。2003 年初，为了突破落地的限制，使东方卫视真正覆盖全国，率先在收视范围上成为一个全国性媒体，上海市制定了“全面开放，对等落地，规范管理，市场运作”16 字方针，为东方卫视落地全国、实施上海媒体战略廓清了政策的障碍。在江苏、浙江、广东等省级卫视纷纷落地上海的同时，东方卫视迅速在落地率和人口覆盖率上跃居省级卫视首位，仅次于中央电视台。

文广新闻传媒集团重点打造的东方卫视走出了“以新闻见长”的新路，创造了“东方卫视现象”。2003 年 7 月，上海东方卫视传媒有限公司以 6 666 万元的注册资本挂牌成立，采取了全新的机制，对全频道和所有栏目实行“全成本核算”，人员、设备、办公场所等全部打入成本，节目管理则进行成本控制，考虑投入和产出，以有效降低制作成本，提高节目的播出利润。新闻一直是中央电视台的强项，东方卫视则提出了“新闻立台”的理念，每天滚动播出 17 档新闻节目，从每天早上七点开始，先是长达两小时的晨间资讯节目《看东方》，然后每逢整点都推出《东方快报》和气象、生活、资讯节目《东方新气象》，早晚都有财经节目，还设有各地城市新闻联播节目《城际连线》、国际新闻节目《环球新闻站》、上海新闻节目《直播上海》、梳理全天新闻的《东方夜新闻》和稍晚的《体育新闻》。密集的新闻节目编排，在省级卫视频道中属于首创，与其他卫视频道很好地进行了错位竞争。在遇到重大突发事件时，新闻节目立即直播。东方卫视从一开始就确立了自己的大台风范，立足于国家大事和世界大事，凡是重大新闻事件都不漏掉，相同的事件选取不同的角度进行报道和解读。

东方卫视的总体定位是“中国都市旗帜、国际传媒标准、社会制作窗口、全国城市平台”。选择以新闻为主的全国性定位，不但要有丰富的节目内容，更要有全国甚至遍布世界的新闻网络。这仅依靠东方卫视自身是远远不够的，也是不现实的。东方卫视通过与新华社的合作，将新闻网络延伸到了国外；通过与周边城市台的协作，建立了区域性的协作网，实现长三角地区新闻联动；通过与有境外电视新闻购买、发布权的中国国际广播电台电视新闻中心（或新华社有关机构）的紧密合作，进一步丰富了国际新闻。通过这些整合，东方卫视成为国内一流的新闻采编、制作与发布中心，给其新闻主打以坚实的支撑。在做大做强新闻的同时，东方卫视对于所有的娱乐综艺节目都放弃了电视台自办节目的“内部作坊”模式，转而采用委托制作、合作制作的模式，实行制播分离，通过市场竞争挑选优质节目，从而保持节目活力。

湖南卫视真正为外界瞩目，始于《快乐大本营》。1997 年 1 月 1 日，湖南卫视上星，半年后，这档综艺节目开播。《快乐大本营》的出现在很大程度上改变了人们对电视节目的看法，主持人有点儿“装疯卖傻”，普通老百姓有机会到节目中秀一把，电视节目开始走到普通民众中来。《快乐大本营》在短时间内迅速取得了极高的收视率，成为湖南卫视的王牌节目，连续 11 年来在同类节目中稳居收视第一。

正是在对这档节目的持续培养和经营中，湖南卫视逐渐找准了自己的位置。2002 年，它将自己的目标确定为“锁定娱乐、锁定年轻、锁定全国”，并在之后提出了“快乐中国”这一响亮的口号。

在《超级女声》最火爆的 2005 年，湖南卫视的风头更是无人可及。这是一场湖南卫视主办的大众歌手选秀比赛，比赛的门槛极低，接受任何喜欢唱歌的女性个人及组合的报名，因为具有广泛的参与性和娱乐性，成为当年国内最受欢迎的节目。2005 年度的《超级女声》在国内创造了极高的收视率。央视索福瑞发布的资料显示，《超级女声》播出时期，湖南卫视收视率在国内排名居第二位，但《超级女声》节目的收视率在同时段节目中排第一位，最高时达到 4 个点，而中央电视台《新闻联播》作为全国收视的常年冠军，最高时收视率也只拿到 3.8 个点！据统计，中央电视台的插播广告额，最高是 15 秒 11 万，而湖南卫视因为《超级女声》收视率涨势凶猛，广告投放费最高达到 15 秒 11.5 万，刷新了全国最高价格。湖南电视台被称为“电视湘军”。

因为《超级女声》的电视神话，2005 年被很多媒体定位为“湖南卫视年”，《超级女声》的成功使接下来的 2006 年成为“中国电视选秀年”，出现了中央电视台的《梦想中国》、江苏卫视的《绝对唱响》、东方卫视的《加油！好男儿》《我型我秀》等一系列选秀节目，据统计，2006 年申报的同类选秀节目就达 30 多个。

2000 年以来，30 余个省级卫视台的竞争日趋白热化，寻求各自的特色和差异化成了大家的共识。目前 31 家省级卫视台大致可以分为三个梯队。上海东方卫视、湖南卫视、江苏卫视、浙江卫视、安徽卫视、北京卫视目前在全国电视市场中占有相当份额，影响力也较大，综合实力排前，可以归为第一梯队。山东、广东、黑龙江、辽宁卫视等，年广告收入都超过 2 亿，具有较大增长潜力。同时，重庆、广西、江西、四川等卫视经过频道调整，也开始呈现上升趋势，构成了第二梯队，其余的省级卫视则属于第三梯队。

地方电视台为了与央视竞争，越来越多地采取协同战略。2006 年上半年，湖南卫视曾与安徽卫视为电视剧的转播而争斗到“封杀”的地步，然而经过协商，下半年两家卫视却出人意料地结成了联盟。首先是将两家电视台的独播剧进行互换共享，并承诺未来除了引进剧共享以外，只要双方有适合的国产剧也会进行交换。浙江卫视则联手其他四家电视台采用“4＋1”购剧模式，即由浙江卫视出面用巨资购得独播剧，与其他三家卫视频道以及一家上海地面频道等 5 个频道共同分享。通过这一模式，“4＋1”成员不用花费独播剧的价钱，却能提前几个月垄断播出具有收视潜力的好剧。上述战略联盟使得湖南卫视、安徽卫视、浙江卫视能够凭借较低成本守住省级卫视第一梯队的阵营，而不至于陷入卫视混战之中。

九、互联网的微博时代

在全球范围内，2009 年是以推特（Twitter）为代表的微博客流行年。微博客不仅在各类突发事件的报道中充当首发者，而且在特殊时刻进行多元信息传递，为现实中的解困救难提供了信息参考。

国内的微博客兴起于 2007 年。2009 年 2 月开始，大量微博网站相继上线，用户规模激增，微博成为我国互联网发展的新的热点。2009 年 8 月 14 日，新浪网推出新浪微博，其特点是用一句话随意记录生活，用手机随时随地发微博。新浪微博一出台，就被网友亲昵地称为“围脖”，得到了大量用户的认可和关注，尤其是承袭新浪名人博客的路线，从一开始便吸引社会名人和娱乐明星入驻。在新浪微博的带动下，综合门户网站微博、垂直门户微博、新闻网站微博、电子商务微博、社交媒体网络微博、独立微博客网站纷纷成立，甚至电视台、电信运营商也开始涉足微博业务。

中国社会科学院发布的《新媒体发展报告（2011）》显示，在 2010 年引起社会关注的 50 起重大事件中，微博首发的有 11 起，占 22%。比如郭美美炫富事件就是由微博最先发出，而后引起很高的舆论关注度的。微博对新闻和舆论传播产生了革命性影响。报告指出，微博用户中 73%以上的人将微博作为重要的新闻来源、消息来源。微博目前已经成为媒体跟踪突发消息的重要来源之一。

有人调侃：“微博时代，官不聊生。”网络曝光密切监督社会，一块手表、一根皮带、一盒名烟、一个表情，都可能成为反腐风暴的导火索。在延安一起惨烈的车祸现场，陕西省安监局局长杨达才露出不恰当的笑容，遭遇网友“人肉搜索”，被发现戴有多款名表。鉴定专家“花总丢了金箍棒”等网友推断其佩饰超出合法收入，三峡大学刘艳峰还向陕西省财政厅、安监局申请公开杨达才工资，当地纪委最终介入查处。从“表叔”到

"房叔"（广州一位处级干部被查出有22套住房），网民反腐屡建奇功，恰恰警示制度化反腐的缺失。

《人民日报》法人微博于2012年7月21日北京暴雨之夜开通，头两个月，平均每天粉丝数增长2.4万，平均每天被转发31 056次，收获评论10 463条，在网络舆论场中的关注度迅速攀升。尤其是在一些突发公共事件和敏感问题上，如北京暴雨、湖南唐慧案、四川芦山地震、长春婴儿营救、发生在多地的环保事件中，《人民日报》法人微博回应民众关切，主动设置议题，舆论引导作用增强。

众多媒体在微博平台上逐步建立起来的协作机制，使网络舆论得到了改善。以新浪平台为例，报纸微博有500多家，电视台微博有6 000多家，广播电台微博有3 000多家，包括新华社和中新社等在内的通讯社有近100家，可谓是多媒体全覆盖。当有关系国计民生的重大新闻时，它们互相援引、共享新闻资源；当谣言横行时，它们更是及时转发辟谣信息、互相关注，大大提高了辟谣力度，降低了不实言论的危害。

微信用户增长迅速，新闻客户端也在发展中，移动互联网开始成为社会舆论的新信源。微信从2012年下半年开始流行，2012年底，用户已达5亿，海外用户超过1亿。

新闻客户端是一种基于手机的信息供给，囊括热点新闻、体育、军事、娱乐、购物、八卦、图片等，以及网友评论。用户可以根据自己的兴趣订阅内容，开启了社交阅读新时代。目前不仅有《人民日报》、中央电视台、中央人民广播电台和《南方周末》等传统媒体打造的新闻客户端，而且不少自媒体也加入了这一行列。如原记者陈鸣开设的"滤镜菲林"，提供新闻当事人的陈述，属于一种开放式的新闻平台；独立时事评论员徐达内办有"徐达内小报"，提供私人式的新闻解读。搜狐网宣布，搜狐新闻客户端入驻媒体超过1 000家，其中包括近400家自媒体，用户总订阅量超过了6亿。

人民网经过16年的发展，已经成为拥有15种语言、16种版本，日均页面访问量约3.8亿的大型网站。根据Alexa全球网站排名，2012年底，人民网在中国新闻网站中排名第一，在世界报纸类新闻网站中排名第二（次于纽约时报网站）。2012年人民网成功上市，成为国内第一家上市的中央重点新闻网站。今天的人民日报社已经从一张报纸发展为了一个崭新的全媒体方阵。报道周期从《人民日报》按"天"计算，报道"昨天"的事；到人民电视，按"小时"计算，聚焦"今天"的事；到人民网、《人民日报》法人微博，时间精确到分秒，随时记录"此刻"的事。正在建设中的移动客户端标志着《人民日报》将在全媒体时代越走越远。

第四节　十八大以来的新闻传播事业（2012年底至今）

党的十八大以来，中国特色社会主义进入新时代。为全面建成社会主义现代化强国、实现中华民族伟大复兴的中国梦，在习近平新时代中国特色社会主义思想指导下，新闻舆论界紧紧围绕服务党和国家工作大局，阐释党中央重大决策和工作部署，反映人民伟大实践和精神风貌，唱响了主旋律，传播了正能量，有力激发了全党全国各族人民为实现中华民族伟大复兴的中国梦而团结奋斗的强大力量，大力推动党的新闻舆论工作的改革创新，开创党的新闻舆论工作新局面。

一、党的十八大的新闻宣传

2012 年 11 月 8 日至 14 日，党的十八大在北京召开。大会贯彻始终的主线是坚持和发展中国特色社会主义。大会强调，建设中国特色社会主义，总依据是社会主义初级阶段，总布局是社会主义经济建设、政治建设、文化建设、社会建设、生态文化明建设“五位一体”，总任务是实现社会主义现代化和中华民族伟大复兴。党的十八大开启了坚持和发展中国特色社会主义的新征程，开创了中国特色社会主义新时代。① 按照统一部署，中央和地方新闻媒体认真策划、周密安排、精心组织，不断采用新媒体技术，有序地推进了党的十八大的新闻宣传工作。

党的十八大召开前，报名采访党的十八大的中外记者共有 2 732 人，其中境内记者有 1 028 人（中央新闻单位记者 758 人、各省区市随团记者 270 人）；境外记者 1 704 人（港澳台记者 434 人、外国记者 1 270 人），记者人数创历次党代会新高。有关部门认真贯彻大会的民主开放原则，落实“善待媒体、善用媒体、善管媒体”的要求，做好各项新闻服务工作，精心组织新闻发布会和系列记者招待会，大范围开放代表团讨论，大力度落实中外记者采访申请，积极组织境外记者实地参观采访。

党的十八大开幕时，全国各媒体及时准确报道党的十八大的大会议程，充分宣传大会的各项重要议程，全面立体反映大会的盛况，充分报道各界群众和国际社会的热烈反响，烘托出喜庆祥和、昂扬向上的舆论环境。11 月 8 日上午 9 时，党的十八大隆重开幕。全国各媒体及时充分报道大会实况，多频率、多语种直播，实现全球覆盖。新华社共播发中英文稿件 95 条、图片 90 张。《人民日报》发表社论《夺取中国特色社会主义新胜利》祝贺大会开幕。中央电视台 8 个频道并机直播大会开幕式，整个直播过程画面清晰流畅。全球共有 133 个国家和地区的 389 家电视机构采用了中央电视台提供的直播信号，其中 344 家全程转播，相比十七大增加了 50 个国家、94 家机构，分别增长 60%和 32%。中央人民广播电台从 8 点 45 分开始现场直播，历时 115 分钟。中国国际广播电台使用 10 种语言进行直播，通过短波广播国际在线多语种网站、海外分台、海外合作媒体等平台播出。②

大会开幕后，人民日报等中央报纸及各地党报全部套红刊出，推出《欢庆党的十八大》特刊；中央重点新闻网站和主要商业网站双首页套红推出专题专栏，形成平面媒体广电媒体和新媒体立体化宣传态势，营造了隆重热烈、团结奋进的浓厚氛围。新闻界深入解读十八大报告，广泛传播党的十八大精神。中央和地方新闻媒体及时转发新华社通稿，摘登、摘播十八大报告主要内容，精心策划推出一大批有分量、有深度、有影响的评论言论、专访报道、专题节目，加大对报告的解读力度，深入阐述报告提出的重大理论观点、重大战略思想和重大工作部署。《人民日报》开设《解读报告》《议报告 谈创

---

① 中共中央党史和文献研究院．中国共产党的一百年（中国特色社会主义新时代）．北京：中共党史出版社，2022：989.

② 中国新闻年鉴，2013.

新》等栏目，刊发系列特稿和专访；新华社推出《新华视点》《新华时评》《十八大评述》等专栏稿件；《光明日报》《经济日报》组织评论言论和高端访谈；中央电视台在十八大特别节目中播出《聚焦十八大》《科学发展向未来》等专题节目，全方位多角度解读报告提出的新思想、新观点、新论断、新举措。

同时，各媒体积极开展网上十八大宣传。在十八大媒体报道中，移动媒体异军突起，成为越来越多人接受新闻信息的第一渠道。十八大期间，不仅三大电信运营商没歇着，就连新浪、网易、搜狐等门户网站也通过手机发送党的十八大新闻，人民网、新华网等新闻网站也都纷纷通过移动媒体推送各自平台制作的大会动态新闻。国内各大新闻网站和主要商业网站发挥网络传播优势，开辟专题专栏，运用文字、图片、音视频等多种形式，整合新闻、微博客、手机报、手机电视、户外多媒体等多种资源，全力开展十八大宣传报道，效果凸显。其中，中央新闻网站和主要商业网站十八大开幕式报道总浏览量超过 5.5 亿人次，境外浏览量突破 8 000 万人次。①

11 月 15 日上午，新一届中央政治局常委同中外记者见面，中共中央总书记习近平发表重要讲话，650 多名中外记者参加。中央人民广播电台中央电视台、中国国际广播电台以及人民网、新华网、中国网络电视台、中国网进行了现场直播。全球共有 134 个国家和地区的 397 家电视机构转播或部分使用了中央电视台直播节目信号，相比十七大分别增长了 59.5%和 31.5%，其中 352 家全程转播。新华社播发的图文稿件被近 200 家网站即时转载。这次直播和报道生动展示了新一届中央领导集体开明开放、自信务实的良好形象，在国内外产生广泛热烈反响。

12 月初，中央主要新闻媒体采访团分赴各省区市，开展新闻战线“学习贯彻十八大”大型主题采访活动。从 12 月 10 日起，各级各类新闻媒体推出“学习贯彻十八大”相关专栏和节目，如人民日报推出“学习宣传贯彻落实十八大精神”“十八大精神在基层”等专栏，新华社开设多媒体栏目“奋进中国 · 十八大精神在基层”中央电视台播出《学习贯彻十八大行进中国 · 小康社会》《走基层 · 百姓心声》等节目，积极报道各级党委政府落实党的十八大精神的新思路、新举措，广泛报道广大干部群众学习贯彻十八大精神的新成效新进展，兴起了学习宣传贯彻十八大精神的热潮。

二、深化“走转改”活动，加强新闻文风建设

为深入学习宣传贯彻十八大精神，以习近平同志为核心的党中央从制定和执行中央八项规定破题，坚定不移推进全面从严治党，将党的作风建设与学风、文风建设紧密结合起来，不断深化新闻战线的“走基层、转作风、改文风”活动，加强“短、实、新”的新闻文风建设。

2012 年 12 月 4 日，习近平总书记主持召开中共中央政治局会议，审议通过了《十八届中央政治局关于改进工作作风、密切联系群众的八项规定》（简称“中央八项规定”），从调查研究、会议活动、文件简报、出访活动、警卫工作、新闻报道、文稿发表、勤俭

① 中国新闻年鉴，2013.

节约等八个方面对加强作风建设立下规矩，直面现实问题，提出具体要求，吹响了作风建设的集结号，发出了全面从严治党、严肃党内政治生活的动员令。其中，“中央八项规定”第二条“精简会议活动，切实改进会风”，“开短会、讲短话，力戒空话、套话”；第三条“精简文件简报，切实改进文风，没有实质内容，可发可不发的文件、简报一律不发”；第六条“要改进新闻报道，中央政治局同志出席会议和活动应根据工作需要、新闻价值、社会效果决定是否报道，进一步压缩报道的数量、字数、时长”。[①] 以上三条均与“改进文风”直接相关。

12月25日，中宣部发出了《关于贯彻党的十八大精神 切实改进文风的意见》，要求宣传思想文化战线把改进文风作为宣传贯彻党的十八大精神、落实中央政治局八项规定的重要任务，作为改进工作、提高舆论引导能力的重要机遇，下大决心大气力抓紧抓好，并指出文风是党风的体现，关系党的形象，关系事业成败。宣传思想文化战线要坚持“三贴近”原则，发扬“走转改”精神，着力转变思想作风、工作作风，着力提高针对性实效性、亲和力感染力，提倡短、实、新，反对假、长、空。

人民日报制定了《贯彻落实〈八项规定〉及实施细则的办法》，新华社制定了《新华社关于进一步改进报道文风的若干措施》《新华社关于进一步做好中央领导同志活动报道实施办法》等文件推进新闻文风建设。《人民日报》、新华社、《光明日报》、《经济日报》、中央人民广播电台、中央电视台等中央主要新闻媒体推出一批有分量的改进文风系列评论，如《人民日报》的《改文风　写新风》《“不定调、不交稿”彰显新政风》，新华社的《记者节里话职责》《在“走转改”中宣传好十八大精神》，《光明日报》的《以新文风抒写新气象》和四篇切实改进文风的评论，《经济日报》的《年终总结莫“纠结”》，中央人民广播电台的《有想法还要有做法》，中央电视台的《一个掷地有声的政治承诺》，语言朴实、文风清新。在中央媒体的率先垂范下，以“短、实、新”为标志的清新文风正在成为中国新闻界的新风尚。

2013年，在《中宣部等关于2013年深入开展“三项学习教育”活动的意见》中，深化“走基层、转作风、改文风”活动成为其中重要内容。该意见指出：认真贯彻中央政治局八项规定和中宣部关于贯彻党的十八大精神切实改进文风的意见，继续深化拓展“走转改”活动，扎实推进改进文风，不断提高新闻媒体传播力公信力影响力。要以改文风作为“走转改”活动的着力点和重要任务，着力改进报道内容，切实做到言之有理、言之有物、言之有情，着力创新报道形式，切实做到生动活泼。2014年2月，《人民日报》刊文总结党的十八大以来新闻宣传工作的创新成就，认为：新闻文风展现出新气象，时政报道精简活泼，在数量、篇幅、时长上做“减法”；主题宣讲讲述最具说服力感染力的故事，让受众“看得下”“听得进”“跟得上”；典型宣传质朴感人，注重选择群众身边的典型、刻画典型的真情实感、展示典型的真我本色。[②]

2017年10月27日，党中央研究部署学习宣传贯彻党的十九大精神，审议《中共中央政治局贯彻落实中央八项规定的实施细则》。该细则第四部分“改进新闻报道”，进一

① 本书编写组．学习贯彻中共中央政治局八项规定资料文件汇编．北京：中国方正出版社，2013：1－3.
② 钟欣文．党的十八大以来新闻宣传工作的创新发展．人民日报，2014－02－20.

步落实了简化中央政治局委员出席会议活动新闻报道，精简全国性会议活动新闻报道，规范中央政治局委员考察调研活动，简化治丧活动，简化诞辰纪念活动，优化中央政治局委员外事活动，规范重大专项工作等新闻报道的数量、字数、时长，进一步贯彻和践行“短、实、新”清新文风建设。

2018年7月，针对网络“厉害体”“跪求体”“哭晕体”“吓尿体”等浮夸自大文风频现的现象，为落实“短、实、新”文风建设要求，倡导清新文风，崇尚风清气正，人民网推出总标题为《文风无小事》的三篇文章《文章不会写了吗?》《中国人不自信了吗?》《文风是小事吗?》等“三评浮夸自大文风”系列评论，并在按语中写道：“跪求体”“哭晕体”“吓尿体”等浮夸自大文风频现，消解媒体公信力，污染舆论生态，扭曲国民心态，不利于成风化人、凝聚人心、构建清朗网络空间。该系列评论猛烈抨击这种华而不实的新“八股”文体，产生了积极的社会影响。

三、广电开启移动视听新时代

随着数字电视、网络电视、手机电视的普及，传统广播电视业遭受巨大冲击，前景不容乐观。如何面对新兴媒体的挑战以及培养自己的年轻观众，正成为广播电视业不得不思考的问题。

2012年底，全国广播电视综合人口覆盖率分别为97.51%和98.20%，全国共设立广播电视播出机构2 579个，其中广播电台169个，电视台183个，教育电视台42个，广播电视台2 185个（含县级广播电视台1 992座）。截至2013年1月21日，共开办4 165套节目，其中广播节目2 831套，电视节目1 334套。2012年全国付费频道频率共144个，其中电视频道130个，广播频率14个。据统计，2013年国内各大电视台引进并播出的海外模式节目超过50档，虽然目前国内原创节目在电视台播出数量上以95%的比例占据绝对优势，但由于原创节目与引进节目在质量上差距较大，真正能被观众记住并始终保持观看期待的仍然以引进模式节目为主，包括湖南卫视的《爸爸去哪儿》《我是歌手》，浙江卫视播出的《中国好声音》、江苏卫视的《非诚勿扰》、深圳卫视的《年代秀》等。越来越多引进模式的节目在荧屏上亮相，引发观众对于中国电视行业创新能力的质疑。

2013年10月下旬，国家新闻出版广电总局下发了《关于做好2014年电视上星综合频道节目编排和备案工作的通知》，强调要加强自主创新和引进管理，各电视上星综合频道每年播出的新引进境外版权模式节目不得超过1个，不得安排在黄金时段播出。

到2012年底，全国有线电视用户2.15亿户，数字电视用户1.43亿户，同比分别增长6.14%和24.49%，数字电视渗透率达到66.50%；双向网络覆盖用户超过7 000万户，开通双向业务用户超过2 000万户。三网融合两批共54个试点城市基本遍布全国，覆盖人口超过3亿。截至2013年5月23日，全国直播卫星户户通用户突破900万户，宁夏、甘肃、青海等省区基本实现户户通全覆盖。

中央电视台走出去的步伐进一步加快，由2个海外分台、5大中心站、63个海外记者站组成的全球新闻采编网络触角伸及世界各地，依托这个网络，驻外记者全球重大事件的到达率、参与率达到97%。中国国际广播电台完成了13个整频率落地项目，海外整频率落地电台达到 83 家，覆盖世界 6 大洲 41 个国家；中央人民广播电台以全球华语广播网为支点，目前其海外华语广播机构成员已扩大到近 40 家，节目传播覆盖 15 亿人口，国际传播能力极大增强。

但广电面临的挑战却从未消失过。国家新闻出版广电总局发展研究中心发布的《中国视听新媒体发展报告（2013）》，量化了新媒体对传统广电的冲击：调查显示，受个人电脑、平板电脑、智能手机的冲击，北京地区电视机开机率从三年前的 70%下降至 30%，传统广播电视收听收视群体向老年人集中，40 岁以上的消费者成为收看电视的主流人群，电视观看人群的年龄结构呈现“老龄化”趋势。对于同时收看网络视频和电视的“双屏用户”，网络已经成为收看热播电视剧的主要渠道。随着年轻用户的流失，传统媒体面临着广告减少的危机。广告投放向视听新媒体迁移的趋势明显：2007—2012 年，中国网络视频广告市场规模增幅有 3 年超过了 120%，大大超过同期电视广告收入的增长幅度，视听新媒体分得的市场“蛋糕”越来越多。虽然从电视的收视时间、收视面、广告收入来看，电视作为第一媒体的地位没有改变，但它对社会的影响力在下降。就像广播成为开车时的伴随性媒体一样，电视逐渐成为客厅中的伴随性媒体，电视开着，人们可有可无地看着。依托移动互联网和移动终端的迅速普及，中国视听行业开启移动视听新时代。①

截至 2012 年底，共 7 家单位获批建设、管理和运营互联网电视集成平台，10 家机构获批提供互联网电视内容服务，互联网电视终端用户数接近 3 000 万；CMMB 用户规模达 4 700 万户，其中付费用户 2 300 万户。截至 2013 年 5 月，6 家机构获批开办手机电视集成播控服务，26 家机构获批开办手机电视内容服务，中国移动、中国电信、中国联通等 3 家电信企业获准开办手机电视分发业务。

四、传媒管理的新整合

2013 年，对于中国的媒体来说，是变革之年。2013 年 3 月 14 日，根据第十二届全国人民代表大会第一次会议批准的《国务院机构改革和职能转变方案》和《国务院关于机构设置的通知》（国发〔2013〕14 号），国务院将新闻出版总署、广电总局的职责整合，组建国家新闻出版广播电影电视总局，从国家管理层面实现了“条”的整合，顺应了传媒业融合的大趋势，有力地促进报业和广电业的相互进入和融合，必将有利于市场化能力强、品牌影响力大、人才储备多的大型报业集团的快速发展壮大。

“《新快报》陈永洲事件”一波三折，引起新闻界的震动。《新快报》是羊城晚报报业集团旗下的综合性日报，1998 年 3 月 30 日创刊，在广东省直至中国大陆境内较具影响力与知名度。2012 年 5 月 27 日，《新快报》刊发了《中联重科再遭举报财务造假　记者暗访证实华中大区涉嫌虚假销售》一文，揭露了 A、H 股上市公司中联重科去年在华中大区涉嫌销售造假。从 2012 年 9 月 26 日至 2013 年 6 月 1 日，《新快报》陆续发表 10 篇有关中联重科利益输送、利润虚增、畸形营销、涉嫌造假等批评报道。中联重科就此向长沙警方报案。2013 年 9 月 16 日，长沙市公安局直属分局以“涉嫌损害商业信誉罪”为由

---

① 杨君，张玉玲．视听新媒体时代：变化刚刚开始．光明日报，2013-06-13.

予以立案，并于10月15日发布网上追逃令。10月18日上午9时许，陈永洲被长沙警方逮捕，并遭刑事拘留。该事件受到中国各界人士关注，各界人士纷纷声援陈永洲。10月23日、24日，《新快报》以两个头版头条的方式，为记者陈永洲喊冤，对警方施压，要求警方放人。然而刚刚过了两天，10月26日早间的央视《朝闻天下》栏目中，记者陈永洲对自己的犯罪事实进行了供认，他坦承，为显示自己有能耐，获取更多的名利，他受人指使，连续发表针对中联重科的大量失实报道。中国记协当日表示，陈永洲的上述行为严重违反了《中国新闻工作者职业道德准则》，严重违背了新闻真实性原则，严重损害了新闻媒体公信力。《新快报》对稿件的审核把关不严，在长达一年的时间中连续发表多篇该记者署名的捏造事实的报道，严重失职，也应承担相应的责任。事发后报纸采取的不当做法，也严重损害了媒体的公信力，必须对存在问题进行认真整改。

广东省新闻出版广电局31日做出查处决定，给予《新快报》记者陈永洲吊销新闻记者证的行政处罚，责成羊城晚报报业集团对新快报社进行全面整顿，建议追究新快报社相关人员责任，立即调整新快报社领导班子。11月1日，国家新闻出版广电总局有关负责人就《新快报》陈永洲案件查处情况发表谈话，要求全国新闻单位和新闻记者吸取教训，要求各地新闻出版广电行政部门依法查处新闻敲诈和有偿新闻等问题。

2013年8月19日，全国宣传思想工作会议在北京召开。中共中央总书记、国家主席、中央军委主席习近平出席会议并发表重要讲话。他强调，宣传思想工作一定要把围绕中心、服务大局作为基本职责，胸怀大局、把握大势、着眼大事，找准工作切入点和着力点，做到因势而谋、应势而动、顺势而为。习近平在讲话中强调，经济建设是党的中心工作，意识形态工作是党的一项极端重要的工作。宣传思想工作就是要巩固马克思主义在意识形态领域的指导地位，巩固全党全国人民团结奋斗的共同思想基础。党性和人民性的关系也再次被提及。习近平认为两者从来都是一致的、统一的。坚持党性，核心就是坚持正确政治方向，站稳政治立场，坚定宣传党的理论和路线方针政策，坚定宣传中央重大工作部署，坚定宣传中央关于形势的重大分析判断，坚决同党中央保持高度一致，坚决维护中央权威。坚持人民性，就是要把实现好、维护好、发展好最广大人民根本利益作为出发点和落脚点，坚持以民为本、以人为本。坚持党性与人民性的统一，决定了主流媒体必须以正面宣传为主，必须坚持巩固壮大主流思想舆论，弘扬主旋律，传播正能量，激发全社会团结奋进的强大力量。

上海报业拉开整合大幕。2013年10月28日，上海两大报业集团，解放报业集团与文新报业集团合并为“上海报业集团”，总资产规模达到208.71亿元，净资产为76.26亿元，总体经济规模居全国报业集团前列。上海报业集团所属的解放日报社、文汇报社、新民晚报社恢复报社独立建制，实行党委领导下的总编辑负责制，以做好媒体内容业务和把握舆论导向为主要责任，发展新媒体，扩大影响力。它将形成符合市场规律和报业实际的治理结构模式，突出上海报业规模优势，增强整体竞争能力。在上海报业集团的成立仪式上，刚刚成立的上海报业集团与百度公司签署协议，双方宣布就合作共同运营百度新闻“上海频道”达成一致。2014年1月1日上海《新闻晚报》休刊，这标志着上海报业改革的大幕徐徐拉开。

同时，上海广电系统开始新一轮的整合。上海文化广播影视集团（SMEG，大文广）

和上海东方传媒集团有限公司（SMG，小文广）于2014年3月合二为一，并利用上海文化广播影视集团旗下的东方明珠和上海东方传媒集团有限公司旗下的百视通两家上市公司实现整体上市。作为上海文化广播影视集团总裁和华人文化产业投资基金董事长的黎瑞刚受命“操刀”上海广电系国资整合，由他执掌的华人文化基金，近年来在文化领域相继控股了星空卫视、全球最大的当代华语电影片库 Fortune Star，旗下公司灿星制作则成功引进和开发了《中国好声音》《中国达人秀》节目；与美国梦工厂合资成立了家庭娱乐公司东方梦工厂；与香港无线 TVB 成立了合资公司翡翠东方，致力于打造以内容为王、多元业务协同发展的娱乐及媒体集团。

2018年3月，根据第十三届全国人民代表大会第一次会议批准的《深化党和国家机构改革方案》，中央宣传部统一管理新闻出版工作。为加强党对新闻舆论工作的集中统一领导，加强对出版活动的管理，发展和繁荣中国特色社会主义出版事业，国家新闻出版广电总局的新闻出版管理职责被划入中央宣传部。中央宣传部对外加挂国家新闻出版署（国家版权局）牌子。同时，在国家新闻出版广电总局广播电视管理职责的基础上组建国家广播电视总局，作为国务院直属机构，不再保留国家新闻出版广电总局。另外，组建中央广播电视总台，整合中央电视台（中国国际电视台）、中央人民广播电台、中国国际广播电台，组建中央广播电视总台，作为国务院直属事业单位，归口中央宣传部领导。撤销中央电视台（中国国际电视台）、中央人民广播电台、中国国际广播电台建制，对内保留原呼号，对外统一呼号为“中国之声”。4月16日，中宣部部长黄坤明出席国家广播电视总局、国家新闻出版署（国家版权局）和国家电影局揭牌仪式并召开座谈会，强调要坚持以习近平新时代中国特色社会主义思想为指导，切实把思想和行动统一到党中央决策部署上来，用机构改革的新成效，激发宣传思想文化工作的新能量新作为；同时指出，这体现了加强党对新闻出版、广播电视和电影工作全面领导的必然要求，是推进宣传思想文化领域治理体系和治理能力现代化的重大举措。

五、部校共建新闻学院与马克思主义新闻观教育

2013年12月，中宣部和教育部在复旦大学召开了“部校共建”新闻学院现场会，由此拉开了全国范围内“部校共建”的序幕。部校共建，有助于宣传部门与新闻院校发挥各自优势，通过互动合作实现双赢效果。而部校共建的重点与核心是加强对新闻学专业学生的思想政治教育，这也使得它成为推进马克思主义新闻观教育的一个新渠道和新形式。①

为推动部校共建新闻学院工作，2013年12月12日，中宣部、教育部印发《关于地方党委宣传部门与高等学校共建新闻学院的意见》（中宣发〔2013〕34号），要求“每个省（区、市）党委宣传部门都应和高等学校重点共建一个新闻学院”，“原则上中央主要新闻单位也应与高等学校共建一个新闻学院”，“共建新闻学院是落实相关政策要求、创新新闻传播人才培养机制、提高新闻传播人才培养质量的重要举措”，提出争取通过4年左右的建设，健全具有中国特色的部校共建新闻学院机制。12月20日，中宣部、教育

---

① 郑保卫，叶俊．马克思主义新闻观教育的形成、推进及意义．中国大学教学，2016（12）．

部在复旦大学召开现场会，总结推广上海市委宣传部与复旦大学共建新闻学院的做法经验，指导10个省市党委宣传部门与高等学校签署共建协议，推动加强马克思主义新闻观教育，创新新闻人才培养模式，促进业界与学界互动、教学与科研贯通、理论与实践结合，为党的新闻事业发展培养造就高素质后备人才。会议指出，高校新闻学院是新闻人才成长的摇篮，高校新闻教育是新闻队伍建设的基础，关系新闻事业发展长远。要把部校共建作为战略任务、基础工程，遵循新闻教育规律、遵循新闻人才成长规律，发挥业界学界各自优势，携手培养有正确立场、人民情怀、责任担当的一流新闻人才。要努力打造合作平台、探索合作形式，逐步建立科学合理、行之有效的合作机制，使新闻人才培养更加契合新闻事业发展的时代需求，走出一条新闻教学与新闻实践深度融合的新路。①

会议当天，北京市委宣传部与中国人民大学、江苏省委宣传部与南京大学、山东省委宣传部与山东大学、安徽省委宣传部与安徽师范大学、湖北省委宣传部与武汉大学、广东省委宣传部与暨南大学、吉林省委宣传部与吉林大学（2014年3月22日，由吉林省委宣传部和吉林大学共建的吉林大学新闻与传播学院成立）、四川省委宣传部与四川大学（2014年4月30日，双方成立共建新闻学院院务委员会，并通过了共建新闻学院2014—2018五年规划）、海南省委宣传部与海南师范大学、重庆市委宣传部与重庆师范大学（4月28日，由市委宣传部和重庆师范大学共建的重庆新闻学院正式成立）10个省市党委宣传部门与高等学校签署了共建协议。此后，各部校迅速拟定了共建章程，制定了实施方案，组织开展相关工作。

2014年开始，部校共建模式在全国范围内开始推广，省市级党委宣传部门、中央和地方的媒体纷纷与有关高校开展共建学院、专业、人才培养基地的举措。2014年4月，《光明日报》与中国政法大学合作共建的“光明新闻传播学院”正式签约，又拉开了中央媒体与高校共建新闻学院的序幕。此后，新华社与北京大学签署了共建协议。《人民日报》与清华大学也将正式签署共建协议。

2015年4月26日，中宣部和教育部在江苏南京大学召开部校共建新闻学院工作推进会，总结交流部校共建的经验做法，研究深化共建工作的有效举措，进一步创新新闻人才培养模式、推动新闻教育改革发展，为党的新闻事业发展提供坚实有力的人才支撑。

2016年2月19日，习近平总书记在党的新闻舆论工作座谈会上发表重要讲话，指出，要“牢牢坚持马克思主义新闻观”，“新闻观是新闻舆论工作的灵魂。要深入开展马克思主义新闻观教育”。随着全国新闻界学习和观察习近平总书记“2·19”讲话，在全国范围掀起了马克思主义新闻观教育高潮。6月17日，中宣部、教育部在河南省郑州大学召开2016年部校共建新闻学院工作推进会。会议指出，习近平总书记党的新闻舆论工作座谈会重要讲话是指导做好新形势下新闻舆论工作的纲领性文献，强调两年多来，部校共建工作在全国范围内稳步推进，高校马克思主义新闻观教育明显加强、教学科研条件明显改善、学生社会实习实践水准明显提升，初步形成了一些各具特色的共建模式，

---

① 中宣部教育部召开部校共建现场会 携手培养一流新闻人才．人民日报，2013-12-21.

取得积极进展成效。要继续把部校共建作为重大战略、基础工程扎实推进，紧紧抓住马克思主义新闻观教育这一核心任务，着力推动新闻教育与新闻实践良性互动，教育引导学生树立正确观念、提高业务技能。

2017 年，中宣部、教育部联合下发通知《中央宣传部办公厅 教育部办公厅关于进一步深化地方党委宣传部门与高等学校共建新闻学院工作的通知》，部校和媒体共建新闻学院工作持续升温并取得阶段性成果。至 2017 年 12 月底，已经有 59 所高校与地方省委宣传部或中央媒体签署共建协议。① 随着"部校共建"和卓越新闻传播人才计划的实施，马克思主义新闻观教育逐渐成为新闻传播教育的核心。地方党委宣传部门、高等院校始终坚持把马克思主义新闻观教育作为新闻舆论人才培养的"铸魂工程"，切实构建理论体系、教材体系、教学体系"三位一体"教育体系，把马克思主义新闻观贯穿新闻教学全过程，融入新闻人才培养各环节，培养造就政治坚定的新闻传播人才。

2018 年 9 月 17 日，为深入贯彻习近平新时代中国特色社会主义思想和党的十九大精神，根据教育部发布的《关于加快建设高水平本科教育 全面提高人才培养能力的意见》，教育部、中宣部制定了《关于提高高校新闻传播人才培养能力实施卓越新闻传播人才教育培养计划 2.0 的意见》，指出全面落实立德树人根本任务，要坚持马克思主义新闻观，用中国特色社会主义新闻理论教书育人，培养造就一大批具有家国情怀、国际视野的高素质全媒化复合型专家型新闻传播后备人才。其目标要求之一就是"经过 5 年的努力，建设一批马克思主义新闻观研究宣传教育基地"；其改革任务之一就是"开创马克思主义新闻观教育新局面"；措施之一就是加强马克思主义新闻观课程建设，深入推进习近平总书记关于新闻舆论工作的重要论述进教材进课堂进头脑，做到新闻传播院系师生全覆盖、无死角。依托高等学校新闻传播类专业教学指导委员会，分批开展新闻传播专业骨干教师马克思主义新闻观主题培训，五年内覆盖所有专业点。选树一批马克思主义新闻观教育教学典型案例，建设一批马克思主义新闻观教育的国家级一流精品课程，推动教师以言传身教带动学生树立正确新闻观，为新时代新闻传播人才打牢思想基础。

随着部校共建新闻学院工作的持续推进，马克思主义新闻观教育深入发展，推动了习近平新时代中国特色社会主义思想进学校、进课堂、进头脑；全国多所新闻院校定期召开马克思主义新闻观研究学术论坛，组织马克思主义新闻观教学团队开展专项研究，成立专门研究中心或机构，进行广泛学术交流；至 2022 年 10 月，部校共建新闻学院已达 140 余所，基本覆盖了 31 个省（市、区）。

六、党的新闻舆论工作座谈会

党的十八大以来，以习近平同志为核心的党中央高度重视党的新闻舆论工作。召开这次座谈会，目的是推动新闻舆论战线适应形势发展积极改革创新，全面提高工作能力和水平。为召开这次座谈会，习近平到人民日报社、新华社、中央电视台 3 家中央新闻

① 中国新闻史学会新闻传播教育史研究委员会．中国新闻传播教育年鉴：2018．武汉：武汉大学出版社，2018：730.

单位进行了实地调研。

2016年19日上午，习近平首先来到人民日报社调研。编辑楼内，习近平一边观看展板和照片，一边听汇报，他充分肯定《人民日报》创刊68年来为党和人民事业做出的重要贡献。在总编室夜班平台，习近平看编辑排版，同大家亲切交流，勉励他们不忘初衷、坚定信念，把报纸办得更好，为全国人民提供更多更好的精神食粮。习近平走进新媒体中心，在大屏幕前听取微博、微信、客户端工作介绍，并在一台电脑前坐下，通过新媒体平台发送语音信息，向全国人民致以元宵节的问候和祝福。随后，习近平来到人民网演播室，通过视频同《人民日报》记者连线，同福建宁德市赤溪村村民交流。

10时许，习近平来到新华社，观看了新华社"历史与发展"主题展览。在新闻信息发稿中心，习近平通过视频同正在河南兰考县采访的新华社记者连线。记者向总书记汇报采访中看到的基层干部转变作风新面貌，习近平鼓励记者多深入基层、深入群众，及时发现和宣传基层干部先进典型。看了新华丝路数据库、中国照片档案馆数据管理系统等新闻信息产品展示，习近平点击手机屏幕，通过新华社客户端为全国新闻工作者"点赞"。在国内部，一位刚从河北正定县"走基层"回来的记者向总书记汇报塔元庄村的新变化，习近平请他转达对乡亲们的问候。习近平还走进国际部、参编部等工作平台，同一线编辑记者交流，向大家表示慰问。

临近中午，习近平来到中央电视台。他听取中央电视台板块业务、媒体融合等情况介绍，到总控中心观看电视传播能力建设视频展示，在《新闻联播》演播室、导控室向主持人和工作人员了解新闻制作导播流程，并亲自切换按钮体验模拟播出。习近平指出，中央电视台每天面对数亿观众，一定要紧跟时代、放眼全球，多设计一些融思想性、艺术性于一体的好栏目，多创办一些脍炙人口、寓教于乐的好节目。得知中央电视台海外业务发展很快，已形成全球化的采编和传播网络，习近平通过视频连线中央电视台北美分台负责人，询问他们在外工作情况，希望他们用好国际化传播平台，客观、真实、生动报道中国经济社会发展情况，传播中国文化，讲好中国故事，促进外国观众更多更好了解中国。

当天下午，习近平在人民大会堂主持召开党的新闻舆论工作座谈会。会上，人民日报社社长杨振武、新华社社长蔡名照、中央电视台台长聂辰席和编辑代表范正伟、记者代表李柯勇、主持人代表康辉分别发言，他们谈认识、讲工作、提建议，习近平边听边记，不时插话交流。在听取他们发言后，习近平发表重要讲话。

习近平指出，长期以来，中央主要媒体与党和人民同呼吸、与时代共进步，积极宣传马克思主义真理、宣传党的主张、反映群众呼声，在革命建设改革各个历史时期发挥了十分重要的作用。党的十八大以来，中央主要媒体突出宣传党的十八大和十八届三中、四中、五中全会精神，阐释党中央重大决策和工作部署，反映人民伟大实践和精神风貌，唱响了主旋律，传播了正能量，有力激发了全党全国各族人民为实现中华民族伟大复兴的中国梦而团结奋斗的强大力量。

习近平强调，做好党的新闻舆论工作，事关旗帜和道路，事关贯彻落实党的理论和路线方针政策，事关顺利推进党和国家各项事业，事关全党全国各族人民凝聚力和向心力，事关党和国家前途命运。必须从党的工作全局出发把握党的新闻舆论工作，做到思想上高度重视、工作上精准有力。

习近平指出，在新的时代条件下，党的新闻舆论工作的职责和使命是：高举旗帜、引领导向，围绕中心、服务大局，团结人民、鼓舞士气，成风化人、凝心聚力，澄清谬误、明辨是非，联接中外、沟通世界。要承担起这个职责和使命，必须把政治方向摆在第一位，牢牢坚持党性原则，牢牢坚持马克思主义新闻观，牢牢坚持正确舆论导向，牢牢坚持正面宣传为主。

习近平强调，党的新闻舆论工作坚持党性原则，最根本的是坚持党对新闻舆论工作的领导。党和政府主办的媒体是党和政府的宣传阵地，必须姓党。党的新闻舆论媒体的所有工作，都要体现党的意志、反映党的主张，维护党中央权威、维护党的团结，做到爱党、护党、为党；都要增强看齐意识，在思想上政治上行动上同党中央保持高度一致；都要坚持党性和人民性相统一，把党的理论和路线方针政策变成人民群众的自觉行动，及时把人民群众创造的经验和面临的实际情况反映出来，丰富人民精神世界，增强人民精神力量。新闻观是新闻舆论工作的灵魂。要深入开展马克思主义新闻观教育，引导广大新闻舆论工作者做党的政策主张的传播者、时代风云的记录者、社会进步的推动者、公平正义的守望者。

习近平指出，新闻舆论工作各个方面、各个环节都要坚持正确舆论导向。各级党报党刊、电台电视台要讲导向，都市类报刊、新媒体也要讲导向；新闻报道要讲导向，副刊、专题节目、广告宣传也要讲导向；时政新闻要讲导向，娱乐类、社会类新闻也要讲导向；国内新闻报道要讲导向，国际新闻报道也要讲导向。

习近平强调，团结稳定鼓劲、正面宣传为主，是党的新闻舆论工作必须遵循的基本方针。做好正面宣传，要增强吸引力和感染力。真实性是新闻的生命。要根据事实来描述事实，既准确报道个别事实，又从宏观上把握和反映事件或事物的全貌。舆论监督和正面宣传是统一的。新闻媒体要直面工作中存在的问题，直面社会丑恶现象，激浊扬清、针砭时弊，同时发表批评性报道要事实准确、分析客观。

习近平指出，随着形势发展，党的新闻舆论工作必须创新理念、内容、体裁、形式、方法、手段、业态、体制、机制，增强针对性和实效性。要适应分众化、差异化传播趋势，加快构建舆论引导新格局。要推动融合发展，主动借助新媒体传播优势。要抓住时机、把握节奏、讲究策略，从时度效着力，体现时度效要求。要加强国际传播能力建设，增强国际话语权，集中讲好中国故事，同时优化战略布局，着力打造具有较强国际影响的外宣旗舰媒体。

习近平强调，媒体竞争关键是人才竞争，媒体优势核心是人才优势。要加快培养造就一支政治坚定、业务精湛、作风优良、党和人民放心的新闻舆论工作队伍。新闻舆论工作者要增强政治家办报意识，在围绕中心、服务大局中找准坐标定位，牢记社会责任，不断解决好“为了谁、依靠谁、我是谁”这个根本问题。要提高业务能力，勤学习、多锻炼，努力成为全媒型、专家型人才。要转作风改文风，俯下身、沉下心，察实情、说实话、动真情，努力推出有思想、有温度、有品质的作品。要严格要求自己，加强道德修养，保持一身正气。要深化新闻单位干部人事制度改革，对新闻舆论工作者在政治上充分信任、工作上大胆使用、生活上真诚关心、待遇上及时保障。习近平指出，加强和改善党对新闻舆论工作的领导，是新闻舆论工作顺利健康发展的根本保证。各级党委要自觉承担起政治责任和领导责任。领导干部要增强同媒体打交道的能力，善于运用媒体宣讲政策主张、了解社情民意、发现矛盾问题、引导社会情绪、动员人民群众、推动实际工作。①

七、媒体融合发展，构建全媒体传播体系

媒体融合发展是当今世界媒体发展的新趋势，是传统媒体在数字革命冲击下提升整体实力和核心竞争力、建设全媒体的创新发展道路。2013 年 11 月，党的十八届三中全会通过的《中共中央关于全面深化改革若干重大问题的决定》中关于“推进文化体制机制创新”，明确将“整合新闻媒体资源，推动传统媒体和新兴媒体融合发展”作为宣传思想文化体制深化改革的一项重要任务。会后，中央成立了全面深化改革领导小组，负责改革总体设计、统筹协调、整体推进、督促落实。推动传统媒体和新兴媒体融合发展由此上升到国家战略高度与全面深化改革的层面。

2014 年 8 月 18 日，中央全面深化改革领导小组第四次会议审议通过了《关于推动传统媒体和新兴媒体融合发展的指导意见》（以下简称《意见》），对新形势下如何推动媒体融合发展提出了明确要求，做出了具体部署。《意见》提出，推动媒体融合发展，要遵循新闻传播规律和新兴媒体发展规律，强化互联网思维，坚持正确方向和舆论导向、坚持统筹协调、坚持创新发展、坚持一体化发展、坚持先进技术为支撑。《意见》强调，推动媒体融合发展，要将技术建设和内容建设摆在同等重要的位置。要顺应互联网传播移动化、社交化、视频化的趋势，积极运用大数据、云计算等新技术，发展移动客户端、手机网站等新应用新业态，不断提高技术研发水平，以新技术引领媒体融合发展、驱动媒体转型升级。同时，要适应新兴媒体传播特点，加强内容建设，创新采编流程，优化信息服务，以内容优势赢得发展优势。《意见》指出，推动媒体融合发展，要按照积极推进、科学发展、规范管理、确保导向的要求，推动传统媒体和新兴媒体在内容、渠道、平台、经营、管理等方面深度融合，着力打造一批形态多样、手段先进、具有竞争力的新型主流媒体，建成几家拥有强大实力和传播力公信力影响力的新型媒体集团，形成立体多样、融合发展的现代传播体系。《意见》是我国首个关于媒体融合发展的专门性文件，标志着媒体融合正式成为中国全面深化改革的国家战略，为传统媒体与新兴媒体的融合发展指明了方向，形成了清晰的顶层设计方案，具有重要的历史里程碑意义。2014 年，被称为“媒体融合元年”。该《意见》为媒体融合正式吹响了冲锋号。

中央新闻媒体率先构建了多层次、多形态共同发展的新媒体产品格局，一批传播形态多样、传播体系现代、具有较强影响力和话语权的新型主流媒体正在成长壮大。以人民日报社、新华社、中央电视台等 3 家中央新闻单位为龙头，步入媒体融合发展快车道。《人民日报》已由一份报纸，发展为全媒体形态的“人民媒体方阵”，成为拥有报纸、杂

---

① 杜尚泽，鞠鹏，李涛，等．坚持正确方向创新方法手段 提高新闻舆论传播力引导力．人民日报，2016-02-20.

志、网站、网络电视、网络广播、电子屏、手机报、微博、微信、客户端等 10 多种载体、数百个终端载体的媒体集团，包括 29 种社属报刊、44 家网站、118 个微博机构账号、142 个微信公众账号及 31 个手机客户端，覆盖总用户超过 2.5 亿人。2015 年，“央视新闻”新媒体实现了用户数、广告额“双过亿”，标志着“央视新闻”已经初步实现跨媒体多元共融的发展目标，通过电视频道、PC、移动端触达用户，通过视频、图文、声音甚至游戏越来越深入地嵌入用户的生活场景；中国日报网的全球网站排名迅速提升到全球前 100 位，其英文论坛社区一年之内新增全球注册用户超过 15 万人；中国国际广播电台初步实现由单一媒体向综合媒体转变、由传统媒体向现代媒体转变、由对外广播向国际传播转变、由本土媒体向跨国媒体转变。在中央媒体积极推进转型升级的同时，地方媒体也不甘示弱，大胆试、大胆闯，集体发力——澎湃新闻、上海察观、界面等一批“现象级”的新媒体项目引发广泛关注。[①]“两微一端”逐渐成为中国传统媒体转型的标准配置。

2016 年 2 月 19 日，人民日报中央厨房正式上线运行。“中央厨房”软件系统开放使用，帮助整个媒体行业加快融合发展进程。人民日报全媒体平台，俗称“中央厨房”，是人民日报社融合发展的核心平台，由业务平台、技术平台空间平台三部分构成。3 月，全国“两会”开幕，媒体融合写入了政府工作报告，提出发展文学艺术、新闻出版、广播影视、档案等事业，促进传统媒体与新兴媒体融合发展，培育健康网络文化深化中外人文交流，加强国际传播能力建设等。7 月，国家新闻出版广电总局公布《关于进一步加快广播电视媒体与新兴媒体融合发展的意见》，指出，力争两年内，广播电视媒体与新兴媒体融合发展在局部区域取得突破性进展，形成几种基本模式，并在“十三五”后期，融合发展取得全局性进展，建成多个形态多样、手段先进、具有竞争力的新型主流媒体，打造出数家拥有较强实力的新型媒体集团，基本形成布局合理、竞争有序、特色鲜明、形态多样并具有可持续发展能力的中国广播电视媒体融合新格局。

2017 年，深度融合的良好态势继续发展，媒体融合驶入“相融”的深水区。1 月，中共中央办公厅、国务院办公厅印发《关于促进移动互联网健康有序发展的意见》，指出，要大力推动传统媒体与移动新媒体深度融合发展，加快布局移动互联网阵地建设，建成一批具有强大实力和传播力、公信力、影响力的新型媒体集团；加紧人工智能、虚拟现实、增强现实、微机电系统等新兴移动互联网关键技术布局，尽快实现部分前沿技术、颠覆性技术在全球率先取得突破。5 月，中共中央办公厅、国务院办公厅印发《国家“十三五”时期文化发展改革规划纲要》，指出现代传播体系逐步建立，传统媒体与新兴媒体融合发展取得阶段性成果，形成一批新型主流媒体和主流媒体集团，网络空间更加清朗，社会舆论积极向上。要继续推动媒体融合发展。扶持重点主流媒体创新思路，推动融合发展尽快从相“加”迈向相“融”，形成新型传播模式。支持党报党刊、通讯社、电台电视台建设统一指挥调度的融媒体中心、全媒体采编平台等“中央厨房”，重构新闻采编生产流程，生产全媒体产品。

中央主流媒体在再造采编流程上勇于探索、积极创新。人民日报社建成“中央厨房”

① 史竞男. 创新推动转型升级　融合绽放生机活力. 人民日报，2015-07-06.

全国“样板间”，着力推动“中央厨房”与媒体智库融合转型，融媒体工作室打破部门藩篱，为新闻产品注入新活力；新华社率先推出全息直播态报道，推动在线数字化生产转型；光明日报社重新设计内容生产流程，努力打造“报网端微”一体的知识分子精神家园；中央电视台坚持移动优先战略，全力建设“智慧融媒体”平台；中国国际广播电台积极探索建设媒体融合新型生产制作系统，为全台提供“采、编、播、存、用”全流程一站式新媒体服务。2017 年 2 月 19 日，由人民日报社新媒体中心发起，新浪微博、一直播合作建设的全国移动直播平台——“人民直播”正式上线，百余家媒体机构、政府机构、知名自媒体、文体名人等首批加入“人民直播”平台。

2018 年，全国县级融媒体中心建设全面启动。9 月 20 日至 21 日，中宣部在湖州市长兴县召开县级融媒体中心建设现场推进会，对在全国范围推进县级融媒体中心建设做出部署安排，要求 2020 年底基本实现在全国的全覆盖，2018 年先行启动 600 个县级融媒体中心建设。11 月 14 日，中央全面深化改革委员会第五次会议审议通过了《关于加强县级融媒体中心建设的意见》。会议指出，组建县级融媒体中心，有利于整合县级媒体资源、巩固壮大主流思想舆论。这个被媒体称为“县级融媒体中心建设顶层设计”的意见，明确了县级融媒体中心建设及今后发展的目标、方向和推进要点。全国多个省市拉开县级融媒体中心建设大幕，各地的融媒体中心建设全面铺开。北京市 16 个区级融媒体中心全部挂牌，成为全国第一个实现融媒体中心全覆盖的省级行政区。

2019 年全媒体建设受到党中央高度重视，全国县级融媒体中心建设如火如荼开展起来。2019 年 1 月 15 日，中宣部、国家广播电视总局联合发布了《县级融媒体中心建设规范》；国家广播电视总局受中宣部委托，编制并审查了《县级融媒体中心省级技术平台规范要求》，批准其为中华人民共和国广播电视推荐性行业标准，予以发布并实施。4 月 9 日，中宣部新闻局和国家广播电视总局科技司联合发布了《县级融媒体中心网络安全规范》《县级融媒体中心运行维护规范》《县级融媒体中心监测监管规范》。至此，县级融媒体中心 5 项标准规范已全部发布实施。

2019 年 1 月 25 日，在中共中央总书记习近平的带领下，中共中央政治局同志来到人民日报社新媒体大厦，就全媒体时代和媒体融合发展举行第十二次集体学习，中共中央总书记习近平主持学习并发表重要讲话。习近平总书记强调，推动媒体融合发展、建设全媒体成为我们面临的一项紧迫课题。要运用信息革命成果，推动媒体融合向纵深发展，做大做强主流舆论，巩固全党全国人民团结奋斗的共同思想基础，为实现“两个一百年”奋斗目标、实现中华民族伟大复兴的中国梦提供强大精神力量和舆论支持。他强调，全媒体不断发展，出现了全程媒体、全息媒体、全员媒体、全效媒体，信息无处不在、无所不及、无人不用，导致舆论生态、媒体格局、传播方式发生深刻变化，新闻舆论工作面临新的挑战。我们要因势而谋、应势而动、顺势而为，加快推动媒体融合发展，使主流媒体具有强大传播力、引导力、影响力、公信力，形成网上网下同心圆，使全体人民在理想信念、价值理念、道德观念上紧紧团结在一起，让正能量更强劲、主旋律更高昂。习近平指出，推动媒体融合发展，要坚持一体化发展方向，通过流程优化、平台再造，实现各种媒介资源、生产要素有效整合，实现信息内容、技术应用、平台终端、管理手段共融互通，催化融合质变，放大一体效能，打造一批具有强大影响力、竞争力的新型主流媒体。[①]

2020 年 6 月 30 日，习近平总书记主持召开中央全面深化改革委员会第十四次会议并发表重要讲话。会议审议通过了《关于加快推进媒体深度融合发展的意见》（简称《意见》）。《意见》从重要意义、目标任务、工作原则三个方面明确了媒体深度融合发展的总体要求，要求深刻认识全媒体时代推进这项工作的重要性紧迫性，坚持正能量是总要求、管得住是硬道理、用得好是真本事，坚持正确方向，坚持一体发展，坚持移动优先，坚持科学布局，坚持改革创新，推动传统媒体和新兴媒体在体制机制、政策措施、流程管理、人才技术等方面加快融合步伐，尽快建成一批具有强大影响力和竞争力的新型主流媒体，逐步构建网上网下一体、内宣外宣联动的主流舆论格局，建立以内容建设为根本、先进技术为支撑、创新管理为保障的全媒体传播体系。

建设县级融媒体中心是推动基层媒体融合发展的主要抓手，对于全国融媒体发展具有基础性和关键性作用，有助于加强县域治理，为推进国家治理体系和治理能力现代化打牢基层基础。至 2020 年 12 月底，全国已经建成 2 200 多个。它们成为面向基层的主流舆论阵地、综合服务平台和社区信息枢纽。截至 2021 年 12 月，全国建设县级融媒体中心 2 535 个，县级媒体在机构、内容、渠道、平台、人员、经营、管理等方面深度融合，传播力影响力明显提升。[②]

2022 年 4 月，中宣部、财政部、广电总局出台了《推进地市级媒体加快深度融合发展的实施方案》，指出地市级融媒的"主流舆论阵地""综合服务平台""权威信息渠道"的定位。地市级融媒体中心作为四级媒体融合建设体系不可或缺的一环，需要四者形成合力，才能夯实传播体系，构建起全媒体时代下的新型媒体融合格局。随后下发了《关于推进地市级媒体加快深度融合发展实施方案的通知》，在全国遴选 60 家市级融媒体中心建设试点单位。该通知为地市级媒体深度融合发展指明了方向，要求聚焦深化改革、深度融合目标，研究制定推进试点建设的具体举措，细化建设项目，明确任务书、时间表，扎实推进，确保实效。全国加快了地市级媒体深度融合发展的步伐。

八、网络大国迈向网络强国

2012 年 12 月 7 日，党的十八大闭幕不到一个月，习近平总书记在深圳考察时做出论断，"现在人类已经进入互联网时代这样一个历史阶段，这是一个世界潮流，而且这个互联网时代对人类的生活、生产、生产力的发展都具有很大的进步推动作用。"[③] 党的十八大以来，以习近平同志为核心的党中央主动顺应信息革命发展潮流，高度重视、统筹推进网络安全和信息化工作，推动网信事业取得历史性成就、发生历史性变革。

2014 年，中国迎来全功能接入国际互联网 20 周年。2014 年 2 月 27 日，习近平总书记主持召开中央网络安全和信息化领导小组第一次会议并发表重要讲话。他强调，"网络安全和信息化是事关国家安全和国家发展、事关广大人民群众工作生活的重大战略问题，

---

① 谢环驰．推动媒体融合向纵深发展　巩固全党全国人民共同思想基础．人民日报，2019 - 01 - 26.
② 胡浩，王思北．唱响奋进凯歌 凝聚民族力量．人民日报，2021 - 12 - 14.
③ 罗宇凡，朱基钗，李亚红．向着网络强国进军．人民日报，2016 - 11 - 11.

要从国际国内大势出发，总体布局，统筹各方，创新发展，努力把我国建设成为网络强国”，指出“我国互联网和信息化工作取得了显著发展成就，网络走入千家万户，网民数量世界第一，我国已成为网络大国”，“做好网上舆论工作是一项长期任务，要创新改进网上宣传，运用网络传播规律，弘扬主旋律，激发正能量，大力培育和践行社会主义核心价值观，把握好网上舆论引导的时、度、效，使网络空间清朗起来”，“没有网络安全就没有国家安全，没有信息化就没有现代化。建设网络强国，要有自己的技术，有过硬的技术”，“建设网络强国的战略部署要与‘两个一百年’奋斗目标同步推进”，“建设网络强国，要把人才资源汇聚起来，建设一支政治强、业务精、作风好的强大队伍”①。这一系列重要论断，深刻阐释了党中央关于加强网络安全和信息化工作的指导思想和方针路线，标志着中国这一网络大国正加速向网络强国挺进。

在党中央的直接领导和关心下，一系列促进网络发展与繁荣的新政策、新举措、新实践不断出台，一张建设网络强国的路线图日益清晰。工业和信息化部等 14 部委联合出台《关于实施“宽带中国”2014 专项行动的意见》，“宽带中国”战略加速落实。中央全面深化改革领导小组第四次会议审议通过《关于推动传统媒体和新兴媒体融合发展的指导意见》，从发展战略的高度明确了媒体改革与发展的方向。国务院常务会议部署新政策推动大众创业、万众创新，互联网进一步成为大众创业、万众创新的新工具，掀起“大众创业”“草根创业”的新浪潮。2014 年 4 月开始，相关部门相继组织开展“扫黄打非·净网 2014”“剑网 2014”“打击新闻敲诈和假新闻”“即时通信工具专项整治”等专项行动，全面治理网络乱象；十八届四中全会通过《中共中央关于全面推进依法治国若干重大问题的决定》，明确互联网领域立法重点与立法方向，依法治网成为依法治国的重要基础工程。

2015 年，立足网络治理，中国再度发力。从年初开始的专项治理“网络敲诈和有偿删帖”，到规范上网名称、整治婚恋网站，再到推动互联网信息服务单位约谈工作规范化；从开展“青年网络文明志愿行动”“护苗 2015·网上行动”，到网络安全法公开征求意见……法治化、规范化、深入化的网络治理体系正逐渐形成。2015 年 10 月 29 日，党的十八届五中全会通过的《中共中央关于制定国民经济和社会发展第十三个五年规划的建议》中，明确提出“实施网络强国战略”以及“互联网+”行动计划。12 月 16 日，习近平总书记在第二届世界互联网大会上发表演讲，提出全球互联网发展治理的“四项原则”“五点主张”，倡导尊重网络主权、构建网络空间命运共同体。

2016 年 4 月 19 日，在网络安全和信息化工作座谈会上，习近平总书记强调，推进网络强国建设，推动我国网信事业发展，让互联网更好造福国家和人民，提出了“我国有 7 亿网民，这是一个了不起的数字，也是一个了不起的成就”“网信事业要发展，必须贯彻以人民为中心的发展思想”“建设网络良好生态，发挥网络引导舆论、反映民意的作用”“网络空间是亿万民众共同的精神家园”“要尽快在核心技术上取得突破”“网络安全和信息化是相辅相成的”“要聚天下英才而用之，为网信事业发展提供有力人才支撑”②

---

① 总体布局统筹各方创新发展努力把我国建设成为网络强国．人民日报，2014-02-28.

② 姜洁，张铎．在践行新发展理念上先行一步 让互联网更好造福国家和人民．人民日报，2016-04-20.

等一系列论断，勾勒了网络强国战略的宏伟蓝图。7月27日，国务院新闻办公室举行新闻发布会，介绍《国家信息化发展战略纲要》等有关情况，提出国家信息化发展战略总目标是建设网络强国，分“三步走”：第一步到2020年，核心关键技术部分领域达到国际先进水平，信息产业国际竞争力大幅提升，信息化成为驱动现代化建设的先导力量；第二步到2025年，建成国际领先的移动通信网络，根本改变核心关键技术受制于人的局面，实现技术先进、产业发达、应用领先、网络安全坚不可摧的战略目标，涌现一批具有强大国际竞争力的大型跨国网信企业；第三步到本世纪中叶，信息化全面支撑富强民主文明和谐的社会主义现代化国家建设，网络强国地位日益巩固，在引领全球信息化发展方面有更大作为。①

2017年3月1日电经中央网络安全和信息化领导小组批准，外交部和国家互联网信息办公室1日共同发布《网络空间国际合作战略》。该战略以和平发展、合作共赢为主题，以构建网络空间命运共同体为目标，就推动网络空间国际交流合作首次全面系统提出中国主张，为破解全球网络空间治理难题贡献中国方案，是指导中国参与网络空间国际交流与合作的战略性文件。它用四项原则、六大目标、九大行动计划，向世界清晰描绘了中国面向全球网络空间的宏伟蓝图。② 6月1日，《中华人民共和国网络安全法》正式施行，网络安全各项工作纳入法治化轨道。与此同时，《国家网络空间安全战略》《通信网络安全防护管理办法》等配套规章、政策文件相继出台；金融、能源、电力、通信、交通等领域的关键信息基础设施建设不断加强；“网络空间安全学院”在多所大学落地，“网络空间安全”成为一级学科，网络安全防线正在不断筑牢。

2018年以来，国家主管部门协同发力，联合整治炒作明星绯闻隐私和娱乐八卦、约谈直播短视频平台、将违规网络主播纳入跨平台禁播黑名单等，对当前社交媒体及网络视频平台上存在的违法违规行为打出一系列“组合重拳”。3月，中共中央印发的《深化党和国家机构改革方案》，揭开了国家网信事业的新篇章——中央网络安全和信息化领导小组改为中央网络安全和信息化委员会，专门设立中央网络安全和信息化委员会办公室，负责这一领域重大工作的顶层设计、总体布局、统筹协调、整体推进、督促落实。同时，优化中央网络安全和信息化委员会办公室职责。为维护国家网络空间安全和利益，将国家计算机网络与信息安全管理中心由工业和信息化部管理调整为由中央网络安全和信息化委员会办公室管理。

2018年4月20日至21日，全国网络安全和信息化工作会议上，习近平总书记强调，我们必须敏锐抓住信息化发展的历史机遇，加强网上正面宣传，维护网络安全，推动信息领域核心技术突破，发挥信息化对经济社会发展的引领作用，加强网信领域军民融合，主动参与网络空间国际治理进程，自主创新推进网络强国建设；并指出，我们不断推进理论创新和实践创新，不仅走出一条中国特色治网之道，而且提出一系列新思想新观点新论断，形成了网络强国战略思想。③ 11月7日至9日，互联网世界将再度迎来“乌镇

---

① 张洋，李姿阅．“三步走”建设网络强国．人民日报，2016-07-28.

② 中国发布《网络空间国际合作战略》．人民日报，2017-03-02.

③ 张晓松，朱基钗，李涛．敏锐抓住信息化发展历史机遇 自主创新推进网络强国建设．人民日报，2018-04-22.

时间”。以“创造互信共治的数字世界——携手共建网络空间命运共同体”为主题的第五届世界互联网大会将在这里举办。如今，由我国倡导的世界互联网大会已经成为中国与世界互联互通的国际平台、国际互联网共享共治的中国平台。

2019年1月，《区块链信息服务管理规定》发布，旨在明确区块链信息服务提供者的信息安全管理责任，规范和促进区块链技术及相关服务健康发展，防范区块链信息服务安全风险，为区块链信息服务的提供、使用、管理等提供有效的法律依据。2019年初，一批学习类App企业共同发布行业自律倡议，倡导建设高效、健康、有价值的“互联网＋教育”行业，加强审核，杜绝色情暴力、网络游戏、商业广告及违背教育教学规律等内容。9月16日，2019年国家网络安全宣传周在天津拉开帷幕。习近平总书记做出重要指示，强调国家网络安全工作要坚持网络安全为人民、网络安全靠人民，保障个人信息安全，维护公民在网络空间的合法权益。

2020年初，面对突如其来的新冠病毒感染疫情，以“健康码”为代表的数字抗疫让一个拥有14亿人口的大国实现了疫情的精准防控。9月，在“抓住数字机遇，共谋合作发展”国际研讨会高级别会议上，我国提出《全球数据安全倡议》，就推进全球数据安全治理提出了中国方案。这是世界首份数据安全领域的倡议，充分体现了负责任大国的表率作用，得到国际社会积极响应和广泛赞誉。①

2021年“清朗”系列专项行动重点整治未成年人网络环境、整治Push弹窗新闻信息突出问题、整治网上文娱及热点排行乱象等八方面内容，在全网开展“大扫除”，有效遏制网络乱象滋生蔓延；加强网上网下文化市场监管，“护苗2021”专项行动中，仅7至8月，全国累计查缴少儿类非法出版物52.3万件，查删网络有害信息12.6万余条；《“抵制网络谣言 共建网络文明”倡议书》发布，倡导全社会共管共治网络谣言，共建共享网络文明。11月19日，首届中国网络文明大会在京开幕，习近平总书记发来贺信，指出“网络文明是新形势下社会文明的重要内容，是建设网络强国的重要领域”，要求“以时代新风塑造和净化网络空间，共建网上美好精神家园”。

2022年4月19日，习近平总书记主持召开中央全面深化改革委员会第二十五次会议，强调要全面贯彻网络强国战略，把数字技术广泛应用于政府管理服务，推动政府数字化、智能化运行，为推进国家治理体系和治理能力现代化提供有力支撑。8月19日，中共中央宣传部举行“中国这十年”系列主题新闻发布会，中央网信办新闻发言人介绍了新时代网络强国建设成就。《人民日报》从“推动党管互联网落到实处”“数字中国建设成就显著”“依法管网治网，营造清朗网络空间”三大方面概括了新时代网络强国建设成就。该文强调，以习近平同志为核心的党中央把党管互联网作为重要政治原则，改革和完善互联网管理领导体制机制，成立中央网络安全和信息化委员会。三级网信工作体系基本建立。出台了《关于加强网络安全和信息化工作的意见》《“十四五”国家信息化规划》等，压实网络意识形态工作责任制、网络安全工作责任制，推动党管互联网落到实处；并指出“数字中国建设成就显著”。网络基础设施建设步伐加快。我国网民规模、国家顶级域名注册量均为全球第一，互联网发展水平居全球第二。2012—2021年，我国

---

① 本刊编辑部．成城众志金汤固：习近平总书记指引我国网络安全工作纪实．中国网信，2022（6）．

网民规模从5.64亿增长到10.32亿，互联网普及率从42.1%提升到73%。所有地级市全面建成光网城市，行政村、脱贫村通宽带率达100%。IPv6规模部署成效显著，拥有地址数量居全球第二。数字经济发展势头强劲。我国数字经济规模连续多年稳居世界第二，从2012年的11万亿元增长到2021年的45.5万亿元，占GDP比重由21.6%提升到39.8%，电商交易额、移动支付交易规模全球第一，数字产业化基础更加坚实，产业数字化步伐持续加快。我国还成功举办五届数字中国建设峰会。信息领域核心技术自主创新取得突破。高性能计算保持优势，5G实现技术、产业、应用全面领先，北斗导航卫星全球组网。芯片自主研发能力稳步提高，国产操作系统性能大幅提升，大数据、云计算、人工智能、区块链等研究取得积极进展。2021年，我国PCT国际专利申请中网信领域的数量超过3万件，全球占比超过1/3。同时，“依法管网治网，营造清朗网络空间”，网络综合治理体系日益完善。出台《关于加快建立网络综合治理体系的意见》，推动网络治理由事后管理向过程治理、多头管理向协同治理转变。“清朗”系列专项行动开展以来，针对“饭圈”乱象、互联网账户乱象、网络暴力等突出问题开展了30多项专项整治，清理违法和不良信息200多亿条、账号近14亿个。出台《关于加强网络文明建设的意见》，创办中国网络文明大会，实施争做中国好网民工程，加强网络诚信建设，营造清朗网络空间。网络安全保障体系和能力建设全面加强。连续8年举办网络安全宣传周，坚持网络安全为人民、网络安全靠人民，全社会网络安全防护意识和技能明显提高。网络空间法治化进程加快推进。推动出台网络安全法、数据安全法、个人信息保护法等法律法规100余部。组建网络执法与监督局，持续加大网络执法力度，坚决查处各类违法违规案件。2022年上半年，累计依法约谈网站平台3 491家，罚款处罚283家，暂停功能或更新419家，下架移动应用程序177款，会同电信主管部门取消违法网站许可或备案、关闭违法网站12 292家。网络空间国际合作深化拓展，连续8年举办世界互联网大会，成立世界互联网大会国际组织，推出携手构建网络空间命运共同体概念文件和行动倡议等，治网理念和主张日益成为国际共识。习近平总书记举旗定向、掌舵领航，提出一系列具有开创性意义的新理念、新思想、新战略，形成了内涵丰富、科学系统的习近平总书记关于网络强国的重要思想。在这一重要思想的指引下，我国正从网络大国向网络强国阔步迈进。①

九、讲好中国故事，加强国际传播能力建设

党的十八大以来，以习近平同志为核心的党中央高度重视对外宣传工作，深刻把握信息时代国际传播规律，统筹内宣外宣，打通网上网下，从讲好中国故事入手，着重提升国际传播能力，建设具有新时代中国特色对外传播话语体系，指引我国国际传播工作构建新格局、开辟新境界、取得新成就，我国国际话语权和影响力显著提升。

以习近平同志为核心的党中央积极做好顶层设计，与时俱进地提出了“国际传播能力建设”战略目标和理论框架。2013年8月19日至20日，习近平总书记在全国宣传思

① 张璁．从网络大国向网络强国阔步迈进．人民日报，2022-08-20.

想工作会议上强调，对世界形势发展变化，对世界上出现的新事物新情况，对各国出现的新思想新观点新知识，我们要加强宣传报道，以利于积极借鉴人类文明创造的有益成果。要精心做好对外宣传工作，创新对外宣传方式，着力打造融通中外的新概念新范畴新表述，讲好中国故事，传播好中国声音。[①] 12 月，中央政治局就提高国家文化软实力研究进行第十二次集体学习。习近平总书记强调，要加强国际传播能力建设，精心构建对外话语体系，发挥好新兴媒体作用，增强对外话语的创造力、感召力、公信力，讲好中国故事，传播好中国声音，阐释好中国特色。[②]

我国媒体积极参与国际传播，加快建立海外机构，基本覆盖全球热点地区和重要城市，利用多手段报道全面呈现中国的文明大国形象、东方大国形象、负责任大国形象、社会主义大国形象。2014 年，广西人民广播电台在东盟国家陆续开办固定电视栏目。2015 年，新华社成立海外社交媒体运行指挥中心。中国外文局将《习近平谈治国理政》面向海内外多语种出版发行，发行量不断刷新纪录。据《人民日报》报道：《习近平谈治国理政》一书自 2014 年 9 月出版以来，在海内外引起强烈反响。截至目前，该书已翻译成英、法、俄、阿、西、葡、德、日等语言面向全球发行，发行量达 520 万册。[③] 通过《习近平谈治国理政》等图书翻译出版、文化、戏剧“走出去”等形式，深入宣介中央领导集体执政理念、治国方略及中国社会发展进步等内容。同时，以国际传播项目为抓手，积极利用“一带一路”建设等主题，推动国际传播能力建设，组织开展“2015 记录中国”、2015 年“丝绸之路影视桥”和“丝路书香”等传播工程。

以习近平同志为核心的党中央着眼外宣工作战略布局，对打造具有国际影响力的媒体集群提出明确要求。2016 年 2 月 19 日，习近平主持召开党的新闻舆论工作座谈会并发表重要讲话，指出“联接中外、沟通世界”是党的新闻舆论工作的一项重要职责使命，强调，要加强国际传播能力建设，增强国际话语权，集中讲好中国故事，同时优化战略布局，着力打造具有较强国际影响的外宣旗舰媒体。11 月 5 日，习近平总书记在致新华社建社 85 周年的贺信中，对新华社提出了“加快建设国际一流的新型世界性通讯社”的要求。2016 年 12 月 31 日，中央电视台国际传播机构中国国际电视台（中国环球电视网）成立，CCTV-NEWS 频道更名为 CGTN，CCTV 西班牙语、法语、阿拉伯语和俄语频道更名为 CGTN 西班牙语、法语、阿拉伯语和俄语频道，CCTV 纪录国际频道更为 CGTN 纪录频道。

2017 年，党的十九大报告指出，要推进国际传播能力建设，讲好中国故事，展现真实、立体、全面的中国，提高国家文化软实力。2018 年 4 月，中央广播电视总台组建成立，国际电视、国家广播以及新兴媒体实现融合发展。其主要职责之一就是加强国际传播能力建设，讲好中国故事。6 月 1 日，由国务院新闻办公室主办的上海合作组织首届媒体峰会举行。本届媒体峰会发布了《上海合作组织首届媒体峰会关于加强媒体交流合作的倡议》。与会新闻媒体机构签署了 10 多项合作协议，如人民日报社、《环球时报》与《俄罗斯报》，人民日报社环球网与俄罗斯卫星通讯社，新华社与阿塞拜疆国家新闻社，

---

① 习近平．论党的宣传思想工作．北京：中央文献出版社，2020：17.

② 同①50.

③ 孙铁翔．奏响实现“四个全面”的时代最强音：2015 年宣传思想文化工作巡礼．人民日报，2016-01-05.

中央广播电视总台与《哈萨克斯坦实业报》等，分别签署了相关合作协议。6月15日，习近平总书记在致人民日报创刊70周年贺信中指出，“讲好中国故事，构建全媒体传播格局”。8月21日至22日，全国宣传思想工作会议在北京召开。习近平总书记要求宣传思想工作承担起举旗帜、聚民心、育新人、兴文化、展形象的使命任务，“展形象，就是要推进国际传播能力建设，讲好中国故事、传播好中国声音，向世界展现真实、立体、全面的中国，提高国家文化软实力和中华文化影响力”①。9月26日，习近平在致中央电视台建台暨新中国电视事业诞生60周年的贺信中指出，统筹广播与电视、内宣和外宣、传统媒体和新兴媒体，加强国际传播能力建设，打造具有强大引领力、传播力、影响力的国际一流新型主流媒体。

2019年1月2日，《中国日报》（国际版）正式创刊，网站、客户端及社交媒体账号等全媒体产品同步上线。这是加强国际传播能力建设、讲好中国故事的创新之举，也是打造与新时代中国发展相适应的国际一流新型主流媒体的重要举措。《中国日报》（国际版）每周一至周五出版对开16版日报，每周五增印4开32版国际版周末版，在全球33个印点全彩印刷，面向全球发行，总期均发行量30万份，覆盖63个国家和地区的读者。4月，推进“一带一路”建设工作领导小组办公室对外发布了《共建“一带一路”倡议：进展、贡献与展望》，在“贡献”中写道：中外媒体加强交流合作，通过举办媒体论坛、合作拍片、联合采访等形式，提高了共建“一带一路”的国际传播能力，让国际社会及时了解共建“一带一路”相关信息。9月4日，在中国外文局成立70周年之际，习近平总书记发来贺信指出，70年来，中国外文局对外全面宣介中国发展变化，积极促进中外友好交流，为讲好中国故事、传播好中国声音发挥了重要作用；希望中国外文局坚持守正创新，加快融合发展，不断提升国际传播能力和水平，努力建设世界一流、具有强大综合实力的国际传播机构，更好向世界介绍新时代的中国，更好展现真实、立体、全面的中国，为中国走向世界、世界读懂中国作出新的更大的贡献。

2020年初新冠病毒感染疫情暴发后，中国率先报告，打响了一场疫情防控的人民战争、总体战、阻击战。但是，一些国家将疫情政治化、标签化，抹黑污蔑中国。2020年2月3日，习近平总书记在十九届中央政治局常委会会议研究应对新冠病毒感染疫情工作时提出，“占据主动，有效影响国际舆论”。中国媒体在各国多家主流媒体主动发声，及时介绍中国战疫的有效举措，正面回应国际社会关切。《武汉战疫纪》等一系列英语新闻纪录片，不仅为全球网友了解中国抗疫真实情况打开了一扇窗，也向全球抗疫提供了中国经验。新华社针对美西方就病毒溯源问题对我进行抹黑，相继推出动画短视频《病毒往事》和《疫苗大战病毒》。中央广播电视总台强化国际媒体合作，向海外主流媒体呼吁共同承担起携手应对疫情的媒体职责，得到百余家国际主流媒体或媒体组织的肯定和回应。11月19日，中央广播电视总台系列时政微视频《总书记指挥这场人民战争》和系列慢直播《与疫情赛跑——“两神山”》等被评为2020中国新媒体战“疫”精品案例。

2021年3月11日，十三届全国人大四次会议表决通过了“十四五”规划和2035年远景目标纲要，对推进国际传播能力建设提出了新目标，“加强对外文化交流和多层次文

① 习近平．论党的宣传思想工作．北京：中央文献出版社，2020：339-340.

明对话，创新推进国际传播，利用网上网下，讲好中国故事，传播好中国声音，促进民心相通。开展‘感知中国’、‘走读中国’、‘视听中国’活动，办好中国文化年（节）、旅游年（节）。建设中文传播平台，构建中国语言文化全球传播体系和国际中文教育标准体系”①。同年5月31日，习近平总书记主持中共中央政治局第三十次集体学习。这是中央层面就国际传播问题召开专门性会议。习近平强调，讲好中国故事，传播好中国声音，展示真实、立体、全面的中国，是加强我国国际传播能力建设的重要任务。要深刻认识新形势下加强和改进国际传播工作的重要性和必要性，下大气力加强国际传播能力建设，形成同我国综合国力和国际地位相匹配的国际话语权，为我国改革发展稳定营造有利外部舆论环境，为推动构建人类命运共同体做出积极贡献。

随着互联网技术的飞速发展，新媒体为加强国际传播能力建设开辟了广阔天地。人民日报社、新华社、中央广播电视总台推出多语种新闻和移动应用客户端。截至2021年底，央视网多终端全球覆盖用户超过18亿人次，互联网电视用户数超过2.2亿，手机电视累计用户数超2亿。截至2022年6月，新华社所办的中国新华新闻电视网（CNC）、新华网、新华社客户端“一台一网一端”等对外传播终端，在海外社交媒体上总粉丝量超过2.8亿。截至2022年6月底，《人民日报》所属海外网聚合50家海外华文网站，日均页面浏览量达到6 600万；海客新闻移动客户端用户超过800万。② 吸引众多外媒关注的“一路象北”直播、聚焦国际国内热点的《中国三分钟》、破圈传播的《唐宫夜宴》《洛神水赋》、融合东西方元素的《当卢浮宫遇见紫禁城》《从长安到罗马》等融媒体作品，深受网民追捧、赢得世界认同，生动展示了可信、可爱、可敬的中国形象。

2022年2月4日至2月20日，第24届冬季奥林匹克运动会在北京举办。随后3月4日至3月13日，又举行了冬残奥会。奥运会不仅是竞技体育的角力场，也是一场奉献给世界的媒体盛宴。作为全球首个“双奥之城”，北京奏响了“一起向未来”的华彩乐章。习近平总书记在北京冬奥会、冬残奥会主媒体中心考察调研时强调：“要通过办好这样的大型国际赛事活动，进一步提升我们的文化传播力、新闻影响力、国家软实力。”人类命运共同体理念在北京冬奥会、冬残奥会筹办举办期间得到广泛弘扬。多国人士高度称赞此次盛会是人类命运共同体理念在国际体育领域的一次生动实践。本届冬奥会、冬残奥会综合运用科技化硬件设施、故事化叙事、温情化表达等手段，不仅在呈现形式上精彩绝伦，而且充满人情味。据统计，北京冬奥会已成为迄今收视率最高的一届冬奥会，北京冬奥会、冬残奥会的各项转播数据在世界范围也屡创新高，赛场内外故事成为全球媒体持续关注的热点。北京冬奥会、冬残奥会宣传报道谱写了中国故事创新传播的新篇章。数字媒体技术的发展将体育赛事传播带入新时代，5G技术的使用、赛事转播基础设施质量的提升等为赛事宣传报道插上“技术的翅膀”。在赛事直播方面，北京冬奥会在奥运史上首次使用8K视频技术直播开幕式。转播技术的升级为观赛带来全新体验，比如速度滑冰比赛中，“猎豹”（超高速4K轨道摄像机系统）精准捕捉运动员们从奋力争先到终点冲刺的激动人心的过程。此外，无人机、人工智能机器人、虚拟现实、增强现实等新

---

① 中华人民共和国国民经济和社会发展第十四个五年规划和2035年远景目标纲要．人民日报，2021-03-13.

② 本刊编辑部．青山着意化为桥：习近平总书记指引新时代我国网络国际传播纪实．中国网信，2022（5）.

兴技术的运用，使比赛场上的每一个精彩瞬间都被真实记录下来、运动员的每一次奋力拼搏都被世人所感知。[①]

10月，习近平总书记在党的二十大报告中对“增强中华文明传播力影响力”做出重要部署，要求“坚守中华文化立场，提炼展示中华文明的精神标识和文化精髓，加快构建中国话语和中国叙事体系，讲好中国故事、传播好中国声音，展现可信、可爱、可敬的中国形象。加强国际传播能力建设，全面提升国际传播效能，形成同我国综合国力和国际地位相匹配的国际话语权。深化文明交流互鉴，推动中华文化更好走向世界”[②]。在党的二十大精神指引下，我国国际传播能力建设将会取得新的成绩。

学习思考题

1. 改革开放后我国新闻传播事业在新闻观念上有了怎样的变化？这些变化在新闻改革的实践中有何体现？

2. 什么是新闻传播事业的党性？什么是新闻传播事业的人民性？应如何理解两者之间的关系？

3. 中国的舆论监督与西方媒体的舆论监督有何不同？你认为在网络时代如何加强我国新闻媒体的舆论监督作用？

4. 请简要评析我国新闻传播事业的管理体制，你认为我国新闻传播事业的宏观管理体制应进行怎样的调整？

5. 请介绍改革开放以来我国新闻法制工作的开展历程。《新闻法》是不是我国新闻传播事业发展所必需的？

6. 奥运会后中国继续实行对外国媒体的开放制度是否有助于中国国家形象的提升？

7. 改革开放以来，我国媒体结构发生了怎样的变化？同时面临哪些挑战？

8. 在媒体融合中，如何加强马克思主义新闻观教育？

9. 如何理解习近平总书记关于党的新闻舆论工作重要论述的时代性和创新性？

10. 如何讲好中国故事，加强国际传播能力建设？

---

① 郭沛沛，赵卫东．创新传播手段 提升传播效能．人民日报，2022-04-17.

② 中国共产党第二十次全国代表大会文件汇编．北京：人民出版社，2022：38.

第十五章

1949年以来台湾、香港、澳门的新闻传播事业

1949年以来，港、澳、台地区的新闻传播事业发生了巨大的变化。随着技术的进步，这些地区的新闻业态更替比较显著，传统媒体呈现显著的衰落趋势，一些政党报刊、极度商业化的报纸和杂志纷纷衰落，新媒体逐渐成为读者接触的主要媒体。

第一节 1949年以来台湾的新闻传播事业

1949年以来，台湾的新闻传播事业经历了几次大的变化，大致可分为三个阶段。1949年到1987年是第一阶段。这一阶段，台湾的新闻传播事业处在国民党的威权统治下，实行“报禁”，国民党党办的新闻传播事业在台湾占绝对垄断地位。1988年到2000年是第二阶段，“报禁”解除，台湾的传媒业迅猛发展，国民党党营新闻传播事业逐步式微，民营新闻传播事业迅速发展壮大，一些“地下”的民营电台、电视台其身份逐渐合法化。2001年以来是第三阶段，这一阶段台湾新闻传播事业的结构发生了巨大变化，国民党失去执政党地位后，原来国民党的新闻产业逐步释股，转变为民营或者公营；2006年台湾“通讯传播委员会”的成立更标志着台湾的传媒监理机关开始独立于行政部门；而市场竞争的加剧，如《苹果日报》和《壹周刊》进入台湾，使得原来台湾媒体的内容风格发生巨大变化，更多迎合通俗口味，开始恶性竞争；很多老牌的报刊在竞争中被迫停刊或转卖。进入2020年后，随着新媒体技术的进一步发展，以及过度恶俗商业化的发展，“八卦媒体”也走上了下坡路，其典型代表台湾《苹果日报》也于2021年5月18日停刊。

一、1949年以来的台湾报刊

1949年，一些国民党和接近国民党的报纸和报人相继由大陆迁往台湾，台湾的报纸陡增到20余种。1951年之前，全台湾共有报纸30种。

1951年开始，台湾当局实行“报禁”。当年6月10日，台湾“国民政府行政院”以报纸、杂志“已达饱和点”和“节约用纸”为理由，宣布对此后新申请创办的报纸、杂志、通讯社“从严限制登记”。第二年4月11日又以行政命令宣布“停止报纸登记”。上述禁令被台湾新闻界习惯地称为“报禁”。这以后的30多年中，除了1952年10月10日批准创办了一份由台湾“国防部总政治部”主办的《青年战士报》（后改称《青年日报》）之外，台湾当局没有再批准过任何一份创办新报的申请。

所谓的报禁包括“三限”，除上面的“限证”外，还包括“限张”和“限印”。1955年4月21日，台湾当局公布了《战时新闻用纸节约办法》，通令所有的报纸版面一律限于对开一张半之内，迫于报界要求放宽限张的呼吁，做过多次修改，但到报禁解除之前，一直没有突破三大张。限印是指国民党当局规定每家报纸只能在其登记地点的印刷厂印刷，这一措施给在全台湾出版发行的大报带来了很多不便。

（一）“报禁”时期的台湾报业

从1952年到1987年，台湾共有31种报纸。这31种报纸1951年共发行21万份，60年代后期发展到56万份，以后逐年都有所增加，1978年突破200万份，1982年增至250万份。1987年台湾“行政院新闻局”公布的统计数字为370万份，这样全台湾平均每5～6人拥有一份报纸。①

这31种报纸中，有25家日报，6家晚报；除两家是英文报纸外，其余都用中文出版。除了《国语日报》在每个汉字上都注有拼音字母旨在推广普通话，《民生报》偏重于体育，《经济日报》和《工商时报》偏重于金融与商业外，其他均为综合性报纸。如果按政治背景来划分，国民党党政军机关经营的报纸有12家，如《中央日报》《中华日报》《新生报》《台湾新闻报》《台湾日报》等。《联合报》《中国时报》等民营报纸与国民党的关系也十分密切，剩余的几家民营报纸均由台湾的地方人士主办。在20世纪50年代，台湾的民营报纸大都艰难度日，而党营和公营的三家报纸《中央日报》《台湾新生报》《中华日报》却发展顺利。20世纪70年代后期，民营报纸后来居上，发行量最大的《联合报》《中国时报》均在100万份以上，而《中央日报》仅为55万份。

《中央日报》为国民党“中央委员会”的机关报，1948年迁台，1949年3月12日在台北继续出版。以《中央日报》为核心的台湾官报报业集团，直接控制了台湾三分之一的报纸，成为当局控制舆论的基本力量。

《联合报》1951年9月16日创刊于台北，由王惕吾的《民族报》、林顶立的《人民日报》、范鹤言的《经济时报》合并而成，自称以“客观报道新闻”“独立评论时事”“忠诚服务大众”为办报原则，在言论上一贯主张“反共、民主、团结、进步”，较多地代表和反映台湾大企业家和财团的利益与声音。

《中国时报》原名《征信新闻》，1950年10月2日创刊于台北，1960年更名为《征信新闻报》，1968年9月1日又改名为《中国时报》，除《中国时报》外还拥有《工商时报》（1978年创刊）、《时报周刊》（1978年创刊）、《时报杂志》（1979年创刊）、《工商时代月刊》（1982年创刊）、时报文化出版公司等报刊和企业。

《自立晚报》于1947年10月10日创刊于台北，是台湾第一家晚报，也是影响较大的晚报。报头刊有“无党无派、独立经营”八个字，并以“纯民间报纸”和“公正客观、不偏不倚、无隐无讳”为标榜，其言论主张经常代表并反映台湾地方非国民党人士和台南大财团的观点和意见。《自立晚报》的发行量约为12万份，在台湾6家晚报中拥有73%的市场占有率。1987年9月，台湾当局宣布开放民众前往大陆旅行探亲，《自立晚

① 方汉奇．中国新闻事业通史：第3卷．北京：中国人民大学出版社，1999：634.

报》在有关条例颁布前夕，特派李永得和徐璐两记者经由东京前往北京、杭州、广州、厦门等地采访，引起极大轰动，报纸的发行量激增。

在台湾，凡稍具规模的报纸，除了采用“中央社”和其他国外大通讯社的稿件外，这一时期一般都在联合国总部和美、英、日本、联邦德国等国家和地区派有特别记者。为了增强报纸的可读性，各报设置的专栏品种繁多，这些专栏除个别带有政治色彩，其他均以特定的读者为对象，多由名家主持，讲究知识性与趣味性，追求雅俗共赏。[①]

（二）解禁后的台湾报业

1987年初，在解除戒严、开放党禁之后，国民党当局被迫考虑废除报禁的问题。2月5日台湾“行政院”院长俞国华在听取“新闻局”的汇报时指示，对报纸登记与张数问题，应以积极的态度重新加以考虑，在兼顾新闻自由与报业善尽社会责任的原则下，尽速制定合适的规范办法，以促进今后报业的发展，迈向一个资讯健全的新时代。1987年12月1日，“新闻局”时任局长邵玉铭正式宣布自1988年1月1日起，台湾国民党当局开始接受新创办的报纸的登记，报纸的印张也可增加到日出6张24个版，“报禁”正式解除。

1月21日，《自立早报》在台北创刊，这也是台湾报禁解除后创办的第一份报纸。联合时报社、“中国时报社”两家大报团则先后出版了《联合晚报》（1988年2月22日）和《中时晚报》（1988年3月7日），如愿以偿地闯入晚报市场。7月12日，时已91岁高龄的老报人成舍我创刊《台湾立报》，实现了自己在台湾办报的理想。根据“新闻局”的统计，报禁解除后，短短三个月之内，就有33家新办的报纸向台湾“新闻局”办理登记手续，1993年底，办理登记的报纸有221家，但实际发行的只有139家，1997年底跃升至344家，实际正常出版发行的有76家。

早在解禁之前，台湾的各大报纸已经闻风而动，做了充分的准备工作。从人才的招揽、储备到设备的更新，从现有报纸的重新整合到创办新报纸的计划，可谓紧锣密鼓。纵观所有新创办的报纸，大致有这样三种情况。一是以旧报为基础滋生出新的报纸。如《联合报》与《经济日报》《民生报》增设南部版，《中国时报》与《联合报》增办晚报，以《自立晚报》为基础创办《自立早报》。二是地方企业界人士申请创办新报。1988年至1999年间，不少财团着眼于报业丰厚的广告利润和影响力而纷纷办报，其中包括宏国建设企业支持的《大成报》、东南水泥等企业资助的《太平洋日报》、联邦集团支持的由《自由日报》改名而来的《自由时报》。三是新组建的政党创办的报纸。党禁解除后，台湾境内曾掀起一场组建新党的高潮，1989年组建的政党达37个，为了宣传自己的政见，他们创办了许多报纸。

解禁后到2000年的台湾报业有两个明显的变化：

首先，报业市场竞争开始变得激烈。报禁开放后，报业市场受到强烈冲击，晚报市场首当其冲，民族和大华两家晚报相继停刊，《联合晚报》和《中时晚报》成为新宠。相对于传统报系报纸的稳定生存，新创刊的报纸往往面临更加激烈的竞争，多数开办不久

---

① 方汉奇．中国新闻事业通史：第3卷．北京：中国人民大学出版社，1999：645.

便结束营运，1990 年创刊的《大成报》一年下来累计亏损在一亿以上。

《中国时报》与《联合报》两大报系在台湾报界一直处于绝对的霸主地位，两报发行合计一度占台湾各报总发行量的 80%以上，广告则占 70%以上。报禁解除后，两家报系在竞争中共同发展，联合报系的优势更为明显，1996 年联合报系营业收入约 89 亿元，盈余 7 亿元，中时报系的营业收入也在 80 亿元左右，但盈余只有 2 000 多万元。有大财团背景的《自由时报》是两大报系在广告、发行市场最主要的竞争对手，在 1988 年和 1990 年“中时”和“联合”两报广告营收合计超过台湾报纸广告的 50%，但到 1997 年，《中国时报》和《联合报》的广告营收合计变成 48.7%，《自由时报》1995 年的营收仅及两大报的 10%，但到 1997 年却跃升为占有报纸广告市场的 34%。

官营、党营报纸大都日薄西山。老牌的《中央日报》曾独步台湾十数载，直到 20 世纪六七十年代《中国时报》与《联合报》才与《中央日报》比肩而立并后来居上。在 1985 年的统计中，台湾民众每天常看的报纸排行中，《中央日报》名列第四，但 1990 年时已退为第九，1992 年时被淘汰出前十名。

其次，新闻报道与言论逐渐开放。报禁解除后，新闻报道与言论一个声音、一种腔调的局面终于被打破，透明度与开放度都有了很大的提高。旧的报道禁区逐渐被突破，过去对蒋氏父子的私人生活与政绩一概不许报道，现在关于蒋氏家族的幕后新闻时不时成为报纸的热点，对其他高官的报道就更加自由了；对当局的批评与指摘逐渐增加；而日趋严重的社会问题更是报纸的重要报道内容，对社会阴暗面的揭露曝光成为报纸竞争的法宝之一。台湾各报在言论上的开放程度并不相同，比较而言，民营的或以民营姿态出现的报纸其开放程度高一些，步子迈得大一些，而党营的、官营的、军营的报纸依旧十分保守。

（三）进入 21 世纪后台湾报业的变化

进入 21 世纪后，台湾报业的格局发生了新的变化。

台湾报业解禁以后到 20 世纪 90 年代，相对来说竞争也不是非常激烈。当时，只有《中国时报》和《联合报》两大报独领风骚，一直到《自由时报》加入市场，在强大的财力支持之下，迅速成为第一大报，市场格局才形成三足鼎立的状态。这几份报纸一直关注政治、社会等重大新闻。政治上的倾向也十分明显。进入 21 世纪后，情况有了变化。首先是在香港以“通俗、刺激”内容起家的“壹传媒”、《壹周刊》成功进入台湾。接着香港《苹果日报》的台湾版也开始问世。后者的出现，给台湾的报业带来了极大的冲击，彻底改变了台湾持续了很长时间的市场格局。

《苹果日报》于 2003 年 5 月 2 日在台北正式创刊，给台湾报业带来的冲击，被岛上报人称为强烈的“苹果冲击波”。雄踞台湾阅报率第一名多年的《自由时报》，到 2005 年第二季度阅报率居然落后于《苹果日报》。《苹果日报》十分注重社会新闻，一版头条常常是社会新闻，这一改《中国时报》《联合报》多以政治大事作为头条新闻的风格。2009 年，面对互联网的兴起和同行业报纸的激烈竞争，为积极拓展网络媒体，《苹果日报》推出了“动新闻”栏目，主要是用动画的形式播放新闻，吸引受众，但其中“动新闻”将有关暴力与色情的场景通过动画进行再现，遭到公众的强烈反对，台湾当局也针对“动新闻”违反“少儿法”对其进行了惩罚，《苹果日报》为此向社会道歉，表示会加强自律。但此后《苹果日报》低俗的报道手法仍然屡屡出现，并有炒作恶俗化政治新闻的表现，为岛内受众所不齿。由于经营不善，该报于2021年5月18日停刊。

自2000年失去“执政权”后，国民党的党营报纸也接连拉起了警报。“2002年，面对日益萎缩的广告市场，国民党的《中央日报》《中华日报》《台湾新生报》经营陷入困境，最初三报有合并之意，最后在2003年，由《中央日报》接管《中华日报》，《台湾新生报》合并入‘中央’。”① 此后，国民党的党营报纸经营状况继续恶化。最后导致《中央日报》在2006年6月1日正式宣布停刊。

《中央日报》的停刊，并不仅仅是因为国民党失去了“执政党”的地位。1949年3月12日，《中央日报》迁至台北发行。第一年发行量只有32 500份。以后，随着国民党“报禁”政策的推行和对党报的扶植，《中央日报》发行量逐年上升，并一度成为台湾第一大报。但是在国民党“执政”的后期，随着其他报刊的发展壮大和台湾当局对新闻业政策的放宽，《中央日报》的地位逐渐降低了。《中国时报》和《联合报》的主编也是国民党的“中常委”，关于国民党的党政决策、重要的人事安排，他们也能获得权威的信息，而他们的新闻操作手法显然比《中央日报》要市场化得多。而报禁解除之后，伴随着《自由时报》的崛起，《中央日报》已被挤到三甲之外。及至2003年5月2日台湾的《苹果日报》创刊，台湾出现“‘一大报（《苹果日报》）三小报（《中国时报》《自由时报》《联合报》）’的报业格局，《中央日报》的市场更压缩殆尽”②。

2008年，台湾报业还在继续经历着巨大的变动。一个重要的标志就是《中国时报》的易主。这家曾经是台湾报业重镇的媒体集团，自2008年11月5日起，从创办人余纪中家族转归由食品业起家的旺旺集团蔡氏家族接手经营。旺旺集团董事长蔡衍明及家族成员通过家族控股公司，以204亿元新台币买下中时集团的经营权。中时集团董事长余建新担任顾问。旺旺集团接手的中时媒体包括《中国时报》、《工商时报》、“中国电视公司”、中天电视、《时报周刊》、中时电子报（网络报）等，但时报出版社、时报旅行社不在其内。③

与此同时，台湾的免费报纸正在兴起。香港壹传媒集团于2006年10月率先创立台北首份免费报《爽报》，每周一到周五出版，在捷运站外派发。“2007年上半年日均发行量约为157 000份，下半年升至约176 000份。2007年3月，联合报系的*Upaper*创刊，成为台北的第二份免费报纸，同时标志着台湾免费报战正式展开。”④ 2013年，《NOWnews今日新闻报》创刊，成为台湾第三份免费报纸，其前身是《东森新闻报》，与*Upaper*相同，《NOWnews今日新闻报》内容较为严肃，在捷运内发行。

（四）台湾的期刊

南京国民政府迁台前，台湾的期刊不足100家，迁台后不到两年，当地期刊就增加

① 陈东旭，朱春阳．冲突、扩张与融合：当前台湾报业市场格局与走向．中国报业，2006（6）.
② 国民党党报《中央日报》停刊：必然的宿命?．南方周末，2006-06-02.
③ 台湾最大媒体集团易主，旺旺接手中时集团．深圳商报，2006-11-06.
④ 陈贝琼．台湾2007年新闻传播业概况．中国新闻年鉴，2008.

到184家，由于报纸的登记受到限制，不少人便由办报转入办杂志，期刊的出版有了极大的发展。

时事政治类刊物在20世纪五六十年代非常畅销，影响也比较大，如由胡适与雷震主办的《自由中国》、张其昀主办的《中国一周》、兰文征主办的《时与潮》、余凌云主办的《民立宪政》以及“国民党中央”办的《中央月刊》、“民主社会党中央”办的《民主中国》、“青年党中央”办的《民主潮》等。

20世纪60年代，随着台湾社会逐步稳定，期刊数量开始增加。1961年，期刊数为686家，1966年则达到了831家，1968年即为1 228家。影响较大的有《文星》《皇冠》《东方杂志》《政治评论》等。60年代《文星》杂志因为震撼整个台湾文化界和知识界的“文星风云”一跃成为最具名气的期刊。创刊于1957年11月的《文星》杂志在最初的几年中一直默默无闻，1961年11月，它发表了李敖的《老年人与棒子》，引发了一场“中西文化的大论战”，从而家喻户晓。在此之后，《文星》又发表了李敖的《播种者胡适》和《给谈中西文化的人看病》，使中西文化论战走向高潮。反驳李敖的文章主要刊登在《政治评论》《民主评论》《世界评论》上，故有“一星战三论”的戏称。1965年12月，因李敖在《我们对于国法党报的严正声明》一文中点名批评“国民党中央”，《文星》被查封。①

1979年3月杂志登记开禁，一批党外杂志相继诞生，其中影响最大的是《美丽岛》杂志。1979年8月15日创刊后，该杂志就倡导反对国民党的“一党专政”，要求民主，成为党外反对派势力的论坛，该杂志还不断制造与国民党的对立，被认为是台湾杂志出版业中少有的“事件杂志”。该杂志一共出版了四期，每期都有新的发行纪录，第二期的发行量逼近10万，第四期则达到15万份以上。1979年12月10日，台湾各地的党外反对派人士云集高雄，数千民众在《美丽岛》人士的领导下举行游行和演讲，与警察发生冲突，随后国民党逮捕了事件参与人员150多人，12月19日《美丽岛》杂志被查禁。

1978年台湾的期刊数为1 558家，1979年为1 600家，1982年为2 331家，1986年达到了2 743家，解禁前则超过了3 000家。这些都是在官方办有登记手续的刊物，看起来吓人，实际能够定期发行并经常和读者见面的不过200余种。20世纪90年代中期以后，外国著名杂志纷纷落户台湾，杂志市场开始更多地受到外国杂志的冲击。

1997年台湾登记在册的杂志种数已经超过5 600种，平均每4 000人就拥有一种杂志，资本额在500万新台币以上的杂志社就有840家，平均每天会有一种杂志被注销，但同时又会有两种新杂志创刊。即使在20世纪90年代经济发展放慢以后，台湾的期刊在种类与发行量上仍然向前发展。“这种趋势在2000年左右发生了变化，2001年达到最高峰的7 236份（种）。由于经济形势急转直下，期刊业2002年就出现了大衰退，仅为3 909份，损失掉47.4%，近乎一半。”②

到2011年为止，台湾杂志出版机构共有8 675家。③ 论杂志种类和发行数量，在华人地区中，台湾的杂志出版可谓数一数二。按官方统计，2007年发行量最多的是生活时

① 辛广伟．台湾出版史．石家庄：河北教育出版社，2000：202-203.
② 颜春龙，王积龙．试析台湾期刊出版业的现状与发展．暨南学报（哲学社会科学版），2007（6）.
③ 中国新闻年鉴，2012.

尚类杂志，占杂志总发行量的 28%，内容包括家具布置、汽车信息等。[①] 时尚类杂志之外，发行量紧随其后的为科普类杂志、经济类杂志、语言学习类杂志、新闻类和文化类杂志。最畅销的 20 本杂志中，有一半是以时尚为主题的，包括《甜心》《瑞》和《东京衣芙》。中文周刊读者人数最多的 5 份杂志，主题则以社会时事、财经和娱乐八卦为主。尼尔森的统计显示，读者人数最多的中文周刊为香港壹传媒旗下的《壹周刊》，其余依次为：《商业周刊》《时报周刊》《TVBS 周刊》《今周刊》。[②]

二、1949 年以来的台湾广播电视事业

迄今为止，台湾的广播电视事业已经发生了显著的变化，传统的有线和无线电视都受到了极大的冲击，互联网媒体正在逐步成为视听传播的主流媒体。

（一）1949 年以来的台湾广播事业

台湾的广播事业始于 20 世纪 20 年代末，1928 年，台湾的第一家广播电台台北放送局建立，到南京国民政府迁台前夕，全台湾共有 5 家 11 座广播电台，总发射功率为 125 千瓦。1949 年，国民党政府退到台湾后，所属的广播机构“中央广播电台”等先后迁往台湾。同年 11 月 16 日，国民党为了扩大宣传影响，建立了“中国广播公司”（简称“中广”）。20 世纪 50 年代，台湾广播事业发展迅速，至 1961 年，除原有的电台外，国民党及军队等部门所属，在台恢复播出或新设的广播电台，有国民党的军中、空军、警察、复兴、幼狮、教育、民防等电台。民营的则有民本、民声、正声、凤鸣等 20 多家电台。1959 年，台湾当局以电波干扰严重为由，停止新的广播电台申请设立，原有各台仅能增加发射功率或增设分台，至 1989 年，台湾地区共有军公营、民营和国民党党营广播机构 86 家，拥有电台 186 座，发射机 391 部，发射总功率达 11 766 千瓦。[③] 军公营和国民党党营电台在广播生态中占有明显优势，形成了“中广”一家独大的局面。

从 1990 年起，台湾开始出现“地下电台”，即未经台湾当局批准而设立的电台。这些电台利用未开放的调频广播频率，播放自制节目。“由于其谈论的话题和不加修饰的言辞接近于民间基层，广泛吸引着大量听众，所以虽遭当局取缔，但在台湾各地还是不断出现仿效者，1994 年高峰时期达 200 余家，成为台湾主流广播之外的重要传播途径之一。”[④]

台湾解除“戒严”后，1993 年“新闻局”正式受理新电台的申请，台湾民众称之为“电波开放政策”。1994 年 10 月 25 日，正声广播电台台北生活资讯调频台取得执照后，正式开播，成为电波开放后第一个合法开播的广播电台。“截至 2004 年，台湾广播电台增加至 178 家。新、旧电台都以调频台为主，新电台夹带着新技术、新观念、优质的音质、新节目策略及经营，与其他媒体分食广告市场。尽管电台增多，民营电台崛起，‘中

---

① 陈贝琼．台湾 2007 年新闻传播业概况．中国新闻年鉴，2008.
② 同①.
③ 毕福臣．台湾广播生态的巨大变化．中国广播，2006（4）.
④ 同③.

广’仍然是台湾广播的翘楚。”①

进入21世纪以后，随着国民党“执政党”地位的丧失和台湾媒体业的巨大变化，“中广”广告收入大幅度缩水，面临着严重的经营危机。

2005年12月，国民党将历史悠久的“中广”卖给中时集团控股的荣丽投资公司；2006年12月，“中广”又被荣丽公司卖给了飞碟电台前任董事长赵少康。“中广”是台湾最大的广播网，拥有庞大的无线电波资源。而曾担任新党首任全委会召集人的赵少康，是和近十名中小企业友人集资购买“中广”的。赵少康出任新“中广”董事长，他声称要把“中广”打造成为一个超党派、不沾任何色彩的公共媒体。

（二）1949年以来的台湾电视业

台湾电视起始于20世纪60年代。在此后长达30多年的时间里，由国民党实际控制的“中视”“台视”“华视”三家电视台，垄断了台湾的电视事业。随着20世纪末台湾“党政军退出媒体”呼声的日益高涨和国民党在21世纪初“执政党”地位的丧失，电视的民营化趋势和公营趋势日益凸显出来。1993年台湾公布“有线电视法”，有线电视集团开始出现。经历18年曲折的非商业性的公共电视台也于1998年7月1日正式开播。2006年7月1日，台湾公共电视集团正式成立，成为台湾第一个也是台湾唯一的公共媒体集团。目前台湾电视已经形成无线电视与有线电视、卫星商业电视台并存的格局。移动电视也正在积极发展。

1. 台湾的无线电视

目前台湾无线电视台共有五家，分别是“台视”“中视”“华视”“民视”和“公视”。在电子媒体中，过去国民党一统天下的情况已经改变，2000年以后，国民党已逐步释出中天电视台、“中国电视公司”和“中国广播公司”的股权。此前，台湾的电视业主要是由台湾电视公司（简称“台视”）、“中国电视公司”（简称“中视”）、“中华电视公司”（简称“华视”）垄断经营。

1960年5月，中广公司与日本电气株式会社合作开始试播电视，1962年4月，台湾第一家电视公司台湾电视公司成立，同年10月10日开始播送节目，由此揭开了台湾电视事业发展的序幕。

台湾电视公司简称“台视”，由“台湾省政府”、台湾私人企业与日本富士、日立、东芝等厂商联合投资建立，资本总额为3 000万元台币，日本四家财团占有40%的股份。“台湾省政府”通过所属六行库（华南银行、土地银行、台湾银行、彰化银行、合作金库、第一商银）占有股权49%。“中央日报”“中国广播公司”等国民党党营事业也以民间身份入股。②

1969年10月31日“中视”、1971年10月31日“华视”分别开播。“中视”由“中国广播公司”、全省民营电台和民间企业界人士合资经营，是国民党文工会控制下的党营商业电视台，其中“中国广播公司”的股份最多，占到50%。“华视”由台湾“国防”

① 陈飞宝．台湾广播电视的转型．东南传播，2005（3）.

② 陈飞宝．台湾省新闻事业发展概况．中国新闻年鉴，1989.

“教育”两部和部分民间企业合资经营，以官股所占比重最大，官股中又以军方的股份最多，可以说是军方控制的商业电台。这两家电视公司的出现打破了“台视”一家独秀的局面，但三家电视台分别由国民党当局、“台湾省政府”、台湾“国防部”控制，电视台的高层人士均为党政军要员，当然自觉地宣传台湾当局的政策、纲领。

20世纪80年代末，随着台湾产业结构的调整、资讯工业的发展，台湾人均收入达7 518美元，台湾电视机的拥有率超过每家一台，彩色电视机的普及率达96%，面对社会多元化、观众信息需求量的增加，三台纷纷增加新闻时段，在提高时效的同时加大信息量。“华视”“台视”于1988年推出了早间新闻节目，“中视”则播出午夜新闻节目，报道最新的外电新闻。另外，三家电视台经常接收或购买美国有线电视新闻网（CNN）、美国广播公司（ABC）、全国广播公司（NBC）、哥伦比亚广播公司（CBS）的电视节目，以增加信息量。但由于大量使用的多是美国电视网的节目，在观众中形成了“美国即世界”的偏差认识，引起专业人士的质疑。于是三家电视台加强了与英国、日本、新西兰、加拿大的合作。1989年4月17日，台湾当局允许台湾影视人员到大陆拍片、采访，三家电视台争先恐后到大陆拍摄电视剧和专题节目。1990年9月22日，三家电视台现场直播了北京亚运会开幕式的盛况，在观众中引起强烈反响。

20世纪80年代末，卫星电视和有线电视异军突起，三台均采取了大举措。“中视”成立卫星公司，辟“中视”第二台；“华视”制播第二频道；“台视”启用“台视全球资讯网路”，通过网站输送“台视”的新闻、娱乐、气象信息等最新资讯。在节目制作方面，也尽量淡化政党色彩，标榜独立性。台湾工商界每年流入电视的广告有200亿元，卫星电视与有线电视虽然对三家电视台构成相当的威胁，但经营了30多年的三大台，节目制作水平和人员素质高出一筹，台湾的大广告商依旧对它们情有独钟，70%的广告流入老三台的腰包。

1997年5月31日，台湾“立法院”通过“公共电视法”，1998年7月1日，经过18年的曲曲折折，非商业性的公共电视台正式开播。

2005年12月24日，“中国时报媒体集团”以58亿元新台币收购了国民党的三大党营媒体“中国电视公司”“中国广播公司”与“中国电影公司”。

2006年7月1日，台湾公共广播电视集团成立（简称TBS），成立时的成员有：华视主频道、华视教育文化频道、华视休闲频道、公共电视台（公共电视文化事业基金会）、Dimo TV（公共电视文化事业基金会）。2007年1月1日又加入了新成员，分别是客家电视台（由“行政院客家委员会”成立）、原住民族电视台（由“行政院原住民族委员会”成立）、台湾宏观电视（由“侨务委员会”成立）。TBS的经费来源，除了金额逐年递减的政府捐赠之外，主要是企业赞助和个人捐赠。TBS成立了“公视之友”会员制度，会员以捐款的方式赞助公视，公视提供适当的回馈给会员。公视举办文化、教育、残障等公益活动时，会邀请会员担任志愿者、工作者。TBS的其他财源还有促销与公视节目相关之录像带、图书数据、教材及副产品等。“华视”是公广集团中唯一没有任何“政府”预算或补助的电视台，完全依赖广告业务收入，自负盈亏。客家电视台、原住民族电视台、台湾宏观电视的经费主要是来自“政府”预算，由各相关的“政府”单位（“行政院客家委员会”“行政院原住民族委员会”“侨务委员会”）编列预算；不足的部分，必须由各电视台自己筹措。

2012年，台湾开始大举推行全面数字化的电视信号。6月30日，台湾无线电视停播模拟信号，改为全面输送数字信号。全面数字化后，台湾民众只需购买数字机顶盒或选购内置数字信号功能的电视机，可收看的频道数由5台变为16台。[①] 与此同时，台湾无线电视台开始尝试制作并播出高清画质的电视节目。

2. 台湾的有线电视

台湾现有数百家有线电视台，较大的包括东森、中天、纬来、三立、联意（TVBS）等。数量众多，但形成规模的只有几家。

台湾的有线电视在一定程度上可以说是脱胎于“第四台”。20世纪90年代初，在台北和高雄等城市，三大台之外，所谓的“第四台”非常兴盛。“第四台”是指那些擅自铺设电缆到订户家，利用录放影设备播放录影带节目，并收取费用的地下有线电视台。这些有线电视台的设立并未经合法登记批准，因此没有频道名称、没有台号，甚至没有公开的台址，但它的播放信号可以在电视频道中出现，民间将之称为老三台之外的“第四台”。台湾国民党当局虽然屡次取缔，但它们总能春风吹又生，愈演愈烈地发展为几百家之多，并有公开化的趋势。民进党在申请办理广播电视未果后，便大肆运用“第四台”宣传其政治主张。

由于有线电视一直被看作发展趋势，“中视”早在1988年就参与投资“台湾电讯网络股份有限公司”的筹划，“台视”也于1989年投入大笔资金经营有线电视。当局鉴于有线电视难以遏止，只好成立“有线电视专案小组”，制定“有线电视法”。1993年8月台湾公布“有线电视法”，年底618家“第四台”变成合法经营，经过市场的整合，有线电视集团开始出现。和信传播公司、力霸东森传播事业有限公司、邱复生年代国际公司与木乔传播公司四大传播集团脱颖而出，控制62个频道。1998年全台湾有线电视用户为375万，其中东森一家占38%，和信占20%。

到2000年，台湾有线电视普及率达到35%，有线电视的订户达到400万户。有线电视的合法化，使台湾电视的频道数接近160个，一般能挤上有线电视系统播出的有76个频道，其中和信、东森、木乔三家集团就占了55个，三家财团还实行统一定额，区块排列，甚至采取饭店批发或餐厅套餐的“联卖”手段，这种垄断的局面致使非财团党派经营的54家有线电视台组成“全国有线电视系统独立联盟”，提出反财团、反联卖，并请“新闻局”与“行政院公平交易委员会”成立“媒体监督委员会”，“立法院”新通过的“有线广播电视法”反垄断条款规定，限制系统业者垂直及水平经营占有率不得超过三分之一，也不得超过同一行政区系统经营者总数的二分之一。

经过市场竞争的重新洗牌，到2008年，台湾共有66家有线电视台。“有线电视订户数目2011年约有500万户，普及情况虽逐年上升但速度放缓，2005年普及率约60%，2006年升至65%，2007年则是67%。”[②] 截至2011年12月，有线电视普及率为62.82%，数字付费频道订户超过4万户。[③]

---

① 中国新闻年鉴，2012.

② 同①.

③ 同①.

3. 台湾的卫星电视

1988年11月18日，台湾“新闻局”宣布开放卫星电视KU频道，这使得台湾的观众可以直接收看日本广播协会（NHK）的卫星电视节目。日本广播协会卫星电视除播放体育、综艺、世界各国电影外，还播放美国有线电视新闻网，英国的英国广播公司、英国独立电视台（ITV），以及德国、法国的电视节目，还包括北京中央电视台的《新闻联播》。1990年底，收看日本广播协会节目的台湾民众即达到40万。

1991年9月，香港卫视（STAR TV）通过亚洲卫星一号，开始向亚洲38个国家和地区的27亿人口全天候播放电视节目，不到一年，其在台湾的收视用户达到120万，占台湾总人口的四分之一，囊括亚洲收视用户的三分之一。台湾全面开放卫星电视市场，使民众受国际卫星的影响日益明显，目前台湾的卫星收视用户约占全省人口的三分之一。

截至2011年底，台湾共有107家卫视电视节目供应者，共计281个频道，包括台湾业者82家，共168个频道；境外业者34家，113个频道。因为台湾的有线电视宽带仅能容纳约100个电视频道，许多电视频道不得不依靠卫星空中频道完成播出，因此促进了台湾卫星电视产业的发展。但是这种地面媒体紧张的局面也亟须缓解，预计目标是在2015年完成台湾媒体50%的数字化，目前正在推进实施这一目标。

如今台湾的民众生活在资讯爆炸的时代，无线电视、有线电视与卫星电视并存，国际性、区域性、邻国的卫星互相交叉、渗透、覆盖台湾有限的天空。这种全方位的、立体的、纵横交错的电视网络使民众的选择机会大大增多。

4. 台湾的移动电视和数字电视的发展

近年来，网络媒体迅速发展，挤压了台湾电视业的市场空间。电视广告连年萎缩，2007年有线电视及无线电视广告量较2006年分别少了5.8%和0.7%，面对这一态势，台湾电视业者和政府采取了发展移动电视和数字电视这两大举措。

台湾负责通信及广播政策的“国家通讯传播委员会”（简称NCC），2006年底发出5个试播执照，由电视台（主要是台湾的五家无线电视台，“中视”“台视”“华视”“民视”“公视”，也有少数的有线电视台）、电信商、手机制造商和技术公司组成的试播团队，随即展开为期一年的试播计划。

业界一致认为移动电视的承载平台是手机。台湾在2005年就成立了“行动（移动）电视产业交流会”，旨在推动移动电视发展，使手机、无线和有线电视台、广播电台、电信商和内容制造商共同构建跨媒体的合作平台。数个大3G业者推出通过移动电信网络传输电视节目的收费服务。无线电视台也把节目内容切入手机平台。民视和科技公司成立“台湾手机电视台”，标榜台湾首个直播电视服务，以实时影音串流技术，将节目同步转为移动电话信号，传到手机，该电视台提供有音乐、新闻、体育和交通信息等十多个频道的节目。

台湾五家无线电视台在2005年之前已经开播了数字频道，现在共有15个数字频道。2007年NCC宣布颁发第二批数字无线电视执照（4～5张），持照人可以600MHz频率播送数字高清节目。2007年5月NCC为此举行了颁照听证会，参与者除了无线电视台外，还有电信商和有线电视台，竞争相当激烈。

2007年NCC调查显示，台湾有线电视数字普及率只有10.75%。台湾“新闻局”认为，数字电视普及率低的主要原因是接收有线电视频道的机顶盒的价格居高不下。于是，NCC趁2007年为有线电视换照之际（9年一次），把换照和数字化结合起来：要求业者承诺数字化建设，并免费为用户提供第一台机顶盒。同时，NCC于2007年6月宣布，2013年全面收回模拟信号，改为全数字化。无线电视于2010年全数字化。有线电视分阶段、分区域逐步推行：第一阶段为台北县市、台中和高雄四大县市，第二阶段为西部地区，最后是离岛及偏远地区。目标是2013年全面数产字化。[①]

5. 台湾互联网的发展

相较大陆，互联网在台湾发展较早，它始于1990年台湾“教育部”出资建构的“台湾学术网络”，该年7月份，“教育部”提出将主要的“国立大学”校内网络连接整合，建立覆盖整个台湾岛的教学研究网络。[②] 1991年，“教育部”通过美国普林斯顿大学连接到国际互联网，1994年，台湾开始建立大型互联网络，推进了台湾网络化的进程。

进入21世纪，台湾互联网发展迅速，截至2010年，台湾网络人口已经达到1 500万，2011年达到1 670万，普及率达到72%；移动互联网用户（包括WAP、GPRS、PHS以及3G）达到了2 070万，比2010年增加了120万。同时，各类互联网新媒体应运而生，加入互联网竞争的市场中。

互联网普及和飞速发展，在台湾掀起了社交媒体和社交网站的使用热潮。2009年《数字时代》的100大热门网站排行中，社交网站占到了25家，脸书（Facebook）第一次入榜即名列第一，成为台湾最为流行的社交网站。脸书的兴起带动了网页游戏诸如《开心农场》《餐厅城市》的兴起，使这些网络游戏也跻身台湾热门网站前百名。

三、台湾的“新闻法”与台湾当局的新闻政策

在报禁解除前，管理台湾报业的“婆婆”有四家之多，一是“国民党文化工作委员会”（简称“文工会”），一是按照“戒严法”和“台湾地区出版物管理办法”执行公务的“警备总司令部”（简称警总），还有“新闻局”和“法务部”的调查局。他们分别代表了国民党的党、政、军、法四大势力，对新闻舆论界进行严密的监控。而涉及管制出版的法律就包括“戒严法”“出版法”“妨害军机治罪条例”“惩治叛乱条例”“妨害国家总动员处罚暂行条例”等，多如牛毛。南京国民政府迁台的第一年，主要运用1949年6月修订的“国家总动员法”和“惩治叛乱条例”对新闻传播事业进行控制。1950年1月，台湾当局依据1948年修订公布的“戒严法”，宣布在全省实行戒严，并根据“戒严法”对新闻传播事业实行军事管制。作为“戒严法”的补充，台湾当局又在1954年4月公布了“戒严期间新闻纸杂志图书管制办法”，在1960年5月公布了“台湾地区戒严期间出版物管理办法”，对报刊的内容做了详细而严格的限制。

早在1952年，台湾的立法与行政部门已经制定和颁布了一部“出版法”，其中第二章是专门针对新闻纸及杂志的。规定在“战时或遇有变乱或依宪法为急速处分”的非常

① 中国新闻年鉴，2008.
② 潘林峰．台湾互联网的发展与前景．现代台湾研究，2000（4）.

时期，“政府”部门得以命令方式对报刊刊载的内容加以限制，并规定凡是在新闻报道中导致影响民心士气的、揭露军队生活艰苦的、与军方订有供应契约而不履行的，均将受到法律处分。有关报刊将被“警告”“罚锾”“禁售”“定期停止发行”直至“撤销登记”，而相关的新闻工作者将被判处一年以上有期徒刑直到死刑。

20 世纪 60 年代以后，台湾的广播电视事业有了较大的发展，“立法”与“行政”部门又在 1976 年 1 月 8 日公布了“广播电视法”，对广播电视节目中的“损害国家利益或民族尊严”“违背反共复国政策或政府法令”“散布谣言邪说或淆乱视听”的内容加以限禁，对违反者处以 10 万元以下的罚款、3 日以上的停播处分直至“吊销执照”。

从 1949 年南京政府迁台到 1988 年报禁解除之前的 37 年间，台湾报刊与报人以莫须有的各种罪名受到迫害的事例不胜枚举，堪称当代的“文字狱”。《自立晚报》《民族报》《公论报》都曾因发表触怒当局的文章而遭遇勒令停刊的处分，1950 年 11 月，《自立晚报》因副刊发表《草山衰翁》一文被国民党当局予以停刊十个月的处分。“自由中国”和“美丽岛事件”，更是震惊中外。

台湾报禁解除后，当局废除了与戒严令相关的“行政命令”与“政令法规”，台湾新闻传播事业步入商业化自由竞争时期，当局对新闻媒体的控制方式有所改变，新闻政策也有所调整，对党营和部分民营的媒体，当局不再直接地发号施令，而是通过笼络其负责人的方式，间接地控制。1988 年国民党第十三届“中央委员会”180 位“中委”中，新闻媒介的负责人有 17 人，约为十分之一，台湾新闻界的头面人物几乎都囊括在内。

报禁解除后，“行政院”的“新闻局”代替警备部门负责对新闻传播事业的管理，其负责人多次强调，“新闻局”的功能首先是服务，其次是沟通，最后才是管理，而且是从宏观上进行管理。对于言论和新闻报道，当局强调“依法办事”，即以“刑法”“特别刑法”“国家安全法”“出版法”“广播电视法”的有关规定进行处理，而不再“行政”干预。此外当局还利用台湾新闻评议会制定的“新闻道德规范”及解禁前夕台北报业公会、台湾报纸事业协会制定的“解除报禁后各报应共同遵守的八条规范”，要求新闻媒体加强自律。

2005 年台湾当局于 10 月 25 日通过了“国家通讯传播委员会组织法”，正式为 NCC 的成立铺平了道路。2006 年 3 月 1 日 NCC 正式成立，成为“独立于行政部门之监理机关”，此前由“行政院新闻局”“交通部电信总局”等单位负责的审查业务将由 NCC 负责，包括通讯传播监理政策、证照核发、传播内容管理，通过技术标准审议、费率制定及竞争争议裁决等方式，维持竞争秩序及确保消费者权益等。NCC 委员依相关规定，掌理通信传播专业管制性业务，将严守客观、中立及专业立场。NCC 的全部委员任期 4 年，将由“行政院长”提名，于“立法院”新会期行使同意权后任命。首届主任委员是苏永钦，第二届主任委员是彭芸，从 2008 年 8 月 1 日起履任。NCC 的成立和成功运作在台湾媒体管理的历史上具有深刻意义。

第二节　香港的新闻传播事业

香港位于中国的东南端，总面积 1 104 平方公里，人口至 2013 年底为 721.97

万人。[①] 面积仅相当于北京的6.6%[②]，但人口却相当于北京常住人口的34.14%[③]。地少人多是它的一个突出特点。香港传媒业十分发达，2013年的调查显示，香港现有日报和期刊超过735份，香港超过86%的住户使用宽带服务，这一比例居全亚洲第二位。移动电话的普及程度也位居世界前列，普及率超过228%[④]。此外，香港约有100万个住户使用网络电视服务，是全球网络电视普及率最高的地区。

一、香港的报业

截至2012年底，以香港为基地注册的报纸有25份中文日报、12份英文日报、9份中英文双语日报和5份日语报。中文报纸中，有19份以报道香港和世界新闻为主，3份集中报道财经新闻，其余专门报道赛马活动。规模较大的报纸，分销范围远及海外华人社会，有些还在香港以外地区（主要在美国、加拿大、英国和澳大利亚）印行海外版。[⑤]

从太平洋战争结束到2008年，香港报业大致可以分为三个阶段：太平洋战争结束到20世纪60年代末为第一阶段，20世纪70年代到80年代末为第二阶段，20世纪90年代至今为第三阶段。

（一）太平洋战争结束到20世纪60年代末的香港报业

香港的新闻传播事业在第二次世界大战结束后逐渐复苏，20世纪50年代中期以后得到发展。这一时期政治因素对香港报业格局的形成起了很大的作用。由于办报人的政治观点不同，其新闻报道与言论立场也大相径庭，香港人将当时的报纸分为左中右三种，所谓左，即拥护中华人民共和国态度鲜明的《大公报》《文汇报》等，而台湾国民党主办与倾向国民党的报纸如《香港时报》属于右派报纸，其余的多为中间报纸，在新中国成立后尤其是60年代创刊的报纸大都是走中间路线，人们用“两头小中间大”来形容香港的报纸结构。

据1946年的《香港年报》记载，当时香港共有14家中文报纸、4家英文报纸。14家中文报纸包括9家日报、5家晚报，其中占据主要地位的是《华侨日报》《星岛日报》和《工商日报》，这几家报纸均创刊于20世纪二三十年代，当时发行量最大的是《华侨日报》，每日发行量为38 000份。4家英文报纸是《中国邮报》《星期日先驱报》《南华早报》《香港电讯报》。其中《南华早报》创刊于1903年11月7日，是香港现存英文报纸中历史最长、影响最大的一家。1949年星系报业创办人胡文虎创办了英文《虎报》，该报与《南华早报》成为香港最著名的两家英文报纸。

20世纪50年代，香港政府加强了对新闻传播事业的管理，1951年通过的《刊物管

---

① 香港特别行政区政府2013年统计数据发布．香港特区政府统计处．（2014-05-29）[2023-04-30]. http://www.censtatd.gov.hk/gb/?param=b5uniS&url=http://www.censtatd.gov.hk/hkstat/sub/bbs_tc.jsp.

② 北京市政务门户网站．（2014-05-29）[2023-04-30]. http://www.beijing.gov.cn/rwbj/bjgm/bjfm/t1290961.htm.

③ 同②.

④ 香港特区政府网站．（2014-05-29）[2023-04-30]. http://www.yearbook.gov.hk.

⑤ 香港年报：2012.（2022-8-22）[2023-04-30]. https://www.yearbook.gov.hk/2012/sc/pdf/SC05.pdf.

理综合条例》对刊物的出版、发行、印刷、登记等都做了详细的规定，如规定报社需交一万元保证金（此前一直是3 000元），这对于小报无疑是一笔很大的负担，这个条例被认为是香港有史以来最严厉的管理条例，一定程度上限制了报业的发展。但整个50年代还是有85家报纸创刊，平均每年新创办8家左右的报纸，不过这些报纸大都短命，能够坚持出版的只有《明报》《新报》《晶报》等几家。

这一时期左派报纸与右派报纸都获得了一定的发展。左派的报纸主要有《大公报》《文汇报》《新晚报》《晶报》《香港商报》5家。1948年3月15日，因太平洋战争爆发香港沦陷而被迫停刊的《大公报》香港版复刊，1948年9月9日，香港《文汇报》创刊。《新晚报》则是《大公报》的姊妹报，创办于1950年10月5日，它最早连载梁羽生和金庸的武侠小说，结果一炮打响，开了香港报纸刊载新武侠小说的风气。《新晚报》因此发行量大增，一度成为最畅销的晚报之一。这三家报纸坚持高举爱国的旗帜，政治态度比较鲜明，被称为“红色报纸”。1952年10月创办的《香港商报》与1956年5月5日创办的《晶报》则属于“侧面”爱国报纸，比较中性，走的也是大众化报纸的路线，意在争取处于中间立场的香港同胞。《香港商报》贴近大众、服务大众的办报路线使其发行量不断上升，鼎盛时期直逼当时发行量最大的《成报》，曾有“《成》《商》成对”之说。《晶报》的统战宣传工作十分出色，在香港、台湾和海外的华侨中极有影响，是当时唯一能够在台湾畅通无阻的左派报纸。

20世纪50年代香港的右派报纸也有一定影响。国民党于1949年8月4日创办了其主要喉舌《香港时报》，这也是国民党在本土以外唯一的一份党报，公开拥护“中华民国政府”，宣扬“三民主义”，反对共产主义和中共政权。《工商日报》在第二次世界大战前即为香港举足轻重的报纸，虽标榜为独立的商办报纸，但在言论上一贯亲英、亲台、反共，因而深得从内地逃至香港的国民党旧部人员的青睐，该报的言论还经常被台湾的广播电台转播。与之形成三足鼎立之势的《华侨日报》《星岛日报》也是中间偏右的报纸，版面上有关台湾的消息较多。20世纪70年代之前出版的报纸中《红绿日报》《超然报》《新闻夜报》《天下日报》《真报》等，也都是右派报纸，而且发行量不菲。

由于港英政府当时的立场是抑左护右、亲美拥台的，因而左派报纸常常与港英当局发生冲突，1952年“三一”事件中的《大公报》案就是一例。1951年12月，九龙村头发生一场大火，使16 000多人沦为灾民，因为这一地区的居民多为爱国拥共的工联会会员，他们怀疑大火是有目的的纵火案，于是开展了大规模的群众运动，《大公报》《文汇报》《新晚报》也大造反对港英当局的舆论。中共华南分局对此十分支持，决定于1952年3月1日派出慰问团到香港支持灾民的斗争。3月1日这一天港英政府如临大敌，明令禁止慰问团入境，周恩来总理得知消息后，命令广东有关部门火速拦截慰问团，不准慰问团去香港，同时通知《新晚报》立即刊登慰问团不再来香港的消息。但聚集的群众并不知内情，与港英警察发生了大规模冲突，警察开枪射击造成多人伤亡，史称“三一”事件。中国政府事后对此提出了抗议，并由《人民日报》发表了社论，香港的《大公报》《文汇报》《新晚报》在头版头条转载了这篇评论，被指控“刊载有煽动性的文字”，三报的负责人被转解到高等法院接受审讯。《大公报》首先被提审，初审判决《大公报》停刊半年，经理及出版人费彝民被判罚款4 000元或囚禁9个月。在上诉期间，合议庭中止执行初审的停刊令，但当时《大公报》实际已经停刊了12天。在我国政府的交涉下，港英政府接到伦敦的指令，才停止执行对《大公报》的判决、对《文汇报》和《新晚报》的指控。《大公报》的停刊成为香港首宗根据《出版法》强制报纸停刊的个案。

1967年春，香港工人发生大规模的罢工，为了支持工人的罢工，每天都有学生或干部示威游行，港督府外贴满了大字报。群众与港英当局的冲突最后发展为镇压事件，港英政府宣布戒严，而在国内极“左”路线的错误指导下，斗争进一步升级为要使香港变成“臭港”“死港”的武装斗争。左派报纸与外围报纸也积极配合了这场反英抗暴斗争，最后几家外围报纸《香港夜报》《新午报》和《田丰日报》以“刊登虚构新闻与煽动性新闻”被起诉，在审讯期间三报又继续刊登相关报道，因而被勒令暂时停刊，成为1952年《大公报》案之后的又一起停刊案。1967年香港的“反英抗暴”斗争是香港的左派力量与港英当局进行的最白热化的一次斗争，使中英关系陷入空前恶化的状态，更使左派报纸遭受巨大挫折，元气大伤。反英抗暴之前，左派报纸的发行量合起来约占香港中文报纸发行量的一半左右，但这次事件之后，左派报纸的发行量暴跌，由过去的10万份跌至一两万份，读者也大量流失。[①]

20世纪50年代末到60年代中期，香港集中出现了一批综合性的大报，主要有查良镛（金庸）、沈宝新创办的《明报》，出版商罗斌出资经营的《新报》，二天堂药厂韦氏兄弟的《天天日报》和胡仙投资的《快报》。1964年的统计数字显示，香港平均每百人拥有报纸量已达25份，在亚洲仅次于日本。香港弹丸之地，1970年中英文日、晚报数达70多家，当时的报纸种类繁多，早报、午报、日报、晚报、夜报应有尽有。

（二）20世纪70年代到80年代末的香港报业

进入20世纪70年代后，香港经济开始起飞，大众化报纸发展飞速，经济类报纸开始出现。1977年，中文报纸总量骤增至128种，创历史纪录，到1978年才降下来。

香港第一家财经类的中文日报《信报》是1973年创刊的，当时正值世界性经济危机爆发，香港股市从高峰下跌，《信报》声称会监察政府及大财团在香港的经济活动，并提醒老百姓要珍惜自己的钱，学会投资，因而深受市民欢迎。另一份经济类报纸《远东经济日报》虽不如《信报》权威，却深得中下层读者的厚爱，广告收入也不菲。1976年美国财经报纸《华尔街日报》在香港发行英文亚洲版，名为《亚洲华尔街日报》，这也是《华尔街日报》在美国本土以外发行的第一份子报，显示出其对于香港在亚太地区重要地位的认可。一些大报也将原来的经济新闻开辟为经济专版，增加经济报道的内容与分量，70年代经济版的扩张更使一些报纸延伸出独立的经济附刊。

香港的大众化报纸以《成报》办得最为成功，自1954年到1977年的20多年间，该报的发行量一直居于香港报纸的榜首。打破《成报》垄断局面的，是1969年1月22日创刊的《东方日报》。《东方日报》注意到香港读者结构发生的变化，精心经营社会新闻，突出香港本地新闻的报道与分析，吸引了大批市民，发行量一路攀升，1976年发行量达到20万份以上，取代《成报》，成为90年代末以前香港报坛的新霸主。

---

① 陈昌凤．香港报业纵横．北京：法律出版社，1997：60－62．

大众化报纸虽然发行量大、广告多，但实际的公信力、可信度并不高，香港同样需要严肃的高质量大报，《明报》堪称其中的代表。《明报》创刊于1959年，初创时经济十分困难，靠查良镛和沈宝新两人惨淡经营，才能勉强维持，金庸的武侠小说连载在这个过程中起了一定的作用。《明报》最主要的特色是始终大量报道内地新闻。在创刊的初期就因报道内地三年经济困难时期的出境潮而发行量大增，从1965年开始专辟"乡土"专栏，刊登内地报刊上的专稿。"文化大革命"期间《明报》开辟了名为"北望神州"的中国消息版，因刊登许多内幕新闻而跃入高发行量中文报纸之列。70年代末，由于内地实行改革开放的新政策，香港市民大量涌回内地探亲，内地与香港的经贸往来也日趋频繁，对于祖国内地的报道开始成为热点，《明报》也因此而成为仅次于《东方日报》与《成报》两大大众化报纸的香港第三大中文报。

由于经济原因，一些重要的报纸如《财经日报》《金融日报》《工商日报》《工商晚报》《星报》《明报晚报》及《华侨晚报》等，在20世纪80年代末90年代初纷纷停刊。《香港时报》自70年代后便开始衰退，其反共的立场和鲜明的政治色彩，也使其无法在香港的商业社会立足，该报虽名为《香港时报》，但关于台湾的报道却占了40%，完全是"台湾化"的报纸，是为了办给台湾的国民党看的，因而不得不于1991年2月17日停刊。再加上亲台的《工商日报》《工商晚报》的停刊，"左中右"的报业格局终于被打破。

1984年中英正式签署了关于香港问题的联合声明，香港基本法经过五年的起草，于1990年4月颁布，"一国两制"的方针以法律的形式规定下来。从1984年的"两会"开始，政协和人大向港澳记者开放，一批记者常年穿梭于香港—北京之间，被称作"空中飞人"。随着香港回归的临近，报刊的"九七新闻""前途新闻""基本法新闻"几乎成为媒体报道长期的热点与重点，香港媒体围绕香港回归这一重大历史事件所进行的报道，其持续时间之长，报道范围之广，参与讨论并发表各种意见的人之多，在版面上所占比例之大，在香港新闻史上都是前所未有的。

（三）20世纪90年代至今的香港报业

20世纪80年代中后期到90年代初，香港报业发展迅猛。然而进入1994年，随着全球纸价上涨，香港报业开始进入衰退期，1994年11月，创办刚刚一年的《现代日报》由于亏损宣布停刊。1995年1月，香港一份历史最悠久、创办了近70年的大报《华侨日报》也宣布停刊。到1995年底，娱乐性日报《电视日报》、综合性日报《快报》《香港联合报》与《华南经济新闻》因发行量日减，也先后宣布停刊。1995年，香港还有四家大型杂志，时事政论杂志《当代》、资讯娱乐综合性杂志《星期天周刊》《清秀周刊》以及时事周刊《中国时报周刊》，由于严重亏损，先后宣布停刊倒闭。

随着生存压力的增大，香港报业在这一时期进入一个恶性竞争的阶段，并加速了"黄色新闻"潮流的扩展，这股流毒在香港一直影响至今。1990年3月15日商人黎智英在香港创办了《壹周刊》，该杂志集生活娱乐、财经投资、名人轶事、时事新闻于一体。它抓住香港市民喜好发财致富、窥探名人隐私的心态大肆贩炒各种"耸人听闻"的故事。不久这份周刊打开市场，1993年开始扭亏为盈，1995年发行量达16万份。它的报道手法屡次受到社会各界的批评。《壹周刊》在一定程度上带动了香港报业黄色新闻的泛滥，1992年10月由东方集团创办的《东周刊》的内容和风格与《壹周刊》极为相似，发行量也很快突破10万册。

1995年，在香港报业一片惨淡的情景下，黎智英又投资数亿元于1995年6月20日创办了《苹果日报》。《苹果日报》"内容上追求煽情、挖隐私，题材上声色犬马，政经副刊，无所不包"①。黎智英还大搞减价战略来提高市场占有率。香港中文报纸多年来统一售价，1994年调整为每份5元，《苹果日报》头一个月实际上是以2元的价格售报，平均日发行量为22万份，一个月便亏损6 000万元。5个月之后，《苹果日报》的发行量达到31万份。其他大报只好应战，也纷纷降价，这次减价大战一开始便使七家上市的报业集团股价下挫，平均跌幅达10%，出版达27年之久的《电视日报》、33年之久的《快报》以及台湾联合报系的《香港联合报》等报相继关门大吉。这场减价大战一直持续到1996年7月才平息下来，《苹果日报》以此抢得一方市场。

1997年7月1日香港回归祖国后，香港报业进入一个新纪元。1999年3月，大众化的《太阳报》问世，该报仿效《苹果日报》创刊初期的策略，以低价打入市场，引发减价大战，以巨额投资来换取市场占有率。

进入21世纪以后，香港传统报业受到网络和免费报纸的双重冲击，报业生态发生了新的变化。网上报纸和免费报开始与传统报纸争夺市场。②

2000年后，互联网在香港迅速发展，宽带入户率很快在全球居于前列。2007年11月，思维市场信息公司的一项调查显示，"港人每星期平均利用17小时使用互联网接收信息，已超出传统电视媒体的15个小时"。四份网上报纸（etnet. com. hk、财华新闻、股坛追击、scmp. com）相继创刊，传统报纸也都推出了自己的网络版和网络服务。

2002年后，又有三份免费日报创刊，免费报纸对传统报纸形成了最直接的威胁。"十几份收费报纸发行量总共是120万份，而三份免费报纸则达110万份。特别是，三份免费报纸占据了报业广告额的一半以上。"③

香港第一份免费日报是2002年6月创刊的《都市日报》，它是世界上最大的免费报纸集团、瑞典《地铁报》的母公司"地铁国际"创办的。目前该报发行量达30万份，每期40版，主要刊载国际、香港、中国内地新闻，以及旅游介绍和娱乐、卡通、文史的副刊，创办后很快就赢利了。免费报纸对香港的传统报业形成强烈冲击。免费报纸的派送区域不仅仅是单纯的地铁，香港的过街天桥、街巷、屋村、公共汽车站，到处都成为免费报纸派发的场所。"早先只是在地铁站派发，与收费报纸似乎是两个领域，现在免费报由'地下'走到了'地上'，明显与收费报纸形成竞争。到2006年上半年，香港十几份综合性大报纷纷感到发行量减少的巨大压力。广告的竞争也在加剧，多数报纸平均每日的广告版面减少10%左右，而广告版面的单位价格却在下降。"④

---

① 黄煜，俞旭．恶性竞争下的香港新闻业．国际新闻界，1996（1）.

② 中国新闻年鉴，2008.

③ 陈昌凤．香港报业十年回眸．中国报业，2007（7）.

④ 同③.

至2012年，香港共有六份免费报纸，分别由五家不同的传媒机构拥有。① 其中，《头条日报》与英文报 *The Standard* 属于星岛新闻集团，发行量分别为80万份及22万份，《都市日报》发行量为30万份，《am730》发行量约38万份，同时《香港经济日报》在2011年7月底推出免费报纸《晴报》，发行量50万份，9月份壹传媒出版《爽报》，几份免费报纸发行量加起来超过了200万份，对收费报纸产生了较大的市场压力。

二、香港的广播电视业

香港的广播电视业的商业化运作曾经在亚洲范围具有较大的影响力和赢利能力，这与香港的特殊的地理位置和商业地位紧密相关，但随着新媒体技术的发展，香港广播电视业也出现衰落的迹象。

（一）香港的广播事业

目前香港有公营的香港电台、民营的香港商业电台和新城电台共三家电台。香港的广播事业，1949年以前是香港电台独霸天下的时代，该台从1928年6月开始无线广播，10年后中英文两台同时播出。1951年港英政府新闻处公共关系主任负责管理该台，并由政府支付经费，因而长期被认为是官方的喉舌。

1949年3月21日，“丽的呼声”有限公司开始有线播音，打破了香港电台的垄断地位，这是伦敦“丽的呼声”在香港的分支，初期中、英文各有一个台，1956年7月开设第二个中文台，用粤语、普通话播音。1957年“丽的呼声”增设有线电视台，称为“丽的映声”，首次进行有线黑白电视播映，当时不能自制节目，只播映欧洲电视片的原声带，也没有中文配音。

1959年8月，香港商业电台开始播音，加入与香港电台、“丽的呼声”的角逐。

直到1990年，港英政府才开始招标经营第二个商业电台，有效期为12年，可使用两个超短波频道和一个中波频道，12月，新城广播电台成为第二家商营电台，并于1991年7月正式开播，30年来只有两个商营广播电台的局面被打破。新城电台宣布大众“广”播的时代已经结束，它们将定位于“窄”播，争取特定的听众群，而不是设计多种节目以适应不同的听众。其开播时的三个电台为劲歌台、金曲台、新闻台，其中如劲歌台，就是一个纯音乐电台，听众以18岁到25岁的青年人为主，而新闻台则24小时进行英语广播，对象是香港使用英语的人士。1991年12月，新城广播电台发布首个听众数字调查，显示全港三个电台中，新城广播电台的听众约占听众总数的三成。

进入21世纪，香港的电台全面拓展网上广播服务，都致力于从声音广播拓展至多媒体的新领域。

香港电台从2000年开始，每天直播全部六个电台频道和所有在黄金时段播放的电视节目，以及提供网上即时新闻文本；2001年再新增可免费订阅的网上新闻速递，并提供电子下载版本，方便用户随时浏览。至2003年1月，香港电台网上广播站浏览到访次数

---

① 梁丽娟．香港2011年新闻传播业概况．中国新闻年鉴，2012.

已增加到每天820万人次，而全部香港电台的电视制作，已可以在网上收看。到2008年，香港电台已有“电台部”“电视部”“教育电视部”“新媒体拓展组”等多个业务部门。

新城广播电台则同时营运三个频道：新城财经台（FM 104）、新城知讯台（FM 99.7）和新城采讯台（AM 1044）。2006年2月7日起，又推出了新城财经台财经网，网罗来自香港交易及结算所有限公司、路透社、标准普尔等的即时财经信息，是一个声画同步的专业财经信息平台。

香港特区政府2007年6月初宣布采用国家制式传送数字电视，香港两家免费电视台分三个阶段开展数字地面广播，并在2007年底前提供模拟及数字同步广播。两家免费电视台（亚视和无线）于2007年除夕夜正式推出12条不同频道的数字电视广播。2011年，香港电台发展格局出现较大变动。香港数码广播电台和凤凰优越广播电台获发牌照，开始向公众提供数字声音广播服务。根据香港统计署的媒体发展数据，至2013年，香港提供广播电台服务的机构共有六家，分别是香港电台、新城广播有限公司、商业广播有限公司、数码广播有限公司和凤凰优越广播有限公司。

（二）香港的电视事业

香港最早的电视台是民营的“亚洲电视有限公司”（ATV，简称“亚视”），成立于1957年5月29日，有线播出，最初称“丽的映声”，后改为“丽的电视”，于1982年9月24日易名“亚洲电视”并一直沿用至今。香港第一家民营的无线电视台是“电视广播有限公司”（简称“无线电视”），于1967年11月19日正式开播。香港没有官方电视台，“作为公营机构的香港电台制作的电视节目，安排在无线和亚视播出，无须支付播出费用，政府批给两家免费电视台的牌照对此有详细规定”[①]。

1966年，香港电视广播有限公司投得香港第一家无线电视播映专利权，1972年，港英政府签发了三份经营新电视台的执照。1973年10月，播映专利权期满的“丽的映声”以“丽的电视（香港）有限公司”（RTV）之名获得开办无线电视广播的专利权，同年12月，“丽的电视”也开始彩色播映，香港黑白电视的播映历史就此结束。

20世纪80年代是香港广播电视业快速发展的重要阶段，也是其最为动荡的年代。无线电视台在80年代初期重创“丽的电视”后一枝独秀，“丽的电视”为求发展，数易其主，1982年远东集团主席邱德根购入50%的股权，入主“丽的”，并将其易名为“亚洲电视”，1984年邱氏购入其他股权，全权控制“亚视”。1988年6月，“亚视”收视率下降，邱氏又不得不出让股权，以郑裕彤和林建岳为首的两大家族以超过4亿港元买下“亚视”三分之二的股权，同年11月，邱氏因涉嫌“远东银行造假账”一案被廉政公署调查，停止参与对“亚视”的管理，并于次年5月正式退出“亚视”。“亚视”为期5年的邱氏时代告一段落。

“无线”与“亚视”各设有中、英文两个台，“无线”的中文台又称“翡翠台”，英文台称为“明珠台”，“亚视”的中文台也叫“黄金台”、英文台称为“钻石台”。两家电视

① 白净．回归十年香港电视产业发展透视．国际新闻界，2007（7）．

台之间的竞争十分激烈。2002年底“无线”和“亚视”两家公司的电视牌照获得港府批准续期12年。根据香港统计署的数据，至2013年，香港本地免费电视节目共有15个频道，包括4条模拟频道和11条数字频道。其中亚洲电视有限公司有8条频道，电视广播有限公司有7条频道。

但是香港免费电视发展也存在问题，20世纪90年代，无线电视所占市场份额为七成，现今已占据九成之多的香港市场，这种一台独大、缺乏竞争的情况，也造成了无线电台开展不公平交易和竞争，扰乱市场秩序。同时，亚洲电视被指责节目质量低，收视率偏低，因此民众要求香港政府开放免费电视市场，另外分发牌照。但香港政府并未就此问题进行正面答复。

2009年，就香港是否应开发免费电视市场问题，公众展开强烈讨论和抗议，该年，以香港电视网络王维基发动挖角攻势为标志，香港免费电视牌照事件进入公众视野，并最终引发香港12万人大规模游行，成为梁振英上台以来最大规模的争议危机。

香港有线电视于1993年10月31日启播，牌照为专营，是香港第一家多频道的收费电视公司。成立初期，该台有8个节目频道，除了24小时新闻和体育频道外，还有电影台、儿童台等，以新闻、体育和电影作为主打，辅以纪录片及娱乐节目。“至1997年，有线电视已发展至35个频道，用户38万户。”[①]

香港的卫星电视开始于“卫星电视有限公司”，它于1990年由和记黄埔公司成立，1991年正式启播。默多克的新闻集团于1993年利用超过5亿的金额购入其63.6%的股权，其后又于1995年7月购入34.6%的股权，并更名为“星空卫视”。2002年星空卫视成功落地广东（这是中国政府第一次允许境外电视频道通过国内有线网落地播送），默多克将集团中文名称改为更为动听的“星空传媒集团”。星空卫视启播时只有卫视中文台、卫视体育台、卫视合家欢台、卫视音乐台（Channel [V]）、卫视新闻台5个频道。现在星空传媒已发展为（包括参股的频道）有超过30个主要频道的媒体集团，旗下频道如卫视中文台、卫视电影台、STAR Movies（星空影院）、STAR World（卫视合家欢台）、星空卫视、Channel [V]（现为亚洲最大的音乐电视台之一）、国家地理频道、凤凰卫视等，以中文、英文、印度语等9种语言，向亚洲、澳洲54个国家的总共约3亿人口播放节目。

凤凰卫视前身是卫星电视旗下的卫视中文台，1993年后随着卫星电视被默多克收购即进行改组，并引入刘长乐和陈永棋等人作为投资者。卫视中文台最终于1996年3月31日拆分为新成立的凤凰卫视中文台（对内地和香港广播）和之前的卫视中文台（只在台湾地区广播），并于日后陆续开播了电影台、资讯台、欧洲台、美洲台。凤凰卫视是较少的获得中国内地落地权的媒体之一。2000年6月30日，凤凰卫视股票在香港证券交易所创业板挂牌上市。2006年6月，中国移动通信集团公司全资子公司中国移动（香港）集团出资12亿港元，购入凤凰卫视19.9%的股份，成为第二大股东。凤凰卫视董事局主席兼行政总裁刘长乐控股的今日亚洲有限公司为第一大股东，星空传媒位居第三。凤凰卫视现在有凤凰中文台、资讯台、欧洲台、美洲台、电影台5个频道，还经营《凤凰周刊》

---

① 白净．回归十年香港电视产业发展透视．国际新闻界，2007（7）．

和凤凰网。

卫星电视的引进也使香港的广播事业更为国际化。1994年12月，港府行政局批准无线电视台开办卫星电视广播业务；收费的电影频道也于1994年5月投入使用。到1996年底，香港有44万多个家庭利用卫星电视公共天线系统收看卫视和其他卫星电视节目。另有7个卫星电视广播机构通过香港国际电讯有限公司的设施传送节目，如华侨娱乐电视广播有限公司、ESPN、无线卫星电视台、路透社、全国广播公司等。

1998年香港特区政府将电视广播全面放开，不再设牌照发放的上限，以增加市场竞争。到2000年，政府为开放收费电视市场，发出5个新收费电视台牌照，连同原有的有线电视及互动电视，仅有线电视台就有7个，可为公众提供149个频道。这次发牌照行动，结束了香港有线电视专营权的历史。

随着技术的发展，现在香港的数字电视和IP电视业发展迅速，now宽频电视为香港首个IPTV电视台，于2003年9月启播，截至2008年6月，已拥有172条频道，用户已达92万左右，其中66万多为付费用户。

三、香港的新闻政策

香港并没有明文的新闻法，其新闻政策由政务司负责制定，政府通过新闻处向媒体发布消息提供服务的方式间接地引导舆论，使政府与媒体之间形成了相互依存、相互监督的关系。新闻处下设有新闻科、公共关系科和宣传科。新闻科负责发布港英政府的官方新闻，每天24小时向各媒体免费提供新闻稿和图片，每天编印中英文版的《新闻公报》供新闻机构选用，并负责组织记者招待会，安排政府官员与记者见面。公共关系科主要负责政府在香港及海外的各种宣传公关活动，改善各部门与记者、与市民的关系，其下设媒介研究组，每天编辑出版一份英文的《新闻摘要》，汇集中文报刊发表的社论、重要新闻与电台电视台的意见，帮助港英政府了解舆论动向。

香港的新闻媒体除香港电台以外，均为私营，依据市场法则自由竞争，但港英政府并非任其自由发展，对电台和电视台，港英政府曾经通过招标发牌经营等措施进行总量控制。如1988年香港行政局通过的电视续牌新例，就限制一定的比例，规定要由香港永久居民掌控电视持牌公司51%以上的资本，其大多数董事也应是香港的永久居民。同时还建有公开的检查机构，对所播节目进行检查并决定是否进行惩处。早在1987年9月，香港就成立了广播事务管理局，统管无线电视与商营电台的事务。广播事务管理局不对个别节目进行审查，电视台的节目也无须事先送审，但下设投诉委员会，处理市民对电视台的投诉，管理局根据投诉委员会的建议向电视台进行警告或罚款。1989年共有投诉903宗，管理局参照委员会的建议，向两家电视台发出警告34次，罚款2次。电台与电视台都有义务在黄金时间播出政府的公共政策。

在香港回归的过渡时期，港英政府修订了《刊物管理综合条例》，撤销了对印刷媒体、采访、报道的各种限制。同时还修订了《公安条例》第27条，撤销了“禁止恶意发布虚假新闻”的条款。港英当局早在1988年就宣布撤销要求电视台播放一定时间的英联邦国家制作节目的规定。香港回归后，特别行政区政府鉴于公众对监管色情刊物的呼吁，

2000年4月，发表了《淫亵及不雅物品管制条例》咨询文件，提出多项管制色情物品的新建议。2000年6月，立法会通过了《广播条例草案》，重整了以往的广播电视法规管理模式，将电视机构重新分类，并从技术中立的原则出发，将“发送”和“节目”两者分开管理，并对是否收费及服务区域做出界定。

但是，香港新闻媒体职业操守有所下降，低俗的媒体在市场上占很大比重，使媒体的公信力下降。1999年8月下旬，法律改革委员会公布了一份有关传媒隐私行为的咨询文件，批评部分新闻媒体滥用新闻自由，建议设立法定组织，负责处理市民投诉，主动调查、裁决以及处罚违规的报刊负责人。经过广泛讨论，香港记者协会、香港摄影记者协会、新闻工作者联会和新闻行政人员协会4个新闻工作者组织于2000年草拟了《新闻从业员专业操守守则》。同时，由香港报业公会催生的报业评议会宣布在2000年7月正式成立，由11份报纸和两个新闻工作者团体参加。[①] 报业评议会成立以后，致力于改善香港报业人员的职业操守，起到了一定的作用。香港大学民意研究计划2007年4月的民调显示，“市民对香港传媒公信力的评分较此前半年上升，而对香港新闻自由感到满意的比例也较此前半年高。同时认为传媒进行自我审查的比率大幅上升。香港记者协会7月初发表2007年言论自由年报，指出回归以来，香港基本上仍然享有言论自由。根据该会的调查显示，45.6%的市民认为现在的政府更开放”[②]。

2012年4月，香港特区政府成立了通讯事务管理局，该管理局是将之前的广管局和电讯管理局合并后的单一规制机构，以方便各方协调，提高办事效率。

第三节 澳门的新闻传播事业

澳门位于中国东南沿海的珠江三角洲，与东北偏东的香港相距只有60公里。澳门的面积很小，只有31.3平方公里，人口约61.45万[③]，是世界上人口最稠密的地区之一。澳门是一个国际化的都市，虽然当地的新闻传播事业规模不大，但是澳门市民可以收到全世界的电视新闻频道和电台新闻，尤其是来自香港的纸质媒体也在澳门大量发行。所以，总体上澳门的新闻传播事业也比较繁荣。

一、澳门的报刊

20世纪40至60年代，澳门报业的发展较为缓慢，直到70年代末中葡建交以后，才有了较大的发展，报纸的种数有所增加，内容也有较大的提升。自澳门1999年12月20日回归祖国后，随着经济的增长和政治文化的急剧转型，澳门报业日趋繁荣。澳门特区政府也希望澳门的媒体能够逐步淡化香港媒体的强势影响，开拓自己独立的市场空间，

---

① 梁丽娟．香港2011年新闻传播业概况．中国新闻年鉴，2012.

② 中国新闻年鉴，2008.

③ 澳门特区政府统计暨普查局．(2014-05-29)[2023-04-30]. http://www.gcs.gov.mo/files/factsheet/geography.php? PageLang=CN.

寻找更多的发展机会。

新中国成立之前，澳门主要有三家中文报纸和一家葡文报纸，1933年创办的《大众报》是澳门历史最长的中文报纸，1937年创刊的《华侨报》是香港《华侨日报》的澳门版，60年代中期后才与《华侨日报》分离。1944年创刊的《市民日报》是以娱乐为主的一般性日报。葡文报纸《号角报》为周报，创刊于40年代，为澳门天主教会机关报。

中华人民共和国成立不久，拥护新中国的《新园地》小报出版，是澳门爱国团体新民主协会的会刊，历时八载，先后由半月刊变为旬刊、周刊，最后于1958年8月15日转变为大型日报《澳门日报》，“新园地”则转为该报的综合性副刊。1963年另一份中文报纸《星报》创刊，主要刊登澳门新闻、娱乐和狗经；另一份葡文报纸《澳门人报》也于1963年创刊，该报另有中文版周报，内容多摘自内地和澳门本地中文报纸。

20世纪70年代，澳门新创办的报纸并不多，只有1978年创刊的《正报》一家，其最初报名为《澳门体育会》，周刊，后易名为《体育日报》，全部内容为澳门的体育新闻，1982年始易名为《正报》，成为综合性日报。

1979年中葡建交，两国就澳门主权问题达成谅解，同意通过谈判将澳门归还中国。这一历史性的变化，使葡文报刊增加了5家，它们是：《澳门晚报》（1982年10月18日由土生葡人创刊）、《澳门论坛报》（周报，1982年10月30日创刊）、《澳门商业报》（周报，1987年2月17日创刊）、《澳门》（月刊，1987年12月由澳门政府新闻司主办）、《东方快报》（周报，1988年12月16日创刊）。加上原有的《号角报》和《澳门人报》，总数达到7家。1982年澳门老资格的中文报纸《大众报》出版了葡文版，成为当时唯一一家中葡文合璧的报纸。

自澳门1999年12月20日回归祖国后，随着经济的增长及政治文化的急剧转变，澳门报业也呈现出空前繁荣的局面。澳门人口虽少，但报纸种类繁多。根据《中国新闻年鉴：2012》的数据，截至2011年底，全澳门拥有9份中文日报，总印数超过10万份。这9份中文日报是：《澳门日报》《华侨报》《大众报》《市民日报》《星报》《正报》《现代澳门日报》《华澳日报》《濠江日报》。葡文日报有《句号报》《澳门论坛日报》《澳门今日》；葡文周报有《号角报》；英文日报有《澳门邮报》和《澳门每日时报》。此外，每天有数十种香港及内地的报纸和杂志运销澳门。另有6份中文周报及2份葡文周报。新增的两家中文周报是《澳门早报》和《澳门商报》。《澳门早报》创刊于2005年10月28日。逢星期一出版，彩色印刷，每期12～20版不等。《澳门商报》创刊于2006年6月6日。时任澳门特区行政长官的何厚铧为《澳门商报》创刊题词，马万祺题写报名。该报为4开28版，是澳门商报国际传媒集团创办的经济生活类报纸，逢周二出版。此外，2007年9月澳门进步协会创办了《九鼎》杂志，“希望打造思想平台，为社会带来具有建设性的声音”。

澳门各报，以《澳门日报》的发行量最大，影响力也最大，该报号称日销8万份以上，还被特许在珠海、中山等沿海城市发售，是澳门特别行政区的第一大报。香港有20多份中文报纸每天运销澳门，这在一定程度上影响了澳门中文报纸的发展。由于香港和澳门地理位置接近，文化交流方便，不少澳门市民喜欢阅读香港的畅销报纸，香港的《苹果日报》《东方日报》《太阳报》在澳门的报纸市场发行量超过当地的其他报纸，日销

3万份以上，成为澳门报业最大的竞争对手。2007年9月，宣布转为免费发行的香港英文《虎报》，也将发行网扩展至澳门。

2008年3月28日，《濠江日报》创刊，成为澳门的第九份中文日报，也是澳门回归以来第一份彩色报纸。7月，《南方都市报》首次发行澳门专版。8月15日，《澳门日报》推出创刊50周年特刊《澳门手册》《我们——澳门日报五十年成长足迹》。2008年10月22日，澳门特区政府公布《维护国家安全法》草案并开展咨询，并于2009年2月25日通过《中华人民共和国澳门特别行政区基本法》第23条。

二、澳门的广播电视

澳门的广播电视业已有60多年的历史。最早的广播电台于1933年8月26日开播。1940年澳葡当局将该台改为官办，正式命名为澳门广播电台，只播放音乐、粤曲，后因经费不足而停办，20世纪60年代重新开办。1982年澳门广播电台改组成澳门广播电视公司，简称“澳广视”，分为中文台和葡文台两部分，增添了设备，广播内容也有所改善。当时澳门并没有自己的电视台，拥有电视机的家庭都接收香港电视台的节目。1984年5月13日，“澳广视”筹建的电视台正式开播，属澳门葡萄牙政府所有，从而结束了澳门没有电视的局面。

“澳广视”是澳门主要的电视台之一，创建之初每周只播40小时，覆盖面仅及于本地。由于收视率太低，难以拉到广告，开办第一年就亏损1 000多万澳元。由于连年亏损，1988年，“澳广视”接收私人股份，转为私营公司，政府拥有50.5%的股份，并于1990年7月签订为期15年的专营合约。但是“澳广视”在20世纪90年代的经营中始终没有摆脱亏损的状态。至2002年，几近破产停播，不得已政府又收购了大部分股权。在2002年10月18日的股东大会上，澳门特区政府把几个股东共49.5%的“澳广视”股份先后收购，特区政府再次拥有绝大部分“澳广视”股权（99.8%），其余0.2%则继续为其他公共机构拥有。至此财政问题暂时解决，停播风波亦暂告一段落，但亏损问题仍未解决。

2004年10月，时任澳门特区行政长官的何厚铧在“公营广播机构国际年会”中明确指出，“澳广视”为澳门市民提供公营广播服务，显示“澳广视”已正式被政府定位为公营广播机构。2005年6月，澳门特区政府与“澳广视”重新修订《电视与声音广播批给合同》，将期限延长15年。由于澳门市场狭小，加上香港的电视台长期面对珠三角地区播放，在澳门形成惯性收视，“澳广视”的营运状况并不理想，长期靠澳门特区政府补贴经营。如2007年的政府资助即为6 500万澳元，结余600万澳元，实际开支5 900万澳元。随着澳门社会日趋国际化，澳门媒体的生态也呈现出多元化的趋势，除提供中葡文节目外，也开始提供英语新闻节目。

2000年7月8日，由中葡澳三方投资达4.5亿的“澳门有线电视”正式开播，有线电视的出现，开创了澳门电视的新局面。该台通过微波传送，提供40条包括中、英、葡等语种在内的各类型频道给居民及商业用户，最多可提供200个频道。该台并不自制节目，以转播为主，在运营一年之后，约有上万客户使用其服务。收费的有线电视面临的最大问题是，这里的居民大多喜欢收看香港电视，也习惯了看免费电视，他们未必愿意出额外的钱来收看当地的有线电视。2000年7月，由中港澳三地投资的澳门卫星电视亚洲台开始试播，为亚太区观众提供24小时综合节目，该台行政总部与控制中心位于澳门，并已获得国内批准做有限落地，这有助于提高广告收益。2000年12月，澳门行政特区另向中华卫星电视有限公司颁发为期15年的牌照，该公司计划在三年之内为整个亚太地区提供6个卫星电视频道，其中澳门科教台已经于12月开通。澳门有线电视2000年时每户的收费是每月168元，2002年时曾经调低到138元，但是下调价格使电视台长期处于亏损状态。2007年9月1日起，澳门有线电视台又将收费调到168元。2007年广星传讯公司入股澳门有线电视，有了新资金注入，澳门有线电视负责统筹主办已停办了10年的“澳门小姐”竞选，以吸引观众注意。自2008年元旦起，澳门有线开始提供高清服务，希望借助科技水平的提升吸引观众。

澳门卫视中文台自2004年3月15日开播，目前该台每天24小时播出，经过数年的发展，已经成为一个立足澳门、面向内地及东南亚播出普通话的中文频道，内容包括政治、经济、文化、娱乐等，节目由亚太二号卫星发射，覆盖全球60多个国家和地区，目前已落地澳门、香港以及内地三星级以上宾馆、台湾IP电视和部分东南亚国家。

澳门有澳门电台及绿村电台。澳门电台（Rádio de Macau）于1983年1月成立电台部，把政府管理的电台频道接手，成为当时澳门两个无线广播电台之一。绿村电台创办于1950年，创办人是土生葡人保罗博士，因电台设在一栋绿色洋房中，故名“绿村广播电台”。初期只用粤语和葡语播一些音乐，后播送赛狗新闻。该台“不谈政治”，没有自编的新闻节目。该台在1994年12月31日停播，2000年3月复播。复播后该电台的节目比以前更加多元化，有时事、音乐、体育，以及赛狗、赛马直播，另每个星期有8小时的葡语广播。

截至2013年，澳门有一家电视台，两家广播电台，一家有线电视台和四家提供卫星电信电视广播服务的公司。2010年，澳门有线电视出现了首次收支平衡，有线电视不断扩大自己的覆盖范围，目前，有线光纤已经覆盖澳门主要的服务区。2011年，有线电视开始推出3D服务，并继续推进多元电视服务，方便市民了解更多信息。2011年3月，CCTV—9纪录频道入驻澳门，成为澳门有线的第56个频道，4月，福建海峡卫视落地澳门。

三、澳门的新闻管理机构

澳门回归以前，澳门政府唯一与新闻管理有关的机构是隶属于“传播旅游暨文化事务政务司”的“澳门政府新闻司”，其权力很有限，主要为澳门新闻传播事业提供支援和为政府负责公关工作。回归以后，掌管新闻的职权由新闻局负责，直接隶属于行政长官办公室，另设一名局长与副局长，附设有新闻厅、研究及刊物处。澳门第一任新闻局局长是陈致平。新闻局主要负责社会传播方面的协调与研究工作，全面检讨澳门新闻传播界的状况，并制定未来发展的相关政策，以推动澳门新闻传播事业的进一步发展。针对澳门本土报业竞争力不足的问题，新闻局于2000年底推出了《鼓励本地报业提升竞争力方案》，希望通过短期有限度的直接资助方式，鼓励澳门报业在新闻传播和组织管理方面优化技术、培养专业人才及提升专业资格，并确保社会多元化声音的存在。

随着澳门有线及卫星电视频道增多，广播事务的管理非常重要。现在牌照的审理及批准由行政长官办公室直接负责，内容及营支监管由新闻局负责，而电信暨资讯科技办公室负责监管频谱的动用。为了吸引海外媒体到澳门投资，特区政府多次强调对外开放卫星电视业务，只要申请者符合法律规定，妥善利用澳门频谱、保证播放内容符合规定，都会获得发牌经营。这一政策有助于创造就业机会、增加政府税收以及提升澳门的国际形象，而澳门本地居民亦可获得更多的资讯。

澳门的新闻团体主要是澳门新闻工作者协会，由六家主要的中文报社（《澳门日报》《华侨报》《大众报》《市民日报》《星报》《正报》）于1968年1月1日成立。

学习思考题

1. 台湾的“报禁”为什么持续了30年之久？“报禁”对台湾新闻传播事业的发展有哪些影响？

2. 台湾的新闻传播事业一直存在着公营与民营势力的竞争，试析公营与民营两股实力在报纸、期刊、广播、电视等不同领域的力量对比。

3. 试析不同历史时期，“左”“中”“右”三派报刊在香港新闻传播事业中的变迁。

4. 澳门的新闻传播事业最显著的特点是什么？

参考书目

1. 戈公振．中国报学史．北京：中国新闻出版社，1985.

2. 方汉奇．中国新闻事业通史（三卷本）．北京：中国人民大学出版社，1992，1996，1999.

3. 方汉奇．中国新闻事业编年史．福州：福建人民出版社，2000.

4. 李龙牧．中国新闻事业史稿．上海：上海人民出版社，1985.

5. 丁淦林，等．中国新闻事业史新编．成都：四川人民出版社，1998.

6. 黄瑚．中国新闻事业发展史．上海：复旦大学出版社，2001.

7. 方汉奇，张之华．中国新闻事业简史．2 版．北京：中国人民大学出版社，1995.

8. 李彬．中国新闻社会史．上海：上海交通大学出版社，2007.

9. 张之华．中国新闻事业史文选：公元 724 年—1995 年．北京：中国人民大学出版社，1999.

10. 复旦大学新闻系新闻史教研室．中国新闻史文集．上海：上海人民出版社，1987.

11. 丁淦林，黄瑚，等．中国新闻图史．广州：南方日报出版社，2002.

12. 徐培汀，裘正义．中国新闻传播学说史．重庆：重庆出版社，1994.

13. 李彬．唐代文明与新闻传播：修订版．北京：中国人民大学出版社，2014.

14. 朱传誉．宋代新闻史．台北：中国学术著作奖助委员会，1967.

15. 尹韵公．中国明代新闻传播史．重庆：重庆出版社，1990.

16. 史媛媛．清代前中期新闻传播史．福州：福建人民出版社，2008.

17. 陈玉申．晚清报业史．济南：山东画报出版社，2003.

18. 方汉奇．中国近代报刊史．太原：山西教育出版社，1981.

19. 卓南生．中国近代报业发展史．北京：中国社会科学出版社，2002.

20. 胡太春．中国近代新闻思想史．太原：山西教育出版社，1987.

21. 秦绍德．上海近代报刊史论．上海：复旦大学出版社，1993.

22. 黄瑚．中国近代新闻法制史论．上海：复旦大学出版社，1999.

23. 方汉奇，陈业劭．中国当代新闻事业史：1949—1988. 北京：新华出版社，1992.

24. 钟沛璋．当代中国的新闻事业．北京：当代中国出版社，1997.

25. 张涛．中华人民共和国新闻史．北京：经济日报出版社，1992.

26. 赵玉明．中国现代广播简史：修订本．北京：中国广播电视出版社，2001.

27. 郭镇之．中国电视史．北京：中国人民大学出版社，1991.

28. 魏永征．中国新闻传播法纲要．上海：上海社会科学院出版社，1999.

29. 马光仁．上海新闻史：1850—1949. 上海：复旦大学出版社，1996.

30. 马光仁．上海当代新闻史．上海：复旦大学出版社，2001.

31. 程曼丽．海外华文传媒研究．北京：新华出版社，2001.

32. 陈昌凤．香港报业纵横．北京：法律出版社，1997.

33. 李谷城．香港报业百年沧桑．香港：明报出版社，2000.

34. 王敬．延安《解放日报》史．北京：新华出版社，1998.

35. 韩辛茹．《新华日报》史．北京：中国展望出版社，1987.

36. 晋察冀日报史研究会．《晋察冀日报》史：1937～1948年．北京：人民出版社，1993.

37. 宋军．《申报》的兴衰．上海：上海社会科学院出版社，1996.

38. 方汉奇，等．《大公报》百年史：1902.06.17—2002.06.17. 北京：中国人民大学出版社，2004.

39. 李希光．转型中的新闻学．广州：南方日报出版社，2005.

40. 陈力丹．解析中国新闻传播学：2008. 上海：上海交通大学出版社，2008.

41. 郎劲松．中国新闻政策体系研究．北京：新华出版社，2003.

42. 童兵．童兵自选集：新闻科学：观察与思考．上海：复旦大学出版社，2004.

43. 李良荣．李良荣自选集：新闻改革的探索．上海：复旦大学出版社，2004.

44. 丁柏铨，等．加入WTO与中国新闻传播业．北京：社会科学文献出版社，2005.

45. 彭兰．中国网络媒体的第一个十年．北京：清华大学出版社，2005.

46. 杜骏飞．网络新闻学．北京：中国广播电视出版社，2001.

47. 吴廷俊．中国新闻史新修．上海：复旦大学出版社，2010.

48. 中国新闻年鉴，2013.

49. 习近平．论党的宣传思想工作．北京：中央文献出版社，2020.

50.《中华人民共和国简史》编写组．中华人民共和国简史．北京：人民出版社，2021.

51. 中共中央党史和文献研究院．中国共产党的一百年（中国特色社会主义新时代）. 北京：中共党史出版社，2022.

52. 中国共产党第二十次全国代表大会文件汇编．北京：人民出版社，2022.

后　记

这部《中国新闻传播史》的第4版（2023年2月修订完成），是由中国人民大学新闻学院牵头，联合中国人民大学、复旦大学、华中科技大学等多所大学新闻学院从事中国新闻史教学与研究的资深教师，会同在新闻工作第一线从事当代中国新闻史研究工作的研究人员共同完成的。方汉奇担任主编，方汉奇、丁淦林、吴廷俊、黄瑚、杨雪梅、薛飞、王润泽、赵永华、赵云泽、邓绍根、杨奇光等十余人先后参与编写工作。他们的简历如下：

方汉奇（1926—　），男，广东普宁人。中国人民大学新闻学院荣誉一级教授、博士生导师，中国人民大学新闻与社会发展研究中心学术委员会主任，中国新闻史学会名誉会长，北京大学新闻学研究会学术总顾问。曾任国务院学位委员会首届新闻传播学学科评议组召集人。清华大学等17所大学新闻与传播学院顾问、名誉院长、客座教授、兼职教授。《中国大百科全书·新闻出版卷》编委兼“中国新闻事业”部分的主编。曾被评为全国一级优秀新闻工作者（1984年）、全国优秀教师（1987年）、北京市优秀教师（1987年、1997年），两次获吴玉章奖金新闻学一等奖（1987年、2002年），2013年获范敬宜新闻教育良师奖，1991年获政府特殊津贴。著有《中国近代报刊史》《报史与报人》《新闻史的奇情壮采》《发现与探索》等书，主编有《中国新闻事业通史》《中国新闻事业编年史》《中国新闻事业简史》等书，发表论文200余篇。

丁淦林（1932—2011），男，江西南昌人。曾任复旦大学教授、博士生导师、新闻学院院长、新闻研究所所长、信息与传播研究中心名誉主任，温州大学人文政法学院院长，上海大学教授、博士生导师，南昌航空大学文法学院名誉院长，中国新闻史学会副会长、顾问，国务院学位委员会首届新闻传播学学科评议组成员，教育部人文社会科学研究专家咨询委员会委员，教育部社会科学委员会委员等职。主要著作有《邹韬奋年谱》（合著）、《中国新闻事业史》、《中国新闻事业史新编》、《中国新闻图史》等。2011年9月逝世。

吴廷俊（1945—　），男，曾任华中科技大学新闻与信息传播学院学术委员会委员、院长、教授、博士生导师，教育部马克思主义理论研究和建设工程重点教材《中国新闻传播史》第一首席专家；曾兼任中国新闻史学会副会长、新闻传播教育史专业委员会理事长、中国新闻教育学会常务理事，教育部高等学校新闻传播学类专业教学指导委员会委员、教育部社会科学委员会学风建设委员会委员、北京大学新闻学研究会副会长兼导师。主持完成多项国家和省部级社会科学基金课题，出版学术著作10多部，发表学术论文近百篇。多项成果获省部级及以上奖励，其中省社会科学优秀成果奖一项，吴玉章奖金新闻学优秀奖一项，吴玉章人文社会科学奖优秀奖一项。

黄瑚（1955—　），男，1986年起在复旦大学新闻系（1988年后改建为新闻学院）任教，现任复旦大学新闻学院学术委员会主任、教授、博士生导师，曾任新闻学院常务副院长、中国新闻史学会副会长、教育部高等学校新闻传播学类专业教学指导委员会副主任、中华全国新闻工作者协会特邀理事等职。著有《中国新闻事业发展史》（第1—3

版)、《中国近代新闻法制史论》、《新闻法规与新闻职业道德》、《新闻伦理学》、《香港〈文汇报〉简史》、《复旦大学新闻学院简史》等专著与教材，主编《新闻传播法规与职业道德教程》(第1—3版)、《网络传播法规与伦理教程》等教材。此外还发表过论文数十篇。

杨雪梅（1970— ），女，山西长治人。中国人民大学新闻学博士毕业，1995年分配到人民日报社工作。长期在新闻工作第一线从事采写编评工作，对中国考古文博事业进行过全面深入的采访报道，担任中国考古学会公共考古专业指导委员会副主任。现任《人民日报》文艺部高级编辑，负责副刊的编发。曾参与《中国新闻事业五十年》《报业春秋》等的写作，著有《陈铭德、邓季惺与〈新民报〉》等。

薛飞（1966—2010)，男，江苏睢宁人。南京师范大学本科毕业。1990年至1993年就读于中国人民大学新闻学院，获法学硕士学位。1993年分配至人民日报社工作。1998年9月起攻读中国人民大学新闻史方向博士学位。2000年8月至2001年6月获得英国文化部奖学金，在英国斯特林大学学习媒介管理，获理学硕士学位。曾多次参加《人民日报》的重大时政和经济报道，在该报发表消息、通讯、评论等近百万字，并担任人民日报社国际部专刊组副组长。著有《凌云健笔——中国记者中的大手笔》一书，曾参与《中国新闻事业编年史》的编写工作。2010年4月病逝。

王润泽（1971— ），女，辽宁大连人，中国人民大学新闻学院教授、博士生导师，现任中国人民大学新闻学院副院长，中国新闻史学会会长，国家级人才称号获得者，教育部人文社会科学重点研究基地新闻与社会发展研究中心执行主任，中宣部马克思主义理论研究和建设工程教材首席专家。专职从事新闻传播史的教学和研究工作，主持国家社会科学基金重大项目“百年中国新闻史史料整理与研究”(优秀结项)、教育部社会科学基金重大项目等多项课题。代表作有《北洋政府时期的新闻业及其现代化（1916—1928)》《近代中国新闻实践史略》《中国新闻媒介史（1949年前)》等，主编“民国时期新闻传播专题史料”共六辑，167册，近亿字；在《新闻与传播研究》《国际新闻界》《新闻大学》《现代传播》《新华文摘》等刊物发表各种学术论文160余篇。

赵永华（1971— ），女，辽宁抚顺人，中国人民大学新闻学院教授、博士生导师，中国新闻史学会外国新闻传播史专业委员会副会长，教育部“中俄新闻教育高校联盟”召集人，中国应急管理学会舆情专业委员会副主任，中国人权研究会理事。长期从事新闻传播史、国际传播方面的教学与科研工作，著有《在华俄文新闻传播活动史（1898—1956)》《中亚转型国家的新闻体制与媒介发展》《大众传媒与政治变迁——聚焦独联体国家“颜色革命”》等，主编或参与编写《中国新闻事业编年史》《中国新闻事业图史》等各类著作20余部，主持国家级、省部级、国际课题20余项，在国内外学术期刊上发表论文200余篇。2011年，入选教育部新世纪优秀人才支持计划。2017年，获第七届吴玉章人文社会科学奖优秀奖。

赵云泽（1978— ），男，内蒙古人，中国人民大学新闻学院教授，教育部青年长江学者，中宣部宣传思想文化青年英才。中国新闻史学会常务理事、党报党刊专业委员会副会长。已在国内外顶级期刊上发表中英文论文数十多篇，多篇被《新华文摘》《中国社会科学文摘》《人大复印报刊资料》全文转载；已出版中文著作7部，英文著作1部；主持多项国家社会科学基金、北京市社会科学基金、教育部社会科学基金、国家大型企业研究课题，获国家级教学成果奖二等奖、北京市教学成果奖一等奖、教育部第八届高等学校科学研究优秀成果奖二等奖，主讲课程获评国家级一流课程。

邓绍根（1974— ），男，江西石城人，中国人民大学新闻学院教授、博士生导师，中国人民大学马克思主义新闻观研究中心主任，中国新闻史学会秘书长，马工程教材《中国新闻传播史》课题组专家，国家社会科学基金重大项目“新中国70年新闻传播史研究，1949—2019”首席专家，《新闻春秋》执行主编，先后在《新闻与传播研究》《国际新闻界》《现代传播》《新闻大学》等刊物发表论文100余篇。曾获广东省哲学人文社会科学优秀成果奖论文类一等奖、第七届吴玉章人文社会科学奖青年奖、教育部第八届高等学校科学研究优秀成果（人文社会科学）奖等奖项。

杨奇光（1992— ），男，陕西西安人，中国人民大学新闻学院讲师、硕士生导师，新闻与社会发展研究中心研究员，中国人民大学、美国哥伦比亚大学联合培养博士。担任中国新闻史学会副秘书长、国务院学位委员会第八届学科评议组（新闻传播学）秘书。近年来发表中英文论文50余篇，部分文章被《新华文摘》等转载。曾获首届青年新媒体学术研究“启皓奖”评委会特别奖、中国人民大学新闻学院首届青年教师教学基本功技能交流会一等奖、吴玉章奖学金等奖项。

参与第4版编写工作的各撰稿人的分工情况如下：

第一章：方汉奇

第二章、第三章：赵永华

第四章、第五章：王润泽

第六章：杨奇光

第七章：赵云泽

第八章、第十二章：吴廷俊

第九章、第十章、第十一章：黄瑚

第十三章：杨雪梅

第十四章：邓绍根

第十五章：赵云泽

本书由方汉奇任主编，负责全书的组织、策划、统稿和定稿等事宜。

《中国新闻传播史》第3版于2021年被评为首届全国教材建设奖全国优秀教材一等奖。第4版突出以下特点：

其一，注意参考和借鉴已出版的同类教材，融会和吸纳了近年来中国新闻传播史研究的最新成果。

其二，全书涵盖了中国从先秦两汉到当代新闻传播活动的历史，涉及报刊、广播、电视、新媒体和新闻传播学教育、新闻传播学研究等各方面的内容。

其三，所记述的史实内容和相关数据的时间下限，截至2023年2月。

其四，每章的后面附有学习思考题，书末开列了参考书目，供读者进一步学习时参考。

编者

2023年2月

图书在版编目（CIP）数据

中国新闻传播史／方汉奇主编；王润泽执行主编
.--4版.--北京：中国人民大学出版社，2023.7
新编21世纪新闻传播学系列教材
ISBN 978-7-300-31966-7

Ⅰ.①中… Ⅱ.①方… ②王… Ⅲ.①新闻事业史—中国—高等学校—教材 Ⅳ.①G219.29

中国国家版本馆CIP数据核字（2023）第137747号

本教材第三版曾获首届全国教材建设奖全国优秀教材一等奖
普通高等教育“十一五”国家级规划教材
教育部普通高等教育精品教材
新编21世纪新闻传播学系列教材

中国新闻传播史（第4版）

主　　编　方汉奇
执行主编　王润泽
Zhongguo Xinwen Chuanboshi

出版发行	中国人民大学出版社		
社　　址	北京中关村大街31号	**邮政编码**	100080
电　　话	010－62511242（总编室）		010－62511770（质管部）
	010－82501766（邮购部）		010－62514148（门市部）
	010－62515195（发行公司）		010－62515275（盗版举报）
网　　址	http://www.crup.com.cn		
经　　销	新华书店		
印　　刷	北京宏伟双华印刷有限公司	**版　　次**	2002年11月第1版
开　　本	787 mm×1092 mm　1/16		2023年7月第4版
印　　张	26 插页1	**印　　次**	2024年8月第2次印刷
字　　数	586 000	**定　　价**	59.90元

关联课程教材推荐

书号	书名	第一作者	定价	出书时间
978-7-300-28338-8	中国新闻传播史新编（第2版）	王润泽	48.00	2020－08
978-7-300-29979-2	外国新闻传播史纲要（第3版）	陈力丹	59.80	2022－01
978-7-300-31658-1	外国新闻史（第2版）	李　磊	55.00	2023－05
978-7-300-20259-4	外国新闻传播史	陈力丹	49.80	2015－03
978-7-300-03324-2	外国新闻传播史	郑超然	49.80	2000－10

配套教学资源支持

尊敬的老师：

衷心感谢您选择使用人大版教材！

相关的配套教学资源，请到人大社网站（www.crup.com.cn）下载，或是随时与我们联系，我们将向您免费提供。

欢迎您随时反馈教材使用过程中的疑问、修订建议并提供您个人制作的课件。您的课件一经采用，我们将署名并付费。让我们与教材共成长！

联系人信息：

地址：北京海淀区中关村大街31号　　龚洪训 收　　邮编：100080

电子邮件：gonghx@crup.com.cn　　电话：010－62515637　　QQ：6130616

如有相关教材的选题计划，也欢迎您与我们联系，我们将竭诚为您服务！

选题联系人：	电子邮件：	电话：
翟江虹	zhaijh@crup.com.cn	010－62515636

俯仰天地　心系人文

人大社网站　www.crup.com.cn

专业教师QQ群：

723715191（全国新闻教师群2群）

欢迎您登录人大社网站浏览，了解图书信息，共享教学资源

期待您加入专业教师QQ群，开展学术讨论，交流教学心得